D1301041

L'ÈRE DES LIBÉRAUX

LE POUVOIR FÉDÉRAL DE 1963 À 1984

Yves Bélanger, Dorval Brunelle et collaborateurs

1988
Presses de l'Université du Québec
Case postale 250, Sillery, Québec   G1T 2R1

ISBN 2-7605-0504-9

Dépôt légal — 4e trimestre 1988
Bibliothèque nationale du Québec
Bibliothèque nationale du Canada
Imprimé au Canada

TABLE DES MATIÈRES

PRÉSENTATION

Durant 21 années, les libéraux fédéraux auront dominé la scène politique canadienne. Cette performance à elle seule constitue un événement historique auquel il convenait d'accorder toute l'attention nécessaire.

Déjà, les analyses, les études et les travaux consacrés à ces deux décennies s'accumulent sans que l'on soit encore en mesure de rendre compte de la richesse de cette période, une tâche qui pourrait s'avérer vaine avant longtemps étant donné la multiplication des approches et des points de vue. Ce recueil tire donc sa raison d'être d'un besoin de synthèse.

Précisons que nous nous sommes attaqués à cet ouvrage avec l'intention de nous interroger sur la cohérence de la gestion étatique assumée par les libéraux. Nous avons repéré, bien entendu, plusieurs éléments de continuité entre les gouvernements Pearson et Trudeau. Mais nous avons également découvert d'importantes ruptures. Ainsi les réponses apportées par l'État canadien aux pressions favorables à l'intégration de l'économie continentale mettent-elles en relief des divergences d'orientations, dont l'importance est soulignée dans plusieurs textes du présent recueil. Plus concrètement, l'approche intégrationniste sélective et prudente, dont un des fruits les plus spectaculaires fut sans doute le *Pacte de l'automobile* a, suite à l'accession au pouvoir de Pierre Trudeau, cédé la place à une ligne de conduite dont la substance sera puisée dans la tradition nationaliste et protectionniste canadienne, à laquelle on peut rattacher le *Rapport Gray* et le Programme énergétique national, entre autres.

Rétrospectivement, le choix en faveur du nationalisme économique étonne un peu. À petits pas, le Canada progressait, en effet, depuis la fin de la guerre, en direction d'une association plus étroite avec les États-Unis, commandée notamment par l'effritement de ses relations avec la Grande-Bretagne, l'exiguïté de son marché national et la vitalité exceptionnelle de l'économie américaine. Puis, soudainement, la démarche s'est interrompue. Plusieurs ont, dans le passé, imputé au protectionnisme américain la responsabilité de l'émergence d'un point de vue plus nationaliste à Ottawa. Il est vrai que la démarche américaine a forcé le Canada à imaginer un plan de soutien de son économie articulé de façon plus centrale aux forces nationales. La lecture des textes qui suivent permet cependant de constater que cela n'explique pas tout. La trajectoire économique du gouvernement fédéral a été également influencée par le projet constitutionnel des libéraux, ce qui nous amène à identifier un second point de rupture.

Refusant tout compromis avec les provinces, le gouvernement Trudeau a tourné le dos à l'orientation plus conciliatrice de son prédécesseur, pour lui préférer une politique intransigeante, entièrement vouée à la promotion d'un État fédéral fort. On connaît la suite de l'histoire. Après des négociations longues et peu fructueuses, Ottawa a opté pour une stratégie qui aura finalement eu le mérite de dénouer l'impasse au plus grand détriment des intérêts du gouvernement québécois. L'épisode un peu scabreux du rapatriement de la Constitution est probablement à cet égard le plus éloquent. Il permet de mettre en lumière l'intensité de l'anti-nationalisme québécois du gouvernement fédéral, dont les formes et les modalités ont sans doute été soumises aux aléas de la conjoncture, mais dont le fond trahit incontestablement la pensée de Pierre Trudeau.

Peu d'hommes politiques canadiens ont marqué avec autant de profondeur que Pierre Trudeau la philosophie gouvernementale fédérale. Pour Trudeau, l'objectif était de bloquer la voie au nationalisme québécois. Pour y parvenir, il s'est consacré pendant presque toute la durée de son règne à bâtir une alternative fédérale crédible, allant de la promotion articulée d'un nationalisme canadien à une conception multi-ethnique et bilingue du Canada. L'effort économique et politique de l'État a été canalisé dans cette direction. Des centaines de millions de dollars ont été attribués à la défense du bilinguisme et à la promotion de la culture canadienne. Le nationalisme canadien conçu et mis en application par le gouvernement Trudeau sera d'ailleurs avant toute chose un nationalisme d'État. Bien que ce nationalisme ait laissé des marques indélébiles sur de nombreux dossiers, il apparaît, avec le recul du temps, que le projet a éprouvé de nombreuses difficultés suite au départ de son artisan principal. Pierre Trudeau a néanmoins été un facteur politique qui a mené, dans plusieurs dossiers, à la remise en question des orientations traditionnelles.

Le contexte des années 1980 a donné lieu à un rajustement politique qui a remis le continentalisme à l'ordre du jour. L'heure est maintenant au libre-échange. L'exacerbation des régionalismes, imputable en bonne partie à la politique des libéraux fédéraux, a pour sa part débouché sur la négociation d'un nouveau compromis entre le gouvernement fédéral et les provinces dont la pièce maîtresse est l'*Accord du lac Meech*. Un accord auquel Trudeau s'est opposé à cause de son caractère décentralisateur, mais un accord qui a permis de reléguer à l'histoire les déchirements qui ont ponctué les négociations constitutionnelles au cours des trois dernières décennies.

On serait ainsi tenté de conclure que le prix qu'aura finalement eu à payer le gouvernement fédéral pour mettre fin à la crise constitutionnelle et écarter la menace sécessionniste québécoise aura été celui de renoncer à une certaine vision de la centralisation au sein de l'État. Finalement, la victoire n'aura pas été totale pour Pierre Trudeau.

À la lumière de la trajectoire que nous venons de décrire, il nous apparaît difficile de prêcher en faveur d'une vision intégrée du pouvoir libéral fédéral au cours de la période étudiée. Cette trajectoire n'a pas été linéaire; elle a été soumise à plusieurs changements d'orientation qui ont mené périodiquement à d'importantes remises en question des options fondamentales du gouvernement. Tous les collaborateurs de ce livre ont préféré une lecture de la période qui met conséquemment en évidence les points de rupture de cette démarche.

Le bilan des 21 ans du pouvoir libéral fédéral à Ottawa est néanmoins impressionnant. En six législations, plus de 1 000 lois aurons été adoptées, 130 sociétés d'État créées, 36 000 nouveaux fonctionnaires embauchés. Les structures sociales et économiques du pays ont été totalement bouleversées. La mise en place du régime d'assurance sociale, par exemple, a transformé les conditions d'existence de millions d'individus. Il en va de même de l'influence de la politique économique sur les entreprises. En fait, les libéraux ont forgé le creuset dans lequel s'est formée la nouvelle bourgeoisie canadienne. C'est à l'instigation du gouvernement fédéral que se sont constitués la plupart des mégapoles sur lesquels repose présentement la stratégie commerciale canadienne. Parallèlement, les milieux syndicaux ont dû faire face à l'effritement de leur influence sociale. Après avoir connu un sommet historique de 31 % en 1978, le taux de syndicalisation a décliné à 26 % en 1984. Pendant ce temps, le taux de chômage grimpait de 5 % à 11 % et le déficit budgétaire connaissait une escalade sans précédent. Il faut préciser que les libéraux ont dû affronter entre 1975 et 1984 une décennie entière de déboires économiques. Pendant les premières onze années de pouvoir, le PNB a connu une croissance moyenne réelle de 5,2 %, mais a chuté de moitié au cours de la décennie ultérieure. C'est donc également sur la toile de fond d'une économie chancelante que se sont posés la plupart des enjeux dont nous avons précédemment fait état.

Le destin du gouvernement libéral fédéral a donc été scellé dans un environnement complexe dont le lecteur sera à même d'accumuler les indices. Entre l'émiettement actuel et les synthèses à venir, les vingt-trois collaborateurs au présent ouvrage ont accepté de soumettre dix-sept dossiers dans leur domaine d'expertise afin de procéder à un premier rassemblement de nos connaissances de ces années de gouverne. À leur tour, ces dossiers ont été regroupés en trois grands blocs. La première partie est consacrée aux questions politiques et l'on y traite successivement de la conjoncture politique, de la politique étrangère, de la défense, de la réforme constitutionnelle, de la Charte et de la centralisation au sein de l'exécutif; la seconde partie couvre l'économie politique, les politiques régionales, la politique énergétique, la politique de main-d'oeuvre et la syndicalisation; la troisième rassemble les travaux consacrés aux questions sociales et institutionnelles avec des textes portant sur la politique sociale, la politique culturelle, la politique urbaine, les femmes, l'immigration, et, enfin, les minorités.

Nous n'avons pas la prétention d'avoir couvert l'ensemble de l'activité des sept gouvernements qui se sont succédé à Ottawa entre 1963 et 1984.

Cependant, l'originalité du projet tient peut-être au fait que tous les collaborateurs ont été priés de constituer leur dossier à partir de grandes lignes directrices qui ont été suivies et respectées. Aussi, au-delà de la diversité des thèmes abordés, le traitement s'appuie dans chaque cas sur la documentation la plus pertinente et la plus significative. Il ressort ainsi de l'ensemble une étonnante homologie d'un article à l'autre et une indéniable continuité dans la poursuite et le développement de ce que nous pourrions appeler une «logique de système».

En particulier, il apparaît de plus en plus clairement à quel point les deux premier ministres qui ont présidé aux destinées du pays — si l'on excepte le court intermède conservateur de 1979 où Joe Clark a assumé cette responsabilité — ont cherché à accroître la marge de manoeuvre du Canada dans un monde en constante évolution. Nous sommes conscients des limites du présent ouvrage et, surtout, des risques auxquels nous nous exposions en nous attaquant à des dossiers sur lesquels la poussière n'est pas entièrement retombée. Nous espérons toutefois que ce premier effort de synthèse réalisé par des Québécois pourra donner suite à un débat fertile.

YVES BÉLANGER ET DORVAL BRUNELLE

PREMIÈRE PARTIE:
QUESTIONS POLITIQUES

VINGT ANS DE POUVOIR LIBÉRAL À OTTAWA: LA CONJONCTURE POLITIQUE

André Bernard
Département de science politique
Université du Québec à Montréal

On ne peut expliquer la domination du Parti libéral à la Chambre des communes du Canada, de 1963 à 1984, sans se référer aux années antérieures, d'une part, et sans se référer au comportement électoral des Québécois, d'autre part.

On ne peut, par ailleurs, comprendre les priorités du gouvernement libéral au pouvoir à Ottawa durant ces années si on ne tient pas compte des revendications des électeurs francophones du Canada.

Certes, de nombreux facteurs ont influencé les décisions des électeurs canadiens et celles des membres du gouvernement fédéral au cours de la période, et il ne faut pas sous-estimer l'importance de certains d'entre eux, cependant, aucun de ces facteurs n'a eu un poids aussi considérable que le facteur «Québec». La question du Québec a marqué la période au cours de laquelle le Parti libéral a exercé le pouvoir à Ottawa, d'abord sous la direction de Lester B. Pearson, puis sous celle de Pierre Elliott Trudeau.

LE RETOUR DES LIBÉRAUX AU POUVOIR À OTTAWA EN 1963

En reprenant le pouvoir à Ottawa en 1963, les libéraux renouaient en effet avec une longue tradition de liens privilégiés avec l'électorat québécois, tradition très provisoirement délaissée lors des élections générales de 1958.

Avec plus de 26 % des sièges (28 % de 1953 à 1974 inclusivement) à la Chambre des communes du Canada, l'électorat québécois, en se rangeant surtout du côté des candidats libéraux, a généralement donné au Parti libéral un avantage décisif (voir tableau 1).

Tableau 1
Nombre de sièges et pourcentages des voix exprimées obtenus par chacun des deux principaux partis, aux élections générales à la Chambre des communes du Canada, 1896-1984, pour l'ensemble du Canada, pour le Québec et l'Ontario

Élection	Effectif	CANADA Libéral Votes %	Sièges	Conservateur Votes %	Sièges	Effectif	QUÉBEC Libéral Votes %	Sièges	Conservateur Votes %	Sièges	Effectif	ONTARIO Libéral Votes %	Sièges	Conservateur Votes %	Sièges
1896	213	45	118	46	88	65	54	49	46	16	92	40	43	45	43
1900	213	51	133	47	80	65	56	57	43	8	92	48	37	50	55
1904	214	52	138	46	75	65	56	53	42	11	86	50	38	50	48
1908	221	50	135	47	85	65	58	54	41	11	86	47	37	51	48
1911	221	48	87	51	134	65	50	38	48	27	86	43	13	56	73
1917	235	40	82	57	153	65	73	62	25	3	82	34	8	63	74
1921	235	41	116	30	50	65	70	65	18		82	30	21	39	37
1925	245	40	99	46	116	65	59	59	34	4	82	31	11	57	68
1926	245	46	128	45	91	65	62	60	34	4	82	39	26	54	53
1930	245	45	91	49	137	65	53	40	45	24	82	43	22	55	59
1935	245	45	173	30	40	65	54	55	28	5	82	42	56	35	25
1940	245	52	181	31	40	65	63	61	20	1	82	51	57	43	25
1945	245	41	125	27	67	65	51	53	8	2	82	41	34	42	48
1949	262	49	193	30	41	73	60	68	25	2	83	46	56	37	25
1953	265	49	171	31	51	75	61	66	29	4	85	47	51	40	33
1957	265	41	105	39	112	75	58	62	31	9	85	37	21	49	61
1958	265	34	49	54	208	75	46	25	49	50	85	33	15	56	67
1962	265	37	100	37	116	75	39	35	30	14	85	42	44	39	35
1963	265	42	129	33	95	75	46	47	19	8	85	46	52	35	27
1965	265	40	131	32	97	75	46	56	21	8	85	44	51	34	25
1968	264	46	155	31	72	74	54	56	21	4	88	47	64	32	17
1972	264	39	109	35	107	74	50	56	17	2	88	38	36	39	40
1974	264	43	141	35	95	74	54	60	21	3	88	44	55	35	25
1979	282	40	114	36	136	75	62	67	13	2	95	36	32	42	57
1980	282	44	147	32	103	75	68	74	13	1	95	42	52	35	38
1984	282	28	40	50	211	75	35	17	50	58	95	30	14	48	67

Source: Rapports du directeur général des élections, Ottawa. Pourcentages calculés par l'auteur.

On peut évoquer de multiples raisons pour expliquer l'appui accordé aux libéraux. Cet appui vient d'abord du fait que, davantage représentatifs du Québec et des francophones que le sont les autres élus, les députés libéraux peuvent, mieux que les autres, solliciter le «vote d'identification» des Québécois et des francophones hors Québec: les Québécois et les francophones hors Québec appuient d'autant plus le Parti libéral que celui-ci les représente mieux, et le Parti libéral est d'autant plus représentatif des Québécois et des francophones hors Québec que ceux-ci l'appuient davantage. Ce vote d'identification est d'ailleurs renforcé quand le chef du Parti libéral est un francophone (cas de Wilfrid Laurier, premier ministre de 1896 à 1911, et de Louis Stephen Saint-Laurent, premier ministre du 15 novembre 1948 au 21 juin 1957). Il y a aussi le fait que, souvent dominé par des élus unilingues anglophones, le Parti conservateur (après 1942, ce parti a été appelé progressiste conservateur) a parfois soutenu des projets politiques qui n'avaient guère d'appui au Québec, en particulier au cours des deux grandes guerres mondiales. Il y a enfin, parmi les raisons de l'appui accordé aux libéraux fédéraux, le fait de l'organisation libérale provinciale au Québec: cette organisation a généralement servi les candidats libéraux aux élections fédérales, réussissant à faire «sortir le vote libéral», alors que le taux d'abstention, lors de ces élections, était relativement élevé au Québec.

Dans ces conditions, le succès des progressistes conservateurs au Québec en 1958 a paru exceptionnel. Et il était exceptionnel en effet, puisqu'il fut sans lendemain. Une explication du comportement électoral des Québécois en 1958 peut être trouvée dans le fait que le Parti libéral avait dorénavant pour chef un anglophone, Lester B. Pearson, qui avait défait l'aspirant Paul Martin au congrès d'investiture de janvier 1958, tenu à la suite de l'échec électoral des libéraux le 10 juin 1957 et de la démission subséquente de leur chef, Louis Stephen Saint-Laurent. Un sondage réalisé au Québec en décembre 1957 avait indiqué que seulement 27 % des répondants québécois estimaient que Pearson ferait un meilleur premier ministre que le progressiste conservateur John Diefenbaker, alors chef du gouvernement minoritaire à Ottawa[1]. De nombreux électeurs libéraux du Québec et de nombreux francophones hors Québec, en 1958, se réfugièrent dans l'abstention ou, même, prirent le «risque» d'appuyer un candidat progressiste conservateur. Mais John Diefenbaker manifesta une telle incompréhension des francophones[2] qu'il perdit en 1962 les appuis qu'il avait obtenus en 1958 au Québec et chez les francophones hors Québec. Parmi les voix exprimées au Québec, la proportion recueillie par les progressistes conservateurs en 1957 s'élevait à 31 %; cette proportion avait atteint 49 % en 1958; elle fut réduite à 30 % en 1962.

Déçus de Diefenbaker et peu enclins à voter pour Pearson, un tiers des francophones qui avaient appuyé des candidats progressistes conservateurs au Québec en 1958 se rangèrent du côté des créditistes aux élections du 18 juin 1962, tout comme le firent quelque 20 à 25 % des francophones québécois qui avaient appuyé des candidats libéraux en 1958[3]. Les créditistes, dirigés par Réal Caouette, obtinrent 26 sièges au Québec en 1962, avec 26 % des voix exprimées. Le succès relatif des créditistes aux élections fédérales de 1962 au Québec, qui peut certainement être expliqué de plusieurs manières[4], avait

1. BECK, J.M., *Pendulum of Power. Canada's Federal Elections*, Scarborough, Prentice-Hall of Canada Ltd., 1968, p. 320.
2. REGENSTREIF, P., *The Diefenbaker Interlude. Parties and Voting in Canada*, Toronto, Longmans Canada Ltd., 1965, p. 109-132.
3. Sondage numéro 297, de juin 1962, du Canadian Institute for Public Opinion, cité par REGENSTREIF, P., *The Diefenbaker Interlude, op.cit.*, p. 117.
4. LEMIEUX, V., «The Election in the Constituency of Lévis», dans MEISEL, J., *Papers on the 1962 Election*, Toronto, University of Toronto Press, 1964, p. 33-52,; DION, Léon, «The Election in the Province of Quebec», dans MEISEL, J., *Papers on the 1962 Election, op.cit.*, p. 109-128; voir aussi, IRVINE, W.P., «An Analysis of Voting Shifts in Quebec», dans

puissamment contribué à la déroute électorale du gouvernement de John Diefenbaker.

À la suite de l'élection de 1962, John Diefenbaker n'avait plus de majorité parlementaire. Son parti n'avait obtenu que 116 sièges (avec 2 865 582 voix), les libéraux en avaient obtenu 100 (avec 2 861 834 voix). Les créditistes avaient 26 élus au Québec, deux en Alberta et deux en Colombie-Britannique, alors que le Nouveau Parti démocratique, issu en 1961 (31 juillet — 4 août) de la Cooperative Commonwealth Federation, elle-même créée en 1932, avait fait élire dix-neuf de ses candidats. Puisque les néo-démocrates dirigés par T.C. Douglas lui étaient hostiles, John Diefenbaker, pour rester au pouvoir, fut obligé d'obtenir l'appui des députés créditistes, qui l'avaient combattu pendant la précédente campagne électorale et avaient contribué à sa défaite.

Le gouvernement Diefenbaker, que les créditistes avaient appuyé à la session d'automne 1962 (ouverte le 27 septembre), tomba le 5 février 1963, quinze jours après la reprise des travaux (le 21 janvier): les députés créditistes lui retirèrent leur appui. La chute du gouvernement de John Diefenbaker se produisit au terme d'une crise causée par les prises de position contradictoires des ministres progressistes conservateurs au sujet de la politique d'armement du Canada, politique qu'avait voulu préciser le général Lauris Norstad, commandant sortant de l'organisation du *Traité de l'Atlantique Nord* (dans une déclaration du 4 janvier 1963). Plusieurs ministres étaient opposés à l'idée de doter les forces armées canadiennes d'armes nucléaires (c'était notamment le point de vue du secrétaire d'État aux Affaires extérieures, Howard Green); d'autres ministres y étaient favorables (c'était le cas du ministre de la Défense, Douglas Harkness, du ministre du Commerce, George Hees, et du ministre associé de la Défense, J.P.A. Sévigny). Le 3 février, Douglas Harkness offrit sa démission; le lendemain, Lester B. Pearson présenta une motion de non-confiance fondée sur l'impression de confusion que donnait le gouvernement; le 5, les créditistes de Réal Caouette scellèrent la défaite du gouvernement de John Diefenbaker[5].

Les élections réclamées par John Diefenbaker eurent lieu le 8 avril 1963 et eurent pour résultats de porter Lester B. Pearson à la tête d'un nouveau gouvernement minoritaire, les libéraux ayant obtenu 129 sièges et les progressistes conservateurs 95. Les créditistes avaient perdu six sièges au Québec

---

MEISEL, J., *Papers on the 1962 Election, op.cit.*, p. 129-143; PINARD, M., *The Rise of a Third Party. A Study in Crisis Politics*, Englewood Cliffs, Prentice-Hall Inc., 1971, 285 pages; STEIN, Michael B., *The Dynamics of Right-Wing Protest: A Political Analysis of Social Credit in Quebec*, Toronto, University of Toronto Press, 1973, 256 pages.

5.   NEWMAN, P.C., *Renegade in Power: The Diefenbaker Years*, Toronto, McClelland and Stewart Ltd., 1963, p. 340-382 (dans l'édition d'octobre 1964).

(ils n'en avaient plus que 20), et le Nouveau Parti démocratique avait perdu l'unique siège qu'il avait obtenu précédemment en Nouvelle-Écosse, ainsi qu'un siège en Colombie-Britannique.

C'est au Québec surtout que l'élection s'était jouée. Les libéraux y avaient retouvé les 46 % des voix qu'ils avaient eues déjà en 1957 (à l'époque de Louis Stephen Saint-Laurent) et ils y avaient augmenté de douze le nombre de leurs sièges (qui passait de 35 à 47). La situation ne fut pas sensiblement modifiée en 1965, lors des élections du 8 novembre (voir tableau 2).

Tableau 2

Nombre de sièges et pourcentage des voix exprimées obtenus par les divers partis, par région, élections générales à la Chambre des communes du Canada, 1963, 1965, 1968 et 1972

	Colombie-Britannique et Territoires		Alberta, Saskatchewan, Manitoba		Ontario		Québec		Provinces de l'Atlantique	
	Sièges	Voix %	Sièges	Voix %	Sièges	Voix %	Sièges	Voix %	Sièges	Voix %
1963 (8.04)										
Libéral	7	32.6	3	26.1	52	46.3	47	45.6	20	49.9
Prog. Cons.	6	24.1	41	47.0	27	35.3	8	19.5	13	42.6
NPD	9	29.6	2	13.1	6	15.9		7.1		4.9
CS/RC	2	13.0	2	13.6		2.0	20	27.3		2.4
Autres		0.5		0.2		0.4		0.4		0.2
1965 (8.11)										
Libéral	8	30.5	1	25.4	51	43.6	56	45.6	15	47.5
Prog. Cons.	4	19.8	42	45.3	25	34.0	8	21.3	18	44.6
NPD	9	32.3	3	18.3	9	21.7		12.0		7.2
CS/RC	3	17.0	2	10.9		0.4	9	17.5		0.5
Autres		0.4		0.1		0.3	2	3.7		0.2
1968 (25.06)										
Libéral	17	42.1	11	34.8	64	46.6	56	53.6	7	41.4
Prog. Cons.	1	19.7	25	40.9	17	32.0	4	21.3	25	52.8
NPD	7	32.3	9	21.8	6	20.6		7.5		5.4
CS/RC		5.6		1.2		0.1	14	16.4		0.3
Autres		0.3		1.3	1	0.7		1.1		0.1
1972 (30.10)										
Libéral	4	29.0	3	26.7	36	38.2	56	49.1	10	39.4
Prog. Cons.	9	33.2	34	47.5	40	39.1	2	17.4	22	49.8
NPD	12	34.9	8	22.8	11	21.5		6.4		8.4
CS/RC		2.6		2.7		0.4	15	24.4		2.0
Autres		0.3		0.3	1	0.8	1	2.7		0.5

Sources: Rapports du directeur général des élections, Ottawa, nos calculs.

LA QUESTION DU QUÉBEC: 1963, ANNÉE DE FONDATION DU FRONT DE LIBÉRATION DU QUÉBEC ET ANNÉE DE LA TRANSFORMATION DU RASSEMBLEMENT POUR L'INDÉPENDANCE NATIONALE EN PARTI POLITIQUE

Les élections fédérales du 8 avril 1963 étaient à peine terminées (l'assermentation des ministres n'eut lieu que le 22 avril) quand, le 20 avril, une bombe éclata à l'arrière du centre de recrutement de l'armée canadienne, rue Sherbrooke, à Montréal, et causa la mort de William O'Neill, âgé de 65 ans.

Cet attentat fut immédiatement revendiqué par le Front de libération du Québec (FLQ), une organisation clandestine créée peu auparavant et dont le grand public ignorait encore l'existence. Cet attentat était le premier acte de violence sanglante à survenir au Québec depuis qu'avait recommencé l'agitation indépendantiste quelques années auparavant. Avec l'explosion de cette bombe, la première de ce qui devait être une longue série, la question du Québec prenait soudain une importance nouvelle.

Six ans auparavant, en 1957, Raymond Barbeau avait fondé une organisation indépendantiste, l'Alliance laurentienne, et avait fait rééditer un ouvrage initialement publié en 1938, *Nos droits à l'indépendance politique*, de l'abbé Wilfrid Morin. Barbeau lui-même avait, depuis, écrit trois livres préconisant l'indépendance du Québec, le premier intitulé *J'ai choisi l'indépendance*, en 1961, le deuxième, *Le Québec est-il une colonie?*, en 1962, et le troisième, *La libération économique du Québec*, en février 1963.

En septembre 1960, deux autres organisations indépendantistes avaient été créées, l'une (le 8 septembre) appelée l'Action socialiste pour l'indépendance du Québec, l'autre (le 10), le Rassemblement pour l'indépendance nationale (RIN). Parmi les fondateurs du RIN, se trouvait Marcel Chaput, auteur du livre *Pourquoi je suis séparatiste*, publié en 1961.

Le 3 mars 1963, peu avant l'élection fédérale qui avait porté les libéraux au pouvoir à Ottawa, le RIN s'était transformé en parti politique afin de porter son action sur le scène électorale. En devenant parti politique, le RIN faisait cependant concurrence à une autre formation indépendantiste, le Parti républicain du Québec, créé le 17 décembre 1962 par Marcel Chaput, l'un des fondateurs du RIN qui s'était précédemment dissocié du groupe des fondateurs de cette organisation.

La multiplication des organisations indépendantistes contribuait, paradoxalement, à la vigueur du mouvement parce qu'elle l'ouvrait à toutes les tendances politiques, du socialisme au corporatisme.

C'est ainsi que l'explosion du 20 avril fut interprétée par les dirigeants libéraux à Ottawa comme le prolongement inévitable d'une agitation croissante de la part d'organisations autorisées, la liberté d'expression en vigueur au Canada permettant l'action politique (conférences, publications, manifestations pacifiques) de la part des groupes de toutes tendances.

Les dirigeants fédéraux, dans un premier temps, cherchèrent à combattre la violence, estimant qu'elle devait être le fait de quelques individus.

À la suite de l'explosion du 20 avril, et plus tard, à la suite d'une série d'explosions dans des boîtes à lettres à Westmount (où il y eut un blessé, le sergent-major Walter Leja), la collaboration des forces de police, l'offre de récompenses et l'inexpérience des jeunes terroristes contribuèrent à l'arrestation, en juin 1963, de plusieurs membres du Front de libération du Québec.

Mais ce succès de police devait, selon les dirigeants, être complété, dans une perspective à plus long terme, par des mesures destinées, d'une part, à retirer aux indépendantistes les motifs de leurs revendications et, d'autre part, à donner aux Canadiens français de nouvelles raisons de se sentir chez eux au Canada.

Pour agir, il fallait cependant au gouvernement de Lester B. Pearson, une meilleure connaissance des griefs des francophones. Pour obtenir cette connaissance, on décida d'avoir recours à une commission royale, qui fut créée le 19 juillet 1963, sous le nom de Commission royale d'enquête sur le bilinguisme et le biculturalisme, et co-présidée par André Laurendeau, journaliste au quotidien *Le Devoir*, qui en avait préconisé la création en 1962, et A. Davidson Dunton, président de la Canadian Broadcasting Corporation.

La Commission mit six ans à examiner la question. Elle publia le premier livre de son rapport en octobre 1967 et, après avoir coûté plus de 7 500 000 en dollars de l'époque, produisit une importante collection d'études spécialisées dans lesquelles la situation des francophones du Canada était décrite en des termes qui confirmaient les constatations des indépendantistes québécois.

Estimant que la reconnaissance de la langue française et l'embauche de francophones au sein de l'administration fédérale contribueraient à apaiser les indépendantistes québécois, le gouvernement de Lester B. Pearson entreprit d'introduire à Ottawa, dès 1963, des mesures correctives en faveur du français et des francophones. On eut même recours aux symboles: ainsi, par exemple, on nomma le général Jean Allard commandant en chef des forces armées canadiennes et, autre exemple, on changea le nom de la société Trans Canada Airlines pour en faire la société Air Canada.

Il fallut cependant attendre le premier livre du rapport de la Commission pour que soit adoptée, en juillet 1969, après l'accession de Pierre Elliott Trudeau au pouvoir, la *Loi canadienne sur les langues officielles* qui prévoyait notamment la désignation, par le gouvernement fédéral, d'un commissaire aux langues officielles chargé de veiller au respect du statut du français et de l'anglais dans toutes les institutions fédérales du Canada. La Commission avait constaté que les francophones, qui avaient déjà été plus du tiers de la population du Canada, ne pouvaient pas s'exprimer en français dans la plupart de leurs rapports avec l'administration fédérale du Canada. La loi sur les langues officielles avait pour objectif de donner aux francophones la possibilité de s'exprimer en français dans toutes leurs communications avec l'administration fédérale canadienne.

Estimant par ailleurs que c'était là un moyen d'enlever aux indépendantistes des motifs de leurs revendications, le gouvernement de Lester B. Pearson entreprit d'accorder au Québec une part plus grande des ressources budgétaires fédérales et d'accorder au gouvernement du Québec un certain nombre de «privilèges». L'équipe de Lester B. Pearson fut d'ailleurs encouragée dans cette voie par les conseillers et collègues du premier ministre du Québec, Jean Lesage, qui avait lui-même été membre du Conseil des ministres présidé par Louis

Stephen Saint-Laurent à l'époque où Lester B. Pearson était secrétaire d'État aux Affaires extérieures.

Les actions budgétaires en faveur du Québec furent engagées dès 1963-1964. Ainsi, les paiements de péréquation furent augmentés et la part du Québec fut accrue. De même divers programmes fédéraux furent réaménagés de façon à bénéficier davantage à la population québécoise. Les programmes fédéraux qui déjà favorisaient la population du Québec (essentiellement des programmes de transferts en faveur des gagne-petit) furent par ailleurs révisés de façon à ce que leur impact au Québec soit plus important qu'auparavant.

Ces diverses mesures budgétaires, cependant, s'avérèrent longtemps insuffisantes tant l'écart à combler était considérable[6]. Par ailleurs, elles ne pouvaient complètement compenser les effets de conjoncture qui favorisaient l'Ontario et les provinces de l'Ouest du Canada, effets de conjoncture que le fameux «pacte de l'auto» liant le Canada et les États-Unis devait renforcer, et que la construction de la voie maritime du Saint-Laurent, ouvrant l'Ontario aux navires de haute-mer, avait révélés, plusieurs années auparavant.

À la longue, néanmoins, ces efforts budgétaires permirent d'atteindre l'objectif défini par le gouvernement de Lester B. Pearson en 1963. En effet, vers la fin des années 70, la proportion des dépenses fédérales au Québec a finalement dépassé la proportion des revenus fédéraux provenant du Québec, de l'aveu même des indépendantistes québécois.

Les efforts consentis du point de vue des dépenses fédérales, tout en étant considérables, n'étaient cependant pas aussi exigeants que les concessions d'ordre constitutionnel ou quasi constitutionnel qui furent, à l'époque, consentis en faveur du Québec.

Parmi les accommodements conclus avec le gouvernement de la province de Québec, il en est trois qui eurent des conséquences importantes. Le premier concernait le régime de pensions du Canada[7]. Malgré les oppositions très vives qui avaient été manifestées, le Québec obtenait, au début d'avril 1964, de constituer son propre régime, pour les résidents du Québec, alors que les résidents des autres provinces seraient couverts par le régime fédéral. Cet accommodement allait permettre au gouvernement du Québec d'établir le Régime des rentes du Québec ainsi que la Caisse de dépôts et de placements, deux institutions qui, au cours des années suivantes, s'avérèrent exceptionnellement bénéfiques pour le Québec.

Le deuxième accommodement important conclu à cette époque en faveur du Québec prit la forme d'une loi fédérale permettant des arrangements financiers

6. MORIN, C., *Le pouvoir québécois... en négociation*, Montréal, Les Éditions du Boréal Express, 1972, 208 pages; *Le combat québécois*, Montréal, Les Éditions du Boréal Express, 1973, 189 pages.
7. SIMEON, R., *Federal-Provincial Diplomacy. The Making of Recent Policy in Canada*, Toronto, University of Toronto Press, 1972, 324 pages (en particulier, p. 152-154, p. 175-176 et p. 257-258).

en faveur des provinces qui ne participeraient pas aux programmes à frais partagés établis par le gouvernement fédéral dans des domaines de juridiction provinciale ou de juridiction partagée. Connue sous le vocable anglais de *opting-out formula*, cette mesure d'exception ne fut, en pratique, utilisée qu'au Québec et elle permit au gouvernement de la province du Québec d'accroître sa part des impôts.

Le troisième accommodement d'importance consenti à cette époque concerne les relations extérieures du Québec. En 1965, le Québec put signer avec la France des ententes en matière d'éducation et de culture et, par la suite, il réussit à occuper une part du champ des relations internationales dans les domaines de juridiction provinciale[8].

Par ailleurs, en plus des mesures visant à retirer aux indépendantistes les motifs de leurs revendications, le gouvernement de Lester B. Pearson engagea diverses actions destinées à donner aux francophones du Québec de nouvelles raisons de se sentir chez eux au Canada. Trois principales mesures furent prises à cet égard.

La première mesure fut la décision de doter le Canada d'un hymne et d'un drapeau distinctifs[9]. Le projet de drapeau auquel tenaient les Canadiens français fut soumis au début du 1964 à l'attention des citoyens, mais il a fallu 30 journées de débats, réparties sur plus de six mois de session, et quelque 270 discours des parlementaires, pour en arriver, le 15 décembre 1964, à l'adoption de «l'unifolié» comme drapeau national. Le débat sur le projet de drapeau mena à plus de circonspection au moment d'adopter l'hymne national, en 1966, le «O Canada», composé par Calixa Lavallée et exécuté pour la première fois en 1880.

La deuxième mesure fut de faire de l'année du centenaire de la Confédération canadienne, déjà prévue comme une année importante de réjouissances au Canada, une année vraiment exceptionnelle, spécialement au Québec où la ville de Montréal serait le site d'une exposition universelle.

On chercha enfin à conclure une entente avec les porte-parole des gouvernements provinciaux sur la question des amendements aux articles 91 et 92 de l'*Acte de l'Amérique du Nord britannique* de 1867, articles consacrés au partage des juridictions de la constitution canadienne, afin de pouvoir obtenir du Parlement britannique que cette constitution puisse dorénavant être modifiée sans son recours. Le ministre de la Justice dans le gouvernement de Lester B. Pearson, Guy Favreau, publia en février 1965 un document qui, espérait-on, ferait l'unanimité: *Modification de la Constitution du Canada*. La formule proposée par Guy Favreau avait été acceptée par les procureurs généraux des

---

8.   MORIN, C., *L'art de l'impossible. La diplomatie québécoise depuis 1960*, Montréal, Les Éditions du Boréal Express, 1987, 472 pages.
9.   NEWMAN, P. C., *The Distemper of Our Times: Canadian Politics in Transition: 1963-1968*, Toronto, McClelland and Stewart Ltd., 1968, 558 pages (en particulier, p. 108-113 et p. 251-263).

provinces le 14 octobre 1964 et soumise à l'approbation des députés fédéraux à la fin d'octobre 1964. Le 21 janvier 1965, dans le discours inaugural de la session parlementaire à Québec, le gouvernement du Québec avait même annoncé son intention de faire ratifier l'entente d'octobre 1964 par l'Assemblée.

L'opposition extra-parlementaire à la formule[10] proposée par Guy Favreau fut cependant si importante que Jean Lesage, un an après avoir annoncé qu'il la ferait ratifier, déclara, le 27 janvier 1966, qu'il avait décidé d'en remettre l'étude à plus tard.

LE REMPLACEMENT DE LESTER B. PEARSON PAR UN FRANCO-PHONE DU QUÉBEC, PIERRE ELLIOTT TRUDEAU, EN 1968

Il devint bientôt évident que les mesures conçues pour apaiser les revendications québécoises n'obtenaient pas l'effet désiré. En effet, le mouvement indépendantiste québécois ne cessait de prendre de l'ampleur.

L'année 1967 fut exceptionnelle à cet égard. Le 24 juillet, de passage à Montréal, le président de la République française, le général Charles de Gaulle, lance à la foule: «Vive le Québec libre!» Le 29 juillet, François Aquin, député libéral à Québec, quitte son parti pour se déclarer «indépendantiste». En octobre, ayant été banni du Parti libéral provincial en raison de la thèse souverainiste qu'il préconisait, un ancien ministre du gouvernement de Jean Lesage, René Lévesque, forme, avec un groupe d'anciens libéraux provinciaux, une organisation appelée «Mouvement souveraineté-association». Enfin, du 23 au 26 novembre, quelque 1 500 délégués des organisations canadiennes-françaises se réunissent à la Place des Arts de Montréal dans le cadre de ce qu'ils avaient appelé les États généraux du Canada français: à cette occasion, les délégués affirment le droit de la nation canadienne-française à l'autodétermination.

Ces événements retentissants de 1967, ajoutés aux attentats répétés du Front de libération du Québec et aux manifestations incessantes du Rassemblement pour l'indépendance nationale, convainquirent plusieurs dirigeants fédéraux de l'importance et de l'urgence d'intensifier la lutte contre le mouvement indépendantiste québécois et de faire étalage d'une plus grande fermeté.

Mais le premier ministre Lester B. Pearson, âgé de 70 ans (il était né en 1897), n'était guère disposé à s'engager dans une nouvelle série d'opérations contre les indépendantistes québécois. Il n'avait ni la santé ni l'énergie nécessaires.

---

10.   BRUNELLE, D., «Le contentieux constitutionnel au Québec dans les années soixante», dans BRUNELLE, D., *L'État solide. Sociologie du fédéralisme au Canada et au Québec*, Montréal, Les Éditions Sélect, 1982, p. 79-107.

Les progressistes conservateurs, par ailleurs, avaient choisi un nouveau chef pour remplacer John Diefenbaker. Au congrès d'investiture de septembre 1967, Robert Stanfield avait pris la direction du Parti progressiste-convervateur et déjà les résultats d'un sondage d'octobre sur les intentions de vote avaient indiqué que 43 % des Canadiens préféraient dorénavant les progressistes conservateurs, alors que seulement 34 % préféraient les libéraux[11].

Manifestement, pour rester au pouvoir et pour mener une lutte plus énergique contre le mouvement indépendantiste, le Parti libéral devait se choisir un nouveau chef, plus jeune, plus combatif que Pearson. Un jeune francophone, Pierre Elliott Trudeau (né le 18 octobre 1919), ministre de la Justice depuis avril 1967, semblait remplir les conditions recherchées. On s'employa alors à organiser la succession[12].

Le 14 décembre 1967, après en avoir informé le Conseil des ministres, Pearson annonça qu'il céderait son poste au successeur que désignerait le parti. On annonça peu après que le congrès d'investiture aurait lieu du 4 au 6 avril 1968.

Trudeau ne se déclara pas candidat tout de suite. Il ne le fit que le 4 février 1968, après s'être assuré de solides appuis[13]. Déjà assez populaire, en raison des projets de loi qu'il avait parrainés à titre de ministre de la Justice, Trudeau réussit à passer pour le défenseur inconditionnel de l'unité canadienne face aux revendications du Québec. Il s'en prit au premier ministre du Québec, Daniel Johnson, lors de la conférence constitutionnelle des 5, 6 et 7 février et s'opposa, quelques jours plus tard, à la participation du Québec à une conférence internationale des ministres de l'Éducation des pays francophones au Gabon (le 19 février, les relations diplomatiques entre le Canada et le Gabon furent d'ailleurs rompues).

Comme l'écrivait un journaliste à l'époque, aux yeux de nombreux Canadiens d'origine britannique, Trudeau apparaissait comme «*a Frenchman who could put the trouble-making Frenchmen in their place*»[14].

Choisi chef au quatrième tour de scrutin, le 6 avril, Trudeau remplaça Pearson le 20 et réclama (le 23 avril) de nouvelles élections pour le 25 juin. Cependant, malgré l'attrait que le nouveau chef pouvait susciter (on a parlé de Trudeaumanie), et malgré sa performance lors du débat télévisé du 9 juin auquel participaient également Robert Stanfield, Réal Couette et T.C. Douglas, le Parti libéral ne réussit à gagner qu'une quinzaine de sièges, ne progressant que de 40 à 46 % des voix exprimées au Canada. Les libéraux perdirent huit sièges dans les

11. BECK, J.M., *Pendulum of Power*, op. cit., p. 399.
12. POLIQUIN, J.-M. et BEAL, J. R., *Les trois vies de Pearson*, Montréal, Les Éditions de l'Homme, 1968, p. 59-67.
13. RADWANSKI, G., *Trudeau*, Toronto, Macmillan Company of Canada Ltd., chapitre 6 (The Reluctant Leader), 1978. En version française, Montréal, Fides, 1979.
14. BECK, J.M., *Pendulum of Power*, op. cit., p. 400.

provinces de l'Atlantique, où de nombreux électeurs choisirent d'appuyer le chef progressiste conservateur, Robert Stanfield, un gars du pays, ancien premier ministre de Nouvelle-Écosse. Les progressistes conservateurs, d'un autre côté, perdirent 20 sièges dans l'Ouest: ce recul découlait de la défection vers l'abstention ou même vers le Parti libéral d'un petit nombre d'anciens électeurs progressistes conservateurs déçus de ce qu'un chef de l'Est du pays ait été préféré aux aspirants de l'ouest lors du congrès d'investiture de septembre 1967, et, à la fois, de petits réalignements aux dépens des créditistes et des néo-démocrates au bénéfice des libéraux. En Colombie-Britannique en particulier, la mobilisation des nouveaux électeurs (les jeunes) et d'anciens abstentionnistes favorisa également les libéraux.

Dans le centre du pays, en Ontario et au Québec, où sont concentrés 60 % des circonscriptions fédérales, les progressistes conservateurs perdirent douze sièges, non pas à cause d'une chute générale de popularité (car ils conservèrent l'essentiel des appuis dont ils avaient bénéficié en 1965), mais plutôt à cause des gains des libéraux auprès des francophones, auprès des nouveaux électeurs et auprès d'anciens abstentionnistes et à cause d'importants déplacements des frontières des circonscriptions électorales (car il y avait eu une révision de la carte électorale fédérale avant les élections).

Au Québec, 53,6 % des votants appuyèrent les candidats libéraux (une augmentation par rapport à 1965 alors que seulement 45.6 %, l'avaient fait). Trudeau, manifestement, avait été, au Québec, le facteur décisif dans la décision électorale de nombreux électeurs, francophones et anglophones[15]. Mais l'augmentation de l'appui accordé aux libéraux au Québec ne leur donna aucun siège supplémentaire, par rapport à 1965.

Bien qu'elle fut relativement modeste, compte tenu des espoirs qu'avait suscités Trudeau, la victoire libérale n'en était pas moins décisive (voir tableau 1 et tableau 2).

Cette victoire permit à Pierre Elliott Trudeau de poursuivre avec vigueur une quantité d'actions, surtout dans le domaine social, qu'il n'aurait peut-être pas pu engager si son parti avait été minoritaire à la Chambre des communes. L'action dans le domaine de la santé fut spectaculaire et elle a contribué à renforcer la présence des provinces dans les perceptions des citoyens. Les mesures fiscales relativement égalitaristes parrainées par le ministre E. Benson ont mené à une répartition un peu différente du fardeau fiscal entre les provinces, les provinces du Québec et de l'Atlantique se trouvant d'une certaine façon légèrement avantagées. Des programmes innovateurs comme «perspectives-jeunesses» ou «initiatives locales», dont près de 40 % des fonds furent dépensés au Québec, furent également importants du point de vue de la démarche de Pierre Trudeau à l'égard du Québec.

---

15.   MEISEL, J., *Working Papers on Canadian Politics, Enlarged Edition*, Montréal, McGill-Queen's University Press, 1973, p. 31.

La stratégie de Pierre Trudeau se situait dans le prolongement des décisions prises au cours des années précédentes par son prédécesseur, Lester B. Pearson. Le gouvernement Trudeau, notamment avec la *Loi sur les langues officielles*, accentua les efforts déjà engagés afin d'améliorer le sort des francophones au sein de l'administration fédérale. Grâce aux programmes budgétaires, il poussa encore plus loin l'effort consenti afin d'éliminer l'écart séparant le Québec des autres provinces du point de vue des dépenses fédérales par habitant. À cet égard, les moyens déjà mis en oeuvre par le gouvernement de Lester B. Person furent appliqués par le gouvernement de Pierre Trudeau avec une énergie accrue.

L'agitation indépendantiste ne cessait pourtant pas et, en 1970, aux élections provinciales du Québec, 24 % des votes étaient allés au parti créé par René Lévesque à partir de l'organisation appelée «Mouvement souveraineté-association». Cependant, n'ayant obtenu que sept des 108 sièges de l'Assemblée nationale du Québec, le Parti québécois était fortement sous-représenté.

La sous-représentation du Parti québécois donna au FLQ un prétexte supplémentaire pour recourir encore davantage à la violence.

LA *LOI DES MESURES DE GUERRE* D'OCTOBRE 1970

En deux ans, une soixantaine de bombes avaient été posées par le FLQ; plusieurs d'entre elles avaient explosé, parfois avec effusion de sang. Le FLQ avait par ailleurs été impliqué dans une vingtaine de vols d'armes, de munitions, d'explosifs ou d'argent. De toute évidence, l'action terroriste.

Lorsque, le 5 octobre 1970, on apprit que le FLQ avait enlevé James Richard Cross, un diplomate britannique en poste à Montréal, on comprit que cette action avait atteint un degré dont la gravité était indiscutable, comme en témoignait l'expérience étrangère, en Uruguay notamment.

L'enlèvement de Pierre Laporte, ministre dans le gouvernement du Québec, confirma, le 10 octobre, les conclusions de ceux qui avaient compris que le terrorisme québécois suivait la même démarche que celui d'autres pays.

Aussi, en proclamant l'état d'urgence en vertu de la *Loi des mesures de guerre*, le 16 octobre, le premier ministre Trudeau posa un geste qui rassura de nombreuses personnes et qui, à la fois, permit peut-être de démanteler le réseau terroriste.

La nouvelle de la mort de Pierre Laporte, le 17 octobre, acheva de justifier, aux yeux des indécis, le geste de Trudeau, si bien que, selon les résultats d'un sondage publiés un peu plus tard, 87 % des Canadiens appuyèrent, à l'époque, l'application de la *Loi des mesures de guerre*[16].

Au terme des 453 arrestations, 3 068 perquisitions et incalculables interventions policières effectuées sous l'empire des mesures de guerre[17], on avait repéré suffisamment de suspects pour que cesse le terrorisme au Québec. À la fin de 1970, moins de trois mois après la proclamation de l'état d'urgence, c'en était fait du Front de libération du Québec.

Très rapidement, les électeurs canadiens oublièrent les événements d'octobre 1970 et en vinrent même à ne plus craindre les indépendantistes, dorénavant personnifiés par les députés démocratiquement élus sous la bannière du Parti québécois en 1970 au Québec.

Créé en 1968, le Parti québécois avait d'ailleurs unifié le mouvement indépendantiste et, après les événements d'octobre 1970, avait contribué à le démocratiser. Les organisations antérieures, telle le Rassemblement pour l'indépendance nationale et le Ralliement national (parti souverainiste dirigé par Gilles Grégoire, un ancien député créditiste à Ottawa), avaient disparu au bénéfice du nouveau parti souverainiste animé par René Lévesque, l'ancien ministre libéral.

Le Parti québécois mena un débat de type parlementaire et se plia aux règles électorales. Il s'opposa, en particulier, aux accords constitutionnels proposés par le gouvernement de Pierre Trudeau, car ceux-ci lui apparaissaient tout à fait inacceptables pour un Québec en quête d'émancipation.

Ainsi, en 1971, l'opposition du Parti québécois au projet de modification de la constitution et au projet de charte constitutionnelle proposés par le premier ministre Trudeau, jointe à l'opposition exprimée par plusieurs personnalités du Québec, réussit-elle à convaincre le premier ministre québécois, Robert Bourassa, de refuser d'accepter ces projets, que tous les gouvernements provinciaux avaient cependant approuvés à la conférence constitutionnelle de Victoria les 15 et 16 juin 1971.

LES ÉLECTIONS DE 1972: LE PARTI LIBÉRAL, MINORITAIRE PARTOUT, SAUF AU QUÉBEC

Dans ces conditions, quand vint le temps d'une nouvelle campagne électorale fédérale, à l'automne 1972, non seulement la question du Québec parut-elle

---

16.   PELLETIER, G., *La crise d'octobre*, Montréal, Éditions du Jour, 1971, p. 172; BELLAVANCE, M. et GILBERT, M., *L'opinion publique et la crise d'octobre*, Montréal, Les Éditions du Jour, 1971, p. 43-53.

17.   TRAIT, J.-C., *FLQ 70: Offensive d'automne*, Montréal, Les Éditions de l'Homme, 1970, p. 219.

moins prioritaire que jadis aux yeux de la plupart des électeurs canadiens[18], mais encore, Pierre Trudeau lui-même parut-il moins providentiel qu'en 1968.

Le style du premier ministre Pierre Elliott Trudeau et son statut de francophone, qui avaient constitué un atout en 1968, devinrent en 1972, hors du Québec, un enjeu électoral qui fit perdre des milliers de voix au Parti libéral.

À l'issue du scrutin tenu le 30 octobre 1972, le Parti libéral n'avait plus que 106 des 264 sièges de la Chambre des communes, les progressistes conservateurs en ayant 107, le Nouveau Parti démocratique, 31 et les créditistes, 15, deux autres sièges étant détenus par des indépendants. Le Parti libéral était partout minoritaire, sauf au Québec (et au Nouveau-Brunswick où cinq sièges sur dix étaient détenus par des libéraux). Bien qu'il ait obtenu 49 % des voix au Québec (39 dans les provinces de l'Atlantique, 38 en Ontario, 28 dans les Prairies), le Parti libéral y avait perdu des voix au profit des créditistes (voir tableau 2).

L'appui des députés des tiers partis, à tout le moins celui des néo-démocrates, était dorénavant nécessaire au gouvernement libéral; aussi, pour éviter une défaite parlementaire précipitée, les libéraux évitèrent-ils, après l'élection de 1972, de s'impliquer dans des projets controversés.

Ils s'engagèrent néanmoins dans deux domaines qui ne faisaient pas l'unanimité: celui du contrôle des investissements étrangers et celui de la politique énergétique.

Au printemps de 1970, le ministre Herb Gray avait été chargé de présenter des propositions touchant l'investissement étranger au Canada. La complexité du sujet mena le ministre à recourir à un groupe d'experts qui produisirent finalement, en 1972, un volumineux rapport, qu'on se mit à appeler «Rapport Gray», du nom du commanditaire.

La constatation essentielle du rapport était la suivante: la propriété des entreprises importantes, au Canada, était en train de passer aux mains d'investisseurs étrangers.

Déjà, par une loi du 30 juin 1971, le gouvernement fédéral s'était doté d'un instrument d'intervention destiné à sauvegarder le contrôle canadien sur certaines entreprises: la Corporation de développement du Canada, créée par cette loi, devait effectivement jouer un rôle important, d'autant plus que son action serait appuyée par la politique de développement régional destinée à la promotion du Québec et de l'est du pays. Mais puisque l'action de la Corporation de développement du Canada et l'influence de la politique de développement régional n'étaient pas suffisantes, le gouvernement résolut finalement de recourir au contrôle des projets d'investissement au Canada qui provenaient de l'étranger. Il fit adopter (décembre 1973) une *Loi sur l'examen de l'investissement étranger*,

---

18.   MEISEL, J., *Working Papers on Canadian Politics. Enlarged Edition, op. cit.*, p. 220.

prévoyant la création d'une Agence d'examen de l'investissement étranger chargée d'éviter les prises de contrôle qui ne seraient pas avantageuses pour le Canada.

Par ailleurs, peu après l'élection fédérale d'octobre 1972, se produisit une première crise du pétrole: le gouvernement de Pierre Trudeau essaya d'y faire face en adoptant deux projets de loi. Le premier, la *Loi d'urgence sur les approvisionnements d'énergie*, créait un Office de répartition des approvisionnements d'énergie pour faire face à d'éventuelles pénuries ou perturbations des marchés. Le deuxième, adopté le même jour (14 janvier 1974), imposait un droit sur les exportations de pétrole brut du Canada et une taxe sur les exportations de pétrole, dont les recettes seraient réparties entre le gouvernement fédéral et les gouvernements des provinces exportatrices. Ces législations allaient susciter d'importantes controverses, tout comme la *Loi d'examen de l'investissement étranger*.

À cet égard, l'annonce, le 6 décembre 1973, de la décision de former une société pétrolière nationale était annonciatrice des débats à venir.

Ces débats, pour l'essentiel, concernaient l'apparente préférence accordée par le gouvernement aux consommateurs du centre du pays, notamment du Québec, aux dépens des producteurs de pétrole des provinces de l'Ouest. En intervenant sur la façon de répartir les approvisionnements, le gouvernement fédéral permettait aux raffineries de l'est de Montréal de poursuivre leurs activités (Montréal avait été, au début des années 60, le plus important centre de raffinage en Amérique du Nord), en dépit de la rationalité économique selon laquelle il aurait fallu localiser l'industrie du raffinage près des sources d'approvisionnement les moins chères. Le gouvernement fédéral, par ailleurs, permettait ainsi aux consommateurs canadiens dont les deux tiers vivaient à l'intérieur du corridor industriel du fleuve Saint-Laurent, de payer moins que les étrangers pour les dérivés du pétrole, alors que les producteurs de l'Ouest, dont la production était taxée si elle était exportée, se trouvaient privés des profits qu'ils auraient pu réaliser en vendant au prix international un pétrole dont les coûts de production n'avaient pas augmenté.

Les députés de l'ouest du pays manifestèrent leur opposition aux projets des libéraux, tant du point de vue de leur choix en matière d'énergie que de leurs choix en matière de développement industriel et régional.

Les tensions entre les groupes parlementaires s'accentuèrent en effet au cours du printemps 1974 et finalement, les 8 et 9 mai 1974, le gouvernement de Trudeau subit la défaite à la Chambre des communes.

Il est difficile d'évaluer le poids des divers facteurs qui ont pu jouer sur la décision des électeurs qui ont choisi, aux élections du 8 juillet 1974, d'appuyer les candidats du Parti libéral alors qu'ils ne l'avaient pas fait en 1972[19]. Il

---

19.   PENNIMAN, H.R. (Ed.), *Canada at the Polls: The General Election of 1974*, Washington, D.C., American Enterprise Institute, 1975; PAMMETT, J., LEDUC, L., JENSON, J. et CLARKE, H., *The 1974 Federal Election: A*

apparaît cependant que chez les anglophones, comme en 1968, les électeurs qui n'avaient pas voté aux élections précédentes et qui ont voté en 1974 de même que les nouveaux électeurs (ceux qui ont voté pour une première fois en 1974) ont été, dans l'ensemble, très favorables aux candidats libéraux, pour une variété de raisons, et ont permis à Pierre Trudeau de retrouver une majorité parlementaire.

À l'issue du scrutin de juillet 1974, les libéraux avaient 141 des 264 sièges de la Chambre des communes: une petite majorité. Grâce à un appui plus marqué des électeurs du Québec et des francophones hors Québec, ils avaient progressé dans les provinces de l'Atlantique et au Québec par rapport à 1972 (et même par rapport à 1968). Par ailleurs, ils se voyaient attribuer dix-neuf sièges de plus en Ontario (dix-neuf de plus qu'en 1972, mais neuf de moins qu'en 1968). Ils avaient même réussi à augmenter leurs appuis dans l'Ouest (treize sièges en 1974, sept seulement en 1972).

Une fois de plus, les électeurs du Québec et les francophones hors Québec, de même que les jeunes électeurs anglophones, firent preuve de leur importance considérable sur les résultats des élections.

DE 1974 À 1979: L'ÉROSION DES APPUIS AU PARTI LIBÉRAL HORS DU QUÉBEC

Les libéraux perdirent rapidement, cependant, une part importante des appuis qui leur avaient été offerts par les anglophones hors du Québec, aux élections générales de 1974[20]. Déjà, en 1974, ces électeurs avaient, dans l'ensemble, préféré le Parti progressiste conservateur au Parti libéral. Mais à compter de 1975, la défection des anglophones devint dramatique pour le Parti libéral, ainsi que le montrèrent les résultats des sondages consacrés aux intentions de vote.

La chute de popularité des libéraux peut être expliquée de diverses façons. Une première raison, c'est l'insatisfaction suscitée par l'inflation et les mesures adoptées pour la combattre (loi anti-inflation adoptée le 15 décembre 1975, créant la commission de lutte contre l'inflation). Il y avait aussi l'insatisfaction des électeurs de l'ouest du pays, déjà très vive en 1974, qu'accentuaient les mesures supplémentaires adoptées après 1974 suite à l'augmentation du prix international du pétrole (*Loi sur l'administration du pétrole* adoptée le 19 juin

---

Preliminary Report, Ottawa, Carleton University, 1974; WEARING, J., *The L-Shaped Party: The Liberal Party of Canada 1958-1980*, Toronto, McGraw-Hill Ryerson Limited, 1981, p. 202-203.

20.   MEISEL, J., «The Larger Context: The Period Preceding the 1979 Election», dans PENNIMAN, H.R. (Ed.), *Canada at the Polls, 1979 and 1980. A Study of the General Elections*, Washington, D.C., American Enterprise Institute, 1981, p. 24-54.

1975 et *Loi créant la Société Pétro-Canada*, adoptée le 30 juillet 1975). Dans l'est du pays, enfin, le Parti libéral souffrait de l'insatisfaction suscitée par l'augmentation du chômage (loi du 20 décembre 1975 modifiant le régime d'assurance-chômage).

Les intentions de vote en faveur des progressistes conservateurs s'accrurent encore, à compter de la fin de l'été 1975, après l'annonce de la démission de Robert Stanfield et de la tenue d'un congrès d'investiture pour le choix d'un nouveau chef progressiste conservateur. Les aspirants progressistes conservateurs s'attaquèrent à Pierre Trudeau davantage qu'à leurs concurrents et, de la sorte, accentuèrent le mouvement d'opinion qui les favorisait.

Malgré sa jeunesse et son absence de notoriété, le chef progressiste conservateur désigné par les congressistes d'octobre 1975, Joe Clark, fut même capable d'obtenir, mois après mois, un plus fort appui que Pierre Trudeau dans les sondages sur les intentions de vote, sauf au Québec.

Le 15 novembre 1976, cependant, la victoire imprévue du Parti québécois aux élections provinciales du Québec remit la question du Québec en évidence et, le mois suivant, les libéraux étaient de nouveau en avance dans les sondages portant sur l'ensemble de l'électorat canadien.

L'avance que les libéraux avaient retrouvée à la suite de la victoire du Parti québécois, fut conservée jusqu'en 1979, sauf pour une brève période, au milieu de 1978 (peu après l'adoption du système métrique, à laquelle beaucoup d'anglophones s'étaient opposés, et à l'occasion de la grève des postes, qui suscita beaucoup d'insatisfaction). Après 1978, leur avance dépendit cependant de l'appui exceptionnel que les répondants du Québec accordaient au Parti libéral de Pierre Elliott Trudeau. En dehors du Québec, après 1978, l'avance dans les intentions de votre appartenait aux progressistes conservateurs.

C'est dans ce contexte que fut tenu le scrutin du 22 mai 1979, presque à l'expiration du mandat de cinq ans obtenu aux élections du 8 juillet 1974.

L'issue de ce scrutin était prévisible, compte tenu des résultats des sondages préélectoraux: un gouvernement progressiste conservateur minoritaire et une opposition libérale composée pour moitié (67 sur 114) de députés du Québec (voir tableau 3). Les libéraux avaient reculé partout, par rapport à 1974, sauf au Québec, où ils avaient progressé. Ils ne contrôlaient plus que 23 % des suffrages exprimés dans l'ouest du pays (et 3 sièges sur 80) et ils n'avaient remporté leurs victoires, en Ontario et dans les provinces de l'Atlantique, que dans les circonscriptions où les francophones et les néo-canadiens constituaient une proportion significative de l'électorat[21].

Mais, dans l'ensemble du pays, et grâce au Québec, le Parti libéral obtint plus de voix que le Parti progressiste conservateur, même si la répartition des sièges le défavorisait.

---

21.   IRVINE, W. P., «The Canadian Voter», dans PENNIMAN, H.R. (Ed.), *Canada at the Polls, 1970 and 1980, op. cit.*, p. 55-85.

Tableau 3
Nombre de sièges et pourcentage des voix exprimées obtenus par les divers partis, par région, élections générales à la Chambre des communes du Canada, 1974, 1979, 1980 et 1984

	Colombie-Britannique et Territoires		Alberta, Saskatchewan, Manitoba		Ontario		Québec		Provinces de l'Atlantique	
	Sièges	Voix %	Sièges	Voix %	Sièges	Voix %	Sièges	Voix %	Sièges	Voix %
1974 (8.07)										
Libéral	8	33.2	5	27.2	55	45.1	60	54.3	13	44.3
Prog. Cons.	14	41.9	36	50.6	25	35.1	3	21.2	17	42.3
NPD	3	23.2	4	19.3	8	19.1		6.6	1	9.6
CS		1.2		2.1		0.2	11	17.1		1.1
Autres		0.5		0.8		0.5		0.8	1	2.7
1979 (22.05)										
Libéral	1	23.2	2	22.4	35	36.4	67	61.7	12	40.0
Prog. Cons.	21	44.2	38	53.0	57	41.8	2	13.5	18	41.1
NPD	9	31.9	9	23.0	6	21.1		5.1	2	18.7
CS		0.1		0.6		0.1	6	16.0		
Autres		0.6		0.9		0.6		3.7		0.2
1980 (18.02)										
Libéral		22.5	2	24.3	52	41.9	74	68.2	19	45.1
Prog. Cons.	18	41.3	33	50.6	38	35.5	1	12.6	13	36.6
NPD	13	35.2	14	23.5	5	21.9		9.1		17.6
CS		0.1		0.5				5.9		
Autres		0.9		1.1		0.7		4.2		0.7
1984 (4.09)										
Libéral	1	16.6	1	16.4	14	29.8	17	35.4	7	34.1
Prog. Cons.	22	46.7	39	55.5	67	47.6	58	50.2	25	53.2
NPD	8	34.8	9	23.6	13	20.8		8.8		12.3
CS		0.2		0.3				0.2		
Autres		1.7		4.2	1	1.8		5.4		0.3

Source: Rapports du directeur général des élections, Ottawa, nos calculs.

1980-1982: L'APOGÉE DU MOUVEMENT INDÉPENDANTISTE AU QUÉBEC ET SA DÉFAITE CONSTITUTIONNELLE

Le chef progressiste conservateur, Joe Clark, commença son service comme premier ministre en commettant des erreurs: il dut en effet annuler plusieurs de ses promesses, telle la promesse de vendre la Société Pétro-Canada à l'entreprise privée, celle d'accepter des déduction fiscales pour les intérêts payés sur les prêts hypothécaires et celle de déménager l'ambassade canadienne en Israël pour la localiser dorénavant à Jérusalem... Très vite, par ailleurs, la constitution d'un Conseil des ministres restreint suscita des querelles internes dont les échos parvinrent aux journalistes.

Plusieurs mesures du nouveau gouvernement furent cependant bien accueillies, notamment la décision de reconnaître la propriété des provinces sur les ressources naturelles du sous-sol dans les zones maritimes à l'intérieur des eaux territoriales canadiennes, celle de retirer le gouvernement fédéral du champ des loteries de manière à laisser cette juridiction aux provinces et le règlement de la dispute concernant l'usage du français dans les communications entre aviateurs et contrôleurs aériens au Québec[22].

Le gouvernement de Joe Clark devait par ailleurs prendre des mesures pour satisfaire les producteurs de pétrole de l'Ouest mais, si possible, sans perdre les appuis dont il disposait chez les électeurs du Québec et de l'Ontario. Le soutien des prix du pétrole[23], opéré à l'aide de subventions à l'importation et institué précédemment par le gouvernement de Pierre Trudeau, devait coûter plus d'un milliard de dollars en 1979, mais la décision de mettre fin à cette pratique ne pouvait être prise sans sacrifier la pétrochimie québécoise[24]. Les mois passèrent sans que le gouvernement de Joe Clark prenne de décision, même si les coûts budgétaires du programme de subventions augmentaient rapidement (on prévoyait déjà qu'il faudrait débourser près de trois milliards de dollars en 1980).

En novembre, alors que le Parti québécois faisait distribuer partout au Québec son *Livre blanc sur la souveraineté-association* en vue du référendum constitutionnel promis pour 1980, et alors que le Parti libéral distanciait le Parti progressiste conservateur dans les sondages (respectivement 45 % et 30 %), Pierre Trudeau démissionna. Pourtant préféré à Joe Clark pour régler le problème constitutionnel québécois, par les deux tiers des répondants interviewés lors des sondages de l'époque, il quittait la politique!

C'est avec la conviction que les libéraux n'oseraient pas les défaire à la Chambre des communes puisqu'ils n'avaient plus de chef, que les progressistes conservateurs présentèrent leur budget le 11 décembre 1979. Le 12, les néo-démocrates proposèrent un sous-amendement condamnant le gouvernement. On vota le 13. Il y avait 113 libéraux, 26 néo-démocrates, 133 conservateurs et 5

22.   BORINS, S. F., *Le français dans les airs. Le conflit du bilinguisme dans le contrôle de la circulation aérienne au Canada*, Montréal, Chenelière et Stanké, 1983, 306 pages (ouvrage publié par l'Institut d'administration publique du Canada; version en langue anglaise intitulée *The Language of the Skies*).

23.   BEALE, B., *Energy and Industry. The Potential of Energy Development Projects for Canadian Industry in the Eighties*, Toronto, James Lorimer, 1980, 94 pages; MCDOUGALL, I.A., *Marketing Canada's Energy. A Strategy for Security in Oil and Gas*, Toronto, James Lorimer, 1983, 148 pages; WILSON, B.F., *The Energy Squeeze. Canadian Policies for Survival*, Toronto, James Lorimer, 1980, 144 pages. Ces ouvrages ont été publiés par l'Institut canadien de politique économique.

24.   Ce sont les libéraux, revenus au pouvoir en février 1980, qui décidèrent enfin, après le référendum constitutionnel du Québec, d'interrompre le paiement de la subvention de 0,18 $ le baril. Les prix s'ajustèrent en conséquence de cette décision du 30 juillet 1980. Plus tard, désireux de protéger, malgré tout, les intérêts du Centre du pays, les libéraux préparèrent une nouvelle politique d'énergie qui fut présentée lors du budget, le 28 octobre 1980.

créditistes. Les créditistes s'abstinrent; même s'ils avaient appuyé le gouvernement, celui-ci aurait été défait puisque 139 opposants s'exprimèrent.

Il aurait été possible de revenir sur le vote, comme cela avait été fait en 1968 par le gouvernement de Lester B. Pearson, défait par l'absence de certains de ses membres. Effectivement, en comptant tous les députés, y compris les malades et les absents, on obtenait, d'un côté, 140 libéraux et néo-démocrates, et de l'autre, 141 conservateurs et créditistes. Cependant, il n'était pas réaliste de revenir sur le vote, d'une part, parce que rien ne garantissait que les progressistes conservateurs réussiraient à réunir tous leurs députés et à se réconcilier les créditistes, et d'autre part, parce que le sursis que cette manoeuvre aurait permis n'aurait été que de courte durée.

Les électeurs furent appelés aux urnes le 18 février 1980. Pierre Trudeau, naturellement, revint diriger le Parti libéral. Le slogan des libéraux au Québec donna le ton de la campagne électorale: «Une équipe pour ramener le bon sens au pouvoir».

Les électeurs du Québec donnèrent une majorité exceptionnelle au Parti libéral: 68,2 % des voix et 74 des 75 sièges. Comme à l'habitude, un grand nombre d'électeurs du Parti québécois s'abstinrent de voter à ces élections fédérales, contribuant ainsi à amplifier la popularité apparente de Pierre Trudeau au Québec.

En Ontario, les libéraux améliorèrent considérablement leur position comparativement à l'élection de 1979: ils obtinrent près de 42 % des suffrages alors qu'ils n'en avaient obtenu que 36 % en 1979, et ils remportèrent la victoire dans 52 circonscriptions (32 seulement en 1979); dans les provinces de l'Atlantique, ils progressèrent également, passant de 40 % des voix (en 1979) à 45 %, et de douze à dix-neuf sièges. Même si le Parti québécois se préparait pour le référendum constitutionnel, le plupart des électeurs à l'extérieur du Québec estimèrent, à l'époque, que les principaux enjeux de l'élection fédérale se situaient dans le champ de la politique économique (lutte contre l'inflation, le problème du déficit budgétaire) ou dans le domaine des politiques énergétiques (l'exploration et l'exploitation des ressources pétrolières, le prix de l'énergie), et non pas dans le secteur constitutionnel[25].

Néanmoins, dès leur retour au pouvoir à Ottawa, les libéraux mirent leur priorité dans le défense du fédéralisme canadien, contre les indépendantistes et souverainistes québécois. Le premier ministre lui-même intervint publiquement au cours des dernières semaines de la campagne référendaire. L'action des députés fédéraux s'intensifia d'ailleurs pour culminer au moment même du référendum, le

---

25.   IRVINE, W. P., «Epilogue: The 1980 Election», dans PENNIMAN, H.R. (Ed.), *Canada at the Polls, 1979 and 1980, op.c it.*, pp. 337-398; CLARKE, H.D., JENSON, J., LEDUC, L. et PAMMETT, J.H., *Absent Mandate. The Politics of Discontent in Canada*, Toronto, Gage Publishing Ltd., 1984, p. 81.

20 mai 1980. Alors que les sondages du début de l'année 1980 avaient laissé penser que l'option souverainiste était préférée par une majorité des électeurs québécois, les résultats de la consultation, le 20 mai au soir, indiquèrent que 60 % des votants s'étaient prononcés contre le projet de souveraineté-association du Parti québécois[26].

Ayant vaincu le Parti québécois au référendum constitutionnel du 20 mai 1980, Pierre Trudeau, fort de sa victoire, entreprit ensuite de réaliser l'accord des provinces sur un nouveau projet de charte constitutionnelle.

N'ayant pu obtenir jusqu'alors l'approbation du Québec sur les textes proposés, le gouvernement imagina une stratégie lui permettant de réaliser l'accord souhaité en dépit du Québec. Cette stratégie, heureusement soutenue par les tribunaux[27], porta ses fruits et, par la proclamation de la nouvelle *Loi constitutionnelle* du 17 avril 1982, la fédération canadienne fut enfin dotée d'une constitution comprenant une *Charte des droits et libertés*[28], une constitution dont les modalités de modification, au Canada, étaient dorénavant clairement établies[29].

Pierre Trudeau avait depuis longtemps annoncé qu'il démissionnerait dès que ce projet constitutionnel aurait été accepté et la perspective de sa démission ne fit bientôt plus aucun doute, car les résultats des sondages, déjà mauvais à la fin de 1980, étaient, en 1983, désastreux.

L'appui aux libéraux fédéraux avait décliné progressivement depuis l'été 1980 et les résultats des sondages laissaient présager une défaite complète[30]. Les explications de la chute de popularité des libéraux entre 1980 et 1984 ressemblaient à celles qui avaient été avancées pour expliquer le recul de 1975: d'abord l'inflation et les mesures adoptées pour lutter contre l'inflation (le taux

---

26.   CLOUTIER, E., «À deux contre un: les jeux de la campagne référendaire et de la révision constitutionnelle», dans l'ouvrage collectif intitulé *Québec: un pays incertain. Réflexions sur le Québec post-référendaire*, Montréal, QuébecAmérique, 1980, pp. 65-85.

27.   RUSSELL, P., DECARY, R., LEDERMAN, W., LYON, N. et SOBERMAN, D., *The Court and the Constitution. Comments on the Supreme Court Reference on Constitutional Amendment*, Kingston, Institute of Intergovernmental Relations, 1982 (en particulier, p. 1-41).

28.   MACKAY, P., «La Charte canadienne des droits et libertés de 1982 ou le déclin de l'empire britannique», dans BUREAU, R.D. et MACKAY, P., *Le droit dans tous ses états*, Montréal, Wilson et Lafleur Ltée, 1987, p. 13-34.

29.   BANTING, K. et SIMEON, R., «Federalism, Democracy and the Constitution», dans BANTING, K. et SIMEON, R. (Eds.), *And No One Cheered. Federalism, Democracy and the Constitution Act*, Toronto, Methuen, 1983, p. 2-26.

30.   Des séries de résultats sont présentées dans le livre de JOHNSTON, R., *Public Opinion and Public Policy in Canada*, Toronto, University of Toronto Press, 1986 (une étude réalisée pour la Commission royale sur l'union économique).

préférentiel au Canada avait atteint le taux record de 18,25 % en décembre 1980), ensuite l'énergie (pour permettre à Pétro-Canada d'acheter Pétrofina au printemps 1981, on avait augmenté de 0,08 $ le prix du baril de pétrole, et, après bien des tergiversations, en décembre 1983, Jean Chrétien, nouveau responsable du dossier, avait proposé une nouvelle version de la politique canadienne d'énergie qui, comme les précédentes, ne faisait pas l'unanimité), enfin le chômage et les conflits de travail dans le secteur public (les postiers, par exemple, avaient été en grève du 30 juin au 11 août 1981).

Trudeau démissionna donc et fut remplacé à la direction du Parti libéral par John Turner, ancien ministre des Finances qui s'était retiré de la politique. John Turner devient premier ministre le 30 juin 1984, à temps pour s'installer au pouvoir en prévision d'une élection qui devait nécessairement être tenue dès l'automne 1984, car l'élection précédente avait eu lieu en février 1980, en plein hiver.

Déjà l'année précédente, Joe Clark, le chef progressiste conservateur, avait été forcé de mettre sa fonction en jeu et il avait été lui-même remplacé, à la direction du Parti progressiste conservateur, par un Québécois, Brian Mulroney[31].

Aux élections de septembre 1984, c'est deux nouveaux chefs qui représentaient les deux grands partis canadiens. Brian Mulroney était progressiste conservateur, ce qui l'avantageait à l'extérieur du Québec; il était Québécois, ce qui l'avantageait au Québec. Il remporta la plus éclatante victoire qu'aient connue les électeurs canadiens depuis la victoire de John Diefenbaker en 1958, ou celle de l'équipe de coalition de Robert Borden en 1917.

* * *

Ainsi prenait fin, le 4 septembre 1984, vingt et une années de pouvoir libéral à Ottawa.

Au cours de ces années, la question du Québec avait été prioritaire aux yeux des dirigeants libéraux à Ottawa, même si, du point de vue des électeurs canadiens, il y avait d'autres priorités. Les actions entreprises par les dirigeants libéraux pour donner aux francophones un accès, en français, aux services de l'administration fédérale furent clairvoyantes et courageuses puisqu'elles allaient à l'encontre d'une très longue tradition d'anglicisation. De même, il y avait beaucoup de courage et de clairvoyance dans la stratégie élaborée par ces

---

31.   L'épisode est décrit dans MARTIN, P., GREGG, A. et PERLIN, G., *Les prétendants. La course au pouvoir des progressistes-conservateurs*, Montréal, Éditions Libre Expression, 1983, 286 pages (une traduction, par Jacques de Roussan, du livre publié en langue anglaise par Prentice-Hall Canada Inc., *Contenders: The Tory Quest for Power*).

dirigeants libéraux visant à localiser au Québec une part des dépenses fédérales équivalente à la part des recettes fiscales fédérales originant du Québec. Cette stratégie proquébécoise était en vérité une stratégie procanadienne, car elle visait à retirer aux francophones du Québec le motif d'une éventuelle sécession du Québec. Elle fut pourtant contestée avec vigueur par les porte-parole des électeurs non québécois, car elle allait dans un sens diamétralement opposé à leurs intérêts à court terme et contredisait une tendance qui n'avait fait que s'alourdir au cours des années précédentes.

La question du Québec, au moment de l'accession de Lester B. Pearson au pouvoir, était déjà préoccupante, des bombes ayant commencé à ponctuer les revendications des indépendantistes québécois. Vingt ans plus tard, les choses s'étaient profondément transformées, cette question restait toujours en suspens.

Curieusement, c'est grâce aux électeurs francophones que les libéraux ont été portés au pouvoir et y sont restés. Si les électeurs francophones avaient voté comme les électeurs anglophones lors des élections de 1963, 1965, 1972, 1979 et même 1980, c'est le Parti progressiste conservateur qui aurait gardé le pouvoir.

Ainsi, le parti qui a combattu avec succès la volonté souverainiste exprimée par une moitié des Québécois francophones fut le un parti que l'autre moitié des francophones contribua à mettre au pouvoir.

LA POLITIQUE ÉTRANGÈRE DE PEARSON À TRUDEAU: ENTRE L'INTERNATIONALISME ET LE RÉALISME

André P. Donneur
Département de science politique
Université du Québec à Montréal

Il y a plusieurs paradoxes dans la manière dont la politique étrangère a été menée durant les vingt ans de pouvoir libéral à Ottawa.

Tout d'abord, c'est l'homme d'État qui incarnait par excellence l'idée du maintien de la paix, Lester B. Pearson, qui accepta la présence d'armes nuclaires sur le sol canadien; son futur successeur, qui militait alors aux côtés de l'opposition néo-démocrate, n'hésita pas de le qualifier fort sévèrement de «défroqué de la paix».

Un autre paradoxe, plus mineur celui-ci, est aussi le fait que Pearson, le conciliateur par excellence, allait, à propos du Québec, entrer en conflit avec la France gaulliste.

Mais le paradoxe majeur fut certainement que Pierre Trudeau, parti avec l'idée bien arrêtée de mener une politique réaliste de défense et de promotion des intérêts canadiens, termina sa carrière de premier ministre en apôtre de la paix.

On peut chercher les explications de ces paradoxes dans le caractère ou l'idéologie des hommes. Un fil conducteur plus prometteur me paraît être les contraintes du système international et, plus particulièrement, la difficulté inhérente de vivre à l'ombre de la plus importante puissance du globe. C'est l'hypothèse que nous retiendrons.

Est-ce à dire que tout projet d'indépendance ou tout au moins d'accroissement de l'autonomie de la politique étrangère canadienne par rapport à celle des États-Unis était voué à l'échec? Nous porterons, sur ce sujet, un jugement nuancé, tant sur la politique de Pearson que sur celle de Pierre Trudeau.

Plus généralement, réaliser intégralement un tel projet est, comme dirait Kipling, une autre histoire.

LES OGIVES NUCLÉAIRES

Le gouvernement de Diefenbaker était tombé sur la question des ogives nucléaires. C'est à cette question que Lester B. Pearson s'attaqua immédiatement. Le 22 avril 1963, il devenait premier ministre du Canada[1]. Le 25 avril, le Comité de la défense du Cabinet se réunissait. Les 10 et 11 mai, Pearson rencontrait le président Kennedy, à Hyannis Port, dans la presqu'île de Cape Cod. Les discussions se déroulèrent dans la résidence d'été des Kennedy. L'atmosphère était détendue, contrastant avec l'acrimonie qui avait caractérisé les rapports entre Kennedy et Diefenbaker. Le communiqué final des discussions annonçait que des pourparlers entre le Canada et les États-Unis allaient commencer afin «de mettre en oeuvre sans délai les engagements contractés par le Canada pour la défense de l'Amérique du Nord et de l'Europe, en tenant compte des procédures parlementaires canadiennes»[2]. Formule habile, qui permettait l'équipement des fusées *Bomarc* en ogives nucléaires, tout en laissant un droit de regard à la Chambre des communes où le Parti libéral du premier ministre Pearson était minoritaire.

Pearson, lui-même, était réticent vis-à-vis des ogives nucléaires, mais, du moment que le gouvernement conservateur s'était engagé imprudemment à les acquérir, il estimait que le Canada devait respecter ses engagements. Il était fermement appuyé par le ministre de la Défense, Paul Hellyer[3], qui avait déjà suggéré d'acquérir les ogives dans un court délai[4]. Le 21 mai, un amendement néo-démocrate au discours du trône qui condamnait l'acquisition d'armes nucléaires par les forces armées du Canada, fut repoussé par 171 voix contre 113[5]. Le 16 août, l'accord était conclu avec les États-Unis sous la forme d'un échange de notes signées à Ottawa par le secrétaire d'État aux Affaires extérieures, Paul Martin, et l'ambassadeur des États-Unis[6]. Cet accord fut complété le 9 octobre par un arrangement qui plaçait les armes nucléaires sous la responsabilité du commandement conjoint de la défense aérienne nord-

---

1.   GIRARD, C., *Canada in World Affairs*, Toronto, Canadian Institute of International Affairs, s.d., vol. XIII, *1963-1965*, p. 3.
2.   *Ibid*, p. 20-21.
3.   *Ibid*, p. 66.
4.   *Ibid*, p. 21.
5.   *Ibid*, p. 77.
6.   *Ibid*, p. 74.

américaine[7]. Le 31 décembre 1963, les premières ogives nucléaires destinées aux Bomarcs arrivaient à North Bay, dans le nord de l'Ontario[8].

LA QUESTION VIETNAMIENNE

Pearson, alors même qu'il était secrétaire d'État aux Affaires extérieures de Saint-Laurent, avait fait du maintien de la paix son image de marque. *Le Livre blanc sur la défense*, publié par son gouvernement en 1964, assignait aux opérations de maintien de la paix la priorité.

Toutefois, cette politique s'engagea dans une impasse au Vietnam. Le Canada avait accepté en 1954, lors de la Conférence de Genève sur l'Indochine, la proposition de la Chine de participer avec l'Inde et la Pologne aux Commissions internationales de contrôle et de surveillance des armistices au Cambodge, au Laos et au Vietnam[9]. Ces commissions jouèrent un rôle utile dans la période qui suivit les cessez-le-feu. La Commission du Vietnam facilita notamment, dans ses premiers 300 jours, le regroupement des forces de part et d'autre du 17e parallèle, frontière entre le Nord et le Sud, ainsi que le rapatriement des prisonniers et le transfert de réfugiés du Nord vers le Sud[10]. Mais l'impossibilité, due au refus du Sud-Vietnam d'y participer, d'organiser à la date prévue les élections qui devaient, conformément à la déclaration finale de la Conférence de Genève, réunifier le pays, prolongea indûment la vie de la Commission[11].

Pearson retrouva donc, comme chef de gouvernement, la Commission internationale du Vietnam qui avait été formée alors qu'il était secrétaire d'État aux Affaires extérieures. Dès 1962, la Commission avait dû constater, dans un rapport adressé aux deux États coprésidents de la Conférence de Genève, l'URSS et le Royaume-Uni, que, contrairement à l'accord de Genève, le Sud-Vietnam recevait une aide militaire des États-Unis, y compris en personnel, tandis que le Nord-Vietnam envoyait au Sud des militaires et du matériel pour y soutenir une insurrection et organiser des attaques[12]. Les années du gouvernement Pearson furent particulièrement marquées par le conflit au Vietnam. D'une part, ce gouvernement comprenait l'intervention des États-Unis pour soutenir le Sud contre les incursions du Nord; d'autre part, sa participation à la Commission

7. *Ibid*, p.77.
8. *Ibid*, p. 79.
9. EAYRS, J., *Defence of Canada*, «Indochina: Roots of Complicity», Toronto, University of Toronto Press, vol. 5, 1983, p. 39-57.
10. HOLMES, J. W., *The Shaping of Peace: Canada and the search for World Order 1943-1957*, vol. 2, Toronto, University of Toronto Press, 1982, p. 10.
11. *Ibid*, p. 210-216.
12. BRIDLE, P., «Canada and the International Commissions in Indochina, 1954-1972», *Behind the Headlines*, octobre 1973, p. 17-18.

internationale ainsi que, plus généralement, sa politique en faveur du maintien de la paix l'incitaient à prévenir une escalade du conflit et à rechercher un règlement pacifique. C'est dans cette perspective qu'il accepta de dépêcher cinq fois à Hanoï, de juin 1964 à juin 1965, son délégué sur la Commission; mais celui-ci ne put que transmettre les menaces de bombardements des États-Unis — qui subordonnaient tout cessez-le-feu et accord de coopération avec le Nord-Vietnam à l'arrêt du soutien de l'insurrection au Sud — et, en retour, le refus du Nord-Vietnam de négocier sous la contrainte[13]. En avril 1965, au grand déplaisir des États-Unis, Pearson, dans un discours à Temple University, demandait un arrêt des bombardements du Nord-Vietnam. Enfin, une véritable mission de paix était entreprise en mars 1966, par l'envoi à Hanoi de Chester Ronning, un ancien diplomate qui avait une grande renommée en Asie orientale. Celui-ci obtint d'Hanoi la promesse de négocier un accord, à la seule condition que les États-Unis cessent leurs bombardements. Mais, comme ceux-ci restèrent sur leurs positions antérieures, Ronning ne put, de retour à Hanoi en juin, que transmettre ce refus[14]. Ainsi, les efforts du Canada pour un règlement pacifique du conflit furent un échec, plus durement ressenti encore, parce qu'on avait l'impression que les États-Unis n'avaient pas été prêts à négocier sérieusement. Plus fondamentalement, le Canada se trouva en contradiction avec son rôle de puissance moyenne favorable à la paix, à cause de son accord de production commune d'armements avec les États-Unis. Enfin, les vicissitudes de son rôle au Vietnam amoindrirent l'intérêt du Canada pour le maintien de la paix[15], qu'allait encore affaiblir l'obligation de retirer son contingent de la force de paix des Nations unies au Moyen-Orient en 1967. Ces événements serviront de leçon au gouvernement Trudeau, tant dans sa politique vis-à-vis du maintien de la paix — par exemple comme peut en témoigner, sa participation limitée à la Commission internationale de contrôle au Vietnam en 1973 — que vis-à-vis des États-Unis, dont le gouvernement Pearson commençait aussi à redouter de l'influence économique.

LA CRISE DES RELATIONS AVEC LA FRANCE

La politique conciliatrice de Pearson allait se heurter à un obstacle inattendu: la France du général de Gaulle. Pourtant, le gouvernement Pearson avait accepté la coopération directe qui s'était instituée entre le Québec et la France, surtout dans les domaines de l'éducation et de la culture, mais aussi dans ceux de l'économie, de la science et de la technique. Les ententes franco-québécoises sur l'éducation et

---

13.   EAYRS, J., *op. cit.*, p. 185-190.
14.   THAKUR, R., *Peace Keeping in Vietnam*, Edmonton, University of Alberta Press, 1984, p. 229-233.
15.   *Ibid*, p. 257.

la culture avaient été chapeautées par un accord-cadre franco-canadien et le gouvernement Pearson, convaincu par Jean Lesage, était intervenu pour que la délégation du Québec à Paris bénéficie des privilèges et immunités diplomatiques.

Cependant, méfiant à l'égard d'un Canada qui — conformément à une politique générale bien établie — avait refusé de livrer sans contrôle de l'uranium à la France, le général de Gaulle privilégia les liens avec le Québec, au point de provoquer une crise des relations franco-canadiennes, en lançant, le 24 juillet 1967: «Vive le Québec libre!» du balcon de l'hôtel de ville de Montréal. La réplique du lendemain de Pearson — «Certaines déclarations faites par le président ont tendance à encourager la faible minorité de notre population qui cherche à détruire le Canada et, comme telles, elles sont inacceptables» — et la rentrée précipité du général de Gaulle à Paris constituent les autres éléments du début de cette crise. Tandis que la coopération franco-québécoise s'intensifiait, la crise franco-canadienne s'approfondissait: par conférences de presse et déclarations interposées, le général de Gaulle réaffirmait son soutien à une politique d'émancipation du Québec, tandis que Pearson lui reprochait de s'ingérer dans les affaires intérieures du Canada. L'invitation directe, adressée en février 1968, au Québec par le Gabon, poussé par la France, à participer à une conférence des ministres francophones de l'Éducation, provoqua la rupture des relations diplomatiques avec le Gabon.

Pierre Trudeau hérita de ce dossier, sur lequel il avait certainement eu l'occasion déjà de se pencher en tant que ministre du gouvernement Pearson. Le général de Gaulle tint à déclarer qu'il ne modifiait pas sa politique à l'égard du Québec, parce que le nouveau premier ministre du Canada était francophone. Quant au premier ministre, il considérait que le président de la République française ne connaissait pas la réalité canadienne. En janvier 1969, le Canada avertissait la France que les ententes qu'elle venait de conclure avec le Québec en matière d'investissements et de satellites de communications, n'avaient aucune valeur. L'arrivée au pouvoir, en juin 1969, du président Pompidou ne modifia pas immédiatement les rapports franco-canadiens. En octobre 1969, un gaulliste orthodoxe, le secrétaire d'État aux affaires étrangères, de Lipkowski, se permit, lors d'une visite à Québec, de déclarer que la politique extérieure de la France était «définitivement d'encourager le droit des peuples à déterminer leur propre destin» et en particulier celui du Québec. Pierre Trudeau le traita d'impoli et d'impertinent et menaça de dénoncer l'accord-cadre franco-canadien de coopération.

Mais il s'agissait là d'un dernier éclat, probablement un test des milieux gaullistes orthodoxes. La politique de Pompidou se voulait différente. C'est lors de la réunion ministérielle de l'Alliance atlantique à Bruxelles, en décembre 1969, que les ministres des Affaires étrangères des deux pays se mirent d'accord «pour éviter de futurs incidents du genre de ceux qui ont troublé les relations franco-canadiennes dans le passé récent et de les traiter comme de l'histoire ancienne». La fin de la crise et la normalisation des relations se manifestèrent de diverses manières: désormais tout représentant de la France séjourne à Ottawa avant de se rendre à Québec; on constata des mutations au Quai d'Orsay parmi les amis du Québec; les déclarations des responsables français se firent amicales, à commencer par celle de Pompidou: «Nous essayons de faire marcher ensemble nos liens particuliers avec le Québec et notre bonne entente avec le Canada»; un arrangement permit à la fois la participation du Canada en tant qu'État et du Québec en tant que gouvernement participant aux affaires de la francophonie. Pompidou, toutefois, continuait à juger sévèrement la politique anti-nucléaire du Canada vis-à-vis de la France. Les condamnations par le Canada de tous les essais nucléaires — et notamment ceux de la France — étaient considérées par le président français comme infantiles et furent la cause principale du refus de Pompidou d'inviter le premier ministre Trudeau à faire une visite officielle en France. Après l'arrivée au pouvoir, en 1974, de M. Giscard d'Estaing, qui a une conception plus souple des relations internationales, les relations franco-canadiennes amorcèrent une véritable coopération qui, même si elle est limitée, ne s'est désormais plus démentie, sans nuire parallèlement à la coopération franco-québécoise[16].

LE TOURNANT DE LA POLITIQUE ÉTRANGÈRE CANADIENNE

Le 29 mai 1968, le premier ministre Trudeau déclara que, si son gouvernement était réélu, il entreprendrait une révision complète des relations extérieures du Canada. Une nouvelle politique étrangère et un nouveau rôle seraient dévolus au Canada[17]. Effectivement, ce virage s'effectua en 1968-1970 sous trois formes: une série de décisions rapides, la réorganisation de la gestion de la politique étrangère, et enfin, une étude établissant un bilan et fixant des objectifs à cette politique.

Parmi les décisions rapides, nous pouvons relever la reconnaissance du gouvernement de Pékin, l'ouverture d'une ambassade au Vatican, le retrait de la moitié des troupes canadiennes stationnées en Europe dans le cadre de l'OTAN et le contrôle des eaux de l'Arctique par le truchement de la *Loi sur le contrôle de la pollution* adoptée par la Chambre des communes. Mise à part la question vaticane, ces décisions eurent à surmonter l'opposition des États-Unis. Sur le plan intérieur, toutes rencontraient des obstacles, y compris au sein du ministère des Affaires extérieures. Ce qui est frappant, c'est la détermination et la rapidité

---

16.   DONNEUR, A. P., «Les relations franco-canadiennes», dans *La politique étrangère de la France*, Québec, Centre québécois de relations internationales, 1984, p. 89-102.

17.   TRUDEAU, P. E., «Le Canada et le monde», *Déclarations et discours*, 68/17, p. 3.

avec lesquelles elles furent prises: elles reflétaient essentiellement la volonté politique du premier ministre.

LA RÉORGANISATION

Pierre Trudeau a une vue rationaliste de la décision politique, une «perspective cybernétique des choix politiques» (Bruce Doern), fondée sur des «principes mécaniques et de manager» (Peter Aucoin) et d'efficacité (Langford).

John Kirton[18] a très bien montré que Pierre Trudeau chercha en 1968 à mettre en place un système de prise de décisions reposant sur trois éléments: la participation de hauts fonctionnaires, un groupe d'agences centrales et les comités du Cabinet. Nous allons suivre de près son analyse en ce qui a trait au ministère des Affaires extérieures.

Le gouvernement Trudeau lança d'emblée une attaque majeure contre les préoccupations de ce ministère, qu'il jugeait étroites et exclusives. Il reprochait aux diplomates la manière dont ils rédigeaient leurs dépêches au Ministère. La plaisanterie favorite du premier ministre était que, durant une grève du *New York Times*, les dépêches des diplomates en poste dans divers pays s'étaient soudainement raréfiées. Il attaquait aussi la priorité donnée aux aspects militaires de la politique étrangère: c'est l'époque où Pierre Trudeau envisageait même le retrait, du moins partiel, de l'OTAN. Comme de raison, il déplorait tout spécialement le manque de rationalité dans le processus de formulation des décisions et des orientations de la politique étrangère canadienne. Enfin, il critiquait le côté routinier du ministère des Affaires extérieures, sa politique réactive aux événements, dépourvue d'objectifs à long terme.

Il attaqua vertement la manière dont fut menée l'étude de révision de la politique étrangère de 1968 à 1970, (dont nous traiterons dans la partie suivante). La préparation de cette révision fut confié à des *Task Forces* interministérielles. Mais le produit initial de cette étude, émanant du ministère des Affaires extérieures, fut rejeté par le Cabinet et renvoyé au Ministère pour qu'il le rédige à nouveau.

Qui plus est, le gouvernement attaqua le ministère sur le plan budgétaire. Celui-ci fut obligé de fermer certaines missions diplomatiques et à recourir à une procédure interministérielle pour administrer ses postes à l'étranger.

Après ces chocs, le Ministère répondit par une série d'initiatives pour montrer sa volonté de se réformer. Il créa un Groupe d'analyse politique, pour répondre aux critiques du premier ministre sur le rôle du diplomate et pour faire de la prévision. Il assuma un rôle de *leadership* dans la gestion des opérations à

18.   KIRTON, J., «Foreign Policy Decision Making in the Trudeau Government: Promise and Performance», dans *International Journal*, vol. 33, printemps 1978, p. 287-311.

l'étranger. Enfin, en 1971, les structures de son quartier général furent réorganisées complètement. En dépit de ces changements, le ministère des Affaires extérieures ne rétablit pas complètement sa prééminence traditionnelle sur une sphère de politiques largement étendue.

C'est que les autres ministères reçurent des ressources et un rôle accru. Ils exerçaient désormais une autorité directe sur les aspects internationaux de leur activité nationale et pouvaient établir des unités capables d'agir sur les questions reliées aux affaires étrangères. Des fonctionnaires furent transférés des Affaires extérieures vers ces nouvelles unités, qui acquirent ainsi des expertises diplomatiques et des compétences fonctionnelles. Le rôle de ces unités fut légitimé par l'idée du gouvernement que les politiques extérieures étaient l'extension à l'étranger des intérêts internes.

Pour assurer la coordination, les agences centrales virent leurs capacités de planification accrues et devinrent des lieux d'initiatives. Le Bureau du premier ministre fut transformé en une organisation formelle, au sein de laquelle un conseiller aux affaires extérieures, Ivan Head, était chargé de missions; cependant, il envoyait toujours copie de ses rapports de missions au ministère des Affaires extérieures. Le Bureau du Conseil privé, quant à lui, fut doté d'une unité de planification.

Le plus grand changement se produisit au sein du Cabinet où cinq organismes d'opération, quatre de coordination et d'autres *ad hoc* furent créés. Le Comité de planification du Cabinet maintint une vue d'ensemble sur les politiques et définit les priorités et stratégies.

Comme cette méthode de coordination ne donna pas les résultats escomptés, on chercha une planification globale de la politique étrangère. Dans un premier temps, de mai 1968 à juin 1970, cinq secteurs de politiques furent définis — Europe, Pacifique, Amérique latine, Nations unies et Développement international — à la suite d'un processus de consultations interministérielles. La deuxième phase consista dans l'établissement d'un document général — *Politique étrangère au service des Canadiens* — conçu sous la direction du Groupe d'analyse politique du ministère des Affaires extérieures qui élabora le document sur la politique vis-à-vis des États-Unis, connue sous le nom de «troisième option». Les efforts de coordination interministérielle de la politique extérieure donnèrent, finalement, le leadership au ministère qui abritait le secrétariat du Comité interministériel sur les relations extérieures (CIDE).

Finalement, il était clair, en 1974, que c'était le Ministère qui assumait la stratégie de coordination.

LE CONTENU DE L'ÉTUDE ET LES OBJECTIFS FIXÉS

Mise en chantier par le gouvernement dès 1968 l'étude fut élaborée par le ministère des Affaires extérieures[19]. Le document constatait que le Canada avait, dans les décennies d'après guerre, profondément évolué. Abandonnant l'isolationnisme des années 30, le Canada avait participé «vigoureusement à des activités internationales». Un des rares pays développés épargnés par les ravages de la Seconde Guerre mondiale mais qui avait, au contraire, prospéré, le Canada avait joué un rôle important. Son armée avait été la troisième en importance sur le front occidental au moment de la libération du continent européen. Il avait ensuite participé activement aux organisations internationales et notamment aux activités de maintien de la paix.

L'étude constatait, toutefois, que le monde avait changé. Le système international avait évolué: les institutions internationales étaient paralysées par leurs conflits internes; le bipolarisme idéologique était terminé et la structure des camps avait changé; le Tiers-Monde réclamait une action internationale pour le développement et pour mettre fin à l'inégalité raciale; les armements s'étaient développés sous l'effet des sciences et techniques; le développement des ordinateurs et les communications instantanées faisaient éclater les structures internes; l'incivisme et la violence se répandaient, alors que les valeurs des sociétés étaient remises en question, notamment en Amérique du Nord.

Le Canada avait également évolué. La surchauffe économique avait accentué les différences et les disparités régionales. La «Révolution tranquille» avait transformé le Québec. En politique étrangère, des questions nouvelles étaient posées. La guerre du Vietnam avait mis en cause les rapports avec les États-Unis: celle de vivre dans leur ombre et leur politique étrangère, de «dépendre économiquement de la prospérité américaine» et de subir leur «influence envahissante». Le rôle de «puissance moyenne», cher à Pearson, était remis en question par les mésaventures des Nations unies au Congo et surtout, par celles de la Commission internationale de contrôle au Vietnam et par l'effondrement de la Force d'urgence des Nations unies en 1967 en Égypte, deux échecs spectaculaires subis par le Canada. L'évolution de l'Europe occidentale posait aussi problème: son intégration distendait ses liens transatlantiques. L'évolution du monde communiste reposait la question de la participation à l'OTAN. Enfin, le renouveau canadien-français — du Québec, dirions-nous — favorisait directement des relations avec les pays francophones.

Il n'était pas possible de continuer, comme on l'avait fait depuis la guerre, à défendre une politique d'ajustements pragmatiques. Il était temps de renouveler la politique étrangère canadienne, tel que le gouvernement l'avait décidé en 1968. Le reproche général fait à la politique antérieure était d'avoir négligé les objectifs

---

19. SHARP, M., éd., *Politique étrangère au service des Canadiens*, Ottawa, 1970.

et les intérêts politiques du Canada pour ne s'attacher qu'à son rôle et à son influence. Il fallait désormais:

> [...] choisir avec soin les grands objectifs, les grandes orientations et les grandes priorités qui doivent présider à la défense des intérêts nationaux et à l'illustration des valeurs nationales [...]. Comme tous les États, le Canada doit agir à partir de ses objectifs et de ses intérêts tels que lui-même les conçoit... La politique étrangère est [...] essentiellement le résultat de l'évaluation par le gouvernement des objectifs et des intérêts nationaux. Elle est le prolongement de la politique nationale à l'étranger[20].

Cette approche à la politique étrangère rompait avec l'approche pragmatique qui n'avait cessé de l'influencer depuis 1931, date de l'adoption du statut de Westminster. Elle s'inscrivait dans le prolongement de la démarche réaliste dont Hans Morgenthau fut le théoricien éminent dès l'après-guerre, mais en la modifiant, en ne considérant plus le monde comme l'apanage exclusif des grandes puissances mais aussi de puissances «principales»[21], comme le Canada, qui influent sur le système international sans le dominer.

Trois grands buts étaient assignés au Canada: le maintien en toute sécurité de son indépendance politique, la prospérité générale et la croissance, les valeurs à enrichir et à considérer pour les Canadiens dans leurs rapports avec d'autres peuples.

De ces trois buts très généraux découlaient six grandes orientations: stimuler la croissance économique au Canada, préserver sa souveraineté et son indépendance, travailler à la paix et à la sécurité, promouvoir la justice sociale, enrichir la qualité de la vie et maintenir l'harmonie du milieu naturel.

Ces grandes orientations dictaient des objectifs différents à poursuivre selon les régions du monde et l'ajustement des grands problèmes fonctionnels. C'est ainsi que, sur le plan de la défense, une révision des objectifs renversait l'ordre adopté en 1964. Désormais, la protection de la souveraineté canadienne, notamment la surveillance des côtes canadiennes, venait en priorité, suivie de la défense de l'Amérique du Nord avec les États-Unis; l'OTAN venait en troisième place et les opérations internationales de maintien de la paix étaient reléguées au dernier rang.

---

20.   *Ibid*, p. 8-9.
21.   DEWITT, D. B. et KIRTON, J., *Canada as a Principal Power*, Toronto, Wiley, 1983.

LA «TROISIÈME OPTION»: LA POLITIQUE VIS-À-VIS DES ÉTATS-UNIS

Mais c'est surtout à l'égard des États-Unis que ces objectifs régionaux furent précisés. En 1972, un article signé par le secrétaire d'État aux Affaires extérieures, Mitchell Sharp y faisait un diagnostic lucide des relations du Canada avec les États-Unis. Cet article, souvent cité, mais plus rarement lu et intitulé «Relations canado-américaines: choix pour l'avenir»[22], constatait la dépendance croissante du Canada par rapport aux États-Unis dans les domaines militaire, économique et culturel.

Que devrait faire le Canada? Après avoir écarté tout isolationnisme comme irréaliste, le ministre Sharp examinait les trois options possibles:

a.   le statu quo: «Nous pouvons chercher à maintenir plus ou moins l'état actuel de nos relations avec les États-Unis, en modifiant nos politiques le moins possible»;

b.   l'intégration: «Nous pouvons nous acheminer délibérément vers une intégration plus étroite avec les États-Unis»;

c.   la troisième option: «Nous pouvons adopter une stratégie générale, à long terme, visant à développer et à raffermir notre économie et les autres aspects de notre vie nationale et, ce faisant, réduire la vulnérabilité actuelle du Canada».

Cette troisième option était donc une stratégie à long terme — on ne le soulignera jamais assez — qui comportait à la fois un volet interne et un volet externe. Pour pouvoir, en effet, «élargir délibérément la gamme des marchés» étrangers «sur lesquels les Canadiens pourront et devront faire face à la concurrence», il était évidemment essentiel «de créer une base économique saine» (p. 20). Ce volet interne — presque toujours ignoré dans les références à la politique de troisième option — impliquait, ni plus ni moins, «une refonte des structures économiques» (p. 21), caractérisée par «la spécialisation et la rationalisation de la production et l'émergence de sociétés dynamiques sous contrôle canadien» (p. 20). Pour ce faire, «un certain degré de planification» s'imposait, qui englobait aussi le volet externe. Cette stratégie prévoyait la coordination d'«un large éventail d'instruments politiques convergents» comprenant «la politique fiscale, la politique monétaire, les tarifs, les achats du gouvernement, les règlements régissant l'investissement étranger, la politique scientifique» (p. 20-21). Elle se doublait d'une stratégie visant à renforcer l'identité culturelle canadienne et à l'affirmer sur la scène internationale (p. 22).

Au second volet externe venait s'adjoindre l'élargissement de la gamme des marchés, où l'auteur fixait des limites réalistes: les États-Unis resteraient évidemment le partenaire économique principal. Toutefois, en diversifiant ses marchés, le Canada réduirait sa dépendance à leur égard. Ces autres marchés, ce n'était pas seulement en Europe, comme on l'a souvent dit à tort, que le Canada

---

22.   *Perspectives internationales*, n° spécial, automne 1972.

irait les chercher, ni non plus auprès du lien contractuel noué avec la Communauté européenne trois ans plus tard, pas plus qu'auprès du développement des relations avec le Japon. La diversification impliquant, par exemple, que le Canada se tourne aussi vers l'URSS, dont les experts de l'Institut d'étude sur les États-Unis et le Canada perçurent l'ouverture éventuelle[23]. Vers la Chine également, que le Canada avait reconnue en 1970. Et vers l'Amérique latine, qu'une importante mission interministérielle avait prospectée dès 1968. Enfin, les marchés des pays en développement d'Asie et d'Afrique devraient être ouverts, stimulés par la politique d'aide de l'ACDI.

Ce grand dessein ne fut mis en oeuvre que partiellement. Sur le plan interne, un certain nombre de mesures furent prises pour renforcer la structure de l'économie canadienne. C'est ainsi que fut créée en 1973 l'Agence d'examen des investissements étrangers. Cet organisme, mieux connu sous ses initiales anglaises: FIRA, avait des objectifs moins ambitieux que ne l'avaient imaginé les concepteurs et rédacteurs du *Rapport Gray* (1972). Il contrôlait exclusivement les nouveaux investissement et les entreprises qui changeaient de main, mais se désintéressait des autres entreprises étrangères. En outre, le gouvernement créait une compagnie pétrolière publique, Pétro-Canada, et apportait son soutien à des compagnies pétrolières canadiennes privées, mais, dans un premier temps, ces mesures ne touchaient qu'un secteur limité de cette industrie. Dans une autre industrie, l'avionnerie, le gouvernement nationalisait deux compagnies — Canadair et de Haviland — avec pour objectif d'en faire des entreprises dynamiques, capables d'exceller et de renforcer cette industrie d'avenir. Quand une filiale de compagnie américaine, MLW, refusa de livrer des locomotives à Cuba, le gouvernement intervint et en facilita le rachat par la compagnie Bombardier, qui allait ensuite accroître encore sa capacité de production de matériel ferroviaire. Ces quelques exemples témoignent d'une ligne d'action, mais celle-ci reste bien en deçà de l'ensemble des mesures que les planificateurs du ministère des Affaires extérieures avaient préconisées pour que la restructuration de l'économie canadienne soit suffisante. C'est qu'au sein de l'administration et du Cabinet, il n'y avait pas unanimité pour mener une politique vigoureuse. Il est, par exemple, notoire que le ministère des Finances était un foyer d'opposition à cette politique. En outre, la pratique du saupoudrage de subventions aux régions défavorisées par le ministère de l'Expansion régionale s'accordait mal avec une politique systématique et rationnelle de restructuration de l'économie. En définitive, le gouvernement manqua de hardiesse, sinon de volonté politique, et ne parvint pas à imposer sa vision.

La diversification vers l'extérieur présentait, quant à elle, une série de problèmes. Tout d'abord, elle était tributaire de la restructuration de l'économie. Ensuite, elle devait compter sur la collaboration du secteur privé pour qu'il se

23.   MC GRATH, W., «Recent Soviet Images of Canada», dans *Canada Soviet-Relations 1939-1980*, Oakville, Mosaic Press, 1981, p. 197-199.

cherchât de nouveaux partenaires commerciaux. Enfin — et ce n'était pas le moindre obstacle — elle était tributaire de l'ouverture et de la réceptivité des pays étrangers. Sur ce dernier point, le premier ministre déploya une grande énergie en 1974-1975 pour persuader les capitales des États membres de la Communauté européenne de leur avantage à nouer des liens privilégiés avec le Canada. La France de Giscard d'Estaing laissa tomber les objections de Pompidou, en se laissant convaincre de l'originalité de la politique canadienne par rapport à celle des États-Unis. Mais, plus généralement, la Communauté européenne accepta ce lien à condition que le Canada lui garantisse accès à ses matières premières et sources d'énergie. Comme à l'égard de cet autre partenaire industrialisé, le Japon, le Canada se trouvait aussi surtout pourvoyeur de matières premières et d'énergie: la diversification vers des pays industrialisés tournait à la diversification de la dépendance[24]. De plus, si le commerce s'accrût substantiellement avec le Japon, il ne combla pas les espérances attendues quant à la Communauté européenne. Toutefois, avec l'Amérique latine, la politique de diversification eut plus de succès dans les années 70, où l'on assiste à une augmentation des échanges. Qui plus est, au chapitre des exportations vers cette région, il s'agissait surtout de biens manufacturés. On ne pouvait s'attendre que le commerce progresse d'une manière spectaculaire avec les pays en développement d'Afrique et d'Asie. Mais la Société d'expansion des exportations et l'ACDI, grâce à sa politique bilatérale d'aide liée à 80 % et à la promotion de sa Division de l'industrie et des affaires en faveur des PME, contribuaient à une légère progression des exportations vers ces régions. De plus, les exportations vers le Tiers-Monde, et en particulier vers les nouveaux pays industrialisés, a reçu un appui prépondérant du programme de développement des marchés d'exportation du ministère de l'Industrie et du Commerce[25]. Toutefois, malgré les facilités et diverses aides qui furent mises à la disposition des entreprises canadiennes, l'écrasante majorité d'entre elles restait essentiellement tournée vers le marché des États-Unis. Déjà, la part importante du commerce intrafirme compte pour beaucoup dans ce commerce. De plus, la propension des entreprises à prospecter d'autres marchés reste très limitée, comparée à celle des entreprises de la plupart des pays de l'OCDE.

En novembre 1976, on assista à une mise en veilleuse de la politique dite de «troisième option». L'élection du Parti québécois au gouvernement du Québec mettait l'unité fédérale en péril. Dans ces conditions, un rapprochement avec les États-Unis, afin de s'en assurer l'appui, était de mise. Ce rapprochement fut facilité par l'élection du président démocrate Carter, beaucoup plus ouvert au gouvernement libéral canadien que les républicains Nixon et Ford ne l'avaient

---

24. HERVOUET, G., «La troisième option: la politique commerciale et au delà», dans *Le Canada et la nouvelle division internationale du travail*, édité par CAMERON D. et HOULE, F., Ottawa, Éditions de l'Université d'Ottawa, 1985, p. 151.
25. *Ibid*, p. 164.

été. Il faut ajouter à ces facteurs les difficultés de balance des comptes que connaissait alors le Canada. Enfin, le premier ministre Trudeau se désintéressa de cette politique pour se consacrer aux dossiers de l'unité fédérale et du dialogue entre le Nord industrialisé et le Sud en développement. Néanmoins, certaines mesures favorisèrent la diversification, telle que, en direction du Tiers-Monde, la création de la Direction de la coopération industrielle de l'ACDI en 1978.

Après son éclipse du pouvoir en 1979-1980, le premier ministre Trudeau revint avec une politique vigoureuse, qui constituait une relance de la politique de «troisième option»[26]. L'adoption du programme énergétique national (octobre 1980), qui visait à ramener la propriété étrangère dans l'industrie du pétrole de 90 % à moins de 50 %, en fut la première manifestation éclatante. La politique de bilatéralisme, amorcée par le secrétaire d'État aux Affaires extérieures, Marc McGuigan, allait dans le même sens. Il s'agissait de pratiquer une vigoureuse politique d'exportation et d'investissement en direction de pays spécifiques: ainsi, des plans d'expansion des exportations canadiennes étaient lancés vers des pays comme le Mexique, la Corée, Singapour, l'Indonésie, le Nigeria, l'Australie, le Brésil et l'Arabie Saoudite. Pour donner une cohérence plus forte à la politique extérieure, le 12 janvier 1982, fut annoncée l'intégration au ministère des Affaires extérieures du secteur commercial du ministère de l'Industrie et du Commerce, ainsi que de la Société d'expansion des exportations et de la Corporation commerciale canadienne. La promotion du commerce extérieur devenait la priorité du Ministère intégré. Le premier ministre Trudeau avait indiqué également, le 17 février 1980, qu'il étendrait le rôle de l'Agence d'examen des investissements étrangers. Mais cette mesure ne fut pas mise en vigueur.

Un nouvel effondrement du prix du pétrole, la montée de la valeur du dollar canadien, entraîné par celui des États-Unis, par rapport à un grand nombre de monnaies européennes et du Tiers-Monde, de même que l'endettement massif des pays d'Amérique latine provoquaient, dès 1982, une chute de la valeur des exportations canadiennes en dehors des États-Unis et du Japon. Devant cette crise, le gouvernement canadien amorçait un tournant que consacrait, le 31 août 1983, l'annonce par le ministre d'État au Commerce extérieur, Gérald Regan, de la publication d'une étude du ministère des Affaires extérieures qui prônait l'adoption d'une politique de libre-échange sectoriel avec les États-Unis. À toutes fins pratiques, c'était abandonner la «troisième option» pour adopter une forme nuancée de «deuxième option». En effet, Mitchell Sharp n'avait-il pas écrit en 1972 que cette option, «pour commencer, [...] pourrait ne comporter que la recherche d'accords sectoriels», mais qu'elle constituerait en fait «une extension de pratiques antérieures [...] visant à adapter à d'autres industries l'expérience de l'*Accord sur les produits automobiles*». Mais cette «forme

---

26.   GOTTLIEB, A. et KINSMAN, J., «Sharing the Continent: Reviewing the Third Option», dans *Internationales perspectives*, janvier-février 1981, p. 2-5.

atténuée d'intégration» susciterait, selon ce même document «de fortes pressions en vue de la conclusion d'accords continentaux en nombre croissant, pressions auxquelles il serait de plus en plus difficile de résister». Or, «l'expérience du pacte de l'automobile» révélait que, «dans le cadre de tels accords sectoriels», il pouvait:

> [...] être difficile d'exercer une voix égale à celle des États-Unis....Bref, nous pourrions bien conclure que les accords partiels ou sectoriels sont moins susceptibles de nous procurer la protection que nous recherchions que ne le ferait un régime plus général de libre-échange.

> À toutes fins utiles, l'entrée du Canada dans un pacte de libre-échange ou sa participation à une union douanière avec les États-Unis serait irréversible[27].

Parallèlement, la politique fédérale s'amollissait vis-à-vis du contrôle des investissements étrangers. Ce changement de la politique économique, qui laissait anticiper un changement de leadership à la tête du Parti libéral et du gouvernement[28], conduisit à une amorce de négociations avec les États-Unis. Mais ceux-ci se montrèrent peu intéressés par de tels accords. Le successeur de Pierre Trudeau était mûr pour un libre-échange intégral, qui, selon Sharp, conduisait, de glissement en glissement, à l'harmonisation des politiques économiques, puis à «l'union économique et douanière», et enfin à «une sorte d'union politique», à cause de «l'énorme inégalité de puissance entre le Canada et les États-Unis»[29].

L'INITIATIVE POUR LA PAIX

Mais à l'automne 1983, le premier ministre Trudeau voguait vers d'autres rivages. Le 27 octobre, il lançait à Guelph une initiative, toute personnelle, pour la paix. Elle était le fruit de deux motivations: une profonde inquiétude, qui lui avait fait dire à la Chambre des communes, le 4 octobre, que le monde était «au bord du désastre et de la guerre atomique»[30], et la conviction qu'il devait agir alors qu'il était au pouvoir et non, comme d'autres, après s'être retiré. «Profondément troublé par [...] l'état alarmant des relations Est-Ouest», il

27. SHARP, M., *op. cit.*, p. 77-78.
28. DONNEUR, A., «Faut-il abandonner la troisième option?», *Le Devoir*, 21 septembre 1983, p. 17-18.
29. SHARP, M., *op. cit.*, p. 18-19.
30. *International Canada*, octobre-novembre 1983. TRUDEAU, P. E., «Réflexions sur la paix et la sécurité»», dans *Déclarations et discours*, DD83/18, 27 octobre 1983.

annonçait qu'il allait soumettre à plusieurs dirigeants d'États «une stratégie de rétablissement de la confiance politique». Cette stratégie était en cinq points:

- mettre sur pied une structure cohérente propre à susciter la confiance politique et économique;
- détourner les superpuissances de leurs préoccupations militaires pour les engager dans un dialogue régulier et productif;
- amener les cinq États dotés d'armes nucléaires à certaines négociations destinées à fixer des limites globales à leurs arsenaux nucléaires stratégiques;
- améliorer la sécurité en Europe en relevant le seuil nucléaire et en redonnant en même temps une dynamique politique aux négociations sur la réduction mutuelle et équilibrée des forces à Vienne, pour les tirer de la stagnation;
- prévenir la prolifération des armes nucléaires dans les autres États[31].

Pour mettre en oeuvre ces propositions, Pierre Trudeau faisait un rapide voyage en Europe, où les chefs d'État et de gouvernements de Paris, Bruxelles, La Haye, Rome, Bonn et Londres, lui accordaient leur soutien. Rendant compte de son voyage dans un discours prononcé à Montréal, le 13 novembre, il précisait sa stratégie de la manière suivante; il s'agissait alors:

- de créer en 1985 «une tribune pour la négociation des limites globales à fixer aux arsenaux des cinq États nucléaires»;
- de renforcer le Traité sur la non-prolifération;
- d'équilibrer les forces classiques, grâce aux négociations de Vienne et à la Conférence de Stockholm «sur les mesures de confiance et de sécurité et sur le désarmement en Europe», ce qu'il recommandait de tenir «à un haut niveau»; et, enfin,
- de conclure «une entente pour interdire l'essai et le déploiement de systèmes anti-satellites à haute altitude»[32].

Cette stratégie, le premier ministre Trudeau allait la présenter dès le 18 novembre au Japon, au Bangladesh, puis à la Conférence du Commonwealth à New Delhi, dont il obtenait l'appui, et enfin à Pékin à la mi-décembre; à Washington, le président Reagan lui donnait son «encouragement». Début janvier 1984, il rendait visite au secrétaire général de l'ONU à New York et recevait, à la mi-janvier, le premier ministre de Chine, qui accordait un appui modéré à son initiative. À la fin du mois, Pierre Trudeau recevait un accueil chaleureux en Tchécoslovaquie, puis, participant au European Management

---

31.   TRUDEAU, P. E., «Réflexions sur la paix et la sécurité», *Déclarations et discours*, DD83/18, 27 octobre 1983.
32.   TRUDEAU, P. E., «Une initiative globale propre à améliorer les perspectives de paix», *Déclarations et discours*, n°. 83/20, 13 novembre 1983.

Forum à Davos il en profita pour rencontrer le ministre suisse des Affaires étrangères. Il obtint ensuite les appuis de Honecker à Berlin-Est et de Ceaucescu à Bucarest. Enfin, couronnant son initiative, il rencontra à la mi-février, lors des funérailles d'Andropov, son successeur, Tchernenko, qui l'encouragea à poursuivre son initiative.

Mais celle-ci touchait à sa fin, même s'il écrivait encore à la mi-mai, à la veille de son retrait de la vie publique, à Reagan et à Tchernenko pour les inciter à négocier la réduction des armements nucléaires. Pierre Trudeau fut loin d'atteindre tous les objectifs qu'il s'était fixés. Toutefois, il réussit à faire relancer les MBFR par les membres de l'OTAN, qui se présentèrent à Vienne avec des propositions concrètes. De plus, la Conférence de Stockholm s'ouvrit à un niveau élevé, comme il l'avait suggéré. Enfin, la contribution la plus importante fut, certainement, d'avoir été le premier chef de gouvernement à percevoir la nécessité de réouvrir le dialogue Est-Ouest et d'avoir eu le courage de le dire publiquement et d'entreprendre des démarches à la fois rapides et spectaculaires[33].

Comme nous le notions en introduction, Pierre Trudeau terminait sa carrière de premier ministre sur un paradoxe: après avoir formulé à son arrivée au pouvoir une politique étrangère réaliste, prolongement à l'extérieur des intérêts intérieurs, il conclua, comme son prédécesseur Pearson l'avait toujours pratiqué, sur un rôle de médiateur et d'apaiseur de conflits. Les contraintes de la conjoncture au sein du système mondial avaient eu raison de son dessein initial.

---

33.   RIEKHOFF, H. et SIGLER, J., «The Trudeau Peace Initiative: The Politics of Reversing the Arms Race», dans *Canada among Nations, 1984: A Time of Transition*, édité par B.W. TOMLIN et M. MOLOT, Toronto, 1985, p. 50-69.

PACIFISME ET MILITARISME: ILLUSIONS ET RÉALITÉS DE LA POLITIQUE DE DÉFENSE DU CANADA

Yves Bélanger
Pierre Fournier
Département de science politique
Université du Québec à Montréal

Le mariage pourtant classique entre la défense et la souveraineté nationale est au Canada une source d'ambiguïtés. Le pays est en effet déchiré entre les impératifs de la défense continentale et ceux de sa souveraineté nationale. Pour plusieurs, le territoire canadien constitue la pointe avancée de la «défense stratégique américaine» et la défense du continent nord-américain est indivisible. Selon Michel Fortman, par exemple, il n'y a pas d'alternative à une relation de collaboration entre les institutions de défense canadienne et américaine[1]. Pour lui, cette relation a été rentable sur le plan économique et a contribué à donner la priorité à un certain nombre d'objectifs purement nationaux au détriment des dépenses militaires. Mais Fortman a identifié deux éléments de mutation qui réclament maintenant un éclaircissement de notre relation militaire: la révolution technologique et les changements de doctrines militaires. L'apparition de nouveaux systèmes d'armes (missiles de croisière, IDS, etc.) interpelle à nouveau le Canada dans ce qu'il a de plus contradictoire, soit le rapport entre ses ambitions de contribuer à la paix dans le monde et la préservation de son image de négociateur international d'un côté, et les contraintes qui lui sont imposées par la politique de défense américaine, auquel s'ajoutent les intérêts plutôt terre à terre de l'économie nationale d'un autre côté.

Cela fait maintenant plus de 40 ans, soit depuis 1945, que le Canada tente de gérer cette contradiction. Bien que les analyses et les recettes aient pu varier

---

1. *Le Devoir*, 25 novembre 1985.

dans le temps, tous les gouvernements, sans exception, depuis la Deuxième Guerre mondiale, ont essayé, avec des résultats divers, de ménager la chèvre et le chou. Certains semblent en être sortis grandis. C'est le cas des gouvernements Pearson et Trudeau. Il est vrai que le Canada est la seule puissance du monde occidental à avoir fait le choix de démanteler son armement nucléaire. Il est vrai également que les fonds affectés par le Canada à la défense sont inférieurs à ce que dépensent des pays comme les États-Unis, la France ou l'Angleterre. Il est vrai finalement que le Canada s'est impliqué concrètement dans plusieurs missions de paix patronnées par l'ONU. De là est issue l'image d'un État résolument rangé dans le camp des promoteurs de la paix. Pourtant, à chaque semaine, l'annonce de nouveaux projets militaires ou de remplacement des équipements vient rappeler l'influence très réelle du budget de la Défense. En fait, le Canada, en présumant bien sûr qu'il ne l'ait déjà quitté, a repris le chemin de la militarisation. Les dépenses en armements de toute sorte se multiplient. Un nouveau livre blanc, rendu public en 1987 après seize ans de silence, a permis de prendre conscience de la brutalité du virage. L'analyse des impératifs internationaux justifie, selon le document, un accroissement des effectifs militaires et l'injection de sommes colossales dans la modernisation des équipements. Il ne s'agit pas d'une approche très originale, mais elle marque une coupure avec l'image que le Canada a tenté de promouvoir dans le passé et la réalité de ses politiques. Évidemment, le texte ayant été déposé sous le gouvernement Mulroney, la tentation est forte d'en imputer la paternité aux conservateurs. Ces derniers seraient les faucons militaristes qui ont bouleversé l'oeuvre des «trois colombes» pacifistes. L'image est belle, mais contraire à la réalité.

La ligne de conduite poursuivie présentement par le gouvernement canadien a été patiemment préparée par les libéraux. Ce sont ces derniers qui ont amorcé la remontée des dépenses militaires. Ce sont eux également qui ont engagé le processus politique qui a mené au resserrement de la doctrine militaire canadienne, pendant que Pierre Trudeau, de son côté, prêchait en faveur du gel des armes nucléaires et arpentait l'Europe à la recherche d'une soi-disant solution à l'antagonisme des superpuissances. Peut-être certains y verront-ils l'expression d'une stratégie politique fine et nuancée. Nous y constatons pour notre part une contradiction qui n'est au fond que la répercussion de l'incohérence de la politique canadienne. De 1963 à 1984, les libéraux ont cultivé cette contradiction. Ils ont réussi à convaincre les Canadiens qu'ils cherchaient à contribuer activement à la paix mondiale, sans jamais remettre en question les engagements militaires du Canada. On aura compris qu'une telle politique ne pouvait suivre qu'une trajectoire sinueuse. Tentons donc d'en retracer les grandes lignes.

LE CONTEXTE DE L'ARRIVÉE AU POUVOIR

Au moment de la prise du pouvoir par les libéraux, la politique canadienne de défense est en crise. Non seulement le Canada n'a-t-il pas de politique d'ensemble, mais différentes actions prises sous le gouvernement conservateur remettent en cause plusieurs volets de sa politique internationale. Le Cabinet Diefenbaker a notamment signé, sans en débattre véritablement, un accord d'intégration de la défense aérienne du continent (NORAD). Il a par ailleurs, sur la toile de fond de la nucléarisation des forces de l'OTAN, accepté le principe de l'installation en sol canadien de missiles nucléaires (*Bomarc*) et fait l'acquisition d'avions d'intervention liés à cette force nucléaire. Cette décision sera d'ailleurs une des causes de sa défaite électorale de 1963.

En outre, différents efforts en vue de permettre au Canada de devenir une puissance militaro-industrielle capable de résister à l'attraction américaine débouchent sur de lamentables échecs. Les derniers espoirs s'envolent quelques mois avant la signature du traité NORAD, suite à l'échec du projet Arrow. Ce projet devait permettre au Canada de se hisser dans le peloton de tête des puissances économiques militaires grâce à la production d'un chasseur de combat ultramoderne. La hausse des coûts et les problèmes techniques précipitent son abandon et, du même coup, l'effondrement de la quasi-totalité de l'industrie de l'avionnerie canadienne. Pour éviter un désastre complet, le gouvernement fédéral opte pour une intégration des usines canadiennes au complexe militaro-industriel américain par l'entremise de la signature des accords sur le partage de la production du matériel de défense (Defense Production Sharing Agreement) (DPSA). À une nouvelle étape de l'intégration militaro-stratégique du continent correspond donc également une intégration économique et technologique[2].

Les conservateurs venaient de modifier les paramètres fondamentaux de la politique de défense. Rappelons à cet égard que le Canada avait fait le choix depuis 1945, alors qu'il était la quatrième puissance militaire du globe, de privilégier une politique axée non pas sur la défense régionale ou continentale, mais sur la sécurité mondiale. Le gouvernement Mackenzie King avait par ailleurs préféré centrer sa politique intérieure sur l'économie en s'appuyant sur la mise en place d'une importante infrastructure sociale et économique d'inspiration keynésienne. Les dépenses militaires cadraient mal avec cette nouvelle philosophie. Elles se virent donc attribuer une part modeste des ressources de l'État[3].

Pour le Canada, la défense continentale n'était ni la seule ni la principale priorité. C'est ce que confirme une déclaration du premier ministre Saint-Laurent

2.   BERNARD, J.T. et TRUCHON, M., *Impact du désarmement sur l'économie canadienne*, Département d'économique, Université Laval, août 1980.
3.   EAYRS, J., *The Defense of Canada: Peace Making and Deterrence*, Toronto, University of Toronto Press, 1972.

à la Conférence Gray de 1947[4], où furent définis les principes fondamentaux qui devaient régir les grandes lignes de la politique canadienne en matière de défense. Les grands axes de cette politique prévoyaient:

—   favoriser la défense collective en participant à l'OTAN;
—   défendre le continent nord-américain de concert avec les États-Unis;
—   participer au maintien de la paix et de la sécurité internationale par le biais des Nations unies;
—   renforcer et protéger la souveraineté du Canada.

Pour leur part, les Américains voyaient différemment les enjeux planétaires. Défenseurs du monde libre, ils avaient déjà, pendant la guerre, développé une vision bipolaire des enjeux stratégiques internationaux. Leur implication dans le camp allié n'avait-elle pas changé le cours de la guerre? N'avaient-ils pas en outre assumé presque seuls la guerre du Pacifique? Leur position de force sur le terrain au lendemain de la guerre, la maîtrise de l'arme atomique et leur rôle stratégique dans le processus de reconstruction de l'Europe leur conféraient d'emblée le statut de sanctuaire du monde libre et capitaliste. Il importait conséquemment de protéger l'intégrité de ce sanctuaire.

Or, les Soviétiques, qui sont, rappelons-le, situés tout à côté du Canada lorsqu'on analyse le monde dans une perspective américano-centriste, maîtrisaient l'énergie nucléaire et possédaient déjà, au début des années 1950, des vecteurs de transports aériens capables de livrer les bombes sur les villes américaines en survolant le territoire canadien. La mise au point de nouvelles techniques de lancement d'engins satellisés en 1957 (*Sputnik*) venait en outre confirmer leur avance dans la mise au point de missiles balistiques intercontinentaux[5]. Dans ce contexte, le gouvernement américain opta pour une stratégie de défense axée sur la protection du territoire national, mais pour assurer cette protection avec efficacité, il fallait convaincre les Canadiens de s'impliquer concrètement en permettant notamment la mise en place de nouveaux radars dans le nord du pays. Ceux-ci devaient faire partie d'un système de défense intégrée (c'est-à-dire contrôlée par les Américains). Le Canada devait aussi fournir une partie des ressources requises par l'industrie de la défense. Il devint, par exemple, le principal fournisseur de l'uranium nécessaire à la construction des ogives nucléaires.

Progressivement, les Américains amenèrent donc le Canada à partager leur analyse des besoins de défense du continent. À ce chapitre, les accords du NORAD et du DPSA marquèrent une étape décisive d'un processus d'intégration amorcé plusieurs années plus tôt[6]. La crise de Cuba, en 1962, en soulevant pour

---

4.   MACKAY, R.A., *Canadian Foreign Policy, 1945-54: Selected Speeches and Documents*, Toronto, McClelland and Stewart, 1971, p. 388-389.
5.   BARASH, D.P., *The Arms Race and Nuclear War*, Belmont (California), Wadsworth Publ. Co., 1987.
6.   Au moment de la signature des accords de Hyde Park, en 1941.

la première fois depuis 1945 la menace d'un conflit total, contraignait enfin le Canada à se ranger résolument dans le camp américain. Les bases canadiennes furent mises en alerte et le contexte politique rendit acceptable la nucléarisation des forces de défense du Canada. Des missiles *Bomarc B* furent conséquemment acquis pour la défense du territoire national et des missiles *Honest John* pour les troupes stationnées en Europe.

Au moment de l'élection de 1963, l'imbroglio était donc total. Sur papier, le Canada favorisait une approche internationaliste dont l'OTAN était la clef de voute, mais dans la réalité, l'intégration continentale des forces de défense était chose faite. En effet, la construction des lignes de radars *Pinetree* et *Dew*, l'acquisition des *F-104* et l'entrée de firmes canadiennes sur le marché de défense des États-Unis[7] ne permettaient pas d'en douter.

LES PRIORITÉS DU GOUVERNEMENT PEARSON

Sous les gouvernements King et Saint-Laurent, les libéraux avaient conçu une stratégie internationaliste dont un des artisans principaux avait précisément été Lester Pearson[8]. La période d'opposition qui influença lourdement l'attitude du parti et de l'aile parlementaire pendant le règne Diefenbaker donna lieu à un durcissement de cette position. Tout au plus pouvait-on voir dans la nouvelle configuration des relations avec les Américains quelques avantages économiques découlant du DPSA, et sans doute susceptibles d'alléger le fardeau représenté par le maintien d'une industrie de défense nationale, tout en favorisant une plus grande spécialisation des producteurs canadiens[9]. Après 1959, le commerce bilatéral dans le domaine de la défense atteignit un niveau comparable à celui qui existait pendant la Deuxième Guerre. Pour le gouvernement canadien, cela signifiait un accès aux technologies américaines, l'entrée de devises et, éventuellement, la création de nouveaux emplois[10].

Nous pensons donc que les préoccupations économiques redevinrent une donnée primordiale de la politique canadienne. Sans trop l'avouer, le gouvernement Pearson suivra une ligne de conduite orientée vers un certain soutien à l'industrie canadienne, une démarche d'autant plus significative qu'elle coïncida avec l'adoption d'un nouveau livre blanc sur la défense où seront

7. Voir McLIN, J.B., *Canada's Defence Policy 1957-1963*, Baltimore, Johns Hopkins University Press, 1963.
8. PEARSON, L., *Memoirs 1948-1957. The International Years*, London, Victor Gonzanez, 1974.
9. Pour une réflexion plus poussée sur ce processus, voir REGEHR, E., *Arms Canada*, Toronto, James Lorimer, 1987.
10. Voir HOLMES, J., *The Shaping of Peace*, Toronto, Toronto University Press, vol. 2, 1982.

annoncés de nombreux projets de modernisation des équipements[11]. Le gouvernement canadien tentera par ailleurs de se donner des outils susceptibles de favoriser l'accroissement des retombées économiques des accords canado-américains. Un nouveau programme lié au DPSA, soit le «Programme du partage de la mise au point du matériel de défense», créé en 1964, aura pour mission spécifique d'accentuer la présence canadienne en recherche et développement[12]. Pour le gouvernement canadien, il était clair que «sans programme de développement, le rôle futur de l'industrie canadienne de défense serait confiné à la production de pièces relativement simples de conception étrangère, et, par conséquent, notre capacité de contribuer au renforcement de la défense du nord de l'Amérique serait affaiblie sérieusement»[13]. Cette politique d'acquisition plus nationaliste ne fit à cet égard que confirmer une démarche administrative et politique aux horizons plus larges.

Sur le plan administratif, le livre blanc annonça par ailleurs l'intégration des forces militaires du Canada sous un seul commandement, lui même structuré de façon à simplifier la jonction avec les sphères politiques[14]. La lecture du livre blanc de 1964 permit de constater une préoccupation plus évidente à l'endroit de la protection du territoire et de l'attribution d'une mission internationale indépendante. Ainsi le livre blanc identifia le maintien de la paix et de la sécurité par l'intermédiaire de l'ONU comme la première priorité. Les participations à l'OTAN et à NORAD suivirent dans l'ordre et, en bas de liste, se retrouvèrent les politiques destinées à la sécurité interne du pays[15]. Il faut cependant préciser que le Canada revendiqua une mission plus autonome dans le cadre de sa participation à la défense de l'Europe et qu'il n'hésita pas à souligner son très faible enthousiasme pour certaines contraintes liées à NORAD, dont celle, la plus compromettante sans doute, qui donna lieu au déploiement d'armes nucléaires. Le document annonça enfin une réduction des ogives et leur localisation sur deux pas de tir seulement[16].

En résumé, la ligne de conduite édictée par le livre blanc favorisait l'autonomie dans le cadre d'une démarche collective des forces de l'OTAN, mais

---

11.   Voir STEWART, L., *Canadian Defence Policy, Selected Documents 1964-1981*, Kingston, Centre for International Relations, 1982.
12.   Voir BERNARD, J.T. et autre, *op. cit.*
13.   JACKMAN, F., General Director, Office of International Special Projects, Department of Industry, Trade and Commerce, «The Canada-United States Defense Production Sharing Arrangement», Lecture delivered at the University of Virginia, 1976, cf. J.T. BERNARD et M. TRUCHON, *op. cit.*, 1980, p. 7.
14.   Voir à ce sujet FORTMAN, M., *La politique de défense canadienne de Mackenzie King à Trudeau (1945-1979)*, Montréal, Note de recherche n° 20, Département de science politique, Université de Montréal, mars 1987.
15.   Gouvernement du Canada, *Livre blanc sur la défense*, Ottawa, 1964.
16.   STEWART, L., *op. cit..*

également sous l'empire du réalisme imposé par la proximité des États-Unis et leurs exigences à l'endroit de la contribution canadienne à la défense du continent[17]. Non seulement cette politique était-elle énoncée de façon plus rigoureuse que sous les précédents gouvernements, mais elle dosait l'effort de défense du Canada de façon beaucoup plus claire. Selon toute évidence, le choix du gouvernement Pearson découlait d'une lecture des enjeux stratégiques internationaux centrée sur le désir de privilégier la manifestation d'une force moins dépendante des États-Unis et des autres puissances de l'OTAN, dans la perspective de donner emprise à une diplomatie plus crédible[18]. Une telle prétention, difficilement recevable par les alliés à l'époque de la guerre froide, pouvait paraître acceptable dans le climat de détente du milieu des années 1960.

LE GOUVERNEMENT TRUDEAU, UNE PÉRIODE «PACIFISTE» ...

L'élection de 1968 marque une étape importante dans l'évolution de la politique de défense. Pour la première fois depuis fort longtemps, le siège du premier ministre est occupé par un pacifiste déclaré. En effet Pierre Trudeau s'est fait connaître au cours des années 1950 pour ses idéaux libéraux internationalistes et anti-nationalistes. Sa revue, *Cité libre*, prêche depuis de nombreuses années en faveur de l'ouverture sur le monde et l'unification des peuples. À ses yeux, la militarisation conduit à la suspicion et à la division, pas l'inverse. D'après Michel Fortman, il n'avait pas compris la relation étroite entre la politique étrangère et la présence militaire, notamment sur le théâtre européen[19].

Quoi qu'il en soit, Pierre Trudeau nourrissait un scepticisme certain à l'endroit de la ligne de conduite en matière de défense établie par son prédécesseur. Son analyse reposait probablement sur une lecture critique de l'enlisement des États-Unis dans la guerre du Vietnam et de ses retombées gênantes pour le Canada qui, rappelons-le, a participé par l'entremise de centaines d'entreprises à l'effort de guerre américain. Peut-être Pierre Trudeau voyait-il également dans l'amorce des discussions entre les Américains et les Soviétiques sur le contrôle des armes stratégiques, un signe des temps susceptible, avec un peu d'aide, de donner naissance à un véritable mouvement de démilitarisation. Nous en sommes à cet égard réduit aux spéculations.

Cependant, de nombreux gestes posés dans les premières années de pouvoir indiquent clairement les sensibilités de son premier cabinet. Ainsi, dès l'entrée en fonction, une réduction de 20 % des troupes stationnées en Europe sera amorcée. Suite à cette annonce, un processus de consultation d'organismes

---

17   Voir ROSENBLUTH, G., *The Canadian Economy and Disarmament*, Toronto, Macmillan, 1967.
18.   FORTMAN, M., *op.cit.*
19.   *Idem.*

gouvernementaux et paragouvernementaux sera enclenché en vue d'évaluer notamment la pertinence du maintien de la participation canadienne à NORAD et à l'OTAN. Insatisfait du résultat, Pierre Trudeau commandera un nouveau rapport, connu sous le nom de *Rapport Head*[20], dont les recommandations serviront de toile de fond à la redéfinition de la politique canadienne. Le rapport proposera notamment une diminution radicale du contingent canadien basé en Europe et l'abandon de la participation du Canada à la force nucléaire du bloc occidental. En outre, suite au rapport, le budget de la défense sera gelé et le plan de renouvellement des équipements révisé à la baisse[21]. Mais il faudra cependant attendre 1971 avant que cette philisophie de défense ne soit codifiée dans un nouvel énoncé de politique[22].

Contrairement au projet rendu public en 1964, le livre blanc de 1971 propose de donner priorité à la surveillance du territoire canadien puis, dans l'ordre, à la défense nord-américaine, à la participation à l'OTAN et à la participation aux opérations de maintien de la paix. On aura noté le complet renversement de l'ordre des priorités établi en 1964. Ce qui ressort de ce document, en fait, c'est l'importance accrue accordée par le gouvernement canadien à la surveillance des frontières et à la protection de la souveraineté nationale. La réduction du contingent des Forces armées canadiennes en Europe viendra confirmer ce changement.

Le document, par les modifications qu'il apporte à l'ordre des priorités de la politique de défense, privilégie une foule d'activités, qui ont des implications pour l'armée canadienne. L'accroissement des activités d'exploration donne lieu à un regain d'intérêt pour la protection des ressources et des richesses pétrolières, gazéifères et halieutiques. Le gouvernement étend la frontière des eaux territoriales ainsi que les limites des zones de pêche sur les côtes est et ouest. D'autres événements liés à la conjoncture politique nationale, notamment la Crise d'octobre, contribuent à lui attribuer une partie de la responsabilité pour la sécurité intérieure.

Quoi qu'il en soit, le livre blanc mena à des décisions politiques qui se traduisirent par un désengagement du Canada sur le front militaire. Ainsi, dès 1972, furent abandonnées les missions dites de *strike-reconnaissance* en Europe, les avions *CF-104* furent dénucléarisés et les fusées nucléaires *Honest John* furent retirées des bases canadiennes en Allemagne. En outre, les fusées air-air *Falcon* et les missiles *Bomarc* furent également retranchés de la quincaillerie militaire. Le Canada devint le premier, et reste le seul pays, à se départir de ses armes nucléaires. Son choix en faveur d'une défense strictement basée sur des

20. THORDARSON, B., *Trudeau and Foreign Policy*, Cambridge, Oxford University Press, 1977.
21. Voir ministère de la Défense nationale, *Rapport annuel*, 1972.
22. Gouvernement du Canada, ministère de la Défense nationale, *La défense dans les années 1970*, Ottawa, 1971.

armes conventionnelles demeure en effet sans équivalent dans le bloc des pays industrialisés maîtrisant la technologie nucléaire[23].

Par ailleurs, le Canada, à l'instigation du gouvernement Trudeau, fit le choix d'investir peu dans l'armement après 1971. Exception faite des destroyers de classe *Tribal*, du renouvellement du stock de munitions et du remplacement des chars *Centurion* vieux de 20 ans, on consentit peu d'investissements majeurs dans le matériel militaire au moins jusqu'au milieu des années 1970. Selon P. Newman, c'est à cette époque que s'est creusé l'écart entre les engagements du Canada et sa capacité d'intervention réelle; en effet, les moyens de transport, la protection des troupes et l'armement s'avérèrent déficitaires à différents niveaux[24].

Le bilan de la démarche entreprise au début des années 1970 est donc le reflet d'une politique nettement moins militariste que ne le fut celle de la période antérieure, comme si le faible niveau de l'armement national était devenu une caractéristique de la spécificité canadienne, notamment en regard des États-Unis. Peut-être y a t-il lieu cependant d'établir une correspondance entre la ligne de conduite édictée par le livre blanc de 1971 et la politique intérieure canadienne. Rappelons en effet que la politique gouvernementale n'a été rendue publique que quelques mois seulement après la Crise d'octobre 1970, où la grande visibilité de l'armée pendant la crise suscita de vives critiques à l'endroit du gouvernement fédéral. La nouvelle politique de défense eut à cet égard pour fonction de rassurer l'électorat canadien. Rappelons par ailleurs que Pierre Trudeau avait été élu en 1968 avec le mandat implicite d'offrir aux Québécois une alternative basée sur un fédéralisme renouvelé. Ses choix se dessineront à cet égard en faveur d'une revitalisation des programmes sociaux et des programmes économiques, et cela au dépens des dépenses militaires.

... SUIVIE D'UNE PÉRIODE MILITARISTE

Il est difficile de situer avec précision le moment où la pratique gouvernementale en matière de défense a pris ses distances face aux orientations du livre blanc de 1971. Nous pensons que le vent a commencé à tourner en 1973 dans le contexte du choc pétrolier, des difficultés dans les négociations Salt II[25], et, sur la scène locale, suite à la formulation d'une nouvelle stratégie politique et commerciale (la «troisième option»)[26]. Rappelons enfin le coup d'envoi à une nouvelle vague

---

23. Voir BATES, D., «How Our Vision of Nuclear War has Changed», dans E. REGEHR et S. ROSENBLUM, *The Road to Peace*, Toronto, James Lorimer, 1988.

24. LEGAULT, A., «Quelle politique de défense pour le Canada», *Le Devoir*, 16 septembre 1986, p. 7.

25. Voir POIRIER, L., *Les stratégies nucléaires*, Paris, Hachette, 1977.

26. Voir l'article d'A. DONNEUR dans ce recueil.

de nationalisme donné par la publication du *Rapport Gray*, survenue quelques mois plus tôt[27]. Il importe d'ailleurs de souligner que cette nouvelle phase de l'histoire militaire se déroula dans un décor très fortement teinté de nationalisme. À partir du milieu des années 1970, les préoccupations du Cabinet à l'endroit du développement économique national — rappelons que le Canada est aux prises avec un des taux de chômage les plus élevés de l'OCDE — et du renforcement du pouvoir de l'État fédéral se situèrent au centre de la démarche politique gouvernementale.

Par ailleurs, un gouvernement souverainiste prend le pouvoir au Québec en 1976, ce qui est perçu comme une menace à l'intégrité canadienne. La nécessité de maintenir un contre-pouvoir puissant et crédible apparaît plus impérative que jamais. Les politiciens fédéraux présentent le nationalisme canadien comme une alternative au nationalisme québécois. Or, la défense du continent est sous la gouverne des Américains, tandis que celle de l'Europe de l'Ouest est placée sous le parapluie de l'OTAN, où le Canada ne joue qu'un rôle secondaire. L'industrie militaire canadienne n'est plus que le pâle reflet de ce qu'elle était au lendemain de la guerre. À cause du DPSA et de la guerre du Vietnam, la plupart des centres importants se sont intégrés au complexe militaro-industriel américain, ce qui a comme conséquence un approfondissement sans précédent de la dépendance technologique à l'endroit des États-Unis. Vue sous cet angle, la réalité des forces économiques et militaires liées à la défense apparaît non pas comme l'expression de la souveraineté canadienne, mais plutôt comme celle de sa dépendance systémique à l'endroit des États-Unis.

Par ailleurs, la formulation de la «troisième option» ne pouvait mener qu'à une révision à la baisse des engagements de l'État canadien à l'endroit de l'OTAN[28], même si cette dernière organisation se verra interpellée comme un forum international susceptible de faire contrepoids à l'omniprésence américaine. En outre, l'OTAN n'offrait-elle pas une ouverture sur de nouveaux marchés pour les produits de défense probablement plus aptes à soutenir un certain savoir-faire technologique canadien[29]? Ajoutons à cela les pressions extérieures émanant autant de la Maison-Blanche que du quartier général de l'OTAN, en faveur de la nécessité d'accroître la participation canadienne à l'effort de défense du bloc occidental, et tous les ingrédients pour une reprise des dépenses militaires sont réunis.

La ligne de conduite établie au début des années 1970 s'est donc modifiée à l'approche des années 1980, sur la toile de fond du durcissement de la politique

---

27.   Voir l'article de D. BRUNELLE dans ce recueil.
28.   FORTMAN, M., *op.cit.*.
29.   Voir BYERS, R., «La défense nationale et l'achat de matériel de défense», dans D. STAIRS et G.R. WINHAM, *Quelques problèmes concernant l'élaboration de la politique extérieure,* Commission royale sur l'union économique et les perspectives de développement au Canada, p. 170-171.

américaine à l'endroit de l'Union soviétique et de la modernisation de l'armement de l'OTAN. Le Canada a en effet entrepris une révision de sa politique de défense et la modernisation de son arsenal. En ce qui a trait à l'équipement militaire, le coup d'envoi a été donné avec le programme d'acquisition des chars d'assaut *Leopard* en 1976, suivi notamment des chasseurs *F-18* et des frégates de patrouille. Le budget de la défense s'est conséquemment mis à croître à un rythme accéléré, mais inférieur aux promesses faites à l'OTAN qui, rappelons-le, établissaient un taux de croissance réel de 3 % par année.

En ce qui a trait à la formulation d'une nouvelle politique de défense, le dossier a été beaucoup plus laborieux. La mission des Forces armées canadiennes reposait sur des hypothèses formulées au cours des années 1960, dans un contexte stratégique et technologique radicalement différent et considéré par différentes instances comme totalement déphasé quant à la conjoncture des années 1980. Le rapport du Comité spécial du Sénat sur la défense nationale déposé en 1983, quelques mois donc avant le départ de Pierre Trudeau, observait qu'avec ses effectifs, le commandement maritime ne pouvait respecter ses engagements quant à la protection de la souveraineté canadienne et la défense de l'Amérique du Nord, pas plus d'ailleurs que ses engagements envers l'OTAN. Selon le rapport, à cause des restrictions financières et de la négligence des autorités[30], les Forces armées canadiennes manquaient de ressources, devant se satisfaire d'un personnel trop réduit et d'un équipement désuet. Pour les conseillers militaires, le Canada ne pouvait donc plus continuer à remplir les missions de défense propres à une puissance respectable.

Au niveau stratégique, on s'inquiétait également du fait que le Canada ne contribuait pas assez à la dissuasion conventionnelle, avec des investissements d'à peine 251 dollars par habitant au titre de la défense. Pour fin de comparaison, rappelons que les dépenses militaires américaines se chiffraient à l'époque à 869 dollars par habitant[31]. Il fallait donc chercher à atteindre un meilleur «équilibre» entre les engagements et la capacité militaire.

Par ailleurs, plusieurs experts remirent en question la nature même de la contribution canadienne. Albert Legault, par exemple, considérait à l'époque que le Canada devait se spécialiser davantage au sein de l'OTAN: «On peut très bien retirer nos forces terrestres et renforcer les forces aériennes dans le centre de l'Europe, stationnées en R.F.A.; on peut aussi se retirer du secteur centre-Europe pour faire davantage sur les flancs de l'alliance militaire, c'est-à-dire en Norvège. C'est une question de spécialisation, il faut savoir ce que l'on veut»[32]. On réclama donc dans plusieurs milieux une révision fondamentale de la politique de défense. Un nouveau livre blanc fut promis, la rédaction en fut amorcée. Mais on

---

30.   Canada, Sénat, *op. cit.*, mai 1983, p. 51.
31.   CT, F., «Une absence presque totale de débats publics sur un budget de 8 Mds de dollars», dans *La Presse*, 25 février 1984.
32.   LEGAULT, A., *op. cit.*

retarda plusieurs fois le dépôt du rapport, craignant de heurter de front les susceptibilités d'une bonne partie de l'électorat canadien face à la perspective d'augmentations importantes dans les dépenses militaires. Avec le recul du temps, il semble que la stratégie fut alors de procéder pièce par pièce aux réformes et à l'achat des nouvelles armes, de façon à minimiser l'impact du document au moment de son dépôt. Cette interprétation permet notamment de comprendre pourquoi il faudra attendre l'été 1987 avant que ne soit rendue publique la teneur des nouvelles orientations gouvernementales, soit trois ans presque jour pour jour après l'arrivée au pouvoir des conservateurs. Or, bien que le livre blanc ait subi à n'en pas douter certaines influences conservatrices, il demeure avant toute chose l'héritage du gouvernement libéral. Tout au plus les conservateurs ont-ils accentué certaines tendances déjà perceptibles avant 1984, notamment en prévision d'une reprise des dépenses militaires. Tout au plus également se sont-ils montrés plus préoccupés que leurs prédécesseurs par l'utilisation des budgets militaires à des fins économiques, notamment de leurs impacts au niveau du développement régional. Les libéraux n'avaient-ils pas été l'objet de critiques virulentes à l'endroit de la répartition des fonds entre les provinces dans le controversé contrat des avions *F-18*? Les conservateurs vont gérer les dépenses militaires avec des priorités moins nuancées peut-être, ramenant le débat à une question de gros sous. Le budget augmentera de 2,75 % en 1986-1987 et de nouveaux engagements, destinés à assurer une progression de 2 % par an jusqu'en 1991, seront pris par le ministre de la Défense[33].

Le retard dans la diffusion des nouvelles orientations semble plutôt s'expliquer par la position très ambiguë de Pierre Trudeau. Pendant que son gouvernement réarmait le Canada, Pierre Trudeau poursuivait sa croisade en faveur de la paix autour de concepts comme le gel nucléaire et le dialogue bilatéral, soit une thématique très voisine de celle épousée par l'Assemblée générale de l'ONU. Son initiative de paix visait peut-être à contribuer à assainir le climat international au moment même où Ronald Reagan prenait les commandes de la Maison-Blanche. Peut-être aussi s'adressait-elle plus prosaïquement à l'électorat canadien en vue de revaloriser le rôle des institutions fédérales? Il est difficile de trancher cette question. L'analyse de la trajectoire gouvernementale après 1975 permet cependant de constater l'écart grandissant entre la pratique concrète et les discours du premier ministre. Comme le souligne F.H. Knelman, la contradiction sera complète entre la politique de défense menée par le Canada et ses interventions en vue de préserver son image pacifiste[34]. En même temps que Pierre Trudeau prêchera sur différentes tribunes du monde en

---

33.   Ministre de la Défense nationale, *Défis et engagements: une politique de défense pour le Canada*, Ottawa, Approvisionnements et Services Canada, 1987, p. III.
34.   KNILMAN, F.H., *Reagan, God and the Bomb from Myth to Policy in the Nuclear Arms Race*, Buffalo, Prometheus Books, 1987.

faveur de la paix, il donnera son aval à la réalisation d'une série d'essai des missiles de croisière américains (nucléaires), remettant ainsi en cause ses propres options stratégiques de 1971[35]. On peut en déduire que le retard dans la publication d'un nouveau livre blanc, qui prévoyait prendre parti en faveur de la reconnaissance d'une situation de fait, visait probablement à ne pas ternir l'image mythique du premier ministre. Son départ en 1983 laissera la voie libre aux forces armées et à leurs supporters.

LES NOUVELLES ORIENTATIONS DE LA POLITIQUE DE DÉFENSE

Le livre blanc présenté en juin 1987 consacre l'orientation la plus «militariste» de l'histoire contemporaine canadienne. On y condamne l'attitude du gouvernement fédéral qui, durant une bonne partie des années 1960 et 1970, «a accordé peu d'attention à la sécurité du Canada et aux rapports qu'avait notre pays avec les autres démocraties en matière de défense»[36], et on annonce qu'«il faut réparer les dégâts causés par des décennies d'abandon»[37]. Il importe notamment de renforcer le potentiel de surveillance et de défense du territoire canadien, d'augmenter les effectifs de la Réserve, de consoler sur le Front central les forces aériennes et terrestres désignées à l'appui des engagements pris envers l'Europe, et d'équiper les Forces canadiennes avec du matériel moderne.

Contrairement au livre blanc de 1971, qui prônait une vision optimiste des relations internationales, celui de 1987 se veut «réaliste» et «a pour but de rappeler que le monde n'est pas toujours aussi *inoffensif* ou prévisible que nous le voudrions»[38]. Le potentiel militaire soviétique est examiné en détail et constitue, selon les auteurs, la principale menace qui plane sur le Canada. Le parti pris en faveur de l'alliance occidentale est clairement affirmé, et on rejette toute forme de neutralité:

> La sécurité du Canada, dans le sens le plus large du terme, est indissociable de celle de l'Europe... En affectant des forces armées en Europe, le Canada contribue directement à sa propre défense et, qui plus est, s'assure de pouvoir participer à la prise de décisions sur des questions clés en matière de sécurité[39].

Le livre blanc affirme en outre l'importance stratégique de l'Arctique comme zone tampon entre l'Union soviétique et l'Amérique du Nord. Parce qu'on prétend que les forces maritimes possèdent une capacité extrêmement limitée de

---

35.   Voir REGEHR, E. et ROSENBLUM, S., *op. cit.*
36.   Ministère de la Défense nationale, *op. cit.*, p. 89.
37.   *Idem.*
38.   *Idem.*
39.   *Idem*, p. 6.

mener des opérations dans les océans, et en particulier dans l'Arctique, on propose l'acquisition, par étapes, de sous-marins à propulsion nucléaire (SNN). Parmi les autres mesures importantes visant à renforcer le potentiel maritime dans l'Atlantique et le Pacifique, notons l'achat de nouvelles frégates de patrouille, qui viendront s'ajouter aux six frégates dont la construction est en cours.

Le livre blanc condamne l'écart qu'il perçoit entre les engagements et les ressources. Non seulement une grande partie du matériel qu'utilisent les Forces canadiennes est-il désuet, mais le personnel est nettement insuffisant. Selon le document, c'est le niveau de financement alloué à la défense depuis un quart de siècle qui est au coeur du problème. «Au cours de cette période», peut-on lire, «on a eu tendance à réduire constamment la part du budget fédéral et celle du produit intérieur brut du Canada qui sont consacrées à la défense»[40].

Même s'il n'a pas l'intention d'assumer une fonction nucléaire, le Canada entend participer au maintien de la dissuasion stratégique. En effet, les rôles occupés au sein de NORAD et de l'OTAN doivent contribuer à la stabilité des forces nucléaires des États-Unis[41]. On se propose de poursuivre le Programme de modernisation du système de défense aérienne de l'Amérique du Nord. Plusieurs nouveaux systèmes radars seront mis en place. Afin d'accroître le potentiel de surveillance des côtes, les forces aériennes se verront doter de nouveaux avions patrouilleurs à grand et moyen rayon d'action. On prévoit aussi qu'au cours des quinze prochaines années, aux fins d'assurer la défense aérienne de l'Amérique du Nord, d'importantes ressources seront consacrées à la mise en place d'un système de surveillance depuis l'espace.

Le livre blanc insiste également sur la nécessité de maintenir une défense classique crédible. Ainsi, on prétend que «plus les forces classiques sont efficaces, moins il est nécessaire de miser sur les armes nucléaires... Pour que soit évité un recours hâtif à ces dernières, il faut que les forces classiques en place soient en mesure de livrer des combats prolongés»[42]. Le Canada doit notamment disposer de forces terrestres plus considérables (réunissant des membres de la force régulière et des réservistes) qui soient bien entraînées et bien équipées.

On ne peut qu'être frappé par la concordance entre l'analyse du livre blanc et la politique poursuivie par les Américains depuis l'arrivée à la Maison-Blanche de Ronald Reagan. Tout comme les documents gouvernementaux américains, l'énoncé de politique canadienne projette une vision bipolaire du monde dominé par la menace soviétique. Tout comme cela sera le cas au Pentagone jusqu'au milieu des années 1980, la sécurité internationale sera définie en fonction de la croissance des dépenses militaires. La position canadienne suivra également les

---

40.   *Idem*, p. 43.
41.   *Idem*, p. 17.
42.   *Idem*, p. 20.

Américains sur la voie plus égoïste du *America First,* en faisant passer au second rang les engagements internationaux, notamment liés au maintien de la paix, pour mettre l'accent sur la défense du territoire continental. Souveraineté et sécurité deviendront avec le livre blanc les deux versants d'une même stratégie destinée à donner plus de crédibilité au gouvernement canadien face à ses revendications dans ses eaux territoriales et dans le Nord. Cette attitude gênera partiellement les Américains, eux-mêmes intéressés à assumer directement la défense maritime du nord du continent. Les deux gouvernements déclareront néanmoins au Sommet de Québec tenu en 1985, leur ferme intention d'assurer, en étroite collaboration, la sécurité du continent. Le Canada percevra plus que jamais son rôle, non plus comme celui d'un allié passif et donc dépendant, mais plutôt comme celui d'un partenaire associé.

Ces prétentions cadrent cependant assez mal avec la réalité des nouveaux enjeux stratégiques internationaux. L'heure est au démantèlement des missiles de théâtre et à la négociation de nouveaux accords globaux sur l'armement stratégique et conventionnel. La négociation se déroule entre les deux superpuissances et le rôle du Canada s'apparente plus à celui d'un observateur qu'à celui d'un partenaire. L'heure est également à la guerre des étoiles (projet IDS) qui est le produit non pas d'une entente entre partenaires, mais le résultat d'une réorientation de la doctrine américaine[43]. Après la doctrine de la destruction mutuelle assurée et celle de la riposte adaptée et graduée, l'administration Reagan promet maintenant l'immunité grâce à un système capable de supprimer les armes de l'adversaire avec la mise en place d'un bouclier spatial étanche capable de détruire les missiles ennemis. Le Canada a été placé devant le fait accompli et, une fois le programme amorcé, a été invité à y participer. Après maintes tergiversations, la réponse est tombée, mi-figue, mi-raisin. Le gouvernement canadien désapprouve le principe, mais accepte de collaborer indirectement à certaines recherches liées à l'IDS, notamment dans le but de déterminer la faisabilité d'une défense anti-missile à base de rayons lasers ou de faisceaux de particules. Même si la fiabilité et l'efficacité de l'IDS est loin de faire l'unanimité, le Canada s'est laissé séduire par les avantages économiques et technologiques potentiels du programme. Comme l'a souligné Michel Fortman, Ottawa se trouvait face «à un choix entre les avantages très concrets que promet une collaboration en matière de défense avec les États-Unis à court terme, et les risques incalculables, mais éloignés, que peut nous faire courir cette même collaboration dans les années 1990»[44].

Il ne faut cependant pas oublier que le Pentagone demeure le maître d'oeuvre de l'opération et n'accorde en général que des contrats de soustraitance aux partenaires étrangers. Cette division du travail permet de structurer une partie

---

43.   GARCIN, T., *Les nouvelles menaces militaires,* Paris, Economica, 1986.
44.   COULON, J., «Le Canada doit rester prudent face aux orientations militaires américaines», dans *Le Devoir,* 25 novembre 1985.

de la recherche de pointe dans les pays alliés, tout en réservant aux Américains l'accès à l'expertise développée dans certains créneaux de recherche. L'offre américaine vise également un objectif politique, dans la mesure où, une fois impliqués dans ce programme de recherche, les partenaires pourront difficilement s'opposer à la mise en application d'un système auquel ils auront contribué.

Au fond, les préoccupations canadiennes n'ont donc pas changé. Les facteurs économiques constituent encore une contrainte importante dans l'orientation de la politique de défense. À la limite, le Canada pourrait définir sa politique de défense en fonction des priorités jugées essentielles pour promouvoir le développement économique et la création d'emplois. Il faut bien admettre que ce sont en partie les contraintes originant de la faible taille du marché canadien qui ont été à l'origine des relations particulières entre le Canada et les États-Unis et des ententes formelles relatives à l'harmonisation de la production militaire.

* * *

Depuis la Deuxième Guerre mondiale, la politique de défense au Canada a été marquée par une contradiction permanente entre deux objectifs: la promotion de la paix et du désarmement, et la participation aux alliances militaires de l'Occident. Elle a également dû composer avec les impératifs de la politique stratégique américaine, ce qui n'a, somme toute, laissé qu'une marge de manoeuvre très étroite au gouvernement canadien. Contrairement à son prédécesseur, qui a manifesté une grande conscience des possibilités politiques du Canada, le gouvernement de Pierre Trudeau a tenté de changer le cours de l'histoire, mais ses efforts sont demeurés sans lendemain. Ses orientations pacifistes ont vite cédé le pas aux impératifs de défense de NORAD et de l'OTAN. La crédibilité du gouvernement canadien comme promoteur de la paix a été fortement mise en cause par toute une série de décisions, notamment celle de faire l'essai des missiles *Cruise* sur le sol canadien. C'est ce qui explique l'échec des missions de paix de Pierre Trudeau et de ses tentatives de jouer à l'arbitre entre les superpuissances.

L'élection de Ronald Reagan à la présidence des États-Unis en 1980 a sonné la fin de la récréation en définissant une orientation plus militariste à la politique nord-américaine. L'administration Reagan tolérant mal les écarts de conduite de la part des pays alliés, le Canada a choisi de rentrer dans le rang et de reprendre les investissements militaires.

UNE RÉFORME CONSTITUTIONNELLE QUI S'IMPOSE...

Gérard Boismenu
Département de science politique
Université de Montréal

François Rocher
Département de science politique
Université d'Ottawa

À la surface des choses, les débats constitutionnels traitent des aménagements institutionnels dont on n'arrive pas toujours à reconnaître l'intérêt. On pourrait y voir, en effet, le désaccord entre vues rationnelles de constructeurs d'État. C'est là pourtant une conception sommaire.

Les divergences entre gouvernements, allant jusqu'à la crise constitutionnelle, expriment les combinaisons particulières des rapports multidimensionnels dans les divers espaces sociaux, les conditions d'exercice du pouvoir selon les niveaux de l'État et les oppositions au sein même de la bourgeoisie, concernant le mode d'organisation des rapports de pouvoir à travers l'État. Les médiations politiques et idéologiques sont particulièrement riches et ont tendance à se mouler dans une histoire et une tradition particulière à chacune des scènes politiques[1]. Si la question constitutionnelle est enchevêtrée au magma des forces sociales et politiques et plonge ses racines jusqu'aux conditions durables de développement des classes, c'est qu'elle a pour enjeu fondamental la

---

1. BOISMENU G., «Vers une redéfinition des lieux d'exercice du pouvoir d'État au Canada», dans *Cahiers d'histoire*, Vol. II, n° 1, automne 1981, p. 11-30; ROCHER F., «Essai pour une problématique d'interprétation des conflits entre paliers gouvernementaux au Canada depuis 1960», *Notes de recherche*, n° 8, Département de science politique, Université de Montréal, juin 1982, 152 p.

capacité respective d'intervention du niveau central et du niveau provincial de l'État dans la concrétisation des rapports de pouvoir.

Les discussions constitutionnelles posent d'emblée le problème de la définition des lieux d'exercice du pouvoir au sein d'un État qui couvre un espace social à la configuration fortement différenciée et qui est animé d'une dynamique conflictuelle[2]. Les oppositions qu'expriment les gouvernements fédéral et provinciaux se cristallisent sous les figures de la question nationale et de la question régionale. Ces questions n'ont pas, à travers l'histoire, la même «prégnance» dans les relations intergouvernementales et le débat constitutionnel, et ne se posent pas dans des termes équivalents.

La désignation d'un substrat social touffu aux débats constitutionnels ne doit pas conduire à faire l'économie d'une connaissance satisfaisante de l'évolution des démarches ponctuant l'exercice menant à la réorganisation de l'État fédératif canadien et, pour les fins de la présente étude, à la facture concrète des menées du gouvernement fédéral en la matière. Ce qui retiendra notre attention, c'est la marche du débat constitutionnel sous la conduite du gouvernement libéral à Ottawa. Bien qu'accordant la priorité à l'étude de la rhétorique fédérale, à son cheminement et à ses visées stratégiques, il sera possible, à travers l'évolution du dossier constitutionnel, de cerner les déplacements concernant l'objet des discussions, le traitement de la question nationale au Canada et la dynamique contradictoire fédérale-provinciale.

LES ANTÉCÉDENTS

Lorsque les libéraux arrivent à la tête du gouvernement fédéral en 1963, la question constitutionnelle est déjà posée et vient de connaître une impasse. On sait qu'au cours de l'après-guerre, la répartition de l'assiette fiscale est au coeur des différends intergouvernementaux[3] et que des tensions ont accompagné les mesures fédérales visant l'assurance-hospitalisation et le financement de l'enseignement supérieur. Mais, abstraction faite de ce contentieux précis, c'est le Parti libéral du Québec, dès le début des années 1960, qui insistera sur la nécessité d'une réforme constitutionnelle au Canada.

---

2.   BOISMENU G., «L'État fédératif et l'hétérogénéité de l'espace», dans *Espace régional et nation*, Montréal, Boréal Express, 1983, p. 51-84.
3.   MOORE A. M., PERRY, J. H. et BEACH, D. I., «Le financement de la fédération canadienne. Le premier siècle», Toronto, dans *Études fiscales canadiennes*, n° 43, Association canadienne d'études fiscales, avril 1966, 164 p.

Élu depuis à peine un mois, Jean Lesage profite de la conférence fédérale-provinciale de juillet 1960 pour convier ses vis-à-vis à un réaménagement du fédéralisme canadien[4].

D'abord, il s'agit de reconnaître dans les faits la «souveraineté» des gouvernements provinciaux dans le cadre de leurs compétences; cela signifie que les gouvernements provinciaux auraient accès à des revenus suffisants pour les responsabilités qui leur incombent et, par ailleurs, que le gouvernement fédéral limiterait ses ambitions aux champs de sa juridiction et, notamment, cesserait ses interventions abusives par le biais des programmes à frais partagés.

Ensuite, et ce sont là les éléments de modifications constitutionnelles, il y aurait lieu d'engager des discussions portant sur le rapatriement de la Constitution et la formule d'amendement, la création d'un tribunal constitutionnel relevant des deux niveaux de gouvernement et sur une *Déclaration des droits fondamentaux de l'homme*[5].

Ces modifications touchent essentiellement certaines institutions de la fédération et non directement le partage des compétences entre niveaux de gouvernement; d'ailleurs, en ce début de «Révolution tranquille», le mot d'ordre de Jean Lesage est d'exercer pleinement la «souveraineté» provinciale du Québec. Deux ans plus tard, il formulera cependant la question en termes renouvelés: «La réponse qui sera donnée à cette question de la place du Québec au sein de la Confédération rejoint le problème de la survivance des Canadiens français comme groupe ethnique... Un grand nombre de Québécois sont inquiets, justement inquiets, des orientations prises par le système fédéral canadien»[6]. De là, il conclut à la nécessité de revoir le partage des compétences et d'examiner les rapports entre les deux «groupes ethniques» qui forment le Canada.

Entre temps, les premières propositions québécoises ont trouvé un écho; le gouvernement Diefenbaker, par l'entremise de son ministre de la Justice, entame des négociations à propos du rapatriement de la Constitution et d'une formule d'amendement. En 1961, la formule d'amendement, connue sous le nom de «formule Fulton», prévoit le consentement unanime des provinces pour toute modification touchant leurs compétences. La Saskatchewan s'oppose, trouvant la modalité trop contraignante; le Québec fait de même, mais plutôt parce que le gouvernement fédéral ne restreint pas son propre pouvoir de modification qu'il a obtenu en 1949[7]. Face à ces refus, la formule Fulton a vécu.

4.   BOISMENU, G., «La pensée constitutionnelle de Jean Lesage», dans *Jean Lesage*, Presses de l'Université du Québec, à paraître, 1989.
5.   ROY, J.-L., *Le choix d'un pays. Le débat constitutionnel Québec-Canada, 1960-1976*, Montréal, Leméac, 1978, p. 15-19
6.   LESAGE, J., «Québec in Canadian Confederation», Interprovincial Conference, Victoria, August 7th, 1962, cité par J.-L. ROY, *Ibid.*, p. 25.
7.   RÉMILLARD, G., *Le fédéralisme canadien*, Montréal, Québec/Amérique, 1980, p. 125 et s.

Au Québec, l'année 1962 sera marquée par la campagne électorale qui se fait sous les thèmes de «libération économique», «maître chez nous» et «souveraineté» politique. Le programme libéral se limite cependant à viser l'affirmation du «rôle du Québec dans la Confédération»[8]. Daniel Johnson, avec l'Union nationale, renchérit. La question des relations entre les communautés francophone et anglophone au Canada soulève de plus en plus la polémique. Dans les milieux bien pensants (éditorialistes, intellectuels), on suggère la mise sur pied d'une enquête publique fédérale touchant les dimensions linguistique et culturelle de la réalité canadienne, mais les conservateurs à Ottawa n'y voient aucun intérêt.

PEARSON ET LE FÉDÉRALISME DE L'AVENIR

L'élection du Parti libéral à Ottawa en avril 1963 peut laisser présager une amélioration des relations avec le gouvernement du Québec. Faut-il voir une certaine ouverture de Lester B. Pearson lorsqu'il crée la Commission royale d'enquête sur le bilinguisme et le biculturalisme coprésidée par André Laurendeau et Davidson Dunton? Il n'en reste pas moins que l'expérience québécoise de «souveraineté» provinciale se heurte fréquemment à des objections ou à des contraintes majeures venant du gouvernement fédéral; pensons au partage fiscal, aux programmes à frais partagés, au régime publique de pensions et aux relations internationales[9].

La «formule Fulton-Favreau»

Le gouvernement Pearson engage des discussions en juin 1964 afin d'arrêter les modalités de rapatriement et d'amendement de la Constitution. La «formule Fulton» sert de cadre de référence. Les négociations vont bon train, si bien qu'en octobre de la même année, les premiers ministres s'entendent sur la «formule Fulton-Favreau» d'amendement constitutionnel.

Cette formule de modification de la constitution, qui se compose de quatre volets, répond aux deux principales objections qui ont sonné le glas de la précédente.

---

8.   ROY J.-L., *Les programmes électoraux du Québec, tome II, 1931-1966*, Montréal, Leméac, 1971, p. 395.

9.   MORIN, C., *Le pouvoir québécois... en négociation*, Québec, Boréal Express, 1972, 208 p.; SIMEON R., *Federal-Provincial diplomacy*, Toronto, University of Toronto Press, 1972, p. 47-87. BOISMENU, G., «La pensée constitutionnelle de Jean Lesage», *op. cit.*

1° Le gouvernement fédéral accepte de limiter son pouvoir de modification (obtenu en 1949) au gouvernement exécutif du Canada, au Sénat et à la Chambre des communes.

2° Pour toute une série d'aspects se rapportant aux institutions fédérales (couronne, représentation régionale, usage des langues), un amendement constitutionnel est subordonné à l'accord «d'au moins les deux tiers des provinces représentant au moins cinquante pour cent de la population du Canada selon le dernier recensement général»[10].

3° Les modifications touchant les juridictions provinciales nécessitent le concours de toutes les provinces (unanimité) et du Parlement fédéral; on pense aux domaines suivants: le pouvoir de faire des lois que possède l'Assemblée législative d'une province; les droits ou privilèges que la Constitution du Canada accorde ou garantit à la législature ou au gouvernement d'une province; les actifs ou biens d'une province; l'usage de l'anglais ou du français[11].

4° On prévoit un mécanisme de «quasi-délégation» des pouvoirs permettant à «quatre provinces ou plus d'autoriser le Parlement à édicter des lois déterminées qui seraient autrement du ressort législatif des provinces et, de même, d'autoriser quatre provinces ou plus à édicter des lois déterminées qui seraient autrement du ressort législatif fédéral»[12]. Ce sytème de «délégation» qui, en dernier ressort, ne porte pas atteinte à la compétence législative de l'autorité qui y consent, se veut un moyen d'atténuer la rigidité de la formule d'amendement, en permettant aux provinces qui le désirent de recourir à un arrangement pratique qui ne requiert pas de modification à la Constitution elle-même.

La formule restreint la capacité pour le gouvernement fédéral d'agir seul, prévoit une majorité des deux tiers des provinces pour modifier l'essentiel des institutions fédérales, établit la règle de l'unanimité pour ce qui est des

---

10. FAVEAU, G., *Modification de la constitution du Canada*, Ottawa, Imprimeur de la Reine, février 1965, p. 38. Les aspects se rapportant aux institutions fédérales sont: 1) les fonctions de la Reine et du gouverneur général; 2) les prescriptions quant à une session annuelle du Parlement; 3) la période maximum fixée par la Constitution du Canada pour la durée de la Chambre des communes (sauf en cas de guerre, invasion, insurrection); 4) le nombre de membres pour lequel une province a droit d'être représentée au Sénat; 5) les qualités requises des sénateurs quant à la résidence ainsi que les prescriptions de la constitution concernant la nomination des personnes au Sénat; 6) le droit d'une province à un nombre de membres à la Chambre non inférieur au nombre de sénateurs représentant cette province; 7) les principes de représentation proportionnelle des provinces à la Chambre; 8) l'usage de l'anglais et du français. *Ibid.*, p. 38-39.

11. *Ibid.*, p. 36; pour les domaines touchant l'éducation, les droits des minorités religieuses, il y a une variante concernant Terre-Neuve.

12. *Ibid.*, p. 43.

juridictions provinciales et propose un «système de délégation» du pouvoir législatif touchant un nombre limité de provinces.

En novembre 1964, Pearson fait savoir que plus rien ne bloque le rapatriement de la Constitution, si ce n'est l'accord de chacune des Assemblées législatives provinciales.

Au Québec, ce qui apparaît pour Lesage comme une étape préalable à une révision constitutionnelle du partage des compétences est décrié par une opposition qui n'est pas que parlementaire. Les délibérations devant mener (au début de 1965) à l'accord de l'Assemblée législative de Québec s'embourbent dans un long et tortueux débat. Le Parti libéral voit la cohérence de sa démarche remise en cause. Pourquoi régler des questions de forme (rapatriement) et remettre à plus tard les négociations sur le fond (partage des compétences)? Comment dire qu'il s'agit d'une première étape alors que la suite plus hypothétique? Est-il possible de soutenir la thèse d'un statut spécial pour le Québec alors que la formule d'amendement lui donne un statut identique à toute autre province? Peut-on continuer de souligner l'inégalité des deux «groupes ethniques» alors qu'on ne s'assure même pas, comme préalable, d'établir les droits des minorités? Le gouvernement n'a plus l'initiative du débat et les coûts politiques s'avèrent de plus en plus élevés. Finalement, le 20 janvier 1966, Lesage écrit à Pearson que son gouvernement remet indéfiniment la considération de la formule d'amendement consitutionnel. L'échec était consommé.

Évidemment la conjugaison des voix d'opposition — unioniste, indépendantiste, nationaliste — a préparé cette retraite. Mais cette même année est riche d'enseignements qui militent contre l'acceptation par les libéraux provinciaux de la démarche inhérente à la «formule Fulton-Favreau»:

- Le *Rapport préliminaire* de la Commission B-B, qui souligne la profondeur de la crise que traverse le Canada, a pour effet de dramatiser la minorisation de la communauté canadienne-française dans l'ensemble du Canada, y compris au Québec, alors qu'on tend généralement à secondariser sinon à nier le problème.
- Les négociations fédérales-provinciales se font ardues, notamment sur le partage de l'assiette fiscale, et les compromis antérieurs (régime des rentes, retrait des programmes à frais partagés), obtenus de haute lutte, font figures d'ultimes concessions pour apaiser des ambitions québécoises, somme toute illégitimes.
- Le voyage de Jean Lesage dans l'Ouest canadien sous le thème *Québec, point d'appui du Canada français* — au cours duquel il identifie la double face du problème canadien: d'une part, la dualité canadienne qui appelle une politique de bilinguisme et d'égalité des droits et, d'autre part, le fédéralisme centralisateur qui doit reconnaître au Québec (mère patrie du Canada français) des compétences accrues, quitte à lui consentir un statut

particulier — reçoit un accueil plutôt hostile qui semble écarter toute possibilité d'entente ultérieure sur un réaménagement des compétences[13].

Le refus de la «formule Fulton-Favreau» devenait lourd de signification, non seulement parce qu'il renforça la méfiance du Canada anglais à l'égard de ce mauvais joueur qu'est le Québec, mais surtout parce que le gouvernement du Québec précisa sa démarche en subordonnant une entente sur le rapatriement et une formule d'amendement de la Constitution à des résultats concrets et satisfaisants sur le réaménagement des compétences. Cette démarche sera par la suite considérée comme une revendication traditionnelle du Québec.

Les deux majorités

La Commission Laurendeau-Dunton eut un impact majeur sur les débats politiques et les négociations constitutionnelles, bien que son mandat n'ait pas eu pour objet de proposer une reformulation de la Constitution ou de revoir le partage des compétences. Pour l'essentiel, il s'agissait de faire rapport sur l'état du bilinguisme dans l'administration fédérale, sur les institutions favorisant le bilinguisme et le biculturalisme, et sur la situation quant à l'enseignement dans la langue de la minorité francophone ou anglophone selon les provinces.

Le *Rapport préliminaire* présente les perceptions du moment sur le principe de l'égalité entre les deux peuples fondateurs du Canada. Dès le préambule, on diagnostique une situation de grave crise au Canada qui a sa source au Québec. «Quoique provinciale au départ, la crise devient canadienne à cause de l'importance numérique et stratégique du Québec, et parce qu'elle suscite ailleurs, ce qui est inévitable, des réactions en chaîne»[14].

D'un côté, les Canadiens français constituent une majorité (ou une nation), mais cette réalité est entravée et ne peut se réaliser complètement. Ils ne maîtrisent pas les principaux secteurs où s'exercent leurs activités, la présence anglaise est dominante au Québec — notamment en ce qui a trait aux activités économiques — , et l'obligation d'apprendre l'anglais pour accéder aux postes de commande s'avère ni naturelle ni normale. L'actuelle exaspération, face à cette situation, qui est somme toute ancienne, tient aux «nouvelles élites» qui se «distinguent par des exigences culturelles supérieures et par l'ambition d'atteindre aux échelons élevés de la hiérarchie économique» et qui considèrent «le statut d'infériorité économique comme incompatible avec la condition de majorité

---

13.   Lesage en fait état d'ailleurs dans sa lettre à Pearson: «Cette différence d'opinion fut confirmée jusqu'à un certain degré, par des déclarations publiques faites au lendemain de cette visite par des représentants autorisés de ces provinces.», cité par ROY, J.-L., *Le Choix ..., op. cit.*, p.66.
14.   CANADA. Commission royale d'enquête sur le bilinguisme et le biculturalisme, *Rapport préliminaire*, Ottawa, Imprimeur de la Reine, 1965, p. 5.

numérique»[15]. Les Canadiens français veulent être reconnus comme des partenaires égaux au sein du Canada. Si on refuse cette égalité, parce qu'on ne peut l'accepter ou la concevoir, «de la déception naîtra l'irrémédiable. Une importante fraction du Québec francophone est déjà tentée de faire cavalier seul»[16].

De l'autre côté, les Canadiens anglais nourrissent généralement une attitude de supériorité mêlée d'incompréhension. Ils n'éprouvent presqu'aucun sentiment conscient de discrimination. Fidèles à un comportement typique de majorité, ils attachent une grande importance aux libertés individuelles, mais se montrent incapables de comprendre «l'insistance du Canada français sur les droits collectifs — en particulier, sur les droits linguistiques dans le domaine économique»[17]. De plus, la notion de «nation» évoque, pour eux, l'ensemble des Canadiens; ils ne se perçoivent pas comme un groupe national distinct.

Pour conclure, les commissaires invitent les Canadiens à revoir l'application de la notion de démocratie et à démontrer une plus grande ouverture face aux aspirations réciproques des deux majorités.

C'est dans le Livre I du Rapport (en 1967), que l'on traite «du cadre constitutionnel dans lequel chacune des deux sociétés peut vivre ou aspirer à vivre...»[18]. Le problème de l'intégration du Québec au sein du Canada semble devoir trouver réponse dans la reconnaissance des droits de la minorité linguistique. Les deux propositions de modification constitutionnelle visent cet objectif[19]. La première consiste à établir, dans le domaine de l'enseignement, des dispositions assurant à la minorité francophone hors Québec les avantages dont jouit la minorité anglophone au Québec. La deuxième vise à reconnaître que l'anglais et le français sont les langues officielles du Canada et à formuler les règles à suivre dans la mise en oeuvre du principe d'égalité au niveau provincial et dans les districts bilingues.

Au total, la Commission B-B insistait sur certaines dimensions recoupant des thématiques ayant des protagonistes souvent différents, parfois opposés:

• La source de la crise canadienne est clairement identifiée au Québec; le Canada doit être compris sur la base de ses deux communautés distinctes (deux majorités); les Canadiens français subissent une situation d'inégalité manifeste; l'hypothèse de l'indépendance du Québec ne doit pas être prise à la légère; l'égalité des deux communautés commence par la reconnaissance d'une égalité de traitement sur le plan de droits linguistiques.

---

15.   *Ibid.*, p. 102.
16.   *Ibid.*, p. 127.
17.   *Ibid.*, 114.
18.   CANADA. Commission royale d'enquête sur le bilinguisme et le biculturalisme, *Rapport - Livre I, Introduction générale, Les langues officielles*, Ottawa, Imprimeur de la Reine, 1967, p. XXXV.
19.   *Ibid.*, p. 140-142.

• Toutefois, sur le plan constitutionnel, aucune jonction n'est faite entre les éléments suivants: la domination que subissent les Canadiens français dans l'ensemble du Canada, l'écrasante majorité canadienne-française au Québec et la volonté massivement exprimée de donner un plus grand rôle à l'État du Québec; en ce sens, les propositions constitutionnelles évitent soigneusement la question du partage des compétences et s'en tiennent à un mandat dont la portée est essentiellement linguistique, voire culturelle.

La Confédération de demain

Quelques jours avant que ne paraisse le Livre I du *Rapport de la Commission B-B*, se tient à Toronto (27 au 29 novembre 1967), à l'invitation du premier ministre Robarts, une Conférence interprovinciale des premiers ministres, intitulée *La Confédération de demain*. C'est l'occasion pour passer en revue les principaux problèmes du fédéralisme canadien. Pour la plupart, les questions se posent en termes de révision des mécanismes de coopération et de coordination entre les divers gouvernements, de transfert de la richesse et de fiscalité; la rédaction d'une nouvelle constitution qui est proposée par Québec est un exercice qui intéresse peu et le sujet des droits des Canadiens français laisse plusieurs indifférents, quand il ne provoque pas de l'hostilité[20].

Cette rencontre permet à Daniel Johnson, premier ministre du Québec, de présenter son argumentation sur la nécessité d'élaborer une nouvelle constitution qui serait fondée sur le concept des deux nations au Canada.

Dans son essai, *Égalité ou indépendance* (1965), il soulignait que les Canadiens français, comme nation, cherchent, tout à fait normalement, à s'identifier à l'État du Québec, «le seul où ils puissent prétendre être maîtres de leur destin et le seul qu'ils puissent utiliser à l'épanouissement complet de leur communauté... »[21]. D'ailleurs, cet épanouissement est tributaire non seulement de la maîtrise de la langue, des écoles et des lois civiles, mais aussi de la maîtrise de l'économie. La Constitution canadienne est, en l'occurrence, particulièrement inadéquate, car, alors que la nation canadienne-française réclame pour le gouvernement du Québec plus de pouvoir et tend vers l'autonomie provinciale, le Canada anglais tend, lui, vers une plus grande unification politique. L'élaboration d'une nouvelle constitution s'impose du fait de l'évolution de la pratique du fédéralisme dans la période contemporaine qui en a modifié l'esprit originel. Cette nouvelle constitution verrait à affirmer le caractère binational du Canada dans ses structures politiques, économiques et sociales, entre autres choses par une Charte des droits nationaux (collectifs),

---

20. ROY J.-L., *Le Choix d'un pays*, Montréal, Leméac, 1978, p. 139-154.
21. JOHNSON, D., *Égalité ou Indépendance*, Montréal, Éditions de l'homme, 1965, p. 24

posée en parallèle à une Charte des droits fondamentaux de la personne[22], et par la reconnaissance de plus larges compétences au gouvernement du Québec.

Cette dialectique entre, d'une part, l'établissement de droits pour les Canadiens français à l'échelle du Canada et, d'autre part, l'accroissement des compétences du gouvernement du Québec afin de sauvegarder l'identité québécoise — que l'on trouvait ébauchée dans le discours de Jean Lesage au milieu des années 1960[23] —, est au cœur de la déclaration de Johnson[24]. Elle procède de l'association ou du recoupement entre nation canadienne-française et gouvernement du Québec, comme seul lieu de l'exercice du pouvoir que cette nation contrôle.

Pour le gouvernement fédéral, la tenue de cette conférence à l'initiative d'une province est inconvenante. Son refus d'y être représenté officiellement lui donna un caractère interprovincial. L'invitation qui lui était faite comporte une certaine provocation. Elle apparaît comme une démonstration d'un plus grand intérêt provincial pour l'évolution du fédéralisme canadien, elle permet un étalage des griefs entretenus contre le gouvernement fédéral, mais surtout elle risque de laisser au niveau provincial l'initiative des termes et des modalités d'une révision constitutionnelle alors que légalement et selon la coutume cela incombe au gouvernement fédéral. Le gouvernement Pearson réplique par la convocation d'une Conférence fédérale-provinciale sur la Constitution pour le début 1968 (du 5 au 7 février).

Le fédéralisme et l'avenir

Le processus de révision constitutionnelle qui mènera, trois ans et demi plus tard, à la *Charte de Victoria*, s'ouvre par une déclaration de Lester B. Pearson. Le premier problème évoqué à l'appui de la nécessité de l'exercice concerne le «mécontentement des Canadiens de langue et de culture françaises quant à la situation respective des deux groupes linguistiques...»[25]. Il incombe de donner à cette communauté les mêmes conditions (à vivre leur vie, à élever leurs enfants, à donner leur pleine mesure) dont jouissent les Canadiens anglais. L'avenir du Canada n'est d'ailleurs garanti que dans la mesure où la coexistence entre ces deux groupes linguistiques fondateurs est assurée. Un deuxième problème est aussi posé d'emblée; il s'agit des inégalités régionales. Pour Pearson, la révision constitutionnelle ne représente qu'une étape dans les redressements que doivent

22.　　*Ibid.*, p. 117
23.　　BOISMENU, G., «La pensée constitutionnelle de Jean Lesage», dans *Jean Lesage*, Presses de l'Université du Québec, à paraître, 1989.
24.　　ROY J.-L., *Le choix ...*, *op. cit.*, p. 141.
25.　　CANADA. *Le fédéralisme et l'avenir — Déclaration de principe et exposé de la politique du Gouvernement du Canada*, Ottawa, Conférence sur la Constitution, 1968, p. 3.

adopter les gouvernements. Il plaide en faveur de l'unité canadienne car il est tout à fait net que personne ne peut sortir gagnant d'un démembrement du Canada.

Pearson rejette la centralisation politique tout comme la fragmentation comme solutions de rechange au fédéralisme. L'État unitaire ne conviendrait pas aux diversités culturelles et géographiques qui sont le propre du Canada. La décentralisation apparaît aussi incompatible avec les objectifs du Canada dans la mesure où « ...elle compromettrait l'aptitude du gouvernement fédéral à contribuer à la hausse du niveau de vie de la population; elle affaiblirait, chez les Canadiens, la volonté d'oeuvrer pour le bien-être et le progrès de leurs concitoyens des autres provinces; elle menacerait l'existence même de notre pays dans le monde... »[26]. Cette foi dans le fédéralisme, affirmée sous la forme du rejet de la décentralisation, balise les discussions qui, finalement, devraient venir à propos des revendications québécoises en faveur de la souveraineté législative et l'accroissement des compétences provinciales.

Le programme de travail proposé par le gouvernement fédéral tient, malgré tout, peu compte de la démarche québécoise affirmée par Lesage, puis avec plus d'insistance par Johnson, à savoir que l'essentiel des débats devrait porter sur le partage des compétences. Cette question est mise au second plan. Trois étapes sont mises de l'avant:

- Prioritairement, le renouvellement de la Constitution devrait passer par l'établissement d'un Charte des droits de la personne qui reconnaîtrait les droits du «citoyen d'un État fédéral démocratique» et les droits de ce dernier comme «membre du groupe linguistique dans lequel il a choisi de vivre». Les droits linguistiques et les droits de la personne constituent les deux faces d'une même médaille, car «la langue est à la fois un prolongement de la personnalité individuelle et l'instrument indispensable de l'organisation sociale... »[27].

- L'étape suivante porterait sur les institutions gouvernementales centrales. Dans la mesure où le «fédéralisme ne consiste pas simplement à répartir les compétences» entre niveaux de gouvernement, il importe de revoir ou de mieux définir le rôle et les pouvoirs de certaines institutions telles que le sénat et la Cour suprême.

- Finalement, le troisième aspect qui exige une révision, c'est la répartition des compétences. Il est cependant clair pour le gouvernement fédéral qu'une nouvelle répartition ne peut être perçue comme une solution aux problèmes liés à l'existence de deux groupes linguistiques au Canada. Il ne saurait être question, «sous prétexte de protéger les droits linguistiques et les intérêts provinciaux, [de] porter atteinte à la capacité du gouvernement fédéral d'agir pour le Canada, *alors que les garanties constitutionnelles et les institutions du système fédéral pourraient réaliser*

---

26. *Ibid.*, p. 17.
27. *Ibid.*, p. 19.

l'essentiel»[28]. Cette révision devrait s'inspirer de règles fonctionnelles plutôt que de se fonder sur des considérations ethniques.

Cette déclaration préliminaire entend disposer de la rhétorique québécoise reposant sur la notion de droits collectifs, sur le recoupement entre nation canadienne-française et gouvernement du Québec, et sur le partage des compétences comme clé de voûte de la révision constitutionnelle. En rendant justice à l'idée de droits linguistiques présente dans le *Rapport B-B*, le gouvernement fédéral emprunte le comportement typique de majorité des Canadiens anglais, en accordant toute l'importance aux libertés individuelles; même les droits linguistiques sont saisis dans une dimension essentiellement individuelle.

Évidemment, le programme de travail sera amendé, mais la dynamique d'ensemble reflètera la vision fédérale exposée d'entrée de jeu. Lors de cette conférence, Lester B. Pearson fait sa dernière prestation à titre de premier ministre; la course à la succession, déjà engagée, habite cette conférence constitutionnelle, car l'un des principaux candidats, Pierre Elliott Trudeau, agit aussi comme ministre fédéral de la Justice et, à ce titre, est un responsable de premier plan de la rencontre.

L'ÈRE TRUDEAU

La révision constitutionnelle qui s'ouvre en 1968 sera poursuivie sous la direction de Pierre Trudeau, dont les positions tranchées vont dominer l'ensemble du débat. Déjà, par des prises de position antérieures, il a tracé son schéma d'argumentation. La démarche fédérale ne subit pas de réorientation radicale, mais la problématique qui sera opposée aux provinces est resserrée notamment dans son traitement de la question nationale. Entre autres choses, Pierre Trudeau s'applique à neutraliser les postulats qui charpentent la position québécoise. Il est bon de reprendre certaines propositions qui avaient été avancées et qui demeureront centrales par la suite.

Une pensée politique et constitutionnelle

Pour Trudeau, la nécessité d'une révision constitutionnelle ne brille pas d'évidence. Cosignataire du «Manifeste pour une politique fonctionnelle» dans *Cité libre*, il écrit en 1964 que «les problèmes constitutionnels au Canada sont loin d'être aussi graves et aussi importants qu'on le laisse entendre», et que les

---

28. *I bid.*, p. 37. Nous soulignons.

efforts qui y sont consacrés «représentent autant d'énergie enlevée à la solution des problèmes plus urgents et plus fondamentaux» de la société canadienne[29].

Le problème du mépris des Canadiens anglais à l'égard des francophones ne trouvera pas sa solution du côté des grands bouleversements constitutionnels. Seule une vitalité économique et culturelle peut être à la source de la pérennité du fait français en Amérique; pour ce faire, la collectivité francophone ne doit pas concentrer ses énergies uniquement sur le territoire québécois mais doit plutôt chercher à s'imposer dans l'ensemble du Canada[30]. Pour que les Canadiens français occupent la place qui leur revient, il faut, au-delà de la volonté, que le Canada applique «au fait français les mêmes règles d'équité que le Québec a toujours appliquées au fait anglais»[31]. Finalement, l'ouverture du dossier constitutionnel constituerait une grossière erreur stratégique de la part même du Québec: «[...] il y a fort à parier que le Québec obtiendra moins que ce que de toutes façons il est en train de recevoir par la force de choses [...] Est-ce bien le moment, quand la présente lettre et l'interprétation actuelle jouent si puissamment en faveur de l'autonomie provinciale?»[32]. En somme, au printemps 1965, Trudeau plaide en faveur du statu quo constitutionnel puisque la constitution n'a rien a voir avec l'état d'infériorité économique et sociale des Canadiens français.

Face à la demande répétée de création d'un comité parlementaire sur la constitution, Trudeau déclare, à titre de secrétaire parlementaire de Pearson, qu'il ne comprend pas la fascination que peut exercer un tel comité, puis il ajoute: «Ceci ne peut nullement, à mon avis, avancer le débat constitutionnel et je pense que ces idées sont surtout nées de personnes qui se sont fait à l'idée que le Canada avait besoin de transformer, de fond en comble, sa Constitution. À mon avis, cette idée est essentiellement l'idée d'une bourgeoisie montante qui veut changer les règles du jeu sans tenir compte des besoins fondamentaux»[33].

Cela n'empêche pas que, le processus étant enclenché à la suite de l'initiative de l'Ontario, il y joue un rôle de premier plan et déclare lors de la course au leadership qu'il fera une priorité du règlement constitutionnel[34].

Trudeau s'oppose aux thèses politiques fondées sur la nation québécoise, qu'elles débouchent sur l'indépendance ou sur le statut particulier.

---

29. «Manifeste pour une politique fonctionnelle», dans *Cité libre*, mai 1964, p. 15, cité par ROY, J.-L., *Le choix ..., op. cit.*, p. 173.

30. TRUDEAU, P.E., *Le Fédéralisme et la société canadienne-française*, Paris, Robert Laffont, 1968, p. 38.

31. *Ibid.*, p. 39.

32. *Ibid.*, p. 47-48.

33. CANADA. *Débats de la Chambre des Communes*, 1e session, 27e Législature, vol. VII, 1966, 21 juin, p. 6743, cité par ROY, J.-L., *Le choix d'un pays, op.cit.*, p. 287.

34. *Réponses de Pierre Elliott Trudeau*, Montréal, Éditions du Jour, 1968, p. 83.

Le raisonnement des tenants de l'indépendance, qui s'appuient sur le droit des peuples à disposer d'eux-mêmes, conduirait à promouvoir l'indépendance de tout groupe ethnique; or «toute minorité nationale qui se sera libérée découvrira presque invariablement en son sein une nouvelle minorité nationale qui aura le même droit...»[35]. Les problèmes du pluralisme ethnique ne doivent pas être résolus de cette manière mais plutôt à travers le fédéralisme démocratique. À cet égard, la nation ne doit pas être réduite à un groupement ethnique car, en fait, de nombreuses nations reconnues sont composées de plusieurs communautés. Trudeau rejette l'«idée martiale et auto-destructrice d'État-nation» et lui substitue l'«idée civilisatrice du pluralisme polyethnique»[36]. Par ailleurs, un projet fondé sur la nation-groupe ethnique ne saurait qu'être protectionniste, borné et réactionnaire.

La notion de recoupement qui est fait entre gouvernement du Québec et la nation canadienne-française n'est qu'un artifice chimérique. Cette prétention est incorrecte sur le plan constitutionnel puisque le gouvernement du Québec ne peut se dire le porte-parole des francophones hors Québec et que ce même gouvernement doit tenir compte d'une partie de sa population dont la langue maternelle n'est pas le français. Du point de vue stratégique, si le Québec était désigné comme État des Canadiens français, ces derniers renonceraient implicitement à s'imposer à Ottawa et dans les autres provinces, et à réclamer l'égalité linguistique au sein de la fédération canadienne. Du point de vue philosophique, l'exaltation du fait national est condamnable car un gouvernement démocratique doit poursuivre la vertu du civisme et non du nationalisme[37].

La notion de «statut particulier» pour le Québec correspond à un illogisme car «comment concevoir une constitution qui donnerait au Québec plus de pouvoirs qu'aux autres provinces, mais qui ne réduirait en rien l'influence des Québécois sur Ottawa? [...] comment faire du Québec l'État national des Canadiens français, avec pouvoirs *vraiment* particuliers, sans renoncer en même temps à demander la parité du français avec l'anglais à Ottawa, et dans le reste du pays?»[38]. On doit choisir, car il est impossible, «en même temps, de boursoufler les pouvoirs de la province de Québec et s'imaginer qu'on va continuer à faire la loi à Ottawa ou dans les autres provinces»[39]. Par ailleurs, les Canadiens français «doivent refuser de se laisser enfermer dans la boîte québécoise», car à long terme cela aurait pour effet d'«affaiblir les valeurs que nous aurions soustraites à l'épreuve de la concurrence»[40]. Mais au-delà de la question québécoise, pour Trudeau, le fédéralisme canadien ne peut, sous peine de s'hypothéquer durablement, permettre une asymétrie constitutionnelle dans la répartition et

35.   TRUDEAU, P. E., *op. cit.*, Paris, Robert Laffont, 1968, p. 168.
36.   *Ibid.*, p.174.
37.   *Ibid.*, p. 37, 178.
38.   *Ibid.*, p. XI.
39.   *Réponses de Pierre Elliott Trudeau, op. cit.*, p. 41.
40.   TRUDEAU, P. E., *Le fédéralisme ...*, *op. cit.*, p. 40.

l'usage des compétences législatives. Cette position générale explique le jugement négatif de Trudeau à l'égard de la «formule Fulton-Favreau». Selon lui, la technique de délégation des pouvoirs produirait, à terme, un fédéralisme éclaté et des pouvoirs provinciaux multiformes de telle sorte que le Parlement central aurait une juridiction variable sur les citoyens canadiens, affaiblissant le fédéralisme et rendant ainsi hautement complexe la représentation politique nationale[41].

Certains points de la pensée politique de Pierre Elliott Trudeau méritent d'être soulignés. Face à l'État, il n'y a essentiellement que le citoyen et les libertés individuelles; s'il faut prendre acte des groupes ethniques, il sont suspectés d'être à la source d'intolérances, de chauvinismes et de sectarismes quand ils sont vus comme autre chose que des communautés linguistiques. La société politique ne saurait se découper et correspondre à la morphologie polyethnique; elle doit plutôt se poser comme lieu favorisant les initiatives individuelles; dans certaines circonstances, la reconnaissance de droits linguistiques peut faciliter la contribution du plus grand nombre à l'oeuvre collective. En ce sens, les Canadiens français, compris comme groupe linguistique, voire culturel, doivent trouver un cadre juridique plus adéquat permettant une meilleure équité entre les indidivus. Le recoupement fait par les nationalistes québécois entre le gouvernement du Québec et la nation canadienne-française est rejeté tantôt en utilisant les francophones hors Québec comme otages, tantôt avec mépris pour les petits ensembles («[...] les Canadiens français ne seront pas uniquement maîtres chez eux, dans leur petite province, mais [...] ils seront maîtres chez eux dans l'ensemble du pays»[42]), comme si un messianisme nouveau genre engageait désormais les Canadiens français à coloniser l'ensemble canadien.

Point central: une Charte des droits

Lorsqu'à titre de ministre responsable, Trudeau présente, à la conférence constitutionnelle de février 1968, la démarche fédérale centrée prioritairement sur une Charte des droits, il établit le cadre qui va guider par la suite son propre cheminement[43]. En matière linguistique, il reprend l'esprit sinon la lettre des propositions de la Commission B-B, mais en les dépouillant de la problématique énoncée dans le *Rapport préliminaire*. Par exemple, l'idée d'une double majorité, chacune dans leur espace, et celle de «plus grave crise que le Canada n'ait traversée» apparaîtront comme non pertinentes. D'ailleurs, en 1965, ses ex-collègues de *Cité libre* critiquent ce rapport parce qu'il se nourrit de principes

41. *Ibid.*, p. 49.
42. *Réponses de Pierre Elliott Trudeau, op. cit.*, p. 43.
43. Déclaration reproduite dans *Ibid.*, p. 61-72.

«corrosifs», comme «l'idée d'égalité entre les deux peuples», et que la crise dont on parle semble ne devoir être qu'une «construction de l'esprit, et de l'esprit petit bourgeois»[44].

La réforme constitutionnelle, si elle doit avoir lieu, doit se faire dans l'ordre. L'établissement des «idéaux fondamentaux» de la vie canadienne devrait constituer le point de départ de l'exercice; comment mieux les fixer que «par l'affirmation des libertés humaines auxquelles nous croyons que le peuple de ce pays a un droit absolu?» Ainsi, une Charte des droits de l'homme est proposée comme pièce maîtresse de cette révision constitutionnelle. Elle comprendrait quatre catégories de droits: les droits politiques, les droits juridiques, la protection contre la discrimination, les droits linguistiques.

Dans l'esprit de Trudeau, cette Charte offre la seule réponse valable au problème posé par la question nationale. Pour l'essentiel, cette question tient à un conflit linguistique; le désamorcer par la reconnaissance de droits fera perdre prise au nationalisme étriqué. «Si on résout le conflit linguistique; si on fait en sorte que le français ait droit de cité au niveau du gouvernement fédéral et au niveau des autres provinces, les Canadiens français cessent d'être cantonnés dans leur province. Ils acquièrent des droits à vivre, à se gouverner et à s'éduquer dans l'ensemble du pays»[45].

L'argumentation vise à secondariser la question du partage des compétences. Elle restera à peu près inchangée jusqu'aux discussions devant mener au *Canada Bill*. Une Charte des droits n'implique pas une cession de pouvoirs ou un empiètement fédéral, car «les sujets affectés par la Charte qui sont proprement de compétence provinciale le demeurent; ils seront soumis à une mise en oeuvre *provinciale* et non fédérale»[46]. S'il y a cession de pouvoir, c'est au profit du peuple; nous lui devons, car la force première du Canada, c'est lui et non le gouvernement. N'affligeons donc pas le peuple avec des querelles entre gouvernements intéressés, dont l'effet est de «compartimenter le Canada en régions». Au contraire, il faut établir le tout, le patrimoine collectif dans lequel se fond l'ensemble canadien. Les Canadiens «seraient assurés qu'ils ont des valeurs en commun; [qu'ils] sont unis en tant que *Canadiens*; qu'ils ne sont pas divisés par des particularismes provinciaux.»

Il s'agit d'un préalable. Ce n'est que lorsque cette tâche sera accomplie qu'il sera possible de se pencher sur les institutions et sur le partage des compétences constitutionnelles.

---

44.   BRETON, A., BRUNEAU, C., GAUTHIER, Y., LALONDE, M., PINARD, M., «Bizarre algèbre! Huit commentaires sur le Rapport préliminaire de la Commission royale d'enquête sur le bilinguisme et le biculturalisme», dans *Cité libre*, XVᵉ année, n° 82, décembre 1965, p. 13-20.

45.   *Réponses de Pierre Elliott Trudeau, op. cit.*,p. 43.

46.   *Ibid.*, p. 66.

En route pour Victoria

Sur ce coup d'envoi s'ouvre un long et intense processus de révision constitutionnelle[47]. Loin de susciter l'adhésion, le programme fédéral reçoit un accueil mitigé. Pour le Québec, il existe deux nations au Canada et la nouvelle constitution doit notamment témoigner d'un Canada à deux. Si la place et le rôle des provinces dans les institutions fédérales doivent être assurés, une solution pour le Québec comporte nécessairement une extension de ses compétences. Par ailleurs, si un fragile consensus se fait jour sur une formule édulcorée visant une égalité des francophones et des anglophones dans l'ensemble canadien, il est tout à fait clair que les provinces autres que le Québec se passionnent surtout pour les questions économiques et de disparités régionales. La suite témoignera de cet éclatement des intérêts et des préoccupations.

À la conférence de février 1969, Jean-Jacques Bertrand assiste à une belle unanimité contre la thèse des deux nations. À la limite, on pourrait accepter l'idée de la reconnaissance de droits individuels. Mais la Charte des droits tient l'arrière-plan au profit des questions de fiscalité, de disparités régionales et du pouvoir de dépenser du gouvernement fédéral. La confusion et la mésentente s'installent confortablement au fur et à mesure que l'on traite des questions de «*bread and butter*». En fait, le Québec est tout à fait isolé dans sa volonté d'une révision constitutionnelle en profondeur.

Par la suite, que ce soit à la séance de travail de juin 1969, à la Conférence constitutionnelle de décembre 1969 ou à la séance de travail de septembre 1970, la discussion de chacune des questions «terre à terre» est l'occasion pour le gouvernement fédéral d'avancer des propositions qui confirmeraient ou accentueraient le processus de centralisation en cours. Plutôt qu'une répartition des ressources fiscales, on propose un accès conjoint des deux niveaux de gouvernement à toutes les formes de revenus. Le pouvoir de dépenser du gouvernement fédéral pourrait souffrir quelques restrictions dans les procédures de mise en oeuvre des programmes, mais ne saurait être réduit; la compensation financière pour les gouvernements non participants serait destinée aux individus et non à ces derniers. Dans le domaine de la sécurité du revenu et des services sociaux, Ottawa prétend détenir des pouvoirs égaux et concurrents dans les paiements directs aux individus et à la primauté en matière d'assurance-retraite. Au terme de cette dernière séance, les résultats sont plutôt minces et la question du partage des compétences est restée globalement à l'état de friche.

Au cours de la séance de travail de février 1971, le Québec, sous la direction de Robert Bourassa, décide de ne retenir que le domaine des politiques sociales comme témoin de la possibilité d'une entente éventuelle plus large concernant le partage des compétences. À ce jour, les points d'accord ou

---

47.   Voir ROY, J.-L., *Le choix ...*, *op. cit.*, p. 135 à 266 et MORIN, C., *Le pouvoir québécois...*, *op. cit.*, p. 140-159.

susceptibles d'un accord sont relativement limités et recoupent pour une large part les éléments des deux premiers points du programme de discussion présenté par Pearson: une formule de rapatriement et d'amendement de la Constitution, des dispositions relatives aux droits politiques fondamentaux et aux droits linguistiques, à la Cour suprême, aux mécanismes de relations fédérales-provinciales, et un énoncé sur les disparités régionales. En somme, le bilan est maigre: le néant pour le partage des compétences et un certain cheminement concernant les institutions fédérales et les droits individuels. Pour le Québec qui a provoqué le processus, la gifle serait cinglante s'il n'était pas faisable de montrer qu'une entente est aussi possible sur le fond (dans le langage des années 1965: les juridictions); déjà, toute référence à la nation, à la communauté et, davantage, au peuple québécois est bannie.

Dans l'ensemble, malgré la sinuosité des pourparlers, le gouvernement fédéral a pris soin de faire progresser les sujets qui lui importaient et a contribué à embourber les discussions qui pouvaient se rapporter à la révision des compétences, comme s'il voulait donner raison aux propos de Trudeau en 1965, alors qu'il soumettait qu'une révision constitutionnelle ne saurait aller dans le sens de la décentralisation. Les intérêts régionaux, jugés souvent avec mésestime par Trudeau, sont d'un grand secours pour fragmenter les représentations provinciales. Mais, en même temps, ils rendent ardues les négociations sur les droits individuels, particulièrement quand il s'agit de la reconnaissance de droits linguistiques.

Pour le gouvernement fédéral, la Conférence constitutionnelle de Victoria de juin 1971 devait conclure le chemin parcouru depuis bientôt deux ans et demi. Les négociations intensives sont souvent laborieuses, y compris pour l'établissement des droits et les institutions fédérales, mais surtout lorsqu'il s'agit de la question de la compétence provinciale dans le champ de la politique sociale. Le gouvernement du Québec a insisté pour discuter cette question afin d'entamer, par une entente partielle, la révision du partage des compétences. Un accord en la matière permettait à Bourassa de légitimer l'acceptation du projet fédéral — car il pouvait laisser préfigurer des modifications de juridictions à venir — et, en même temps, d'enregistrer un premier gain dans un processus qui apparaissait peu profitable pour les demandes québécoises originelles. L'absence d'entente le plaçait dans une position où il ne pouvait être que perdant.

Les gouvernement fédéral et québécois s'entendent en fait sur le principe de la nécessité de l'intégration des programmes de soutien et d'assurance de revenu à l'ensemble des services de bien-être et de santé. Cette communauté de vue s'évanouit cependant lorsqu'on pose la question des conditions de possibilité de réalisation de cette intégration. Pour Ottawa, il est possible d'assurer une coordination des politiques fédérales et provinciales par la mise en place de mécanismes administratifs de consultation et d'ajustement. Québec récuse la possiblité de cette coordination, en soulignant les incohérences, les frais supplémentaires et le manque d'efficacité, et demande la reconnaissance de sa primauté législative. Le débat portait sur une reformulation de l'article 94 A de l'*Acte de l'Amérique du Nord britannique (l'AANB)*. Pour le premier, le gouvernement fédéral a le pouvoir de légiférer en matière de pension de vieillesse, d'allocations familiales et d'allocations de jeunesse, mais il doit auparavant en informer les gouvernements provinciaux et demander leur avis. Pour le second, les lois fédérales en ces matières n'auraient d'effet sur le territoire d'une province que dans la mesure où la loi provinciale le prévoit; lorsque les lois sont en tout ou en partie inapplicables dans une province, celle-ci reçoit une compensation financière. Les points de vue sont irréconciliables.

Au terme des pourparlers, un ensemble composite ayant pour titre la *Charte constitutionnelle de Victoria*[48] constitue un aboutissement que les participants (les onze gouvernements) sont tenus d'accepter en totalité ou, le cas échéant, de rejeter. Les gouvernements ont un douzaine de jours pour faire connaître leur avis.

Avec cette Charte, des droits politiques (articles 1 à 9) sont formulés en termes généraux; ils gravitent autour des libertés fondamentales (liberté de pensée, de conscience, d'opinion, d'expression, d'association, etc.). De même, des droits démocratiques sont établis (suffrage universel, élections libres, durée des mandats des législatures, etc.).

S'ajoutent des droits linguistiques (articles 10 à 18). À ce sujet, les aspirations initiales de Trudeau se sont rétrécies comme une peau de chagrin. Le «droit de cité du français au niveau du gouvernement fédéral et au niveau des autres provinces» souffre de restrictions majeures. Le français et l'anglais sont reconnus comme langues officielles du Canada. Au niveau fédéral, ce statut s'exprime par la liberté de choix de la langue pour participer aux débats du Parlement, dans l'interprétation juridique des lois fédérales, à la Cour suprême et dans les cours fédérales, ainsi que dans les communications avec les organes centraux des ministères et avec leurs bureaux locaux dans certains districts désignés. Concernant les provinces, les droits sont établis à la carte: les droits du français ne semblent pas pouvoir franchir la frontière ouest de l'Ontario ou, au mieux, du Manitoba; les garanties à l'égard du français ne correspondent pas nécessairement à l'importance démographique de la minorité francophone (Ontario, Nouveau-Brunswick) ou aux droits historiquement reconnus (Manitoba); l'anglais a droit de cité au Québec dans tous les domaines. On peut restituer la variabilité dans l'application des droits linguistiques selon les domaines. 1. Participation aux débats parlementaires: l'Ontario, le Québec, la Nouvelle-Écosse, le Nouveau-Brunswick, le Manitoba, l'Île-du-Prince-Édouard et Terre-Neuve. 2. L'égalité des textes législatifs: au Québec, au Nouveau-Brunswick et à Terre-Neuve. 3. La langue d'usage dans les cours provinciales: au Québec, au Nouveau-Brunswick et à Terre-Neuve. 4. La communication avec les

---

48.   Publiée notamment dans PRÉVOST J.-P., *La crise du fédéralisme canadien*, Paris, PUF, «dossiers thémis», 1972, p. 76-86.

ministères: en Ontario, au Québec, au Nouveau-Brunswick, à l'Île-du-Prince-Édouard et à Terre-Neuve.

Il est possible de saisir toute la mesure des valeurs fondamentales communes qui, selon Trudeau, devaient être inscrites dans une Charte des droits. Au terme de l'exercice, un bilinguisme institutionnel est prévu au Québec, au Nouveau-Brunswick et... à Terre-Neuve seulement.

La formule d'amendement (articles 49 à 57) est nettement différente de celles qui avaient été mises de l'avant jusqu'à ce jour. Une modification à la Constitution demande l'accord du Sénat (sauf démarche spéciale), de la Chambre des communes et de l'Assemblée législative d'une majorité de provinces. Cette majorité doit comprendre le Québec et l'Ontario (parce que réunissant ou ayant réuni 25 % de la population), deux provinces de l'Atlantique et deux provinces de l'Ouest comptant pour 50 % de la population de l'Ouest. Le gouvernement fédéral limite sa capacité de modifier seul plusieurs sujets se rattachant aux institutions fédérales. Il n'est aucunement question de procédures de délégation de pouvoir.

Le seul aspect touchant le partage des compétences se rapporte à la politique sociale (articles 44 et 45). Les deux articles reflètent la position fédérale en ce sens qu'ils lui reconnaissent compétence mais lui imposent une démarche de consultation. La nomination des juges (articles 22 à 43) de cours fédérales reste sous la seule responsabilité du gouvernement central; cependant, dans le cas de la Cour suprême, une procédure de consultation des provinces — pouvant être complexe en cas de désaccord majeur — précède les nominations. S'ajoute une déclaration (articles 46 et 47) concernant la promotion d'un meilleur développement régional et le maintien d'une qualité minimale pour les services publics essentiels.

Le *tout* est à prendre ou à laisser. Le gouvernement fédéral peut compter sur certains acquis pour les sujets qu'il a imposés au départ, même si les droits reconnus sont limités. Les droits juridiques (droit à la sécurité de la vie, à la propriété, à la présomption d'innocence) et la protection contre la discrimination (sexe, race, origine nationale, couleur, religion) dans l'emploi ou les services publics, qui avaient été désignés dans la présentation initiale de Trudeau, sont complètement ignorés. On assiste, pour l'essentiel, à une faillite quant aux droits linguistiques. Le paradoxe de la bilinguisation de Terre-Neuve face à des droits minimaux pour les francophones en Ontario montre, qu'au-delà des principes, l'obstination politique et le poids de certaines provinces dans la négociation ont raison des velléités fédérales. Cependant, si Trudeau accepte l'asymétrie dans l'établissement et l'application des droits linguistiques, il la condamne sans appel lorsqu'il s'agit de compétences législatives, ce qui repondrait aux préoccupations québécoises.

Le gouvernement du Québec a peu de prise pour souscrire à cette *Charte de Victoria*. La condition qui a été posée, à savoir une entente sur la question de la politique sociale, se bute à une position fédérale incompatible. Pourtant, à

l'origine de l'exercice, celui-ci a suivi un cours aux antipodes des demandes et de
la démarche du Québec. Dans les faits, il s'agit d'une fin de non-recevoir tant sur
la question de la reconnaissance nationale, chère à Johnson et à Bertrand, que sur
la question d'un réaménagement partiel et ponctuel de compétences qui souriait,
en dernier ressort, à Bourassa. L'opposition unioniste et péquiste, les ténors du
mouvement nationaliste, les «définisseurs de situation» (éditorialistes, analystes
politiques), les milieux syndicaux, une partie des milieux patronaux, supportent,
avec toutes les variations possibles, le rejet de la *Charte de Victoria* ou de
l'ultimatum (ce qui revient au même).

Finalement, le 23 juin 1971, Robert Bourassa écrit à Pierre Elliott
Trudeau qu'il ne peut recommander à l'Assemblée nationale du Québec
l'acceptation de la *Charte constitutionnelle de Victoria*[49]. Il souligne que le
fédéralisme canadien «doit être décentralisé pour refléter la diversité des régions»
et qu'il «doit aussi permettre au gouvernement du Québec d'assurer l'avenir
culturel de la majorité de sa population». Son refus est justifié essentiellement
par l'incapacité d'en arriver à un accord sur le dossier de la politique sociale.
Parlant de l'incertitude caractérisant les textes se rapportant à la sécurité du
revenu, Bourassa écrit: «Si cette incertitude était éliminée, notre conclusion
pourrait être différente». Ce refus québécois imposait le constat d'échec du
processus mis en branle à son instigation au tournant du premier centenaire de la
fédération canadienne.

Perdre ses effets mais garder la ligne

À la suite de ce rendez-vous manqué, le débat constitutionnel s'éclipsa
momentanément. Le 16 mars 1972, le dépôt du *Premier rapport* du Comité
spécial mixte du Sénat et de la Chambre des communes rappela à l'attention la
question non résolue. De guerre lasse, le gouvernement fédéral avait finalement
accepté de créer un comité pour se pencher sur la question constitutionnelle. On
se souviendra du jugement catégorique prononcé par Trudeau au cours du débat
préalable lorsqu'il identifiait, derrière l'insistance sur une révision
constitutionnelle, les intérêts d'une bourgeoisie montante. Le Comité mixte, au
terme de ses travaux, apporta un avis bien tardif; le peu de discussions que le
Rapport souleva est venu confirmer sa faible pertinence sur le cours de
événements. Ce Rapport témoigne cependant de la logique et de la finalité qui
inspirent la démarche fédérale de révision constitutionnelle.

Pour le Comité mixte, le Canada a besoin dès maintenant d'une nouvelle
constitution qui, s'inspirant de l'*ANNB*, aménagerait un fédéralisme plus
fonctionnel en accentuant la centralisation dans certains domaines et en la

---

49.   Cité par ROY, J.-L., *op. cit.*, Montréal, Leméac, 1978, p. 272 et 273.

diminuant dans d'autres. Certes, le Québec est l'une des premières causes de cette nécessité, mais il ne faut pas ignorer la volonté de réforme d'autres provinces.

Tout en reconnaissant au Québec un impératif culturel («La constitution doit garantir la préservation de la personnalité collective du Québec français»[50]), le Comité rejette, au nom du multiculturalisme, «la théorie selon laquelle le Canada ne se compose que de deux cultures». Le nouveau partage des pouvoirs que l'on suggère insiste sur une décentralisation en matière de politique culturelle et sociale, qui serait accompagnée d'une centralisation des leviers d'intervention et de réglementation concernant le développement économique. Les droits linguistiques proposés ressemblent à ceux retenus dans la *Charte de Victoria*; cependant leur application toucherait le Québec, l'Ontario, le Nouveau-Brunswick et toute province où la minorité francophone atteint 10 % de la population. On insiste toutefois sur le caractère multiculturel du Canada, en soulignant que le statut officiel du français ou de l'anglais ne traduit pas l'établissement de priorités culturelles.

Il ressort clairement que le fédéralisme fonctionnel signifie que les questions «nationales» doivent être sous l'autorité fédérale alors que celles d'intérêt local doivent être concentrées sous la juridiction provinciale. L'esquisse qui est donnée rappelle la remarque de Pierre Trudeau en 1968: «J'aime bien qu'il y ait des gouvernements locaux pour protéger les traditions et les cultures locales et j'aime bien qu'il y ait des gouvernements plus larges pour tenter de résoudre des problèmes qui sont communs à plusieurs régions. Et ça, c'est le fédéralisme»[51]. Le sort réservé à l'idée d'un statut particulier ou spécial d'une province laisse place à peu d'ambiguïtés. Reprenant l'argumentation de Trudeau, l'hypothèse d'une asymétrie des compétences provinciales apparaît comme une hypothèque nuisible créant une situation intenable au sein de la fédération canadienne[52]. Le Comité propose la formule de modification constitutionnelle qui a été arrêtée dans la *Charte de Victoria*.

Le préambule devrait reconnaître que le Canada est un pays multiculturel et non biculturel; de même, il devrait reconnaître le principe de l'autodétermination. Le traitement de ce principe est assorti de plusieurs précautions et circonvolutions. Il sera l'objet de la rédaction d'un rapport minoritaire. La reconnaissance de ce principe est présentée comme une réponse aux Québécois. Le Comité s'oppose cependant à toute adéquation entre la notion de peuple (ou nation) canadien-français et l'État du Québec, car l'autodétermination d'un peuple et l'autodétermination d'une province «ne sont pas équivalentes, puisque le peuple est une réalité naturelle et la province une

---

50.   CANADA. Comité spécial mixte du Sénat et de la Chambre des communes sur la constitution du Canada, *Premier rapport*, Ottawa, Imprimeur de la Reine, 1972,
51.   *Réponse de Pierre Elliott Trudeau, op. cit.*, p. 49.
52.   CANADA. Comité spécial mixte, *op. cit.*, p. 45.

réalité artificielle»[53]. On reprend l'argument de Trudeau voulant qu'il n'y ait pas de coïncidence parfaite entre le peuple canadien-français et le territoire du Québec et qu'il existerait au Québec de nouvelles minorités ethniques devant aussi avoir droit à l'indépendance, pour conclure: «En conséquence, même si nous acceptons l'idée d'un bloc francophone du Canada formant un «peuple» ayant droit à l'autodétermination, nous ne pouvons néanmoins envisager aucune formule juridique réalisable en vue de l'autodétermination sur la base des limites provinciales»[54]. Cette impasse trouverait sa solution dans le rejet d'un droit collectif au profit d'un droit du citoyen à l'autodétermination. Le préambule devrait donc établir que la fédération est fondée sur la liberté de la personne et la protection des droits fondamentaux de l'homme et que l'existence de la société canadienne tient au libre consentement des citoyens et à leur volonté commune de vivre ensemble et que tout différend entre eux devrait se régler par des moyens pacifiques au moyen de la négociation.

Sur cette question, les députés Pierre de Bané et Martial Asselin rédigent un rapport minoritaire qui propose la reconnaissance du Québec comme société distincte et la reconnaissance du droit de cette société à l'autodétermination. Au moment du dépôt à la Chambre du *Rapport du Comité spécial mixte*, on refusa de consentir au dépôt du *Rapport minoritaire*[55]. La discussion du droit à l'autodétermination du Québec par une instance fédérale revêtait sans doute un caractère exceptionnel; le traitement qui lui fut accordée n'en avait que plus de signification.

La mise en place de la rhétorique de l'unilatéralisme

Ce n'est qu'en 1975 que la question constitutionnelle redevient prioritaire à Ottawa. Lors d'une réunion des premiers ministres, Pierre Elliott Trudeau croit pouvoir dégager un accord de principe sur le bien-fondé du rapatriement de la Constitution assorti de la formule d'amendement établie à Victoria. La démarche réduite à sa plus simple expression, qui renoue avec celle qui avait présidé à la proposition des formules Fulton et Fulton-Favreau, apparaît comme l'hypothèse minimale sujette à une entente.

Pour le Québec, il est difficilement envisageable de souscrire à cette initiative, si on n'y ajoutait pas des garanties constitutionnelles concernant la langue et la culture françaises. Les gouvernements provinciaux de l'Ouest réclament une modification à la «formule de Victoria» les concernant, sans que

53.　*Ibid.*, p. 13.
54.　*Ibid.*, p. 13.
55.　BERGERON, G,, «L'État du Québec sous le fédéralisme canadien», dans *L'État du Québec en devenir*, BERGERON, G, et PELLETIER, R., (dir.), Montréal, Boréal Express, 1980, p. 348.

cela remette en cause sa cohérence générale. On suggère par ailleurs de reprendre certains points qui avaient fait l'objet d'une entente antérieurement, notamment pour la Cour suprême et la lutte aux inégalités régionales. Les demandes de Robert Bourassa semblent devoir déboucher sur une discussion portant sur le partage des compétences. Cela va plus loin que les objectifs que le gouvernement fédéral s'était fixés pour l'année en cours.

De ce différend qui semble ne conduire qu'à un désaccord final, Trudeau dégage une argumentation qui plaide en faveur d'une action unilatérale du gouvernement fédéral.

En mars 1976, Trudeau déclare que «c'est non seulement possible mais peut-être souhaitable d'agir unilatéralement»[56]. Puis, il développe trois scénarios comprenant des procédures constitutionnelles variables. Dans le premier, le rapatriement pourrait être accompagné d'une formule prévoyant l'unanimité des provinces, afin de procéder à des modifications constitutionnelles pour des matières qui sont du ressort des deux niveaux de gouvernement. Quant au deuxième, le rapatriement serait accompagné plutôt de la «formule de Victoria». Enfin, dans le troisième scénario, l'adresse à la Reine pour le rapatriement contiendrait des modifications plus importantes à savoir, le contenu de la *Charte de Victoria*, mais aussi deux nouvelles sections, l'une se rapportant à la protection de la langue et de la culture françaises et l'autre prévoyant que l'application des droits linguistiques au niveau provincial dépend du gouvernement provincial. Le rapatriement unilatéral, plus qu'une hypothèse évoquée par bravade, devenait une éventualité politique immédiate.

Le gouvernement fédéral s'emploie d'ailleurs à donner des assises constitutionnelles à son argumentation. Dans une lettre aux premiers ministres, Trudeau affirme que si «l'unanimité ne semble pouvoir se faire, force sera au gouvernement fédéral de décider s'il doit ou non recommander au Parlement le rapatriement de l'AANB»[57]. Et dans un document traitant notamment de la *constitutionnalité de l'action unilatérale,* le gouvernement affirme «que légalement les provinces n'ont nullement le droit d'être consultées au sujet des propositions de modifications de la Constitution adressées au Parlement de Westminster»[58].

Ainsi le gouvernement fédéral se croit fondé politiquement — «on ne peut faire autrement» — et légalement — «on en a le droit» — de procéder au rapatriement unilatéral de la Constitution et à l'insertion, à tout le moins, d'une formule d'amendement. La rhétorique est en place, il ne lui reste plus qu'à trouver son aboutissement par des gestes concrets.

---

56.   Cité par ROY, J.-L., *op. cit.*, p. 294.

57.   *Lettre du premier ministre du Canada, Pierre Elliott Trudeau,* aux Premiers ministres des provinces au sujet du rapatriement de l'AANB, 31 mars 1976, p. 11, cité par *Ibid.*, p. 298.

58.   Cité par *Ibid.*, p. 299.

Faisant front, les gouvernements provinciaux contestent la légitimité et la légalité des prétentions d'Ottawa, puis reconsidèrent certaines dispositions de la *Charte de Victoria*, et enfin soulèvent d'autres questions du contentieux fédéral-provincial. L'unanimité des provinces dans leur opposition, l'objection formelle de Bourassa, le déclenchement par lui d'élections anticipées, notamment sur le thème de la révision constitutionnelle, et finalement l'élection du Parti québécois au gouvernement bloquèrent la route à l'entreprise fédérale. Mais la rhétorique de l'unilatéralisme devait revenir à l'ordre du jour plus tard.

PLAIDOYER POUR L'AGIR

Le projet de souveraineté-association que défend le Parti québécois représente pour le Canada une menace dont la clé appartient en grande partie au peuple québécois appelé à se prononcer sur la négociation d'une *Nouvelle entente Québec-Canada*. Avant que cette échéance n'arrive, le gouvernement Trudeau tente d'occuper le terrain constitutionnel. Il crée à l'été 1977 la Commission de l'unité canadienne, qui doit «faire enquête sur les questions touchant l'unité canadienne». Mais, pour l'essentiel, ce n'est pas de cette source que le gouvernement veut s'inspirer pour reformuler ses propositions de réforme constitutionnelle. Ainsi, six mois avant le dépôt de son rapport, soit en juin 1978, le gouvernement publie une déclaration étoffée de Pierre Trudeau, sous le titre *Le temps d'agir*, qui accompagne un projet de loi élaboré de réforme constitutionnelle.

Le tout malgré les parties

Bien qu'accordant une attention aux «majorités linguistiques», au multiculturalisme et au développement régional, le raisonnement de Trudeau dans *Le temps d'agir* épouse une certaine circularité. L'individu, atome premier de la réalité canadienne, subsume les différences de cette dernière dans une dialectique totalisante citoyen-gouvernement du Canada.

La démarche loge, au départ, à l'enseigne de la primauté du citoyen et des libertés individuelles. Pourtant cette masse d'individus est «travaillée» par une diversité sociologique et historique. Il faut considérer les autochtones, à qui l'on doit le respect de leurs droits légitimes. Ensuite, les deux grandes collectivités linguistiques, qui doivent pouvoir jouir des garanties d'une égalité linguistique. D'autre part, les multiples collectivités culturelles doivent pouvoir préserver leur patrimoine culturel. Enfin, la géographie et les institutions politiques permettent le développement d'identités régionales.

Il importe de souligner ici la dilution de la question québécoise dans le mode de désignation de la collectivité de langue française, qui a une sainte horreur des frontières et des recoupements possibles avec les institutions politiques. En effet, on nous apprend que cette collectivité francophone «est numériquement majoritaire dans cette partie du territoire qui va des «pays d'en haut» ontariens en englobant tout le Québec, jusqu'aux confins du pays acadien»[59]. Selon la même logique, on pourrait sans doute «affirmer que la collectivité de langue anglaise en Amérique s'étend des confins de l'Alaska à la frontière mexicaine, ou encore que la collectivité espagnole occupe le territoire qui va de la frontière texane au Cap Horn, en excluant le triangle brésilien et quelques confettis dans les Antilles»[60]. Aucun gouvernement n'est associé à l'une ou l'autre de ces deux collectivités quantitativement appréciables, et ces dernières n'ont, pour seule pertinence politique et constitutionnelle, que d'imposer l'établissement de droits linguistiques pour les individus qui les composent. Mais les droits qui découlent de l'existence de ces deux collectivités numériquement plus importantes doivent être interprétés à la lumière du multiculturalisme (polyethnie). Enfin, la question régionale oblige sans doute la reconnaissance des régions dont, semble-t-il, le développement (en termes de préservation des modes de vie et des traditions culturelles) est associé au refus d'une centralisation excessive.

Au-delà de cette diversité qui rassemble des collections d'individus, le tout se recompose sous l'égide du gouvernement fédéral. Il en va ainsi pour la poursuite de l'intégration économique — «car elle demeure incomplète et imparfaite» —, pour l'extension de la solidarité «nationale», pour un aménagement plus fonctionnel des compétences nécessaires au gouvernement de l'ensemble de la fédération et pour le renforcement de l'unité du Canada. Ainsi, «l'unité canadienne doit transcender les appartenances provinciales, régionales, linguistiques et autres des Canadiens [...] Chacun, en ce pays, doit avoir la conviction que le Canada, le Parlement et le gouvernement fédéral qui agissent pour lui, sont les meilleurs garants de la sécurité, du progrès et de l'épanouissement qu'engendre en démocratie l'action collective de citoyens libres»[61]. La boucle est bouclée: nous retrouvons le face à face vertueux «citoyen-gouvernement fédéral».

La question du partage des compétences est identifiée comme aspect majeur d'inadaptation de la Constitution et donc comme étant à la source de la nécessité d'une réforme. Pour Trudeau, la fédération canadienne rencontre des problèmes d'efficacité et crée des chevauchements. Même si la pratique du fédéralisme a gagné en complexité depuis les années 1960 et si les mécanismes

---

59.   TRUDEAU, P., *Le temps d'agir; jalons du renouvellement de la fédération canadienne*, Ottawa, Ministère des Approvisionnements et Services, 1978, p. 10
60.   BOISMENU G. et BÉLANGER A.J., «Les propositions constitution-nelles: sens et portée», dans *Québec: un pays incertain; réflexions sur le Québec post-référendaire*, Montréal, Québec/Amérique, 1980, p. 241-242.
61.   TRUDEAU, P.E., *Le temps d'agir, op. cit.*, p. 13.

de collaboration intergouvernementale ont relativement bien fonctionné, «cette capacité d'adaptation n'est pas illimitée: au-delà d'un certain seuil, il faut donc envisager des changements de structures»[62]. On voit là toute la distance avec les propos que tenait Trudeau dix ans plus tôt. Cependant, la finalité de la discussion sur le partage des responsabilités gouvernementales à laquelle il convie ses vis-à-vis provinciaux, est à l'opposé de celle que visait et que vise le gouvernement du Québec. Dans son évaluation de la situation, il considère que le Canada est l'une des fédérations les plus décentralisées et il ajoute: «On ne saurait donc résoudre les problèmes qui nous assaillent par un transfert massif de pouvoirs du gouvernement fédéral aux provinces»[63].

Quoi qu'il en soit, la nouvelle Constitution canadienne, en plus de contenir un préambule, une Charte des droits, des dispositions touchant des institutions fédérales et une formule d'amendement, devrait, d'une part, consacrer la souveraineté interne des deux niveaux de gouvernement et, d'autre part, répartir de façon claire et fonctionnelle les pouvoirs et compétences législatives. Le gouvernement fédéral s'est livré, à la suite d'un traitement exhaustif, à cet exercice dans le *Projet de loi sur la réforme constitutionnelle*[64] (comptant 145 articles) soumis au Parlement fédéral. Dix ans plus tard, c'est peut-être la rédaction d'une nouvelle constitution souhaitée par Daniel Johnson, mais les visées sont autres.

Cette initiative combine deux volets. D'une façon générale, les libéraux fédéraux invitent les provinces à négocier l'ensemble du projet mais, en cas d'échec ou de refus, le gouvernement fédéral fera adopter par les Communes les modifications constitutionnelles qui, juge-t-il, sont de sa compétence. Cette action unilatérale comprendrait une large part des matières qui ont fait jusqu'à ce moment l'objet de négociations fédérales-provinciales: Charte des droits et libertés, Cour suprême, Sénat, mécanismes des relations fédérales-provinciales. On revient donc à la rhétorique de l'action unilatérale. Dans l'un et l'autre cas, des échéances sont fixées. Ne serait-ce qu'à cause de son revers électoral en 1979, Trudeau ne pourra réaliser ce projet.

Menés de façon tout à fait indépendante et, malgré les prétentions d'usage, n'ayant pas pour raison d'être d'éclairer le gouvernement en matière constitutionnelle, les travaux et les conclusions de la Commission de l'unité canadienne sont en porte-à-faux. La rapidité avec laquelle le Rapport est remisé aux archives par le gouvernement témoigne de deux choses: d'abord, les travaux de la Commission ont été utiles, ne serait-ce qu'en occupant une large place dans le débat public; ensuite, la pensée et la stratégie constitutionnelles de Trudeau

---

62. *Ibid.*, p. 17.
63. *Ibid.*, p. 23.
64. CANADA. Gouvernement du Canada, *Le projet de loi sur la réforme constitutionnelle*. Texte et notes explicatives, juin 1978.

connaissent un cheminement autonome et n'ont nul besoin d'un éclairage extérieur quand bien même ce dernier viendrait d'une de ses propres commissions.

Questions régionale et nationale, et flexibilité

Le Rapport *Se retrouver*[65] n'en apportait pas moins une vision nuancée de la crise politique au Canada et de ses «solutions» constitutionnelles. Pour la Commission, il faut reconnaître que la mise en application des recommandations de la Commission Laurendeau-Dunton, de même que l'interventionnisme étatique au Québec en matière de promotion des francophones, n'ont pas empêché le Canada de se retrouver dans une situation critique.

La persistance du clivage entre le Québec et le reste du Canada s'explique par plusieurs facteurs, mais il ne faut pas ignorer que l'origine de la crise actuelle tient «de la concurrence entre gouvernements central et provinciaux pour la conduite des affaires que doit assumer un état moderne». Ce conflit pan-canadien a pris une forme particulière au Québec à cause de sa mission culturelle et linguistique. En effet, les «nouveaux mandarins» à la tête des affaires de l'État ont été «portés tout naturellement à ne concevoir l'épanouissement de la collectivité canadienne-française qu'à l'intérieur de l'État québécois.» Cette conception de la nouvelle classe de technocrates a séduit une forte proportion de la population. Par ailleurs, la Commission souligne qu'il ne faut pas sous-estimer le fait que les changements provoqués par la modernisation ont amené une tendance intégratrice qui a été contrebalancée par le désir de renforcer les particularismes culturels. Au Québec, cela s'est traduit par la volonté d'accroître l'autonomie, quand ce n'est d'indépendance.

Pourtant, si la crise du fédéralisme canadien est particulièrement manifeste à cause du Québec, elle ne se limite pas à cette seule province, car «l'élément le plus nouveau de la crise est la puissance accrue des autres provinces et l'apparition du phénomène des allégeances régionales dans un cadre essentiellement provincial»[66]. Les clivages au Canada ne se limitent plus à la dialectique francophone-anglophone, mais prennent aussi leur source dans les tensions régionales. Il est donc de première importance d'envisager le défi posé à la fédération canadienne dans une perspective binaire selon laquelle le «problème essentiel du dualisme canadien se double [...] d'un autre, non moins capital, celui du régionalisme canadien.»[67]. Une solution durable à la crise demande que le

65.   COMMISSION DE L'UNITÉ CANADIENNE, *Se retrouver. Observations et recommandations*. Ottawa, Ministère des Approvisionnements et Services, 1979, p. 14.
66.   *Ibid.*, p. 15.
67.   *Ibid.*, p. 16.

système constitutionnel et la structure du pouvoir soient en mesure d'accepter la dualité et de reconnaître les forces du régionalisme.

Pour la Commission Pépin-Robarts, la consolidation de l'unité canadienne exige une révision en profondeur de la structure politique et constitutionnelle[68] qui viserait, d'abord, à répondre à la volonté des Québécois de conserver leur identité culturelle et sociale distincte et à faire en sorte que les institutions politiques du Canada expriment mieux la dualité canadienne, ensuite, à accorder une plus grande autonomie aux provinces et une plus grande influence aux régions dans la formulation des politiques fédérales, enfin, à raffermir l'aptitude des institutions fédérales à incarner les intérêts communs de l'ensemble des Canadiens.

Pour ce faire, une clarification et une adaptation du partage des compétences s'imposent. La nouvelle constitution devrait reconnaître l'égalité de statut des deux niveaux de gouvernement. Il est à noter que, dans l'ensemble, le niveau provincial n'apparaît pas uniquement apte à veiller au développement culturel et au maintien du mode de vie, car on lui assigne une responsabilité aussi dans les domaines de la santé et des services sociaux, de la main-d'oeuvre et sa formation, des ressources naturelles, du développement économique régional, du commerce provincial, de l'aménagement du territoire et de l'environnement.

La proposition d'une asymétrie dans l'usage des compétences constitutionnelles singularise davantage la conception du fédéralisme mise de l'avant par la Commission. En effet, la spécificité du Québec pourrait se traduire par la reconnaissance d'une compétence exclusive ou prépondérante dans le domaine de la langue, de la culture, du droit civil, du mariage et du divorce, de la recherche et des communications, ainsi que des pouvoirs correspondants en matière d'imposition et de politique étrangère. Afin d'éviter la connotation «traitement de faveur» associée à l'expression «statut particulier», il serait possible, selon deux méthodes différentes, de donner «à toutes les provinces accès aux compétences dont le Québec a besoin pour préserver sa culture et son héritage particuliers, mais d'une manière qui leur permette, si c'est leur volonté, de ne pas exercer ces compétences et d'en confier l'exercice à Ottawa»[69]. Nous sommes là à cent lieues de la position libérale fédérale. De plus, à l'opposé de la position fédérale défendue depuis Trudeau, on reconnaît aux provinces le droit de se retirer de programmes établis en vertu du pouvoir de dépenser du gouvernement fédéral, tout en recevant une compensation financière.

La formule d'amendement pour les aspects touchant notamment au partage des compétences comporterait la ratification par la Chambre des communes et le Sénat, puis un référendum pan-canadien, pour lequel il serait nécessaire d'obtenir un vote majoritaire de chacune des quatre grandes régions. Mise à part cette formule qui se démarque de celles évoquées auparavant, la

---

68.   *Ibid.*, p. 85.
69.   *Ibid.*, p. 92.

Commission reprend une idée présente dans la «formule Fulton-Favreau» et dénoncée par Trudeau, à savoir la délégation de compétences législatives. En plus, une Charte des droits fondamentaux serait intégrée dans la Constitution (droits politiques, juridiques, économiques, linguistiques).

Si, sur la scène publique, on discute assez largement des propositions contenues dans le *Rapport de la Commission de l'unité canadienne*, le gouvernement fédéral, qui a déjà «fait son lit constitutionnel» avec *Le temps d'agir*, ne modifie pas son discours.

Le *Canada Bill*

Lors de la campagne référendaire, Trudeau propose un retournement des équations dans le jeu des propagandes. Un «non» voudrait dire un «oui» à la négociation alors qu'un verdict favorable à la souveraineté signifierait une impossiblilité de négocier quoi que ce soit[70]. L'attitude n'est pas nouvelle. Déjà, en 1967, Pearson déclarait au sujet du projet de souveraineté-association: «On s'illusionnerait de croire que, sur l'exigence d'un divorce par ailleurs contesté, puissent se créer les bases de négociations amicales et constructives [...]»[71]. Dans la foulée du *Temps d'agir*, Trudeau posait d'ailleurs deux préalables au renouvellement de la Constitution: premièrement, de reconnaître que le Canada continue d'être une véritable fédération; deuxièmement, d'accepter l'insertion d'une Charte des droits et libertés. La première condition se voulait un refus d'envisager le projet du Parti québécois. Par ailleurs, on sait que Pierre Trudeau s'est engagé, au cours de la campagne référendaire, à procéder rapidement à des changements.

L'échec référendaire, le 20 mai 1980, de la proposition du gouvernement du Parti québécois modifie radicalement la conjoncture. Elle s'avère favorable au gouvernement fédéral à la condition qu'il agisse avec célérité. À l'initiative de Trudeau, les premiers ministres conviennent d'entreprendre au cours de l'été un processus intensif de négociation constitutionnelle au niveau ministériel, devant mener à une Conférence fédérale-provinciale sur la Constitution, du 8 au 12 septembre.

Le gouvernement fédéral entreprend les négociations sur une base offensive, c'est-à-dire en rappelant que la décentralisation des pouvoirs n'est pas la solution aux problèmes du Canada et en affirmant que la fédération canadienne a un besoin impérieux d'une forte direction économique assumée par le

---

70.   BOISMENU, G., «Un pébliscite de tous les jours», dans *Le Québec en textes; 1940-1985*, Montréal, Boréal, 1986.

71.   *Le Devoir*, 23 octobre 1967, cité par ROY, J.-L., *Le choix d'un pays, op. cit.*, p. 87.

gouvernement fédéral. Pour mettre de la pression, on insiste tout au cours de l'été sur l'éventualité probable d'une action unilatérale en cas d'échec[72].

Reprenant la vieille technique utilisée par Trudeau, en 1968, pour justifier la préséance donnée à la *Charte des droits sur le partage des compétences*, les porte-parole fédéraux insistent pour distinguer deux séries de sujets: la «série pour le peuple» (déclaration de principes, Charte des droits, engagement pour la péréquation et rapatriement de la Constitution) et la «série des gouvernements» (regroupant les questions se rapportant au partage des compétences). La première série est ennoblie par sa référence au bien-être des citoyens, alors que la deuxième est assimilée à des «querelles de politiciens». Cette distinction, au-delà de son caractère éthique, sert, d'une part, à exclure tout marchandage pour la première et, d'autre part, à bien établir que les séries n'ont pas à connaître une évolution identique. Un blocage dans la deuxième ne doit pas constituer une entrave à des changements constitutionnels touchant la première. Alors que dans *Le temps d'agir* le partage des compétences était identifié à un problème majeur, il est tout à fait clair ici que le gouvernement fédéral est disposé à procéder pour la première série tout en maintenant l'impasse dans la deuxième.

Trois des questions débattues revêtent une grande importance quant à la signification que les libéraux fédéraux veulent donner à l'exercice: la première, à savoir la déclaration de principes projetée, décrit le peuple canadien comme le produit du «fait anglais» et du «fait français», des populations autochtones et des populations immigrées; or, ce *peuple* est essentiellement un sujet niveleur et intégrateur. Le peuple canadien est une mosaïque qui prend sa signification dans le tout et non dans ses parties.

La référence à la nation canadienne-française, à la «majorité» du Québec, à cette société distincte, à la dualité qui n'est pas que linguistique, etc, enfin quelle que soit la désignation que l'on a pu donner à la question québécoise par le passé, est réduite à l'évocation du «fait français». Au cours de l'été, dans sa *Lettre ouverte aux Québécois*, Pierre Trudeau explique qu'il reconnaît que la communauté linguistique et culturelle française a son centre de gravité au Québec, mais il souligne qu'elle s'étend dans l'ensemble du Canada. Puis, il explicite deux réserves d'importance à cette reconnaissance. D'abord, de cette «nation sociologique québécoise», on ne peut déduire aucune implication politique, encore moins pour ce qui est du système constitutionnel, car il n'y a pas qu'une nation sociologique au Québec. En somme, seul le niveau central de l'État est en mesure de malaxer et unir la diversité sociale pour constituer un peuple. Ensuite, face à la nation sociologique québécoise, «il n'y a pas *un* mais *des* Canada anglais». La nation sociologique québécoise fait partie du concert des nations sociologiques du Canada. Par l'emploi qui est fait de l'expression, la nation québécoise est assimilée aux minorités ethniques et intégrée dans la diversité culturelle canadienne; on est ainsi conduit à une définition

72.   Voir à ce sujet: BOISMENU G. et BÉLANGER A.-J., *op. cit.*, p. 246-256.

multiculturaliste de la société, au sein de laquelle la seule distinction ne peut qu'être quantitative.

La deuxième question, c'est celle de la Charte des droits, qui est une constante dans le contentieux constitutionnel depuis le début des année 1960 et qui revient comme enjeu des négociations. Jamais cette Charte n'aura été aussi extensive. Si, en 1971, à Victoria, la Charte comprenait des droits politiques généraux (libertés fondamentales et principes démocratiques) et des droits linguistiques institutionnels (dont l'application était inégale), cette fois-ci elle est composée de chapitres sur les libertés fondamentales, les principes démocratiques, les droits personnels, les droits relatifs à la discrimination, la liberté de mouvement et d'établissement, les droits de jouissance de ses biens, les langues officielles et les droits liguistiques. Il faut voir que la Charte est finalement plus que la confirmation des droits individuels; elle s'inscrit dans un effort pour baliser la capacité d'intervention des gouvernements provinciaux et pour limiter leur action, comme lieu d'exercice du pouvoir. L'introduction de nouveaux chapitres a un effet de première importance. On le verra dans le domaine de l'union économique.

Quant à la troisième question, enfin, pour le gouvernement fédéral, l'espace économique canadien est imparfait; il serait donc impératif de redresser la situation. Trois moyens sont proposés: d'abord, d'inscrire, dans la Charte des droits, la liberté de circulation des biens, des services et des capitaux; ensuite, de limiter par un amendement formel la capacité des gouvernements d'entraver la mobilité économique; enfin, d'étendre les compétences fédérales à toutes les matières essentielles pour assurer l'union économique. Le projet vise à mettre un terme à de nombreuses initiatives provinciales qui entravent la «mobilité des facteurs de production». Ottawa ne mise plus sur une concurrence inégale entre les deux niveaux de l'État dans l'intervention économique, mais sur la marginalisation du niveau provincial dans ce champ pris dans un sens large. C'est ce même objectif qui ressort de la position fédérale pour l'ensemble des autres dossiers d'importance concernant le partage des compétences.

Ce processus de négociation ne devait mener, en septembre 1980, qu'à un constat d'échec et donner le prétexte à une action unilatérale du gouvernement Trudeau. Dès le 6 octobre, un projet de résolution est déposé dans lequel on demande à Londres le rapatriement de la Constitution après l'avoir amendée.

Globalement, cette résolution ne contient aucun compromis à l'égard de la position majoritaire des provinces. Elle se compose des éléments de la «série pour le peuple», à l'exception de la Déclaration de principes. Par cette résolution, on entend demander le rapatriement de l'AANB: à cette demande est jointe une demande de modifications préalables de l'AANB par Londres, qui consistent en une Charte des droits et libertés, une formule d'amendement et un engagement face à la péréquation. Ce geste unilatéral soulève une contreverse à travers le Canada. Mais Pierre Trudeau affirme en Chambre, lors du débat sur la résolution, que la thèse voulant qu'un appui unanime des provinces soit nécessaire «est fausse en théorie et fausse dans les faits»[73]. Les thèses s'affrontent devant les tribunaux. La Cour suprême, qui doit se prononcer sur la légalité de la résolution devant les Communes, penche en faveur de la nécessité d'un large consensus qui n'est pas synonyme d'unanimité. Ce qui impose au Cabinet de revoir sa démarche afin d'aller chercher ce consensus.

Par ailleurs, ne voulant pas ou ne croyant pas possible une mobilisation des troupes nationalistes et souverainistes, René Lévesque et ses acolytes optent pour l'hypothèse incertaine d'une résistance provinciale à la centralisation fédérale. Des négociations s'engagent avec Ottawa qui consent à quelques concessions, comme les dispositions concernant les richesses naturelles (pour l'Ouest) ou une dérogation concernant la liberté de circulation (pour Terre-Neuve) ou la formule d'amendement et la clause «nonobstant» (pour tout le monde). Ces modifications font céder le front commun des huit provinces (dont le Québec) qui s'opposent jusque-là à la démarche fédérale. Dans un scénario dramatique, le renversement des alliances confine le Québec à son rôle d'opposant légendaire et, du même coup, ouvre la voie au rapatriement de la Constitution. Une motion de l'Assemblée nationale signifiant que le Québec entend exercer son veto reste lettre morte à Ottawa[74]. Cet épisode marque la perte, après le jugement de la Cour suprême, du droit de veto constitutionnel que le Québec croyait détenir, et le rejet du veto politique que la tradition lui reconnaissait.

Le *Canada Bill*, c'est-à-dire la *Loi constitutionnelle de 1982*[75], constitue la conclusion provisoire d'un processus enclenché au début des années 1960 sous l'insistance du gouvernement du Québec, afin d'accroître le champ de ses responsabilités. Or, la Charte des droits, qui est l'un des principaux éléments de cette loi, pose plusieurs verrous à l'exercice des compétences constitutionnelles, particulièrement au niveau provincial, et, en ce sens, intervient dans l'organisation fédérative des lieux d'exercice du pouvoir. Six points méritent une certaine attention[76]:

En premier lieu, la Charte des droits modifie le principe de la suprématie législative car elle permet au tribunal de se prononcer sur le contenu des lois. Les droits et libertés peuvent être restreints par les gouvernements dans la mesure où ces restrictions sont justifiées dans une «société libre et

73. CANADA. *Débats de la Chambre des Communes*, 32e législature, 1re session, vol. 124, n° 167, lundi 23 mars 1981, p. 8508.
74. QUÉBEC. Assemblée nationale, *Journal des débats*, vol 26, n° 9, 25 novembre 1981, p. 463; BOISMENU, G., «Du recul à la compromission», dans *Le Québec en textes, 1940-1985*, Montréal, Boréal, 1986.
75. La résolution adoptée par le Parlement canadien en décembre 1981 fait mention de la *Loi constitutionnelle de 1981*. Une fois adoptée par le Parlement britannique, cette loi deviendra la *Loi constitutionnelle de 1982*.
76. Voir BOISMENU, G., «Le Québec et la centralisation politique au Canada: le «beau risque» du Canada Bill», dans *Cahiers de recherche sociologique*, vol. 3, n° 1, avril 1985, p. 119-130.

démocratique». Les juges sont donc appelés ici à porter d'abord des jugements politiques sur l'à-propos de telles restrictions. Or, les niveaux de l'État sont dans une position inégale à l'égard de la Charte et des tribunaux. D'abord, on sait que c'est le gouvernement fédéral qui nomme les juges des cours supérieures et de la Cour suprême et que cette prérogative n'est pas sans importance. Mais, par ailleurs, structurellement, seul le gouvernement fédéral est en mesure de revendiquer l'intérêt «national», un mandat «national» et une capacité de représentation du peuple, diversifié à souhait, mais recomposé sous son égide, au-delà des distinctions ethniques, géographiques et autres. Les gouvernements provinciaux ne peuvent qu'être dépositaires d'intérêts fragmentaires et porteurs de préoccupations étriquées.

En dépit de l'abandon du document de la Déclaration de principes, la logique qui l'habitait s'applique. Au-delà de l'hétérogénéité culturelle de ses composantes, une société, un ensemble politique, un peuple intégrateur s'imposent et rassemblent les individus de toutes «souches». Aussi, dans l'économie générale du *Canada Bill*, s'établit une dialectique entre, d'une part, la reconnaissance du gouvernement fédéral comme seul dépositaire des intérêts collectifs du peuple canadien et, d'autre part, une modification constitutionnelle sous le thème de la «souveraineté de l'individu».

En deuxième lieu, l'unité essentielle de la Charte, c'est le citoyen. Face au sujet juridique, les droits collectifs s'estompent. À aucun moment on ne mentionne la communauté nationale québécoise ou le peuple québécois. Le seul moment où l'existence d'une communauté nationale est reconnue, c'est pour désigner les peuples autochtones. Autrement, on a prévu un article soulignant que l'interprétation de la Charte doit favoriser le multiculturalisme.

En troisième lieu, cette «souveraineté de l'individu», que devait consacrer la Charte, souffre quelques limites. D'abord, la Charte ne s'applique pas au domaine des relations entre les individus, mais exclusivement aux relations entre l'État et les individus. Mais, dans ce champ, il est apparu acceptable au gouvernement fédéral que l'on prévoit des reports dans l'application de certains droits ou que, par la «clause nonobstant», les gouvernements soient en mesure de se soustraire à l'application de parties de la Charte pour une période renouvelable de cinq ans. Cette acceptation de la part du gouvernement fédéral est symptomatique car elle ne touche que des droits «classiques» de la personne, alors que les aspects de la Charte qui impliquent une nouvelle donne pour l'exercice des compétences ont été écartés de telles mesures. Plus particulièrement, les articles par lesquels on veut limiter l'intervention des gouvernements provinciaux en certaines matières ne peuvent pas être tournés.

En quatrième lieu, l'offensive fédérale contre les pratiques provinciales qui portent atteinte à l'union économique canadienne passe par un article de la Charte établissant la liberté de circulation et d'établissement. Une loi qui fonde une distinction entre les personnes sur la base de la province de résidence contrevient à ce principe. Cette disposition s'attaque à l'exercice établi des compétences constitutionnelles des gouvernements provinciaux et hypothèque leur capacité de mettre en oeuvre une politique de développement régional. Cette ligne de force n'est pas mise en cause par la dérogation prévue pour les provinces ayant un fort taux de chômage ou par les articles sur les richesses naturelles, bien au contraire.

En cinquième lieu, dans le domaine linguistique, le bilinguisme institutionnel ne va pas au-delà du statu quo constitutionnel, en le confirmant pour le gouvernement fédéral, le Québec et le Manitoba. L'invitation lancée aux autres provinces n'a été accueillie favorablement que par le Nouveau-Brunswick. Par ailleurs, des contraintes constitutionnelles sont introduites dans le champ de juridiction provinciale qu'est la langue d'enseignement. Deux critères (la langue maternelle des parents et la langue d'instruction des parents à l'école primaire au Canada) qui ont été rejetés par le gouvernement du Québec, donnent accès à l'enseignement dans sa langue à la minorité francophone ou anglophone (si le nombre le justifie). Le premier critère ne s'appliquera au Québec que si son gouvernement y souscrit expressément. Les critères sont posés, il ne reste plus qu'à les appliquer. L'objectif déclaré du gouvernement fédéral était de contrecarrer la *Charte de la langue française* au Québec; aussi, n'est-ce pas étonnant si certaines dispositions aient été déclarées inconstitutionnelles par la suite.

En sixième lieu, enfin, la formule d'amendement arrêtée consacre l'égalité juridique des provinces. Elle impose l'accord des deux chambres du niveau central de l'État et de sept provinces regroupant au moins la moitié de la population. De la sorte, en revenant à certains égards à une arithmétique présente dans la «formule Fulton-Favreau», les gouvernements de l'Ontario et du Québec perdent le veto que leur conférait la *Charte de Victoria*; au mieux, ils peuvent bloquer un amendement en joignant leurs efforts. Le Québec s'était entendu avec sept autres provinces en 1981 sur un droit de retrait avec compensation, à l'encontre de tout amendement qui modifierait les droits et privilèges ou les compétences constitutionnelles des gouvernements provinciaux. Dans une ultime concession fédérale, cette compensation n'a été prévue que lorsqu'un amendement se rapporte aux domaines culturel et de l'éducation. D'un autre côté, l'unanimité est requise lorsqu'il s'agit de certaines institutions de la fédération (composition de la Cour suprême, formule d'amendement, monarchie, usage du français et de l'anglais).

* * *

Les débats sur le contentieux constitutionnel expriment des intérêts mutidimensionnels. Depuis deux décennies, ils témoignent notamment de la montée de la «question régionale» qui, jouant dans des directions opposées, mine les possibilités de monter un front commun provincial. Il n'en reste pas moins que l'allure et la thématique des discussions constitutionnelles ont été profondément marquées par la «question nationale». Force est d'admettre que le Québec est à l'origine du processus de révision qui s'enclenche, et qu'il en conditionne largement les termes, ne serait-ce qu'en obligeant les ténors fédéraux à répliquer par une rhétorique conséquente. Au-delà de la «question régionale», le Canada anglais se rallie sans peine au gouvernement libéral fédéral qui rejette l'idée de la reconnaissance de la communauté nationale québécoise et de quelque asymétrie constitutionnelle qui en découlerait. À l'opposé, l'analyse de la dualité nationale, dans ses racines sociologiques et historiques, amène le gouvernement du Québec à se prétendre le seul «lieu» incarnant et représentant les intérêts de la nation canadienne-française. En ce sens, pour le Québec, une révision constitutionnelle s'impose afin de rendre compte de cette réalité, en sanctionnant le respect de la souveraineté provinciale et l'attribution de nouvelles compétences.

Progressivement, il apparaît que l'identité nationale des Québécois ne saurait se perpétuer par sa seule spécificité culturelle et linguistique. Encore faut-il que ces derniers investissent le pouvoir économique. En ce sens, l'État québécois, disposant d'importants leviers d'intervention pour le développement social et économique, constitue un acteur majeur pour la reproduction de la communauté nationale. Or, l'expérience du fédéralisme canadien, qui joue dans le sens de la subordination des Québécois et de l'extension des compétences fédérales, s'oppose à l'érection d'un gouvernement provincial porteur des intérêts d'une minorité nationale en mal d'affirmation.

Au cours des années 1960, le gouvernement libéral à Ottawa ne se résout que péniblement à admettre l'existence d'une crise politique et constitutionnelle. Très tôt — et Pierre Trudeau en est le maître à penser —, on identifie la source de la faible intégration des Canadiens français dans les institutions canadiennes et leur infériorité économique, par la non-reconnaissance de leurs droits linguistiques. La mesure du problème québécois se prend essentiellement en fonction du critère linguistique, si bien qu'il est mis constamment en porte-à-faux par la référence-alibi à l'ensemble des francophones *from coast to coast*. La révision constitutionnelle n'est pas perçue, sauf exception, comme une réponse adéquate aux représentations québécoises.

Face aux velléités autonomistes du gouvernement du Québec, le gouvernement fédéral consent à l'exercice constitutionnel mais en s'assurant d'en garder l'initiative et d'en définir les termes. La dialectique droits individuels/droits collectifs est balayée du revers de la main au profit exclusif du premier terme. C'est ainsi que la Charte des droits (individuels) devient un enjeu majeur des négociations et constitue la pièce maîtresse de la réponse des libéraux fédéraux à la demande québécoise, sans cesse renouvelée, d'un nouveau partage des compétences constitutionnelles. N'y voyant, au mieux, qu'une occasion de faire confirmer l'extension de ses champs d'intervention et jouant avec habileté sur les manifestations diverses de la «question régionale», le gouvernement fédéral fait bon ménage avec le cafouillage des discussions touchant ce domaine.

Avec Trudeau, le fédéral tente constamment de réduire la portée sociologique des droits linguistiques en ne les considérant que dans leur dimension individuelle. Pareillement, la notion de multiculturalisme se substitue à celle de biculturalisme et s'ajoute à l'arsenal pour disqualifier l'idée du recoupement entre État québécois et communauté nationale. Pour Trudeau, la société politique canadienne englobe et dépasse les particularismes culturels et linguistiques et ne peut trouver d'expression valable que dans un gouvernement central disposant d'importants pouvoirs. Le bilinguisme institutionnel ne se justifie donc qu'en fonction de la coexistence de deux collectivités, comprises sur une base essentiellement quantitative. Il s'agit de l'antithèse de la démarche proposée par la Commission Laurendeau-Dunton, qui reconnaissait l'existence d'une double majorité.

Au cours de ces années, l'une des forces du gouvernement central tient à la constance de sa position constitutionnelle. La référence obstinée à une logique simple, reposant sur des postulats bien arrêtés, et sublimée sur l'autel des droits individuels — dont Pierre Elliott Trudeau donnera une version achevée — met sur la défensive les opposants virtuels. D'un autre côté, s'ils témoignent d'aspirations communes, les gouvernements du Québec présentent toutefois une définition variable des paramètres de la question nationale et de leur traduction sur le plan constitutionnel. De l'«égalité ou indépendance», jusqu'à une «souveraineté-association» défaite au référendum , en passant par un «fédéralisme rentable» , la fluctuation des énoncés et la position de faiblesse, qui consiste, à titre de minoritaire, à demander une reconnaissance collective, tout en se refusant de (ou en ne pouvant) l'imposer par une affirmation politique du droit à l'autodétermination, hypothèquent la consistance et la détermination du projet autonomiste.

Finalement, la révision et le rapatriement de la Constitution ont été l'occasion d'affirmer la prépondérance du gouvernement fédéral sur la gestion sociale et économique du Canada. S'inspirant de la logique du l'AANB, la *Loi constitutionnelle de 1982* confirme la place dominante d'Ottawa comme lieu d'exercice du pouvoir et s'ouvre sur un fédéralisme plus «fonctionnel», si ce n'est dans la lettre, du moins dans l'esprit. L'ouverture du dossier constitutionnel aura donc donné raison à Pierre Elliott Trudeau qui, au milieu des années 1960, mettait en garde le Québec contre le fait qu'une telle démarche ne pourrait conduire, conformément à la tendance séculaire par ailleurs dénoncée, qu'à une plus grande centralisation des pouvoirs au Canada. Au terme de plus d'une décennie de discussions, le pacte scellé regroupe les gouvernements du Canada anglais, qui restent indifférents à l'opposition caractérisée du Québec.

LA *CHARTE CANADIENNE DES DROITS ET LIBERTÉS* DE 1982: UN PHARE AVEUGLANT CONTRE LA GRANDE NOIRCEUR [1]

Pierre Mackay
Département de sciences juridiques
Université du Québec à Montréal

> *Le droit en question est bien celui qui nous régit mais tout aussi bien celui qui peut nous échapper* [2].

L'adoption et l'entrée en vigueur de la *Charte canadienne des droits et libertés*, invoquée à la *Loi constitutionnelle de 1982*, ont marqué avec beaucoup d'éclat l'aboutissement de la politique de nationalisme canadien du Parti libéral du Canada et de son chef Pierre Elliott Trudeau.

La *Loi constitutionnelle de 1982* se démarque en effet très nettement de la tradition constitutionnelle canadienne et britannique en prétendant doter le Canada d'une loi suprême *made in Canada*, qui s'impose au-dessus du Parlement et des législatures [3] provinciales, et au-dessus du partage traditionnel des compétences législatives.

La *Charte canadienne des droits et libertés* s'inscrit dans une réforme plus globale de la Constitution, dont les autres aspects majeurs sont le rapatriement

---

1. Le présent texte a églement été publié en partie dans *Le droit dans tous ses états,* Montréal, Wilson et Lafleur, 1987, à la p. 13. Les références à la jurisprudence et aux amendements législatifs sont à jour au 1er mai 1987 et ne tiennent pas compte des accords du lac Meech.
2. BUREAU, Robert D., *Le droit dans tous ses états,* Montréal, Wilson et Lafleur, 1987, à la p. 11.
3. *Loi constitutionnelle de 1982,* art. 32 et art. 52.

de la formule d'amendement[4], la reconnaissance des droits ancestraux des peuples autochtones[5] et de la juridiction des provinces sur les ressources naturelles non renouvelables[6].

On peut dire que la *Loi constitutionnelle* marque un déclin très net, voire l'abandon, des plus importantes traditions britanniques dans le droit et les institutions canadiennes. Mais cette réforme et, en particulier, la *Charte canadienne des droits et libertés,* marque-t-elle également la naissance d'un véritable État national canadien? Une analyse de ce texte et de quelques-unes des principales décisions judiciaires qui l'ont jusqu'ici interprété seraient plus de nature à nous faire croire que loin de réaliser la *Magna Carta* de l'État national canadien, la *Charte canadienne des droits et libertés* consacre au plan constitutionnel l'intégration du Canada dans l'orbite américaine.

UNE CONCEPTION DU DROIT ET DES DROITS

La tradition et les institutions constitutionnelles britanniques font reposer sur le Parlement seul toute la souveraineté de l'État. Résultat de la longue lutte qui opposa bourgeoisie et aristocratie anglaise, la plénitude de la souveraineté parlementaire britannique fut très tôt exprimée par Lord Coke, dans une déclaration désormais classique :

> The power and jurisdiction of Parliament is so transcendant and absolute as it cannot be confined either for causes or persons within any bounds[7].

Réaffirmé par Dicey[8], deux siècles plus tard, ce principe fut incorporé dans la Constitution canadienne par le préambule du *British North America Act* de 1867 qui déclarait que :

> Les provinces du Canada, de la Nouvelle-Écosse et du Nouveau-Brunswick ont exprimé le désir de se fédérer en un

---

4.   *Ibid.,* Partie V.
5.   *Ibid.,* art. 25 et 35.
6.   *Ibid.,* Partie VI.
7.   COKE, E., *Institutes,* vol. IV à la p. 36, cité par J.H. Baker, *An Introduction to English Legal History,* Londres, Butterworths, 1979, à la p. 181:
«Les pouvoirs et la juridiction du Parlement sont si transcendants et absolus qu'ils ne peuvent être restreints de quelque façon ni en raison des sujets de droit ni en raison de leur objet» (notre traduction).
8.   DICEY, A.V., *The Law of the Constitution,* 10e éd., London MacMillan, 1965.

dominion [...] régi par une constitution semblable en principes à
celle de Royaume-Uni[9].

Ce principe fut d'ailleurs réaffirmé, à de nombreuses reprises, par les
tribunaux chargés de trancher les litiges constitutionnels. Contrairement au
régime unitaire britannique, le cadre d'un régime fédéral impose cependant parfois
aux tribunaux de trancher les litiges qui peuvent surgir entre l'État central et les
États fédérés, dans le cadre du partage des compétences.

Mais les tribunaux ont, avant 1982, pris grand soin d'affirmer que leur
interprétation ne visait pas à intervenir dans les affaires parlementaires et
législatives canadiennes. Leurs décisions ne devaient jamais constituer, du moins
en théorie, un jugement sur l'opportunité politique, sociale ou économique d'une
mesure — ce qui aurait eu pour effet de substituer l'autorité judiciaire à la
souveraineté parlementaire —, mais leurs jugements se limitaient uniquement à
arbitrer le caractère fédéral ou provincial du pouvoir disputé.

Dans le contexte d'une évolution historique différente, la Constitution
américaine de 1787 avait établi non seulement un partage des compétences
législatives dans le cadre d'un régime fédéral, mais avait aussi affirmé que
certaines valeurs et certains droits étaient si fondamentaux et inaliénables que ni
l'État fédéral ni les États fédérés n'étaient habilités à légiférer à l'encontre de ces
normes.

C'était affirmer que la souveraineté ultime dans l'État américain ne
reposait pas, comme en Angleterre, au Parlement, mais dans le peuple, dont la
Constitution était la gardienne et la représentation juridique.

Dès 1803, la Cour suprême des États-Unis établissait le rôle radicalement
différent des tribunaux dans un tel cadre constitutionnel :

> Tous les auteurs d'une constitution écrite ont certainement
> voulu en faire la loi fondamentale et suprême de la nation et, en
> conséquence, chacun de ces gouvernements doit avoir pour principe
> qu'une loi de la législature incompatible avec la constitution est
> nulle.
> Cette théorie est un aspect essentiel d'une constitution écrite
> et, en conséquence, cette Cour doit la considérer comme un des
> principes fondamentaux de notre société[10].

L'inclusion en 1982 d'une *Charte des droits et libertés*, largement inspirée
des principes de la Constitution américaine, placée au-dessus des lois du
Parlement et des législatures, a donc modifié profondément les principes
fondamentaux du droit constitutionnel canadien.

---

9.   *Loi constitutionnelle de 1867*, Préambule.
10.   *Marbury* c. *Madison*, 5 U.S. (1 Cranch) 137, 1803 à la p. 175, le juge en
      chef Marshall.

La *Charte canadienne des droits et libertés* limite la souveraineté politique du Parlement et des législatures, aux profit de certaines valeurs dites «fondamentales», énoncées sous forme de droits et de libertés des personnes ou des citoyens. Ces droits et libertés des individus ne peuvent être limités que dans des circonstances et par des moyens exceptionnels et sont de ce fait, dans une très large mesure, devenus intouchables.

La Cour suprême du Canada s'est d'ailleurs empressée de reconnaître le caractère profond du changement dans plusieurs décisions où elle a été chargée de donner un sens aux dispositions de la *Charte canadienne des droits et libertés* et de la *Loi constitutionnelle*.

Ainsi, dans le tout premier arrêt[11] où elle a interprété les effets de la Charte sur la validité des lois ordinaires, elle a reconnu, pour la première fois de son histoire, la théorie de la suprématie de la Constitution énoncée par le juge Marshall en 1803. La Cour suprême du Canada a même reconnu que «les tribunaux américains ont presque deux cents ans d'expérience dans l'accomplissement de cette tâche, et l'analyse de leur expérience offre plus qu'un intérêt passager pour ceux qui s'intéressent à cette nouvelle évolution du Canada«[12]. Sans importer directement la jurisprudence américaine dans notre droit constitutionnel, une telle déclaration lui donne une place sans précédent.

Pour bien comprendre l'importance et l'étendue du changement, il est nécessaire d'analyser le contenu de la Charte canadienne pour en saisir à la fois la portée, mais aussi les limites.

LE CONTENU DE LA CHARTE CANADIENNE

La *Charte canadienne des droits et libertés* est contenue à la Partie 1 de la *Loi Constitutionnelle de 1982*. Elle est l'aboutissement d'un long processus de négociations politiques entre le fédéral et les provinces. Plusieurs de ses articles reflètent les compromis qui ont été faits de part et d'autre.

La Charte comprend 34 articles, d'importance, de longueur et de portée bien différentes, regroupés selon des subdivisions dont il n'est pas toujours aisé de saisir la logique.

Le préambule et la garantie

Le texte de la Charte s'ouvre sur un préambule qui déclare :

> Attendu que le Canada est fondé sur des principes qui reconnaissent la suprématie de Dieu et la primauté du droit.

---

11.   *The Law Society of Upper Canada* c. *Skapinker*, [1984] R.C.S. 357.
12.   *Ibid.*, à la p. 367.

Selon les règles classiques de l'interprétation des lois, le préambule dans une loi n'est pas considéré comme constituant le droit substantif, mais plutôt comme une règle d'interprétation, susceptible d'aider l'interprète du texte à déterminer l'intention du législateur. Cependant, la nature d'un texte constitutionnel a permis aux tribunaux, dans le passé, d'utiliser le préambule de la loi de 1867, pour y retrouver l'origine de l'inclusion dans notre droit de principes aussi fondamentaux que la souveraineté du Parlement et la liberté d'expression. Le texte constitutionnel a depuis longtemps été considéré[13], et il l'est encore aujourd'hui comme un texte d'une nature particulière par les tribunaux[14].

Il est important de souligner que le préambule reconnaît formellement le principe de la primauté du droit, connu aussi sous le nom de *Rule of Law* parce que ce principe a une importance particulière et nouvelle dans notre droit. C'est en effet son caractère fondamental dans notre Constitution qui a permis à la Cour suprême du Canada de déclarer valides et opérantes les lois unilingues anglaises du Manitoba, qui depuis 1890 contrevenaient à une disposition constitutionnelle expresse :

> En raison de la violation incessante par la législature du Manitoba des prescriptions constitutionnelles de la *Loi de 1870 sur le Manitoba*, la province du Manitoba se trouve dans une situation d'urgence : toutes les lois du Manitoba apparemment abrogées, périmées ou actuelles [...] sont, et ont toujours été invalides et inopérantes... La Constitution ne permet pas qu'une province soit dépourvue de lois. La Constitution exige donc que les lois actuelles de la législature du Manitoba soient déclarées temporairement valides et opérantes... C'est là la seule manière d'éviter le chaos juridique et de *préserver la primauté du droit*[15].

La situation était exceptionnelle, le remède l'était aussi. Il n'en demeure pas moins que le principe de la primauté du droit est désormais considéré comme la mesure ultime de la validité et de la nécessité des lois au-dessus même de leur conformité aux autres dispositions de la Constitution. Soulignons au passage que les lois unilingues adoptées par le Québec de 1976 à 1979 avaient aussi été déclarées inconstitutionnelles pour les mêmes raisons[16]. Le gouvernement du Québec avait cependant pris soin d'assurer une traduction officieuse des lois et put ainsi réadopter instantanément toutes les lois dans les deux langues[17] sans que n'existe de situation de vide juridique, comme dans le cas du Manitoba.

13. *Edwards* c. *Procureur général du Canada* , [1930] A.C. 124.
14. *The Law Society of Upper Canada* c. *Skapinker*, [1984] R.C.S. 357.
15. *Renvoi relatif aux droits linguistiques au Manitoba*, [1985] 1 R.C.S. 721, 725 (les italiques sont de nous).
16. *Procureur général du Québec* c. *Blaikie*, [1979], 2 R.C.S. 1016.
17. *Loi concernant un jugement rendu par la Cour suprême du Canada le 13 décembre 1979 sur la langue de la législation et de la justice au Québec*, L.Q., 1979, c. 61.

L'article 1 énonce que la Charte «garantit les droits et libertés qui y sont énoncés. Ils ne peuvent être restreints que par une règle de droit, dans des limites qui soient raisonnables et dont la justification puisse se démontrer dans le cadre d'une société libre et démocratique». Les droits garantis par la Charte ne sont donc pas absolus et certaines restrictions peuvent y être apportées à l'occasion[18].

Les libertés fondamentales, les droits démocratiques et les garanties juridiques.

L'article 2 énonce les libertés fondamentales dont chacun jouit : conscience, pensée, croyance, opinion et expression (y compris liberté de la presse et autres moyens de communication), réunion pacifique et association.

Les articles 3, 4 et 5 énoncent les droits démocratiques de tout citoyen canadien (vote et éligibilité), ainsi que le mandat maximal (cinq ans) des législatures et du Parlement, qui doivent tenir des séances au moins une fois tous les douze mois. La durée du Parlement et des législatures ne peut être prolongée au-delà de cinq ans que dans des circonstances exceptionnelles dont le libellé rappelle celui de la *Loi des mesures de guerre* («guerre, invasion, insurrection, réelles ou appréhendées»), par un vote des deux tiers des députés.

L'article 6 assure aux citoyens canadiens la liberté de circulation et d'établissement partout au Canada sous réserve de certaines dispositions législatives[19].

Les articles 7 à 14 énoncent les garanties juridiques auxquelles chaque personne a droit. Ces garanties comprennent notamment :
— les droits à la vie, la liberté et à la sécurité de sa personne;
— la protection contre les fouilles et perquisitions abusives et les détentions et emprisonnements arbitraires, à l'information en cas d'arrestation;
— l'assistance d'un avocat;
— l'habeas corpus;
— le procès dans un délai raisonnable;
— la présomption d'innocence;
— le procès par jury pour les infractions les plus importantes;
— la non-rétroactivité des lois;
— la protection contre les traitements usuels ou inusités;
— la protection contre des témoignages incriminants antérieurs;
— le droit à un interprète.

---

18. Nous traiterons plus loin des importantes dérogations qui peuvent être faites à la Charte.
19. À noter que les dispositions des art. 3, 4, 5 et 6 ne bénéficient qu'aux citoyens, par opposition à tous les autres articles qui s'appliquent à toutes les personnes.

Les droits à l'égalité

L'article 15 est sans contredit l'un des plus importants et des plus nouveaux. Cet article déclare que:

> La loi ne fait exception de personne et s'applique également à tous, et tous ont droit à la même protection et au même bénéfice de la loi, indépendamment de toute discrimination, notamment des discriminations fondées sur la race, l'origine nationale ou ethnique, la couleur, la religion, le sexe, l'âge ou les déficiences mentales ou physiques.

Cet article élargit considérablement la portée de la *Déclaration canadienne des droits* de 1960 et va même plus loin que le XIVe amendement de la Constitution américaine dans la définition du concept d'égalité et des discriminations interdites. Sa portée était vue comme si considérable que son entrée en vigueur fut reportée de trois ans afin de permettre aux législatures et au Parlement de s'y conformer.

Les langues officielles et les droits à l'instruction dans la langue de la minorité

Les articles 16 à 22 concernent les langues officielles. Ils affirment le caractère officiel de l'anglais et du français au Parlement et dans les institutions fédérales. Ils étendent des dispositions similaires à celles de l'article 133 de la loi de 1867 au Nouveau-Brunswick tout en maintenant le *statu quo* pour les autres provinces.

L'article 23 est mieux connu sous le nom de «clause-Canada». Il vient faire expressément échec à la «clause-Québec» de la loi 101 et qui prévoit le droit de fréquenter l'école anglaise pour «les citoyens canadiens dont un enfant a reçu ou reçoit son instruction, au niveau primaire ou secondaire en français ou anglais, au *Canada*», là où le nombre d'enfants est suffisant. C'est sur la base de cet article que la Cour suprême a invalidé les dispositions de la *Charte de la langue française* qui venaient en conflit avec cette disposition[20].

Les recours

L'article 24 prévoit les recours qui peuvent être exercés par toute personne victime d'une atteinte aux droits et libertés garantis par la Charte. Ces recours

---

20.   *Procureur général du Québec* c. *Quebec Protestant School Boards* (1984), 2 R.C.S. 66.

peuvent s'exercer devant tout tribunal compétent, et la réparation sera celle que le tribunal estimera convenable et juste eu égard aux circonstances.

Les dispositions générales

L'article 25 garantit que la *Charte canadienne des droits et libertés* ne portera pas atteinte aux droits ancestraux des peuples autochtones du Canada.

L'article 26 maintient les autres droits et libertés existant par ailleurs.

L'article 27 prévoit que l'interprétation de la Charte doit concorder avec la promotion et le maintien du patrimoine multiculturel.

L'article 28, qui a fait l'objet de nombreuses discussions, constitue une véritable clause «nonobstant» qui déclare que «indépendamment des autres dispositions de la présente Charte, les droits et libertés qui y sont mentionnés sont garantis également aux personnes des deux sexes».

L'article 29 maintient les droits des écoles séparées ou confessionnelles.

L'article 30 prévoit que la Charte s'applique au Yukon et aux Territoires.

L'application de la Charte

L'article 32 prévoit que la Charte s'applique aux législatures et au gouvernement du Canada et des provinces. Cet article controversé a été interprété de façon limitative par la Cour suprême du Canada qui a déclaré qu'il signifiait que la Charte n'était pas efficace dans le cadre des rapports de droit privé, impliquant des individus[21].

L'article 33, parfois appelé à tort «clause nonobstant», clôt les dispositions substantives de la Charte. Cet article permet au Parlement ou aux législatures de déroger aux dispositions des articles 2 et 7 à 15 à condition de respecter certaines conditions. La dérogation doit être adoptée dans le cadre d'une loi qui déclare «que celle-ci ou une de ses dispositions a effet indépendamment d'une disposition donnée de l'article 2 ou des articles 7 à 15». Une telle déclaration donne à la loi ou à la disposition protégée, l'effet qu'elle aurait en l'absence de la disposition de la Charte dont on a voulu la protéger. L'effet d'une telle déclaration est d'une durée maximale de cinq années, et peut-être adoptée de nouveau à son expiration. Cette clause, critiquée par les tenants d'une Charte forte, est une concession en faveur des provinces qui voyaient dans la Charte une limite excessive à leurs compétences législatives.

---

21.   *S.G. D.M.R.* c. *Dolphin Delevery Ltd* (1986), R.C.S.

LA POSITION CONSTITUTIONNELLE DE LA CHARTE

L'article 52 de la *Loi constitutionnelle de 1982* déclare que :

> La constitution du Canada est la loi suprême du Canada; elle rend inopérantes les dispositions incompatibles de toute autre règle de droit.

Cela rend donc la *Loi constitutionnelle de 1982* et la *Charte canadienne des droits et libertés*, hiérarchiquement supérieures à toutes les lois et à tous les règlements des provinces et du fédéral, dans la mesure de l'incompatibilité de ces dernières à la *Loi constitutionnelle*.

Ce principe n'existait dans notre droit constitutionnel avant 1982 qu'à l'égard du partage des compétences et des autres dispositions de la loi de 1867. L'invalidité pouvait alors être prononcée en raison des dispositions d'une vieille loi anglaise, le *Colonial Laws Validity Act* [22] de 1866, dont les dispositions étaient demeurées en vigueur jusqu'en 1982 à cause de l'impossibilité pour le fédéral et les provinces de s'entendre sur une formule d'amendement, en 1931, au moment où l'Angleterre, par le Statut de Wesminster[23], avait reconnu l'indépendance complète de plusieurs de ses colonies.

CE QUE NE CONTIENT PAS LA *CHARTE CANADIENNE DES DROITS ET LIBERTÉS*

La Charte de 1982 est la consécration constitutionnelle de nombreux droits et libertés individuels qui étaient reconnus par les tribunaux et les lois canadiennes avant 1982. Dans plusieurs cas, elle élargit les frontières et le contenu de ces droits (droit à l'égalité, liberté de circulation, droit de vote), dans d'autres cas, elle reconnaît de nouveaux droits (protection contre les traitements cruels ou inusités, protection automatique contre l'auto-incrimination...).

Mais la Charte ne couvre pas tout, loin de là! Il est également important d'analyser les droits qui en sont absents que ceux qui y sont reconnus. En effet,

---

22. *Loi relative à la validité des lois coloniales*, 1865, (R.V.) 28 & 29 Vict., c. 63, art. 2. Cette loi prévoyait qu'aucune loi d'une colonie ne pouvait aller à l'encontre d'une loi anglaise adoptée pour cette colonie. Les lois fédérales ou provinciales qui violaient les dispositions de l'*Acte de l'Amérique du nord britannique* pouvaient donc être déclarées invalides car cette dernière loi avait, bien sûr, été adoptée pour les colonies du Canada. Cela ne permettait pas aux tribunaux de porter des jugements sur la conformité à d'autres principes tels ceux qui existent aujourd'hui dans la Charte.

23. 1931 (R.V.), 22 Geo. V, c. 4.

la Charte est totalement muette sur les droits économiques et sociaux, et sur presque tous les aspects de nombreux droits collectifs.

Graphique 1

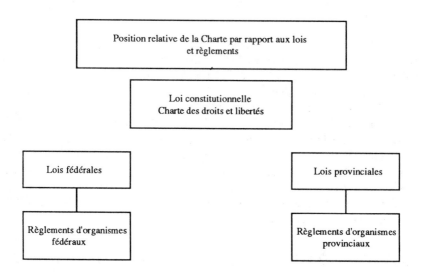

Ainsi, aucun des droits reconnus, par exemple, au chapitre IV de la *Charte des droits et libertés de la personne* du Québec relatif au droit à l'instruction publique gratuite, aux mesures d'assistance financière et sociale, à des conditions de travail justes et raisonnables, ni aucun des droits reconnus dans le *Pacte international sur les droits économiques et sociaux* n'apparaît dans la Charte canadienne.

Sur le plan des droits des collectivités et des groupes, la *Charte canadienne des droits et libertés* est également bien pauvre. Rien, bien sûr, n'y reconnaît le caractère distinct ou particulier de la société québécoise, bien peu sur les peuples autochtones. Ceux-ci sont mentionnés dans la *Loi Constitutionnelle*, en dehors de la Charte (c'est-à-dire sans la protection de l'article 1), à l'article 35 qui déclare :

> Les droits existants — ancestraux ou issus de traités — des peuples autochtones du Canada sont reconnus et confirmés.

La Charte se contente de déclarer, à l'article 25, que :

> Le fait que la présente Charte garantit certains droits et
> libertés ne porte pas atteinte aux droits ou libertés ancestraux, issus
> de traités ou autres — des peuples autochtones du Canada.

Est-il utile de rappeler que la Charte ne reconnaît pas non plus le droit des peuples à l'autodétermination. Il faut donc en conclure qu'en regard du droit constitutionnel canadien, la seule façon pour un peuple autochtone ou pour le Québec d'atteindre l'indépendance serait d'obtenir un amendement à la Constitution canadienne qui recueillerait l'unanimité des voix des provinces et du fédéral[24]!

Des arrêts récents de la Cour suprême du Canada ont d'ailleurs rappelé à l'ordre ceux ou celles qui auraient pu voir dans la Charte une protection accrue à certains droits collectifs. Des droits que l'on aurait naturellement pu croire reliés au droit d'association syndicale, tel le piquetage et le droit de grève, ne sont pas concernés.

Rappelons enfin que les rapports juridiques entre individus ne sont pas couverts par les droits et garanties de la Charte. Les tribunaux ont en effet davantage pris position en faveur d'une interprétation restrictive de la *Charte canadienne des droits et libertés* en déclarant que des individus victimes de violations de leurs droits par d'autres individus ne pourraient pas chercher de remède dans la *Charte canadienne des droits et libertés*, mais devraient s'en remettre aux lois provinciales sur ces questions[25]. Doit-on s'étonner que ce soit dans le cadre d'un conflit opposant travailleurs et employeurs que la Cour suprême ait statué que la Charte ne protégeait pas ceux-là contre ceux-ci? Quoiqu'il en soit, il résulte de cette interprétation de la Charte que celle-ci ne peut-être utilisée que pour priver l'État et le législateur de pouvoirs d'intervention, mais ne peut pas être utilisée pour modifier les rapports économiques lorsque l'État n'y est pas impliqué. Cela reflète bien, au plan constitutionnel, les principes politiques du néo-libéralisme.

LES DÉROGATIONS À LA CHARTE

Non seulement la Charte ne couvre pas tout, mais il est important de souligner que les législatures ou le Parlement peuvent y déroger de deux façons.

---

24. Nous ne discuterons pas les aspects de l'accession du Québec à l'indépendance au plan du droit international qui connaît des règles différentes. À ce sujet voir BROSSARD, J., *L'accession à la souveraineté et le cas du Québec* , Montréal, P.U.M., 1976.
25. Voir *SGDMR* c. *Dolphin Delivery, supra, et Re: Blainey and Ontario Hockey Association et al.* (1986) 54 O.L.R. (2d) 513.

Les dérogations de l'article 1

Tout d'abord, selon les termes de l'article 1, les droits qui sont garantis par la Charte peuvent être limités par des «règles de droit dans des limites raisonnables dont la justification puisse se démontrer dans le cadre d'une société libre et démocratique».

Les auteurs s'entendent généralement pour dire qu'en l'absence de l'expression écrite de cette limite, il aurait fallu interpréter le texte constitutionnel, telle la Constitution américaine, comme contenant une possibilité implicite de dérogation[26]. Tous s'entendent en effet pour dire que des droits comme la liberté d'expression trouvent leurs limites dans le respect du droit à la réputation, que la liberté de religion trouve sa limite dans le respect des convictions religieuses des autres, et ainsi de suite.

Dans l'arrêt *R. c. Oakes* [27] la Cour suprême a défini ainsi les conditions précises pour déroger aux dispositions de la Charte :

> En premier lieu, l'objectif que visent à servir les mesures qui apportent une restriction à un droit ou à un droit garanti par la Charte, doit être suffisamment important pour justifier la suppression d'un droit ou d'une liberté garantie par la Constitution. En deuxième lieu, dès qu'il est reconnu qu'un objectif est suffisamment important, la partie qui invoque l'article premier doit alors démontrer que les moyens choisis sont raisonnables et que leur justification peut se démontrer .

Cependant, la Cour suprême, dans l'arrêt *Protestant School Board* [28], n'a pas jugé que les dispositions de la *Charte de la langue française* qui dérogeaient à la Charte canadienne pouvaient se justifier dans le cadre d'une société libre et démocratique.

Cette marge d'interprétation laisse désormais une vaste place à l'opinion judiciaire dans la détermination du sens et de la portée du droit et des droits. Est-il besoin de rappeler que les juges sont inamovibles, et que leur nomination est encore faite par le gouvernement au pouvoir sans contrôle démocratique ni auditions publiques?

---

26.   Voir par exemple : MANNING, M., *Rights, Freedoms and the Courts*, Toronto, Emond-Montgomery, 1983, à la p. 151 et HOGG, P., *Constitutional Law of Canada*, 2e édition, Toronto, Larswell, 1985, à la p. 680.
27.   [1986] 1 R.C.S. 103.
28.   *Supra*, note 19.

Les dérogations de l'article 33

L'article 33 permet au Parlement et aux législatures de mettre leurs lois «à l'abri» de certaines dispositions de la Charte, en respectant certaines conditions de forme et de fond[29].

POURQUOI UNE CHARTE?

Dans le contexte d'un document qui limite ainsi l'action gouvernementale, on est en droit de se demander pourquoi le gouvernement Trudeau a-t-il tant fait pour voir de telles dispositions incluses dans la Constitution canadienne au moment du rapatriement?

Les dangers de la grande noirceur

Rappelons d'abord que son principal promoteur, Pierre Trudeau, a été formé dans la lutte contre le duplessisme et ce qu'il est convenu d'appeler la «grande noirceur». Régime fondé sur le pouvoir personnel du «Chef», et sur l'anti-intellectualisme, le gouvernement Duplessis avait adopté de nombreuse mesures lui permettant de réprimer au nom de la lutte aux communistes, tout ce qui n'était pas foncièrement canadien-français-catholique-pratiquant. La plus célèbre de ces mesures fut sans contredit la «Loi du cadenas»[30] qui visait à protéger la province contre la propagande communiste. Au nombre des personnes visées par la loi, le groupe religieux des Témoins de Jéhovah fût un de ceux qui fit le plus parler de lui à cause des nombreuses affaires judiciaires célèbres qui découlèrent de l'application de cette loi et dans lesquelles il fut impliqué[31].

Dans tous ces cas, les tribunaux du Québec (Cour supérieure, Cour d'appel) ont donné raison au gouvernement et non aux victimes de ses attaques. Il a fallu porter les affaires devant la Cour suprême du Canada pour que ces dernières obtiennent enfin justice et que la loi sur laquelle les persécutions étaient fondées soit déclarée invalide par les juges des provinces anglaises du Canada. Notons au passage que les motifs de la Cour fondent ces décisions non pas sur une garantie fondamentale des droits individuels qui aurait été enchâssée dans la Constitution, mais sur le fait que la compétence législative pour porter atteinte à ces droits n'appartient qu'au Parlement fédéral.

---

29. Voir *supra*, Partie 1, Le contenu de la Charte canadienne.
30. *Loi protégeant la province contre la propagande communiste*, S.R.Q. 1941, ch. 52.
31. Voir par exemple : *Roncarelli* c. *Duplessis* (1959), R.C.S. 121; *Switzman* c. *Elbling* (1957), R.C.S. 285; *Chaput* c. *Romain* (1955), R.C.S. 834 et bien d'autres...

Cette loi ne fut pas la seule mesure anti-intellectuelle du gouvernement Duplessis. Citons également, à titre d'exemple, le refus des subventions fédérales à la recherche universitaire, sous prétexte que celles-ci constituaient une intrusion fédérale dans un champ de juridiction provinciale exclusive.

Plusieurs autres gouvernements provinciaux, surtout ceux du Crédit social dans l'Ouest, n'étaient pas non plus sans reproches. Des lois visant à limiter la liberté d'expression furent invalidées par la Cour suprême, en invoquant une interprétation du partage des compétences législatives qui ne reconnaissait pas aux provinces le droit de limiter la liberté d'expression[32].

À la fin des années 1950, il était donc quasi inévitable, pour une bonne partie de ce très petit groupe de personnes — les intellectuels québecois — de voir dans le gouvernement fédéral et la Cour suprême le principal moyen de défense contre ce qui semblait alors un atavisme du caractère québecois, sinon provincial, l'esprit de clocher, le dévouement béat au Chef et la répression de tous les courants de pensée pouvant menacer cet état de fait.

Les outils juridiques de cette défense des libertés individuelles étaient alors, comme nous l'avons souligné plus haut, bien aléatoires. Ils reposaient essentiellement sur la Cour suprême et sur une interprétation de la Constitution qui reconnaissait que seul le Parlement fédéral possédait les compétences législatives pour limiter la liberté de pensée et d'expression en vertu de son pouvoir sur le droit criminel. Il demeurait donc théoriquement possible que le gouvernement fédéral soit un jour formé par un parti du même acabit que l'Union Nationale ou le Crédit social et qu'à ce moment l'argumentation juridique développée par la Cour suprême pour défendre la liberté d'expression contre les attaques provinciales ne se retourne contre elle-même.

La juridiction fédérale sur cette matière désormais reconnue et la souveraineté du Parlement ne connaissant aucune autre limite dans la cadre constitutionnel canadien, la seule méthode pour garantir ces libertés individuelles «pour l'éternité» et les mettre à l'abri des dangers et aléas des gouvernements élus, était donc de les placer au dessus du Parlement, au dessus de la loi. La méthode était connue, elle fonctionnait depuis près de deux cents ans chez nos voisins du Sud, il fallait «constitutionnaliser» les droits menacés, les placer dans une Charte au-dessus des lois.

Un phare qui n'éclaire que dans une seule direction

Cette idée, Pierre Trudeau l'avait énoncée dès 1955 dans un mémoire à la Commission royale d'enquête sur les problèmes constitutionnels, la

---

32.   Voir par exemple l'arrêt: *Renvoi relatif aux lois de l'Alberta* [1938] R.C.S. 100, dans lequel une loi intitulée *An Act to Ensure the Publication of Accurate News and Information* fut déclarée inconstitutionnelle.

Commission Tremblay. Il la reprit dès son entrée en fonction comme ministre de la Justice dans le gouvernement Pearson et déposa à la Chambre des communes, en février 1968, un Livre blanc sur *La Charte canadienne des droits de l'Homme*. En 1971, le Comité Molgate-McGuigan recommandait que la Charte des droits soit enchassée dans la Constitution. Cette position devint inséparable, aux yeux de Trudeau, de l'opération du rapatriement: les deux opérations ne pouvaient se réaliser que si elles étaient menées conjointement, l'une s'appuyant sur l'autre.

Le contenu économique et social de ces documents a cependant fait les frais de la négociation et la Charte s'est trouvée réduite à la portion congrue des libertés et droits individuels. Les seuls droits collectifs qui s'y trouvent encore sont ceux reconnus aux peuples autochtones (art. 25), aux minorités scolaires (art. 23), et à l'énigmatique «patrimoine multiculturel» (art. 27). Pour le reste, les libertés de religion, d'opinion, d'expression et d'association (art. 2) sont conçues comme des droits individuels; il en est de même du droit de vote (art. 3), et probablement des droits linguistiques.

Les critiques faites au Québec à l'encontre de la Charte n'ont pas eu pour objet de souligner ni les dangers potentiels, ni les limites de la Charte à l'égard même des libertés fondamentales que celle-ci prétend défendre, bien au contraire.

L'un des seuls arguments à l'encontre la Charte canadienne qui ne se fondait ni du point de vue du législateur qui voit ses prérogatives diminuées, ni d'une soi-disant plus grande efficacité de la Charte québécoise, fut soulevé par le ministre Paquette lorsqu'il déclarait :

> [On] a raison de dire que, parfois, certains gestes des gouvernements dans d'autres pays ont supprimé les droits et libertés, mais, à l'inverse, supprimons les gouvernements et on verra le fort écraser le faible. On verra les tensions sociales s'accroître, les riches devenir plus riches et les pauvres devenir plus pauvres[33].

Cette préoccupation voulait souligner qu'il peut être parfois dangereux d'imposer des limites à priori à l'action gouvernementale, comme le fait la Charte canadienne, et que la limite à l'action gouvernementale n'est pas en soi un signe de progrès. Mais cet argument sérieux n'a pas été repris par les gouvernements dans la suite des débats.

Le Gouvernement du Québec, se prévalant de l'article 33 de la Charte canadienne — qu'il dénonçait par ailleurs —, s'est empressé de déclarer que toutes ses lois devaient s'appliquer indépendamment des articles 2 et 7 à 15 de la Charte[34]. Ce geste ne pouvait que conforter les opposants à l'autonomie

---

33. *Journal des débats de l'Assemblée nationale*, 25 mai 1982, à la p. 3759.
34. *Loi concernant la Loi constitutionnelle de 1982*, L.Q. 1982 c. 21, (Projet de loi n° 62). Il est ironique de constater que même la Charte québécoise

québécoise dans leur conviction que le Québec n'a pas la maturité politique de se gouverner lui-même, incapable de garantir à ses citoyens les mêmes droits qu'aux autres canadiens, incapable de restreindre son goût et ses traditions trop récentes pour le pouvoir personnel. Mais ces réflexions dépassent le cadre de l'analyse du gouvernement libéral fédéral à proprement parler.

* * *

La *Charte canadienne des droits et libertés* de 1982 reconnaît à l'individu des droits et des libertés à l'encontre de l'État. Elle lui permet de recourir aux tribunaux pour faire valoir ces droits et aller jusqu'à faire invalider des lois adoptées par le Parlement ou l'Assemblée nationale. Le plus faible des citoyens, la plus démunie des citoyennes a donc, en théorie, le pouvoir de mettre en branle un processus qui allumera le phare de la Justice afin de jeter la lumière sur tout obscurantiste qui aurait pu berner l'électorat et s'emparer du pouvoir aux fins de faire triompher ses sombres desseins.

Il faut bien dire *en théorie*, car les lumières de la Justice coûtent cher et elles sont longues à s'allumer. Dans la célèbre affaire *Roncarelli c. Duplessis,* par exemple, ce n'est qu'après neuf ans de débats judiciaires que celui-là eut raison de celui-ci. La petite histoire nous rapporte que le restaurant de Roncarelli que Duplessis avait fait fermer, n'a jamais été réouvert, et que Roncarelli a dû s'expatrier aux États-Unis. Sans l'acharnement de son avocat, le professeur Frank Scott de McGill, l'affaire se serait éteinte avant d'avoir été entendue. La compensation financière ne réussit jamais à compenser des atteintes de cette nature.

Et si les recours contre l'État sont ouverts aux plus petits et aux plus démunis, ils le sont aussi, au nom de l'égalité, aux plus gros et aux plus puissants. Sans l'inclusion des droits économiques, sociaux et collectifs dans la Charte, ceux-ci seront toujours évalués et soupesés en termes d'atteintes aux droits individuels qui, eux, jouissent d'un statut et d'une protection constitutionnels plus élevés. Et dans ce contexte on est en droit de se demander qui sera le mieux pourvu pour faire valoir son point de vue?

Les options de ses concepteurs, les négociations politiques et la rédaction législative ont laissé au Canada et au Québec le document que l'on connaît. Ce phare, conçu à l'origine comme une lumière contre le retour de la grande noirceur, ne tourne pas rond. Il n'éclaire que dans une seule direction, celle des droits et libertés individuels. À force de le regarder, on risque d'être aveuglé et de ne plus voir que d'autres dimensions de la vie en société mériteraient une protection non moins grande que celles accordées aux droits individuels.

---

contient une telle disposition (art.92) qui la met à l'abri de la Charte canadienne.

Le phare allumé par la *Charte canadienne des droits et libertés* risque de nous cacher l'essentiel, et c'est peut-être Georges A. LeBel qui a le mieux saisi cette dimension de la Charte, à lui donc le mot de la fin:

> Méfions-nous que la proclamation des droits individuels ne légitime et ne masque un processus d'étouffement des solidarités anciennes. Aux villages, quartiers et familles fourmillants de solidarités multiformes, on substitue l'urbanisation stérilisante qui confine des individus de plus en plus seuls dans des casiers identiques et interchangeables, prisonniers d'un écran cathodique qui est la négation même de la communication avec son entourage. L'ensemble des mécanismes idéologiques et sociaux à l'oeuvre aujourd'hui, pousse à l'individualisme et à la disparition des solidarités. Il faut s'écarter de cette conception qui veut que Dieu nous ait donné des droits de toute éternité et pour toujours et que, comme le dit la Constitution américaine, *The Congress shall not infringe the rights*, car son corollaire est que l'État n'est pas obligé positivement de les mettre en oeuvre. Au contraire, les droits sont des acquis qu'il faut défendre d'abord, compléter ensuite. La *Charte* constitutionnelle est un obstacle à l'action de l'État, mais ne constitue pas le moyen dont nous avons besoin pour la promotion de nos droits[35].

---

35.   LEBEL, G. A., «Parlez-nous de nos droits et pas uniquement de la Charte!» dans Bureau, Robert D. et Mackay, Pierre, *Le droit dans tous ses états,* Montréal, Wilson et Lafleur, 1987, p.117.

LA CENTRALISATION DU POUVOIR AU SEIN DE L'EXÉCUTIF FÉDÉRAL

François Houle
Département de science politique
Université d'Ottawa

Le processus de prise de décisions à Ottawa a subi des changements marquants au cours des vingt-cinq dernières années. Entre l'arrivée au pouvoir de Pearson et celle de Mulroney, les modes d'exercice du pouvoir ont été radicalement transformés non seulement de façon à assurer un meilleur contrôle du politique sur la bureaucratie, mais aussi dans le but de centraliser les différentes étapes du processus décisionnel: de l'établissement des priorités à la décision finale. Bien que la très grande majorité des spécialistes et des fonctionnaires qui ont analysé la structure décisionnelle concluent que les différentes modifications apportées ont permis un renforcement de la responsabilité collective des membres du Cabinet, dans la pratique, ces modifications ont davantage conduit au renforcement du pouvoir du premier ministre et d'un groupe restreint de ministres. Parallèlement à la diminution d'autonomie et de pouvoir des ministres individuels au profit du premier ministre et des ministres membres du Comité des priorités et de la planification, les fonctionnaires des ministères sectoriels ont vu leur pouvoir réduit à l'avantage de ceux des organismes centraux.

L'accroissement du rôle du gouvernement, la complexité croissante des problèmes dans la période d'après-guerre, d'une part, et la volonté du gouvernement fédéral de mettre en place des politiques et des programmes pour atteindre ses objectifs, d'autre part, nécessitaient le remplacement de l'incrémentalisme par une structure permettant une plus grande rationalisation du processus décisionnel. Nécessité renforcée plus tard par les limites de plus en plus évidentes à l'augmentation des ressources financières.

L'objectif de ce texte est de présenter et d'analyser les réformes successives des comités du Cabinet, de certains organismes centraux (le Bureau du Conseil privé, les ministères d'État et le Conseil du trésor) et du Système de gestion des politiques et des dépenses (les enveloppes budgétaires) depuis 1964. Cette présentation sera faite en gardant à l'esprit que notre but est de voir dans quelle mesure ces réformes ont permis d'accroître ou de réduire la responsabilité collective du gouvernement fédéral. Notre hypothèse étant que non seulement la responsabilité collective du Cabinet n'a pas été renforcée à la suite de ces réformes, mais aussi que ces dernières ont permis dans la pratique la création d'un cabinet restreint (*inner cabinet*) et d'accroître davantage la capacité d'intervention du premier ministre sur l'ensemble du processus décisionnel. Bref, que les différentes restructurations au niveau de l'exécutif ont conduit à une plus grande centralisation de l'appareil politique fédéral.

Un des principes fondamentaux du régime constitutionnel canadien est la responsabilité collective des membres du Cabinet. Cette responsabilité, bien qu'elle n'ait aucun fondement légal, contrairement à la responsabilité individuelle des ministres, et qu'elle soit essentiellement d'ordre traditionnel, «est le ciment de notre système de gouvernement»[1]. La responsabilité collective a comme corollaire la solidarité ministérielle; sans la première, le maintien de la solidarité ministérielle ne peut être que très difficile ou bien elle devient tout à fait formelle. La responsabilité collective implique que le processus de prise de décision doive être structuré de façon à ce que les ministres puissent exprimer leur point de vue avant qu'une décision finale ne soit prise et que ce processus n'impose des limites à l'exercice autonome de l'autorité de chaque ministre. Le Cabinet est l'institution généralement considérée comme le lieu central et essentiel de la définition du consensus il «permet de forger et de préserver la responsabilité collective des ministres»[2]. Ainsi, selon David Smith, «Cabinet government in Canada has meant, since Confederation at least, government by the full Cabinet»[3]. Bien que beaucoup d'études permettent de relativiser considérablement ces évaluations sur l'importance du Cabinet comme appareil décisionnel dans l'histoire politique canadienne — que l'on songe à l'importance déterminante qu'ont eu certains ministres et certains mandarins dans les différents gouvernements depuis la Confédération —, il demeure que le Cabinet, jusqu'à une période très récente, était le lieu ultime et essentiel où passaient toutes les décisions majeures de politique. Du moins formellement, le Cabinet demeurait l'endroit où étaient prises les décisions gouvernementales significatives qui engageaient sa responsabilité devant le Parlement.

---

1.   Bureau du Conseil privé, «La responsabilité constitutionnelle des ministres», mémoires présentés à la Commission royale sur la gestion financière et l'imputabilité, (Commission Lambert), Ottawa, 1979, p. 1-20.

2.   CLARK, I., «Les changements apportés récemment au système de prise de décisions du Cabinet», Bureau du Conseil privé, Ottawa, 1984, p. 3.

3.   SMITH, D., «The Federal Cabinet in Canadian Politics», dans M Whittington et G. Williams (dir.), *Canadian Politics in the 1980's*, Agincourt, Methuen, 1984, p. 360.

Selon Michael Pitfield, il fut clair dès les premières réformes au niveau des comités du Cabinet et des organismes centraux qu'elles visaient à faciliter la prise de décision par le Cabinet, à la rendre plus efficace, et qu'elles devaient être conformes aux grands principes constitutionnels canadiens. «In other words, for example, ministerial and collective responsibility were to be rigourously observed, on the one hand, and the equilibrium between the role of Parliament, Ministers and civil servants maintained, on the other hand»[4]. Ces objectifs de départ, selon Ian Clark, auraient été atteints et ce serait toujours le cas avec les derniers changements effectués en 1984 par le premier ministre Mulroney. «*The basic purpose of the new set of arrangements is, however, the same as any Cabinet system — to reach timely decisions in a way that will satisfy the governement priorities and needs while maintaining the collective responsibility of the Cabinet ministers*»[5].

Avant d'entreprendre cette étude, deux remarques nous apparaissent essentielles. Premièrement, malgré la logique qui semblera se dégager de l'exposé des différentes réformes analysées, on ne peut induire que ces réformes se sont déroulées selon un plan préconçu ou préétabli. En effet, toute lecture déterministe des transformations successives du processus décisionnel négligerait le caractère cumulatif de ces transformations et les nombreuses réorientations effectuées à la suite d'une réévaluation de l'expérience acquise. En fait il s'agissait davantage de la poursuite d'objectifs — recherche d'une plus grande rationalisation administrative et mise en place de structures permettant au gouvernement de faire des choix sur la base de la prise en compte de véritables alternatives et pouvant impliquer la disparition de programmes existants — que du déroulement d'un plan défini au départ. Deuxièmement, les différentes réformes du processus décisionnel n'impliquent aucunement un changement de sa nature. Il serait caricatural de considérer le processus décisionnel comme étant passé d'un mode de fonctionnement et d'une structure essentiellement incrémentalistes et fortement décentralisés à un mode purement rationnel et centralisé. Il faut davantage considérer les différentes restructurations comme une modification de l'emphase que comme le passage d'un extrême à un autre.

---

4.   PITFIELD, M., «The Origins of the Ministry of State», conférence à Winnipeg, 14 août 1985, p. 2. Gordon Robertson avait déjà analysé les paramètres aux réformes des années soixante dans les mêmes termes. ROBERTSON, Gordon, «The Changing Role of the Privy Council Office», *Administration publique au Canada*, vol. 14, n° 4, hiver 1971, p. 497.

5.   CLARK, I., «Recent Changes in the Cabinet Decision-Making System in Ottawa», dans *Administration publique du Canada*, vol. 28 n° 2, été 1985, p. 201.

LES COMITÉS DU CABINET

Le rôle moderne du Bureau du Conseil privé (BCP) remonte à 1940 lorsque le nouveau greffier du Conseil privé fut aussi nommé secrétaire du Cabinet. Cette double nomination d'Arnold Heeney a eu pour résultat d'accorder au Conseil privé le rôle de secrétariat du Cabinet et de le rattacher directement au premier ministre. Le nouveau rôle du Conseil privé et les procédures qui ont été définies durant la Deuxième Guerre mondiale ont été largement conservés jusqu'à l'arrivée au pouvoir de L. Pearson[6]. Le premier ministre Pearson, pour des raisons politiques et administratives, décida de poursuivre la tendance enclenchée sous le gouvernement Diefenbaker à l'accroissement du nombre de ministres; il y avait 17 ministres dans le premier gouvernement Diefenbaker en 1957 et 23 en 1963; le premier gouvernement Pearson en comptait 26. Le nouveau premier ministre libéral se trouva confronté à un choix difficile; ou bien il remodelait son cabinet conformément à la pratique britannique (en Grande-Bretagne, moins de la moitié des ministres font partie du Cabinet) ou bien il restructurait l'organisation du Cabinet et les structures administratives entourant l'exécutif afin de les rendre plus efficaces. *«It was concluded that an overtly tiered Cabinet would not work in Canada's federal system. Consequently, Mr. Pearson opted for a larger Ministry all of whom would be in the Cabinet, but all of whom would be correlated through organization and process to differentiated roles»*[7].

En janvier 1964, le premier ministre Pearson annonça la création de neuf comités du Cabinet. À la différence des différents comités du Cabinet créés dans la période d'après-guerre, il s'agit de comités permanents dont le découpage recoupe l'ensemble des activités gouvernementales. Cette institutionnalisation du système des comités allait modifier considérablement le processus décisionnel. Alors qu'auparavant, si l'on fait exception de la période de la Deuxième Guerre mondiale, des comités spéciaux n'étaient créés qu'en fonction de problèmes particuliers que le Cabinet voulait voir étudiés plus en détail, avec la mise en place de comités permanents les questions et projets sont d'abord étudiés par un comité pour être ensuite référés au Cabinet. *«The committee thus became a normal and formal part of the decision-making process»*[8]. En 1968, Pearson créa

---

6. Pour une présentation des réformes faites en 1940 et du fonctionnement du BCP jusqu'au début des années soixante, voir HEENEY, A., «Cabinet Government in Canada: some recent developments in the Central executive», *Canadian Journal of Economics and Political Science*, vol. 12, n° 3, 1946; *Idem.*, «Mackenzie King and the Cabinet Secretariat», dans *Administration publique du Canada*, vol. X, n° 3, 1967; HALLIDAY, W., «The Privy Council Office and Cabinet Secretariat», dans HODGETTS, J.E., et CORBETT, D.C. (dir.), *Canadian Public Administration*, Toronto, Macmillan, 1960.
7. PITFIELD, M., «The Origins of the Ministry of State», *op. cit.*, p. 4.
8. ROBERTSON, G., «The Changing Role of the Privy Council Office», *op. cit.*, p. 490.

le Comité des priorités et de la planification (CPP); ce Comité a pour rôle de définir les priorités gouvernementales en tenant compte d'une situation financière de plus en plus difficile.

Ce système de comités permanents du Cabinet connut un succès très mitigé sous Pearson. «*Ministers often failed to attend committee meetings, and the full Cabinet frequently insisted on going over the same ground that had been covered in the committees*»[9]. Dès l'arrivée au pouvoir du premier ministre Trudeau, les comités du Cabinet sont restructurés afin d'accroître l'efficacité gouvernementale. D'abord le nombre de comités permanents est réduit à huit et leur fonctionnement est formalisé: les procédures et la discipline sont renforcées, les comités se réunissent régulièrement, généralement sur une base hebdomadaire, ce qui permet une systématisation dans l'analyse des problèmes étudiés en comité et les comités acquièrent de facto un pouvoir décisionnel[10]. En effet, les rapports de décision sont inscrits à l'annexe de l'ordre du jour des réunions du Cabinet et ils sont adoptés automatiquement à moins qu'une objection ne soit soulevée.

[...] *decisions of the committees would not become effective simply by reason of such decision. They would be listed on an annex to the Cabinet agenda for its next meeting. Any minister could notify the deputy secretary to the Cabinet before the meeting of the Cabinet that he wished to have any particular committee decision discussed. However, if no such notice were given, items on the annex were to be taken as approved by the Cabinet and became its own decisions. At that point they were operative and became part of government policy*[11].

Il existe deux types de comités du Cabinet: les comités d'orientation sectoriels qui recouvrent des secteurs spécifiques de politique et les comités de coordination qui touchent à l'ensemble de l'activité gouvernementale[12]. Le plus important comité du Cabinet est le Comité des priorités et de la planification. Bien que son importance se soit considérablement accrue au cours des quinze dernières années, ce comité, depuis sa création, en 1968 a toujours dominé les

9. WEARING, J., «President or Prime Minister», dans HOCKIN, T. (éd.), *Apex of Power*, Scarborough, Prentice Hall, 2e éd., 1977, p. 342. Voir aussi FRENCH, R.D., *How Ottawa Decides*, Toronto, James Lorimer, 2 nd ed., 1984, p. 3.
10. DOERN, G.B. et PHIDD, R.W., *Canadian Public Policy: Ideas, Structure, Process*, Methuen, 1983, p. 171.
11. ROBERTSON, G., «The Changing Role of the Privy Council Office», *op. cit.*, p. 492. Voir aussi FRENCH, R.D., *How Ottawa Decides, op. cit.*, p. 6.
12. Les principaux comités d'orientation sectoriel sont: affaires étrangères et défense, développement économique et régional, développement social et opérations gouvernementales. Quant aux principaux comités de coordination, ce sont: priorités et planification, Conseil du trésor et législation et planification parlementaire.

autres comités, non seulement à cause de son rôle mais aussi à cause de sa composition et de son mode de fonctionnement. Comme son nom l'indique, c'est ce comité qui définit les grands objectifs du gouvernement, établit les priorités et la répartition des ressources, étudie les problèmes les plus urgents et politiquement importants, et enfin délègue certaines responsabilités à d'autres. En plus de ce rôle central, son importance est accentuée par le fait qu'il est présidé par le premier ministre, qu'il se compose des ministres les plus importants et des présidents des autres comités du Cabinet, et enfin du fait qu'il est un des rares comités (avec le Conseil du trésor et le Comité de la sécurité et des renseignements) dont les réunions se tiennent à huis clos — les ministres qui n'en sont pas membres ne peuvent assister à ses réunions que sur invitation du premier ministre (voir graphique I).

Les domaines de compétence de la plupart des différents comités sont largement identifiables par leur nom. Deux comités dans le graphique I ont des fonctions un peu plus obscures, le comité chargé des opérations gouvernementales s'occupe d'un certain nombre de programmes gouvernementaux, par exemple, les postes canadiennes, les travaux publics et des programmes touchant le secteur des ressources. Quant au comité spécial du Cabinet, il «s'occupe de toutes les questions d'ordre courant qui nécessitent l'approbation du gouverneur en conseil»[13]. Il agit donc au nom du Cabinet pour l'adoption de règlements délégués par le Parlement au gouverneur en conseil.

La plupart des comités comprennent entre dix et douze membres, le plus petit comité, le Conseil du trésor, en comptant six et le plus grand, le Comité des affaires étrangères et de la défense, en comptant quinze. Ceci implique que tous les ministres sont membres de deux ou trois comités. De plus, un ministre peut, s'il le désire, assister aux réunions de n'importe quel comité, sauf à celles des trois comités qui se tiennent à huis clos.

Bien entendu une telle structure différenciée, pour être efficace, implique une bureaucratisation de son fonctionnement et un soutien administratif provenant généralement du Bureau du Conseil privé. Le processus officiel d'approbation d'une proposition d'un ministre en 1979 était: d'abord le ministère qui désirait voir adopter un programme particulier prépare un projet, lequel, une fois accepté par le ministre responsable, est soumis sous forme de «mémoire au Cabinet» au comité du Cabinet compétent. Après approbation de la proposition par le comité un «rapport de comité» est soumis et la décision du Cabinet est incluse dans un document appelé «rapport de décision». Le premier ministre est tenu au courant du cheminement de la proposition aux différentes étapes par le Bureau du Conseil privé[14].

---

13.   CLARK, I., «Rôle des principaux comités consultatifs et de décision à Ottawa», Bureau du Conseil privé, Ottawa, 1983, p. 13.

14.   CLARK, I., «Coup d'oeil sur l'essentiel du processus décisionnel du gouvernement», Bureau du Conseil privé, Ottawa, 1984, p. 3-4.

Graphique 1

Structure des comités du Cabinet
(Gouvernement Trudeau, 1979)

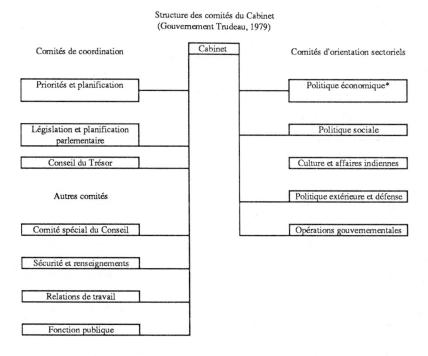

Les différentes structures des comités du Cabinet dans la période 1979-1986 ont été établis à partir de divers documents du Bureau du Conseil privé.
Les comités sur la politique sociale et la culture et les affaires indiennes se composent des mêmes membres. Il se réunissent donc en même temps et se partagent le même agenda.

Le développement et la formalisation du système des comités du Cabinet dans la période 1964-1979 et le processus décisionnel mis en place ont eu pour résultat de renforcer la collégialité au détriment du pouvoir traditionnel des ministres individuels. En effet, toute proposition de politique d'un ministre doit être discutée par un comité du Cabinet, de même que par le Conseil du trésor si la proposition implique des dépenses, avant d'être approuvée par le Cabinet. Ce renforcement du caractère collectif de la prise des décisions, au profit des ministres membres du comité où une proposition particulière est étudiée, s'est aussi fait au détriment du Cabinet. Les rapports des comités sont généralement entérinés sans discussion par le Cabinet et seules des questions majeures y sont rediscutées. Le système des comités a donc réduit considérablement le rôle du Cabinet comme lieu de discussion des projets gouvernementaux et comme centre de décision.

Cette perte d'importance du Cabinet dans le processus décisionnel fut consacrée par la création d'un cabinet restreint après l'élection de Joseph Clark comme premier ministre en mai 1979. Le Cabinet restreint remplace le Comité des priorités et de la planification (CPP) mais, contrairement à ce dernier, il est habilité à prendre des décisions finales. Le rôle du Cabinet comme étape essentielle et ultime du processus décisionnel disparaît et il se limite dorénavant «à la coordination et aux discussions politiques»[15].

> The Inner Cabinet took over most of the responsabilities of the Priorities and Planning Committee and became analogue to the full Cabinet in the Trudeau system, as the senior forum for collective decision-making by ministers[16].

Le rôle du Cabinet restreint est de définir les priorités du gouvernement, d'établir les compétences et le programme de travail des comités du Cabinet; il s'occupe des décisions qui ont une importance politique pour le gouvernement et des problèmes prioritaires, il détermine le cadre financier et alloue les ressources aux différents secteurs. Le Cabinet restreint devient donc le lieu où les décisions importantes sont prises. Il est composé de douze membres; soit le premier ministre, qui le préside, les présidents des comités du Cabinet, des ministres importants, par exemple, le ministre des Finances, et des ministres qui assurent la représentation d'une région qui autrement ne serait pas représentée dans le cabinet restreint — c'était le cas du ministre John Fraser de la Colombie-Britannique.

Outre l'élimination du Cabinet comme étape formelle, le processus décisionnel fut aussi modifié par la systématisation du rôle des comités de sous-ministres et par l'attribution d'un pouvoir de décision finale et pratiquement sans appel aux comités du Cabinet. Un ministère désirant qu'une question soit soumise à l'attention du Cabinet doit d'abord la soumettre à un Comité sectoriel de sous-ministres. Ce Comité est sans pouvoir décisionnel; il a «pour but de veiller à ce que le ministre promoteur reçoive toute l'information dont il peut avoir besoin, puis de permettre aux autres ministres intéressés d'être informés des répercussions possibles sur leur mandat»[17]. Par la suite, la proposition est

---

15.   CLARK, I., «Les changements apportés récemment...», *op. cit.*, p. 7.
16.   FRENCH, R.C., *How Ottawa Decides, op. cit.*, p. 135.
17.   CLARK, I., «Rôle des principaux comités consultatifs et de décision à Ottawa», *op. cit.*, p. 17. Les comités sectoriels de sous-ministres visent à faciliter les consultations entre les ministères. Ils permettent aussi que les sujets abordés par les comités du Cabinet soient bien documentés et qu'aient été réglés certains aspects techniques. Progressivement les comités sectoriels des sous-ministres dédoubleront les quatre principaux comités d'orientation du Cabinet: opérations gouvernementales, politique étrangère et défense, développement social, développement économique et régional. Ce dernier comité du Cabinet se verra appuyé par deux comités de sous-ministres dont un s'occupera spécifiquement des questions énergétiques.

acheminée au comité du Cabinet approprié et bien qu'en théorie sa décision soit finale, dans la pratique la recommandation du comité sera approuvée par le cabinet restreint.

Graphique 2

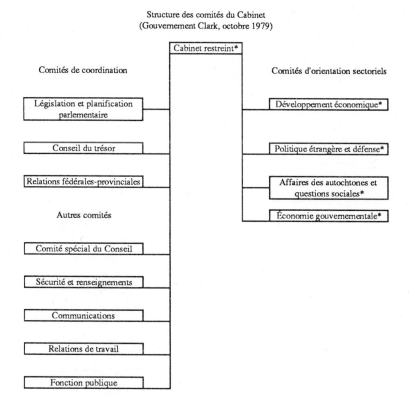

Structure des comités du Cabinet
(Gouvernement Clark, octobre 1979)

* L'astérisque réfère aux comités du Cabinet qui sont responsables de la gestion des enveloppes budgétaires.
Un seul président de comité n'était pas membre du Cabinet restreint. Il s'agissait d'Erik Nielsen, président du Comité sur les relations de travail.

La structure des comités du Cabinet a été considérablement modifiée avec l'arrivée au pouvoir du gouvernement conservateur en 1979. Réapparaît le Comité sur les relations fédérales-provinciales, lequel avait été fusionné en 1977 au CPP. Après la victoire du Parti québécois en 1976 et la menace que ceci représentait pour la conception de P.E. Trudeau de l'unité canadienne, les questions intergouvernementales devinrent prioritaires et furent de plus en plus discutées par le Comité des priorités et de la planification, rendant inutile l'existence d'un comité spécialisé autonome sur ces questions. Les autres changements apportés au système de comité par le gouvernement Clark furent: 1) de fusionner les comités de la politique sociale et de la culture et des affaires indiennes; 2) d'élargir les compétences du Comité de développement économique; 3) de créer un nouveau comité ayant la responsabilité de surveiller les dépenses gouvernementales et de les réduire. Le Comité des opérations gouvernementales fut aboli et ses responsabilités réparties entre les trois comités mentionnés précédemment. Toutefois, les changements les plus importants faits par le nouveau gouvernement furent le développement d'un nouveau type de ministère d'État et l'introduction du système des enveloppes budgétaires — ces deux innovations seront analysées un peu plus loin. Ces importantes réformes, bien qu'elles ont été introduites durant le bref règne du gouvernement conservateur, s'inscrivent dans la même logique d'une gestion rationnelle. De plus, la plupart de ces réformes avaient été élaborées dans les dernières années du gouvernement Trudeau. «*Remarkably, PCO pursued its program of reforms while making it appear as if the Conservatives had developed them*»[18].

Par conséquent le retour au pouvoir du Parti libéral en 1980 n'entraîna aucune remise en question radicale des réformes faites par le gouvernement Clark, tout au plus certains ajustements furent-ils apportés aux nouvelles structures et au nouveau processus décisionnel. Les réunions du Cabinet revinrent sur une base hebdomadaire, le Cabinet restreint fut aboli et le Comité des priorités et de la planification fut réinstitué. Ces changements peuvent paraître importants mais ils eurent très peu d'impact sur le processus décisionnel. Le Comité des priorités et de la planification remplaça le Cabinet restreint mais il demeura habilité à prendre des décisions finales. De plus, le rôle des comités de sous-ministres et des ministères d'État fut systématisé et ces derniers furent chargés de soumettre des notes d'évaluation au comité du Cabinet. Ces notes informaient les membres du comité «des autres solutions possibles» et de la «position des autres ministères»[19] (voir graphique 3).

Une innovation majeure du second régime Trudeau fut la création du Comité de coordination des sous-ministres. Un Comité de mandarins fut créé en 1980 pour coordonner la transition entre les gouvernements Clark et Trudeau. Il fut institutionnalisé par la suite. Ce Comité de coordination des sous-ministres se réunit sur une base hebdomadaire et il est présidé par le secrétaire du Cabinet. Il comprend de plus les sous-ministres des agences centrales (Conseil du trésor, Bureau des relations fédérales-provinciales, des ministères d'État) et ceux des ministères des Finances, des Affaires extérieures et de la Justice.

18.   CAMPBELL, C., *Governments under Stress*, Toronto, University of Toronto Press, 1983, p. 195.
19.   CLARK, I., «Le SGPD et les organismes centraux», Bureau du Conseil privé, Ottawa, 1983, p. 12.

Graphique 3

PROCESSUS D'APPROBATION DU CABINET

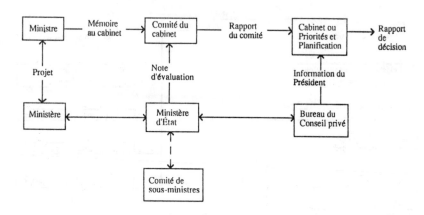

Source: Ian Clark, «Coup d'oeil sur lpessentiel du processus décisionnel du gouvernement», Bureau du Conseil privé, Ottawa, 1983, p. 16.

Ce comité n'est pas le reflet parfait du Comité des priorités et de la planification mais il regroupe tout de même les sous-ministres des principaux membres de ce comité. Le Comité de coordination des sous-ministes n'a pas de pouvoir décisionnel, mais il permet au secrétaire du Cabinet d'être informé à l'avance des problèmes importants qui nécessiteront l'attention du premier ministre et de s'assurer que les politiques de ce dernier sont bien comprises et mises en application[20] (voir graphique 4).

Les changements apportés par Pierre Trudeau en 1980 à la structure des comités du Cabinet furent mineurs. Un Comité sur les affaires de l'Ouest fut créé afin de tenter d'y réduire le sentiment d'aliénation qui n'avait fait élire que deux députés libéraux et où un mouvement séparatiste de plus en plus bruyant se développait. Le Comité sur les opérations gouvernementales remplaça celui sur l'économie gouvernementale. Et, dernière modification, le Comité sur les relations fédérales-provinciales fut aboli et ses responsabilités transférées au Comité des priorités et de la planification.

---

20. CLARK, I., «Rôle des principaux comités consultatifs et de décision à Ottawa», *op. cit.*, p. 21-24.

Graphique 4

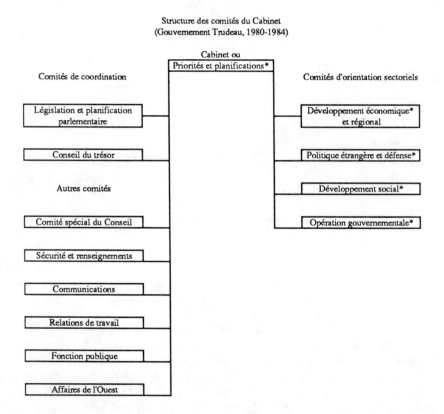

Structure des comités du Cabinet
(Gouvernement Trudeau, 1980-1984)

* L'astérisque réfère aux comités du Cabinet qui sont responsables de la gestion des enveloppes budgétaires.

Un seul président de comité n'était pas membre du Comité des priorités et de la planification en 1980. Il s'agissait de Gerald Reagan, président du Comité sur les relations de travail. Il devint membre de CPP en 1981 lorsqu'il fut nommé président du Comité sur les communications. Le nombre de membres du CPP passa alors de douze à treize.

John Turner, lors de son arrivée au pouvoir en 1984, déclara que le processus décisionnel et l'organisation du Cabinet mis en place par Trudeau étaient trop élaborés, trop complexes, trop lents et trop dispendieux, ce qui avait, selon lui, réduit considérablement l'autorité des ministres. Il annonça donc un certain nombre «de mesures destinées à renforcer le rôle des ministres et à simplifier le processus décisionnel»[21]. Le nombre des comités du Cabinet fut

---

21.   Cabinet du premier ministre, *Communiqué*, 30 juin 1984.

réduit de treize à dix — furent éliminés les comités sur les communications, les affaires de l'Ouest et les relations de travail —, et furent abolis les ministères d'État au développement économique et régional et au développement social. Il annonça de plus son intention de définir clairement les pouvoirs et la responsabilité des ministres en rapport à leur ministère, ce qui devait renforcer leur pouvoir individuel et réduire le nombre de questions soumises au Cabinet et au Conseil du trésor. Enfin, il désirait alléger le processus décisionnel en éliminant les «notes d'évaluation» et en réduisant le rôle des comités de sous-ministres[22]. Ces réformes ne furent pas mises à l'épreuve car des élections furent déclenchées rapidement.

L'arrivée au pouvoir du gouvernement conservateur dirigé par Brian Mulroney n'entraîna aucunement la remise en question des modes d'organisation et de fonctionnement de l'exécutif fédéral. Le nouveau premier ministre ne revint pas sur les réformes mise en place au cours des vingt années précédentes ni sur les modifications de John Turner. En septembre 1984, il annonça le maintien de dix comités du Cabinet, la seule modification importante par rapport à la structure précédente était le rétablissement du Comité des communications et l'abolition du Comité sur la politique étrangère et la défense. Les responsabilités de ce dernier comité passaient au Comité des priorités et de la planification. Toutefois, ce dernier changement s'avéra insatisfaisant et le Comité sur la politique étrangère et la défense fut réétabli le 5 juillet 1985 à la suite d'une réunion du Comité des priorités et de la planification à Baie-Comeau. En septembre 1986, trois nouveaux comités furent officiellement créés — les comités sur les relations fédérales-provinciales, les négociations commerciales et le développement de Montréal —, un comité changea de nom afin de mieux refléter les priorités gouvernementales — le Comité sur les opérations gouvernementales devint privatisation, réglementation et opérations — et un comité fut aboli, celui sur la fonction publique. Le Comité des priorités et de la planification comprend maintenant seize membres. Toutefois un sous-comité «informel» du CPP fut créé pour assurer la coordination des activités gouvernementales. Ce sous-comité est présidé par le vice-premier ministre, Donald Mazankowski, et il comprend les ministres Joe Clark (président du Comité sur la politique étrangère et la défense), Michael Wilson (ministre des Finances), Robert de Cotret (président du Comité sur le développement économique et régional, du Conseil du trésor, du Comité ministériel sur le développement de la région de Montréal) et Jake Epp (président du Comité sur le développement social). Bernard Roy, chef du Cabinet du premier ministre, et Paul Tellier, greffier du Conseil privé, assistent aussi aux réunions hebdomadaires de ce sous-comité (voir graphique 5).

---

22.   *Idem.*

Graphique 5

Structure des comités du Cabinet
(Gouvernement Mulroney, septembre 1986)

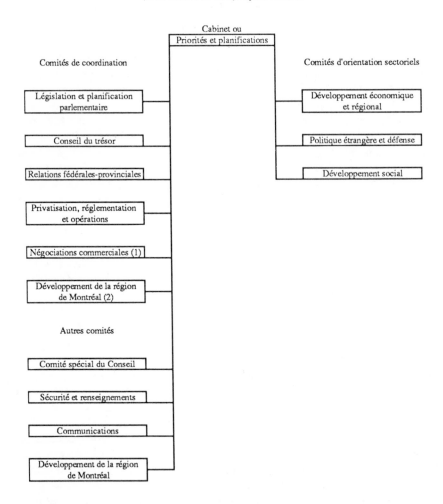

1. Il s'agit d'un sous-comité des priorités et de la planification chargé des négociations commerciales. Ce sous-comité est présidé par P. Carney, ministre du Commerce extérieur. Il comprend 17 membres dont 9 sont aussi membres du CPP.
2. Il s'agit d'un sous-comité du Comité chargé du développement économique et régional. Ce sous-comité comprend 10 membres dont 6 sont aussi membres du comité sur le développement économique et régional.
Pour la première fois depuis 1981 deux présidents de comité ne sont pas membres du CPP. Il s'agit de B. McDougall, privatisation, réglementation et opération et L. Murray, relations fédérales-provinciales. Tous deux sont ministre d'État, ceci confirme l'importance moindre des ministres qui n'ont pas la responsabilité effective d'un ministère.

La disparition des comités de sous-ministres et des ministères d'État a redonné au Bureau du Conseil privé le rôle exclusif d'informer les présidents des comités du Cabinet — sauf pour le Conseil du trésor qui a son propre secrétariat et parfois concurremment avec le Bureau des relations fédérales-provinciales —, exposant les rapports entre les nouvelles propositions ministérielles et les priorités gouvernementales. De plus, l'évaluation des nouvelles propositions en ce qui a trait à leur impact économique est faite par le ministère des Finances et l'évaluation des ressources que nécessiteront ces propositions est faite par le Conseil du trésor. Ces deux évaluations sont transmises aux présidents des comités par le Bureau du Conseil privé[23].

Cet exposé du développement et des transformations des structures du Cabinet montre très bien l'importance prise par le Comité des priorités et de la planification. Ce Comité étant devenu *de facto* le Cabinet, depuis 1979 les décisions finales n'ont même plus à être approuvées formellement par le Cabinet. De plus, aucune décision n'est soumise au Cabinet de droit mais découle de la volonté du premier ministre et les questions qui y sont encore généralement discutées, par exemple le Discours du trône, ont auparavant fait l'objet de discussions au Comité des priorités et de la planification. On peut donc s'interroger sur le caractère ouvert des débats au Cabinet car les ministres «importants», dont le premier ministre, ont déjà participé au sein du CPP à l'élaboration de la proposition devant le Cabinet.

Le caractère dominant du Comité des priorités et de la planification est confirmé lorsque l'on en regarde la liste des membres. Ainsi de 1980 à 1984, seulement trois ministres ont cessé d'appartenir à ce comité — H. A. Olson, M. MacGuigan et J.S. Fleming; ils ont été remplacés en 1982 par J. Roberts, J. Erola et J. Austin —, par contre les ministres MacEachen, Chrétien, Gray, Lalonde, Pinard, Johnston et Axworthy y ont siégé de façon ininterrompue pendant toute cette période. Ces ministres non seulement cumulaient un nombre impressionnant de participations aux divers comités du Cabinet, mais ils étaient aussi les seuls à avoir un accès à peu près direct au premier ministre Trudeau.

On pourrait être tenté d'atténuer l'analyse de la centralisation du processus décisionnel au sein du gouvernement fédéral depuis 1964 en insistant sur les pouvoirs acquis par les comités du Cabinet. En effet, s'il est vrai que l'ensemble des ministres ne participent plus à toutes les décisions, ceci d'ailleurs n'a jamais été entièrement le cas, le système de comité a au moins l'avantage que les décisions prises dans les comités le sont de façon collective. Toutefois, si l'on regarde le rôle des agences centrales et le fonctionnement des enveloppes budgétaires, on voit que l'autonomie du pouvoir décisionnel des comités est largement circonscrite.

---

23.   CLARK, I. «Recent changes...», *op. cit.*, p. 194.

LES AGENCES CENTRALES ET LE SYSTÈME DE GESTION DES POLITIQUES ET DES DÉPENSES

Pour être en mesure de cerner plus adéquatement le processus de concentration du pouvoir aux mains du premier ministre et d'un nombre restreint de ministres à Ottawa durant la période 1965-1984, il faut étudier le rôle des agences centrales et le fonctionnement du système de gestion des politiques et des dépenses (SGPD ou enveloppes budgétaires). Le manque d'espace ici nous empêche de présenter toutes les agences centrales et tous les ministères qui jouent parfois ce rôle. Nous nous concentrerons sur le Bureau du Conseil privé, le Conseil du trésor et les ministères d'État. En ce qui concerne ces derniers, ceux qui nous intéressent ici sont les ministères d'État qui non seulement aussuraient la coordination d'un large secteur de politiques mais qui avaient aussi un statut d'agence centrale[24].

Michael Pitfield a défini les objectifs sous-tendant les réformes des années 1970 en affirmant que «ces dernières années, la double recherche, au sein du gouvernement fédéral, d'une efficacité et d'un rendement accrus et d'une plus grande influence du politique a progressé au rythme des efforts déployés pour mieux définir les objectifs et pour faire en sorte que les programmes du gouvernement soient davantage conformes aux objectifs fixés»[25]. Le succès dans la mise en place d'un processus décisionnel plus rationnel ne pouvait donc aller de pair qu'avec une meilleure définition des priorités au niveau politique. De plus, cette «gestion rationnelle»[26] devait permettre de dégager l'action gouvernementale des demandes des ministères sectoriels et des ministres individuels. Enfin le gouvernement devait être en mesure d'évaluer le degré de concordance entre les priorités et les nouveaux programmes proposés.

Le Comité des priorités et de la planification, malgré son importance, ne pouvait suffire à lui seul à assurer que ces objectifs soient atteints. Il fallait aussi développer des structures et des processus pour garantir que des priorités soient définies et que les nouveaux programmes reflètent ces dernières. Le premier organisme qui vit son rôle et ses pouvoirs considérablement augmentés fut le Bureau du Conseil privé (BCP). Cette agence centrale, rattachée directement au premier ministre en tant que chef de gouvernement, a pour une de ses fonctions

---

24.   Pour une présentation des divers types de ministères d'État, voir PITFIELD, M., «The Origins of the Ministry of State», op. cit.

25.   PITFIELD, M., «Le gouvernement des années 80: Techniques et instruments d'élaboration de la politique fédérale», Bureau du Conseil privé, septembre 1975, p. 6. Voir aussi AUCOIN, P., pour une synthèse des problèmes que tentaient de solutionner ces réformes, «Organizational Change in the Machinery of Canadian Government: from Rational Management to Brokerage Politics», dans *Revue canadienne de science politique*, XIX: 1, mars 1986, p. 8.

26.   Pour une analyse de l'importance rationnelle pour TRUDEAU, P.E., voir AUCOIN, P.,«Organizational Change in the Machinery of Canadian Government...», op. cit.

principales d'agir comme secrétariat pour les activités du Cabinet[27]. Ceci implique que le BCP non seulement s'assure du bon fonctionnement du processus décisionnel mais aussi de la cohérence des politiques et de leur concordance aux priorités gouvernementales. C'est le premier ministre Pearson qui, le premier depuis Mackenzie King, développa et réorganisa le BCP. Son objectif était de donner au gouvernement les moyens de contrecarrer les pressions venant des ministères[28].

L'organisation du BCP est largement parallèle à celle des comités du Cabinet. Deux divisions, dirigées par des sous-secrétaires, assurent l'essentiel du soutien au Cabinet. La division de la planification seconde le premier ministre dans l'établissement des priorités et des objectifs, et la division des opérations est rattachée aux comités sectoriels. Un secrétariat distinct relevant directement du secrétaire du Cabinet s'occupe de la coordination des renseignements et de la sécurité. Enfin un sous-ministre adjoint à la gestion est à la tête d'une direction chargée de fournir les services administratifs pour le BCP et pour le Bureau des relations fédérales-provinciales (BRFP) (voir graphique 6).

C'est en 1975 que le Bureau des relations fédérales-provinciales a acquis le statut d'agence centrale. Auparavant ce secteur relevait d'une division du BCP et était dirigé par un sous-secrétaire. Deux raisons ont justifié l'importance prise par le BRFP. Le premier ministre Trudeau désirait nommer Michael Pitfield au poste de secrétaire du Cabinet, il lui fallait par conséquent trouver un poste d'un niveau satisfaisant pour le secrétaire au Cabinet d'alors, Gordon Robertson. Comme le poste de secrétaire au Cabinet est le plus important de la fonction publique fédérale, toute nomination à un autre poste risquait d'être interprétée comme une démotion. Gordon Robertson fut donc nommé secrétaire du Cabinet pour les relations fédérales-provinciales et à ce titre il était directement responsable vis-à-vis du premier ministre. La seconde raison qui justifia après coup la création et l'expansion du BRFP fut l'importance prise par les questions constitutionnelles. Le BRFP permettait au premier ministre d'être conseillé directement sur toutes les questions touchant les relations intergouvernementales et d'avoir à son service un personnel compétent pour analyser les implications sur les gouvernements provinciaux des politiques fédérales. «*With continuing direct briefing access to the Prime Minister on all matters with federal-provincial*

---

27.   Une autre fonction importante du BCP est de conseiller le premier ministre dans l'exercice de ses prérogatives. Sur le BCP voir FRENCH, R.D., «The Privy Council Office: Support for Cabinet Decision Making», in SCHULTZ, R., KRUHLAK, O, et TERRY, J., (éd.), *The Canadian Political Process*, Toronto, Holt, Rinehart and Winston, 1979.

28.   Bureau du Conseil privé, «Le fonctionnement du Bureau du Conseil privé», mémoires présentés à la Commission royale sur la gestion financière et l'imputabilité, (Commission Lambert), Ottawa, 1979, p. 4-22.

implications and with new staff, FPRO has become an increasingly significant influence on policy decisions in Ottawa[29].

Le Bureau du Conseil privé définit son rôle comme étant essentiellement d'activer le processus décisionnel; en fait il est en mesure de suivre les différentes étapes d'une proposition de politique et même de bloquer des propositions venant d'un ministre[30]. De plus, certaines initiatives gouvernementales majeures ont originé du BCP et du Bureau du premier ministre et ont été annoncées sans qu'il y ait eu de discussion au Cabinet alors qu'au plus quelques ministres étaient informés. Ainsi le premier ministre Trudeau, à son retour du Sommet économique de Bonn en 1978, annonça une réduction des dépenses fédérales de deux milliards de dollars sans consulter le ministre des Finances d'alors, Jean Chrétien. La décision d'acheter Pétrofina fut entérinée lors d'une réunion spéciale du Comité des priorités et de la planification sans que l'immense majorité des ministres soit informée même le président du Conseil du trésor, Donald Johnston, ne fut informé de la décision qu'après qu'elle fut prise. Enfin la création de la Commission Macdonald sur l'avenir économique du Canada et la définition de son mandat ne furent discutées par aucun comité du Cabinet ni par le Cabinet. L'importance du BCP dans le processus décisionnel découle aussi de son rôle consultatif. En effet, le BCP n'étudie pas seulement les incidences des propositions ministérielles sur les autres politiques gouvernementales et leurs conséquences pour les autres ministères, mais il a aussi pour rôle d'informer le premier ministre sur les débats qu'il y a eu dans les comités et la nature du consensus. Ceci permet au premier ministre d'intervenir activement dans les discussions lorsque la proposition arrive au Comité des priorités et de la planification. En fait, les fonctionnaires du BCP fournissent au premier ministre une analyse des avantages et des inconvénients des diverses positions, ce qui permet à ce dernier de faire prévaloir son point de vue lorsqu'il le désire[31]. De plus, il relève président du Comité) et les rapports de décision (sous la supervision du secrétaire du Cabinet). Ce rôle est très important car, comme l'affirme Richard D. French, *«Ministerial discussions will often meander from issue to issue, abandonning discussion of policy while a consensus remains*

---

29.   FRENCH, R.D., *How Ottawa Decides, op. cit.*, p. 177. Chapitre écrit par R.D. Van Loon.

30.   Donald Johnston affirme: «The PCO headed by Michael Pitfield, speaking in the name of, and presumably with the authority of the Prime Minister, did not hesitate to interfere with ministerial authority, even to the point of killing ministerial initiatives». JOHNSTON, D., *Up the Hill*, Montréal, Optimum, 1986, p. 69.

31.   Voir CLARK, I., «Nouveau regard sur le Bureau du Conseil privé», Bureau du Conseil privé, Ottawa, 1983.

largely implicit, without any formal specification of the resolution of the issues»[32].

Le rôle du BCP dans le processus décisionnel n'est donc pas simplement procédural, mais il a aussi un aspect politique très important. Bien entendu, l'aspect politique du rôle du BCP dépend largement du degré de confiance dont jouissent les hauts fonctionnaires de ce bureau de la part du premier ministre. Ceci était le cas lorsque Pierre Trudeau était à la tête du gouvernement. Avec l'arrivée au pouvoir des conservateurs, le rôle politique du BCP a été considérablement réduit. Toutefois, ceci n'a aucunement été à l'avantage du Cabinet ou de ses comités mais plutôt à celui du Bureau du premier ministre; ce dernier avait aussi joué un rôle déterminant dans l'élaboration des politiques durant les premières années du gouvernement Trudeau[33]. Le BCP reprendra fort probablement son leadership lorsque la confiance et des rapports étroits auront été établis entre le premier ministre Mulroney et les hauts fonctionnaires, car il y a un avantage indéniable à regrouper dans un même organisme la supervision et le leadership de la fonction publique et l'analyse systématique des propositions de politique. Les nominations de Dalton Camp au BCP et de Norman Spector comme secrétaire du Cabinet aux relations fédérales-provinciales ont indéniablement contribué à renforcer l'influence de la haute fonction publique par rapport à celle du Bureau du premier ministre. Ce phénomène est aussi visible par la participation d'au moins trois hauts fonctionnaires du BCP, dont Paul Tellier, aux réunions du sous-comité «informel» de coordination du CPP.

L'étendue et l'autonomie du pouvoir de décision des comités du Cabinet dépend donc pour l'essentiel de la volonté du premier ministre qui, grâce à ses liens directs avec le BCP et avec l'aide des présidents des comités (qui sont membres du Comité des priorités et de la planification), est en mesure de contrôler les initiatives des ministres et des ministères sectoriels, et de superviser la nature des décisions qui seront prises par le gouvernement.

---

32. FRENCH, R.D., «The Privy Council Office: Support for Cabinet Decision Making», *op. cit.*, p. 380.
33. Sur le rôle du Bureau du premier ministre, voir LALONDE, M., «The Changin Role of the Prime Minister's Office», dans *Administration publique du Canada*, vol. 14, n° 4, 1971; et D'AQUINO, T., «The Prime Minister's Office: Catalyst of Cabal? Aspects of the development of the Office in Canada and some thoughts about its future», dans *Administration publique du Canada*, vol. 17, 1974.

Graphique 6

Organigramme du BCP et du BRFP
1985-1986

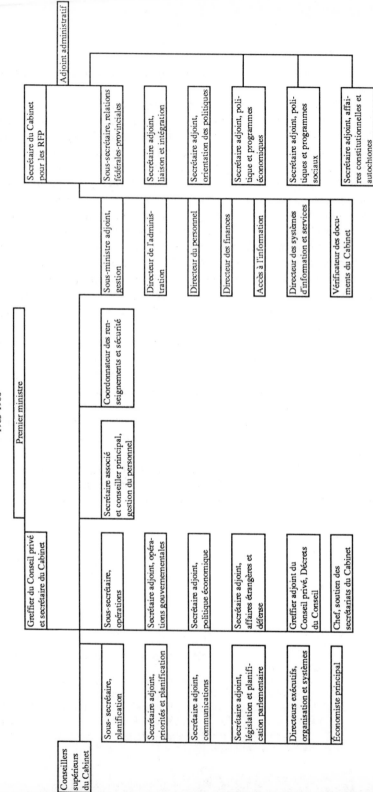

Le rôle politique important joué par le BCP l'amena à entrer en conflit avec le Conseil du trésor[34]. Ce dernier compte parmi ses responsabilités principales d'assurer le contrôle des dépenses gouvernementales et conséquemment d'examiner toute proposition impliquant des dépenses. Cette dissociation des aspects politique et financier d'une décision ne pouvait que susciter du ressentiment. Dans la période antérieure à 1976, le Conseil du trésor était saisi d'une proposition, au mieux avant que le Cabinet ait à décider, et dans beaucoup de cas, après que le Cabinet eut approuvé le nouveau programme. Dans le premier cas, le Conseil du trésor était informé de la proposition au moment où celle-ci était mise à l'ordre du jour du Cabinet, c'est-à-dire après que la proposition ait été approuvée par un comité du Cabinet et ce, généralement, avec l'accord du BCP. Ce mode de fonctionnement laissait très peu de temps au Conseil du trésor pour faire une analyse en profondeur des implications financières de la propostion et ainsi s'opposer efficacement à des propositions qu'il jugeait en contradiction avec le cadre budgétaire fixé. Dans le second cas, la décision était d'abord prise par le Cabinet sur la base des informations fournies par le ministère concerné et par le BCP. Toutefois, toute décision du Cabinet impliquant des dépenses était dans ce cas une acceptation de principe sujette à l'approbation du Conseil du trésor. Ce mode d'intégration des approbations politique et financière d'une même proposition était nettement au désavantage du Conseil du trésor, tant et si bien que ce dernier avait très peu de chance de bloquer des propositions qui étaient jugées politiquement importantes puisque, en dernier ressort, c'est le Cabinet qui devait trancher.

Toutefois, l'importance des contraintes financières devenait telle que le gouvernement décida, en 1976, que dorénavant toute nouvelle initiative nécessitant une augmentation des dépenses devait être soumise au Conseil du trésor au moment où celle-ci entrait dans le processus de prise de décision. Le BCP était donc obligé de transmettre rapidement au Conseil du trésor tous les documents pertinents. Cette réforme devait permettre au Cabinet de prendre des décisions sur la base de deux évaluations, l'une par rapport aux coûts et l'autre par rapport aux priorités politiques. Ceci allait renforcer considérablement l'influence du Conseil du trésor sur les décisions gouvernementales. *«The Treasury Board is thus in a position to make ministers aware of the full impact of proposals on the expenditure framework and on the reservoir of uncommitted*

---

34.   Le Conseil du trésor est le seul comité du Cabinet à avoir été constitué en vertu d'une loi (la *Loi sur l'administration financière*) et à avoir son propre secrétariat indépendamment du BCP. Le Conseil du trésor, créé en 1869, est devenu une agence centrale en 1967. En 1962, le rapport de la Commission Glassco (sur l'organisation du gouvernement) proposa de détacher le Conseil du trésor du ministère des Finances, afin de renforcer les normes de gestion au sein de l'administration publique fédérale.

money from which funding of any new initiatives must come»[35]. La plus grande influence du Conseil du trésor suscita beaucoup de critiques au sein du BCP. En effet, des propositions de programme défendues par le BCP étaient de plus en plus souvent bloquées suite aux rapports négatifs du Conseil du trésor. L'insatisfaction du BCP face à ce nouveau processus d'examen des propositions fut exposée dans un rapport de celui-ci devant la Commission Lambert:

> [...] il y a un problème plus fondamental: les conséquences politiques d'un projet sont analysées dans un comité (du Cabinet) tandis que les conséquences financières et en personnel sont étudiées dans un autre comité (du Trésor). Le système ne semble pas intégrer adéquatement ces deux formes d'analyse[36].

Cette dissociation des deux types d'évaluation avait pour effet de rendre presqu'impossible la réduction de l'incrémentalisme et n'incitait aucunement les comités du Cabinet à tenir compte des contraintes financières. L'évaluation du Conseil du trésor portait sur le coût des nouveaux programmes sans tenir compte des programmes existants. Ainsi, certaines initiatives jugées défavorablement par le Conseil du trésor auraient pu, selon le BCP, être acceptées si, lors de l'évaluation financière, on avait réévalué des programmes existants et transféré les sommes épargnées aux nouveaux programmes. De plus, comme l'aspect financier des décisions était renvoyé systématiquement au Conseil du trésor, ceci «a renforcé la tendance qu'avaient les comités du Cabinet à ne pas tenir compte des implications financières de leurs décisions»[37].

L'acuité de ce problème devint évidente en 1978 lorsque le premier ministre Trudeau demanda, en plus de la réduction de deux milliards de dollars des dépenses, que les ministres identifient des moyens pour épargner 300 millions, et qu'il annonça que ces sommes seraient réinvesties dans des programmes de développement économique. « [...] *the basket of «new» money sparked stiff interdepartmental competition. The Treasury Board, traditionally operating within a structure of bilateral negociations with departments on changes in expenditure, simply could not handle the immense competition for the new money»*[38]. Un premier pas vers la solution prônée par le BCP fut la création, en novembre 1978, du Conseil ministériel de l'expansion économique. À la différence des autres comités du Cabinet, ce Conseil ministériel devait être présidé par un ministre d'État et avoir son propre secrétariat.

---

35.   FRENCH, R. D., «The Privy Council Office: Support for Cabinet Decision Making», *op. cit.*, p. 380.
36.   Bureau du Conseil privé, «Le fonctionnement du Bureau du Conseil privé», *op. cit.*, p. 4-20.
37.   Bureau du Conseil privé, *Le système de gestion des politiques et des dépenses*, Ottawa, 1981, p. 5.
38.   CAMPBELL, C., *Governments under Stress, op. cit.*, p. 194.

Ce Conseil ministériel, présidé par Robert Andras, devait permettre l'élaboration d'une stratégie de développement économique sur la base de la coordination des différents ministères à vocation économique. Toutefois, comme le reconnaît R. Van Loon, «*There was still no institutional mechanism to force either the integration of policies or restraint*»[39].

Les conséquences de la non intégration des aspects financier et politique d'une décision et la faiblesse de l'évaluation des programmes en cours étaient telles que la Commission royale d'enquête sur la gestion financière et l'imputabilité (Commission Lambert) porta un jugement très négatif sur les efforts de rationalisation du gouvernement Trudeau: « [...] on appelle à tort «planification», un processus qui se borne principalement à définir les démarches nouvelles et la manière de les mener à bien sans se préoccuper de choisir parmi les nouvelles initiatives ni d'encourager l'étude et l'évaluation des activités en cours et l'identification des possibilités de réduction des coûts»[40].

L'arrivée au pouvoir du gouvernement conservateur de J. Clark allait permettre au BCP de mettre en place le système de gestion des politiques et des dépenses (SGPD).

> L'objectif est de faire en sorte que les décisions en matière de politiques et de programmes soient prises en tenant compte des coûts et des limites de dépenses, et inversement, que les décisions en matière de dépenses soient prises en tenant compte des politiques et des priorités du gouvernement. Les objectifs et les ressources sont indissociables et les décisions ne peuvent être prises de façon vraiment rationnelle que s'ils sont considérés ensemble à l'intérieur du nouveau système[41].

---

39. VAN LOON, R., «Kaleidoscope in Grey: The Policy Process in Ottawa», in W Whittington et WILLIAMS (dir.), G., *Canadian Politics in the 1980's*, Agincourt, Methuen, 1984, p. 423. Le BCP évalue plus positivement l'expérience du Conseil ministériel sur le développement économique: «La création du Conseil... représentait déjà une tentative appréciable, en vue de donner une orientation globale à un secteur de décision particulier, de réévaluer les programmes en cours, de réduire ou d'éliminer les programmes à faible priorité pour financer de nouvelles initiatives et d'établir un lien entre les politiques et les dépenses». Bureau du Conseil privé, *Le système de gestion des politiques et des dépenses, op. cit.*, p. 6.

40. Commission royale d'enquête sur la gestion financière et l'imputabilité, *Rapport final*, Ottawa, 1979, p. 79.

41. Bureau du Conseil privé, *Le système de gestion des politiques et des dépenses, op. cit.*, p. 7. Pour une présentation du processus budgétaire et du SGD, voir THOMAS, P.G., «Public administration and expenditure management», dans *Administration publique du Canada*, vol. 25, n° 4, hiver 1982; et VAN LOON, R., «The Policy and Expenditure Management System in the Federal Government: the First Three Years», dans *Administration publique du Canada*, vol. 26, n° 2, été 1983.

Cette intégration des aspects politique et financier des décisions visait à solutionner certains problèmes inhérents aux processus décisionnels mis en place au cours des années 1970 — dont le caractère souvent contradictoire des deux types d'évaluation et la très grande difficulté de dégager des fonds des programmes existants pour financer de nouveaux programmes — et, à assurer que les nouvelles initiatives, reflétant le plus possible les priorités définies par le Comité des priorités et de la planification, puissent être financées. Pour ce faire, l'ensemble des dépenses gouvernementales a été divisé en dix secteurs et ces derniers sont sous la responsabilité de cinq comités du Cabinet (voir annexe 1). À partir d'un plan financier couvrant l'ensemble des prévisions de recettes et de dépenses, le Comité des priorités et de la planification détermine les limites de dépenses de chaque secteur. Ces plafonds de dépenses sont établis en fonction des priorités du gouvernement sur la base d'évaluations venant du ministère des Finances (prévision des revenus et de la croissance économique) et du Conseil du trésor (prévision du coût des programmes existants incluant les augmentations prévisibles). Le CPP tient aussi compte dans l'établissement des enveloppes budgétaires des priorités.

Une enveloppe budgétaire détermine une limite des dépenses pour un secteur. Elle comprend: 1) le coût prévu des programmes en vigueur (budget-A); 2) une réserve d'exploitation devant couvrir l'augmentation des coûts des programmes existants; 3) une réserve générale (ou réserve d'intervention).

> Au cours de la révision annuelle du plan financier, des réserves générales peuvent être prévues à l'intérieur d'une enveloppe pour permettre le financement de nouveaux programmes ou l'enrichissement de programmes existants. Dans d'autres cas, une réserve semblable peut ne pas être prévue, mais certaines réductions doivent être faites au moyen de changements apportés aux politiques ou aux programmes en vigueur, au niveau des engagements contractés dans le plan d'action. Les comités des politiques contrôlent les fonds prélevés sur la réserve générale pour la création ou l'élargissement de programmes, et peuvent accroître la réserve initialement prévue dans le plan financier en décidant de réduire ou d'éliminer certains programmes[42].

La mise en place du SGPD a eu pour effet de réduire considérablement le rôle politique du Conseil du trésor et de le confiner largement aux aspects techniques du budget des dépenses[43]. Il assure la comptabilité du système des enveloppes et évalue l'efficacité des programmes. Bien qu'en vertu de la *Loi sur l'administration financière* l'approbation du Conseil du trésor est toujours

---

42.   Gouvernement du Canada, *Manuel du système de gestion des secteurs de dépenses*, p. 2-7.

43.   Van Loon, critique le rôle encore trop important joué par le Conseil du trésor. VAN LOON, R., «The Policy and Expenditure Management System in the Federal Government», *op. cit.*

nécessaire pour engager de nouvelles ressources, cette étape est devenue largement formelle. Par contre, le Bureau du Conseil privé joue maintenant un rôle central dans le système de révision de l'ensemble des dépenses, dans l'établissement des liens entre la révision des dépenses et les priorités ainsi que dans la résolution des problèmes touchant plus d'une enveloppe budgétaire.

En théorie, ce nouveau système accroît la délégation des pouvoirs de décision aux comités d'orientation sectoriels du Cabinet et renforce la nécessité pour les ministres membres d'un comité de prendre des décisions d'une manière collective.

> [...] the policy process now appears to be more decentralized within the Cabinet, with a major devolution of responsibility to the policy committees [...] Ministers have gained in collective responsibility what they have lost in individual authority[44].

Toutefois, la pratique démontre qu'aucun ministre n'accepte facilement qu'un de «ses» programmes soit éliminé ou même réduit et ce, même si l'argent épargné demeure à l'intérieur de l'enveloppe budgétaire sectorielle. De plus, certains comités du Cabinet ont tendance à répartir les fonds afin que chaque ministre ait sa part plutôt que sur la base des priorités définies collectivement. Enfin, la majorité des nouveaux programmes importants et les restructurations majeures des programmes existants ont été initiées par le Comité des priorités et de la planification sous le leadership du premier ministre et du ministre des Finances. Ces nouveaux programmes et les sommes qui les accompagnent sont attribués directement à un ministère, court-circuitant tout effort de planification à long terme des comités.

La mise en place du SGPD semble avoir pour objectifs principaux d'accroître l'autonomie administrative des comités du Cabinet, de permettre le développement de nouveaux programmes dans une conjoncture de restriction budgétaire et de réduire l'autonomie d'initiative des ministres sectoriels. En fait, la capacité du Comité des priorités et de la planification d'initier de nouveaux programmes n'a pas été réduite par le système des enveloppes budgétaires, ce comité étant en mesure d'imposer des programmes «prioritaires» sans même que le comité du Cabinet compétent ait eu à débattre de leur valeur ou même de leur concordance avec les priorités telles que définies par ce comité du Cabinet. Par contre, un ministre qui désire mettre en place un nouveau programme doit obtenir l'accord des autres ministres membres du comité et il est en concurrence avec ces derniers pour l'obtention des fonds.

La perte de pouvoir des ministres sectoriels fut accentuée par la création des ministères d'État au développement économique et régional (MEDER) et au

---

44.   VAN LOON, R., «Kaleidoscope in Grey: the Policy Process in Ottawa», *op. cit.*, p. 431-432.

développement social (MEDS). Ces deux ministères d'État furent créés officiellement en 1979 dans le cas du MEDER, et en 1980, pour le MEDS[45]. Ils furent abolis par John Turner durant l'été 1984. Ces ministères d'État étaient dirigés par des ministres d'État — ces derniers présidaient les comités du Cabinet du même nom et étaient membres du CPP — et avaient leur propre personnel. Les deux ministères d'État assuraient les services de secrétariat requis par leur comité respectif — en collaboration avec le BCP — et supervisaient la gestion et le fonctionnement du SGPD.

> Ces ministères concentrent leurs activités sur les éléments essentiels des stratégies et des priorités établies pour leur secteur, la coordination entre les ministères, l'affectation et la gestion des ressources et l'analyse de l'efficacité des programmes[46].

Ces responsabilités très larges accordées aux ministères d'État permettaient d'encadrer davantage les ministères sectoriels et d'inciter les ministres à décider collectivement. Toutefois, ces nouvelles agences centrales n'impliquaient aucunement une perte de pouvoir pour le Comité des priorités et de la planification et pour le BCP. Au contraire, il était même possible de renforcer, grâce à ce nouveau système, l'influence des ministres d'État sur les comités du Cabinet chargés du développement économique et du développement social. Les ministres d'État étaient en mesure de coordonner davantage les priorités et les programmes à l'intérieur du comité du Cabinet sous leur responsabilité, d'informer le CPP des politiques qui y étaient discutées et de faire en sorte que les différents ministères respectent le cadre budgétaire et les priorités fixées par le CPP. L'abolition des ministères d'État a accru les responsabilités des agences centrales traditionnelles, soit le BCP, le Conseil du trésor et le ministère des Finances.

* * *

---

45.   Le BCP désirait créer un troisième ministère d'État pour seconder le Comité du Cabinet sur la politique étrangère et la défense et pour gérer l'enveloppe budgétaire qui y était rattachée. Le ministère des Affaires extérieures a réussi à bloquer cette initiative et à la place fut créée au sein même de ce Ministère une direction remplissant les fonctions de ministère d'État. CAMPBELL, C., *Governments under Stress, op. cit.*, p. 196.
La position du ministère des Affaires extérieures au sein de la bureaucratie fédérale a aussi été renforcée en 1982 par le transfert de la division du commerce extérieur du ministère de l'Industrie et du Commerce au ministère des Affaires extérieures.

46.   Bureau du Conseil privé, *Le système de gestion des politiques et des dépenses, op. cit.*, p. 8.

Les différentes réformes au sein de l'exécutif fédéral et des agences centrales au cours des vingt dernières années apparaissent avoir réduit considérablement l'autonomie et le pouvoir des ministères et ministres sectoriels. De plus, les nouvelles structures et les nouveaux processus n'ont aucunement renforcé le rôle du Cabinet comme organisme décisionnel; au contraire, ils ont permis l'émergence de fait d'un Cabinet restreint et d'une «super-bureaucratie» au sein des agences centrales. Le rôle central et déterminant du Comité des priorités et de la planification dans le processus décisionnel a enlevé toute importance au Cabinet comme lieu décisionnel. On n'y discute que des questions générales, des problèmes de communication et, parfois, le premier ministre y informe l'ensemble des ministres de certaines décisions majeures qu'il veut voir défendues publiquement par eux, par exemple, le choix de Canadair pour l'entretien des avions *F-18*. Enfin, quant à l'affirmation que les comités du Cabinet sont devenus le lieu où les décisions sont prises collectivement, ceci nécessiterait que les ministres acceptent de mettre au second plan leurs intérêts sectoriels et, comme le dit très bien Peter Aucoin: «The fundamental flow in this design was that it was too optimistic about the collegiality of ministers: that is, about their willingness, in the absence of a strong prime ministerial presence, to compromise their personal objectives and departmental ambitions in pursuit of coherent corporate policies»[47]. Donc, conclure comme le font beaucoup d'auteurs que la création des comités du Cabinet a permis de redonner un sens à la notion de responsabilité collective du gouvernement nous apparaît fondé sur une surévaluation du degré de détachement des ministres vis-à-vis des intérêts de leur ministère, et sur une sous-évaluation du degré de contrôle qu'exercent le CPP et les agences centrales sur les décisions prises dans les comités du Cabinet.

Bien que les différentes modifications apportées aux structures de l'exécutif fédéral et aux agences centrales depuis vingt ans ont permis au premier ministre et à un groupe restreint de ministres d'exercer un très grand contrôle sur les décisions et l'appareil gouvernemental, ceci n'implique aucunement que toutes les décisions sont prises par eux. En effet, les objectifs étaient davantage de mettre en place des processus et des structures visant à permettre au Cabinet restreint d'orienter les décisions, d'être informé rapidement des initiatives des ministères et d'être en mesure d'imposer des décisions qui apparaissaient urgentes et prioritaires. Ces objectifs ont été atteints et ce, au détriment de l'exercice du pouvoir individuel des ministres, et sans qu'un véritable pouvoir collectif n'ait été créé dans les comités du Cabinet.

Cette centralisation du processus décisionnel au sein de l'appareil politique fédéral n'est pas, comme l'ont remarqué plusieurs auteurs, un phénomène canadien. On le retrouve à des degrés divers dans la plupart des démocraties occidentales. De plus, bien que la majeure partie des réformes ont été

---

47.   AUCOIN, P., «Organizational Change in the Machinery of Canadian Government», *op. cit.*, p. 14.

faites sous les gouvernements Pearson et Trudeau, il serait surprenant que le gouvernement Mulroney altère radicalement le processus décisionnel en place. En effet, bien que les personnalités de Pierre Trudeau et de Michael Pitfield ont été des facteurs importants dans la mise en place des nouvelles structures décisionnelles, il demeure que ces dernières visaient à résoudre des problèmes qui sont toujours présents: l'étendue et la complexité de l'appareil gouvernemental, la difficile gestion de l'économie canadienne[48], les contraintes budgétaires et la nécessité de mettre en place des programmes conformes aux priorités du gouvernement.

---

48.   Sur le rôle du MEDER dans la recherche d'une stratégie pour assurer le «renouveau économique national», voir DEBLOCK, C. et PERREAULT, D., «La politique économique canadienne 1968-1984 (II)», dans *Conjoncture et politique*, n° 7, automne 1985.

ANNEXE 1

Enveloppes budgétaires 1986-1987
(en millions de dollars)

Comités des priorités de la planification
- Arrangements fiscaux   6,060
- Service de la dette   27,345

Comités du développement économique et régional[1]
- Développement économique et régional   11,080

Comité du développement social[1]
- Développement social   54,865

Comité de la politique étrangère et de la défense
- Affaires extérieures et aide   3,100
- Défense   9,860

Comité des opérations gouvernementales[2]
- Parlement   207
- Services gouvernementaux   3,380

Source: Ministère des Finances, *Le plan financier*, Ottawa, février 1986, p. 33.

1. À l'arrivée au pouvoir du gouvernement conservateur dirigé par Brian Mulroney, les comités du Cabinet respectivement chargés du développement économique et régional et du développement social ont vu leurs deux enveloppes budgétaires propres fusionnées en une seule pour chaque comité. L'enveloppe de l'énergie a été intégrée à celle du développement économique et l'enveloppe des affaires juridiques et de la justice à celle du développement social.
2. Lors de la restructuration des comités du Cabinet en septembre 1985, le omité du Cabinet chargé des opérations a non seulement changé de nom (voir graphique IV) mais il a aussi perdu le contrôle de son enveloppe budgétaire. Le budget de dépenses est passé au Conseil du trésor et le fonds de réserve a été réparti entre les enveloppes du développement social et du développement économique et régional.

DEUXIÈME PARTIE:
QUESTIONS ÉCONOMIQUES

L'ÉCONOMIE POLITIQUE DU FÉDÉRALISME CANADIEN, DE 1963 À 1984

Dorval Brunelle
Département de sociologie
Université du Québec à Montréal

Christian Deblock
Département de science politique
Université du Québec à Montréal

Si on ne peut dissocier l'État et le marché[1], on ne peut non plus dissocier celui-ci du contexte historique et géographique dans lequel il s'insère, c'est-à-dire des modalités particulières de la croissance économique et du développement social dans le temps et l'espace. L'État keynésien, tel qu'il s'est déployé depuis l'après-guerre aux années quatre-vingt, a correspondu à une époque donnée du capitalisme, celle du fordisme[2]. D'un pays à l'autre, l'intervention de l'État a pris des formes différentes, mais toujours à l'intérieur d'un même modèle de sorte que c'est dans la nature du projet d'économie mixte qui a servi de fondement à l'interventionnisme et dans les caractéristiques de la croissance économique propres à chaque pays qu'il faut rechercher ces différences. Les facteurs politiques, comme l'allégeance du parti au pouvoir, l'identité du premier ministre, le cadre constitutionnel, le jeu de la démocratie et des groupes de pression, ainsi que les facteurs économiques, comme le degré d'ouverture de l'économie, le comportement de l'activité économique, les problèmes structurels de

---

1. GISLAIN, J.J., «L'État et le marché: réflexions sur leur articulation institutionnelle», dans *Interventions économiques*, hiver 1987, n° 17, p. 53-70.
2. LE COLLECTIF, «L'État en devenir», Idem., p. 49-52.

développement, sont ici déterminants pour expliquer ces différences[3]. C'est à ce niveau qu'il faut se situer si nous voulons expliquer la croissance de l'intervention de l'État tant sur le plan économique que sur le plan social.

Qu'il se soit agi de corriger les déséquilibres structurels dans le développement, de mieux asseoir l'assise industrielle du pays ou encore de mieux répartir les richesses, cela présupposait l'existence d'une certaine conception «positive» du rôle que pouvait jouer l'État dans la société.

À son tour, le nationalisme allait constituer le ciment idéologique de l'intervention de l'État, donner à celle-ci la cohérence qui lui faisait défaut en l'absence d'un projet social-démocrate vigoureux, comme ce fut le cas dans d'autres pays et, par le fait même, justifier une implication toujours plus grande du gouvernement fédéral dans les différents domaines de sa compétence. L'unité du pays face à la montée des «provincialismes», d'une part, l'indépendance du Canada face à la menace que laissait planer sur sa souveraineté le voisinage de la première puissance au monde, d'autre part, allaient être au coeur des préoccupations durant toute cette période. Au coeur des débats aussi, parce que si l'émergence d'un nouveau nationalisme pouvait justifier une présence plus marquée du gouvernement fédéral sur la scène économique, cette présence sera loin d'être toujours ressentie comme rassurante par les États-Unis, entre autres, qui seront directement visés par les nouvelles politiques économiques canadiennes, mais aussi par les provinces elles-mêmes, jalouses qu'elles resteront de leur domaine de juridiction. Dans ce contexte, si la crise de l'État amorcée durant la deuxième moitié des années soixante-dix est celle de l'État keynésien, cette crise sera aussi celle du nationalisme canadien, le socle idéologique de l'interventionnisme du gouvernement fédéral pendant près de deux décennies.

Avant d'étudier l'économie politique du fédéralisme canadien sous les libéraux , nous allons aborder successivement et sommairement deux questions qui nous permettront de mettre en place le cadre d'analyse auquel nous aurons recours par la suite. À cette fin, nous voudrions, dans un premier temps, effectuer un retour sur le keynésianisme et son application dans le contexte canadien et, dans un deuxième temps, aborder la question de la continentalisation de l'économie nord-américaine.

Le cadre fédéral au Canada

En vertu de l'*Acte de l'Amérique du Nord britannique* de 1867, la juridiction sur l'économie est partagée entre les deux niveaux de gouvernement au Canada de sorte que, si le fédéral détient les pouvoirs de légiférer sur le trafic et le commerce, l'imposition d'un système de taxation, le transport et la frappe de la monnaie, entre autres, les provinces conservent entière juridiction sur des

---

3.   Voir à ce sujet, CAMERON, D.R., «La croissance des dépenses de l'État: l'expérience canadienne dans une optique comparative», dans BANTING, K., *L'État et la société: le Canada dans une optique comparative*, Ottawa, Approvisionnements et services Canada, 1986, p. 23-58.

domaines comme le prélèvement des revenus à des fins provinciales, les travaux et les ouvrages de nature locale et, surtout, la propriété et les droits civils.

À la différence du régime américain où le Sénat représente les intérêts des états sur une base paritaire, au Canada, le poids démographique des provinces sert à établir leur représentation au Parlement. Dans ces conditions, les provinces les plus pauvres étant les moins peuplées, elles n'auront pas l'ascendant suffisant pour faire valoir leurs doléances de manière déterminante à l'encontre des intérêts des deux provinces du centre, l'Ontario et le Québec. Afin de compenser les inégalités surgies des spécialisations des économies provinciales dans des domaines pour lesquels elles détenaient un avantage comparé, le régime fédéral canadien a évolué vers la mise en place d'un système complexe de subventions et de transferts aux provinces les moins nanties de la richesse accumulée par les plus avantagées.

Sans allonger l'étude des fondements du fédéralisme canadien, il convient de relever que le fonctionnement du système fédéral, tout au long de l'après-guerre, s'inspire essentiellement du cadre d'analyse développé par la Commission royale d'enquête sur les relations entre le Dominion et les provinces, soit la Commission Rowell-Sirois, mise sur pied par le premier ministre Mackenzie King le 14 avril 1937, c'est-à-dire en pleine période de crise économique et sociale. Devant la détérioration de la position financière des provinces dans un contexte où leurs responsabilités sociales croissaient sans cesse, les rédacteurs du *Rapport Rowell-Sirois* proposent de mettre sur pied un «plan financier» national articulé autour de quatre objectifs: *premièrement*, en chargeant le Dominion de la dette nette des provinces; *deuxièmement*, en lui accordant le pouvoir exclusif de percevoir les droits de succession ainsi que l'impôt sur le revenu des particuliers et des sociétés; *troisièmement*, en accordant aux provinces des subventions «d'après la norme nationale, calculées de façon à permettre aux provinces de maintenir une norme canadienne des services essentiels moyennant un niveau moyen d'impôt»[4]. Une quatrième recommandation, qui visait à transférer la responsabilité en matière d'emploi — ce qui, dans la problématique canadienne de l'époque s'appelait la responsabilité relative au «chômage des aptes au travail» — depuis les provinces vers le fédéral, reflétait le genre de stratégie keynésienne auquel on avait alors recours là où le niveau d'emploi constituait l'élément essentiel d'une politique de développement, un enjeu que la sévérité de la récession des années 30 avait contribué à actualiser.

Durant les deux décennies qui vont suivre, c'est-à-dire jusqu'à l'aube des années 60, le gouvernement fédéral ne déviera pas des paramètres keynésiens développés par le *Rapport Rowell-Sirois* et ce, quoiqu'on puisse avancer concernant la fidélité aux thèses avancées par le célèbre économiste par ailleurs[5].

---

4. Discours inaugural de W.L. Mackenzie King, dans *Conférence du Dominion et des provinces*, mardi 14 et mercredi 15 janvier 1941, Ottawa, 1931, page 7.

5. Voir à ce sujet, NOEL, A., «L'après-guerre au Canada: politiques keynésiennes ou nouvelles formes de régulation?», dans BOISMENU, G. et DOSTALER, G., (sous la direction de) *La théorie générale et le*

Par la suite, et tout au long des vingt et une années que couvre la présente étude, c'est-à-dire de 1963 à 1984, on assistera à la mise en application d'une double préoccupation visant d'une part à accroître le nombre des mesures d'intervention, et d'autre part, à en accroître l'efficacité et l'impact grâce à l'élaboration de cadres d'analyse et d'intervention de plus en plus complexes et affinés.

En attendant, le keynésianisme auquel on aura recours à Ottawa vise à atteindre un équilibre macro-économique caractérisé à la fois par le plein-emploi, la stabilité des prix et l'équilibre de la balance des paiements, de sorte que la stratégie gouvernementale d'intervention s'appuiera sur quatre outils privilégiés, à savoir: la politique monétaire, la politique budgétaire, la politique fiscale et la politique commerciale.

Ainsi, dans la foulée des recommandations de la Commission Rowell-Sirois, reprises pour partie dans le Livre blanc *Travail et revenus* et le Livre vert *Propositions du gouvernement du Canada* déposé à la Conférence fédérale-provinciale de 1945, «le gouvernement fédéral fit part des mesures qu'il croyait nécessaires pour maintenir la stabilité économique»[6]. Ces mesures s'appuyaient essentiellement sur la centralisation fiscale avec, en compensation, l'octroi de subventions fédérales aux provinces consentantes. D'abord encadré par les *Tax Rental Agreements* de 1947 à 1957, qui constituent une cession de sources d'impôts des provinces au gouvernement fédéral, la convention de partage des impôts a par la suite été assouplie par le *Tax Sharing Arrangement* de 1957, qui définit un partage conventionnel des impôts entre le pouvoir central et les provinces, de telle sorte que:

> [...] l'autonomie fiscale des provinces fut restaurée dans un cadre qui préservait autant que possible l'unité fiscale du pays, et qui assurait une certaine péréquation interprovinciale, une garantie de recettes minimales aux provinces et une plus grande élasticité à la hausse des revenus provinciaux[7].

À compter de 1962, toutes les provinces devaient recouvrer une certaine autonomie fiscale, ce qui n'empêche pas que «le flux financier du gouvernement fédéral aux provinces au titre des octrois conditionnels [...] passe de 83 millions de dollars en 1955 à 1075 millions en 1967»[8].

À cet égard, le premier ministre Pearson hérite d'un dossier fort complexe où, jusqu'à l'arrivée au pouvoir de son successeur Pierre Trudeau, il préférera accumuler les accommodements plutôt que de s'engager dans la voie d'une

---

keynésianisme, Politique et économie n° 6, GRÉTSÉ / ACFAS, 1987, p. 91-107.

6.   DEHEM, R., *Planification économique et fédéralisme*, Genève, Librairie Droz, 1968, page 162. Les informations qui suivent sont également tirées du chapitre XI de cet ouvrage.

7.   *Idem*, page 164. L'assouplissement des mesures tient également, et surtout peut-être, au fait que le nouveau régime, contrairement à l'ancien, ne porte «aucun préjudice aux provinces qui refuseraient d'y participer» (page165).

8.   *Idem*, page 166.

révision en profondeur de l'économie politique du fédéralisme canadien. En fait, le keynésianisme appliqué à Ottawa ne sera définitivement contesté, et il lui sera substitué une approche néo-libérale de la même envergure, qu'à la suite du dépôt du rapport de la Commission d'enquête sur l'Union économique et les perspectives de développement du Canada en septembre 1985. Entre temps, bien sûr, c'est toute une série d'échecs en matière de politiques de développement qui auront contribué à déligitimer son application dans le cadre canadien et ces échecs, comme nous le verrons ci-après, s'accumuleront surtout sous le règne du premier ministre Trudeau de 1968 à 1984. Toutefois, avant d'aborder plus avant ces questions, nous allons rapidement souligner l'importance du phénomène de l'intégration des économies canadienne et états-unienne.

La continentalisation de l'économie canado-américaine

Le phénomène d'accroissement et d'approfondissement de l'intégration économique entre le Canada et les États-Unis constitue sans doute le processus majeur dans l'évolution économique des deux pays depuis la Deuxième Guerre. Même si ce rapprochement s'inscrit à l'intérieur d'un cadre géographique et social spécifique, il n'en demeure pas moins que des facteurs exogènes ont pesé d'un poids déterminant dans ce rapprochement.

Nous pouvons retenir parmi les contraintes extérieures des considérations géopolitiques liées à la montée de la puissance de l'URSS et à l'accélération de l'accession à l'indépendance des anciennes colonies européennes. Plus récemment, c'est surtout la concurrence exercée par la Communauté économique européenne et les pays de la bordure de l'Océan Pacifique qui entrera en ligne de compte dans la consolidation d'un bloc économique canado-américain. Reprenons ces éléments dans l'ordre.

Au sortir de la Deuxième Guerre, dans la foulée des destructions intervenues au sein des économies belligérantes d'Europe, les États-Unis et le Canada occupent respectivement les premier et troisième rang au sein de l'économie mondiale. Déjà inscrit dans la géographie et l'histoire, cet affermissement d'une économie continentale connaîtra sa première conceptualisation au plus fort de la guerre de Corée, déclenchée en juin 1950, alors que le gouvernement américain sera poussé à privilégier un approvisionnement continental de son économie en richesses naturelles devant l'éventualité d'un débordement du conflit et d'un affrontement avec l'ensemble des pays communistes. Dans une lettre datée du 22 janvier 1951, le président Harry S. Truman précise le cadre du mandat qu'il entend confier à la Commission:

> La Commission [...] doit étudier les dimensions plus larges et à plus long terme du problème des matériaux pour la nation en le distinguant des besoins immédiats liés à la défense.

> [...] Grâce à une planification éclairée et en posant des gestes déterminés, nous pouvons à la fois combler les besoins essentiels à notre sécurité militaire, au bien-être civil et à la croissance

économique soutenue des États-Unis. Nous ne pouvons pas tolérer que des pénuries de matériaux mettent en péril notre sécurité nationale ou créent des goulots d'étranglement dans notre expansion économique[9].

Le *Rapport Paley* publié en cinq volumes à Washington en 1952, constitue la pièce maîtresse dans la réorientation des investissements américains vers le Canada, qui devient alors le principal pourvoyeur de l'industrie américaine. D'ailleurs, le *Rapport Paley* propose la construction de la Voie maritime du Saint-Laurent, cet ouvrage d'infrastructure qui ouvre désormais le continent au développement dans un axe nord-sud en permettant aux plus grands navires d'atteindre sans transbordement les rives des Grands Lacs. À la fin des années cinquante, l'économiste canadien Hugh Aitken a pu écrire que, entre les recommandations du *Rapport Paley* et le *pattern* des investissements américains au Canada dans le courant des années 50, il subsistait un parallèle probant[10].

Pour ajouter encore à cette dimension économique un volet militaire, il faudrait rappeler que c'est également aux fins de protéger cette économie nord-américaine qu'ont été négociés entre le Canada et les États-Unis des accords conjoints de défense du continent qui culmineront dans la signature de NORAD à la fin des années cinquante.

Cependant, d'autres facteurs externes viendront bientôt s'ajouter aux premiers: il s'agit bien sûr de la formation de la Communauté européenne et de l'élargissement progressif du bloc économique de l'Europe des Six à l'Europe des Neuf en 1973, avec l'entrée de la Grande-Bretagne dans le Marché commun. Ces événements ont beau suivre chronologiquement ceux dont il vient d'être question, leur mise en place s'est produite concurremment et l'on pourrait en toute «vérisimilitude» avancer que les effets que nous voulons ici distinguer n'ont pas opéré de manière indépendante, et ce serait vrai. Il s'agit donc d'envisager des causes externes cumulatives.

Entre la signature du *Traité de Rome* en 1957 et l'entrée de la Grande-Bretagne dans le Marché commun seize ans plus tard, on assiste à la mise en place d'une véritable économie politique continentale, au fur et à mesure que les options alternatives s'avèrent obsolètes ou impraticables, comme l'est celle de Diefenbaker qui, en 1958, propose de détourner 15 % du commerce extérieur canadien depuis les États-Unis vers la Grande-Bretagne, ou comme l'est celle de cet intervenant à la conférence *Resources for Tomorrow*, tenue à Montréal en 1961, qui propose l'adhésion du Canada au Marché commun.

Au niveau conjoncturel, l'entrée de la Grande-Bretagne dans le Marché commun marque l'effondrement du «triangle de l'Atlantique Nord»; à un niveau plus fondamental cependant, cet effondrement s'inscrit dans l'accroissement de la puissance européenne et dans la nouvelle menace que cette concurrence fait peser sur la puissance américaine, sans compter l'isolement que ces développements

---

9.   President's Materials Policy Commission, *Resources for Freedom*, Washington, 1952, volume 1, page IV.

10.   AITKEN, H., *American Capital and Canadian Resources*, Harvard University Press, 1961, page 84.

entraînent pour le Canada. Ceci dit, il nous est désormais possible de situer les mesures politiques qui ont tenté de faire face ou d'obvier à cette contrainte, mesures qui déboucheront sur cette stratégie de continentalisation que l'on verra à l'oeuvre dans le rapport de la Commission royale sur l'Union économique et les perspectives de développement du Canada déposé à l'automne 1985. Tout au long de la période qui nous retiendra, la démarche politique et économique des libéraux évoluera depuis le continentalisme sectoriel du premier ministre Pearson, en passant par le nationalisme économique de Pierre Trudeau dans les années 70, jusqu'au continentalisme global des années 80, engagé d'abord sous Trudeau également et poursuivi par les conservateurs ensuite.

LES ANNÉES PEARSON

Entre 1957 et 1961, l'économie canadienne traverse une période difficile, la première depuis la Deuxième Guerre, caractérisée par une sous-utilisation des ressources productives, l'accroissement des disparités régionales et l'érosion de son statut de puissance internationale.

Même si, entre 1957 et 1963, Diefenbaker avait engagé son gouvernement sur la voie d'un interventionnisme plus soutenu que celui qui caractérisait son prédécesseur libéral, Louis Saint-Laurent, il appartiendra au premier Cabinet de Lester B. Pearson, nouvellement élu le 8 avril 1963, de redéfinir une politique orientée vers le soutien de la croissance, la remise en cause du contrôle étranger et la réduction des disparités régionales. Déjà, alors qu'ils étaient encore dans l'opposition, les libéraux devaient opérer un rajustement de programme majeur lors de la Conférence de Kingston, tenue du 6 au 10 septembre 1960; ce rajustement conduit le parti à se déplacer vers la gauche sur l'échiquier politique canadien, c'est-à-dire à engager plus directement l'Etat dans le développement économique et social et ce, en partie pour contrer la montée des sociaux-démocrates qui allaient se doter d'une nouvelle formation politique, le Nouveau Parti démocratique, en août 1961.

Le premier discours du trône, lu le 16 mai 1963, était centré sur la croissance économique et faisait valoir que le chômage constituait un problème majeur. Il annonçait également la création du Conseil économique du Canada et mentionnait l'éventuelle création d'une Commission d'enquête sur le bilinguisme. Cependant, il faudra attendre, le 13 juin, le discours du budget du ministre des Finances, Walter Gordon, pour prendre toute la mesure du programme économique du gouvernement. Ce discours entendait s'attaquer au problème du contrôle étranger de l'industrie canadienne et il reprenait en cela, sinon l'une ou l'autre des recommandations de la Commission royale d'enquête sur les perspectives économiques du Canada — créée en juin 1955 et dirigée par Walter Gordon lui-même —, à tout le moins l'esprit de certains énoncés sur le contentieux canado-américain. À cet égard, nous pouvons d'ores et déjà relever que deux dossiers majeurs caractérisent les années Pearson, à savoir: l'exacerbation de la question régionale caractérisée, en particulier, par l'accumulation des revendications autonomistes du gouvernement québécois d'une part, et l'enjeu du contrôle américain de l'économie canadienne d'autre part. À ce sujet, le *Rapport préliminaire* publié en décembre 1956 par la Commission royale d'enquête sur les perspectives économiques du Canada donnait déjà le ton des initiatives que l'on verra apparaître avec l'arrivée au pouvoir des libéraux en 1963. Les commissaires y relèvent en particulier que la question du contrôle étranger comptait parmi les préoccupations majeures au cours des audiences tenues à travers le pays.

Néanmoins, dans la section 11 du *Rapport préliminaire* intitulée «La politique commerciale», les commissaires ne proposent aucune modification substantielle à la démarche canadienne, même s'ils font état du fait que le multilatéralisme apppliqué par le pays n'a pas été payé en retour, de telle sorte «qu'il serait sage que le pays, pour le moment du moins, maintienne son tarif à peu près à son niveau actuel»[11]. Et si la possibilité de la libéralisation des échanges avec les États-Unis est évoquée, «de l'avis de la Commission, il ne serait pas pratique pour le moment, ni avant bien longtemps, d'établir une large réciprocité commerciale entre le Canada et les États-Unis»[12]. Cela n'empêchera pas les commissaires de consacrer une des plus importantes sections de ce rapport aux «placements étrangers au Canada», et d'écrire: «L'activité des filiales établies à l'étranger doit être conforme et subordonnée au bien de l'ensemble de la société»[13].

Même si l'on s'accorde assez facilement pour relever que le Canada n'aurait vraisemblablement pas atteint son niveau actuel de développement sans ces placements, on relève le fait que ceux-ci prennent surtout la forme d'investissements directs dans les industries de l'extraction et de la transformation, qui sont par ailleurs hautement concentrées. Sans remettre en cause ce processus, les rédacteurs du Rapport proposent trois mesures pour faire face au problème: *premièrement*, accroître la présence «des Canadiens aux postes supérieurs d'un caractère administratif et technique, retenir les services d'ingénieurs et autres professionnels canadiens et acheter leurs fournitures, leurs matières premières et leur équipement au Canada»; *deuxièmement*, obliger ces entreprises «à publier leurs états financiers et [à] y exposer dans le détail leur activité au Canada»; *troisièmement*, mettre en vente «une part importante» (de 20 à 25 %, peut-être) de leur capital-actions à des Canadiens et nommer «parmi les membres de leur conseil d'administration un certain nombre de Canadiens»[14].

Ces propositions demeureront sans suite, essentiellement parce qu'au moment du dépôt du rapport final en 1957, on assistera à un changement de gouvernement à Ottawa avec l'arrivée au pouvoir des progressistes conservateurs de John Diefenbaker.

Quoi qu'il en soit, de ces deux approches à la continentalisation que sont la libéralisation pure et simple d'un côté, le contrôle des investissements étrangers de l'autre, c'est la seconde qui prévaudra au niveau de la gestion politique tout au long des deux décennies suivantes, même si l'on assiste à

---

11.   CANADA, Commission royale d'enquête sur les perspectives économiques du Canada, *Rapport préliminaire*, Ottawa, décembre 1956, page 72.
12.   *Idem*, page 75.
13.   *Idem*, page 88.
14.   *Idem*, page 89.

l'émergence d'un continentalisme sectoriel sous la gouverne du libéral Lester Pearson entre 1963 et 1968.

Le soutien de la croissance économique et les relations avec les États-Unis

On a reproché au gouvernement Pearson, à l'époque, son manque de détermination dans l'adoption de mesures législatives concrètes au soutien de la croissance économique. Il convient de rappeler à cet égard que les gouvernements dirigés par Pearson de 1963 à 1965, puis de 1965 à 1968, étaient des gouvernements minoritaires d'une part, que le Cabinet était aux prises avec le surgissement inopiné et cumulé de scandales politiques d'autre part, deux facteurs qui ont grandement contribué à miner sa crédibilité et son ascendant sur la société et la politique. Au surplus, aussi bien dans le domaine financier que dans le domaine fiscal, les initiatives du Cabinet se voulaient temporaires en attendant le dépôt des résultats des travaux de deux importantes commissions d'enquête, à savoir la Commission royale d'enquête sur les banques et la finance, et la Commission royale d'enquête sur la taxation, instituées respectivement en 1961 et 1962.

Dans ces conditions, ce qu'il importe de retenir des trois discours du budget présentés par le ministre des Finances, Walter Gordon, durant le premier mandat du gouvernement Pearson, ce sont essentiellement ses initiatives visant à réduire le niveau et le degré de propriété et de contrôle des Américains sur l'économie canadienne, même si les mesures proposées ont toutes été suivies de nets reculs sur tous les fronts.

La question du contrôle américain de l'économie canadienne surgit à l'aube des années 60, comme le révélateur d'une double difficulté pour les autorités en place. En premier lieu, les rajustements de la stratégie américaine de développement international affectent d'abord et surtout l'approvisionnement en capital de l'économie canadienne; en deuxième lieu, il importe également de souligner que le niveau de dépendance de l'économie canadienne entrave les capacités d'intervention du gouvernement, au moment même où sa médiation est de plus en plus sollicitée.

L'exacerbation de la concurrence internationale au tournant des années 60 affecte la position économique des États-Unis qui connaissent une courte mais sévère récession en 1960-1961. Même si leur position devait s'améliorer notablement par après, il apparaissait avec de plus en plus d'évidence que le gouvernement américain allait légiférer afin de contrôler l'exportation de capital à l'étranger.

La première mesure à cet effet, annoncée en juillet 1963, devait conduire le Congrès à lever une «taxe de péréquation des taux d'intérêt» dans le but de décourager les emprunteurs étrangers de transiger sur le marché américain de capital où les taux étaient inférieurs à ce qu'ils étaient sur les marchés internationaux. Dans la mesure où, à cause de sa dépendance vis-à-vis du marché américain de capital, le Canada risquait d'être au premier chef affecté par cette initiative, le gouvernement demande et obtient une exemption. Malgré cette réserve toutefois, «pour le reste de 1963 et l'année 1964, le marché américain des obligations est virtuellement fermé aux emprunteurs canadiens»[15]. N'eût été de la décision de l'URSS d'effectuer des achats massifs de blé canadien à ce moment-là, la balance des paiements aurait été considérablement déséquilibrée.

Or, le gouvernement américain devait revenir à la charge en décembre 1965 avec l'adoption de nouvelles mesures visant à contrôler le flux d'investissement américain à l'étranger. Cette fois, le ministre de l'Industrie et du Commerce, Robert Winters, édicte des normes visant à contraindre les entreprises étrangères à garder au pays des profits suffisants pour financer leur expansion au Canada.

Le premier janvier 1968, le gouvernement américain revient de nouveau à la charge pour exiger de ses entreprises opérant à l'étranger qu'elles rapatrient 30 % de leurs revenus. Même si, en mars de la même année, le Canada obtient quelques exemptions, il n'en demeure pas moins que le dollar canadien se trouve dans une situation précaire sur les marchés internationaux, où la spéculation contre le dollar se poursuit.

Pour les États-Unis, le problème est de taille, comme le relève Harry Magdoff:

> Il convient de remarquer tout particulièrement que, dans toutes les industries en 1965, les ventes des filiales étrangères étaient plus élevées que les exportations des usines mères aux États-Unis. Mieux que cela, l'accroissement pendant ces mêmes années a été plus important dans le cas des usines filiales étrangères que dans les exportations. Parce que les industries se complètent, les ventes des usines implantées à l'étranger ont augmenté de 140 %, tandis que les exportations des USA ne se sont accrues que de 55 %[16].

Cette situation posait aux autorités américaines un problème insurmontable: pouvaient-elles et devaient-elles maintenir un tel niveau de croissance sur les marchés extérieurs si cette stratégie conduit à déséquilibrer de manière permanente la balance américaine des paiements internationaux?

En définitive, cette contradiction ne trouvera de solution qu'avec la remise en cause de l'ordre économique mondial hérité des institutions mises en place au lendemain de la Deuxième Guerre, comme nous le verrons ci-après.

---

15.   BOTHWELL, R., DRUMMOND, I. et ENGLISH, J., *Canada since 1945: Power, Politics and Provincialism*, University of Toronto Press, 1981, page 320.

16.   *L'ère de l'impérialisme*, Maspero, 1970, page 57.

Le *Pacte de l'auto*

Après avoir relevé l'importance de l'enjeu du contrôle étranger et avant d'aborder la section consacrée aux disparités régionales, il est intéressant de se pencher sur le dossier du *Pacte de l'auto*, quand cela ne serait que pour faire ressortir deux choses. *Premièrement*, le caractère unique des relations entre les deux pays qui conviennent d'articuler leurs échanges dans un secteur aussi névralgique en ayant recours à une formule à la fois originale et ambiguë; originale, en ce sens que le pacte est une entente qui ne pouvait intervenir qu'entre deux partenaires déjà liés par toute une panoplie d'accommodements économiques, politiques et sociaux; ambiguë, parce que le pacte participe à la fois d'un accord sectoriel de libre-échange et de la mise en place d'un protectionnisme continental face à la montée des économies capitalistes développées d'outre-mer. *Deuxièmement*, malgré et au-delà de ses dimensions originales, le pacte préfigure le genre d'entente globale qui interviendra 23 années plus tard avec la signature de l'*Accord de libre-échange entre le Canada et les États-Unis* le 2 janvier 1988.

À la fin des années 50, il apparaissait avec de plus en plus d'évidence que l'industrie automobile canadienne était en difficulté sur trois fronts: en premier lieu, la consommation canadienne d'automobiles excédait progressivement la production locale avec le résultat qu'en 1960, par exemple, le déficit canadien dans le secteur vis-à-vis des États-Unis atteignait 403 millions de dollars; en deuxième lieu, la concurrence internationale accaparait une part grandissante du marché canadien, de sorte que, de 5,7 % en 1955, la part des manufacturiers d'outre-mer passait à 28,1 % en 1960[17]; en troisième lieu, enfin, la production canadienne s'était vue fermer les marchés d'exportation vers la Grande Bretagne et le Commonwealth qu'elle s'était assurés entre les deux guerres, et contrainte désormais de s'accommoder de l'exiguïté de son marché domestique puis, éventuellement, de composer avec l'intégration continentale. Cette situation appelait des correctifs et, à cet égard, la solution à laquelle on en arrivera illustre au mieux les contraintes et les paradoxes qui prévalent en matière de stratégie industrielle au Canada. Dans l'incapacité objective d'avoir recours soit à une stratégie de substitution des importations, en soutenant une industrie nationale qui avait déjà été emportée par la continentalisation dans le secteur durant les années 20, soit à une politique de rationalisation des filières de production, qui aurait entraîné une diminution des choix offerts aux consommateurs habitués à avoir accès à toute la panoplie des modèles produits aux États-Unis, le gouvernement Diefenbaker nomme Vincent M. Bladen membre unique d'une commission royale qui a pour mandat d'étudier les perspectives d'avenir de l'industrie automobile.

Le *Rapport Bladen*, publié en avril 1961, arrive à la conclusion que l'industrie est mal équipée pour faire face aux nouveaux défis qui se présentent à

---

17. Ces données et celles qui suivent sont tirées de BEIGIE, C.E., «The Canada-U.S. Auto Pact», *Canadian Perspectives in Economics*, Collier-MacMillan Canada Ltd., 1972, D2.

elle et il propose l'entrée en franchise des pièces originales, pour autant que certaines conditions quant au contenu canadien soient respectées.

Sollicité par les grands producteurs américains qui souhaitaient une intégration plus poussée des réseaux de production nord-américains, Bladen recommandera une libéralisation des tarifs et taxes contre un engagement des producteurs à garantir un niveau stable de valeur ajoutée canadienne. Le concept de valeur ajoutée canadienne (selon le niveau de production de chaque fabricant) devait alors remplacer la notion de contenu canadien de façon à mieux contrôler le niveau de production et, éventuellement, de supporter de façon plus efficace l'industrie des pièces[18].

La situation qui prévalait dans le secteur automobile devait pousser le gouvernement à élargir son action. Ainsi, selon Yves Bélanger,

> Ottawa se rendra rapidement compte de l'urgence de se donner une politique globale susceptible de préserver les intérêts canadiens. En 1963, dès la prise du pouvoir, le nouveau gouvernement libéral crée un ministère de l'Industrie et du Commerce, dont le titulaire déposera, l'année suivante, un plan applicable aux constructeurs automobiles destiné à accroître la production et l'emploi, tout en réglant le problème de balance des paiements. Ce projet émettra l'hypothèse d'un remboursement de taxe équivalant au niveau de nouvelles exportations. Une des conséquences du plan devait être d'amener les fabricants canadiens de pièces à se spécialiser. La dissidence fut forte au sud de la frontière, le plan fut donc abandonné, mais le *statu quo* n'était plus possible. La porte était maintenant ouverte à un accord fondé sur le principe de l'équilibre des rapports commerciaux entre les États-Unis et le Canada[19].

Le gouvernement canadien allait procéder unilatéralement et baisser les taxes jusqu'à ce qu'en avril 1964, le Trésor américain soit saisi d'une plainte contre les pratiques canadiennes de subvention formulée par le Modine Manufacturing Company de Racine au Wisconsin. Or, si la révision de la politique canadienne par les autorités américaines avait eu la latitude de conclure à une pratique discriminatoire, la loi américaine prévoyait alors que les douanes devaient imposer des droits compensatoires. C'est afin d'éviter une dégradation dans les relations canado-américaines à un moment particulièrement délicat dans l'histoire des deux pays que les deux parties en viendront à une entente et que sera finalement signé le *Pacte de l'auto* par le président Johnson et le premier ministre Pearson le 16 janvier 1965[20].

---

18. BÉLANGER, Y., *La production militaire au Québec*, partie V, *L'industrie du matériel de transport roulant*, Rapport de recherche soumis à l'Institut pour la paix et la sécurité internationale, Ottawa, mai 1988, p.10.
19. *Idem*, p. 11.
20. Ce moment est délicat surtout parce que la décision prise unilatéralement et solitairement, semble-t-il, par Lester Pearson, durant la campagne électorale qui précède l'accession de son gouvernement au pouvoir en avril 1963, à l'effet de doter l'armée canadienne d'ogives nucléaires et ce, malgré l'opposition non seulement des autres formations politiques, mais surtout

Dès sa sanction — celle du Congrès n'intervenant que dix mois plus tard, en octobre — le *Pacte de l'auto* devait donner lieu à deux interprétations divergentes: pour les Américains, le pacte constituait bel et bien un accord de libre-échange conduisant, entre autres choses, à l'élimination de toutes les barrières tarifaires dans le secteur entre les deux pays; pour le Canada, par contre, l'entente devait permettre aux deux partenaires de participer de manière juste et équitable au développement d'un marché continental[21].

Quoi qu'il en soit des interprétations des uns et des autres, le *Pacte de l'auto* a bel et bien conduit à une intégration de l'industrie automobile à l'échelle continentale alors que, précédemment, les flux commerciaux étaient plutôt à sens unique, c'est-à-dire orientés depuis le sud vers le nord. Ce résultat à lui seul constitue déjà un acquis important quand on aura rappelé que rien ne devait conduire à une telle forme d'intégration, bien au contraire, puisque la totalité des manufacturiers d'automobile au Canada sont des multinationales américaines. En attendant, l'industrie canadienne continuera de croître à l'ombre des tarifs imposés à l'importation des véhicules fabriqués outre-mer tandis qu'aux États-Unis, la concurrence internationale se fera de plus en plus vive, surtout avec l'arrivée des Japonais au début des années 70, de sorte que le gouvernement américain se verra contraint d'imposer des quotas «volontaires» aux manufacturiers japonais à compter de 1981. Par ailleurs, le déclin de la valeur du dollar canadien vis-à-vis du dollar américain tout au long de la période, mais surtout à compter des années 80, contribuera, entre autres facteurs, à accroître le surplus canadien dans le secteur de la production automobile. Ce surplus gagne tellement en importance ces dernières années qu'il est apparu à certains moments durant les négociations d'un accord de libre-échange entre les deux pays, en 1987, que l'inclusion ou la non-inclusion du *Pacte de l'auto* comptait parmi les contentieux les plus délicats dans les discussions[22].

Quoi qu'il en soit, c'est moins sur les conséquences éventuelles du Pacte que nous voudrions conclure cette section, sinon sur son importance en tant qu'élément de stratégie de développement privilégiée et défendue par le gouvernement Pearson à l'époque. En ce sens, le Pacte illustre la nature des compromis que le gouvernement canadien doit négocier et avec lesquels il doit composer s'il entend accroître au maximum les retombées économiques et politiques d'une production engagée dans un secteur où la propriété est entièrement aux mains d'investisseurs étrangers.

---

de la sienne propre, cette décision aurait pu de nouveau être remise en cause si jamais les Américains n'avaient pas fait preuve de souplesse vis-à-vis des Canadiens dans cet autre dossier.

21.   BEIGIE, C.E., *op. cit.*

22.   Les articles 1001 et suivants du chapitre 10 intitulé «Commerce des produits automobiles» de l'*Accord de libre-échange entre le Canada et les États-Unis* confirment la liberté et la sécurité d'accès au marché américain assurées par le *Pacte de l'automobile* de 1965, en l'élargissant éventuellement au commerce des voitures d'occasion à compter de 1993. L'article 1004 prévoit en outre l'établissement d'un «comité sélect» sur des défis que posent à l'industrie automobile la concurrence d'outre-mer.

Les disparités régionales

Même si l'économie canadienne croît, dans l'ensemble, à un rythme satisfaisant durant la première moitié des années 60, un problème n'en surgit pas moins à la même époque, celui de la redistribution inégalitaire de la richesse entre les régions.

Afin de faire face à cette situation, en mai 1961, le gouvernement Diefenbaker avait mis en place les programmes à frais partagés dans le domaine agricole, programmes connus sous l'acronyme ARDA[23].

Quelques années plus tard, la Loi établissant le Conseil économique du Canada de 1963 l'enjoignait, entre autres choses, «d'étudier comment les programmes économiques à l'échelle nationale peuvent davantage stimuler dans un équilibre harmonieux l'essor économique de toutes les régions du Canada»[24]. Dans sa définition d'une région, le Conseil prend acte au point de départ des espaces provinciaux, «même si cette délimitation n'est pas toujours conforme à de rigoureux critères géographiques ou économiques», avec la réserve suivante:

> Toutefois, il sera parfois nécessaire ou utile, à certaines fins d'analyse, de grouper quelques-unes des provinces de façon à diviser le Canada en cinq grandes régions, soit: l'Atlantique (les trois provinces Maritimes et Terre-Neuve), le Québec, l'Ontario, les trois provinces des Prairies et la Colombie-Britannique[25].

Cette nomenclature est importante puisque c'est celle qui prévaudra dans l'établissement des politiques régionales de développement durant toutes les années sous étude, c'est-à-dire jusqu'à la fin des années Trudeau.

Dans ses premiers travaux consacrés à ces questions, le Conseil fera état de la détérioration relative de certaines régions par rapport à d'autres, aussi bien au niveau du revenu personnel par habitant selon les provinces qu'au niveau des flux migratoires. Le Québec, en particulier, même s'il reste près de la moyenne en termes de revenu par habitant, voit sa situation se détériorer considérablement par rapport à l'Ontario, qui occupe la tête de liste et, fait plus significatif encore, «certains symptômes de tensions semblent concentrés dans certaines régions, par exemple, la Colombie-Britannique et dans certaines zones métropolitaines, comme Montréal...»[26].

---

23.   L'Administration de l'aménagement rural et du développement agricole qui visait essentiellement à financer des travaux d'intérêt public durant la morte saison. Ces mesures étaient insuffisantes compte tenu essentiellement du phénomène de l'accroissement de l'écart dans la distribution de la richesse entre les régions pauvres et les régions les plus riches du pays.

24.   Cité dans Conseil économique du Canada, Vers une croissance économique équilibrée et soutenue, deuxième exposé annuel, Ottawa, décembre 1965, page 107.

25.   Idem, page 108.

26.   Idem, page 33.

Parmi les recommandations qui seront proposées par le Conseil, l'une concerne la coordination entre les niveaux de gouvernement face à l'existence du grand nombre de programmes et de politiques visant le développement régional, tandis qu'une autre propose «d'encourager la formation d'agglomérations efficaces d'activité (pôles de croissance) dans les diverses régions afin d'assurer des économies d'échelle croissantes, des marchés plus étendus et des réservoirs plus utiles de talents et d'éviter les éparpillements et la dispersion non économiques»[27]. L'un dans l'autre, le projet ARDA et les recommandations du CEC conduiront à la mise sur pied du ministère de l'Expansion économique régionale en 1968.

En attendant, en matière de politique régionale, l'héritage des années Pearson est bien mince. Peut-être faut-il faire appel à l'importance de l'émergence d'une conscience nationale au Québec pour expliquer que les énergies du gouvernement aient été essentiellement concentrées sur l'amélioration des relations entre les deux groupes linguistiques au Canada. À cet égard, il faudrait alors porter à son actif la mise sur pied de la Commission royale d'enquête sur le bilinguisme et le biculturalisme, qui mettra en lumière le phénomène d'une profonde discrimination systémique prévalant à l'encontre des Canadiens français.

LES ANNÉES TRUDEAU

Même si les initiatives des deux gouvernements dirigés par Lester Pearson s'avèrent, en rétrospective, plus articulées et mieux ciblées que celles de ses prédécesseurs, il n'en demeure pas moins qu'au moment où Pierre Trudeau accède aux plus hautes responsabilités, il reste encore beaucoup à faire pour resserrer les contrôles de l'État sur l'économie et, surtout, pour accroître les retombées économiques régionales et sociales des interventions publiques.

Le projet d'édification, puis de consolidation d'une économie canadienne mieux intégrée sur le plan interne et plus concurrentielle sur le plan international, passait par la rationalisation de l'activité gouvernementale et par la concentration du pouvoir sur l'économie politique. Trudeau n'accède pas au poste de premier ministre avec un programme clair et défini mais plutôt avec une vision nationale qui ne recule pas face à l'accumulation des interventions, même si le cumul des initiatives et des programmes devait s'avérer de plus en plus complexe à gérer par la suite.

La connexion américaine

Tout de suite après son arrivée au pouvoir en juin 1968, les relations entre le Canada et les États-Unis se détériorent de manière tout à fait sensible.

L'enjeu du contrôle américain de l'économie canadienne avait refait surface, en janvier 1968, à l'occasion du dépôt du Rapport du groupe d'études *ad*

---

27. *Idem*, page 193.

hoc chargé d'étudier la structure de l'industrie canadienne, intitulé «Propriété étrangère et structure de l'industrie canadienne»[28].
Le Rapport Watkins rappelle les faits suivants:

> En 1964, les étrangers possédaient une valeur de 33 milliards de dollars d'actifs au Canada, tandis que les Canadiens possédaient 13 milliards de dollars d'actifs à l'étranger. Ainsi, la balance canadienne de l'endettement international se chiffrait à 20 milliards de dollars en comparaison des 4 milliards de 1949, plancher d'après-guerre. Comme au cours de la même période, le produit national brut s'est accru de 16 à 47 milliards de dollars, le pourcentage d'augmentation de l'endettement étranger net a été supérieur à celui de la production globale au Canada[29].

Cette situation entraîne deux conséquences pour l'économie: la première, c'est qu'elle limite sérieusement les possibilités de l'intervention des pouvoirs publics au moment même où l'État est de plus en plus sollicité pour alléger les disparités régionales et pour implanter de nouvelles politiques sociales; la seconde, c'est que le paiement des intérêts et dividendes opère une ponction de l'ordre du milliard de dollars annuellement sur l'économie et ce, sans compter les revenus versés à l'étranger en paiement de services comme les frais de gestion, les redevances, le droit d'exclusivité, la publicité, les honoraires professionnels ou les assurances. Malgré l'absence de données statistiques sur l'activité des succursales étrangères opérant dans ces domaines, on calculait à l'époque que ces revenus se chiffraient à 245 millions de dollars en 1963.

Même si le *Rapport Watkins* ne remettaint pas non plus en cause la propriété et le contrôle étrangers, reprenant en cela l'approche du *Rapport Gordon*, il manifestait le souci de veiller à ce que les Canadiens tirent le plus de bénéfices possibles de la situation. Ses recommandations portent ainsi sur la révision du régime fiscal et sur la transformation de la Corporation de développement du Canada en «holding de dimensions imposantes, capable d'assumer les fonctions d'entrepreneur et d'administrateur et de jouer ainsi un rôle de premier plan, de concert avec les institutions déjà en place, dans les milieux industriels et financiers canadiens»[30].

En conclusion générale, le rapport propose ni plus ni moins que l'établissement d'une «nouvelle politique nationale» et il termine sa réflexion de la manière suivante:

> Le courant actuel au Canada vers des régimes provinciaux armés de plus d'autorité est aussi un fait admis, mais cela ne dérange en rien le fait que la propriété étrangère constitue une question nationale et transcendante par rapport aux préoccupations régionales.

---

28.   BUREAU DU CONSEIL PRIVÉ, Ottawa, 1968.
29.   *Idem*, p. 5 et 6.
30.   *Idem*, p. 429-430.

La dépendance mutuelle croissante des nations de nos jours suggère enfin qu'il est possible de donner plus d'effets à la politique étrangère du Canada et à son rôle au plan universel en prêtant constamment renfort à une indépendance nationale fortifiée[31].

À peine deux années plus tard, un autre rapport, celui émanant du Comité permanent des affaires extérieures et de la défense nationale au sujet des relations canado-américaines, le *Rapport Wahn*, étudiera à nouveau la question de la dépendance de l'économie canadienne vis-à-vis de celle des États-Unis.

Se penchant cette fois sur le problème du déficit commercial, le rapport note que le manque à gagner est

> partiellement financé par un excédent d'exportations à destination des pays d'outremer: toutefois, le reste a été comblé par des importations massives de capitaux, le plus souvent des États-Unis[32].

Rappelons à ce sujet que, durant la période de l'après-guerre, les importations du Canada en provenance des États-Unis passent de 69 % en 1948 à 73 % en 1968. Quant aux exportations, la proportion passe de 50 % à 66 % entre ces deux dates. Même si la part des matières premières tend à décroître dans les deux cas, ce sont d'abord les produits semi-finis qui constituent le gros des exportations, tandis que les produits finis en provenance des États-Unis occupent le premier rang de nos importations.

Le *Rapport Wahn* note à cet égard qu'«une dépendance aussi accusée par rapport aux capitaux américains a entraîné pour le Canada de graves conséquences»[33]

Les exemples relevés illustrent à quel point le gouvernement a les mains liées, c'est-à-dire à quel point sa politique économique est tributaire de celle de la Maison-Blanche. Cependant, même s'il ne se rabat sur aucune option claire et radicale, le *Rapport Wahn* recommande au gouvernement de rechercher d'autres sources d'importations, d'autres prêteurs et «d'encourager l'investissement de capital canadien dans des programmes d'expansion au pays»[34].

Il s'agit donc de proposer une ouverture sur le multilatéralisme et une forme timide de politique nationale.

Pourtant, le document le plus percutant sur cette épineuse question suivra de près. En effet, le *Rapport Gray* sur la maîtrise économique du milieu national sera publié en partie par le Canadian Forum de Toronto le 12 novembre 1971 et rediffusé par après, à l'instigation du *Devoir*[35].

---

31.   Idem, p. 432-433
32.   *Onzième rapport du Comité permanent des affaires extérieures et de la défense nationale au sujet des relations canado-américaines* (Ian WAHN, président), Ottawa, 1970, page 15.
33.   *Idem.*
34.   *Idem*, p. 20.
35.   Publié aux Éditions Leméac/Le Devoir sous le titre: *Ce que nous coûtent les investissements étrangers*, avec un avant-propos de Claude Lemelin, 1971.

Le *Rapport Gray* avait été préparé en prévision de l'échéance électorale de l'année suivante qui marquait la fin du premier mandat du gouvernement Trudeau. Son ton était à ce point radical que l'on a pu écrire que certaines des solutions envisagées rejoignaient des mesures proposées dans le document «Ne comptons que sur nos propres moyens» préparé par la CSN et publié l'année précédente. En particulier, le rapport s'ouvrait sur un constat laconique:

> Le niveau élevé et croissant de la mainmise étrangère — tout particulièrement américaine — sur l'activité économique au Canada a fait apparaître au pays une stucture industrielle qui reflète largement les priorités de croissance d'entreprises étrangères[36].

Le rapport propose alors d'établir un mécanisme de «tamisage» des investissements étrangers, voire même d'«opposer une résistance aux entreprises multinationales lorsque celles-ci contribuent en rien à la réalisation d'objectifs économiques nationaux»[37]. Il propose également d'élaborer une «politique commerciale qui souligne les lignes de force canadiennes et qui chercherait à les développer dans le cadre de nouvelles ententes avec l'Europe et les pays du Pacifique»[38]. Il propose enfin que «les sociétés de la Couronne et les ministères utilisent leurs approvisionnements pour se conformer à des objectifs de politique nationale»[39].

Malheureusement, peu après que le contenu du *Rapport Gray* ait été discuté par le Cabinet, en mai, il est advenu que le président des États-Unis a lancé, le 15 août 1971, sa «nouvelle politique économique». Cette politique visait à imposer un gel des prix et des salaires pendant une durée de 90 jours, réduisait les impôts, restreignait l'importation de produits étrangers par l'imposition d'une surtaxe de 10 % et, finalement, supprimait la convertibilité du dollar en or.

Quelles qu'aient été les raisons qui ont pu, sur le plan interne, pousser Richard Nixon à agir de la sorte en cette année préélectorale, il n'en reste pas moins que, parmi les mesures annoncées, l'imposition d'une surtaxe de 10 % à l'importation des produits étrangers allait affecter gravement l'économie canadienne dans la mesure où celle-ci est de loin la plus dépendante, pour son approvisionnement, du marché américain.

Toutefois, un taux de chômage persistant, une inflation qui était passée d'un peu plus de 1 % à 7,2 % en six mois, un déficit budgétaire de l'ordre de 23,5 milliards de dollars où se reflétait la double pression exercée par la demande interne de services sociaux et les dépenses encourues pour la poursuite de la guerre au Vietnam, avaient forcé le gouvernement des États-Unis à un rajustement économique d'ampleur. Si, dans un premier temps, Ottawa cherche à négocier un statut d'exception face aux mesures Nixon et même si Herb Gray, ministre du Revenu national, laisse savoir lors d'une allocution prononcée devant

---

36.   *Idem*, p. 13.
37.   *Idem*, p. 26.
38.   *Idem*, p. 119.
39.   *Idem*, p. 202.

le Conference Board que le Canada risque d'être touché plus qu'aucune autre économie par cette initiative, rien n'y fait. En effet, selon le Conference Board, «ces développements ont fait surgir la question de savoir si, en produisant à une telle échelle à l'étranger, l'industrie américaine n'a pas miné ses propres marchés d'exportation»[40].

Par ailleurs, la pression interne pour la consolidation d'une économie nationale au Canada doit également être prise en compte. Déjà en 1963, Walter Gordon, à l'époque ministre des Finances, avait proposé de mettre sur pied une compagnie d'État dont ce serait précisément une des fonctions. Or, la Corporation de développement du Canada, mise sur pied à l'hiver 1971, cherche très timidement à rationaliser et à développer les secteurs nationaux de l'économie plutôt qu'à racheter des entreprises sous contrôle étranger comme le proposait à l'époque le programme du Nouveau Parti démocratique notamment.

Grâce à cette initiative, le gouvernement reprenait une des recommandations du *Rapport Gray* qui avait été mandaté en 1971 pour étudier la question des investissements étrangers au Canada.

Réélu en octobre 1972, le Parti libéral forme désormais un gouvernement minoritaire qui n'a pas les moyens de se donner une politique économique propre puisqu'il doit, sur le plan tactique, composer avec le NPD s'il entend demeurer au pouvoir: il se trouve dès lors passablement démuni lors de l'éclatement de la crise du pétrole à l'hiver 1973. En effet, une étude du gouvernement préparée par le ministre de l'Énergie, des Mines et des Ressources, Donald Macdonald, n'avait pas repris l'idée qui circulait déjà à l'époque de mettre sur pied une compagnie fédérale d'exploitation du pétrole[41], ce qui ne l'empêche pas de se rabattre sur l'imposition de contrôle à l'exportation de pétrole aux États-Unis, première ébauche de ce qui deviendra une politique nationale de l'énergie.

Ne pas agir du tout, cela aurait été non seulement oublier l'effet des mesures Nixon sur l'économie canadienne, mais cela aurait été surtout faire peu de cas de l'effet de rupture sur l'économie nationale, entre l'Ouest producteur et l'Est consommateur, que risquait de causer un approvisionnement sur demande du marché américain par les provinces productrices de pétrole, sans engagement ferme de la part des multinationales américaines d'approvisionner l'Est du Canada. C'est cette contradiction qui justifiera l'intervention du fédéral et conduira éventuellement à la politique de canadianisation de l'industrie pétrolière avec le rachat de Petrofina en 1976 par Pétro-Canada, une société créée en 1975.

À la fin de l'année 1973, le gouvernement avait déjà adopté ses premières mesures de nationalisme économique en sanctionnant le *Bill C-132* qui créait une Agence d'examen des investissements étrangers.

Réélu le 8 juillet 1974, avec un gouvernement majoritaire cette fois, le Parti libéral tente moins dans l'immédiat de consolider l'économie nationale que d'engager la bataille pour le partage des bénéfices que tire l'Alberta de l'exploitation du pétrole.

40.   Conference Board, *World Business Perspectives*, n° 3, mai 1971.
41.   *An Energy Policy for Canada*, Ottawa, 1973 et *Canadian Annual Review of Politics and Public Affairs 1973*, University of Toronto Press, 1974, page 228.

Au même moment, la fragilité de sa position face aux grands cartels du pétrole sera révélée au grand jour en janvier 1975, avec les négociations qui sont conduites entre Imperial Oil, Gulf et Cities Services d'une part, les gouvernements du Canada, de l'Ontario et de l'Alberta d'autre part, pour la mise en chantier du projet *Syncrude* d'exploitation des sables bitumineux de l'Arthabaska. Il ressortait en effet de ces négociations, «selon certains calculs, que les concessions fiscales faites à Syncrude voulaient dire que les compagnies en ne payant que 25 % d'un capital total investi de 2 milliards de dollars, détiendraient 70 % de la propriété, tandis que les trois gouvernements impliqués verseraient 75 % du coût et n'obtiendraient que 30 % de la propriété»[42].

Le dossier régional: vers la «balkanisation»?

En matière d'économie politique, depuis la Deuxième Guerre jusqu'à la fin des années 50, c'est l'approche centralisatrice classique qui prévaut. Dans un deuxième temps, auquel on peut faire correspondre les dates de création et de transformation du ministère de l'Expansion économique régionale (1969-1982), prédomine l'adaptation régionale à la centralisation. Dans un troisième et dernier temps, nous assisterions à l'émergence d'une approche plurielle en vertu de laquelle il s'agirait désormais de prendre acte de la coexistence de onze politiques industrielles au pays et de s'accommoder des convergences et oppositions que cet état de fait peut induire dans la poursuite d'objectifs communs.
     Au moment de l'établissement du ministère de l'Expansion économique régionale en 1969, le premier ministre fait valoir devant la Chambre des communes la nécessité de «réaliser une véritable coordination» des initiatives et des projets du gouvernement fédéral dans le domaine régional[43].
     L'approche développée par le Ministère vise essentiellement à réduire les «disparités régionales» grâce au recours à ces stratégies de développement appuyées sur la notion de «pôle de croissance».
     Synthétisée dans le *Rapport Higgins, Martin et Raynauld*[44], l'orientation du développement économique envisagée pour le Québec devait s'appuyer sur la promotion de la ville de Montréal et de ses environs. Le MEER s'opposait très spécifiquement, à ce moment-là, à l'approche élaborée au sein de l'Office de planification et de développement du Québec et à son projet de favoriser l'implantation d'un second aéroport dans la région montréalaise à Granby et défendait plutôt une localisation dans ce qui allait devenir Mirabel. À son tour,

---

42. *Canadian Annual Review of Politics and Public Affairs 1975*, University of Toronto Press, 1976, page 317.
43. *House of Commons Debates*, 27 février 1969, p. 6016. Cité par SAVOIE, D.J., «The Toppling of DREE and Prospects for Regional Economic Development», dans *Analyse de politiques*, X, 3, 1984, p. 328-337.
44. HIGGINS, B. H., MARTIN, F., et RAYNAULD, A., *Les orientations de développement économique régional dans la province de Québec*, Ottawa, ministère de l'Expansion économique régionale, 1970.

ce projet à la fois grandiose et ambitieux qui visait rien de moins que de faire de la nouvelle zone aéroportuaire un des points d'entrée à l'intérieur du continent nord-américain en y intégrant toute une panoplie de services et d'industries, devait échouer dès qu'il sera apparu, lors du premier choc pétrolier de 1973, que les prévisions étaient tout à fait irréalistes puisque l'on assistait à l'imposition de nouvelles mesures de conservation d'énergie et de rentabilisation des installations existantes.

Le projet de Mirabel se révélera ainsi comme une des mesures les plus absurdes prise par le gouvernement et l'enjeu d'une expropriation massive et inutile d'agriculteurs continuera de le hanter tout au long de son règne.

Parallèlement, l'activité du MEER sera de plus en plus contestée à la fois parce qu'elle supplantait l'approche sectorielle propre à tous les autres ministères fédéraux et parce qu'elle substituait une démarche en termes de réduction d'écarts à celle, considérée beaucoup plus rentable économiquement et politiquement, fondée sur l'autonomie et la promotion régionales. À cet égard, l'identification de «zones désignées» au Canada le cèdera bientôt devant une approche visant un développement industriel intégré[45].

Si l'on devait ajouter à ces éléments quelques faits: d'abord que l'arrivée du Parti québécois au pouvoir à Québec en novembre 1976 pousse le gouvernement fédéral à reviser sa stratégie de développement régional, ensuite que l'éventuelle reconversion vers l'accroissement des retombées des mégaprojets milite en faveur de l'abandon de la démarche initiale, on comprendra pourquoi le MEER est remplacé par un ministère d'État au développement économique et régional, tandis que certaines de ses activités sont transférées à un nouveau ministère de l'Expansion industrielle régionale. Il faudrait aussi faire droit aux critiques adressées à ce que certains considéraient comme une politique discriminatoire vis-à-vis des régions appliquée par le MEER, surtout au Québec, de même qu'aux nombreux et incessants conflits entre le MIC et le MEER pour expliquer l'abandon de cette politique.

Dans ces circonstances, à compter de 1982 surtout, le dossier régional est lié intimement à celui de l'énergie[46], alors qu'il était précédemment combiné soit avec le développement industriel, soit avec l'extension de l'infrastructure des transports. En effet, dans le contexte d'éclatement d'une nouvelle crise énergétique au début des années 80, la question du partage des rentes pétrolières entre le fédéral et les provinces productrices comme l'Alberta et la Nouvelle-Écosse occupera l'avant-scène dans les relations fédérales-provinciales.

Quant à la stratégie de développement régional comme telle, on assiste à l'abandon des programmes à frais partagés et au recours à des ententes-cadres de développement, une tactique qui vise essentiellement à accroître la visibilité du

---

45.   GRAFTEY, H., «Are Designated Areas the Right Answer?», dans *Canadian Business*, juin 1982, p. 27.

46.   TELLIER, M.-A., «Développement régional. La dernière chance d'Ottawa: l'énergie», dans *Le Devoir*, 29 avril 1982.

gouvernement central dans le domaine et à éviter la récupéraîion, par les provinces, de ses initiatives[47].

C'est ainsi que le terme «mégaprojet» vient s'ajouter au vocabulaire de la politique économique canadienne à compter du début de la présente décennie, dans la foulée du dévoilement d'une politique énergétique nationale lors de la lecture du discours du budget d'octobre 1980[48].

Selon Bruce Doern, la nouvelle approche du gouvernement libéral nouvellement élu en février, après neuf mois dans l'opposition, sera centrée autour de deux préoccupations majeures (éventuellement confirmée par le résultat du référendum tenu au Québec en mai), à savoir la PEN et le rapatriement de la Constitution avec l'enchâssement d'une Charte des droits[49]. Non seulement ces deux volets devaient accroître la visibilité et l'importance du gouvernement central dans la fédération, mais ils étaient tous deux soutenus par l'opinion publique et, qui plus est, ils correspondaient tous deux à la vision canadienne défendue par le premier ministre Trudeau, le ministre de l'Énergie, Marc Lalonde et le ministre de la Justice, Jean Chrétien.

Cependant, de ces initiatives, seul le rapatriement devait être mené à terme, les autres périssant dans la foulée de la récession économique des années 1981-1982.

La politique économique

Rien ne laissait présager, au tournant des années 70, que la décennie qui s'ouvrait serait différente de la précédente sur le plan économique. Certes, il y avait bien eu, en 1970, un recul de l'activité économique et il fallait noter, comme le rappellera dans sa rétrospective de la décennie la *Revue économique* du ministère des Finances[50], l'existence de certains «problèmes ennuyeux» comme l'inflation ou les problèmes régionaux mais rien qui puisse vraiment entamer la confiance en l'avenir et remettre en cause les paramètres keynésiens d'une politique économique qui avait largement contribué à l'essor économique du pays durant la dernière décennie. L'économie paraissait en bonne santé, la récession de 1970 paraissait davantage attribuable aux politiques, jugées trop restrictives, de la fin des années 1960 et les perspectives de croissance étaient dans l'ensemble excellentes. De plus, tout portait à croire que, sous le couvert du nationalisme économique, le gouvernement allait donner à la politique économique une

47.   DESCOTEAUX, B., «Ottawa entend désormais demeurer le maître d'oeuvre de ses interventions dans le domaine du développement régional», dans *Le Devoir*, 12 mars 1984, p. 6.

48.   DOERN, B., «The Mega-project episode and the formulation of Canadian economic development policy», dans *Canadian Public Administration*, 26, 2, été 1983, p. 219-238.

49.   *Idem*, p. 221.

50.   CANADA, ministère des Finances, *Revue économique, perspective sur la décennie*, avril 1980, Ottawa, Approvisionnements et Services, p. 1.

impulsion et une orientation nouvelles afin de mieux coordonner ses instruments et ses priorités. Cette impression était alors d'autant plus fondée que, le gouvernement lui-même semblait s'être engagé sur cette voie en réorganisant le système des comités ministériels[51] et en se prêtant à l'exercice de redéfinir sa politique de développement régional de même que sa politique étrangère[52]. D'ailleurs, les tensions de plus en plus vives sur la scène économique internationale semblaient confirmer la nécessité pour le Canada de se doter de stratégies industrielles et commerciales qui correspondraient mieux aux besoins et aux réalités d'un pays à la recherche de sa maturité économique et de son indépendance extérieure.

Le gouvernement, à l'instigation de Mitchell Sharp et de Jean-Luc Pépin respectivement ministre des Affaires étrangères et ministre de l'Industrie et du Commerce, semblait résolu à redéfinir ses priorités et ses objectifs.

Le livre blanc de 1970 sur la politique étrangère[53] avait clairement précisé les paramètres et la direction que devaient prendre la politique commerciale et la politique industrielle. Comme le rappellera le ministre Sharp, dans le numéro spécial d'automne 1972 de la revue du ministère des Affaires extérieures, *Perspectives internationales*, le livre blanc de 1970 avait mis en évidence:

> [...] deux réalités primordiales, essentielles à la survie du Canada et en fonction desquelles les besoins de la politique canadienne, tant sur le plan interne qu'externe, doivent être évalués. L'une de ces réalités est le défi de mener une vie distincte, mais en harmonie avec l'État le plus puissant et la société la plus dynamique du monde, les États-Unis; l'autre étant le problème complexe de la sauvegarde de l'unité nationale[54].

C'est à l'intérieur de ces deux paramètres, la sauvegarde de l'unité nationale et l'indépendance nationale, qu'allait être lancé à peu près au même moment en 1972, soit peu de temps après l'adoption des mesures Nixon, en août 1971, le débat sur la politique industrielle et celui sur ce qu'il est convenu d'appeler la «troisième option»[55]. Le débat, malgré l'intérêt et les attentes

---

51.   Voir à ce sujet, DOERN, B.G., «Economic-Policy Processes and organization», dans DOERN, B.G. et AUCOIN, P. (sous la direction de), *Public Policy in Canada, Toronto, Macmillan of Canada*, 1979, p. 62-105.

52.   Voir à ce sujet, DEWITT, D.B. et KIRTON, J.J., *Canada as a Principal Power*, Toronto, John Wiley and Sons, 1983.

53.   CANADA, Secrétaire d'État aux Affaires extérieures, *Politique étrangère au service des Canadiens*, Ottawa, Approvisionnements et Services, 1970.

54.   SHARP, M., «Relations Canada/États-Unis: choix pour l'avenir», dans *Perspectives internationales*, numéro spécial, automne 1972.

55.   Voir à ce sujet, HERVOUET, G., HUDON, R. et MACE, G., «La troisième option: la politique commerciale et au-delà», dans CAMERON, D. et HOULE, F. (sous la direction de), *Le Canada et la nouvelle division internationale du travail*, Ottawa, Éditions de l'Université d'Ottawa, 1985, p. 145-180; et CLARKSON, S., *Canada and the Reagan Challenge, Crisis and Adjustment*, Totonto, James Lorimer, 1985.

suscitées par les premières initiatives qui seront prises, devait cependant rapidement tourner court[56]. D'une part, l'idée même de gestion des relations commerciales tout comme celle de politique industrielle étaient loin de susciter l'enthousiasme parmi les milieux d'affaires et le personnel ministériel[57]. D'autre part, quelles que fussent ses intentions de consolider par des mesures appropriées l'assise manufacturière du pays ou celles de diversifier le commerce extérieur, le gouvernement fédéral se devait de composer avec des partenaires hostiles à l'idée que, sous le couvert d'une meilleure coordination des politiques industrielles, on finisse par déboucher sur une plus grande centralisation des pouvoirs. Ces craintes, en partie fondées, seront suffisantes pour rendre de plus en plus difficile, comme on s'en rendra compte durant la deuxième moitié de la décennie à propos du programme énergétique national, la mise en oeuvre de politiques nationales.

Les débats sur la politique industrielle et la politique commerciale resurgiront au début des années 80, mais cette fois dans une conjoncture tout à fait différente de celle du début des années 70, beaucoup moins favorable en raison des difficultés économiques et du climat de crise politique qui prévaudront à ce moment-là. Entre-temps, la détérioration rapide de la conjoncture économique allait forcer le gouvernement Trudeau, après une période de doute et de flottement qui suivit l'élection de 1974, à changer d'attitude face à l'inflation et à déplacer en conséquence ses priorités en matière économique.

L'inflation, mesurée par le taux de croissance annuel de l'indice des prix à la consommation, était passée, sous l'effet conjugué de la hausse des prix des matières premières et des augmentations salariales, de 3 à 11 pour cent environ entre 1971 et 1974. Longtemps divisé quant aux moyens à prendre, le Cabinet se résoudra finalement à imposer à l'automne 1975, dans le cadre d'un programme en quatre points, un contrôle des prix et des revenus[58] qui devait s'apliquer pour une période de trois ans à toutes les entreprises de plus de 500 employés, à toutes les entreprises de plus de 20 employés dans le secteur de la construction, à tous les employés du gouvernement et des entreprises de la Couronne, ainsi qu'à

---

56.   Sur les débats sur la politique industrielle, voir notamment, FRENCH, R.D., *How Ottawa Decides: Planning and Industrial Policy Making, 1968-1980*, Toronto, James Lorimer, 1980; et BOERN, B.D. et PHIDD, R.W., *Canadian Public Policy: Ideas, Structure, Process*, Toronto, Methuen, 1983.

57.   Durant son dernier mandat, le gouvernement Trudeau tentera de renouer avec l'idée de gestion des relations commerciales, mais sans plus de succès qu'auparavant en raison, notamment, du refus de la part des États-Unis d'engager des négociations commerciales sur une base sectorielle comme le souhaitait celui-ci. (Voir à ce sujet, DEWITT, D.B. et KIRTON, J., *op. cit.*; et CANADA, Affaires extérieures, *La politique commerciale du Canada pour les années 80, Document de travail*, Ottawa, Approvisionnements et services Canada, 1983.)

58.   Un livre blanc, *Offensive contre l'inflation*, sera présenté en même temps que le bill C-73 . Le bill C-73 imposait des limites aux augmentations des marges bénéficiaires, des prix, des dividendes et surtout des rémunérations du travail. Il prévoyait également la mise sur pied d'une Commission chargée de surveiller l'application de la loi durant la durée prévue de son application.

certaines catégories de professionnels. Comme plusieurs catégories de salariés ne tombaient pas sous la juridiction du fédéral, il demeurait à l'inititaive des provinces d'implanter ces contrôles sur leur territoire, ce que fera le gouvernement Bourassa quelques semaines plus tard avec son projet de loi 64, *Loi concernant les mesures anti-inflationnistes.*

Outre le contrôle des prix et des revenus qui en constituait la pièce maîtresse, le Programme de lutte contre l'inflation prévoyait également un resserrement graduel du taux de croissance de la masse monétaire et des dépenses budgétaires et leur alignement progressif sur le taux de croissance de l'économie.

Ces mesures prises à la hâte, avaient essentiellement pour objet de montrer la détermination d'un gouvernement littéralement pris de court par la conjoncture économique, de briser les attentes inflationnistes et de juguler la croissance d'une demande jugée excédentaire par rapport au potentiel de production de l'économie en dépit du fait que celle-ci était entrée en récession à la fin de l'année 1974[59].

Les difficultés plus grandes que prévues à réduire l'inflation et le climat de plus en plus tendu sur la scène économique internationale, particulièrement au lendemain du second choc pétrolier en 1978, forcèrent le gouvernement à resserrer davantage ses politiques monétaire et budgétaire au détriment de l'emploi et de la croissance entre 1978 et 1981 et à imposer de nouveau des mesures de contrôle, cette fois limitées aux employés du secteur public, en 1981[60]. Il faudra attendre l'année 1982 pour que, devant l'ampleur du chômage, le gouvernement, à l'instigation du nouveau ministre des Finances, Marc Lalonde, accepte de relâcher quelque peu le caractère restrictif des politiques monétaire et budgétaire et redonne priorité à la croissance économique.

Les contrôles et les politiques macro-économiques restrictives qui les accompagnèrent contribuèrent à juguler l'inflation, encore que ce fut à un coût social et à un coût économique relativement élevé, leur principal effet fut de remettre en cause les paramètres qui avaient été ceux de la politique économique en matière de croissance depuis la guerre et de briser le consensus social minimal qui avait existé jusque-là autour de l'objectif du plein emploi. En ramenant le plein emploi au statut de variable macroéconomique d'ajustement, le gouvernement Trudeau abandonnait par le fait même l'idéal keynésien de plein emploi propre au projet d'économie mixte d'après-guerre[61]. En 1975, le gouvernement fédéral n'avait pas entièrement abandonné l'idée de politique industrielle, comme le confirmera l'initiative qu'il prendra de créer, au lendemain de la Conférence des premiers ministres en 1978, une série de groupes

---

59.   Sur le tournant dans les politiques, voir notamment l'introduction du livre de LAMONTAGNE, M., *Business Cycles in Canada, the Postwar Experience and Policy Directions*, Ottawa, Canadian Institute for Economic Policy, 1984.

60.   Le Programme limitait les hausses salariales dans le secteur public à 6 et 5 % par année et invitait le secteur privé à se conformer volontairement à ses normes.

61.   LE COLLECTIF, «Emploi et politiques économiques au Canada», dans *Interventions économiques*, printemps 1984, p. 91-108.

consultatifs d'études sectorielles représentant chacun les vingt-et-une industries manufacturières, la construction et le tourisme (comités du premier palier) et d'un comité dit «du second palier» dont la mission était de faire la jonction entre les groupes et le Cabinet et de présenter des recommandations plus générales. Le rapport du «comité du second palier», déposé en automne 1978, c'est-à-dire au moment où le gouvernement s'engageait dans une deuxième phase de restrictions budgétaires, restera à toutes fins pratiques lettre morte[62]. Le Cabinet se dotera aussi cette année-là d'un nouveau conseil ministériel, le Conseil ministériel de l'expansion économique, dont la fonction sera de coordonner les initiatives et les dépenses en matière économique, et d'un secrétariat pour le desservir, le Département d'État au développement économique (DÉDÉ). Ce Département d'État aurait dû jouer un rôle important au tournant des années 80 dans l'élaboration d'une nouvelle stratégie de développement économique . Tel ne fut cependant pas le cas en raison des dissensions qui existaient alors au sein du Cabinet, particulièrement entre H.A. Olson, responsable du DÉDÉ, et H. Gray, responsable de l'Industrie et du Commerce, sur l'orientation que devait prendre cette stratégie. C'est finalement à un comité *ad hoc*, réuni au lac Meech, qu'incombera la tâche de définir cette stratégie que le ministre des Finances, A. MacEachen, présentera lors du discours du budget de novembre 1981, dans un livre blanc, *Le développement économique du Canada dans les années 80*[63].

Rédigé dans la foulée du programme énergétique qui avait été adopté un an plus tôt, fortement influencé par les conclusions optimistes pour le Canada du rapport américain, *Global 2000*, sur les perspectives de développement dans le secteur des ressources naturelles[64] et par le rapport final sur les mégaprojets présenté peu de temps auparavant par le groupe de travail Blair-Carr[65], le livre blanc entrevoyait lier étroitement le développement économique futur du Canada au développement des richesses naturelles et de faire de celles-ci la pierre angulaire de la stratégie de renouveau économique national qu'avait promis le premier ministre au lendemain de l'élection de 1980. Désormais responsable du dossier du développement régional, le ministre d'État au Développement économique et régional, D. Johnston, devait assurer la coordination et la mise en oeuvre de cette nouvelle stratégie de développement de concert avec les provinces. La dégradation de la conjoncture économique en 1982 et la chute des prix des matières premières, dont ceux du pétrole, contribuèrent largement à discréditer cette stratégie dans le public et à remettre en cause les grands projets

62.   Voir à ce sujet, DEBLOCK, C., «La politique économique canadienne, une rétrospective», dans DEBLOCK, C. et ARTEAU, R. (sous la direction de), *La politique économique canadienne à l'épreuve du continentalisme*, Montréal, GRÉTSÉ/ACFAS, Politique et économie, n° 8, p. 15-40.
63.   CANADA, ministère des Finances, novembre 1981.
64.   Voir à ce sujet, DOERN, B., «The Mega-project episode and the formulaitn of Canadian economic development policy», dans *Canadian Public Administration*, 26, 2, été 1983, p. 219-238.
65.   CANADA, Groupe de travail consultatif sur les avantages industriels et régionaux de certains grands projets canadiens, *Mégaprojets canadiens: avenir prometteur pour le Canada*, Ottawa, 1981.

Dorval BRUNELLE ET Christian DEBLOCK

185

d'investissement prévus. Cet échec devait symboliser celui du nationalisme économique et du fédéralisme centralisateur qui l'avait accompagné[66].

SYNTHÈSE: DE TRUDEAU À MULRONEY

Jusqu'à tout récemment, la très grande majorité des travaux consacrés à l'étude de l'économie politique du Canada déplorait l'absence de centralisation des décisions en matière d'économie politique au pays. Cette approche, développée à l'origine par les Commissaires responsables de la rédaction du *Rapport Rowell-Sirois* en 1940, a été reprise de manière récurrente depuis, que ce soit dans les travaux de la Commission Gordon (1959), ceux des *Rapports Watkins* (1968), *Gray* (1970) et, tout récemment encore, par la Commission Macdonald sur l'Union économique et les perspectives de développement du Canada (1985).

L'angle d'analyse a été sensiblement le même chez les analystes de la précédente génération comme Harry J. Johnson ou les frères Wonnacott.

Enfin, c'est également la démarche qui a été adoptée par les principaux groupes de pression et pompes à idées ou *«think tanks»* qui opèrent au pays comme le Conference Board of Canada, l'Institut de recherche C.D. Howe, l'Association des manufacturiers canadiens ou l'Institut Hudson du Canada.

Cependant, depuis plus d'une quinzaine d'années déjà, ce paramètre a été remplacé par une approche plus souple qui a tenté de trouver dans la notion de «région» une certaine réconciliation entre les faits et la théorie. Développée en particulier dans les premières analyses du ministère de l'Expansion économique régionale, l'approche régionale entendait substituer à l'opposition entre la fédération et les provinces une grille d'analyse fondée sur des réalités économiques nouvelles définies comme des «disparités régionales». Cette démarche ne réglait pas l'ancien contentieux entre la centralisation et la décentralisation; elle le déplaçait en investissant dorénavant le pouvoir central d'une mission régionale théoriquement et programmatiquement distincte des stratégies qui prévalaient antérieurement.

Or, malgré les programmes et les mesures mis en place tout au long des années 60 et 70 et malgré l'accroissement du poids de l'Etat central dans la fédération, il ne semble pas qu'Ottawa ait su ou pu contrer le processus de la régionalisation du marché canadien, c'est-à-dire ce que certains vont jusqu'à appeler sa «balkanisation»[67]. Ainsi, au lieu d'assister à une plus grande homogénéisation économique à la grandeur du pays, nous assisterions au contraire au repli des économies provinciales sur elles-mêmes, avec la conséquence suivante:

---

66.   LESLIE, P., *Federal State, National Economy*, Toronto, University of Toronto Press, 1987.
67.   TREBILCOCK, M.J., PRICHARD, J.R.S., COURCHESNE T.J., WHALLEY, J., *Federalism and the Canadian Economic Union*, Toronto, Ontario Economic Council, 1983, p. 48.

Il devenait de plus en plus évident que les industries manufacturières canadiennes voyaient leur part des marchés domestiques et internationaux décroître depuis au moins une décennie. L'importation des produits manufacturés était passée de 21,6 % en 1966 à 29,6 % en 1976, et à un peu moins de 31 % en 1977[68].

En octobre de la même année, le Conseil des sciences du Canada publie *Uncertain Prospects*, où l'on invoque pour la première fois le phénomène de la «désindustrialisation» de l'économie canadienne.

Ainsi, à l'encontre des schémas bipolaires développés par Trudeau (1967), Gilpin (1977), voire par tout un courant radical, s'est progressivement imposée une démarche plus souple esquissée au départ par Richard Simeon dans son *Federal-Provincial Diplomacy. The making of recent policy in Canada*, publié en 1972, et enrichi depuis. Par exemple, Barbara Hodgins écrivait, peu avant le rapatriement de la Constitution, en 1981:

> Le précédent examen des négociations constitutionnelles a montré que les provinces (*province-builders*) cherchent à étendre leur pouvoir constitutionnel et à réaliser une plus grande décentralisation du pouvoir au Canada. Dans l'ensemble, le gouvernement fédéral (*country-builders*) ne tente pas d'opérer un mouvement concomitant vers une plus grande centralisation du pouvoir. Au contraire, celui-ci semble plus orienté vers l'annulation de l'offensive provinciale et à serrer la marge de manoeuvre des provinces au lieu, en particulier, d'accorder une plus grande standardisation et une meilleure protection contre l'érosion du rôle du gouvernement fédéral dans la définition de l'«intérêt national» et d'une politique nationale[69].

Sans aller aussi loin, la récente étude de Michael Jenkin établit que «la légitimité d'une action fédérale en matière de politique industrielle, considérée sous l'angle régional, est parfois mise en doute»[70].
Et l'auteur conclut en ces termes:

> En principe, il faudrait créer un mécanisme administratif pouvant associer des programmes de développement industriel mieux adaptés aux besoins des régions avec une méthode intégrée et cohérente de développement industriel au plan national[71].

---

68.   LAZAR, F., «The National Economy», in *Canadian Annual Review of Politics and Public Affairs 1977*, édité par John Saywell, University of Toronto Press, 1979, p. 335.

69.   HODGINS, B., *Where the Economy and the Constitution Meet in Canada*, Montréal, C.D. Howe Institute, 1981, p. 44.

70.   JENKIN, M., *Le défi de la coopération. La politique industrielle dans la fédération canadienne*, Ottawa, Conseil des sciences du Canada, Études de documentation n° 50, 1983, p. 179.

71.   *Idem*, p. 202.

C'est ce genre d'assouplissement que les conservateurs vont chercher à instituer peu après leur arrivée au pouvoir en septembre 1984.

Ainsi, dans son exposé du 8 novembre 1984, le ministre fédéral des Finances établissait un «programme fédéral de renouveau économique» en quatre points où il était question: *premièrement*, de résorber l'accumulation massive de la dette publique; *deuxièmement*, de redéfinir le rôle de l'État; *troisièmement*, d'améliorer la performance au niveau des investissements; et, *quatrièmement*, de réaliser ces changements de manière équitable.

La tâche de redéfinir le rôle de l'État a été confiée au vice-premier ministre, Erik Nielsen. En attendant, il vaut de rappeler que cette question de la réduction de l'interventionnisme a aussi été mise à l'ordre du jour de la Conférence des premiers ministres sur l'économie, tenue à Régina les 14 et 15 février 1985. Dans son allocution d'ouverture, le premier ministre Mulroney donnait le ton dans les termes suivants:

> La préparation conjointe de cette Conférence démontre notre volonté commune de travailler ensemble dans un nouvel esprit d'harmonie et de confiance mutuelle.

> [...] Au cours de la campagne électorale, j'ai déclaré à maintes reprises que l'objectif fondamental du nouveau gouvernement serait d'engager le Canada sur la voie de la réconciliation nationale et du renouveau économique.

> À Sept-Îles, au mois d'août, j'ai affirmé que nous devions insuffler un nouvel esprit au fédéralisme...

À la vérité, ce renouveau du fédéralisme s'inscrit dans la double stratégie de désengagement de l'État central et d'ouverture sur le continent nord-américain, double stratégie qui trouve son prolongement dans les accords signés par Mulroney et Reagan à Québec en mars de la même année, puis sanctionnée par la signature de l'*Accord de libre-échange* le 2 janvier 1988.

En effet, depuis la mise au rancart du nationalisme économique en 1982, on a assisté à un retour en force de l'option continentale. Et cela était déjà apparent durant les toutes dernières années du règne de Trudeau.

C'est pourquoi, pour le Canada, le pacte de libre-échange apparaît comme un prolongement de deux enjeux en apparence distincts: il peut d'abord s'avérer être une stratégie visant à surmonter l'actuelle fragmentation du marché canadien, il peut ensuite servir à implanter de force une spécialisation industrielle.

Sous ces deux angles, le libre-échange constitue une option qui instituerait une politique industrielle par défaut, voire, comme une substitution de contraintes propres à l'établissement d'un marché continental à l'encontre d'une implantation d'une politique industrielle en bonne et due forme.

LE CANADA ET LE CONTEXTE INTERNATIONAL

Les économies américaine et canadienne ont évolué à l'ombre des institutions issues de la Conférence de Bretton Woods, tenue en 1944. Néanmoins, la montée concurrente des économies européenne et japonaise, de même que la politique économique adoptée par l'administration démocrate du président Johnson durant la guerre du Vietnam, ont conduit le président républicain Richard Nixon à décréter une dévaluation dramatique et à suspendre la convertibilité en or du dollar le 15 août 1971[72].

Depuis la sanction de ces mesures, on a assisté à diverses tentatives d'ébauche d'un «nouvel ordre économique mondial» caractérisé par le flottement généralisé des monnaies. Si, en principe, ce nouveau système devait permettre de maintenir la stabilité des cours internationaux, en pratique, cependant, le flottement généralisé s'est avéré déstabilisateur puisque le nombre des acteurs qui ont une influence réelle est limité aux «cinq monnaies les plus importantes»[73]. En conséquence, ce sont moins les forces d'un marché anomyme qui prévalent dans l'édification du nouvel ordre économique, mais bien la gestion collective du marché mondial telle qu'elle a pu opérer, en particulier, lors de la tenue des sommets économiques des chefs des pays les plus industrialisés.

Réuni une première fois à six au château de Rambouillet, du 15 au 17 novembre 1975, le groupe des pays les plus industrialisés devait inclure le Canada dès l'année suivante, en 1976[74].

À l'occasion de ces sommets, il a été question aussi bien de coopération monétaire, de politique macroéconomique, de commerce international, des relations Est-Ouest et d'énergie que des relations Nord-Sud.

Depuis Rambouillet, les «six», puis les «sept» par après, se sont engagés sur la voie de la libéralisation des échanges et se sont entendus pour éviter l'application de nouvelles restrictions commerciales.

> On estime généralement que la réaffirmation de cet attachement à l'engagement pris par les pays de l'OCDE, qui devait s'avérer être un leitmotiv des sommets ultérieurs, a renforcé la capacité des gouvernements des pays participant au sommet à faire face aux pressions inflationnistes[75].

En attendant, la situation économique au sein des pays membres continue de se détériorer durant la deuxième moitié des années 70. Si, à l'occasion du premier choc pétrolier consécutif à la guerre du Yom Kippour en 1973, l'absence de concertation entre les pays industrialisés prévaut en matière énergétique, lors du second choc qui suit le renversement du Shah d'Iran, «le doublement du prix

---

72.   DE MÉNIL, G., *Les sommets économiques: les politiques nationales à l'heure de l'interdépendance*, Paris, Economica, 1983, page 10.
73.   *Idem*, pages 10-11.
74.   Rappelons, pour mémoire, les noms des pays participants: États-Unis, France, Allemagne, Angleterre, Italie et Japon.
75.   DE MÉNIL, G., *op.cit.*, page 23.

du pétrole brut dans le courant de l'année 1979, et le désordre économique mondial qui s'ensuivit, ont dans tous les grands pays attiré l'attention sur la nécessité d'économiser l'énergie et de réduire les importations de pétrole»[76].

En fait, et malgré les limites inscrites auprès des sommets de Tokyo en 1979 et de Venise en 1980, des mesures d'économie d'énergie ont été appliquées par les pays membres.

> Dans la majorité des démocraties industrielles, les gouvernements ont réagi au second choc pétrolier par des politiques macroéconmiques nettement plus restrictives qu'après le premier choc pétrolier, et ils s'y sont tenus plus longtemps.

[aux États-Unis],

> le tournant fut pris en novembre 1979, lorsque sous la direction de son nouveau président, Paul Volcker, la Réserve fédérale adopta des objectifs draconiens en matière de croissance des agrégats monétaires. Cette politique fut maintenue et confirmée après l'élection du président Reagan. La rigueur des objectifs et la détermination avec laquelle ils furent poursuivis ont fait monter les taux d'intérêts réels et nominaux à des sommets encore jamais atteints[77].

Incapable de mener une politique autonome, le Canada misera sur le suivisme à cette occasion, avec le résultat qu'il sera un des tout premiers touché par la sévérité de la récession.

Dans l'année qui suit le Sommet d'Ottawa, l'inflation ralentit et les taux d'intérêt commencent à baisser, tandis que le déficit fédéral américain continue de croître. Au Sommet de Versailles, en 1982,

> [...] les sept chefs d'État et de gouvernement ont clairement donné pour mission à leurs ministres des Finances d'oeuvrer pour une plus grande convergence des politiques macroéconomiques[78].

Pour le Canada, le problème majeur demeure l'incapacité dans laquelle le gouvernement se trouve de prendre ses distances face au gouvernement américain, de telle sorte que toute «convergence des politiques macroéconomiques» contribue à accroître la continentalisation de l'économie américaine, au lieu de contribuer à raffermir la position internationale du pays en tant que partenaire indépendant et éclairé susceptible de joindre, le cas échéant, le peloton des adversaires de la politique macroéconomique américaine.

En conséquence, depuis son entrée dans le Groupe des Sept en 1976 jusqu'en 1984 — et même par après, puisque rien n'a changé à ce chapitre avec l'arrivée des conservateurs au pouvoir le 4 septembre de la même année, bien au contraire —, la gestion de l'économie au Canada a été progressivement ajustée

---

76.   *Idem*, page 33.
77.   *Idem*.
78.   *Idem*, page 45.

sur la stratégie américaine, avec le résultat que le pays est passé d'une direction à dominante nationaliste entre 1971 et 1981-1982, à une approche continentale axée sur l'imitation du modèle américain, en attendant la mise en place d'une éventuelle intégration économique à la suite de la signature d'un accord de libre-échange canado-américain.

LES POLITIQUES RÉGIONALES AU CANADA SOUS LE RÉGIME LIBÉRAL 1963-1984

Michel Boisvert
Pierre Hamel
Institut d'urbanisme
Université de Montréal

L'un des thèmes majeurs de l'histoire politique canadienne découle... de sa géographie. La question régionale s'est en effet trouvée, depuis les tout débuts de la Confédération, au premier plan des préoccupations du gouvernement central. Cet enjeu s'avérera encore plus nettement au cours de la période 1963-1984 puisque les libéraux auront à faire face, avec la menace sécessionniste du Québec en 1980, à la plus importante remise en question du régime fédéral depuis sa création.

Nous verrons d'abord dans la première partie du texte à préciser le sens donné par les libéraux tant au développement régional qu'au concept même de région. Nous examinerons ensuite l'évolution d'un certain nombre d'indicateurs socio-économiques afin de vérifier dans quelle mesure les disparités régionales se sont ou non résorbées au cours de cette période. Les principaux moyens utilisés par le gouvernement fédéral dans la mise en oeuvre de sa politique régionale feront l'objet en deuxième partie d'un examen approfondi. Une plus grande place sera bien sûr accordée dans cette analyse au ministère de l'Expansion économique régionale — MEER — mais nous évoquerons aussi l'impact régional d'autres politiques fédérales souvent jugées plus importantes encore. Enfin, en guise de conclusion, nous dresserons un bilan provisoire de l'action des libéraux en regard de l'enjeu du développement régional.

DÉVELOPPEMENT RÉGIONAL ET RÉGIME FÉDÉRAL

L'adoption de l'*Acte de l'Amérique du Nord britannique* en 1867 s'appuie sur les motifs suivants: résister à la menace américaine en soudant la frontière, réaliser le plus rapidement possible une expansion vers l'Ouest afin d'assurer grâce au chemin de fer transcontinental, le développement de cette vaste région-ressource, et résoudre l'impasse politique découlant de la présence au sein du Canada uni de deux régions dont les aspirations mènent à des affrontements stériles. Dès le début de la Confédération, on constate que le défi le plus grand du gouvernement fédéral sera de trouver les moyens de garder ensemble ces sociétés régionales dont la vision du développement économique s'appuie sur une forte volonté d'autonomie. Le recours aux subventions discrétionnaires apparaîtra très tôt comme moyen de faire taire les revendications sécessionnistes de la Nouvelle-Écosse.

L'outil d'intégration le plus puissant sera ce qu'il est convenu d'appeler la «politique nationale», implantée au cours des années 1890. Derrière la structure tarifaire ainsi mise en place, c'est une véritable stratégie de développement régional qui transparaît: le «Canada central» y trouve les moyens d'accélérer le développement de sa base manufacturière tandis que les autres régions obtiennent des débouchés pour leurs matières premières et surtout l'accès à l'intérieur d'une même entité politique à ces activités de support (transport, financement, mise en marché) essentielles à l'exploitation des ressources naturelles.

Pendant la première moitié du XXe siècle, la perpétuation des inégalités régionales entraînera le recours de plus en plus fréquent à des mesures redistributives ponctuelles comme les programmes d'aide spéciale aux provinces maritimes durant les années 1920 et aux provinces des Prairies au cours de la crise des années 1930. Cette vision de l'aide publique au développement régional conçue comme une extension à l'échelle pancanadienne de la mission redistributrice propre à l'État fédéral sera une composante majeure du credo libéral. Elle trouvera dans l'instauration au cours des années 1950 du régime de paiements de péréquation un moyen d'expression particulièrement puissant.

Mais la publication en 1957 du rapport de la commission Gordon suscitera de profondes remises en question puisque le message central du document est que seule une approche intégrée peut s'attaquer aux causes profondes des disparités régionales. La prise du pouvoir par les conservateurs de John Diefenbaker la même année y contribuera davantage encore. Ceux-ci tiendront un discours plus proche des réalités régionales, plus sensible aux revendications des régions rurales et des territoires excentriques. L'importante conférence fédérale-provinciale tenue à Montréal en 1961 sous le thème *Les ressources et notre avenir* apparaîtra à plusieurs comme un juste retour des choses en mettant en relief l'importance des ressources naturelles dans le développement économique du Canada et la nécessité de relations plus harmonieuses avec les provinces. Ces préoccupations déboucheront sur la Loi d'aménagement régional et développement agricole (ARDA), qui occupera jusqu'à la création du MEER en 1969 une position centrale dans la politique fédérale de développement régional.

Favorisés par les déboires de l'économie canadienne et le demi-échec des politiques macroéconomiques d'inspiration keynésienne, les libéraux reprennent le pouvoir en 1963, bien décidés à tirer profit de ces expériences. La classe politique cherche donc, dans un premier temps avec le gouvernement Pearson, à introduire plus de rationalité dans les politiques et programmes existants. Le programme ARDA, par exemple, sera après 1966 étendu à toutes les régions rurales du Canada et considérablement élargi dans ses moyens d'action avec le FODER (Fonds de développement économique rural).

Mais le discours libéral dans les années 1960 et 1970 relativement à la question régionale s'articulera avant tout au thème nationaliste. La priorité de Pierre Elliott Trudeau est «l'unité nationale» qu'il compte réaliser en surmontant deux problèmes qui menacent depuis les débuts la survie de la fédération canadienne: d'une part la division linguistique, qu'il entend résoudre avec une politique de bilinguisme, et d'autre part les disparités régionales, qu'il compte réduire grâce à une politique d'intégration interrégionale, s'opposant avec fermeté aux forces dites de désintégration[1]. Cette mission, pour être menée à bien, nécessitait un leadership accrû du palier fédéral: au fur et à mesure que les régionalismes s'affirmeront, les libéraux fédéraux mettront donc l'accent sur des stratégies à caractère de plus en plus interventionniste.

Pour assurer le pouvoir au fil des élections, cette vision à long terme devra toutefois composer avec les aléas de la conjoncture économique et permettre aux politiques et aux programmes d'aide aux régions d'apporter, sur une base pragmatique, des éléments de réponse à court terme, sans référence explicite à la perspective de transformation structurelle. Soulignons en outre que le discours dominant à l'égard de la question régionale ne relevait pas exclusivement d'une élite politique restreinte. Les bureaucrates outaouais, et de nombreux intervenants provinciaux, en plus des partis politiques d'opposition sur la scène fédérale, contribueront aussi très largement à sa formulation, chacun y défendant ses intérêts propres tout en adhérant à la problématique générale fournie par les libéraux.

---

1.   On réfère souvent à cette opposition à l'aide des concepts de «*nation building*» vs «*province building*». Pour une discussion récente, voir LITHWICK, H., «Regional development policies: context and consequences» p. 121-155; COFFEY, W. et POLESE, M. (éd.), *Still living together: recent trends and future directions in canadian regional development*, Montréal: Institut de recherches politiques, 1987.

LA RÉGION POUR LES LIBÉRAUX

L'administration fédérale, ne serait-ce que dans le seul domaine du développement régional, a eu recours dans le passé à de nombreux découpages de l'espace canadien. Dans certains cas, il est possible par emboîtement de reconstituer presque intégralement le territoire à des échelles variées: les 261 divisions de recensement peuvent être réunies en 61 régions économiques, puis en 10 entités provinciales et finalement en 5 grandes régions économiques. Dans d'autres cas, la régionalisation ne respecte cependant pas ces limites et ne couvre qu'une partie du territoire canadien, soit à des fins analytiques — e.g. les 18 régions statistiques manufacturières, les 59 régions métropolitaines et agglomérations de recensement —, soit pour des motifs stratégiques — e.g. les régions désignées à l'origine par le MEER, la région de Montréal dans le cadre du programme des zones spéciales, les régions d'intervention de l'Office canadien de renouveau industriel (OCRI).

D'un point de vue politique, les régions du Canada pour les libéraux ont toujours été vues soit comme des territoires avec des ressources naturelles distinctes soit comme des regroupements géographiques d'électeurs, aux appétits insatiables et aux intérêts les plus souvent conflictuels. En raison de cette diversité et de ces divergences, les intérêts collectifs n'avaient de sens à leurs yeux qu'à l'échelle locale ou «nationale». Ils refusaient donc de reconnaître l'existence de sociétés distinctes à un niveau intermédiaire. La position adoptée par les libéraux face aux revendications autonomistes du Québec, par exemple, le démontre clairement. Et cette interprétation s'applique aussi à d'autres réalités régionales comme celle de l'Acadie et celle de l'Ouest.

Sous Lester B. Pearson et surtout sous Pierre E. Trudeau, les gouvernements provinciaux ont été considérés comme des «*junior governments*» au même titre que les administrations municipales. On leur attribuait un statut de gestionnaire plutôt que de planificateur. Pour bien marquer cette conception des rapports entre les niveaux d'intervention politique, le gouvernement fédéral a, entre autres, choisi de reporter ses engagements financiers dans le domaine de la défense pour mieux encadrer les actions des gouvernements provinciaux à travers de multiples accords de nature fiscale ou budgétaire. De même les changements constitutionnels fondés sur la reconnaissance des réalités socio-politiques régionales comme la transformation du Sénat en Chambre des provinces ou la participation des provinces au processus de nomination des juges de la Cour suprême, proposées notamment par les «cousins» libéraux du Québec, sont demeurés lettre morte[2].

---

2.   Pour un examen fouillé des propositions de réforme constitutionnelle débattues à la veille du référendum québécois de 1980, consulter Commission de l'unité canadienne, *Se retrouver*, janvier 1979, *Définir pour choisir*, février 1979 et *Un temps pour parler*, mars 1979, Ottawa.

Cette attitude s'explique par une conviction profonde à savoir que l'avenir du Canada, sa survie même, dépend de l'unité «nationale», laquelle repose à la fois sur une plus grande uniformisation des hommes et des institutions, et sur une meilleure intégration interrégionale. Car l'objectif premier de la politique régionale du gouvernement libéral à Ottawa a été non pas d'encourager le développement de chacune des régions qui composent le pays, en s'assurant d'un niveau minimal de cohérence et d'harmonisation entre les régions, mais plutôt d'imposer les conditions favorables à la création d'une société moderne, avec un système économique et politique intégré, en se servant des paliers «inférieurs» de gouvernement pour s'assurer du niveau minimal de spécificité que commande la diversité des milieux dans certaines fonctions «banales». En somme, il s'agissait de concrétiser le rêve de John A. MacDonald et George-E. Cartier, en le mettant au goût du jour par la promotion du keynésianisme et une conception providentielle de l'État.

L'évolution des réalités régionales

Puisque les libéraux ont fait de la lutte aux disparités régionales un de leurs principaux chevaux de bataille, il est approprié d'examiner l'évolution des performances relatives de chaque région, en particulier, sur le plan économique. Dans son analyse qu'il convient maintenant de mettre à jour, le Conseil économique du Canada[3] suggérait de privilégier les quatre indicateurs suivants: le revenu personnel par habitant, le taux de chômage, le taux d'activité et la croissance démographique.

Le revenu personnel par habitant a poursuivi entre 1963 et 1985 la tendance, maintes fois soulignée, à une lente convergence entre les régions. Comme on peut le constater à partir du tableau 1, chacune des provinces s'est rapprochée de la moyenne canadienne, à l'exception de la Saskatchewan, alors que les variations les plus importantes ont touché les extrêmes, l'écart maximum passant ainsi de 2,08 à 1,63. Une part importante de ce phénomène est attribuable aux politiques de redistribution du revenu. Nous pouvons affirmer que le gouvernement libéral à Ottawa porte à cet égard une grande responsabilité Ainsi, au même tableau, nous observons que la part des transferts de l'administration fédérale aux particuliers en pourcentage du revenu personnel par habitant a plus que doublé durant cette période et qu'elle présentait pour les Terre-Neuviens en moyenne près de 9 % de ce revenu. Les changements apportés en 1970 au régime d'assurance-chômage, par exemple, ont doté le Canada d'un

---

3.   Soulignons que cette étude parue en 1977 représente le plus beau «succès de librairie» de cet organisme paragouvernemental fédéral avec trois impressions en anglais et deux en français: *Vivre ensemble une étude des disparités régionales*, Ottawa, 1977.

programme reconnu à travers le monde comme l'un des plus larges en couverture et des plus généreux en prestations.

Tableau 1
Indicateurs économiques provinciaux
1963 et 1984

	Population en %		Revenu personnel par habitant Canada = 100		Paiements de transfert de l'administration fédérale aux particuliers en % du revenu personnel	
	1963	1984	1963	1984	1963	1984
Terre-Neuve	2,5	2,3	56,3	67,4	4,06	8,83
Ile-du-Prince-Édouard	0,6	0,5	58,4	71,6	3,45	7,54
Nouvelle-Écosse	4,0	3,5	75,5	81,2	1,86	4,08
Nouveau-Brunswick	3,2	2,8	67,0	74,5	2,53	6,41
Québec	29,0	26,0	88,6	93,6	1,40	3,67
Ontario	34,2	35,6	117,2	110,0	0,82	1,77
Manitoba	5,0	4,2	94,3	95,4	1,09	2,02
Saskatchewan	4,9	4,0	98,2	90,3	0,71	1,84
Alberta	7,4	9,3	98,2	106,8	0,87	2,55
Colombie-britannique	9,0	11,4	112,2	102,6	1,14	3,39
Canada	100,0	100,0	100,0	100,0	100,0	100,0
	18 931 000	25 124 000	1830$	!4402$	20,80$	395,40$

Sources: Statistique Canada n° 919210 et n° 13-213, publications annuelles.

Les performances du système multirégional canadien en termes d'opportunités d'emploi ont cependant été moins reluisantes. Comme dans la plupart des pays industrialisés, on note au graphique 1 une augmentation tendancielle du taux de chômage associé au plein-emploi, augmentation toutefois plus importante ici qu'ailleurs. Les performances relatives de chaque région se sont de plus détériorées, du moins en termes absolus et ce, non seulement durant la crise de 1982-1984, mais même au cours de la récession de 1974-1978. Un taux de chômage en 1984 de 20,5 % à Terre-Neuve par rapport à 8 % en Saskatchewan donne un ratio plus faible qu'en 1966 — 2,56 comparativement à 3,87 — mais un pourcentage aussi élevé de main-d'oeuvre inemployée crée indiscutablement un problème social épineux. Surtout quand on tient compte du fait que de nombreux travailleurs potentiels, découragés devant le manque d'opportunités d'emploi, décident tout simplement de se retirer du marché du travail en devenant inactifs. On estime qu'à Terre-Neuve ce nombre correspond à la moitié du nombre de personnes se déclarant chômeurs[4].

Les données reproduites au graphique 2 montrent bien que là où le taux de chômage est élevé on trouve aussi un faible taux d'activité, et vice-versa; l'acuité du problème de l'emploi dans certaines régions est donc sous-estimée par les seuls taux de chômage. Au total, comme dans le cas du revenu personnel par habitant, l'amélioration des conditions d'emploi à l'échelle de l'ensemble du Canada est remarquable, soit un accroissement de plus de 7 points de pourcentage dans le taux d'activité — de 57,3 % à 64,8 % — en 18 ans, mais en contrepartie il est clair que les disparités interrégionales se sont accrues au cours des vingt dernières années.

Le libéralisme économique, doctrine dont s'inspirent bien sûr tant les libéraux que les conservateurs, même si les premiers s'y réfèrent de manière peut-être moins dogmatique, insiste beaucoup sur la mobilité de la main-d'oeuvre comme moyen de pallier au chômage chronique de certaines régions: mobilité sectorielle, mobilité professionnelle et aussi mobilité géographique. Or les migrations interprovinciales ont joué un rôle important dans les changements survenus à la répartition régionale de la population canadienne et, comme on peut le constater au tableau 1, ces changements démographiques ont favorisé les régions offrant des conditions économiques plus favorables. C'est ainsi que les provinces de l'Atlantique ont vu leur part de la population diminuer de 10,3 % à 9,1 % entre 1963 et 1984 pendant qu'ensemble les provinces d'Alberta et de Colombie-Britannique augmentaient leur part de 16,4 % à 20,7 %.

Ces indicateur socio-économiques reflètent aussez bien les niveaux de vie et les opportunités qu'offre le marché du travail dans chaque région, mais il ne disent rien des causes de ces disparités. Au risque de simplifier, nous pouvons considérer que les performances économiques d'une collectivité, régionale aussi bien que nationale, dépendent certes de la quantité et de la qualité des ressources disponibles — ressources naturelles, humaines et financières —, mais surtout de l'efficience avec laquelle ces ressources sont utilisées par l'appareil de production. Or, s'il est possible de reconnaître au gouvernement libéral la volonté de combler les écarts en termes de qualité des ressources disponibles, en particulier par ses programmes à frais partagés dans l'éducation post-secondaire et dans la santé de même que par l'importance accordée à la péréquation, il faut aussi mentionner que les transformations structurelles des économies régionales exigées par le plein-emploi et, de façon plus large, par l'objectif d'efficience ne se sont pas produites, ou si peu. La dépendance à l'égard des matières premières n'a à peu près pas diminué dans l'*hinterland* alors que les problèmes structurels du Canada central se sont même accentués au cours des vingt dernières années. Ceci s'est manifesté entre autres dans la faiblesse des investissement en R & D et dans

---

4.   Estimé préparé par le Conseil économique du Canada et commenté par SAVOIE, D., *Regional Economic Development: Canada's Search for Solutions*, 1986, p. 110.

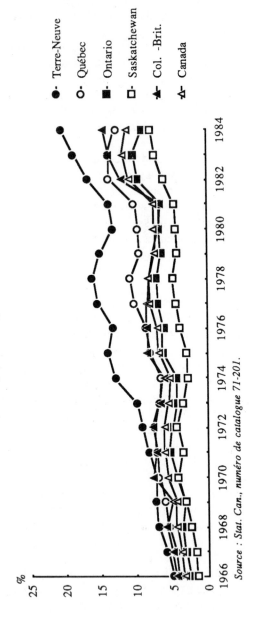

Graphique 1
Taux de chômage annuel moyen,
Canada et provinces, 1966-1984,
en pourcentage

Source : Stat. Can., numéro de catalogue 71-201.

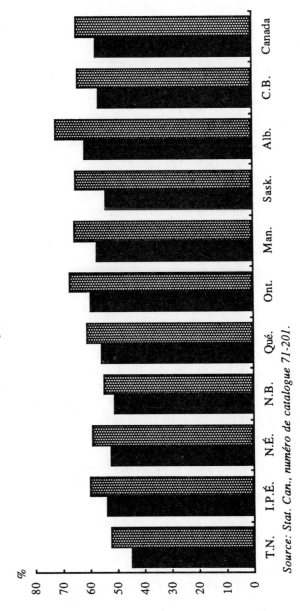

Graphique 2
Taux d'activité, 1966 et 1984,
Canada et provinces, en pourcentage

Source: Stat. Can., numéro de catalogue 71-201.

l'incapacité à trouver des créneaux industriels permettant de s'affranchir petit à petit du carcan protectionniste. Nous devons également tenir compte des succès très limités rencontrés dans l'émergence de pôles de développement concurrents à Toronto et Montréal: la concentration du pouvoir financier dans ces deux métropoles — encouragée par le système bancaire sous contrôle fédéral — et du pouvoir technologique — dûe en bonne partie à un degré de pénétration de l'investissement étranger beaucoup plus élevé que dans n'importe quel autre pays industrialisé — a de quoi étonner dans un pays aussi diversifié sur le plan économique[5].

Ces disparités économiques interprovinciales cachent le plus souvent des disparités plus grandes encore à l'échelle infraprovinciale. Au Québec, par exemple, le revenu personnel disponible par habitant de la région Gaspésie-Bas Saint-Laurent ne représentait en 1983 que 71,8 % de la moyenne provinciale tandis que le taux de chômage y était de 1,57 fois plus élevé que dans le reste de la province[6]. La plupart du temps ces disparités ont évolué de la même façon qu'à l'échelle interprovinciale, vers une certaine résorption des écarts de revenu personnel mais une aggravation des problèmes d'emploi.

Du MEER au MEIR

Pour accomplir ses desseins, le gouvernement central a élaboré une multitude de politiques et de programmes mais c'est en étudiant la création, les réorientations et l'abolition éventuelle du MEER qu'on peut le mieux rendre compte des principes qui ont guidé la politique libérale d'aide au développement régional.

Jusqu'au milieu des années 1960, la politique régionale d'Ottawa était caractérisée par la mise en place de programmes limités, orientés vers les régions les plus défavorisées et préoccupées d'apporter des solutions ponctuelles. La création du MEER en avril 1969 avait pour objectif «d'éliminer le chevauchement et l'improductivité du gouvernement fédéral en matière d'aide au développement des régions en vue de réduire les disparités économiques et sociales»[7]. Le mandat du nouveau ministère devait l'orienter vers «la définition d'une politique nationale suffisamment souple pour permettre l'élaboration de plans variant selon les régions et tenant compte de l'ampleur et de la complexité

---

5. Pour l'analyse du rôle joué à cet égard par la structure politique du pays, consulter BOISVERT, M., *Les implications économiques de la souveraineté-association, le Canada face à l'expérience des pays nordiques*, Montréal, Presses de l'Université de Montréal, 1980.

6. Données tirées de la publication semi-annuelle du MEIR — région du Québec, *Indicateurs économiques*, juin 1986.

7. Pour une vision politique et outaouaise de ces orientations, mais sans la partisanerie qui déteint forcément sur une auto-évaluation, consulter le *Rapport du comité sénatorial permanent des finances nationales*, 1982.

du problème de relèvement économique et social»[8].

Mais très tôt les stratèges libéraux ont adopté une problématique fondée sur la théorie des pôles de croissance en soutenant que le développement économique procède à partir des pôles, sectoriels et géographiques, dont le dynamisme devrait ensuite assurer la croissance dans l'ensemble du territoire. Cette stragégie, très explicite pour le Québec dans le rapport HMR[9], a eu pour effet de lier l'avenir des régions sous-développées au renforcement de pôles de croissance et de développement souvent situés ailleurs. Elle visait donc clairement l'objectif d'intégration interrégionale. Dès le départ, la loi instituant le MEER visait à concentrer l'industrie dans des grands centres urbains de croissance ainsi que dans des petits centres industriels où les subventions étaient susceptibles de stimuler les investissements privés. Le programme de subventions au développement régional permettait en effet aux entreprises localisées ou se relocalisant dans les 23 zones désignées d'avoir accès à l'aide gouvernementale pour l'agrandissement ou la modernisation de leurs établissements ou encore pour la fabrication de nouveaux produits[10].

Une première révision a toutefois été entreprise dès 1972. Minoritaire en chambre, le gouvernement Trudeau s'était montré sensible aux récriminations provinciales. Plusieurs gouvernements provinciaux considéraient en effet le programme des «zones spéciales» comme étant discriminatoire à leur endroit puisqu'ils en étaient exclus. Tous soulignaient par ailleurs que la collaboration avec le fédéral était à sens unique dans le mesure où il n'y avait aucune compensation pour ceux qui n'acceptaient pas les conditions imposées par les programmes du MEER. En outre une évaluation interne du ministère concluait que les actions entreprises avaient finalement peu contribué à réduire les inégalités régionales. Au-delà des controverses sur l'impact mitigé des divers programmes, un consensus s'était établi autour de la nécessité de revoir l'approche bureaucratique qui avait prévalu jusque-là et qui mettait l'accent sur la recherche de solutions «rationnelles» ne permettant pas une participation suffisante des provinces.

---

8.   Citation extraite d'un document du MEER, *La politique gouvernementale et le développement régional*, Ottawa, 1969, p. B-13.

9.   Ce document préparé par trois économistes de l'Université de Montréal, B. HIGGINS, F. MARTIN et A. RAYNAULD, aura une influence déterminante durant toutes les années 1970, tant au niveau théorique que stratégique. 1970.

10.   Pour plus de détails sur les actions entreprises au cours de cette première phase du MEER ainsi que sur les résultats de l'analyse interne qui en a été faite, consulter *La nouvelle approche*, Ottawa, ministère de l'Expansion économique régionale, 1976.

Tableau 2
Dépenses du MEER en millions $ courants
par catégorie et par province
1976-1977 à 1983-1983

	Planification et administration	Ententes auxiliaires	Subventions à l'industrie	Autres program.	Total
Région de l"Atlantique[a]	69,1	845,8	156,8	310,3	1382,0
Terre-Neuve	10,7	313,7	22,8	28,4	375,6
Ile du Prince Édouard	4,8	—	14,3	186,9	206,0
Nouvelle-Écosse	11,2	276,6	60,6	9,7	358,1
Nouveau-Brunswick	11,7	255,5	59,1	63,0	389,1
Québec	50,4	631,9	379,1	36,4	1097,8
Ontario	16,7	124,0	53,0	23,2	216,9
Régions de l'Ouest [b]	45,0	359,3	123,3	400,9	928,5
Manitoba	12,7	105,7	73,8	86,2[d]	278,4
Saskatchewan	12,7	104,3	27,2	244,0[d]	388,2
Alberta	6,4	45,9	14,0	43,0[d]	109,3
Colombie-britannique	10,0	103,4	8,3	27,6	149,3
Total [c]	351,3	2011,9	713,1	138,5	3814,8

a) Incluant le bureau régional de l'Atlantique et le Conseil de développement de l'Atlantique.
b) Incluant le bureau régional de l'Ouest.
c) Incluant le bureau central d'Ottawa, Le Yukon, et les Territoires du Nord.
d) Incluant le programme ARAP (Administration du rétablissement agricole des Prairies), transféré au ministère de l'Agriculture en 1982-1983.
Source: Rapports annuels, ministère de l'Expansion économique et régionale.

Ceci conduisit à une révision de la stratégie de développement régional. Dorénavant l'on ne pensait plus en termes de pôles de croissance mais plutôt en termes de «possibilités de développement», ce qui impliquait une collaboration beaucoup plus étroite entre le fédéral et les provinces. L'élément-clé de la nouvelle stratégie de développement régional devenait l'Entente-cadre de développement négociée avec chacune des provinces. Ainsi le MEER a-t-il signé en 1974 avec les différentes provinces, pour une période de dix ans, des ententes-cadres de développement auxquelles se sont greffées subséquemment des ententes auxiliaires, comme, par exemple, l'entente 1977-1984 pour la modernisation de l'industrie des pâtes et papiers au Québec ou encore celle sur le développement de la construction et de la réparation navale en Nouvelle-Écosse. On constatera à la lecture du tableau 2 que les subventions à l'industrie ont bénéficié relativement plus au Québec tandis que les provinces de l'Atlantique et celles des Prairies étaient dotées de programmes particuliers, le régime des ententes auxiliaires restaurant un meilleur équilibre entre toutes les régions visées par les actions du MEER. La figure 3 montre par ailleurs les écarts très importants sur les montants par habitant reçus tout au long de cette période; le Québec notamment y apparaît beaucoup plus proche des «*have provinces*» que des «*have-not provinces*».

Graphique 3
Dépenses du MEER par habitant,entre 1969-1970 et 1981-1982,
en dollars courants

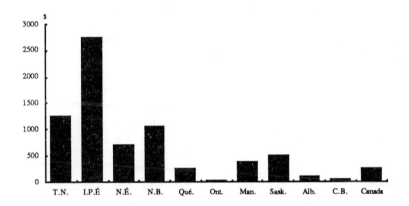

Source: Rapports annuels du MEER, pour les dépenses et Recensement 1976, pour la population.

Ces ententes-cadres faisaient appel à une approche multidimensionnelle, par opposition à l'approche sectorielle qui avait caractérisé jusque-là l'action du MEER. Elles ont aussi entraîné pour le ministère la mise en place de structures administratives plus décentralisées, tout en contribuant à restaurer la légitimité des gouvernements provinciaux. Voici ce que des experts de l'OCDE concluaient à cet égard après une mission au Canada:

> Le système des ententes-cadres et des ententes auxiliaires de développement entre le gouvernement fédéral et les gouvernements provinciaux constitue l'une des particularités les plus intéressantes de la politique de développement régional. Certes ce dispositif tient à ce que le Canada est un État fédéral; néanmoins, le Groupe de travail pense que le système de consultations conjointes sur les objectifs et de partage du financement et de l'exécution pourrait être étudié avec profit non seulement par d'autres pays à structure fédérale mais aussi par des pays à structure non fédérale dotés d'un solide appareil administratif régional ou local[11].

Mais pour plusieurs raisons, cette révision en profondeur n'a pas conduit à ce qui pourrait être considéré comme une véritable politique de développement

---

11.   OCDE, *Les politiques régionales au Canada*, Paris, p. 40.

régional. Au premier plan se trouve en cause la conception même de développement qui orientait l'intervention du gouvernement libéral. Accordant à l'entreprise privée l'initiative des actions, l'État se voyait confier un rôle supplétif, tenu en plus de s'ajuster tant à la conjoncture politique qu'à la conjoncture économique. C'est pourquoi la modernisation et la réorganisation industrielles n'ont pas vraiment été planifiées sur le long terme, avec pour résultat l'accentuation des inégalités face au marché du travail à l'intérieur du pays. Des facteurs politiques expliquent également les difficultés rencontrées dans cette nouvelle voie. S'il est vrai que les ententes-cadres de développement ont permis, pour un temps, de faire taire les récriminations provinciales et d'atténuer ainsi les tensions entre le fédéral et les provinces, elles ont aussi introduit beaucoup d'insatisfaction du côté ministériel. D'une part les ententes-cadres avaient exigé la mise en place d'un système bureaucratique de gestion qui relayait au second plan le rôle de la classe politique. D'autre part elles déplaçaient vers les provinces l'initiative de l'aide au développement régional de sorte que les dépenses engagées en vertu de ces programmes avaient peu de retombées «politiques» pour les députés et ministres libéraux, et ce au moment même où l'accession du Parti québécois au pouvoir à Québec remettait à l'ordre du jour la question de la survie du régime fédéral existant. Enfin, il est également important de tenir compte de l'évolution de la conjoncture économique. À la fin des années 1970, la montée simultanée de l'inflation et du chômage avait créé une situation de crise inédite car les inégalités régionales ne se cantonnaient plus dans des «zones spéciales», comme c'était le cas au moment de la création du MEER: même les régions industrielles les plus dynamiques étaient touchées par la récession. Une nouvelle évaluation de l'efficacité et de l'impact des programmes du MEER était devenue nécessaire.

Une deuxième révision en profondeur a été entreprise en 1978 par Marcel Lessard et complétée par Pierre de Bané après le retour au pouvoir des libéraux à l'automne 1980. On y déplore notamment que le développpment régional soit demeuré l'affaire du MEER sans engager les autres ministères fédéraux. Tout en disant tenir aux ententes-cadres et à la collaboration avec les provinces, on y soutient aussi que le gouvernement fédéral doit davantage affirmer sa présence sur la scène régionale en prenant plus d'initiatives et en soutenant des projets, le cas échéant même sans la participation des gouvernements provinciaux. On y réclame également davantage de fonds.

Ayant opté pour une approche encore plus centralisatrice, le gouvernement Trudeau a d'abord placé le MEER au début de 1979 sous la direction d'un Conseil ministériel de développement économique et sous la supervision du Département d'État au développement économique et régional (le DEDER). Suit, en février 1982, une fusion avec le ministère de l'Industrie et du commerce au ministère de l'Expansion industrielle régionale (MEIR) et le début d'une période marquée par les méga-projets dans le domaine de l'énergie et des ressources et par la prolifération des initiatives locales devant assurer la présence fédérale partout sur le territoire. Ce nouveau ministère doit désormais concilier la gestion de programmes à vocation sectorielle et l'administration de programmes à vocation régionale. Parmi les nouveaux outils à sa disposition, on doit souligner la création en 1983 du programme de développement industriel et régional (PDIR), dont l'importance pour chacune des divisions de recensement, nouvelle unité géographique de référence, dépend de la situation du marché du travail, des revenus par habitant et de la capacité financière de la province où elle est située[12].

Ces nouvelles perspectives de développement régional constituent en fait l'aboutissement d'une tendance nationaliste et centralisatrice énoncée dès les premiers instants de l'arrivée de Pierre Elliott Trudeau à la tête du gouvernement fédéral. Elles coïncident avec une conception du fédéralisme qui conduit ultimement à une intégration des régions (provinces). C'est pourquoi elles ont donné lieu à de nombreuses critiques dont certaines s'inquiètent de l'impact de cette nouvelle orientation sur les régions sous-développées. À ce propos, le Comité sénatorial permanent des finances nationales affirmait:

> Dans l'état de choses précédent, les régions avaient un défenseur au gouvernement, c'était le ministère fédéral de l'Expansion économique régionale. Maintenant que ce ministère a été dispersé, que son mandat politique a été transféré au DEDER et que la mise en oeuvre des programmes est désormais la responsabilité du MEIR, qui va prendre à son compte, au sein du Cabinet, la cause des régions sous-développées? Les ministres responsables du DEDER et du MEIR ont l'un et l'autre des responsabilités divisées et l'accent mis sur l'aspect régional dans la déclaration gouvernementale indique la ferme volonté du gouvernement de recevoir le crédit des initiatives fédérales dans les provinces[13].

L'impact régional des autres politiques fédérales

Le gouvernement central au Canada dispose d'autres moyens d'intervention dont les répercussions sur le développement des régions ne sont pas uniformes, même si l'impact régional reste dans plusieurs cas mal connu. Les stratèges libéraux ont d'ailleurs toujours été conscients de cette différenciation dans l'incidence des politiques fédérales bien que leur attitude ait parfois donné l'impression de nier

---

12.   Des détails sur les fondements et l'opérationnalisation de ce programme sont fournis par Pierre-Paul PROULX, «Redéploiement industriel et développement régional: une perspective canadienne», p. 9-18; BOIS-VERT, M. et HAMEL, P. (éd.), *Redéploiement industriel et planification régionale*, 1985.

13.   COMITÉ NATIONAL PERMANENT DES FINANCES NATIONALES, *La politique gouvernementale et le développement*, Ottawa, 1982.

cette réalité. C'est ce qui s'est passé par exemple dans le domaine des politiques de stabilisation.

Étant donné les différences très importantes dans la structure économique de chaque région, non seulement à l'égard de la structure industrielle et du taux variable d'ouverture sur les marchés extra-régionaux mais aussi au niveau de la taille des entreprises et même de la structure de consommation, il faut s'attendre à ce que les politiques fiscales et monétaires d'inspiration keynésienne adoptées par le gouvernement fédéral aient un effet différent d'une région à l'autre. C'est pourquoi le Conseil économique du Canada recommandait, entre autres, en 1977, que «les mesures fiscales utilisées par le gouvernement fédéral à des fins de stabilisation soient combinées de telle façon que la proportion de la demande nationale allant aux régions à chômage élevé en soit accrue»[14]. Quelques efforts ponctuels ont bien été faits, mais les exposés budgétaires annuels sont toujours demeurés avares de détails sur cette dimension et les maigres résultats obtenus permettent de douter de l'importance qui leur a été donnée. Car l'inefficacité des politiques fédérales de stabilisation du point de vue régional et ce, plus particulièrement au Québec, a fait l'objet de nombreuses analyses dont la plus documentée est celle de Lacroix et Rabeau. Leur étude s'intéresse surtout aux dépenses de formation brute de capital fixe en raison de leur non-récurrence, de la valeur élevée de leur multiplicateur local et de leur potentiel d'effet structurant, tout en reconnaissant le rôle important joué par les stabilisateurs automatiques que sont par exemple les prestations d'assurance-chômage. Or les conclusions tirées par ces auteurs sont très sévères pour les responsables gouvernementaux:

> Le manque d'adéquation entre la politique fiscale du gouvernement central et les besoins de stabilisation de l'économie du Québec ne viennent pas uniquement de l'absence d'une régionalisation de la politique de stabilisation mais aussi de sa mauvaise orientation au niveau macroéconomique[15].

Pour être équitable, il faut ajouter que les gouvernements provinciaux ne sont pas épargnés pour autant dans cette analyse puisqu'on y montre combien l'orientation de la politique fiscale du Québec a été souvent procyclique et a même renforcé, à l'occasion, les effets négatifs de la politique fédérale.

L'une des justifications courantes d'un tel comportement des provinces tient au fait que ces administrations ne disposent pas de conditions de financement aussi intéressantes que ce que permet au pouvoir central l'accès privilégié à la Banque du Canada. Or, le projet d'une Caisse fédérale de

---

14.   Un long chapitre est consacré à la régionalisation des politiques de stabilisation dans *Vivre ensemble, une étude des disparités régionales*, reproduit dans D. Savoie et A. Raynauld, *Essais sur le développment régional*, chap. X, 1981.

15.   LACROIX, R. et RABEAU, Y., *Politiques nationales, conjonctures régionales: la stabilisation économique*, Montréal, Presses de l'Université de Montréal, 1981, p. 92.

stabilisation régionale pour les provinces, proposé par Raynauld[16] en 1971, ou celui, plus récent, d'un Fonds de stabilisation suggéré par Lacroix et Rabeau apportaient d'intéressants changements à cet égard. Ils sont jusqu'à aujourd'hui restés sur les tablettes.

Le système de péréquation mis en place au milieu des années 1950 poursuit en revanche des objectifs régionaux explicites et le Canada se distingue à cet égard des autres pays à structure fédérale, du moins en ce qui concerne l'ampleur des sommes impliquées. Le groupe de travail de l'OCDE déjà cité conclut à cet égard:

> Le système de péréquation budgétaire, qui a des équivalents dans d'autres pays, est par son ampleur, c'est-à-dire par le volume des dépenses, quatre fois plus important que le programme annuel courant du ministère de l'Expansion économique régionale et il semble avoir contribué davantage que la politique régionale à réduire les disparités de revenu entre régions... Il porte plutôt sur les effets de l'inégalité des ressources entre les provinces et, à l'évidence, ne saurait remplacer une politique active de développement différenciée[17].

Le gouvernement fédéral possède en tout l'entière juridiction sur la politique commerciale du Canada et comme l'économie canadienne est aujourd'hui encore reconnue comme l'une des plus protectionnistes dans l'ensemble des pays industrialisés, c'est donc un levier important pour l'État central. Étant donné par ailleurs la diversité des économies régionales, la structure tarifaire et la combinaison choisie de barrières non tarifaires s'avèrent importantes pour chacune des régions. La politique commerciale est en fait l'un des principaux instruments du gouvernement fédéral ne nécessitant ni dépenses publiques ni modification des opérations fiscales ou monétaires, ce qu'on appele des «décisions pures». Or, selon Martin,

> On comprend d'une manière intuitive, toutes choses égales par ailleurs, que dans notre économie diversifiée, les régions étant fort distantes les unes des autres, les décisions pures du gouvernement possèdent, sur une base régionale, une efficacité bien plus grande que les politiques générales engageant des dépenses[18].

Le gouvernement a toujours été très conscient d'un tel pouvoir et c'est pourquoi malgré quelques discours aux accents libre-échangistes — credo libéral

16. RAYNAULD, A., «Pour une politique de stabilisation régionale», dans *Administration publique du Canada*, 1971, 14-3.
17. OCDE, *op. cit.*, p. 43.
18. Tiré de FERNAND, M., «Impact régional de certaines décisions du gouvernement fédéral du Canada qui n'engagent pas de dépenses», dans *L'économie politique de la Confédération*, compte-rendu d'un colloque organisé conjointement par l'Institut des relations intergouvernementales de l'Université Queen's et le Conseil économique du Canada, 1978, p. 400.

oblige — le protectionnisme canadien qui, déjà sous John A. MacDonald avait servi à jeter les fondements du pays, est demeuré en place jusque sous les libéraux de Pierre Elliott Trudeau, si l'on fait exception des changements réalisés à l'échelle de tous les pays industriels en vertu des accords du GATT. La thèse du libre-échange n'a en fait servi qu'à pourfendre les «provinciaux» qui voulaient à leurs yeux «balkaniser» le pays.

Car les bénéfices sectoriels et régionaux que peut conférer une politique commerciale ont souvent permis de consolider les appuis électoraux. Ainsi l'accord canado-américain sur les produits de l'automobile a eu depuis 1965 un impact très important sur l'économie du pays mais ses effets en termes de croissance du PIB se sont presque entièrement concentrés en Ontario:

> L'impact annuel moyen sur le Canada pour les années choisies est de plus d'un milliard de dollars. Près de 90% de cette somme va à l'Ontario et relativement peu au Québec et aux autres provinces (*ibid.*, p. 390)... Ce qu'il faut conclure de ces résultats, ce n'est pas que les décisions pures possèdant des caractéristiques semblables à celles de l'Accord sur l'industrie automobile ne devraient pas être appliquées, mais au contraire que, à cause du succès d'une telle décision au niveau régional comme au niveau canadien, tout un assortiment de décisions de ce genre devrait être appliqué dans les diverses régions[19].

En réalité, aucune décision d'une telle portée n'a pu bénéficier à quelqu'autre région que ce soit. Pendant que se consolidait l'industrie automobile ontarienne, le gouvernement fédéral offrait au Québec de maintenir temporairement les tarifs et quotas protégeant les produits des secteurs «mous» comme le vêtement et la chaussure aux prises avec les concurrents des pays à bas salaire. Dans les Prairies, ce sont des tarifs de transport de céréales maintenus extrêmement bas durant des décennies qui ont à la fois permis le développement d'une agriculture extensive tournée vers les marchés internationaux et rendu à peu près impossible la diversification industrielle souhaitée par les gouvernements provinciaux et les milieux d'affaires locaux. À ces doléances sur la politique de transports se sont ajoutées plus récemment dans ce coin du pays des condamnations sans appel de la «politique nationale de l'énergie», politique d'ailleurs révoquée dès la première année du nouveau gouvernement conservateur.

UN BILAN PROVISOIRE

S'il n'est pas facile d'évaluer un aspect limité d'une politique régionale, que dire de la tâche de faire un bilan de l'impact régional de l'ensemble des actions de gouvernements qui se sont succédés pendant près de vingt ans? Pourtant les électeurs s'adonnent périodiquement à l'évaluation des politiques du

---

19.   *Ibid.*, p. 392.

gouvernement, leur grille d'interprétation étant élaborée à partir d'une échelle de valeurs que les plus cyniques appellent les intérêts personnels et les plus naïfs, un projet de société. À titre d'observateurs nous avons tenté de rappeler et de mettre en perspective les principaux éléments de la politique régionale sous les libéraux fédéraux. Nous avons également cherché à établir les relations qui existaient entre ces éléments et un projet politique global caractérisé par des visées centralisatrices — une intégration autoritaire des régions — et un pragmatisme électoral forcé de tenir compte des diversité régionales. En conclusion, il convient d'abord de se demander si les objectifs du Parti libéral à l'égard des régions ont été atteints.

Il est communément admis que le premier objectif d'un parti politique est d'accéder au pouvoir et de s'y maintenir. D'emblée, il nous semble incontestable qu'une part de la longévité du règne libéral à Ottawa doit être attribuée aux actions entreprises sous le couvert de la politique de développement régional: les largesses distribuées et les stratégies mises de l'avant ont en effet su plaire à une majorité d'électeurs. Les disparités régionales ont-elles pour autant été atténuées? Comme nous l'avons vu, le bilan à cet égard varie selon les indicateurs choisis. Les écarts de revenu et donc de bien-être matériel se sont rétrécis, au prix cependant de la mise en place d'un imposant système de redistribution des revenus vers les particuliers et vers les gouvernements provinciaux dont on peut aujourd'hui douter de la pérennité. Les causes profondes de ces disparités, en particulier sur le plan des opportunités d'emploi, sont par ailleurs toujours présentes. Quant aux remèdes dont les libéraux attendaient un effet déterminant, ils n'ont pas vraiment réussi à les administrer avec toute la rigueur qu'ils escomptaient. D'une part les résistances au bilinguisme et la remontée des régionalismes ont largement handicapé les efforts d'aplanissement des différences socio-culturelles. D'autre part la force des gouvernements provinciaux et la volonté des milieux économiques régionaux de prendre en main leurs propres destinées ont nui considérablement aux tentatives autoritaires d'intégration des régions.

Nous devons aussi nous demander si les actions du gouvernement central on su contribuer à l'atteinte des objectifs poursuivis dans chacune des régions, tels qu'ils sont exprimés, par exemple, par les gouvernements provinciaux. Ne serait-ce que pour avoir réussi à maintenir en vie une structure fédérale dans un pays à la fois marqué par les diversités sur le plan géographique et dépourvu de références à l'unité nationale sur le plan historique, il faut conclure que d'un point de vue strictement comptable chaque collectivité régionale a considéré y avoir trouvé son compte. Dans le cadre de ce qui est devenu, à l'approche du référendum québécois, la «bataille des comptes économiques», l'Institut de recherche C.D. Howe[20], après un examen approfondi des méthodes utilisées pour

20.   *Pourquoi des bilans différents*, Montréal, Institut de recherches C.D. Howe, 1977.

établir le bilan des dépenses et des recettes fédérales au Québec, concluait à l'existence d'une tendance réelle pour les Québécois à recevoir davantage du budget fédéral qu'ils n'y contribuaient, tendance largement fondée sur les subventions fédérales destinées à compenser la hausse spectaculaire du prix du pétrole importé. Mais la conclusion la plus importante de ce rapport demeurait la suivante:

> Même s'il était possible d'appliquer intégralement les deux méthodes d'estimation de la répartition provinciale des dépenses et des recettes du gouvernement fédéral, les documents ne pourraient pas fournir un bilan provincial complet du régime fédéral. Ceci est vrai pour au moins deux raisons. Premièrement, l'étude du fédéralisme ne peut se limiter simplement à l'effet redistributif du budget du gouvernement fédéral. Deuxièmement, il est nécessaire de comparer le régime actuel aux autres situations possibles au moyen de la méthode du coût alternatif[21].

Cette conclusion ouvre en fait la voie à deux questions majeures concernant l'enjeu du développement régional dans l'ensemble canadien: les changements attendus dans la structure politique du pays ont-ils été réalisés? les régions canadiennes sont-elles aujourd'hui davantage en mesure qu'il y a vingt ans d'assurer leur propre développement?

À la première question il faut répondre un non catégorique alors que la seconde appelle une réponse nuancée. Les problèmes de chevauchement de juridiction, de manque d'harmonisation dans les politiques et plus généralement d'inaptitude à rassembler les conditions nécessaires à l'élaboration et surtout à la mise en oeuvre de stratégies de développement adaptées à chaque contexte, loin de disparaître se sont même accentués au cours des vingt dernières années. Quant à la capacité d'auto-développement, pour laquelle la complexité de la situation ne permet qu'un bilan provisoire, elle varie avec le type de région. Comme le souligne Friedman, les régions périphériques doivent revendiquer une plus grande autonomie à travers l'affirmation de leurs différences culturelles et la participation aux décisions qui les affectent: l'homogénéisation culturelle encouragée par le pouvoir central et la centralisation du pouvoir à Ottawa et à Toronto sont allées en sens inverse. Pour les régions centrales, polarisées par les grandes métropoles du pays, l'auto-développement passe plutôt par l'accomplissement de leur potentiel spécifique en relation avec la nouvelle réalité des villes mondiales: en ce cas, on ne peut écarter le fait que les efforts d'intégration socio-économique du pays menés par les libéraux aient pu contribuer à l'accession de Montréal et de Toronto à ces positions-clés dans le nouvel ordre économique mondial. Ces deux bassins de population ont d'ailleurs représenté pour le Parti libéral durant toutes ces années leur base électorale la plus fidèle.

---

21.   *Idem*, p. 25.

LIBÉRALISME OU NATIONALISME DANS LA POLITIQUE ÉNERGÉTIQUE CANADIENNE ?

Michel Duquette
Département de science politique
Université de Montréal

Les relations tissées entre participants des secteurs privé, public et acteurs gouvernementaux empruntent, dans le contexte canadien, divers modes s'inscrivant au sein d'un continuum allant «d'aucun interventionnisme» à «plus d'interventionnisme», d'aucuns diraient d'une philosophie de laisser-faire à l'affirmation du nationalisme. Dans ce secteur comme dans d'autres, il y a une raison d'État à intervenir moins ou davantage dans l'économie, comme l'expliquent les rédacteurs du texte de présentation du *Programme énergétique national* lancé par Ottawa en 1980.

A major objective of national policy over the years has been to foster a strong petroleum industry, through pricing and tax incentives more generous than those available outside the resource sector... The most important reason for developing these national policies was a determination to promote the domestic oil industry and encourage economic growth in Western Canada, even though it meant imposing higher direct costs on other parts of the country, and left the Government of Canada with little income from the petroleum industry. These policies have succeeded. The petroleum industry enjoys unprecedented prosperity and growth. No other industrial sector in Canada can match its vitality and outlook... Net oil and gas production revenues in Canada have risen from $1.2 billion in 1970 to $11.1 billion in 1979... the effect of the (OPEC) price increases is a massive transfer of wealth, now and in the future, from consumers to producers. Most of these producers are foreign-owned; the wealth transfer is therefore away from Canadians.... [1]

Dans cet article, nous nous intéressons à tous les facteurs qui, de près ou de loin, permettent de rendre compte de la lente émergence au Canada, au sein des provinces comme du gouvernement central, d'une volonté consciente d'orienter l'essor du domaine énergétique dans le but d'accélérer l'accumulation sur place et de veiller à l'intégrité de l'espace économique canadien.

Dans un premier temps, nous rappellerons succinctement les grandes lignes d'une histoire qui n'a pas un siècle, en évoquant l'héritage laissé par la phase d'expansion pionnière et, notamment, la première politique nationale mise en place en 1961 par les conservateurs de John Diefenbaker, dans ses liens très évidents avec le secteur multinational. Ensuite, il sera question de l'émergence parallèle d'une politique provinciale de l'énergie, mise en place à partir des années 50 par l'Alberta dans le même esprit, en identifiant les prémices des futurs conflits entre cette province et Ottawa. Dans un second temps, nous montrerons les éléments de continuité qui prédominent pendant la première époque libérale de 1963 à 1973, de façon à révéler l'originalité de la période plus récente, qui se caractérise par l'élaboration, sur une base vraiment «nationale», c'est-à-dire centralisatrice, d'une politique de l'énergie qui se lance dans un programme ambitieux, presque démesuré, d'autosuffisance et de «canadianisation» des ressources pétrolières et gazières. Ce processus s'accomplit par degrés et à travers diverses péripéties qui mettent en lumière les tensions croissantes entre acteurs privés et gouvernementaux, nationaux et étrangers. Politique ambitieuse disons-nous, car jamais dans l'histoire canadienne ne s'affirme avec autant de force la volonté d'infléchir les règles du jeu au profit de la nation, dans un domaine pourtant massivement dominé par les firmes multinationales les plus puissantes. Elle s'accompagne alors d'une instrumentation complexe, à la fois bureaucratique et fiscale qui trahit, peut-être davantage que les autres stratégies économiques du régime libéral, une «certaine idée du Canada». Politique démesurée enfin, car elle surestime la capacité du pays à se servir de la conjoncture pétrolière internationale, marquée par de puissantes tendances spéculatives, au bénéfice de son développement propre.

D'entrée de jeu, rappelons que, dans le cadre forcément limité de ce texte, il nous sera impossible de traiter le domaine des énergies renouvelables, demeuré à ce jour au stade de l'expérimentation et des prototypes. Nous laisserons aussi de côté la filière électronucléaire, qui relève de l'effort de recherche industriel,

---

1.   Avec les politiques précédentes, les gouvernements provinciaux recevaient plus de 75 % des revenus tirés du gaz et du pétrole sur le sol national. Avec moins de 10 % de la population, la seule Alberta accaparait 80 % de cette somme. CANADA, Énergie, Mines et Ressources Canada, *The National Energy Program*, ministère de l'Approvisionnement et des Services, 1980, p. 16 à 22.

ainsi que des firmes publiques responsables de leur développement, comme Énergie atomique du Canada (EACL) et Hydro-Ontario. Cette filière procède d'une autre dynamique et mérite un traitement à part. Nous nous limiterons à une revue des principaux acteurs politiques et économiques présents dans la filière conventionnelle des hydrocarbures, en nous penchant sur le rôle des divers paliers de gouvernement et leurs relations avec l'industrie.

L'ÉMERGENCE DU SECTEUR ÉNERGÉTIQUE

Le développement du secteur énergétique canadien, relativement tardif puisque le bois et le charbon (combustibles typiques du XIXe siècle) restent longtemps les principales matières utilisées, démarre graduellement avec la mise en place des services d'alimentation en énergie afin de soutenir une industrialisation basée sur la mise en valeur des ressources primaires (mines, forêt, pâte et papier) entre 1890 et 1945. Le secteur privé est prédominant (Montreal Light & Power, Shawinigan Power, etc.). Démarre alors l'accumulation sur une base d'abord modeste[2], amenant l'accélération sur une base de plus en plus régionale dans l'espace national «théorique» de la richesse originant du complexe énergétique[3]. Les grandes firmes pétrolières internationales suivent Esso Imperial, la meneuse du groupe, et se voient confier le mandat d'approvisionner le pays en hydrocarbures importés à partir de l'Est: la voie du Saint-Laurent dirige les tankers vers Montréal alors qu'un pipe-line en provenance de Portland, au Maine, prend le relais durant l'hiver. Shell fait aussi son apparition et trouve ainsi un nouveau débouché pour ses raffineries de Curaçao qui traitent le pétrole du Vénézuéla depuis 1917. Mais très tôt, le besoin de raffineries locales se fait sentir, pour satisfaire une demande en expansion qui accompagne l'essor de l'automobile et du chauffage au mazout. Dès 1931, une première unité est construite par Gulf. Rien n'arrête plus alors le développement d'une pétrochimie québécoise à Montréal-Est, mais tout l'équipement de raffinage est importé des États-Unis ou du Royaume-Uni.

Dans l'après-guerre, on assiste à des transferts géographiques avec les importantes découvertes de pétrole dans l'Ouest (1947) qui provoquent l'essor de la métropole des Prairies, Calgary, ainsi que de l'Alberta, l'enrichissement

---

2.   C'est la PHASE 2 (*early*): des changement quantitatifs avec le *scale-up* des unités de production énergétique via l'essor des *Utilities* (premiers barrages), le démarrage du complexe automobile/pétrole, le soutien à l'apparition des industries énergivores de traitement des minéraux (aluminium), etc.

3.   Nous l'appelons théorique dans la mesure où, dans le secteur énergétique, il n'y a pas d'intégration. Chacune des régions s'alimente de manière indépendante, tantôt sur place via l'hydroélectricité, le bois et le charbon, tantôt aux États-Unis et outre-mer en ce qui concerne le pétrole.

considérable de l'industrie pétrolière qui devient la première industrie nationale, une vague d'investissements considérable de la part des firmes d'utilités publiques ou *Utilities* (grands projets d'Hydro-Québec, projet conjoint Terre-Neuve/Québec avec Churchill Falls). L'époque de croissance des années 1947-1973 mène le secteur énergétique nord-américain et ses industries associées telles que l'automobile, à une phase de maturité et de rendement maximal de ses investissements. D'ailleurs, le capital de risque et les innovations elles-mêmes demeurent rares dans les branches conventionnelles, alors que les entreprises recueillent tout le fruit des innovations passées, banalisées à l'extrême. C'est le binôme industrialisation/automobile qui dicte le modèle d'expansion et l'approvisionnement énergétique est pratiquement pris pour acquis, sans aucun pressentiment des chocs à venir.

Soudain, ce sera le passage malaisé à une nouvelle époque. On verra s'amorcer de profonds changements «qualitatifs» qui imposent, devant la multiplication de distorsions dangereuses pour l'avenir de l'économie[4], la mutation en profondeur du secteur énergétique canadien[5]. On observera ainsi dans les années 70 l'unification de l'espace national avec la généralisation des pipe-lines transcontinentaux et la politique d'intégration du marché intérieur et de soutien à la consommation, l'essor sans précédent de l'industrie électro-nucléaire en Ontario et, dans une moindre mesure au Nouveau-Brunswick, la «canadianisation» croissante de l'industrie pétrolière en amont, la mission et le développement de Pétro-Canada, le Programme énergétique national (1980) et enfin, dans le cadre de cette politique, la mise en valeur des zones pionnières.

L'HÉRITAGE DES CONSERVATEURS

Si les observateurs de la scène énergétique clament à l'unisson que la politique énergétique canadienne récente représente l'irruption d'une philosophie relativement étrangère au milieu des affaires canadiennes, avec son obsession de la propriété nationale des ressources, la «planification» dans le cadre de «l'espace national» et son cortège de règlements, de taxes et de stimulants fiscaux touchant les aspects de l'activité économique reliés à l'énergie, c'est qu'ils ont compris l'importance du virage par rapport à la tradition de laisser-faire qui avait prévalu jusque-là. En retournant dans le passé, nous constatons que l'exemple le plus

---

4.   Tels la tendance aux disparités régionales et à l'inflation galopante causées par la crise de l'énergie entre provinces productrices et consommatrices d'énergie, tendance à la dénationalisation de l'industrie pétrolière, isolement croissant de l'Est du pays, dépendant du pétrole importé. Bref, tous les ingrédients qui peuvent militer en faveur de la recherche de «l'autosuffisance», donc de l'unification de l'espace national avec une politique de l'énergie.

5.   C'est la phase 4, qui fait écho aux chocs pétroliers de 1973-1980.

frappant de cette tradition fut l'imposition en 1961, par les conservateurs de John Diefenbaker, de la Politique pétrolière nationale (PPN). Rappelons les faits. Dès 1957, l'industrie pétrolière entre en crise, après l'essor sans précédent de l'après-guerre[6]. Devant les mesures restrictives appliquées par les États-Unis aux importations canadiennes d'énergie et face à la concurrence nouvelle du gaz naturel (dont la production triple entre 1956 et 1961), une restructuration s'impose. Aux prises avec une production excédentaire, l'Alberta répond par des mesures volontaires de contingentement[7]. La Commission royale d'enquête sur l'énergie, ou Commission Borden, est mise sur pied en 1957 pour recueillir les doléances du secteur de l'énergie. S'y font alors sentir les premières affirmations «nationalistes» dans un secteur pourtant massivement dominé par les firmes transnationales. Spectacle des plus éclairant à cet égard: alors que les petites et moyennes entreprises de propriété canadienne, engagées dans la prospection en amont ou la distribution en aval du raffinage, suggèrent au gouvernement de prolonger le pipeline interprovincial vers Montréal, unifiant ainsi davantage l'espace national et ouvrant un vaste marché en pleine expansion, les lobbies des transnationales pèsent de tout leur poids et font valoir une solution plus conforme à leurs intérêts, c'est-à-dire la rentabilité de leurs activités sur le marché international[8]. Et ils y parviennent. C'est la Politique pétrolière nationale[9].

Soutenant qu'il demeure plus économique d'approvisionner le marché de l'Est canadien avec du brut importé, le gouvernement divise le territoire national

---

6. La croissance de la demande pour le pétrole, qui avait atteint un taux moyen annuel de 11,6 % durant la décennie 1945-1955, chutait à des moyennes de seulement 4,5 % pour les quatre années suivantes.
7. Cette politique de contingentement volontaire semble avoir été reprise à plusieurs reprises par l'Alberta devant la menace de saturation du marché et de fléchissement des prix, de la même façon que les pays producteurs de pétrole réunis au sein de l'OPEP. La contraction de l'offre constitue une application «classique» de la loi de l'offre et de la demande au contexte particulier du pétrole.
8. Devant les contingentements à l'importation imposés par les États-Unis, les firmes pétrolières avaient besoin de nouveaux débouchés pour leur pétrole produit au Venezuela et au Moyen-Orient. Avec son marché en expansion, le Canada pouvait représenter un élément de solution dans ce sens.
9. Ce trait lui valut d'ailleurs d'être qualifiée de politique énergétique «spontanée» par la littérature spécialisée. On voulait dire sans doute «une politique capable de répondre «spontanément» et sans résistance, comme le reste des consommateurs, à l'impulsion du «marché», qui dictait tout aussi «spontanément» aux multinationales la stratégie qu'elles devaient suivre pour rétablir leurs finances et *ipso facto* «relancer l'économie». Jamais le concept de firme multinationale comme «moteur du développement» n'aura été si fort qu'à cette époque de l'après-guerre et de la première récession importante, celle de 1957-1962.

en deux. À l'est de la ligne Borden, qui suit le tracé de la rivière Outaouais, le Canada s'approvisionnera à l'étranger, réservant au pétrole «national» l'Ouest et l'Ontario. En confirmant l'insertion du marché canadien dans le réseau international du pétrole, dominé par les transnationales, la PPN s'avère comme un écho fidèle des préoccupations dominantes du secteur étranger, qui souhaite protéger deux secteurs également compromis dans la conjoncture internationale: d'une part ses activités plutôt coûteuses de prospection en Alberta et d'autre part la production de ses filiales à l'étranger. Deux prix seront donc appliqués: à l'est de la ligne Borden, le prix mondial très bas (autour de 2 $), et un autre prix plus élevé (3 $ et plus) que nous qualifierons de «continental», dans l'Ouest et en Ontario[10].

Ainsi, le gouvernement fédéral en 1961 s'attache à établir un marché protégé dans l'Ouest et au Centre du Canada, parce que cela devrait attirer les investisseurs dans ces régions en plein développement, alors que le Québec et les Maritimes continueront à profiter des bas prix mondiaux sans effort de prospection et de modernisation particulier. Peu d'investissements nouveaux seront réalisés à l'est de la ligne Borden et, dans les années 60 et 70, l'industrie du raffinage du Québec sera graduellement déclassée par des complexes pétrochimiques plus modernes à Sarnia, en Ontario, et dans les Prairies[11].

Ainsi, la PPN s'avère stimulante pour le marché «protégé» canadien et notamment pour les producteurs de l'Ouest, mais elle l'est moins pour l'Est qui se retrouve plus dépendant que jamais[12]. Dépendant, il le devient à double titre: du contexte international pour ses achats et du marché intérieur «protégé» pour satisfaire aux flux des capitaux et des investissements.

---

10.   Ce dernier prix était en fait calqué sur celui du pétrole texan vendu à Chicago, puisqu'il s'agissait d'être concurrentiel sur cet important marché de l'intérieur.

11.   Croissance de la production de l'ordre de 8 % par an, apparition sur le marché du brut synthétique tiré des sables bitumineux de l'Athabaska et ajouts importants à la capacité des pipelines et des raffineries. La capacité des oléoducs double durant les années 60, pour relier l'Alberta, l'Ontario et le marché du Centre américain (Chicago). La capacité de raffinage augmente pour sa part de 36 %. C'est toutefois au début des années 70 que les conséquences à long terme de la PPN se feront sentir, avec le déplacement massif de l'industrie pétrolière vers l'Ouest et le démantèlement des raffineries montréalaises.

12.   Et en un sens, l'intention des législateurs du PEN, avec leur approche «volontariste» et «planificatrice» fut de s'attaquer à cette distorsion régionale grandissante, en réunifiant l'espace national en face de la menace que la hausse des coûts du brut importé faisait courir à l'Est, déjà en perte de vitesse.

UNE POLITIQUE PROVINCIALE: LE «MODÈLE ALBERTAIN»

Si le clivage entre intérêts multinationaux et nationaux se manifeste avec acuité dans le secteur de l'énergie, il ne faudrait pas passer sous silence cet autre clivage qui oppose traditionnellement, dans le système de décision canadien, le gouvernement central et les provinces. Par leurs initiatives, celles-ci sont susceptibles de développer des politiques originales de mise en valeur de leurs ressources naturelles, en vertu des pouvoirs très étendus qui leur sont dévolus par l'AANB. Pouvoir de louer à bail, de concéder des territoires à des firmes, de taxer et, enfin, d'émettre des réglementations sur la formation, le travail, l'environnement et le commerce. On connaît bien les exemples du Québec, qui a su mettre en place Hydro-Québec et ses impressionnantes réalisations, et de l'Ontario, qui a lancé un ambitieux programme électronucléaire dans les années 60. On connait moins l'expérience albertaine, qui revêt pourtant toute sa signification à la lumière de la conjoncture pétrolière des années 70. Durant le règne des libéraux, l'Alberta entre peu à peu en conflit avec le gouvernement fédéral sur la question des hydrocarbures. Ce qui nous intéresse ici, ce n'est pas tant l'historique de ce conflit que le choc des «modèles» politiques qu'il nous révèle et les relations qui s'y incarnent entre acteurs publics et privés, multinationaux et locaux. L'Alberta, en ce sens, se dressera de plus en plus comme l'antithèse de la politique des libéraux fédéraux en matière d'énergie. En même temps, elle devient l'incubateur de la politique néo-conservatrice qui sera mise en pratique à l'échelle nationale après l'élection de Brian Mulroney en septembre 1984.

Si le découpage territorial offre relativement peu de champ de contestation entre les deux niveaux de gouvernement, hormis le cas du plateau continental marin, les conflits peuvent fort bien prendre la forme d'une pratique différente dans la taxation des entreprises et la planification générale des investissements. Si des préoccupations nationalistes ou centralistes prennent le pas sur des objectifs essentiellement «développementalistes» qui ne font pas la distinction entre les sources d'investissement et la propriété des entreprises, il y a fort à parier qu'un conflit sera inévitable entre le gouvernement central et une tradition provinciale déjà solide dans la définition d'une stratégie économique de mise en valeur des ressources naturelles, comme l'Alberta en offre un exemple frappant. Voyons ce cas de plus près. En effet, depuis 20 ans, cette province se dote d'une série d'instruments administratifs et juridico-politiques qui en font, au Canada et même par rapport à plusieurs États américains, un meneur au chapitre de la coordination des activités de mise en valeur des hydrocarbures et des politiques ponctuelles de contingentement de la production, rendues quelquefois nécessaires par la baisse des prix sur le marché d'exportation.

La découverte des grands gisements de Leduc en 1947, par Esso, ouvre une ère nouvelle dans le développement de l'Alberta. Les Albertains, désavantagés sur la scène fédérale par le poids démographique et politique traditionnel des grandes provinces centrales consommatrices d'hydrocarbures, développent très tôt une législation destinée à protéger leurs ressources des empiètements «des gens de l'Est». Le gouvernement du Crédit social du premier ministre Manning proclame en 1949 le *Gas Resources Conservation Act*, censé faire échec aux initiatives centralisatrices d'Ottawa, telles que contenues dans le *Pipe Lines Act* du gouvernement de Louis Saint-Laurent. En l'absence d'une entente entre Edmonton et Ottawa portant sur une gestion conjointe de cette matière première, cette législation renforce considérablement les pouvoirs de la province sur la prospection du gaz, lui permettant notamment d'émettre à volonté des permis à l'exportation.

En 1954, le gouvernement du Crédit social prend encore l'initiative en mettant sur pied un dispositif intégré de gazoducs, sous le nom d'Alberta Gas Trunk Line, qui allait devenir plus tard la firme Nova. Ceci permettra l'expansion des ventes de gaz à l'extérieur mais sous une régie strictement provinciale. Le premier ministre Manning veut ainsi devancer toute invasion du secteur local des hydrocarbures par des projets ou des initiatives fédérales. En 1971, le gouvernement conservateur de Peter Lougheed met un terme au long règne des créditistes en promettant une politique de «présence massive de la province dans le champ de ses ressources naturelles, notamment le pétrole», et ceci dans le but de réaliser un ambitieux programme de diversification industrielle. De là une politique d'investissement dans les mégaprojets et de coordination économique qui font de la mise en valeur des hydrocarbures le levier de l'industrialisation de l'Alberta. Mais au-delà de ces calculs à long terme, l'originalité de l'Alberta est d'avoir réussi à développer une approche associant étroitement les secteurs privé et public, transnational et local, dans la prévision, l'acheminement et la localisation des investissements. Calquant ses attitudes sur celles du secteur privé, Edmonton se veut très «affairiste». Chargé d'accompagner et de faciliter la pénétration des investissements anticipés, le gouvernement s'octroie une mission complémentaire: celle de créer les nécessaires infrastructures, tout en intervenant auprès des banques d'affaires, si présentes dans la région, de manière à mobiliser le capital de risque. L' Office de l'énergie albertain analyse l'état du marché et procède de temps à autre à une évaluation du volume de la production provinciale. Tantôt, l'Office donne son aval à une hausse modérée de la production, pour profiter au maximum des prix internationaux; tantôt il contingente cette production pour lutter contre la chute des prix. Axé étroitement sur les lois du marché, cet organisme provincial en suit l'évolution et propose une planification «libérale» qui se compare à celle que pratiquent certains pays producteurs de l'OPEP. Le ministère des Affaires municipales[13] fait le pont entre le gouvernement provincial et les instances locales, si importantes en milieu de colonisation récente: municipalités, communautés en émergence et territoires amérindiens. C'est au sein de ce

---

13.   Department of Municipal Affairs.

ministère que seraient conçus les programmes de recherche et d'exploration et définis les besoins en termes de financement. On retrouve par la suite l'Alberta Housing Authority, responsable de l'aspect «implantation sur le terrain»: ouverture de nouvelles localités, extension des services et adjudication des travaux de construction et d'aménagement. Quant au Conseil de préservation des ressources énergétiques[14], il est mandaté pour insérer les nouveaux projets dans le cadre de la politique provinciale de gestion et de conservation des ressources et de surveiller les retombées environnementales des projets.

Mais l'organisme le plus puissant dont dispose la province dans la mise en valeur de ses ressources énergétiques reste la Commission régionale du nord-est de l'Alberta[15], dont les pouvoirs très étendus sont de nature semi-judiciaire. Comme définisseur de projets et «planificateur régional», cet organisme est en mesure de passer outre, si besoin est, aux législations provinciales ou locales en vertu de son mandat particulier qui est de mettre en valeur une région prometteuse, où sont notamment situées les zones de sables bitumineux. Sa réussite majeure reste le développement de la zone de Fort McMurray, considéré comme un «modèle» par certains observateurs d'outre-frontière[16].

Un essor récent dans les années 70 permet ainsi à l'Alberta de mettre sur pied un Fonds du patrimoine (*Heritage Fund*), dont les ressources considérables sont à la disposition des hommes d'affaires albertains et, en second lieu, des provinces consommatrices de pétrole disposées à financer leurs projets particuliers en dollars canadiens[17]. En cela, l'Alberta ne fait que s'inspirer des mécanismes de recyclage des pétrodollars mis en place à la même époque par les pays producteurs de pétrole[18].

---

14. Energy Resources Conservation Board.
15. Alberta Northeast Regional Comission.
16. MATHESON, S.M., «The Evolution of Federal, State, and Provincial Energy Policy in the Western United-States and Canada» dans FRY, E.H., *Energy Development in Canada, The Political, Economic, and Continental Dimensions,* Canadian Studies Program, Center for International and Area Studies, Brigham Young University, Provo (Utah), 1981, p. 42 et suiv.
17. Les prêts aux autres provinces se feraient sur la base d'un taux d'intérêt unique, équivalant au taux privilégié accordé à la province disposant de la meilleure cote de crédit.
18. Cette problématique est indissociable de la discussion, qui s'envenime d'ailleurs dans les années 70, entre le gouvernement central et les provinces, sur les paiements de transferts ou de «péréquation». Ce mécanisme fait en sorte, dans le cas précis de l'Alberta, que l'élévation graduelle des prix des hydrocarbures sur le marché local dans les années 1973-1980, se traduit en ponctions accrues de la taxation fédérale sur les revenus de la province, ensuite redistribuées aux provinces pauvres, qui sont aussi souvent les provinces consommatrices. Le second mécanisme en cause est, bien entendu, la fixation des prix elle-même. Depuis 1973, ceux-ci sont maintenus en-dessous des prix internationaux. Ceci avantage encore les provinces consommatrices. Pour une analyse plus détaillée, voir

Que le gouvernement conservateur de Peter Lougheed fasse montre d'un préjugé favorable envers les Grands de l'industrie pétrolière, voilà qui saute aux yeux. Ainsi en 1973, le consortium Syncrude, constitué par Esso, Atlantic Richfield et City Services à 30 % chacun et par Gulf à 10 %, chargé de développer un mégaprojet de traitement des sables bitumineux, menace de se retirer du projet sans un soutien accru des gouvernements. Lougheed se porte alors à son secours et repousse les avis de ses fonctionnaires qui lui suggéraient un projet «canadien» mettant davantage l'accent sur la technologie canadienne, les firmes de services locales et la protection de l'environnement. Lougheed rejette ainsi une alternative qui aurait signifié plus de réglementation et accorde à Syncrude, en août 1973, ce qu'elle demandait: diminution des royalties et des taxes, meilleurs prix pour le pétrole de synthèse, émasculation des lois sur les conditions de travail, construction d'infrastructures à même l'argent du contribuable, affaiblissement des lois environnementales, etc. Ottawa l'accompagne d'ailleurs sur ce terrain. En 1974, nouveau chantage après le départ d'Atlantic Richfield. Les deux niveaux de gouvernement injectent cette fois plus de 500 millions de dollars, au nom de l'«autosuffisance» énergétique. C'est la belle époque des mégaprojets où l'industrie dicte pratiquement ses conditions aux gouvernements.

C'est ainsi que, vers la fin de la décennie, les projets de sables bitumineux de Cold Lake et Alsands sont lancés; le Fonds du patrimoine devient, avec ses 13 milliards, une source importante de soutien à l'investissement et un puissant outil politique, même à l'extérieur de l'Alberta[19]. Persuadé qu'il détient la clé du rêve d'autosuffisance canadien mis de l'avant par le fédéral, le gouvernement conservateur de Peter Lougheed, grâce à l'essor du secteur énergétique de sa province, fait montre d'une confiance qui va l'entraîner dans une dispute majeure avec Ottawa sur la conception même du fédéralisme, contribuant peut-être au caractère unilatéral des décisions entourant la formulation du Programme énergétique national de 1980.

COURCHENE, T.J., *Refinancing the Canadian Federation: A Survey of the 1977 Fiscal Arrangements Act*, Montréal, Institut C.D. Howe, 1979.

19.   Dès cette époque, l'Alberta prêtait généreusement aux gouvernements des provinces maritimes, ce qui était fort apprécié de ces provinces pauvres, très dépendantes de l'extérieur sur le plan énergétique. L'Alberta ne fit pas faute de s'en servir pour élaborer des alliances intergouvernementales, dont le fédéral fut à même d'«apprécier» le caractère contestataire lors des conférences fédérales-provinciales.

LA PREMIÈRE ÉPOQUE LIBÉRALE ET LE MAINTIEN DE LA TRADITION

Ce dispositif mis en place, le gouvernement n'a théoriquement plus qu'à «laisser faire». Toutefois, il subsiste un écart suffisant entre les deux prix, plus de un dollar le baril, pour favoriser l'essor des importations de pétrole raffiné «québécois» en direction de l'Ontario et des États-Unis. L'Office national de l'énergie intervient alors pour contingenter sévèrement les licences d'importation interprovinciales, ce qui accentue le déclin de l'industrie du raffinage à Montréal-Est. Les procédés couramment employés alors sont révélateurs de l'esprit de l'époque et de la nature continentaliste de la PPN.

On sait que, dès le début des années 60, l'oligopole pétrolier cherche ouvertement à harmoniser la politique canadienne avec celle des États-Unis. On peut donc parler d'une politique pétrolière «continentale», qui s'articule principalement sur l'instauration d'un système de licences en vue de restreindre les importations de brut et de produits finis en provenance de l'Est canadien[20]. Dans les années qui suivent, grâce à son prix moins élevé, ce pétrole parvient quand même à s'infiltrer progressivement dans l'espace ontarien et les Américains craignent plus que tout des exportations canadiennes de ce pétrole à l'intérieur de leurs frontières. Pour faire face à ce problème, susceptible d'assombrir les relations entre Ottawa et Washington, une relation tout à fait particulière unissant Esso et l'Office national de l'énergie (ONE) devait permettre longtemps de mettre en pratique le dispositif des licences restrictives qui était appelé à une certaine longévité[21]. D'ailleurs, presque dix ans plus tard, en 1969, il semble que rien n'a fondamentalement évolué dans cette relation, puisque le président d'Esso peut encore écrire:

> L'Office national de l'énergie s'est encore adressé à l'industrie et, croyons-nous, principalement à Esso pour obtenir son opinion sur des points de politique générale et sur des questions précises de volume et d'évaluation de l'industrie [22].

Quelques années plus tard, avec le déclenchement de la crise pétrolière internationale en 1973, le gouvernement fédéral redéfinit la politique énergétique

---

20. Il était inévitable que le Québec, porte d'entrée en Amérique du Nord du pétrole bon marché du Venezuela et du Moyen-Orient serait le premier gagnant d'un prix mondial bas et la première victime des chocs pétroliers.
21. En 1969, le président d'Imperial Oil émettait le commentaire suivant: «On nous a demandé confidentiellement d'aider l'Office national de l'énergie à mettre au point un système de licences discriminatoires». Il semble d'ailleurs que la compagnie Exxon jouait aux États-Unis ce même rôle de conseiller du gouvernement qu'Imperial Oil au Canada. (Document interne de l'Imperial, n° 101184-5, le 6 février 1961. Voir à ce sujet: BERTRAND, R.J., *op. cit.* volume II, p. 35.
22. Document n° 96546, le 28 novembre 1969, l'Imperiale, *ibid.*

et, encore une fois, prit le parti d'aider les entreprises dominantes dans le secteur des hydrocarbures — importateurs en gros et raffineurs ainsi que leur réseau peu rentable de revendeurs et de détaillants concessionnaires — , quitte à nuire au secteur des revendeurs et détaillants indépendants, tous des Canadiens. L'essor de cette nouvelle classe de participants dans l'industrie canadienne avait pourtant été considérable depuis 1958 et laissait entrevoir comme plausible la réduction de l'oligopole des transnationales[23]. Mais l'année 1973 fut celle du premier choc pétrolier et les pays industrialisés entrèrent dans un long processus d'ajustement aux nouvelles données internationales: élévation brusque des prix du brut et approvisionnement instable.

Dans un énoncé de politique en onze points, prononcé par le premier ministre Trudeau le 6 décembre 1973 , le gouvernement fédéral mit de l'avant de nouvelles orientations. La première, la plus lourde de conséquences, fut la formule de maintien d'un prix «canadien» pour le pétrole et les produits pétroliers, inférieur au prix international, par le biais du Programme d'indemnisation des importateurs de pétrole (PIIP) qui, étant un subside à la consommation, favorisait d'abord les raffineurs et distributeurs. La seconde fut la politique de contingentement des exportations de pétrole et produits raffinés, au moyen d'un système restrictif de licences octroyées par l'Office national de l'énergie. Pour la première fois, le gouvernement cherchait à «isoler» l'espace national canadien des contraintes et des retombées négatives du marché international des hydrocarbures[24]. La politique d'autosuffisance qui en découla impliquait nécessairement l'extension de l'oléoduc Edmonton-Sarnia jusqu'à Montréal, pour unifier le marché interne désormais entièrement «protégé», et le développement de la technologie de traitement des sables bitumineux, un domaine où le Canada devait prendre les devants à l'échelle mondiale.

La nouvelle politique comportait enfin un volet complémentaire avec la création en 1975 d'une entreprise publique dotée d'un mandat de développement, d'orientation et de coordination nationales, Pétro-Canada. Celle-ci devait assurer la «présence» fédérale dans le secteur. Larry Pratt écrit à son sujet:

---

23.   Sur le développement des revendeurs indépendants, les conflits qui les opposèrent aux multinationales et les stratégies de ces dernières, destinées à affaiblir ces modestes concurrents, on lira avec profit le premier volume du *Rapport Bertrand*, et notamment les pages 90 à 137.

24.   Après la hausse brusque des prix du brut en 1974, les prix canadiens furent fixés sous les niveaux des premiers afin, notamment, de maintenir les industries canadiennes de transformation concurrentielles par rapport à celles des États-Unis, où les prix faisaient également l'objet d'un contrôle. Désormais, le prix du brut ne pouvait s'accroître qu'avec l'autorisation expresse du gouvernement. On peut donc parler d'une prémisse au PEN, à sa nature «interventionniste». Sauf qu'en 1973, il ne serait venu à l'esprit de personne de critiquer une forme d'interventionnisme qui aurait cherché justement à consolider une industrie pétrolière aux prises avec des difficultés nouvelles.

> *The concept of a national oil company found its strongest advocates within the government, notably in an Energy Department attempting to extend its control over the petroleum industry. Large permanent bureaucracies crave predictability and stability. Confronted in late 1973 with an international supply crisis whose outcome it could not determine, and lacking influence over a multinational business notoriously resistant to political influence, Canada's federal bureaucracy sought to reduce uncertainty and to increase its knowledge of, and control over, the petroleum industry. Petro-Canada was created as an entreprise témoin — a bureaucratic device to witness what actually happened and why[25].*

Il ne fallait cependant pas se faire d'illusions; Pétro-Canada ne parviendrait à se faire accepter dans ce milieu fortement marqué par l'orthodoxie privatisante qu'avec le temps et surtout en s'inspirant étroitement, du moins au début, des règles du jeu en vigueur dans le secteur privé.

Instauré en janvier 1974 pour être appliqué conformément aux règlements de la *Loi sur l'administration du pétrole* de juillet 1975, le Programme d'indemnisation de l'Industrie pétrolière (PIIP) visait de son côté à ramener le prix des importations au-dessous du niveau mondial. Il faut dire que depuis la fin des années 60, l'importation des produits pétroliers avait pris des proportions considérables. Devant cette situation, les États-Unis établirent un système complexe de paiements selon lequel les droits de recours au brut contrôlé mais coûteux étaient retirés aux raffineurs se trouvant près des côtes et, de ce fait, capables de s'approvisionner à l'étranger, pour être passés à d'autres qui s'approvisionnaient localement, ce qui favorisa les petits raffineurs et fournisseurs indépendants de l'intérieur. Le Canada prit le parti contraire. Il se désintéressa du secteur «en aval» des détaillants indépendants, où la propriété canadienne commençait à devenir significative, et favorisa les grands raffineurs, c'est-à-dire l'oligopole des cinq ou six grandes firmes disposant de raffineries et déjà bien établies au pays[26]. La réduction de la demande pour les produits amena le gouvernement à verser une indemnité de 1,50 $ de moins par baril d'essence et autres produits d'importation raffinés que l'indemnité versée pour le brut importé. Une protection tarifaire de 4,3 cents le gallon en faveur des raffineurs canadiens, soit une hausse de 3/4 de un cent sur l'essence et de 1/3 de un cent sur le mazout. Ajoutée au coût de plus en plus élevé de transport des produits raffinés, cette protection douanière rendit prohibitif le coût de cette importation, d'où une réduction drastique de cette activité dans les années suivantes. Le malheur, c'est

---

25. PRATT, L., «Petro-Canada», dans TUPPER, A. et DOERN, G. B. eds., *Public Corporations and Public Policy in Canada*, Montréal, Institute for Research on Public Policy, 1981, p. 109
26. Esso Impérial, le meneur, ainsi que Shell, Gulf, British Petroleum et Texaco.

que le secteur de la distribution, où s'affirmaient des Canadiens de l'Est, allait en souffrir. Cette politique priva les exploitants indépendants de terminaux et les détaillants indépendants de «l'option importation», grâce à laquelle ils avaient pu jusque-là obtenir des grands raffineurs multinationaux établis au Canada, à la suite d'un marchandage, des prix raisonnables. C'est ainsi qu'ils avaient pu finir par exercer au fil des ans une certaine influence sur le marché et acquis au début des années 70, dans certaines régions, jusqu'à 20 % du marché de la distribution. La fermeture de cette option sonna le glas des indépendants, devenus clients captifs des Grands. En 1979, ils ne représentent plus que 3 % de la part du marché de vente des produits raffinés.

VERS UN PROGRAMME ÉNERGÉTIQUE NATIONAL

Sur le plan macroéconomique, le secteur en amont de l'industrie pétrolière voit s'affirmer la présence des Canadiens dans le courant des années 70. Bien sûr, on pense au réseau qui entoure l'Alberta Gas Trunk Line (Nova) et on ne peut manquer d'évoquer, à cette époque, ce combat entre David et Goliath que fut, entre 1973 et 1977, la controverse autour de la construction de l'oléoduc Alaska-vallée du Mackenzie. Ce projet d'oléoduc intercontinental avait été défini comme une «priorité nationale» par le gouvernement Trudeau dès le début des années 70, suite aux pressions répétées de Washington. Cet épisode nous enseigne à quel point la politique énergétique canadienne sous les libéraux n'a pas eu ce côté «monolithique» qu'une analyse *a posteriori* suggère. Dans ce dossier, on retrouvait d'un côté, le consortium du gaz arctique canadien (CAGPL) réunissant l'oligopole pétrolier traditionnel mené par son leader Esso, fortement téléguidé dans la circonstance par sa maison mère Exxon. De l'autre, les «petits» autour de Nova[27], et réunis sous la bannière du consortium Foothills. Fait hautement révélateur, malgré la totale indifférence du fédéral et particulièrement de l'Office national de l'énergie à l'initiative canadienne et aux interventions pressantes des lobbyistes du gouvernement américain, Foothills parvint contre toute attente à prendre de vitesse le projet transnational qui aurait eu, disait-on, d'importantes retombées sur l'environnement en territoire amérindien. À la suite d'une lutte opiniâtre impliquant l'opinion publique locale ainsi que le peuple Déné, il fit prévaloir son projet sur l'autre, qui semblait manquer de souplesse face aux réticences grandissantes de l'opinion et du personnel politique. Habitués à manipuler à leur guise le gouvernement canadien, les grands de l'industrie pétrolière ne surent pas évaluer les transformations de la conjoncture où s'affirmaient les initiatives canadiennes et perdirent cette manche.

---

27.   Nova dirigée alors par Robert Blair, un nationaliste canadien ardent.

De plus, cette lutte pava le terrain à une vague sans précédent de nationalisme économique. N'oublions pas qu'entre 1972 et 1974, le second gouvernement Trudeau, alors minoritaire, dut composer, sur maints dossiers, avec les néo-démocrates. C'est toutefois dans l'opposition, entre mai 1979 et février 1980, que les libéraux mirent en place leur «programme énergétique», qui s'inspirait étroitement du nationalisme économique du Nouveau parti démocratique tout autant que des doléances de l'opinion publique outragée par l'épisode du pipe-line et la montée brusque des prix pétroliers. Pour les pétrolières en effet, le pire restait à venir et il n'y a pas de doute que la conjoncture internationale confuse des années 1979-1980 devait ouvrir la voie à une politique énergétique musclée qui, motivée par l'ampleur de la crise engendrée lors du second choc pétrolier, irait beaucoup plus loin dans l'affirmation du nationalisme économique.

Reporté au pouvoir au printemps 1980, le gouvernement Trudeau décide d'intégrer au budget d'octobre 1980, le premier depuis son retour au pouvoir en février, le Programme énergétique national (PEN), qui constitue un tournant spectaculaire de sa stratégie économique. Il met également un terme, de manière unilatérale, à l'impasse vieille de plus d'un an entre Ottawa et le gouvernement de l'Alberta, portant sur la formulation d'une politique énergétique d'envergure nationale[28]. La stratégie retenue, à caractère nationaliste, cherche à utiliser nos sources d'énergie existantes et potentielles contre les retombées de la conjoncture internationale en même temps que comme «moteur» central de son développement économique, orienté vers une plus grande indépendance nationale[29].

---

28. La querelle s'était envenimée entre conservateurs albertains, libéraux et néo-démocrates autour de la question énergétique. Avec les énoncés en faveur de l'autosuffisance, qui se font de plus en plus répétés avec le deuxième choc pétrolier, l'Alberta voit l'occasion d'imposer son «modèle» en face d'un gouvernement fédéral relativement peu informé des contraintes économiques de la région et du secteur des hydrocarbures. En 1979, la dispute s'était encore envenimée et même le gouvernement Clark, qui avait des racines profondes dans cette province, ne parvenait pas à un accord avec Edmonton sur la tarification et le régime fiscal de l'industrie pétrolière et gazière. À cette date, il y avait l'essor d'un vaste pan de l'industrie de propriété canadienne, qui vivait de ses exportations de gaz naturel vers les États-Unis, sous licence de la province qui en tirait à son tour de généreuses royautés. Avec le retour au pouvoir de Trudeau en février 1980, on ne se donna même pas la peine de reprendre le dialogue.

29. «Les Canadiens doivent prendre le contrôle de leur propre avenir énergétique en établissant la sécurité de leurs approvisionnements et une indépendance totale du marché international dès 1990.
    Les Canadiens doivent participer plus activement à la mise en valeur et à l'expansion de l'industrie énergétique et en particulier, de celle du gaz naturel et du pétrole. Le taux de participation médiocre des Canadiens dans les entreprises tant publiques que privées est inacceptable.

Pour ce faire, un système élaboré de prix aux producteurs et aux consommateurs est mis en place par étapes. Le contrôle des prix laisse une marge de manoeuvre importante aux gouvernements, fédéral comme provinciaux, qui imposeront alors des taxes progressives susceptibles de nourrir un flot de subventions au secteur «national» en expansion dans la prospection. De cette façon, le fédéral s'attend à mettre la main sur 25 % des profits ainsi générés. Ainsi, pour rencontrer l'objectif de canadianisation, on se propose de réduire à 50 % la participation des entreprises étrangères dans le secteur d'ici à 1990. Comme on le voit, la politique énergétique s'adresse tout autant aux producteurs, raffineurs et distributeurs en amont par la voie des subventions qu'aux consommateurs en aval, avec la structure des prix[30]. Penchons-nous maintenant sur les mécanismes de fixation des prix, qui est riche d'enseignements sur la nouvelle orientation souhaitée pour le secteur. Une première constatation s'impose: même révisée à la hausse en octobre 1981 à la suite des pressions de l'Alberta et des autres provinces productrices, la structure des prix cherche à différer et atténuer le choc pétrolier de 1980 sur les consommateurs, d'abord industriels, ensuite particuliers.

Le gouvernement fédéral tente d'isoler le marché intérieur des retombées des prix internationaux, qui atteignaient alors près de 40 $ le baril. Comparons ensuite cette projection avec celle de l'EPTE de 1981-1982, conclue après de laborieuses discussions entre le gouvernement fédéral et les provinces productrices[31]. Selon le premier scénario, le prix de base du baril de pétrole «conventionnel»[32] à la tête du puits aurait augmenté de 1 $ à tous les six mois en 1981, 1982 et 1983 à partir de son seuil de 16,75 $ le baril en octobre 1980, puis de 2,25 $ aux mêmes intervalles en 1984 et 1985, pour croître par la suite au rythme de 3,50 $. De cette façon, le prix canadien devrait rattraper le prix

---

La tarification du pétrole et la répartition des revenus doivent être équitable pour tous les Canadiens, qu'ils vivent ou non dans une province productrice d'hydrocarbures. Le système fiscal actuel a tendance à concentrer la richesse issue du pétrole dans quelques régions et prive le gouvernement fédéral de ressources qui lui sont essentielles à la coordination de l'économie canadienne».
Gouvernement du Canada, *Programme énergétique national*, Communication Canada, 1980, p. 3 et suiv.

30. Le plan initial envisageait la distribution de revenus pétroliers de l'ordre de 100 à 200 milliards de dollars, sur une période de cinq ans avec, bien entendu, des clauses discriminatoires contre les «non-Canadiens».

31. L'*Entente sur les prix et la taxation de l'énergie* (EPTE), signée par Ottawa et les provinces productrices: l'Alberta, la Saskatchewan et la Colombie-Britannique en 1981-1982. Source: Énergie, Mines et Ressources Canada, Institut C.D. Howe, dans CARMICHAEL, E. et STEWART, J.K., *Lessons from the National Energy Program*, Institut C.D. Howe, Toronto, Montréal et Calgary, mai 1983, p. 19.

32. C'est-à-dire du pétrole découvert et exploité avant le PEN.

mondial quelque part au début de 1984. Mais dès le milieu de 1981, les règles du jeu furent modifiées. La politique de contingentement volontaire et massif mise de l'avant par l'Alberta dès l'entrée en vigueur du programme, comme mesure de représailles, finit par imposer à Ottawa l'*Entente sur les prix et la taxation de l'énergie* (EPTE). Ce nouveau cadre tarifaire, qui prenait pour acquis un prix international frisant les 80 $ le baril à la fin de la décennie, accordait jusqu'à 4 $ d'augmentation le baril aux six mois dès la fin de 1981, et même quelques réajustements trimestriels supplémentaires. Le nouveau découpage des recettes pétrolières se faisait plus à l'avantage de l'industrie et des provinces mais le fédéral restait tout de même le grand gagnant du pacte, avec plus de 35 % des revenus anticipés. Cette entente inclut finalement la Saskatchewan, la Colombie-Britannique au cours de l'année 1982 et le principe plus souple de l'EPTE fut généralisé à l'ensemble du secteur énergétique, de manière à réconcilier les acteurs, qui s'étaient montrés fort indisposés par l'action unilatérale d'Ottawa.

Quant au «nouveau» pétrole, découvert après octobre 1980, il serait évalué à 30 $ et son prix serait ajusté au début de chaque année, à même un calcul d'indexation opéré à partir de l'indice des prix à la consommation (IPC). Le gaz naturel serait fixé à 2,60 $ le mille pieds cube jusqu'au 1er février 1982, alors qu'il serait ajusté à son tour[33].

Le gouvernement dédommagerait les raffineurs pour les prix plus élevés du pétrole importé en imposant au consommateur une taxe d'accise appelée Charge compensatoire pour le pétrole (CCP) établie à 2,55 $ le baril et qui augmenterait de $2.50 le baril au début de chaque année. C'est ainsi que ce prix «mixte» — le prix à la tête du puits et la CCP — totaliserait des hausses moyennes au consommateur de l'ordre de 4,50 $ par an jusqu'à la fin de 1983, à concurrence d'un plafond n'excédant pas 85 % du prix mondial. Enfin, le PEN prévoyait un prix de référence aux producteurs engagés dans les entreprises de transformation des sables bitumineux. On leur accorderait un minimum de 38 $ le baril au 1er janvier 1981 et l'on consentirait à un ajustement annuel à partir de l'IPC ou encore du prix international[34]. Comme on le voit, l'ambiguïté restait entière.

Dans les faits, les prévisions du PEN, même revisées en faveur de l'industrie et des provinces avec l'EPTE, ne se concrétisèrent jamais. Dès 1984,

33.   À la suite d'un calcul plus complexe se faisant comme suit; le 1er février 1982, une hausse de 4 fois 15 cents le mille pieds cube pour atteindre 3,20 $ en août 1983, puis par la suite, un réajustement de 15 cents le mille pieds cube pour chaque dollar de hausse du prix du baril de pétrole.
34.   PALMER, J.D., «An Overview of Canada's National Energy Program», dans FRY, E.H., ed., *Energy Development in Canada, The Political, Economic, and Continental Dimensions*, Canadian Studies Program, Center for International and Area Studies, Brigham Young University, Provo Utah, 1981, p. 80.

le prix mondial allant en décroissant, le plafond de 85 % pour le prix canadien fut atteint et les prix stagnèrent par la suite. À la fin de cette période, une situation de fait s'était toutefois imposée aux Canadiens pour longtemps; désormais la majeure partie du prix des produits pétroliers était constituée de taxes d'accise ou «ascenseur» provinciales et fédérales. Voyons comment on en était venu là.

LES MESURES FISCALES DE LA NOUVELLE POLITIQUE ÉNERGÉTIQUE

Le régime fiscal du PEN ramène immédiatement à la matrice de répartition des revenus escomptés de la manne pétrolière. Conformément à la Constitution de 1867, les ressources naturelles sont du ressort des provinces et, par voie de conséquence, celles-ci peuvent taxer directement les revenus des entreprises qui les exploitent grâce à leur accord. C'est le mécanisme des concessions. Toutefois, il leur est interdit d'user des taxes indirectes[35]. Celles-ci sont du ressort du gouvernement fédéral qui peut, d'autre part, fixer les prix pratiqués dans le commerce interprovincial ou destiné à l'exportation, selon ses prérogatives inscrites à l'article 125 de l'AANB[36]. À la suite du *Décret administratif sur le pétrole* de 1975 amendé en 1980, il peut même, en l'absence d'une entente avec les provinces, statuer sur les prix domestiques du pétrole et du gaz. Compte tenu des relations orageuses entre Ottawa et Edmonton à partir de 1980, tels seront les leviers dont le PEN se servira dans sa volonté de planifier le secteur.

L'esprit de la fiscalité du PEN est d'abord de protéger les consommateurs et les régions importatrices tout en investissant les revenus générés par la différence des tarifs dans des initiatives productives dans le même secteur, «au bénéfice de tous les Canadiens». Le PEN a besoin de revenus additionnels pour une politique d'ampleur «nationale»: des subsides aux importations de pétrole pour les provinces de l'Est[37] et des stimulants à l'entreprise pour la prospection et le développement dans les zones pionnières, c'est-à-dire les terres du Canada. Dans le cadre de cette seconde mission, il hérite d'une pratique qui s'était

---

35.   La Cour suprême a statué, en 1969, que les taxes directes étaient celles qui étaient imposées à un producteur afin que ce producteur seul en porte le fardeau. Si cette taxe peut être repassée aux consommateurs, via la fixation des prix, il s'agira alors d'une taxe indirecte, telles la taxe de vente et les taxes d'accise.

36.   Bien sûr, le Québec échappe en partie à cette logique, ayant rapatrié au début des années 60 d'autres pouvoirs de taxation sur ses citoyens.

37.   En 1980, les coûts de ces subsides se montaient déjà à plus de $3 milliards, soit près de 30 % du déficit du gouvernement fédéral pour cette seule année. Lire à ce sujet DOBSON, W., *Canada's Energy Policy Debate, op. cit.* p. 22.

instaurée dans les années 70; en effet, dès cette époque, des déductions appréciables d'impôt étaient en vigueur pour des entreprises désireuses de réinvestir dans la prospection[38]. Mais le PEN constitue un virage important par rapport à cette pratique. Désormais, le gouvernement repousse le principe des déductions d'impôts aux producteurs engagés dans la prospection en zone pionnière, en faveur d'une approche plus «politique» qui consiste à mettre sur pied une panoplie complète de stimulants à l'entreprise et d'encouragement, à la canadianisation. Pourquoi en vient-il à ce choix ?

En 1979, l'importance du nombre d'entreprises participant au programme de déductions d'impôt pour fins de réallocation des profits vers la prospection est telle que les revenus du gouvernement décroissent. Alors que les provinces voient le montant de leurs *royalties* automatiquement ajusté par rapport au prix pratiqué à la tête du puits, ce qui leur assure une base stable de financement, le fédéral, avec ses taxes d'accise en partie érodées par les stimulants fiscaux, ne peut s'en prévaloir. D'où la nécessité d'une réforme du système de façon à compenser pour cette distorsion accentuée entre les revenus des firmes et des provinces, et ceux du gouvernement central. D'autres facteurs doivent aussi être invoqués. Dans sa volonté de «canadianiser» l'industrie pétrolière en amont, le gouvernement ne peut, vu les accords tarifaires le liant aux États-Unis, surtaxer ou encore refuser d'accorder des déductions à des entreprises (ce qui revient au même) sous prétexte qu'elles sont américaines. Cette discrimination serait totalement contraire au GATT ainsi qu'aux traités bilatéraux dont le Canada est signataire[39].

L'introduction d'un système de subventions permet de contourner cette difficulté: le gouvernement peut choisir, en vertu de son objectif de canadianisation, les entreprises qui correspondent le mieux aux critères prioritaires; à savoir le degré de participation canadienne dans chaque projet et la région choisie pour la prospection. La visibilité extrême des subventions a l'avantage de faire sentir de manière non équivoque la «présence» du gouvernement fédéral dans la politique énergétique. C'est d'ailleurs l'un des principaux buts recherchés par le PEN, tant à l'intention des gouvernements provinciaux, surtout de l'Alberta, que de l'industrie.

Orientées vers les zones pionnières, ces subventions annoncent une nouvelle époque plus «centralisatrice» de l'histoire du Canada, avec l'essor des

---

38. Ainsi les *royalties* payées par les entreprises aux provinces étaient déductibles au titre de l'impôt fédéral, de même que la totalité des frais de prospection encourus pendant l'année, 30 % des dépenses en développement, alors qu'un bonus de 10 % sur les paiements de concessions allouées était disponible. Enfin, 33 1/3 % des frais d'utilisation de certains équipements d'exploration pouvaient être réclamés.

39. On pense évidemment à l'Accord général sur le commerce et les tarifs, en anglais GATT, qui est à la base des comportements commerciaux dans la zone de l'OCDE.

régions frontalières lié à celui de l'industrie canadienne et le déclin relatif de l'industrie pétrolière albertaine, davantage contrôlée par les étrangers et servant des intérêts «provincialistes»[40]. La visibilité sert enfin des intérêts partisans, que les libéraux ne perdront jamais de vue.

Outre la taxation normalement répartie entre paliers de gouvernement, d'une part les *royalties* provinciales et l'IRP, le fédéral introduit en amont une taxe d'accise spéciale qui ponctionne la marge des profits des firmes recevant l'ensemble de leurs revenus de leurs ventes de pétrole et de gaz. Appelée Taxe sur les recettes pétrolières et gazières (TRPG), cette taxe représente jusqu'à 25 % des revenus des entreprises. On souhaite ainsi, avant même d'offrir les subventions, dissuader les activités de l'industrie qui ne seraient pas orientées vers le réinvestissement *in situ*. En d'autres mots, on s'attaque aux prospecteurs qui s'orientent principalement vers l'exportation du brut, et surtout du gaz naturel, vers les États-Unis. Inutile de dire que cette TRPG est fort mal perçue outre frontière de même que par une fraction importante du secteur pétrolier[41] .

De son côté, le Programme d'encouragement du secteur pétrolier tente justement d'orienter l'investissement des firmes pétrolières là où s'affirme la présence des Canadiens, vers les zones pionnières. Il réduit le coût de l'investissement après taxes et déduit les frais admissibles dans la prospection, à la suite d'un calcul assez simple, pour obtenir un taux de subvention qui dépend tout aussi bien du taux de participation des Canadiens dans le projet (TPC) que de la région visée par ce projet[42]. La carte officielle des terres du Canada, reconnue par Énergie, Mines et Ressources Canada indique en effet onze régions.

Certaines sont situées sur le territoire des provinces, les autres en terres du Canada. Dans le premier cas, une échelle permet de déduire de 25 % à 35 % des frais d'exploration, de 10 % à 20 % des frais d'aménagement et de 10 % à 20 % des coûts; alors que dans le second cas, on peut réclamer du fisc, en vertu

---

40.   DOERN, G. B. et TONER, G. *op. cit.* p. 48-49.

41.   Les arguments des firmes canadiennes engagées dans ces activités de vente différaient d'ailleurs à ce chapitre de ceux des firmes transnationales opérant ici. Les premières arguèrent que les secondes, totalement verticalisées et posssédant une infrastructure de raffinage et de distribution plus complète, étaient en mesure de soustraire à la TRPG un grand nombre de leurs activités lucratives, ce qui n'était pas leur cas à elles. Voir à ce sujet JOUDRIE, E., Association pétrolière indépendante du Canada à Calgary, «Notes for Remarks to the Men's Canadian Club of Ottawa», 13 janvier 1981 dans DOBSON, W., *op. cit.* p. 24

42.   Frais admissibles rajustés =
Frais admissibles x 2 x Pourcentage d'intérêt actif net
                         Pourcentage des frais

x

         Superficie de l'intérêt actif net
         Superficie minimale
Dans le *Programme d'encouragement du secteur pétrolier*, *op. cit* ., p. 3.

du PESP, de 25 % à 80 % des frais d'exploration[43], de 10 % à 20 % des frais d'aménagement et de 10 % à 20 % des coûts. Ce montant est pondéré en fonction de la superficie visée par chaque projet, dont le minimum et le maximum varient selon les régions[44].

Dès le milieu de 1981, de pair avec les négotiations entreprises entre le gouvernement fédéral et l'Alberta pour une redistribution plus flexible des parts ou EPTE, on assiste à un assouplissement comparable des règles fiscales relatives à l'exploration en zones provinciales et fédérale. Les normes de calcul du TPC sont modifiées, de façon à faciliter l'investissement «partiellement» canadien. On permet ensuite aux firmes d'augmenter leur marge de profit en déduisant directement le calcul de leurs subventions en vertu du PESP, de leur taxe sur les recettes pétrolières et gazières (TRPG). D'autre part, le seuil en deça duquel cette taxe ne s'appliquait pas est relevé à 5 millions de dollars, aidant ainsi les petites firmes engagées dans l'activité pétrolière et nécessairement de propriété canadienne. On remet également en cause l'obligatoire participation de 25 % de Pétro-Canada sur tout projet en zone de juridiction fédérale. Une initiative qui avantage principalement Dome Canada, propriété privée canadienne à 55 %. Nul doute que cette panoplie de mesures fiscales est déterminante dans la course à la «canadianisation» qui s'observe au cours de la période 1981-1983, qui correspond à la mise en application du PEN sur le terrain.

L'ACCUEIL DU SECTEUR ÉNERGÉTIQUE AU PEN

Comme on pouvait s'y attendre, les firmes transnationales réagirent avec passion aux modalités du PEN. Elles furent assez habiles pour ne pas remettre en cause l'objectif de canadianisation et s'attaquèrent surtout aux méthodes employées. À titre individuel ou par la voie de leur regroupement, l'Association pétrolière canadienne (APC), elles s'en prirent à la taxation qui, selon elles, leur enlevait les moyens de réaliser l'objectif d'autosuffisance en 1990, tout comme à la fixation des prix, qui leur interdisait de réaliser les profits grâce auxquels les mégaprojets de prospection seraient financés. La répartition des revenus anticipés faisait problème, avec le gros de la manne allant au gouvernement fédéral. Bien entendu, elles critiquèrent sévèrement les mesures discriminatoires du PESP et s'en plaignirent à leurs maisons mère aux États-Unis, en Grande-Bretagne et aux Pays-Bas. Ces pays commencèrent à faire pression sur Ottawa pour qu'il atténue l'objectif de canadianisation.

---

43. Incluant la subvention de participation obligatoire de la Couronne de 25%.
44. Sur les terres provinciales, il s'agit de surfaces de l'ordre de 130 hectares dans la zone de Lloydminster, à 18 000 hectares dans celle de la baie de Fundy et du Saint-Laurent. Sur les terres du Canada, de 4 000 hectares dans la zone de la Liard à 8 000 hectares dans la vallée du Mackenzie et du Yukon et à 18 000 hectares dans toutes les autres zones.

Alors qu'Esso faisait montre de son mécontentement devant la Taxe sur les recettes pétrolières et gazières et payait de pleines pages de publicité dans plus de 38 quotidiens du pays pour répondre aux accusations contenues dans le *Rapport Bertrand* sur les pratiques restrictives dans l'industrie pétrolière, Texaco insistait sur les aspects discriminatoires du PESP. De son côté, Gulf soulignait qu'avec ou sans le PEN, la part de propriété canadienne dans l'industrie aurait de toute façon passé de 34 % en 1979 à plus de 50 % en 1982. Toutes stigmatisaient la surtaxe à l'exportation de gaz naturel vers les États-Unis, rejoignant les critiques acerbes que l'administration Reagan ne se gênait pas pour formuler devant ses interlocuteurs canadiens[45].

Craignant par-dessus tout de s'engager dans un débat public qui aurait nui à leur image (une image déjà fort ternie auprès de l'opinion publique), les pétrolières préférèrent agir sur un autre terrain. Dès 1981, elles réduisirent drastiquement leurs investisssements. Esso prétendit qu'à moins d'obtenir un profit net de 20 % sur son investissement de Cold Lake, elle renonçait au projet. En sous-main, Esso était en fait encouragée par l'Alberta qui boycottait systématiquement le PEN en mettant en mouvement un mécanisme de contingentement de la production, qui lui était déjà familier. Gulf, accusant un manque à gagner de l'ordre de 900 millions ou 30 % de ses revenus, réduisit les siens de 15 %[46]. Toutefois, respectant son engagement antérieur au PEN, elle continua ses investissements dans la mer de Beaufort, là où elle devait s'illustrer grâce à des percées technologiques inédites dans le domaine des îlots artificiels et des installations flottantes de forage en milieu arctique. Or, il ne faudrait pas l'oublier, ces recherches ne se firent pas sans un prix élevé pour les contribuables.

Le secteur de propriété canadienne, où l'on retrouvait aux premières loges Pétro-Canada, Dome et Nova, se faisait le défenseur passionné de l'objectif de canadianisation tout en déplorant, au même titre que les autres participants de l'industrie, les mécanismes de fixation des prix et la fiscalité du PEN, surtout la TRPG[47]. Alors que Dome était touchée par le resserrement des normes fiscales, elle qui s'était lourdement impliquée dans la prospection en zone pionnière, Nova se voyait contrainte à la seule exploration dans le bassin occidental (Pacifique), où les risques étaient plus élevés et les chances de succès, moins encourageantes qu'ailleurs. Dome n'eut d'autre recours que de créer Dome Canada, conservant 48 % des parts et offrant les 52 % restants à des Canadiens, tout en se portant acquéreur, auprès de Conoco, de Hudson's Bay Oil and Gas. Pétro-Canada acquit de son côté la firme belge Pétrofina pour 1,45 milliard et les installations de

---

45.   De toute façon, une profonde antipathie séparait Reagan et Trudeau, tant au niveau du tempérament que des idées qu'ils défendaient.

46.   STOIK, J. L., «Notes for a Presentation to the Canadian Association of Petroleum Investment Analysts», Toronto, le 2 décembre 1980, pp. 4-7.

47.   GALLAGHER, J. et RICHARDS, B., «Report to the Shareholders», dans *Dome Petroleum Annual Report 1980*, avril 1981, p. 4.

raffinage de BP (britannique) pour 347 millions. Nova avait mis la main sur Husky Oil dès 1978 et continua à se développer en acquérant Uno-Tex Petroleum pour un modeste 371 millions. Elle fut dès lors très active en zone pionnière, grâce au PEN[48]. Il n'y a pas de doute que le système bancaire canadien fut très sollicité; on s'y bousculait pour prêter aux entreprises engagées dans l'achat de biens étrangers et, en termes quantitatifs, il semble que les plus actives furent les firmes canadiennes d'importance moyenne.

En effet, Nova / Husky tint sa promesse et fut, entre 1981 et mars 1983, le septième plus important récipiendaire au titre du PESP avec une subvention de l'ordre de 40 millions de dollars, derrière Dome Canada (486 millions), Pétro-Canada (431 millions), Canterra (130 millions), Norcen (92 millions), Gulf Canada (56 millions) et Mobil (46 millions)[49]. Nova se montra par ailleurs réticente devant la volonté gouvernementale d'assurer une présence significative de la Couronne dans les zones pionnières et rejoignit sur ce point le concert des critiques formulées par les autres participants du secteur privé.

Quant à Dome, il est évident que, de tous les participants de l'industrie, c'est encore elle qui répondit avec le plus d'empressement au PEN, malgré ses réserves touchant, bien entendu, la fiscalité et la présence de la Couronne sur les terres du Canada. Souhaitant s'ajuster à l'objectif de propriété canadienne, elle résolut de faire passer son taux de participation canadienne de 35 % en décembre 1982 à 50 % en décembre 1985 puis à 60 % en 1990. Il faut dire qu'elle avait au moins une bonne raison de souhaiter profiter au maximum des subventions du PESP; comme elle était très endettée, ces subventions prenaient l'allure d'un véritable ballon d'oxygène pour elle.

Pétro-Canada fit son possible, quant à elle, pour se faire passer pour une firme du secteur privé, minimisant sa relation privilégiée avec le gouvernement

---

48.   Voilà sans doute pourquoi Robert Blair, son président, pouvait écrire avec fierté: «[...]We have good reasons to expect that throughout 1982 and 1983 Husky (contrôlée par Nova) will emerge as one of the half dozen leading investors vehicles for exploration off the West coast of Canada and with some participation in the Canadian Arctic [...] A shortage of semi-submersible vessels is anticipated, and we believe has provided Husky/Bow Valley the opportunity to put ourselves forward to the federal and provincial governments having jurisdiction and desiring exploration action and to the major companies who have the main land spreads, as business-like participants who will bring the indicated contribution of Canadian Ownership Rating and a special element of Canadian content to the providsion of equipment and services», BLAIR, R., «Notes for a Speech to the Financial Analysts Federation Seminar», Calgary, 27 janvier 1982, p. 6. Notons que Robert Blair faisait partie à ce moment-là du Comité spécial chargé de l'allocation des ressources aux entreprises engagées dans la prospection, et qu'il y défendit constamment le recours à la technologie, aux ressources et aux services émanant des firmes canadiennes, dans la logique de ses interventions dans le dossier Foothills huit ans auparavant.

49.   Voir à ce sujet le *Globe and Mail*, Toronto, 27 décembre 1983, p. B1.

et son rôle de «coordination» en zone pionnière. Dès 1983, il fut entendu avec l'industrie qu'elle ne s'imposerait pas comme «maître d'oeuvre» obligé sur les terres du Canada. Maints projets pourraient se concrétiser sans elle. Au contraire, Pétro-Canada tendrait à développer ses propres projets de forage et le nouveau lotissement du territoire se ferait à l'avantage du secteur privé. Son accès au financement gouvernemental lui permettrait au demeurant de prospecter dans les zones les plus risquées (bouclier du Labrador, Hibernia), voire de s'engager dans des entreprises communes avec certaines firmes privées se réclamant du PEN.

Cette attitude lui réussit assez bien, puisqu'elle évita à Pétro-Canada d'être mise aux enchères, malgré l'évolution du PEN après son lancement. Devant l'opinion publique et l'ensemble du secteur auquel le programme s'adressait, le gouvernement commença assez tôt à se désintéresser du dossier, surtout lorsqu'il devint évident, dès le début de 1982, que les prix internationaux commençaient à fléchir et que l'espoir de voir se matérialiser les promesses contenues dans l'énoncé budgétaire d'octobre 1980, s'estompait irrémédiablement.

Tableau 1
Les vingt plus importants récipiendaires de subventions au titre du PESP entre le 1er janvier 1981 et le 31 décembre 1983

	Millions $
Dome du Canada	615
Pétro-Canada Exploration	576
Énergie Canterra	199
Ressources énergétiques Norcen	111
Gulf du Canada*	57
Mobil du Canada*	45
SOQUIP Exploration	43
Husky	39
Teck Frontier	38
Panartic	37
Home	37
Pétroles PanCanadian	32
Industries Bow Valley	30
Pétroles Roxy	27
Ressources Forward	25
Ressources Ranchmen's (1976)	22
Énergie du Delta du Mackenzie	21
Ressources de la Nouvelle-Écosse (Ventures)	19
Ressources Esso du Canada*	19
Corporation d'Énergie Canalands	17

* Propriété étrangère
Source: Gouvernement du Canada, EMR, Ottawa, *Petroleum Incentives Administration Report*, janvier 1981 à décembre 1983, p. 17.

L'ADMINISTRATION DU PESP ET LE PROBLÈME DES COÛTS

La difficulté majeure du volet exploratoire du PEN résidait probablement dans la mise en place du dispositif d'administration du PESP en zone pionnière. Il n'est pas sûr que la structure retenue ait été la bonne. D'un côté, l'Administration des stimulants pétroliers (ASP/PIA) coordonne le versement des subventions aux entreprises en vertu des normes du PESP et de l'autre, il revient à l'Administration du pétrole et du gaz des terres du Canada (APGTC/COGLA) de coordonner l'effort de prospection, délimiter les concessions et «planifier» la mise en valeur des différentes régions, selon les deux balises suivantes: pas plus de deux millions d'acres par projet et le souci de disséminer les travaux de forage dans chacune des zones, soit le bouclier de la Nouvelle-Écosse (Île-de-Sable et banc de George[50]), les grands bancs de Terre-Neuve, le bouclier du Labrador, la mer de Beaufort et les îles de l'Arctique. Il s'agissait d'abord et avant tout de connaître les potentialités de ces régions. Or, à l'usage, ce système devait se révéler fort coûteux. L'ASP/PIA distribuait les subventions sans contrôler les coûts des projets tandis que l'APGTC/COGLA, malgré sa vocation de coordination territoriale, n'avait aucun contrôle sur l'acheminement des fonds consentis aux entreprises. Les critiques étaient donc fondées de dire que le PESP encourageait l'activité pour l'activité, mais pas nécessairement le succès[51]. Conscientes qu'un tel système ne pouvait se maintenir longtemps, les firmes de prospection voulurent à tout le moins en tirer un bénéfice immédiat, ce qui entraîna des abus qui accrurent la confusion dans la gestion du programme.

La baisse graduelle des prix pétroliers et la récession montante ralentirent l'effort «habituel» de prospection des firmes dans les zones traditionnelles à travers le monde. Elles se hâtèrent alors de déménager leurs équipements vers les zones pionnières canadiennes. Mieux valait tirer parti des subventions du PESP que de remiser le matériel. En mer de Beaufort, Gulf déclara au fisc une dépréciation de l'ordre de 700 millions de dollars sur trois ans de son équipement de forage hautement sophistiqué. Cela haussa de manière significative les coûts à la tête du puits, c'est-à-dire le montant des subventions en vertu du PESP. Outrée, sa partenaire dans ce projet, la firme canadienne Canterra, qui appartenait

---

50.   Le banc de George, situé dans le golfe du Maine entre Boston et Yarmouth, fut l'occasion d'un litige entre le Canada et les États-Unis. La Cour internationale de justice de La Haye répartit en 1985 ce territoire marin entre les deux pays mais les pêcheurs de la Nouvelle-Angleterre ne respectèrent jamais cette décision. Cet épisode permit d'ailleurs à l'administration américaine d'affirmer que la Cour internationale n'avait pas compétence sur ces matières, un procédé repris depuis lors à maintes occasions.

51.   C'était particulièrement vrai dans le cas de l'APGTC/COGLA, qui faisait une intense campagne en faveur de l'exploration en zone pétrolière et laissait d'autant plus miroiter aux firmes les avantages qu'il y avait à se prévaloir des subventions du PESP, qu'elle n'en était pas l'administratrice immédiate.

en partie au fédéral via la Corporation de développement du Canada, se retira du projet en 1984. Le même manège se répéta sur la côte est. Mobil ancra des plates-formes au large de Terre-Neuve et bénéficia des avantages du PESP.

Malgré leur mauvaise humeur en face de la politique énergétique canadienne, les pétrolières n'étaient pas indisposées au point de se retirer d'activités hautement lucratives. Elles gagnèrent en nouvelles concessions et en subventions ce qu'elles perdirent en reprises et dépassèrent toujours les initiatives canadiennes par la taille de leurs investissements. Dès 1983, elles furent les premières à annoncer d'importants projets dans les sables bitumineux et le traitement des huiles lourdes en Alberta et en Saskatchewan, de même que de nouvelles raffineries dans l'Ouest. En effet, il semblait clair pour les reponsables du PEN que ne subsisteraient plus dans l'avenir au Canada que deux «pôles» pétroliers: Edmonton et Sarnia. La même année, Montréal-Est perdait deux raffineries et devenait un centre mineur de traitement des hydrocarbures. Son rôle pétrolier s'estompait en même temps que le flot des importations, qui lui donnait sa raison d'être, se tarissait[52].

Les firmes étrangères souffrirent bien davantage de la conjoncture internationale, de la contraction de la demande due à la récession et des politiques de conservation et de substitution menées partout en Occident et dans le tiers monde. Toutefois, suite à la reprise, les administrateurs de l'ASP/PIA et de l'APGTC/COGLA pouvaient déclarer qu'au rythme où allaient les choses, l'essentiel des 8,2 milliards de dollars prévus pour le PEN auraient été dépensés d'ici la fin de 1986. En 1985-1986 seulement, 1,6 milliard de dollars furent distribués à ce titre. Une chose demeure certaine, les administrateurs du PEN furent d'autant plus enclins à fermer les yeux sur certains abus des entreprises qu'ils tentaient désespérément de maintenir l'intérêt pour des forages dont les résultats concrets en direction de l'industrie et des consommateurs canadiens ne pouvaient se faire sentir qu'à long terme. Ainsi, ce n'est pas avant la mi-septembre 1985 qu'arrivèrent à Montréal, par tanker, les premiers 100 000 barils de pétrole extraits du sous-sol de l'Arctique. Arrivage bien symbolique, quand on songe qu'il ne couvre pas la moitié de la consommation québécoise en un seul jour.

Il est encore trop tôt pour évaluer les effets à long terme de la politique énergétique des libéraux. À court terme, le bilan politique est immense, les retombées économiques plutôt maigres, alors que la canadianisation a contribué plus que toute autre stratégie industrielle à gonfler la dette privée du Canada. Dans un environnement d'une telle complexité, les adversaires du programme ont beau jeu et font intervenir l'indifférence de Pierre Trudeau pour les questions économiques. D'autres invoquent d'autant plus facilement l'emprise des «satrapes» de la haute bureaucratie fédérale que la tradition du nationalisme

---

52. Entrevue avec Robert Toupin, fiscaliste et député de Terrebonne aux Communes, anciennement du Parti conservateur, le 26 juin 1986.

économique n'a pas vraiment de racines au Canada anglais, encore moins dans le milieu pétrolier et encore bien moins dans l'Ouest. À cause de cela, le programme ne fut pas le fruit d'un large consensus, mais la création d'un petit groupe de visionnaires, dispersés parmi une pléiade d'agences gouvernementales et de firmes privées. Il sera toujours facile de dire que le gouvernement avait minimisé les réactions auxquelles le programme risquait de l'exposer, tout en surestimant la conjoncture internationale d'élévation des prix du pétrole. Pris de court entre cette réalité contre laquelle il ne pouvait rien et le tumulte des critiques qui fusaient de toutes parts, le gouvernement libéral n'avait plus d'espace politique où manoeuvrer. Il y avait déjà quelque temps que le PEN voguait à la dérive quand le gouvernement conservateur de Brian Mulroney prit les rênes du pouvoir, au soir du 4 septembre 1984.

* * *

Nous avons vu que, au Canada, l'action des divers paliers de gouvernement fut un élément explicatif du mouvement socio-économique d'ensemble illustrant une plus grande maîtrise sociale de cette société sur son propre développement, dans un secteur aussi central pour son développement que le complexe des industries énergétiques[53]. Bien sûr, au niveau le plus général, l'action gouvernementale n'agit pas en solo ; elle élabore ses outils d'intervention de manière graduelle en prenant appui sur le développement des secteurs adjacents des ressources naturelles, des banques et de l'industrie de transformation. Nous avons vu que, dans cette voie, les gouvernements avaient pu invoquer, selon les prérogatives qui leur sont dévolues par la Constitution, leurs pouvoirs dans deux modes bien départagés d'intervention. D'un côté, la fiscalité, qui leur a permis de récompenser traditionnellement l'effort de mise en valeur des ressources canadiennes, puis avec le PEN d'en orienter les activités via certaines taxes dissuasives et des encouragements à la canadianisation (PESP)[54]. De l'autre, la

---

53. Dont le rôle est au moins double: alimenter les processus productifs, notamment industriels lourds, et constituer via les exportations, un levier puissant d'accumulation de capital dans les frontières, utile dans la construction de l'économie. Effets secondaires aussi: tisser des liens avec les sociétés clientes, dans le cadre d'une complémentarité économique internationale, et aller dans le sens de dispositifs stratégiques d'approvisionnement en matières premières, dont les combustibles et carburants.

54. Elle ne traduit au fond, par-delà les mécanismes reflexes de l'économie que sont l'action des entreprises, que cette tranche de l'action sociale «consciente d'elle-même», dispensatrice de «règles» et de «normes», qu'elle défendra au nom d'un «intérêt national», d'une «raison d'état» qui se place au-dessus des autres intérêts. Ces normes visent le maintien théorique de l'unité du pays et un minimum d'intégration entre les acteurs de la société, particuliers et corporatifs.

fixation des prix et le contrôle sur le commerce interprovincial et les exportations. Par ce biais, il assurait théoriquement l'intégration du territoire et la disponibilité des combustibles à des prix qui soutiendraient la concurrence de l'économie canadienne.

Cette action fut-elle toujours soutenue? L'État prit-il toujours nécessairement l'initiative? L'histoire économique du régime libéral, dans ce secteur bien précis, nous amène à nuancer toute affirmation et à opposer, non seulement des philosophies différentes au sein des acteurs publics, mais aussi des modes opposés d'intervention qu'imposent les nécessaires arbitrages entre acteurs publics et privés. Or, les tensions s'accumulent dans les années 70 et les conflits éclatent au grand jour dans les années 80. Voilà pourquoi l'interventionnisme de l'État dans le secteur des hydrocarbures ne s'est pas toujours déployé, de façon évolutive, en un éventail d'alternatives situé au sein d'un continuum entre deux écoles de pensée. D'une part, l'intervention indirecte, ou encore discrète, traditionnelle, «classique» de l'État dans l'économie. Maintenir une certaine harmonie entre régions et acteurs économiques, faire participer le secteur énergétique au même titre que les autres, c'est-à-dire sans égard particulier, à la mise en valeur des ressources, par la voie des concessions (licences, permis d'exploitation), des encouragements, voire des subventions au démarrage des projets[55]. À ce stade, l'État ne perd pas de vue sa propre reproduction en tant qu'appareil et demande au secteur de participer au financement de ses activités de construction d'infrastructures, via les *royalties* , impôts et taxes sur les profits. Par la suite, à un second stade plus affirmé de l'intervention auprès du secteur privé, l'État accroît sa participation de façon significative aux mécanismes régulateurs de l'économie et, dans ce contexte, il ne faut pas perdre de vue que ceux-ci seront d'abord dictés par les entreprises privées qui énoncent leurs besoins et expriment leurs doléances. Dans cette logique, l'État endosse le rôle d'administrateur du secteur privé et l'exemple du sauvetage de Dome, en 1982, illustre clairement une prise de décision gouvernementale ferme, associant les banques, dans le but de sauver de la faillite le leader de l'industrie canadienne dans le secteur[56]. Il le fera à nouveau plus tard.

D'autre part, l'action peut se révéler plus directe. L'État devient alors un «définisseur de politiques». Mais celles-ci ne sont pas nécessairement ni élaborées ni même généralisées à l'ensemble du secteur. Cette évolution

---

55.   Cette action ne peut se faire que dans le cadre des juridictions attribuées par l'instance suprême à chacun des niveaux de gouvernement: provinces, États, gouvernements centraux fédérés ou unitaires. D'où le poids particulier d'une «tradition» politique en ce sens, propre aux États et groupes d'États fédérés. Il ressort de cette constante interaction entre secteurs privé et public ce domaine central qu'on appelle la *réglementation*.

56.   Un autre exemple, postérieur à la fin du régime libéral, est représenté par le sauvetage, au coût de 3 milliards, de la Norbanque albertaine par le gouvernement Mulroney, à l'été 1985.

s'accomplit par degrés et non sans heurts. L'État commence par être initiateur de développement dans le but de «combler les vides» ou «d'intégrer l'espace national». Il peut aussi devenir interventionniste, c'est-à-dire qu'il s'intéressera aux activités du secteur privé pour en stimuler, donc en «infléchir» les activités. À ce stade, l'action indirecte de l'État a donc une influence directe sur l'entreprise, mais ne s'incarne pas nécessairement par le biais du développement de monopoles naturels ou encore de «nationalisations» à l'européenne, encore que cela puisse aussi être le cas. On a affaire alors à un cas limite, annonciateur de mutations à venir, comme l'indique l'exemple de la création de Pétro-Canada en 1975.

Enfin l'intervention peut devenir «planificatrice», c'est-à-dire exprimer une volonté de coordonner les initiatives des participants du secteur, pour réaliser des objectifs «nationaux» et des politiques précises qui vont au-delà des intérêts de chacun des acteurs économiques. Tel est de façon très claire le chemin parcouru par la politique énergétique canadienne à partir du premier choc pétrolier de 1973, et devenu si évident avec le PEN. Dans cet esprit, se conçoivent les «nationalisations» d'entreprises privées en sociétés d'État, comme le fut la création de Pétro-Canada, son programme de rachats et son mandat en tant que «firme témoin» du gouvernement dans le secteur. L'État peut aussi souhaiter élargir le mandat des *Utilities* déjà existantes. Tel est le cas de Nova, qui passe de la gestion d'un réseau de gazoducs provincial, au cours des années 70, à une firme activement engagée dans la recherche et le développement comme dans la prospection.Dans son processus de diversification économique, Nova achète Husky en 1978. Il y a surtout (parce que c'est l'élément le plus spectaculaire de l'intervention) la politique énergétique elle-même, qui systématise le recours aux stimulants fiscaux[57].

Le passage d'un pôle à l'autre ne se fait manifestement pas au hasard, mais s'inscrit au sein d'une évolution non linéaire qui tire parti à des degrés divers de facteurs présents dans la constellation économique ambiante, et de la présence ou de la disponibilité de ressources humaines et matérielles, aptes à s'exprimer à travers l'essor de l'économie et la maturation du système d'éducation supérieure et technique. Celui-ci rend possible une expertise disponible localement, le développement de l'État et de ses agences comme autant de foyers de regroupement des personnalités et des groupes exprimant un certain «volontarisme» en face de problèmes particuliers que pose l'indépendance du pays et se faisant les porteurs, au-delà de la tradition qu'ils véhiculent, d'une certaine «idée» de leur environnement comme de la société. Ils la conçoivent comme un

---

57. Encore faut-il pour cela qu'il y ait, chez les décideurs publics, une conception d'ensemble (*comprehensive approach*) des conséquences de la fiscalité sur le secteur, et la volonté de mettre sur pied des institutions de recherche, des bureaucraties développementalistes spécialisées et des pratiques inédites dans la conduite des affaires extérieures et du commerce international.

tout et dès lors, sitôt que se pose la question hautement «stratégique» de la dépendance du pays à l'égard des firmes transnationales et des aléas du commerce international dans le domaine si sensible de l'énergie, ces contraintes nouvelles donnent lieu à des réflexes nationalistes qui alimentent des prises de décision susceptibles de nourrir ce type de transition vers l'interventionnisme actif.

LA POLITIQUE FÉDÉRALE
DE MAIN-D'OEUVRE

Yves Bélanger
Département de science politique
Université du Québec à Montréal

Francine Senécal
Université du Québec à Montréal

Au cours des deux dernières décennies, les dossiers du développement économique, de la politique d'emploi et de la main-d'oeuvre ont occupé une large place dans les débats politiques. Dans ce contexte, la question du rôle de l'État s'est posée avec beaucoup d'acuité dans le champ des politiques de main-d'oeuvre. En effet, la hausse des taux de chômage, les fermetures d'entreprises, le ralentissement de certains secteurs économiques et les limites de la capacité de payer des gouvernements ont entraîné des remises en question qui ont affecté les politiques de main-d'oeuvre.

Dans le texte qui suit, nous nous attachons spécifiquement à l'étude de la politique de main-d'oeuvre en tentant de démontrer que l'État a de plus en plus misé sur ce secteur, au cours des 30 dernières années, dans le but de rendre son intervention moins onéreuse et plus sélective. On pourra voir dans ce processus l'expression d'une démarche destinée à remodeler l'interventionnisme d'inspiration keynésienne pour lui substituer un modèle complexe où se manifestent diverses influences. Avec les années 1980, la politique de main-d'oeuvre est devenue ainsi partie prenante d'une nouvelle stratégie de développement économique. Nous verrons notamment que, d'un rôle plutôt accessoire au cours des années 1960, les programmes destinés à encadrer l'emploi et la formation seront appelés à remplir une mission plus centrale de la stratégie gouvernementale.

Dans ce sens, la main-d'oeuvre est peut-être un des domaines où les changements d'orientation dans la politique économique du gouvernement libéral fédéral ont été les plus percutants. Il faut ajouter que l'intérêt gouvernemental ne sera pas seulement tributaire de ces réflexions économiques. La démarche viendra en effet s'inscrire sur la toile de fond d'un projet beaucoup plus vaste dont l'objet sera d'étendre le rayonnement de l'État fédéral.

LA SITUATION AU MOMENT DE LA PRISE DE POUVOIR

Lorsque les libéraux prennent le pouvoir en 1963, la politique économique vit une remise en question. En effet, la récession de la fin des années 1950 a fait ressortir certaines carences de la stratégie d'intervention mise en place après la guerre[1]. Non seulement les grands outils de stabilisation économique (politique monétaire, fiscale, programmes sociaux, etc.) apparaissent-ils peu efficaces et difficiles à contrôler, mais ils trahissent en outre l'incapacité de lutter contre les disparités régionales. Ottawa entreprend sous l'égide du ministère du Travail, la mise en place de nouveaux programmes destinés à corriger la situation. Précisons que ces premières pièces de la politique de main-d'oeuvre fédérale seront conçues et introduites, non pas dans une perspective de rupture avec les principes keynésiens, mais plutôt dans l'optique de raffiner et de mieux adapter les mécanismes d'intervention économique aux aléas de l'économie canadienne. Il s'agira conséquemment d'imaginer de nouveaux outils de stabilisation plus efficaces face au chômage sur les plans national, régional, sectoriel et saisonnier.

Peut-être, à ce stade, est-il utile de rappeler que les provinces de l'Ontario et du Québec s'étaient opposées au plan de gestion économique et sociale proposé par le gouvernement fédéral en 1945, forçant Ottawa à abandonner le principe d'une planification économique intégrée et concertée, entièrement consacrée à la réalisation du plein-emploi, pour lui préférer une approche plus circonscrite, orientée vers une gestion monétaire et fiscale centrée sur la croissance. De tous les instruments d'intervention et de contrôle dont disposait le gouvernement fédéral à l'époque, seule la politique monétaire et fiscale offrait la souplesse nécessaire au contrôle des fluctuations conjoncturelles. Elle présentait toutefois l'énorme inconvénient de n'intervenir qu'au niveau des grands agrégats économiques et d'être ainsi tout à fait inadaptée aux réalités régionales. Il fallait donc imaginer des mécanismes complémentaires plus sélectifs.

Les premiers programmes de soutien direct à l'emploi furent ainsi introduits entre 1958 et 1963 et orientés vers la lutte au chômage d'hiver dans les régions dites «désignées». Le programme visant à accroître l'emploi en hiver (1958) et le Programme d'encouragement de la construction de maisons en hiver

---

1.   Suite aux travaux de la Commission Rowell-Sirois. Voir à ce chapitre VAN SCHENDEL, V., «Les débats sur le plein-emploi au Canada: perspectives historiques», dans *Interventions économiques*, n° 12-13, printemps 1984, p. 125 et s.

(1963) donnèrent lieu aux premiers versements de subventions directes aux municipalités. De plus, Ottawa s'engagea dans un programme visant à accélérer la mise en chantier de ses propres projets de construction.

Plusieurs problèmes soulevés notamment par la Commission Gordon[2], relatifs à l'inégalité de la répartition des ressources entre les provinces, incitèrent en outre Ottawa à rechercher des moyens de faciliter le déplacement des populations résidant dans les régions défavorisées vers les zones plus industrialisées. Le Service national de placement élabora à cette fin un programme destiné à couvrir les frais de transport et de déménagement des travailleurs quittant les régions affectées par un chômage élevé.

C'est toutefois le secteur de la formation qui reçut la plus grande attention. À la suite des travaux de la Commission spéciale du Sénat sur la main-d'oeuvre et l'emploi (1961)[3], le Cabinet avait en effet acquis la conviction que l'inadaptation de la main-d'oeuvre canadienne aux besoins des secteurs économiques en croissance et aux changements technologiques, était la principale responsable du chômage. Le gouvernement conservateur de John Diefenbaker rechercha dès lors un moyen de convaincre les provinces de réviser leur politique éducationnelle afin d'y aménager un espace accru à la formation aux adultes, dans une perspective de recyclage et de redéploiement de la main-d'oeuvre. La *Loi sur l'assistance à la formation technique* énonça le principe du remboursement par le gouvernement fédéral aux provinces de 75 % de leurs dépenses d'immobilisation. Ce financement fut majoré pour les programmes destinés aux sans-emploi. Au cours de l'année financière 1962-1963, Ottawa versa 180 millions de dollars aux provinces en vertu de ces programmes[4]. La formule retenue, tout en définissant un cadre de financement spécifique[5], laissait par ailleurs une grande latitude aux administrations provinciales dans la gestion des programmes et de la définition des contenus. Les dix provinces acceptèrent d'ailleurs de signer les accords.

Par contre, les efforts en vue d'encadrer l'apprentissage professionnel, plus contraignant sur le plan administratif, furent considérés par le gouvernement québécois comme une menace à l'autonomie dans le champ de l'éducation. Pour cette raison, Québec en refusa l'application sur son territoire, mais obtint

2. Commission royale d'enquête sur les perspectives économiques du Canada, *Rapport préliminaire*, Ottawa, 1956.
3. CANADA, Sénat, Commission spéciale du Sénat sur la main-d'oeuvre et l'emploi, *Rapport*, Ottawa, 1961.
4. CANADA, ministère du Travail, *Rapport annuel 1962-1963*, p. 17.
5. L'accord sur la formation technique et professionnelle de 1961 prévoit explicitement neuf champs d'intervention:
   — Formation de techniciens;— Formation aux métiers et autres occupations; — Formation en collaboration avec l'industrie; — Formation des sans-emploi; — Formation des invalides; — Formation d'instituteurs; — Formation à l'intention des ministères et organismes fédéraux; —Aide aux étudiants.

néanmoins le financement correspondant. Rappelons à cet égard que l'approche privilégiée par le gouvernement conservateur dans le domaine des relations fédérales-provinciales se voulait être fondée sur la coopération et la concertation avec les législatures provinciales et avec les intervenants du milieu[6]. On peut ainsi mieux comprendre pourquoi Ottawa s'est engagé avec retenue et circonspection dans le dossier de la main-d'oeuvre et a tardé à reformuler sa politique économique et sa structure administrative en vue de se donner un meilleur accès au contrôle de l'emploi.

Dans ce sens, il n'y a pas de liens de causalité entre le dossier de la main-d'oeuvre et l'élection des libéraux en 1963. Les réformes étaient déjà en gestation.

LA MISE EN PLACE DE LA POLITIQUE FÉDÉRALE DE MAIN-D'OEUVRE, 1963-1976

D'entrée de jeu, le nouveau gouvernement dut trancher un débat administratif qui l'amena à annoncer ses couleurs. En effet, depuis 1961 s'interrogeait-on sur la pertinence de rattacher l'administration du chômage à celle de la main-d'oeuvre. D'un côté, le Comité des finances du Sénat recommandait d'intégrer les deux secteurs et d'en confier l'administration au ministère du Travail[7]. D'un autre côté, le Conseil économique du Canada préconisait une gestion séparée des deux programmes et la mise sur pied d'une Commission indépendante de l'assurance-chômage[8]. Le Cabinet pencha en faveur de cette seconde option, mais profita également de la réforme pour retirer l'administration des programmes de main-d'oeuvre au ministère du Travail en vue de la confier à un nouveau ministère de l'Emploi et de l'Immigration, où furent regroupés la Direction de l'immigration ainsi que le Service national de placement, la Direction de la formation technique et professionnelle et la Direction de l'économie, du ministère du Travail. Ottawa misa donc sur l'immigration, un champ de compétence exclusif, pour établir la crédibilité de son intervention sur la main-d'oeuvre. Le nouveau ministère se vit confier la mission explicite de coordonner au plan national les informations sur le marché du travail et d'assurer un développement harmonieux de la croissance économique et du développement social pour l'ensemble du Canada[9].

Les premières interventions concrètes du MEIC illustrent bien notre propos. L'adoption, en 1965, du Programme national de mobilité de la main-

---

6.   Cette philosophie présida notamment à la mise sur pied du Conseil national de la productivité en 1961 (ancêtre du Conseil économique du Canada).

7.   Commission spéciale du Sénat sur la main-d'oeuvre et l'emploi, *op.cit.*

8.   Conseil économique du Canada, *Premier exposé annuel*, Ottawa, 1964.

9.   CANADA, ministère de l'Emploi et de l'Immigration Canada, *Rapport annuel 1966-1967*.

d'oeuvre[10] démontre un intérêt pour le décloisonnement des flux démographiques interprovinciaux et un encouragement direct à l'immigration intérieure. Implicitement, l'administration fédérale se dirigeait déjà, à cette époque, vers une politique des ressources humaines orientée vers la promotion des pôles économiques forts du pays.

Des préoccupations similaires présidèrent en 1967 à l'adoption d'une nouvelle loi sur la formation professionnelle des adultes. Précisons en premier lieu que le simple fait de démarquer le champ de la formation professionnelle de celui de l'éducation a eu pour les provinces de nombreuses conséquences sur lesquelles nous reviendrons plus loin. Par ailleurs, comme le font remarquer Diane Bellemare et Lise Simon-Poulin[11], la loi de 1967 marqua une rupture importante dans le mode de financement des institutions responsables de la formation professionnelle. Sous l'égide des accords de 1960, ce financement était assuré sur la base d'un programme à frais partagé. Après 1967, Ottawa défraiera seul les coûts de la formation technique et professionnelle, en achetant des services aux provinces à la condition que ces dernières se dotent de structures administratives spécifiques. Bien que les provinces préserveront formellement leur pouvoir de poursuivre en parallèle leurs propres politiques, la dynamique introduite par ces nouvelles règles attribuera dans les faits une place prépondérante au gouvernement fédéral dans le financement[12].

Signalons en outre que la nature du financement consenti par le gouvernement central changea en 1967. Les accords de 1960 concernaient le financement des dépenses d'immobilisation, ceux qui suivirent l'adoption de la nouvelle loi furent orientés vers le financement des activités et des programmes dispensés dans les établissements provinciaux. À cet égard, Ottawa définit ses propres priorités programmatiques, avec un contenu tourné vers la formation spécialisée, la formation en entreprise et l'identification de régions prioritaires.

Quelques années plus tard, le dossier de la création directe d'emploi, qui n'avait joué qu'un rôle très secondaire avant 1963, subira à son tour une révision de ses mandats. En 1972, le MEIC se dotera d'une direction des programmes spéciaux et créera, à cette occasion, deux nouvelles mesures d'emploi, soit le Programme d'aide à la création locale d'emploi (PACLE) et le Programme d'extension de main-d'oeuvre, qui viendront s'ajouter au Programme projets d'initiatives locales (PIL) mis en place l'année précédente. Cette nouvelle direction obtiendra en 1973 la responsabilité du Programme perspective jeunesse créé par le Secrétariat d'État quelques mois plus tôt.

Entre 1965 et 1976, on assista donc à la formulation d'un cadre politique et à la mise en place d'une structure administrative qui allouèrent au

---

10. Autorisé le 13 décembre 1965 (P.C. 1965-2215).
11. BELLEMARE, D. et SIMON-POULIN, L., *Le défi du plein-emploi*, Montréal, Éditions coopératives Albert St-Martin, 1986, p. 160 et s.
12 Soit 80 %.

gouvernement fédéral non seulement une plus grande visibilité, mais également un rôle plus central dans l'encadrement de la main-d'oeuvre canadienne. Dans ce sens, les gestes posés pendant cette période peuvent être assimilés à une première tentative de sa part de s'assurer un rôle prédominant de «définisseur des politiques». En fait, dans l'optique fédérale, les fonds attribués aux programmes d'emploi et de formation[13] devaient représenter un moyen plus efficace d'affronter l'adversité du chômage. Rappelons à cet égard que les gouvernements fédéral et provinciaux convinrent d'un commun accord, lors de la Conférence fédérale-provinciale de 1973, de suspendre leurs différends sur le contrôle des programmes sociaux pour orienter leurs discussions vers la définition et l'application d'une politique de main-d'oeuvre.

La démarche entreprise sous l'égide de la loi de 1967 eut également pour conséquence d'ouvrir une nouvelle voie d'accès au gouvernement fédéral dans le dossier de l'encadrement de l'activité économique des régions. En fait, la loi imposait aux provinces la mise en place de jalons administratifs régionaux dans la formation (Commission de formation professionnelle). Parallèlement, certains programmes de soutien à l'emploi furent établis dans une perspective d'intervention sélective sur le plan régional. Cet intérêt pour les régions déborda d'ailleurs largement le cadre de la politique de main-d'oeuvre et donna lieu, au début des années 1970, à la rédaction d'une politique de développement régional, dont l'application fut confiée au ministère de l'Expansion économique régionale[14]. Les réformes que nous avons précédemment décrites peuvent donc également être considérées comme une étape, la première, d'un long processus de centralisation du pouvoir.

L'EMPLOI CONTRE L'INFLATION, 1976-1980

Dans le contexte que nous venons de décrire, une révision en profondeur des orientations de la politique de main-d'oeuvre en vue d'en préciser les objectifs, la nature de l'encadrement économique et les mécanismes de planification, apparut non seulement souhaitable, mais nécessaire. À l'occasion de la négociation fédérale-provinciale sur la formation en 1974-1975, l'hypothèse d'une coopération intergouvernementale plus étroite fut discutée. Cette discussion déboucha sur la signature d'accords sur la coordination des services de main-d'oeuvre dans le secteur agricole et la conclusion d'une entente avec neuf provinces (excluant le Manitoba) concernant la mise sur pied de projets conjoints

---

13. En 1975, ces programmes étaient au nombre de 20 pour un budget total de plus de 500 millions.
14. Voir le texte de P. HAMEL et M. BOISVERT dans le présent recueil.

d'expansion de l'emploi communautaire[15]. Ce dernier accord ouvrit un peu plus grande la porte à un rapprochement administratif dans le champ régional.

Une nouvelle étape dans la définition de la mission du MEIC fut franchie l'année suivante à l'occasion du dépôt du rapport du Comité sénatorial permanent des finances nationales sur la main-d'oeuvre au Canada. Dans ce document, le Comité décortiqua systématiquement les différents volets de l'intervention fédérale en main-d'oeuvre et recommanda notamment la mise en place d'une structure mieux intégrée, et de mécanismes de planification susceptibles d'impliquer plus directement les provinces et les corps intermédiaires dans la détermination du plan d'action gouvernemental[16]. Les travaux du Comité s'inscrivirent en outre dans le sens d'une révision de la mission sociale de l'État, non plus en direction du soutien au chômage, mais en faveur de l'employabilité de la main-d'oeuvre. Des études furent entreprises dans ce sens au même moment en vue de réformuler le programme d'assurance-chômage[17].

En même temps, le MEIC amorça une révision de sa loi organique afin d'intégrer la Commission de l'assurance-chômage aux instances du Ministère, dans le but de fusionner les bureaux de l'assurance-chômage et les bureaux de placement. Un projet de loi (C-27) fut déposé à cet effet en décembre 1976, adopté, puis promulgué le 14 août 1977. Sur le plan administratif, cette fusion, qui ne fut complétée qu'en 1979, mobilisa beaucoup de ressources et eut pour conséquence de restreindre temporairement la capacité d'intervention du Ministère. Signalons toutefois que, quelques mois avant le dépôt de la loi C-27, soit en octobre 1976, la direction du MEIC annonça la mise au point d'un plan quinquennal d'emploi, qui justifia la mise en place d'une brochette de nouveaux programmes parmi lesquels Canada au travail, Jeunesse-Canada au travail et le Programme de formation et d'expansion professionnelle. Ces nouveaux programmes entraînèrent une augmentation substantielle des sommes affectées au soutien de l'emploi et à la formation[18].

La réforme proposée par le projet de loi C-27 marque donc une première étape de la remise en question de la stratégie en main-d'oeuvre, où la relation à la politique économique et sociale est modifiée en vue de reconnaître à la main-d'oeuvre une mission de premier plan. Un nombre croissant de programmes furent notamment révisés en vue de mettre en place des mécanismes de soutien,

---

15. Visant l'application du Programme d'aide à la création locale d'emploi (PACLE) institué en 1973 sur une base expérimentale.

16. Canada, Comité sénatorial permanent des finances nationales, *Main-d'oeuvre du Canada*, Sénat du Canada, août 1976.

17. Voir notamment Assurance-chômage Canada, *Étude d'ensemble du régime d'assurance-chômage au Canada*, Ottawa, 1977. La réforme du programme de chômage est étudiée en détail par M. PELLETIER dans *De la sécurité sociale à la sécurité du revenu*, Montréal, 1982.

18. Qui atteignirent 1 milliard de dollars à la fin de l'exercice financier 1976-1977.

d'encouragement et d'accès au travail pour différentes populations, principalement les femmes, les autochtones et les personnes handicapées[19]. Les programmes de formation furent également ciblés de façon à promouvoir la réinsertion des chômeurs chroniques dans le marché du travail.

Cette façon d'aborder l'intervention de l'État posa différemment le problème de la définition d'une politique de main-d'oeuvre. Celle-ci n'eut plus, comme au cours des années 1960, à se définir par rapport à l'utilisation maximale de la force de travail, mais elle délimita son champ d'action en fonction de l'utilisation optimale et productive des ressources humaines, comme en témoignent les objectifs définis par le MEIC à la suite de la réforme:

> — aider l'employeur à trouver la main-d'oeuvre qualifiée dont il a besoin et le travailleur à trouver un emploi auquel il peut normalement aspirer;
> — offrir un revenu d'appoint temporaire aux chômeurs qui sont à la recherche d'un nouvel emploi;
> — aider le chômeur à réintégrer la population active le plus rapidement possible;
> — aider les handicapés et les autres personnes défavorisées à accroître leurs chances sur le marché du travail;
> — améliorer en général les rouages du marché du travail afin de réduire le chômage cyclique, saisonnier, structurel et résiduel;
> — aider les travailleurs à décider judicieusement lorsqu'ils cherchent un emploi qui assurera leur épanouissement;
> — aider les employeurs à faire un usage rationnel des ressources de main-d'oeuvre à leur disposition dans un contexte socio-économique en évolution;
> — aider les travailleurs à acquérir, au moyen d'une formation appropriée, les connaissances et les compétences qui sont en demande sur le marché du travail canadien;
> — promouvoir l'emploi productif des ressources humaines qui ne sont pas utilisées dans le moment par l'économie[20].

Cette reformulation de la politique de main-d'oeuvre ne peut évidemment être comprise hors de son contexte économique. Comme l'a déjà souligné Christian Deblock[21], l'économie canadienne est confrontée, depuis 1975, à différents problèmes qui remettent en question l'intervention de l'État. La stratégie fondée sur le soutien à la croissance a cédé la place à une approche consacrée au contrôle de l'inflation et à l'ajustement de l'État à un nouveau «réalisme» économique. Signalons à un premier niveau que ce contexte a

---

19.   Différents programmes d'accès à l'égalité et d'action positive seront adoptés entre 1976 et 1980.

20.   CANADA, ministère de l'Emploi et de l'Immigration Canada, *Rapport annuel 1977-1978*, p. xiii.

21.   DEBLOCK, C. et PERREAULT, D., «La politique économique canadienne», dans *Conjoncture et politique*, n° 6-7, 1986.

objectivement contribué à limiter l'expansion des programmes de main-d'œuvre par l'entremise du contrôle de la croissance des crédits. Il a cependant provoqué une remise en question généralisée des orientations politiques et budgétaires dans une direction qui a appelé progressivement ces programmes à occuper une place de plus en plus importante dans les préoccupations économiques et sociales de l'État. La mission des programmes sociaux, comme celle des programmes de main-d'œuvre, s'est donc modifiée. La politique de main-d'œuvre est devenue le principal outil utilisé par l'État fédéral en vue, d'une part, de réduire l'impact de la crise et, d'autre part, de rendre politiquement «acceptable» les compressions budgétaires, tout en contribuant par ailleurs à la réduction des dépenses consenties dans le cadre des grands programmes sociaux. Les programmes de main-d'œuvre sont également apparus comme un moyen d'opérer un certain redéploiement des forces productives canadiennes. Dans ce sens, ils ont favorisé le passage à une conception nouvelle de l'intervention gouvernementale, mieux adaptée à la promotion d'une productivité et à une gestion de la décroissance des dépenses publiques.

Vu sous cet angle, la décision en 1980 de créer deux groupes d'études, chargés de réexaminer le rôle du régime d'assurance-chômage et d'étudier les mesures influant sur le fonctionnement du marché du travail canadien, peut être interprétée comme l'aboutissement du processus dont nous venons de faire état.

PRIORITÉ À LA FORMATION, 1980-1986

Il faut rappeler que le début de la présente décennie a été marqué par une crise économique qui a secoué l'ensemble des pays industrialisés. Les gouvernements, afin de résoudre les problèmes inhérents à cette crise, ont révisé leurs principes de gestion des affaires de l'État.

Ainsi, le gouvernement fédéral a rapidement constaté les limites de ses interventions précédentes en matière d'emploi et de main-d'œuvre. En effet, malgré un discours valorisant la formation professionnelle et la création d'emploi, ce dernier n'a pas réussi à éviter les contrecoups de la crise économique et s'est retrouvé face à la nécessité de reconsidérer certains choix stratégiques. Perçue comme étant une critique implicite des expériences, cette crise a notamment amené les gouvernements à développer de nouvelles approches de soutien à la main-d'œuvre. C'est dans ce cadre que l'utilisation de la formation comme élément central des politiques d'emploi a été envisagée.

Dans ce contexte, un groupe d'étude sur l'évolution du marché du travail a été créé par le ministère de l'Emploi et de l'Immigration. Son mandat visait à:
—   donner un aperçu de la situation de l'offre et de la demande de travailleurs, telle qu'elle devrait se présenter vraisemblablement durant les dix prochaines années;

—   réexaminer les concepts de l'emploi, du chômage et de l'activité des travailleurs;
—   examiner et évaluer la pertinence et la rentabilité des programmes de formation de la main-d'oeuvre en fonction des besoins prévus;
—   déterminer le niveau d'immigration nette requis pour réduire l'excès de la demande de compétence particulière sur le marché du travail canadien;
—   évaluer l'incidence des services d'emploi et de placement sur le fonctionnement des marchés du travail et proposer des méthodes pour améliorer la communication et l'information et mieux harmoniser l'offre et la demande de main-d'oeuvre;
—   examiner les difficultés que certains groupes éprouvaient à participer pleinement et efficacement à la population active;
—   évaluer le rôle des programmes de création d'emploi et leurs incidences sur l'emploi, la production et la productivité, et proposer de meilleures méthodes en vue de rencontrer les objectifs de ces programmes[22].

La démarche poursuivie par le groupe de travail devait avoir pour objet de favoriser l'adaptation de la main-d'oeuvre du marché du travail aux différents facteurs économiques en évolution, sur les plans géographiques et professionnels.

Le point nodal de cette analyse concernait la croissance du taux de chômage. Ce phénomène s'expliquerait «par le fait que l'économie a eu du mal à s'adapter aux changements rapides de la composition de la population active et à absorber l'afflux important de travailleurs»[23]. Par ailleurs, bon nombre des politiques du marché du travail visaient à «occuper» les gens en les invitant à suivre des cours de formation, en leur procurant des emplois à court terme ou des emplois subventionnés, avec pour effet d'absorber l'excédent de l'offre de la main-d'oeuvre, mais sans résoudre pour autant les problèmes structurels du marché du travail.

Afin de parvenir à solutionner ces problèmes, le groupe posa comme condition *sine qua non* de mettre en place des mesures de formation susceptibles de doter la population des compétences nécessaires pour répondre à la demande. À cet égard, il indiqua dans son rapport final que «les dépenses de formation devraient être axées sur les compétences les plus recherchées, là où le rendement de l'investissement en «capital humain» était le plus élevé»[24].

En somme, alors qu'auparavant la formation était perçue comme une politique sociale en valant bien d'autres, le gouvernement fédéral se proposait maintenant d'utiliser cette formation comme un des éléments moteurs de la relance. Elle devait cependant être davantage axée sur les besoins à court terme du marché du travail. Il s'agissait donc de «coller» cette formation aux besoins du

---

22.   Groupe d'étude sur l'évolution du marché du travail, *L'évolution du marché du travail dans les années 1980*, Emploi et Immigration Canada, p. 38.
23.   *Idem.* p. 38.
24.   Groupe de travail sur les perspectives d'emplois pour les années 1980, *Du travail pour demain*, Ottawa, 1981, p. 165.

marché du travail ou, en d'autres termes, d'adapter la main-d'oeuvre aux variations de l'économie. Comme le souligne le rapport, «en appliquant des politiques sélectives pour faciliter l'adaptation de la population active, le Canada pouvait accroître sensiblement son rendement, sa productivité et son taux d'emploi»[25].

Parallèlement aux travaux de ce groupe d'étude, le gouvernement fédéral mit sur pied un autre groupe de travail ayant pour tâche d'analyser les perspectives d'emploi pour les années 1980. Ce groupe fut composé de représentants des trois partis politiques[26] issus de toutes les régions du pays et réalisa son étude en s'appuyant sur une ronde d'audiences publiques. Le mandat proposé à ce comité de travail était:

> De faire des études et des rapports sur les pénuries de main-d'oeuvre spécialisée dans certains métiers et professions au Canada compte tenu des besoins du développement économique des années 1980, et de recommander les initiatives qu'il jugera bonnes, de revoir les politiques et programmes fédéraux actuels destinés à pallier les pénuries de spécialistes et s'informer des points de vue des spécialistes de l'industrie de la main-d'oeuvre, du bénévolat, des ressources humaines et de l'enseignement en cette matière[27].

À nouveau, le gouvernement fédéral souleva donc les problèmes de l'économie canadienne en se questionnant sur les capacités de la main-d'oeuvre à s'adapter au changement. En effet, plutôt que de tenter de saisir les enjeux du développement économique, il préféra accepter la fatalité de ces changements en incitant la population à s'adapter aux nouvelles tendances de l'économie. Il existait donc, selon cette analyse, une inadéquation entre les ressources de main-d'oeuvre et les demandes du marché du travail. À cet égard, certaines constatations indiquaient qu'il y avait bel et bien pénurie de travailleurs spécialisés au Canada.

En général, les pénuries furent imputées à un manque de formation, à des attitudes négatives, à des obstacles d'ordre social, à la baisse de la natalité et à une immigration moins forte. Certains indices laissaient cependant croire que moins de 20 % des entreprises canadiennes assuraient une formation en cours d'emploi. De nombreux employeurs n'offraient pas de formation parce qu'il leur était plus facile et moins coûteux de trouver du personnel spécialisé. D'autres n'offraient pas de formation, de crainte que les autres employeurs ne s'emparent de leur personnel qualifié.

À long terme, les pénuries furent également imputées aux lacunes des politiques relatives à l'emploi, à la formation et à l'industrie, de même qu'au

25.   *Idem*, p. 220.
26.   Parti libéral, Parti progressiste conservateur et NPD.
27.   Groupe de travail sur les perspectives d'emploi pour les années 1980, *Du travail pour demain*, p. 137.

manque de coordination entre tous les paliers de gouvernement et entre le secteur public et le secteur privé[28].

Au terme des travaux de ces comités, on assista à une réorganisation des politiques de formation et des stratégies d'encadrement de la main-d'oeuvre. Ainsi, face aux limites des mesures appliquées antérieurement et à leur faible incidence sur les déséquilibres du marché du travail, le gouvernement fédéral accentue son implication dans le dossier de la formation et joue un rôle plus actif dans l'établissement des orientations et des modalités d'application de ces politiques. En fait, le fédéral s'attribua le leadership dans ce dossier. Il s'agissait d'un renversement important de situation puisque, jusque-là, les provinces, et plus particulièrement le Québec, étaient très jalouses de leur autonomie.

Le gouvernement fédéral instaura donc, en 1982, le Programme national de formation (PNF), qui fut négocié avec les provinces, dont le Québec, par le biais des accords Canada/Québec. En vertu de ce programme, Ottawa investit plus de 140 millions de dollars en formation, ce qui correspondit en 1984-1985 à près de 41 % des dépenses publiques consacrées au Québec à l'éducation des adultes. Avec le Programme national de formation, le gouvernement fédéral établit des priorités nationales de formation à offrir à la main-d'oeuvre. Les politiques de main-d'oeuvre y furent développées indépendamment de la situation du chômage, des priorités provinciales ou des dynamiques de développement sectorielles.

Entre temps, le gouvernement fédéral proposa à nouveau aux provinces une stratégie visant à aller encore plus loin dans le contrôle de la politique de main-d'oeuvre. Le document *Planification de l'emploi,* rendu public en 1985, se voulait être un plan de formation et de création d'emploi. Selon les principes de base de ce document, les nouveaux volets devaient:

> — être axés sur les besoins réels et permanents du marché du travail, surtout en ce qui concerne les petites entreprises et les entrepreneurs;
> — être adaptables aux divers besoins régionaux et locaux, tout en laissant place à l'innovation;
> — découler de programmes plus simples, plus faciles à comprendre et plus accessibles, lesquels comporteraient des objectifs clairement définis;
> — reconnaître les responsabilités communes du gouvernement fédéral, des provinces et du secteur privé;
> — donner une chance égale à tous les Canadiens, en particulier ceux qui sont défavorisés sur le plan de l'emploi[29].

---

28.   *Idem,* p. 5.
29.   MEIC, *Pour réaliser notre plein potentiel, Québec aperçu,* octobre 1985, p. 5.

Ce projet visait à rejoindre des catégories de population qui éprouvaient des difficultés graves sur le plan de l'emploi et qui étaient affectées par des changements technologiques, à savoir les chômeurs chroniques, les jeunes décrocheurs, les femmes désireuses de réintégrer le marché du travail, les travailleurs en recyclage, les populations touchées par un ralentissement économique dans leur région, etc.

La formation professionnelle, la création d'emplois et le développement économique furent donc liés afin de permettre à la population d'acquérir des «compétences utiles ainsi qu'une expérience de travail pratique»[30]. L'un des volets novateur de la *Planification de l'emploi* voulait favoriser la réalisation d'initiatives par des intervenants de l'extérieur du gouvernement. Il encouragea les organismes et les citoyens canadiens à mettre à profit leurs compétences en cherchant des idées et solutions innovatrices pour les problèmes du marché du travail[31].

La *Planification de l'emploi* dessinait un projet de revitalisation du marché du travail en réponse aux changements technologiques et aux nouveaux besoins de formation. Elle intégrait les projets de formation en industrie et de formation en établissement en vue, toujours, de permettre une meilleure adéquation entre les besoins des entreprises et la formation dispensée.

À ce stade-ci, il est opportun de faire un retour sur le contenu des accords Canada/Québec qui prévalaient avant l'implantation de la stratégie de planification de l'emploi, pour bien saisir les différences et leur impact, notamment pour le Québec. Selon l'accord signé en 1982, la formation en établissement scolaire constituait la composante majeure de la stratégie gouvernementale. En 1984-1985, la Commission de l'emploi et de l'immigration investit 139 millions[32]. La même somme fut déposée en 1985-1986 pour financer des cours de formation professionnelle pour les adultes et des cours de formation aux immigrants dans les établissements publics d'enseignement. De ce budget, 40 % fut attribué aux frais d'administration et d'encadrement et l'autre 60 %, aux coûts de formation. C'est la Commission d'emploi et d'immigration du Canada (CEIC) et le Québec qui, conjointement, établirent la liste des cours à être dispensés durant l'année à partir des besoins de formation prévus et des priorités retenues. La sélection des stagiaires qui devaient participer au programme fut réalisée par la CEIC. Toutefois, le Québec était habilité à recruter des stagiaires et à les référer à la CEIC[33]. Dans les faits, ce sont principalement les institutions publiques d'enseignement qui ont été appelées à assumer ces tâches.

---

30. MEIC, *Ibid.*, p. 5.
31. MEIC, *Ibid.*, p. 5.
32. MEQ, DGEA, *Formation sur mesure dans le cadre de la formation en établissement, accord Canada/Québec*, document d'information, avril 1987, p. 7.
33. *Idem.*

LES TENDANCES ACTUELLES

Le nouvel accord de 1986 change passablement les règles du jeu puisque le gouvernement fédéral propose qu'une partie du budget de formation soit transférée directement aux entreprises. En effet, avec le projet de planification de l'emploi, le gouvernement fédéral veut réorienter les accords Canada/Québec en vue de coller davantage la formation de la population aux nouveaux besoins du marché du travail. Dorénavant, selon la logique du gouvernement fédéral, ce sont en partie les entreprises, par le biais des Commissions de formation professionnelles, qui détermineront les besoins de formation et qui offriront cette même formation. On voit immédiatement l'implication d'une telle mesure. Le gouvernement fédéral non seulement prend les moyens pour contrôler de plus en plus la formation offerte, mais il l'oriente vers les besoins et priorités définis par les entreprises.

Certes, le gouvernement du Québec n'a pas accepté d'emblée les propositions d'Ottawa et les accords actuellement en vigueur sont le résultat de compromis de la part des deux partenaires. Cependant, il faut retenir le sens des propositions fédérales, qui indiquent bien la tendance voulant que les politiques de main-d'oeuvre s'inscrivent dorénavant dans une logique de développement économique plutôt que dans le sens de sa mission sociale.

Ceci implique que les entreprises identifient leurs besoins de formation avec ou sans l'aide des Commissions de formation professionnelles, les dernières choisissant l'institution d'enseignement qui semble la plus en mesure de répondre à cette demande de formation. Il s'agit toutefois de mesures transitoires qui visent à faire la preuve que les institutions publiques sont capables d'offrir une «formation sur mesure», c'est-à dire qui correspond aux besoins du secteur privé. En cas d'échec, on peut s'attendre à ce que le gouvernement fédéral revienne en force avec son projet de remettre la formation au secteur privé.

* * *

L'évolution du dossier de la main-d'oeuvre met donc en lumière une dynamique des rapports de force entre Ottawa et Québec qui a, pour l'instant, très largement servi les intérêts du gouvernement fédéral. En effet, ce dernier s'est assuré au fil des années une prise de plus en plus grande dans le champ de la définition du cadre et des modalités des interventions gouvernementales destinées à la main-d'oeuvre. À titre de «définisseur de politique», le gouvernement fédéral s'est attribué un rôle d'orienteur et d'harmonisateur, par opposition au rôle de dispensateur de services dévolu aux provinces. Cette hiérarchie dans le partage des responsabilités entre les deux paliers de gouvernement peut être interprétée comme la conséquence de la démarche poursuivie par le gouvernement Trudeau depuis le milieu des années 1970. Suite à l'adoption du projet de loi C-27, en fait, les libéraux ont privilégié une démarche fondée sur l'insertion de la politique de main-d'oeuvre à l'intérieur d'une stratégie de gestion intégrée, et donc fédérale, de l'économie canadienne.

Chaque ronde de négociation a, bien entendu, donné lieu à des compromis qui ont permis aux provinces de préserver leur présence dans le secteur mais, à chaque fois également, le fédéral est parvenu à marquer des points.

La signature des accords sur le Programme national de formation et le projet de planification de l'emploi sont les manifestations les plus éloquentes de ce processus. En vertu de ces accords, le gouvernement fédéral devient le pourvoyeur de fonds en même temps que le principal interlocuteur des régions et des acteurs sociaux en formation, malgré la compétence provinciale incontestée dans le champ de l'éducation. Or, comme le fédéral jouit depuis le début des années 1980 de l'initiative dans le dossier, il est en position pour mieux imposer sa vision des choses.

ÉTAT FÉDÉRAL ET SYNDICALISME

Roch Denis
Département de science politique
Université du Québec à Montréal

Dans le mémoire qu'elle présente en avril 1968 à la Commission fédérale d'enquête Woods sur l'état des relations de travail, la Chambre de commerce du Canada dresse un constat sévère où se mêlent inquiétude et réprobation: «l'équilibre de force raisonnable» qui doit exister entre le patronat et les syndicats, constate la Chambre, est «actuellement rompu» au Canada, en faveur de ces derniers[1].

L'organisme patronal entend réagir à une situation qui n'a pas cessé de s'amplifier depuis le début des années 60, aussi bien sur les scènes provinciales que fédérale. Cette situation est marquée notamment par une croissance spectaculaire de la syndicalisation, par la montée des revendications et des augmentations salariales, par «l'épidémie des grèves» et des grèves illégales, la violation des injonctions et un esprit général de combativité et de contestation au sein du mouvement syndical.

On a reproché au gouvernement fédéral d'avoir encouragé ces processus en consentant des hausses de salaires de 30 % aux débardeurs des ports de Montréal, Québec et Trois-Rivières, qui avaient déclenché la grève en mars 1966 contre l'avis de leurs dirigeants syndicaux. Le gouvernement libéral de Lester B. Pearson a dû céder des augmentations semblables aux travailleurs de la voie maritime et depuis ce temps, les milieux patronaux stigmatisent ce qu'ils appellent la «formule Pearson» de règlement des conflits de travail.

Pourtant le gouvernement fédéral n'a pas de ligne cohérente à opposer aux nouvelles turbulences qui secouent la scène sociale canadienne et s'il fait des

1. CHAMBRE DE COMMERCE DU CANADA, «Mémoire» présenté à l'Équipe spécialisée en relations de travail, Montréal, avril 1968, dans Bureau du Conseil privé, *Les relations du travail au Canada*, Rapport de l'Équipe spécialisée, Ottawa, Imprimeur de la Reine, décembre 1968, p. 102.

concessions d'un côté, il résiste de l'autre, par exemple, en légiférant pour briser la grève des travailleurs non itinérants des chemins de fer, au mois de septembre 1966. Mais c'est aussi au même moment qu'il crée la grande équipe spécialisée en relations de travail présidée par le doyen de la Faculté des arts et des sciences de l'Université McGill, H.D. Woods, afin de trouver des solutions aux problèmes. Après avoir enquêté au Canada et dans plusieurs pays pendant deux ans, elle remettra son rapport au nouveau premier ministre libéral, Pierre E. Trudeau, le 31 décembre 1968. Entre temps, cependant, le gouvernement Pearson n'a pas été capable de contenir la vague revendicative qui monte du secteur public et, avant même que l'équipe spécialisée ait pu terminer ses travaux, il concède tous les droits de la négociation collective, y compris le droit de grève, aux fonctionnaires et à tous les employés du secteur public fédéral. Les grèves de reconnaissance syndicale gagnées par les employés des postes au Québec et en Colombie-Britannique et la percée générale réalisée au Québec, en 1965, ont été irrésistibles.

Voilà donc dans quel contexte s'ouvre la période que nous étudions. De grands changements sont enclenchés dès le milieu des années 60 et parce qu'ils touchent à tant d'aspects quantitatifs et qualitatifs, on peut dire que c'est une nouvelle période historique des rapports entre le capital et le travail qui s'ouvre au Canada avec les années du pouvoir libéral à Ottawa. Depuis les lois spéciales anti-grèves jusqu'à la première grève générale «pancanadienne» de 1976, en passant par le Programme de lutte anti-inflation de 1975 (PLI), les contrôles de 1982 (les 6 et 5 %) et les tentatives manquées de réaliser la concertation bipartite ou tripartite, tout y passe. Et si la stabilité a déjà prévalu dans les relations de travail au Canada, à partir des années 60 celle-ci n'est plus que souvenir d'une époque révolue.

L'étude des rapports du travail pendant cette période ne peut pas être une entreprise individuelle. Comme nous venons tout juste de l'illustrer, trop d'aspects sont impliqués pour qu'une telle étude soit autre chose qu'un projet de travail collectif. Il faudrait situer la recherche dans la conjoncture internationale qui est à bien des égards marquée par les mêmes processus. Prendre en compte directement l'évolution de la situation économique, essayer de mesurer l'impact des développements économiques et sociaux aux États-Unis sur les relations de travail au Canada. Il faudrait aussi intégrer à la recherche les développements majeurs qui ont lieu sur le plan politique, notamment en ce qui touche la crise constitutionnelle et le mouvement national québécois et étudier leurs retombées, non seulement sur les relations entre les diverses composantes québécoise et canadienne-anglaise du mouvement ouvrier, mais sur les relations mêmes du syndicalisme avec l'État fédéral. Nous ne pouvons pas prétendre intégrer toutes ces dimensions à notre travail.

L'analyse de l'évolution des relations entre État et syndicalisme rencontre un obstacle supplémentaire au Canada, relié à la division politique du travail entre le fédéral et les provinces pour la gestion des rapports entre le patronat, l'État et les syndicats. Même en voulant se limiter à n'étudier que les secteurs qui relèvent d'Ottawa comme la fonction publique fédérale, les sociétés de la Couronne, les transports, les communications, les postes, un éclairage adéquat de l'objet de notre étude nécessiterait qu'on dresse un tableau de l'évolution des rapports du travail dans les provinces pendant la même période. Car si, à première vue, les secteurs et la main-d'oeuvre qui relèvent du fédéral sont bien distincts de ceux qui sont du ressort provincial, en pratique l'orientation et l'intervention de l'État canadien ont souvent été influencées par des développements survenus dans l'une ou l'autre des provinces, tout comme l'action fédérale a eu ses répercussions au palier provincial.

La période que nous étudions est même particulièrement propice en exemples de cette interaction, mais nous n'avons ici ni l'espace ni les moyens pour en faire une analyse exhaustive. Nous pourrons néanmoins constater qu'après des décennies d'une évolution relativement parallèle et cloisonnée (sauf évidemment au moment des guerres) du fédéral et des provinces en matière de relations de travail, on assiste pendant les 21 ans de l'ère libérale, à un certain «décloisonnement» des modes d'intervention. Le fédéral intervient davantage et avec plus d'impact, et chaque palier de la sphère étatique paraît davantage s'inscrire dans un partage des tâches au service de politiques de plus en plus similaires, comme si l'on voyait se réaliser là l'un des terrains privilégiés du fédéralisme coopératif... Décloisonnement, rapprochement ou plus grande concertation institutionnelle fédérale- provinciale face aux secousses qui agitent la scène des rapports sociaux, il s'agit d'une caractéristique de la période sur laquelle nous reviendrons.

Même si la mise en garde peut paraître rituelle, notre travail ne devrait donc pas être considéré en dehors de ces limites. Il faut ajouter que la recherche sur ce champ d'étude au Québec reste fort peu développée. Les chercheurs se sont surtout intéressés à l'étude des rapports du travail dans cette province, plutôt qu'aux rapports du mouvement syndical canadien et de l'État fédéral dans leur ensemble.

Dans une première partie, nous présenterons un certain nombre de données sur le développement du mouvement syndical depuis le début des années 60, parce qu'il nous semble que ce rappel est le point de départ essentiel de toute compréhension de la transformation des rapports État fédéral/ syndicalisme dans la période étudiée. Dans la deuxième partie, nous analyserons plus directement les faits marquants et les caractéristiques de ces rapports et nous tenterons en conclusion de dégager certains éléments d'interprétation générale.

UNE CROISSANCE SPECTACULAIRE

La croissance du mouvement ouvrier canadien pendant les deux décennies de 1963 à 1983 a été sans précédent. Quelques chiffres permettent de souligner l'ampleur de cette expansion aussi bien numérique et sectorielle que géographique.

En 1964, il y avait environ 1 500 000 syndiqués au Canada. En janvier 1983 ce nombre était passé à 3,6 millions, c'est-à-dire une progression exceptionnelle de 2 millions de membres en moins de deux décennies. Le taux de syndicalisation atteignait alors un sommet: 40 % de la main-d'oeuvre salariée non agricole.

En comparaison avec quelques grands pays capitalistes tels les États-Unis, l'Allemagne fédérale, le Japon ou l'Angleterre, le Canada avait en 1961 un pourcentage relativement faible de travailleurs syndiqués par rapport à la main-d'oeuvre salariée. Ce pourcentage s'établissait à 29,5 % alors qu'il était par exemple de 30,2 % aux États-Unis et de 34,3 % au Japon[2]. Vingt ans plus tard, le Canada dépassait ces deux pays.

Il faut considérer cette progression en relation avec la baisse significative du taux de syndicalisation qui allait survenir aux États-Unis pendant la même période. En 1963, les deux pays comptaient à peu près le même pourcentage de travailleurs syndiqués non agricoles, soit 30 %, mais en 1983 ce taux est tombé sous la barre des 25 % aux États-Unis, son niveau le plus bas dans ce pays depuis 45 ans. La hausse enregistrée au Canada est évidemment due principalement à la syndicalisation dans le secteur public, mais l'on note pourtant une progression semblable aux États-Unis dans ce secteur. Divers autres facteurs expliqueraient donc la baisse du taux global de syndicalisation dans ce pays et, parmi eux, on relève souvent la diminution du taux d'accroissement dans des secteurs traditionnels tels les mines, les industries manufacturières et le transport, phénomène qui ne s'est pas produit au Canada. Mais on souligne aussi que les employés syndiqués du gouvernement fédéral et de nombreux États américains ne jouissent pas de tous les droits de la négociation collective — ils n'ont pas le droit de grève — ce qui a pu diminuer le pouvoir d'attraction du syndicalisme comme instrument de défense des revendications des salariés dans ce secteur[3].

Kumar (1986) fait ressortir quelques-uns des aspects les plus significatifs de la hausse de la syndicalisation au Canada en soulignant à nouveau à quel point son ampleur spectaculaire est due à la percée réalisée dans le secteur public et chez les cols-blancs. Par exemple, en 1961, on compte au Canada 15 syndicats du secteur public qui totalisent 183 000 membres. Dix ans plus tard ces syndicats sont au nombre de 27 et regroupent 572 000 membres et en 1981, ils seront 71 à rassembler 1 500 000 membres. C'est donc dire également que si, en

---

2.   KUMAR, P., «La croissance des syndicats au Canada», dans RIDDELL, W.C., *Les relations de travail au Canada*, 367 p., Étude n° 16 réalisée pour la Commission royale sur l'union économique et les perspectives de développement du Canada, Ottawa, 1986, ministère des Approvisionnements et des Services, p. 145.

3.   KUMAR, P., *Idem.* p. 149.

1961, les syndicats du secteur public représentaient 1/8 de la force syndicale, ils comptaient pour 40 % de cette force vingt ans plus tard.

Le changement sur le plan numérique et sectoriel est tellement important et concentré dans le temps qu'on pourrait presque parler de la naissance d'un nouveau mouvement syndical. C'est à ce tout nouveau mouvement que vont devoir se confronter l'État fédéral et les provinces.

Grâce à son développement, le syndicalisme canadien devient pour la première fois, pendant cette période, un mouvement aux assises véritablement pancanadiennes. D'une part, il ne se limite plus aux centres industriels du Québec et de l'Ontario et son rayonnement s'étend à des régions où il était demeuré très faible jusqu'alors. À titre d'exemple, on peut noter qu'en 1962, le Québec, l'Ontario et la Colombie-Britannique concentraient à elles seules 75 % des effectifs syndicaux de tout le Canada. Le taux de syndicalisation variait de 15 % à l'Île-du-Prince-Édouard à 45 % en Colombie-Britannique, un écart de 30 %. Vers 1981, cet écart était tombé à 18 %, notamment parce que la syndicalisation des enseignants et des travailleurs des hôpitaux avaient rejoint des provinces et des régions où la force de travail avait été antérieurement très peu organisée.

Mais la croissance dans le secteur public n'a pas seulement permis au mouvement syndical de commencer à structurer sa force à l'échelle pancanadienne, elle a contribué à réduire la fragmentation qui le caractérisait depuis toujours. En 1963, quatre syndicats seulement avaient plus de 50 000 membres au Canada. Mais en 1982, ce nombre était passé à seize, et parmi ces syndicats on en comptait six qui regroupaient plus de 100 000 syndiqués. Les effectifs des syndicats de plus de 30 000 membres ont au moins quadruplé, passant de 500 000 à 2 260 000 membres, soit plus des 2/3 des effectifs syndicaux. Le mouvement syndical en s'élargissant s'est donc aussi doté d'une force plus concentrée, processus auxquelles les fusions qui ont conduit à la création du Syndicat canadien de la fonction publique (le SCFP) et de l'Alliance de la fonction publique du Canada ont contribué.

Autre trait de l'évolution du syndicalisme pendant les années de gouvernement libéral: le déplacement de la majorité des effectifs vers les syndicats «nationaux», qu'on désigne ainsi notamment parce que leur champ d'action demeure à l'intérieur des frontières de l'État canadien, à la différence des syndicats internationaux nord-américains qui ont constitué des structures organiques unifiées par delà les frontières étatiques des deux pays. En 1963, sur les quinze plus grands syndicats au Canada, douze étaient internationaux, alors que, exception faite de la CSN au Québec, seuls la Fraternité canadienne des cheminots, le Syndicat national des fonctionnaires et le Syndicat national des employés de la fonction publique étaient «nationaux». En 1982, on comptait six syndicats «nationaux», mais sur ce nombre, trois comprenaient les effectifs syndicaux les plus nombreux au pays. En 1984, il faudra ajouter à ce tableau les travailleurs canadiens de l'automobile, après la scission avec les TUA des États-Unis.

En 1983, les 74 syndicats internationaux organisés au Canada regroupaient 41,3 % de la force syndicale, tandis que les syndicats «nationaux» rassemblaient désormais 55 % de l'ensemble des syndiqués canadiens. La relation de ces faits n'implique aucun jugement de valeur en faveur des syndicats «nationaux» par rapport aux syndicats nord-américains — il s'agirait d'une autre discussion —, mais elle permet de mettre en relief un aspect très important de l'évolution récente: avec la naissance du syndicalisme et de la négociation collective dans le secteur public, l'État fédéral canadien s'est trouvé pour la première fois confronté à un mouvement social dont le point de concentration direct sur le plan politique est Ottawa, tandis que le rapport de force construit historiquement par les syndicats internationaux visait d'abord les grandes compagnies transnationales et canadiennes et moins directement le pouvoir central.

Les «années libérales» voient l'émergence d'un mouvement syndical doté d'une capacité d'action plus large et plus concentrée à l'échelle pancanadienne, avec un impact plus lourd sur le pouvoir politique, à la différence des décennies antérieures où l'action syndicale avait une envergure plus strictement économique et une portée surtout locale, régionale ou provinciale.

UNE CONQUETE LÉGISLATIVE

C'est sous le gouvernement libéral fédéral que le mouvement syndical remporte une des conquêtes législatives les plus importantes de son histoire, l'adoption en 1967 de la *Loi sur les relations de travail dans la fonction publique*. Cette législation est d'abord la consécration d'un processus amorcé au cours des années antérieures qui avait vu s'affirmer chez les employés de l'État l'exigence de plus en plus forte de la reconnaissance du droit à la négociation collective. Mais la nouvelle loi sera aussi un extraordinaire point d'appui pour le renforcement du processus de syndicalisation et de négociation, non seulement au niveau fédéral mais dans plusieurs provinces, pour la multiplication des actions et des grèves en faveur des revendications, et pour le renforcement de tout le mouvement syndical comme tel.

La loi de 1967 compte parmi les quelques législations qui ont le plus marqué l'évolution des relations de travail au Canada. Pour le démontrer, revenons brièvement en arrière.

On rappelle généralement que 1872 est une première date marquante dans la mesure où l'acte concernant les associations ouvrières voté cette année-là a eu pour effet de soustraire les syndicats aux accusations de conspiration criminelle, levant ainsi une bonne partie des obstacles à la formation des syndicats et au déclenchement des grèves. Mais Riddell (1986) considère que c'est le décret C.P

1003, le *National War Labour Order*, promulgué en 1944 qui est «probablement le texte législatif le plus important pour les relations de travail...» Il marque la reconnaissance légale officielle des syndicats au Canada en garantissant le droit des travailleurs du secteur privé de s'organiser en syndicats, de négocier collectivement et de faire la grève. Mais Riddell souligne aussi à juste titre que le but poursuivi par le gouvernement fédéral à cette occasion n'était pas de favoriser la négociation collective et la syndicalisation mais bien plutôt de réduire et d'empêcher les grèves pendant la guerre[4]. L'année précédente en effet, le tiers des syndiqués canadiens avait été impliqué dans des grèves... et de 1940 à 1944, le mouvement syndical avait vu son nombre de membres doubler, passant de 362 000 à 724 000[5]. Le décret 1003 prenait donc la mesure de ces développements et traduisait la manifestation d'un nouveau rapport de force entre le mouvement syndical et l'État. Mais il répondait aussi à des impératifs étatiques, liés aux besoins de guerre, et son contenu en était le reflet. Reconnaissant le droit d'association, la mesure érigeait autour de son exercice un des carcans les plus rigides qu'on ait vu dans les pays capitalistes avancés: interdiction du droit de grève pendant la durée d'une convention collective, ce que ne prévoyait pas la loi Wagner votée en 1935 aux États-Unis, restrictions à l'appartenance syndicale; définition des conditions d'une grève légale, proscription de tout un ensemble de pratiques syndicales définies comme inacceptables... Ainsi encadrés et limités, les nouveaux droits syndicaux allaient se voir donner une base législative permanente en 1948 par l'adoption de la *Loi fédérale d'enquête sur les différends dans les relations de travail*.

L'importance historique de la législation des années 40 est donc indéniable, mais elle fait ressortir l'importance tout au moins égale et peut-être plus grande encore de la loi de 1967. Sur la scène internationale, le Canada compte parmi les tout premiers pays au sein desquels a été obtenue la reconnaissance du droit à la négociation collective dans la fonction publique[6]. En consacrant l'extension des droits syndicaux à tous les employés du secteur public, la loi de 1967 transforme le mouvement syndical de force sectorielle qu'il était (limité au secteur privé) en une force universelle englobant les composantes les plus déterminantes du travail salarié sur l'ensemble du territoire de l'État canadien. Pour toute une période, l'initiative semble vraiment passer dans le camp syndical. Avant 1967, seuls les employés de la fonction publique de la

---

4.   RIDDELL, W.C., «Les relations de travail au Canada: un aperçu général», dans RIDDELL, W.C., *Les relations de travail au Canada, op. cit.*, p. 34.

5.   PANITCH, L., SWARTZ D., *From Consent to Coercion*, Toronto, Garamond Press, 1985, p.18-19. Les données présentées ici sont tirées de: *Labour Organisation in Canada*, Ottawa, 1975, p.28-29.

6.   BLANCHARD, F., (directeur général du Bureau international du travail), «Les relations professionnelles et les défis des années 80», *Relations industrielles*, vol. 37, n° 1, 1982, p.3-12. F. Blanchard note que sur ce plan, le Canada se place en tête avec la Suède.

Saskatchewan (depuis 1944!) et ceux du Québec (1965) avaient gagné le droit de négociation et de grève. Étendu à l'État central, le gain n'a pas pour seul effet d'affecter radicalement les relations entre l'État fédéral et «ses» dizaines de milliers d'employés: il consacre la conquête de ces nouveaux droits à l'échelle pan-canadienne et c'est ainsi qu'en moins de dix ans, tous les employés des secteurs publics et parapublics de toutes les provinces canadiennes auront acquis (bien que de façon inégale) les droits de la négociation collective.

Prendre la mesure exacte de ces faits revêt une importance déterminante pour notre étude. L'année 1967 se situe au début de la période que nous analysons. On peut donc constater que cette période s'ouvre par une grande conquête syndicale et ce fait à lui seul est indispendable pour comprendre l'évolution subséquente des rapports entre l'État fédéral et le syndicalisme au Canada.

UN CHAMPIONNAT DES GRÈVES...

Ce n'est pas seulement par sa progression numérique, sectorielle et géographique et par ses conquêtes législatives que le mouvement syndical s'affirme à partir du milieu des années 60, c'est aussi par l'action des grèves ouvrières plus nombreuses et plus combatives.

En 1963, on a recensé au Canada 332 grèves (ou *lock-out*) impliquant 83 428 travailleurs, mais en 1974 le nombre des grèves s'élève à 1 218 et celui des grévistes à 580 912[7].

Sur onze pays capitalistes avancés, parmi lesquels on compte la France, l'Allemagne fédérale, les États-Unis, l'Angleterre et l'Italie, seule cette dernière se place devant le Canada, entre 1968 et 1981, pour le «nombre de jours perdus par employé» par suite de conflits de travail[8]. Lacroix a établi une série de données pour la période allant de 1962 à 1981 concernant la proportion des grèves dans les secteurs public et privé. Il constate tout d'abord l'importance croissante des grèves du secteur public dans le total des grèves. La proportion passe de 2,4 % entre 1962 et 1965, à 17,8 % entre 1978-1981. Mais la croissance des grèves dans ce secteur est loin d'expliquer à elle seule la performance canadienne. Durant la même période, le nombre annuel moyen des grèves dans le secteur privé a augmenté considérablement. En témoigne le fait que s'il n'y avait pas eu de grève dans le secteur public entre 1962 et 1981, le nombre annuel moyen de grèves aurait quand même augmenté de 137 % au Canada. Les grèves du secteur public

---

7.   CANADA, ministère du Travail, *Grèves et lock-out au Canada*, Ottawa, 1975, tableau 1, p. 6. Cité par PANITCH, L. et SWARTZ, D. , *op. cit.* p. 24.

8.   RIDDELL, W.C., *op. cit.* p. 37.

ont fait passer ce pourcentage d'augmentation de 137 % à 182 %[9]. Si l'on compare maintenant la situation canadienne avec celle des États-Unis, il faut considérer le fait que dans ce pays les employés du secteur public n'ont pas le droit de grève, alors qu'en revanche, aucune législation n' interdit le recours à la grève pendant la durée d'une convention collective dans le secteur privé. En pratique, les conventions négociées prévoient la suspension de ce droit, mais elles ne le font pas en vertu d'une obligation législative. On constate donc que malgré un encadrement législatif plus serré du droit de grève dans le secteur privé canadien, la hausse de grèves y a été plus forte qu'aux États-Unis pendant toute la période[10].

Globalement, depuis l'après-guerre, l'activité de grève au Canada a été parmi les plus élevées des pays capitalistes avancés et elle s'est toujours signalée par une durée moyenne des grèves relativement longue. Mais au milieu des années 1960, il s'est produit une hausse encore plus spectaculaire du nombre de grèves et cette hausse s'est maintenue jusqu'au début des années 1980. L'importance relative des grèves a été nettement plus grande pendant cette période qu'à tout autre moment de l'histoire. Dans un éditorial du 27 août 1983, le *Financial Post* dénoncera le fait qu'entre 1980 et 1982, il y a eu proportionnellement plus de «perte de temps de travail» pour grève (et *lock-out*) au Canada que dans tout autre pays occidental[11]. Lacroix constate pour sa part que c'est probablement cette hausse continue des grèves qui a conduit «bon nombre de particuliers et d'organismes à pousser un cri d'alarme sur les relations de travail».

QUAND L'ÉTAT S'EN MELE...

Le rappel de ces quelques grands traits de la croissance du syndicalisme nous permet maintenant d'aborder plus directement l'analyse de l'évolution des relations entre l'État fédéral et le mouvement syndical durant «l'ère libérale».

Dans un petit ouvrage consacré aux rapports entre l'État et le mouvement ouvrier canadien pendant les années 70 et 80, Leo Panitch et Donald Swartz considèrent que l'adoption en 1982 des mesures de restrictions salariales — le programme des 6 % et 5 % — par le gouvernement Trudeau a marqué la fin de «l'ère de la libre négociation», qui avait été ouverte au Canada dans la conjoncture de la Deuxième guerre mondiale, et le début d'une ère nouvelle, celle de «l'exceptionnalisme permanent»[12]. Les deux auteurs fondent leur diagnostic

---

9. LACROIX, R., «L'activité de grève au Canada», dans Riddell, W.C., *op. cit.*, p.204-205.
10. RIDDELL, W,C., *op. cit*, p. 39-40.
11. Cité par RIDDELL, W.C., *op. cit*, p. 34.
12. PANITCH, L., SWARTZ, D., *op. cit.*, p. 9.

sur le fait que depuis les années 70, l'État a multiplié les interventions et les ingérences dans le processus des négociations collectives. Des législations ou des mesures qui se voulaient «spéciales» et «temporaires», comme les lois anti-grèves, se sont vues de plus en plus attribuer le statut de dispositions générales fixant la norme des relations du travail. L'exception est devenue la règle, et la nouvelle règle codifie le retrait permanent, pour des pans entiers de la force de travail, des droits qui avaient été conquis, comme le droit à la négociation collective et le droit de grève.

D'autres auteurs s'interrogent sur un aspect de cette thèse[13], en soulignant que la négociation collective au Canada n'a jamais été aussi «libre» que certains de ses défenseurs le croient et que l'histoire des relations de travail dans ce pays révèle une étonnante somme d'interventions gouvernementales pour le contrôle et la limitation des droits de la négociation collective. Néanmoins, si les années 80 ne marquent pas la fin d'une ère de négociations «libres», les auteurs s'entendent généralement pour constater une augmentation qualitative de l'interventionnisme étatique et surtout de son caractère coercitif dans la période que nous étudions. À cet égard il est incontestable que les mesures de 6 % et 5 %, consacrent un tournant amorcé avec l'imposition du Programme de lutte anti-inflation (PLI) en 1975. De plus en plus de législations fédérales et provinciales vont tenter de donner un caractère statutaire et permanent aux lois et décrets qui auparavant prétendaient se limiter à «suspendre», sans les abolir, les droits de négocier et de faire la grève.

Une des premières caractéristiques qui s'imposent à l'attention dans l'étude des rapports du travail depuis le milieu des années 60, est donc effectivement la croissance spectaculaire de l'intervention de l'État, et de l'État fédéral en particulier. Cette intervention n'est pas uniforme: elle évolue et se modifie dans le temps. Elle déploie des moyens très divers qui peuvent parfois paraître avoir un caractère contradictoire, comme la pratique d'une répression accrue qui côtoie la multiplication des appels à la concertation. À travers ces actions multiformes, il faut reconstituer la trajectoire qui permettra de dégager un sens à l'évolution décrite.

LES LOIS D'EXCEPTION

La première manifestation du nouvel interventionnisme étatique, celle qui pour ainsi dire ouvre la période, réside dans l'augmentation sans précédent des législations anti-grèves, appelées lois spéciales ou lois d'exception.

---

13.   Notamment: CARTER, D.D., *Has government contributed to a crisis in industrial relations?*, Centre for industrial Relations, University of Toronto, Special lecture Series 7803, 1978, p. 7.

De 1950 à 1962, il y eu cinq lois spéciales de retour au travail au Canada, trois votées par le Parlement fédéral, une à Terre-Neuve et une en Ontario. Mais au cours des deux décennies suivantes, de 1963 à 1984, il y en aura 77 adoptées par les parlements fédéral et provinciaux[14]. La recension de ces lois établie par Gérard Dion permet de voir que la Chambre des communes d'Ottawa et l'Assemblée nationale de Québec viennent en tête des Parlements pour le nombre de lois votées, avec respectivement 16 et 30 lois. Suivent l'Ontario: 13 lois, la Colombie-Britannique: 8, la Saskatchewan: 6, Terre-Neuve: 2, l'Alberta: 1 et le Nouveau-Brunswick: 1. Elle permet aussi de constater que certaines années se détachent nettement des autres par le nombre de lois adoptées. Après une évolution relativement «stable» en début de période, marquée par l'adoption de deux ou de trois lois spéciales chaque année entre 1963 et 1970, ce qui est déjà une augmentation très nette par rapport à la situation antérieure, 1972 voit s'opérer un tournant: six lois d'exception sont adoptées pendant cette seule année, mais on est loin du point culminant qui sera atteint en 1982 avec la ratification de onze lois spéciales à travers le pays. Entre temps, sept lois du même genre ont été votées en 1974, sept en 1975 et dix en 1976.

Ces données sont intéressantes à plusieurs égards. D'abord, sur le plan géographique, elles indiquent des points forts où semblent se concentrer un déploiement de luttes de classes plus intenses et plus vives, comme au Québec, sur la scène fédérale, en Ontario et en Colombie-Britannique. C'est aussi dans ces provinces, tout comme au niveau fédéral, qu'on trouve les plus fortes concentrations de main-d'oeuvre organisée. D'autre part, elles permettent de souligner que le nombre de lois spéciales accuse une très forte hausse exactement dans cette période de croissance sans précédent de l'activité syndicale et gréviste. Le recours aussi fréquent aux lois d'exception est un phénomène nouveau qui trouve son origine essentiellement dans la combativité ouvrière et syndicale, et qui a pour but de mater, réduire ou contenir cette combativité. Sans qu'il nous soit possible ici de faire une étude du contenu de ces législations, il convient néanmoins de souligner que leur caractère répressif et les moyens coercitifs qu'elles déploient augmenteront de plus en plus au cours de la période, dans la mesure même où l'élan revendicatif des salariés semble se maintenir malgré les moyens mis en oeuvre pour l'enrayer.

Autre observation: il pourrait sembler que si l'augmentation des lois spéciales est un indice du renforcement de la combativité ouvrière, la rareté de ces lois avant les années 60 pourrait être à son tour l'indice d'une absence de combativité. Mais nous ne pensons pas qu'une telle déduction soit valide. Il est certain que le milieu des années 60 inaugure une nouvelle ère de luttes et d'activités syndicales plus intenses et plus fortes, mais si la multiplication des interventions étatiques doit être mise en relation avec ces développements, elle

---

14.   DION, G., *Dictionnaire canadien des relations du travail*, annexe 6, Québec, P.U.L., 1986, 993 p.

doit l'être aussi avec le fait que le renforcement du mouvement syndical se réalise principalement par son élargissement au secteur public. La grande majorité des lois spéciales votées de 1963 à1984 l'ont été dans ce secteur. Directement impliqué dans un affrontement avec ses propres employés, l'État-Patron va se servir davantage du Parlement comme d'une arme répressive pour rétablir en sa faveur le rapport de force . D'autre part, les grèves dans le secteur public, dans la santé, dans le transport en commun ou dans l'éducation par exemple, ont un impact social général souvent plus large que les luttes dans l'entreprise privée et de ce fait touchent au coeur même des rapports de force sur le plan politique. Mais si le recours au Parlement s'est multiplié à la faveur du développement des grèves dans le secteur public, il ne saurait être réduit à un simple phénomène sectoriel. On verra qu'il s'est développé aussi par des lois plus générales visant l'ensemble des secteurs de la force de travail.

Comme nombre d'observateurs et d'analystes l'ont noté, l'affrontement entre le mouvement syndical et l'État agissant directement comme employeur, a contribué puissamment à politiser les relations du travail au Canada. C'est une caractéristique de la période. Avant les années 60, à l'époque où les centaines de milliers de salariés du secteur public se voyaient nier le droit de négocier collectivement leurs conditions de travail, les forces ouvrières engagées dans des luttes collectives étaient principalement concentrées dans le secteur privé. Les conflits impliquaient généralement un ou des groupes ouvriers face à un ou des patrons... Ce n'est pas dire que l'État n'intervenait pas directement: rappelons-nous le duplessisme au Québec ou le «social-créditisme» en Colombie-Britannique. Mais avec la croissance du mouvement syndical et sa capacité d'agir comme force «nationale», le caractère politique des luttes va se renforcer.

Revenant aux lois spéciales, il convient de souligner qu'elles constituent en quelque sorte une première phase du nouvel interventionnisme étatique, même si les gouvernements continueront d'y avoir recours tout au long de la période étudiée. Leur nombre, comme cela a déjà été noté, aura même tendance à croître et leur contenu à se durcir, mais elles vont tendre à perdre la place qu'elles occupaient comme recours unique ou privilégié de la riposte d'État face aux assauts du syndicalisme. Devenues tellement fréquentes, elles font désormais plus ou moins partie du dispositif «régulier» de l'action des gouvernements. Mais leur insuffisance et les inconvénients qu'elles présentent sont de plus en plus évidents. Les lois d'exception sont une réplique aux grèves et non un moyen de les prévenir. Leur caractère répressif ne constitue en rien une solution de fond aux problèmes révélés par la multiplication des arrêts de travail. De plus, en faisant du Parlement un instrument trop directement impliqué dans la gestion des rapports du travail, il y a risque de débordement de cette institution qui est l'instance de légitimité par excellence de l'autorité de l'État. Enfin, les lois spéciales anti-grèves tendent à conférer un caractère trop ouvertement «classiste» au rôle de l'État, au détriment de son image d'intervenant conciliateur au-dessus des antagonismes de classes. Au fur et à mesure que s'accentuent les tensions dans les années 70, l'État, visiblement, se met à la recherche de moyens d'action qui auraient un effet structurel lourd contre la «détérioration» des relations de travail, contrairement aux moyens plus ponctuels qu'il a déployés jusqu'alors. De ce point de vue, l'adoption du programme de lutte anti-inflation en 1975 marque une nouvelle phase qu'il faut examiner.

À PARTIR DE 1975

Dans le Discours du Trône présenté à la Chambre des communes, le 27 février 1974, le gouvernement Trudeau a défini sa politique face à la montée rapide de l'inflation au Canada. Elle repose sur l'argumentation suivante: 1) l'augmentation des prix qui s'est produite en 1973 et qui se poursuit en 1974 est un phénomène mondial; 2) l'économie canadienne, plus étroitement qu'aucune autre peut-être, est liée au commerce et aux marchés internationaux; 3) les principales poussées inflationnistes sont donc venues de l'extérieur du pays; 4) dans ces conditions le ralentissement délibéré de notre économie par une réglementation des prix et des revenus est un moyen singulièrement inefficace et le gouvernement refuse d'y recourir[15].

Ce même discours est repris par les libéraux en vue des élections qui ont lieu le 8 juillet 1974, alors qu'ils dénoncent et tournent en ridicule l' engagement des conservateurs d'instituer un programme obligatoire de contrôle des prix et des revenus au Canada.

Mais l'automne suivant, loin d'avoir été jugulée, l'inflation atteint de nouveaux sommets, tandis que les salaires continuent de grimper. Le gouvernement constate: « [...] le malaise ouvrier s'est aggravé dans le monde. Les conventions collectives sont annulées, les travailleurs se jugeant insuffisamment rémunérés pour faire face à l'inflation. En certains pays, c'est tout l'édifice social qui est menacé de dislocation»[16]. Dans ce contexte, le gouvernement Trudeau revient à la charge avec un nouvel énoncé de sa politique anti-inflationniste. Le rejet d'une politique de mesures coercitives visant les prix et les revenus est réitéré, mais le plan d'action destiné à combattre les causes et les effets de l'inflation est cette fois beaucoup plus développé. Au centre du dispositif, un appel à la concertation de tous les Canadiens. Il faut, souligne le Discours du Trône, que tous et chacun soient davantage conscients d'une nécessaire modération en matière de revenus, de bénéfices, de prix ou d'impôts. Et pour permettre la mise en oeuvre de cet «effort commun», le gouvernement annonce qu'il entreprend une série de consultations avec les «principaux éléments

---

15.   CANADA, *Débats de la Chambre des communes*, deuxième session de la vingt-neuvième législature, 27 février 1974, p.1-2.
16.   CANADA, *Débats de la Chambre des communes*, première session de la trentième législature, 30 septembre 1974, p. 5.

de notre société», parmi lesquels il place le patronat, les membres des professions libérales, les agriculteurs, les syndicats et les gouvernements provinciaux. Ceux-ci seront invités à proposer des mesures pour vaincre l'inflation et pour augmenter la productivité[17].

L'importance de cet appel est évidente. En 1969-1970, le gouvernement a échoué une première fois dans sa tentative d'instituer une politique volontaire de prix et revenus. La Commission des prix et revenus créée à cette fin (en 1968) s'est heurtée à l'opposition des syndicats, en particulier du CTC et de la CSN. En 1974, dans une conjoncture qu'il juge nettement plus grave, le gouvernement Trudeau entreprend donc une nouvelle offensive en vue de susciter par la concertation multipartite, l'adhésion des «partenaires» sociaux à un programme de restrictions. Avec plus d'insistance que par le passé, les provinces sont désignées comme un des pôles déterminant de cette concertation: « [...] à une époque où société et économie sont intimement liées, déclare le gouvernement, la répartition des fonctions entre les divers paliers de gouvernement d'un État fédéral ne peut se faire de façon aussi nette dans la pratique qu'en théorie»[18].

Pourtant, un an plus tard, le 14 octobre 1975, le gouvernement Trudeau impose un «programme anti-inflationniste» (la loi C-73) qui comporte quatre volets dont le plus important est une «politique des prix et des revenus» ordonnée autour de «lignes directrices» (*guidelines*) dont l'application sera rendue obligatoire par un ensemble de «mesures coercitives»[19]. Le contenu de ce programme, qui durera jusqu'au 31 décembre 1978, est suffisamment connu. Qu'il nous suffise ici de souligner que, même s'il comportait un ensemble de dispositions destinées à contenir les prix et les profits, il a généralement été considéré essentiellement comme un plan de restrictions des salaires. Giles estime que c'était là son plus clair objectif et il rappelle que ce n'est qu'en avril 1976 que la Commission anti-inflation annonça ses premières actions concernant les prix[20]. En revanche, la «cause la plus célèbre» de ce programme de contrôles fut sans conteste l'intervention de la Commission à l'endroit du Syndicat canadien des travailleurs du papier. Ces derniers, qui avaient négocié avec la compagnie Irving des augmentations de salaires de 23,8 % virent ces hausses réduites à 14 %, et on leur ordonna de reverser à la compagnie la part des augmentations initiales qu'ils avaient déjà touchées.

La promulgation des contrôles obligatoires en 1975 consacrait l'échec de l'appel lancé un an plus tôt en faveur d'une adhésion volontaire du patronat et des syndicats à la politique gouvernementale. Elle marquait aussi l'échec des «pourparlers du consensus Turner», cette grande offensive de concertation

---

17.   *Idem*, p. 5-6.
18.   *Idem*. p. 6.
19.   CANADA, (gouv.) *Offensive contre l'inflation*, le 14 octobre 1975, 27 p.
20.   GILES, A., «The Canadian Labour Congress and Tripartism», dans *Relations industrielles* , vol. 37, n°1. 1982, p. 101 et 103.

déclenchée par le gouvernement Trudeau, en novembre 1974. Dirigée par le ministre des Finances, John Turner, l'opération avait donné lieu à plus d'une vingtaine de rencontres en six mois avec des représentants de l'industrie, du mouvement ouvrier et d'autres groupes sociaux tels les agriculteurs. Le gouvernement avait aussi créé, en janvier 1975, le Conseil canadien des relations ouvrières, au sein duquel acceptaient de siéger des représentants du CTC et du patronat. En avril de la même année, il soumettait son projet de restrictions volontaires qui allait toutefois être refusé par les syndicats et le patronat, chaque groupe ayant ses propres motifs pour ce faire. Or, c'est pourtant essentiellement le même projet qu'il devait remettre sur la table, en l'imposant cette fois, en octobre 1975[21]. Cette décision devait entraîner la fin du Conseil des relations ouvrières, qui cessa d'exister moins d'un an après sa création.

Ces événements nous permettent de dégager deux traits complémentaires de l'orientation du gouvernement à l'endroit des syndicats pendant ces années. D'une part, un discours et des initiatives répétées en faveur de l'action concertée tripartite ou multipartite et d'autre part le recours à des mesures coercitives et répressives de deux types: les lois anti-grèves et la législation de restrictions salariales. Ces mesures se rejoignent sur un point: elles suspendent ou restreignent l'exercice de certains droits reliés à la négociation collective. On constate qu'à cette étape, entre la concertation et la coercition, c'est cette dernière qui l'emporte et c'est elle qui devient le moyen de mettre en pratique les objectifs qui avaient d'abord été assignés à la concertation.

Pourtant, malgré l'échec de ses tentatives de dégager un consensus autour de sa politique, le gouvernement Trudeau n'allait pas renoncer, après octobre 1975, à sa volonté de rechercher l'adhésion des syndicats et du patronat à son programme de restrictions. C'était même pour lui l'enjeu décisif. Cette fois son offensive visait à préparer la période qui suivrait la fin des contrôles obligatoires. C'est ainsi que, jusqu'à la fin de 1977, il tiendra plusieurs rencontres avec les représentants du CTC et ceux du patronat regroupés dans le BCNI, le Business Council on National Issues. Il va aussi publier deux documents, *La voie à suivre*, en octobre 1976[22] et *Programme de coopération*, en mai 1977[23].

Pendant ce temps, le ministre du Travail John Munro agit en véritable ambassadeur de la concertation en prononçant, au cours de l'année 1977, plusieurs conférences devant des groupes syndicaux ou patronaux au cours desquelles il appelle le mouvement syndical à prendre «la place qui lui revient de

21. ADAMS, R.J., «The Federal Government and Tripartism», *Relations Industrielles*, vol. 37, n° 3, 1982, p. 611.
22. CANADA, (gouv.) *La voie à suivre: un cadre de discussion*, Ottawa, ministère des Approvisionnements et des Services, octobre 1976.
23. CANADA, (gouv.) *Programme de coopération: un document d'étude portant sur les questions du décontrôle et de l'après-contrôle*, Ottawa, ministère des Approvisionnements et des Services, mai 1977.

droit comme un associé au Canada»[24]. Le ministre fait la promotion du programme en 14 points qu'il a annoncé en octobre 1976 et qui prévoit un train de mesures de divers ordres destinées à «améliorer» les conditions de travail et le système de négociations collectives et de relations de travail au Canada. Parmi ces mesures figurent la création d'un centre national d' hygiène et de sécurité du travail et de comités du même type sur les lieux de travail, la formation d'un centre national de la qualité de vie au travail et d'un centre de renseignements sur la négociation collective; l'établissement d'un forum national de consultation multipartite et d'autres propositions comme l'encouragement de la négociation sectorielle dans certains services fédéraux; la promesse de l'octroi d'accréditations provisoires et l'imposition d'une première convention collective lorsque cela s'avère nécessaire; l'élargissement des pouvoirs du Conseil canadien des relations de travail contre les pratiques illégales ou encore l'imposition aux syndicats de l'obligation de «représenter honnêtement» leurs membres et de permettre le dépôt de plaintes contre eux, s'ils n'ont pas assumé leurs responsabilités. Point culminant de cette offensive en règle, qui se déroule en pleine période de contrôles, le ministre annonce la création d'un programme d'éducation en vertu duquel le gouvernement versera 10 millions de dollars au CTC pour la formation des dirigeants syndicaux[25].

Mais de toutes ces initiatives, des documents publiés et des rencontres tripartites, un grand objectif immédiat ressort de la politique gouvernementale: substituer aux contrôles obligatoires, des contrôles qui seraient acceptés volontairement par ceux à qui ils s'adressent. À cette fin, les propositions du premier ministre et de son Cabinet vont s'ordonner autour de quelques grandes positions qui demeureront inchangées jusqu' à la fin et qu'on peut résumer ainsi:

a)   le gouvernement exige comme pré-condition à toute cessation accélérée des contrôles, un engagement des syndicats et du patronat en faveur de la nécessité de restrictions volontaires;

b)   l'acceptation par les syndicats d'un programme de restrictions des salaires dans le secteur public de façon qu'ils s'ajustent très étroitement à ceux du secteur privé;

c)   la préservation intégrale du pouvoir gouvernemental et de la souveraineté du Parlement, qui ne sauraient être abandonnés ou cédés à quelque groupe intermédiaire que ce soit: il s'agit ici d'établir clairement que les «partenaires» socio-économiques n'ont pas de pouvoir de décision politique et que les institutions de l'État ne sauraient en aucune façon être liées par des consensus intervenant à leur niveau;

---

24.   MUNRO, J., *Discours* prononcé devant la Fraternité internationale des chaudronniers, constructeurs de navires en fer, forgerons, forgeurs et aides (AFL-CIO-CTC), 11 août 1977, Ottawa, Travail Canada, 1977.
25.   *Ibidem.*

d)   le refus d' accorder un monopole de représentation aux seuls syndicats et patronat et la promotion d'une structure et de mécanismes de représentation multipartite à vocation consultative.

Nous reviendrons sur le contenu de ces positions en analysant l'orientation des syndicats face au programme anti-inflationniste. Mais il est facile de constater que la première des exigences gouvernementales suffisait à elle seule à empêcher tout accord, les syndicats n'ayant pas cessé de réclamer la fin immédiate et sans condition des mesures de réglementation.

Ainsi allait prendre fin la deuxième offensive gouvernementale en vue de réaliser un consensus autour de sa politique anti-inflationniste. En 1978, au moment où le gouvernement annonce la fin de son programme, ni l'inflation, ni le chômage n'ont été vaincus. Le chômage lui, a même augmenté passant de 7 % en 1975 à 8,5 % environ en 1978. Mais si ces problèmes fondamentaux, qui ont occupé le devant de la scène depuis dix ans, demeurent, ils viennent maintenant se greffer à une situation extrêmement tendue sur le plan constitutionnel. L'attention semble même se porter davantage sur ce terrain. En juin 1978, le gouvernement a publié un document intitulé *Le temps d'agir*, où sont définies ses propositions pour le renouvellement de la fédération canadienne qu'il juge tout aussi indispensable qu'urgent.

Pourtant, aux élections de mai 1979, le gouvernement Trudeau est défait, mais il revient en force à la Chambre des communes dès février 1980. Référendum québécois, «rapatriement de la Constitution» et promulgation de la nouvelle loi constitutionnelle du Canada, la vie politique canadienne connaît un niveau de tension rarement atteint. Entre temps, loin de contribuer à refroidir le climat politique, une très grave récession a commencé à se développer, «la pire depuis les années 30», dont les signes les plus visibles sont la hausse spectaculaire des taux d'intérêts, du chômage et de l'inflation. C'est sur le fond de cette crise que s'ouvre une nouvelle phase des rapports entre l'État fédéral et le syndicalisme.

L'année 1982, on l'a noté, marque un sommet dans le recours aux lois spéciales anti-grèves à travers le pays. Parallèlement, en juin, le gouvernement central décrète un programme de restrictions visant tous les employés du secteur public fédéral. Il fixe à 6 % et 5 % les augmentations salariales qui seront consenties au cours des deux années suivantes. Consigné dans la loi C-124, le programme est la pièce maîtresse du budget dévoilé à la Chambre des communes par le ministre des Finances, Allan MacEachen. L'intention avouée du gouvernement est de maintenir les augmentations de salaires à un niveau inférieur à celui de l'augmentation des prix, de façon à diminuer la demande et ainsi provoquer à terme un baisse des prix et de l'inflation. Il s'attaque aussi pour les mêmes raisons aux allocations familiales et aux pensions de vieillesse qui ne seront plus indexées qu'à 6 % et 5 %, alors que l'inflation se maintient au-dessus de la barre de 10 %. Il augmentera enfin dans une proportion substantielle les contributions à l'assurance-chômage payables par les salariés.

Le programme de lutte contre l'inflation en 1975 s'appliquait à tous les travailleurs et à toutes les entreprises des secteurs public et privé en définissant les limites à l'intérieur desquelles devaient s'exercer les négociations salariales. La loi C-124 ne s'adresse directement qu'aux salariés fédéraux du secteur public, qui sont environ 500 000 regroupés dans 30 syndicats et en ce sens, à première vue, sa portée semble moins large. Mais elle est aussi conçue comme un «exemple» donné au patronat du secteur privé et à tous les gouvernements provinciaux et municipaux, et c'est notamment pour cette raison que le gouvernement entend lier ses paiements de transfert aux provinces et ses subventions aux entreprises privées à l'application par ces dernières de politiques de restrictions analogues. Cette politique encourage aussi le mouvement des «concessions» en vertu duquel plusieurs entreprises ont commencé à exiger de leurs employés une réduction des augmentations salariales consenties, le gel des salaires, ou encore une diminution des avantages sociaux. Dès février 1982, le ministre de l'Emploi, Lloyd Axworthy, a félicité publiquement les travailleurs de l'automobile aux États-Unis d'avoir accordé des concessions à leurs employeurs. Par la suite, le gouvernement d'Ottawa a prévenu les fabricants d'automobiles et les syndicats de ce secteur que l'aide financière à leur industrie serait coupée si les négociations collectives débouchaient sur des accords dépassant la limite des 6 et 5 %.

D'autre part, la loi C-124 ne se limite pas à restreindre les augmentations salariales des conventions collectives à venir; elle a pour effet de réduire les hausses déjà consenties qui devaient entrer en vigueur pendant la durée du programme. Enfin, les autres modalités d'emploi prévues aux conventions collectives ne pourront être modifiées qu'avec l'accord du gouvernement et devront être ratifiées par le Conseil du trésor: ces dispositions ont pour effet de suspendre à toute fin pratique, pour une période de deux ans, l'exercice de la négociation collective et du droit de grève dans le secteur public fédéral.

Les provinces vont très vite s'inscrire dans le dispositif de contrôles et de restrictions d'Ottawa et, en 1982-1983, ce sont trois millions de travailleurs canadiens qui seront touchés par des contrôles. Sous des formes diverses, soit par le plafonnement des augmentations salariales, soit par le gel des salaires, les provinces seront toutes partie prenante de la même offensive: l'Ontario avec la loi 179, la Nouvelle-Écosse avec la loi 71, la Saskatchewan avec la loi 104, Terre-Neuve avec la loi 59, l'Île-du-Prince-Édouard avec la loi 39, l'Alberta avec la loi 44, nulle ne reste en marge, mais c'est au Québec et en Colombie-Britannique que les gouvernements frappent le plus fort. Le 25 mai 1982, le ministre des Finances du gouvernement péquiste, Jacques Parizeau, a annoncé que les salaires des quelque 300 000 employés du secteur public québécois seraient coupés en moyenne d'environ 20 % au cours des trois premiers mois de 1983. Le gouvernement ayant échoué à convaincre les syndicats d'accepter ces réductions importantes, il vote la loi 70 en juin 1982 pour les imposer. Puis ce seront les lois 72 (services essentiels), 105, décrétant les conditions de travail dans le secteur public pendant trois ans jusqu'en décembre 1985 et 111, brisant la grève des enseignants en février 1983. Cette dernière comporte un arsenal de mesures répressives telles que le gouvernement a suspendu l'application des chartes québécoise et canadienne des droits et libertés de la personne pour éviter leur contestation judiciaire. En Colombie-Britannique, le gouvernement créditiste du premier ministre Bennett fait adopter, le 25 juin 1982, la loi 28 qui impose à ses 220 000 employés les mesures du 6 % et 5 %, avec effet rétroactif au mois de février précédent. Mais un an plus tard, le 7 juillet 1983, il revient à la charge dans le cadre de son budget, avec 26 projets de lois qui seront soumis à la législature de la province au cours des mois suivants. Parmi ces projets, la loi 11 qui donne tout pouvoir au gouvernement en matière salariale, la loi 3 qui accorde aux administrations du secteur public le «droit» de mise à pied, ce qui abolit en pratique la sécurité d'emploi, la loi 16 qui abolit le droit de grève et de piquetage dans les entreprises désignées comme «projet de développement économique», et la loi 2 qui annule à toute fin pratique tout contrat collectif de travail pour les membres de l'Union des employés du gouvernement de Colombie-Britannique. Cette dernière législation sera finalement retirée et les effets les plus lourds d'autres projets de loi seront partiellement atténués. Mais dans l'ensemble le coup a porté et en mars 1984 le gouvernement Bennett se réjouit d'avoir réduit de 25 % la taille de la fonction publique dans cette province.

Ce véritable feu d'artifice de législations et de décrets qui, à partir du printemps 1982, touchent les relations de travail et le mouvement syndical d'un bout à l'autre du Canada marque incontestablement un changement. S'inscrivant dans un processus international, il annonce le déclenchement d'une riposte généralisée que les gouvernements et le patronat ont finalement décidé d'engager après des années de progression ininterrompue des organisations ouvrières. Dans le contexte de la récession mondiale, les gouvernements capitalistes peuvent moins qu'antérieurement intégrer à leurs politiques les concessions auxquelles ils ont été acculés par un mouvement syndical considérablement renforcé. Or, c'est largement sur ces concessions face aux revendications qu'ils appuyaient leurs appels à la collaboration. Mais désormais ce sont eux qui réclament des concessions de la part des salariés, réduisant ainsi la possibilité d'entraîner les syndicats dans la concertation. Par contre, dans la mesure où la collaboration patronale-gouvernementale-syndicale se solde par un échec, celle qui réunit l'ensemble des paliers gouvernementaux dans une même politique concertée s'avère d'autant plus nécessaire. On n'a jamais vu dans toute l'histoire canadienne du travail une telle coopération s'établir aussi spontanément, avec tant d'efficacité, pour atteindre le même but, entre les diverses instances de l'appareil étatique. À ce sujet, Panitch et Swartz notent que la fameuse aliénation de l'Ouest vis-à-vis du gouvernement Trudeau ne s'est pas appliquée à sa politique anti-syndicale. Et de même au Québec, si les prétentions nationalistes du gouvernement péquiste l'ont amené à mettre en oeuvre un plan de contrôle «distinct» de celui du fédéral, son offensive face au mouvement syndical aura néanmoins démontré l'unité essentielle de l'État canadien[26].

À la fin de 1983, le gouvernement Trudeau souligne à sa façon ce nouveau partage fédéral-provincial des tâches en se réjouissant de ce que le programme des 6 et 5 % ait donné «le coup d'envoi à une campagne nationale de coopération qui nous a permis de réduire notre taux d'inflation de moitié»[27]. Moins d'un an le sépare toutefois d'une écrasante défaite aux mains du Parti conservateur, qui remportera la victoire aux élections du 4 septembre 1984 en obtenant la plus grande majorité de l'histoire de la Chambre des Communes. Pourtant ce n'est pas en se félicitant du caractère coercitif de ses politiques de contrôles que le gouvernement Trudeau achève son mandat. Au contraire, à la lecture du Discours du Trône du 7 décembre 1983, on a plutôt l'impression qu'il cherche à rompre avec ces politiques ou plutôt avec les méthodes qui les ont soutenues et qui étaient fondées sur la contrainte et la répression.

Ce n'est rien de moins qu'une «nouvelle alliance» entre le monde des affaires, les syndicats, le gouvernement et d'autres groupes que propose le Cabinet afin de «garantir la prospérité» et de bâtir un meilleur avenir pour tous les Canadiens. Jamais en 21 ans de pouvoir du Parti libéral son plaidoyer a été aussi fort en faveur du consensus et de la concertation. Nous sommes pourtant en plein cœur des contrôles du 6 et 5 %. Or, c'est la collaboration entre les trois partenaires qui est au cœur même de la politique fédérale de développement industriel, proclame-t-il. C'est dans cette optique que des groupes de travail sectoriels réunissant patrons et syndicalistes ont commencé à étudier la situation dans les industries automobile, aérospatiale et forestière.

Mais il faut faire davantage et pour y arriver le gouvernement «se propose d'instaurer des mécanismes de consultation plus permanents», comme la mise sur pied d'un nouveau centre pour l'accroissement de la productivité et de l'emploi. Des représentants syndicaux seront invités à siéger aux conseils d'administration de certaines sociétés de la Couronne. De toute évidence, le discours s'adresse principalement aux syndicats et il est frappant de voir que le gouvernement entend désormais s'inspirer de nouveaux modèles de gestion de la force de travail qui semblent s'avérer beaucoup plus efficaces que la coercition-répression.

> L'expérience de l'Amérique du Nord, de l'Europe et du Japon démontre que l'accroissement de la productivité est affaire de coopération, et non de coercition pour soutirer plus de travail à moindre salaire. L'accroissement de la productivité ne peut être le fruit que d'une gestion progressiste, soutenue par des techniques novatrices et le bon moral des employés. [...] Le présent

---

26.   PANITCH, L. et SWARTZ, D., *op. cit.*, p. 45.
27.   CANADA, *Débats de la Chambre des communes*, «Le Discours du Trône», deuxième session de la trentième législature, 7 décembre 1983, p. 1.

gouvernement est d'avis que le respect et le renforcement des droits
des travailleurs est parfaitement compatible avec l'accroissement de
la productivité, et que l'un ne va pas sans l'autre. [...] Les syndicats
ont été et devraient demeurer des partenaires de plein droit dans le
processus de la reprise économique[28].

En regard de tout ce qu' a été la politique gouvernementale en matière de
relations de travail depuis au moins 1975, pareil appel pourrait avoir l' allure
d'un extraordinaire désaveu de cette politique même, ou encore celle d'une simple
incantation ayant d'abord pour fonction d'exorciser les démons de la répression.
Mais en fait, il dessine effectivement une nouvelle approche et non pas la simple
réédition du discours antérieur de la concertation. Parallèlement aux programmes
qui ont imposé des restrictions et des concessions, des méthodes différentes,
mises en oeuvre notamment au Japon depuis plusieurs années, ont commencé à
s'imposer sur la scène internationale où elles font de plus en plus d'adeptes dans
les entreprises et les ministères. Par divers moyens, comme les cercles de qualité
de vie au travail, les comités d'entreprise, la participation des travailleurs aux
profits ou l'achat d'actions, ces méthodes visent essentiellement à renforcer
l'intégration des salariés à l'entreprise. John Munro s'en est fait le promoteur en
1977. Elles ne remplacent pas les recours législatifs qui vont tendre à réduire les
droits syndicaux et le champ des négociations collectives, mais elles misent
davantage sur l'intégration des travailleurs au milieu de travail plutôt
qu'uniquement sur la concertation au sommet entre grands «partenaires» sociaux.
C'est cette orientation que commence à privilégier le gouvernement. Si les
objectifs politiques demeurent les mêmes que dans la période antérieure, la
méthode axée sur l'intégration à l'entreprise vient s'ajouter à la coercition et aux
tentatives de concertation qui ont été jusqu'alors les deux armes privilégiées de
l'intervention gouvernementale.

Les contrôles du 6 et 5 % demeureront en vigueur jusqu'à la veille de la
défaite libérale, comme incarnation de la pratique politique du gouvernement
Trudeau, et le discours de la «nouvelle alliance» du capital et du travail restera
quant à lui, un peu comme le testament idéologique de ce gouvernement.

ENTRE LA MOBILISATION ET LE TRIPARTISME

Il nous faut analyser maintenant les caractéristiques et l'évolution de l'orientation
du mouvement syndical pendant les années qui vont de 1975 à 1984. Notre étude
porte ici principalement sur le CTC, la centrale syndicale qui regroupe le plus
grand nombre de travailleurs au Canada.

Le 14 octobre 1976, un million de travailleurs et de travailleuses
débrayaient d'un bout à l'autre du Canada à l'appel du CTC, pour réclamer la fin

28.   *Idem*, p.2-4.

du programme de lutte anti-inflation promulgué un an plus tôt par le gouvernement Trudeau[29]. Cette «journée nationale de protestation» à laquelle les dirigeants du Congrès du travail avaient voulu associer les non syndiqués, les chômeurs et les étudiants, avait une portée historique et politique indéniable: c'était la première fois dans l'histoire du mouvement ouvrier de ce pays que des centaines de milliers de salariés cessaient le travail simultanément à l'appel de leurs organisations, et le 14 octobre était sous cette forme la première grève générale pancanadienne. C'était aussi la première fois qu'un débrayage d'une telle envergure rassemblait dans l'action autant de travailleurs sur un enjeu dépassant le cadre immédiat des négociations reliées au renouvellement des conventions collectives. C'était enfin la première fois que le mouvement syndical canadien éprouvait sa force et sa capacité de mobilisation non plus seulement face à des patrons particuliers, non plus seulement face à des gouvernements provinciaux, mais face à l'État central.

Cette grève marque le plus haut moment de mobilisation du mouvement syndical dans la période que nous étudions. Elle symbolise de manière concentrée la nouvelle force du syndicalisme dont nous avons souligné les traits en première partie, et le nouveau rapport de force qui en découle face à l'État et au patronat.

Dans cette période, d'autres actions qui participent du même processus de renforcement des luttes et des mobilisations doivent être soulignées. Le 22 mars 1976, toujours à l'appel du CTC, quelque 30 mille manifestants étaient rassemblés devant le Parlement d'Ottawa dans une manifestation pancanadienne marquant le rejet des contrôles et des restrictions salariales. Mais l'autre grande manifestation de masse, considérée comme la plus importante de toute l'histoire, sera celle du 21 novembre 1981, réunissant dans la capitale fédérale cent mille manifestants venus de toutes les régions du pays pour dénoncer la politique libérale des taux d'intérêts. Formée à l'initiative du CTC, la Coalition contre les taux d'intérêts, qui a organisé cette manifestation, a regroupé plus de 25 organisations de différents secteurs, qu'il s'agisse des travailleurs, des cultivateurs, des coopératives, des étudiants, des peuples autochtones ou des représentants des églises, et elle confirme le rôle de levier essentiel de la mobilisation populaire que le mouvement syndical est désormais capable de jouer au niveau fédéral.

À ces actions, il faudrait en ajouter bien d'autres qui, bien qu'ayant un point d'ancrage provincial ou sectoriel, ont eu une portée générale et contribué de manière décisive à donner la mesure de la nouvelle force organisée du travail: il faut noter, par exemple, la Coalition solidarité, qui s'est formée en Colombie-Britannique pendant l'année 1983 pour lutter contre l'ensemble des projets de loi proposés par le gouvernement Bennett. Constituée à partir de la Fédération du travail de cette province, la Coalition solidarité a regroupé non seulement tous

---

29. LABERGE, R., «Journée nationale de protestation», dans *Le travailleur canadien*, organe du CTC, décembre 1976, p.16-19.

les syndicats, mais aussi toutes les organisations, groupes et comités populaires, mouvements de femmes, de jeunes, regroupements de locataires, etc. Dans cette seule province, ce sont 100 000 personnes qui manifestaient sous la bannière d'Opération solidarité le 7 juillet 1983. Il faudrait noter également les grandes luttes du Front commun intersyndical du secteur public et parapublic au Québec pendant toutes les années 70, les manifestations de masses plus nombreuses et plus fréquentes que dans toutes les périodes antérieures. Les grèves aussi, dont certaines comme celle des 12 000 travailleurs de la métallurgie de l'INCO à Sudbury, de septembre 1978 à juin 1979, ont soulevé l'attention de tout le pays et marqué la situation politique. On signalera enfin la lutte contre les concessions, en particulier dans le secteur de l'automobile où les travailleurs canadiens ont résisté, en 1982, contre le vent de réductions et de restrictions que le grand patronat était parvenu à imposer aux travailleurs américains.

Ces rappels ne visent pas à donner l'image idéaliste d'une progression linéaire du mouvement syndical au Canada. Nous allons analyser ses aspects contradictoires. Mais justement, le point de départ d'une telle analyse ne peut pas ignorer les moments forts du développement du syndicalisme. Ce que révèle la période, c'est un renforcement de l'action de masse et de la capacité de mobilisation comme moyens de lutte pour les revendications ou de résistance contre les politiques patronales et gouvernementales. Ce renforcement est une dimension essentielle des nouveaux rapports entre l'État fédéral et le syndicalisme. Il décrit tout un pan des relations qui vont se développer par rapport au gouvernement Trudeau: des relations d'opposition croissante, dont le moyen d'expression privilégié s'avère l'action de masse. Sur le même axe, se situe le refus de la participation et de la concertation et une manifestation de ce refus sera le retrait des représentants du CTC, en mars 1976, tout juste au lendemain de la première manifestation pancanadienne à Ottawa, du Conseil économique du Canada et du Conseil canadien des relations ouvrières.

Mais l'orientation du CTC ne peut pas s'analyser uniquement en terme de rupture et d'opposition, de luttes et de mobilisations. Alors que la politique gouvernementale s'est ordonnée pratiquement autour des mesures de coercition, la réplique du CTC a paru osciller entre deux pôles, celui de l'opposition-mobilisation et celui de la participation-concertation. Un document témoigne mieux que tout autre de ce fait. Il s'agit du *Manifeste du monde du travail pour le Canada*, proposé en mai 1976 par l'exécutif du CTC au congrès de cette centrale[30].

La direction du CTC a fortement dénoncé, en octobre 1975, l'imposition des limites aux augmentations salariales qui portent atteinte à la libre négociation collective. On s'attend à ce que dans la logique de cette position de

---

30.   CONGRÈS DU TRAVAIL DU CANADA, «Manifeste du monde du travail pour le Canada», Onzième Assemblée biennale, Québec, 17-21 mai 1976. Publié dans *Le travailleur canadien*, juin 1976, p. 2-10.

rejet, l'essentiel de son énergie soit mise à l'organisation d'une campagne nationale de riposte contre la politique du gouvernement Trudeau. Pourtant, le printemps suivant, dans son manifeste au congrès, l'exécutif présente un plaidoyer dont nous pouvons résumer les deux axes en ces termes:

1)   Une nouvelle époque de l'histoire s'est ouverte le 14 octobre 1975. Par son intervention centralisée dans la détermination des prix et des revenus, le gouvernement modifie radicalement les règles du jeu traditionnelles de la politique économique. Ces règles sont effectivement devenues désuètes; elles doivent être remplacées par l'élaboration d'une véritable planification économique nationale. Mais le contenu de l'intervention du gouvernement montre qu'il a choisi de s'associer uniquement au patronat, dont il fait un rouage de sa politique, pour mettre en oeuvre ses plans dont l'opposition aux intérêts des salariés est évidente. Le gouvernement s'est engagé dans la voie du «corporatisme libéral». À l'opposé, le mouvement syndical ne doit pas refuser le changement nécessaire, mais il doit décider s'il subira de manière isolée les effets de cette politique ou s'il exigera sa part de pouvoir et de décision aux côtés du patronat et du gouvernement dans la détermination tripartite d'une nouvelle planification économique et sociale qui accordera aux travailleurs leur juste part dans la redistribution de la richesse. Au corporatisme libéral, le CTC oppose le «corporatisme social» dont la réalisation se fera par l'intermédiaire d'un Conseil tripartite de planification économique et sociale doté de pouvoirs de décision dans des domaines tels l'investissement, le logement, la main-d'oeuvre, la sécurité sociale, et la politique industrielle. Par ailleurs, alors que le gouvernement impose sa politique, le mouvement syndical lui, tout en reconnaissant que la planification nationale peut impliquer l'établissement de contrôles sur les prix, les profits et les salaires, considère que cette politique ne peut pas être appliquée sans le consentement des citoyens et c'est en cela que son orientation est démocratique tandis, que celle du corporatisme libéral est autoritaire.

2)   Le corporatisme social implique que les grands partenaires sociaux aient la possibilité de s'engager au nom de ceux qu'ils représentent dans la détermination des politiques nationales. À cet égard, il est clair que la structure actuelle très décentralisée du CTC est désuète dans la mesure où, par exemple, elle ne reconnaît à ses dirigeants fédéraux aucun pouvoir de négocier centralement une politique canadienne des salaires. Il faut donc revoir cette structure afin de confier davantage de pouvoir à l'exécutif national et d'assurer que «l'orientation politique et les décisions qu'il prendra (entre les congrès) seront suivies par tous les affiliés.»

Fondée sur cette double orientation, la ligne du *Manifeste* fut adoptée par le Congrès, mais non sans avoir soulevé beaucoup d'oppositions chez les délégués. Dans le cours même du débat, le président Joe Morris avait été amené à renoncer à parler de «corporatisme social» et à substituer à cette expression très controversée celle de la «démocratie sociale». Mais quels que soient les mots utilisés, corporatisme, tripartisme ou démocratie sociale, l'orientation du manifeste demeurait la même. L'opposition de nombreux délégués concernait aussi la proposition d'une centralisation des structures du CTC. Ils y voyaient une menace à l'autonomie des syndicats dont l'existence et la raison d'être sont largement liées à leur pouvoir de négociation des conventions collectives en particulier sur le plan salarial. Pourtant, sans cette centralisation, il serait impossible aux dirigeants du CTC de mettre en oeuvre leur orientation corporatiste. Pour expliquer néanmoins le vote majoritaire du Congrès en faveur d'une orientation si contestée, les concessions sur le plan du vocabulaire n'auraient peut-être pas suffi. Il faut noter que la direction, sentant bien la volonté d'action et de mobilisation qui n'avait pas cessé de se développer à travers le pays, avait joint à son manifeste un «programme d'action» qui prévoyait le déclenchement éventuel «d'une grève générale», ou de différents mouvements de débrayage, au moment opportun, si les contrôles n'étaient pas levés.

La ligne du manifeste qu'on venait de révéler aux membres du CTC surprenait par l'ampleur du tournant qu'elle proposait. Mais au niveau de l'appareil central du mouvement, on avait commencé à l'élaborer depuis déjà plusieurs mois, avant même l'entrée en vigueur du Programme de lutte contre l'inflation. Pour les dirigeants, le point le plus surprenant des pourparlers de consensus proposés par John Turner en 1974 avait été que le gouvernement consulte le Congrès du travail du Canada. «Déjà, avaient-ils conclu, cette démarche tout à fait inhabituelle laissait soupçonner un revirement de la pensée gouvernementale qui n'avait jusque-là donné que bien peu de place au syndicalisme.» Cette rupture avec le passé traduisait le fait que «le gouvernement avait absolument besoin de l'appui et de l'approbation du CTC et du mouvement syndical» dans la mise en oeuvre de sa politique. Et cela même démontrait la nouvelle «puissance économique» du syndicalisme dont le gouvernement devrait désormais tenir compte sur des sujets d'importance nationale[31].

Les dirigeants du CTC considéraient donc les appels du gouvernement à la concertation comme une reconnaissance du syndicalisme et c'est la raison pour laquelle ils entendaient travailler à consolider cette nouvelle orientation jugée très prometteuse pour l'avenir du pays, d'abord en conseillant le gouvernement sur les implications d'une négociation nationale centralisée de nature tripartite.

Dans un texte daté du 7 mai 1975, l'exécutif de la centrale syndicale développe l'argumentation selon laquelle la fragmentation du système fédéral en vertu de laquelle les provinces contrôlent l'essentiel du domaine des relations de travail et des négociations collectives constitue l'obstacle le plus important à l'établissement d'une négociation collective à l'échelle nationale. Le cadre dans

---

31. MORRIS J., «Vers un État corporatif?», Déclaration de principe, 10 janvier 1976, dans *Le travailleur canadien*, mars 1976, p. 2-9.

lequel est obligé de fonctionner le mouvement syndical «est en lui-même une contrainte»[32]. Cette argumentation constitue un véritable appel à une plus grande centralisation du pouvoir politique aux mains de l'État fédéral. Elle sera même reprise tout juste après l'adoption des contrôles dans un «énoncé» de politique adopté par l'exécutif, le 24 octobre 1975, qui va même jusqu'à reprocher au gouvernement de ne pas avoir «fait appel au pouvoir que lui confère l'article 91» de l'AANB, article qui permet au gouvernement central de passer outre aux prérogatives des provinces au nom de la paix, de l'ordre et du bon gouvernement[33]. Cette orientation centralisatrice ne concerne toutefois pas seulement la structure étatique. La direction de la centrale semble aussi défendre la centralisation de l'État et l'intervention du gouvernement en ce sens pour rendre nécessaire et, par la suite, légitime, une plus grande centralisation du pouvoir au sein même du CTC, ce dont les dirigeants seuls ne sont pas parvenus à convaincre leurs membres.

Mais le document du CTC qui souligne le plus explicitement la relation entre centralisation de l'État, centralisation syndicale et corporatisme est certainement la déclaration publique du président de la centrale, Joe Morris, le 10 janvier 1976, déclaration dont le titre est une interrogation: «Vers un État corporatif?[34]». Il cite à l'appui de sa thèse l'argumentation économique développée par la vice-présidente exécutive de la centrale, Shirley Carr dans un discours public prononcé quelques mois avant la promulgation des contrôles, le 1er septembre 1975.

Mme Carr déclarait à cette occasion:

> Je crois que les derniers efforts de M. Turner pour obtenir un consensus en vue du blocage volontaire des salaires et des prix découlaient directement du fait que l'économie keynésienne n'est plus valable. La nouvelle nature interdépendante de la société, les systèmes de gestion des prix, de l'offre et de la demande, et la disparition de l'économie du marché libre, toutes ces théories de l'économie keynésienne sont passées presqu'imperceptiblement à l'histoire. [...] Nous assistons à l'émergence d'une nouvelle structure de pouvoir qui obligera désormais les milieux financiers à partager avec le mouvement syndical le pouvoir prédominant qu'ils détenaient. Si cette tendance continue, il faudra que le syndicalisme s'adapte à cette nouvelle situation.

---

32.   CONGRÈS DU TRAVAIL DU CANADA, «Les politiques du revenu», Énoncé adopté et présenté par le Conseil exécutif du CTC lors d'une réunion extraordinaire des dirigeants des syndicats affiliés, Toronto, 7 mai 1975. *Le travailleur canadien*, juin 1975, p.30-36.

33.   *Idem.*, «Réglementation des salaires et des prix», Énoncé adopté par le Conseil exécutif du CTC, le 24 octobre 1975. *Le travailleur canadien*, décembre 1975, p. 28-33.

34.   MORRIS, Joe, *op.cit.*, p.2-9.

Dans l'esprit de Joe Morris, le syndicalisme doit s'adapter. «Le Congrès du travail du Canada est fédéraliste, déclare-t-il, tant de nature que d'idées. Il oeuvre dans le sens d'une planification économique accrue qui requiert une centralisation de contrôles accrue.» Mais le type de centralisation que préconise le gouvernement Trudeau est néfaste d'un double point de vue: d'une part, il impose à des institutions indépendantes des conditions qu'elles ne peuvent remplir à cause de structures inadaptées (dans le cas du CTC) ou insuffisantes (dans le cas des corporations). D'autre part, avec le même autoritarisme, il menace de dépouiller les provinces de pouvoirs qu'elles exercent actuellement en matière de relations de travail et de programmes sociaux. Ici, le discours paraît contredire l'appel à la centralisation politique lancé par le CTC lui-même quelques mois plus tôt, mais en fait, ce dont se plaint surtout le président du CTC, c'est du procédé anti-démocratique de la centralisation «trudeauiste», et non pas de la centralisation elle-même, et du fait qu'il soit «impossible pour le mouvement syndical d'apporter en si peu de temps les rajustements nécessaires pour s'adapter à la négociation tripartite.» «À moins que les lois des provinces et du gouvernement fédéral sur les relations de travail soient modifiées, dit-il, le programme anti-inflation ne permet pas aux syndicats la négociation tripartite.»

L' orientation que nous venons de décrire sera celle de la direction du CTC tout au long de la période étudiée. C'est elle qui inspirera les propositions de nature économique et sociale qu'elle adresse au gouvernement lors des multiples rencontres qui ont lieu avant et après l'imposition des contrôles. En fonction de cette orientation, la première préoccupation des dirigeants est de convaincre le gouvernement de réaliser une véritable concertation institutionnalisée, et c'est à partir de cet objectif aussi que l'action de masse est conçue comme ultime recours face à un gouvernement qui refuse de bouger, plutôt que comme le moyen privilégié de changer l'ordre des choses. Le calendrier des rencontres au sommet n'est pas déterminé par la mobilisation, c'est le calendrier de la mobilisation qui est déterminé par l'évolution des rencontres au sommet.

Nous avons vu que, jusqu'en 1984, le gouvernement a échoué dans sa tentative de gagner l'adhésion volontaire des syndicats à ses programmes de restrictions, qu'il a eu, de ce fait, recours à la coercition et que cela a consacré, selon le mot de Giles, la «désintégration» du consensus. Nous devons constater maintenant que la direction du CTC a, de son côté, échoué à réaliser le corporatisme social et la centralisation des structures de l'organisme.

Ses efforts se sont brisés sur deux types d'obstacles. Tout d'abord, il était impossible aux dirigeants de la centrale syndicale de reconnaître officiellement la nécessité de contrôles et de restrictions des prix et des revenus, sans lier cette reconnaissance à l'exigence de la fin immédiate des contrôles coercitifs. Or le gouvernement, jusqu' à la fin, réclama l'engagement préalable des syndicats à une politique de restrictions avant de mettre fin aux contrôles. Dans ces conditions, le coût politique qu'aurait représenté pour les dirigeants du CTC une acceptation des contrôles était trop élevé, compte tenu de la très grande opposition et de la volonté de mobilisation qui se développait à travers le pays. Durant l'automne 77 et l'hiver 78, plusieurs Fédérations du travail, dont celles de l'Ontario, de la Colombie-Britannique, du Québec, du Manitoba et de la Saskatchewan ainsi que de grands syndicats, tel le Syndicat canadien de la fonction publique, se prononçaient contre le tripartisme[35]. Au congrès de la centrale, plusieurs délégués et déléguées se concertaient pour défendre la même position. Ultimement, c'est moins l'intransigeance du gouvernement qui devait retenir la direction du CTC de conclure une entente avec lui, que l'opposition venant des rangs de l'organisation.

Le CTC estimait aussi que le «prix à payer» par le gouvernement pour obtenir son adhésion aux contrôles, devrait être l'attribution aux syndicats d'un pouvoir décisionnel dans la structure de concertation tripartite. Ce nouveau «pouvoir» gagné par le CTC aurait pu être invoqué auprès des membres comme un argument en faveur de l'acceptation des contrôles et d'une plus grande centralisation des structures de la centrale. Or, tout en reprochant aux dirigeants syndicaux de ne pas être capables d'obtenir l'assentiment de leurs membres pour conclure des accords de politique économique avec le gouvernement[36], le premier ministre Trudeau refusa toujours de confier un pouvoir décisionnel à la structure de concertation, au nom de la souveraineté du Parlement canadien, et continua d'exiger la création d'une structure multipartite plutôt que tripartite. À travers la souveraineté du Parlement, le gouvernement défendait la centralisation politique de l'État canadien — dans un contexte de crise constitutionnelle — contre une décentralisation des pouvoirs qu'aurait pu favoriser le tripartisme décisionnel. À travers l'exigence du multipartisme, il refusait d'accorder un poids privilégié à certaines organisations comme le mouvement syndical, au détriment d'autres groupes sociaux. Adams souligne aussi que des représentants du patronat s'objectaient au tripartisme en craignant que la création d'une puissante fédération patronale diffuse une image classiste plutôt que pluraliste de la société[37]. Pourquoi, de plus, reconnaître aux syndicats le droit de parler au nom de toute la population laborieuse? De son côté, le CTC craignait de voir son poids et son influence réduits ou annulés dans le cadre d'un forum d'intérêts multiples. Malgré tout, en mai 1977, lors d'une rencontre avec le premier ministre, la direction du CTC s'était déclarée prête à laisser tomber sa revendication d'un pouvoir décisionnel et même à faire un pas dans l'acceptation des contrôles volontaires. La future commission tripartite, disait Joe Morris, n'aurait qu'un rôle d'information et de persuasion et elle n'aurait pas l'autorité d'émettre des «lignes directrices» en matière de contrôles des prix et des salaires. Mais Trudeau, sans vouloir confier à la Commission un pouvoir décisionnel sur les politiques

35.   GILES, A., op. cit., p. 119.
36.   TRUDEAU, P.E., cité par The Labour Scene, avril-mai 1982.
37.   ADAMS, R.J., op. cit., p. 615.

économiques du gouvernement, tenait à ce qu'elle émette de telles lignes directrices. Il ne voulait pas du tripartisme mais tenait au multipartisme. Ainsi les contrôles furent maintenus. Et quand la récession vint frapper en 1981, de nouveaux contrôles coercitifs vinrent remplacer les premiers.

UN NOUVEAU RAPPORT DE FORCES...

Abordons maintenant la dernière partie de notre travail qui sera aussi notre conclusion.

Nous soulignerons en premier lieu quelques éléments de portée générale qui débordent, tout en les intégrant, les questions plus spécifiques de l'évolution des rapports entre l'État fédéral et le syndicalisme pendant l'ère libérale.

Le mouvement de croissance ininterrompue du syndicalisme pendant les années 60 et 70, s'est arrêté au début des années 80. On a relevé certains facteurs de stagnation ou même de déclin de la force ouvrière organisée. Récession, chômage massif, changements technologiques, licenciements, restrictions budgétaires, concessions, voilà autant de facteurs qu'on cite le plus souvent pour tenter de fournir une explication au phénomène observé. Les effectifs syndicaux ont baissé. En 1982, par exemple le mouvement syndical canadien perdait 55 000 membres, ce qui non seulement constituait son premier déclin numérique depuis 1961, mais la baisse la plus importante qu'il ait enregistré depuis six décennies. Outre le fléchissement du nombre, on a diagnostiqué une baisse du pouvoir économique des syndicats et une «marginalisation de leur influence politique»[38] Les syndicats ont enregistré un déclin du revenu réel de leurs membres et ils ont dû encaisser parfois la perte de droits acquis tels la sécurité d'emploi, l'ancienneté, le droit à la négociation collective, ou encore la multiplication des emplois à temps partiel et l'extension du travail précaire. Subissant des reculs, les syndicats ont paru incapables d'organiser la riposte et l'on a constaté la démobilisation des membres dans de nombreuses organisations.

Si, devant l'ensemble de ces éléments, tous s'entendent pour reconnaître que le syndicalisme traverse une crise, on continue de s'interroger toutefois sur sa véritable nature: s'agit-il d'un phénomène structurel et permanent ou d'un processus conjoncturel et transitoire? La question est posée et fait l'objet de diverses évaluations mais il n'en reste pas moins que, tout en étant confronté à des problèmes fondamentaux, le mouvement syndical dispose aujourd'hui de forces et de moyens sans commune mesure avec ceux qui étaient les siens il y a 25 ans. Il ne suffit donc pas d'identifier les multiples «causes externes» de la crise syndicale, celles en particulier liées à la récession économique mondiale du début de la décennie, mais il semble plus important de se demander pourquoi la

---

38. LIPSIG-MUMMÉ, C., «La crise du syndicalisme nord-américain, éléments d'interprétation», *Relations industrielles*, vol. 39, n° 2, 1984, p.275-284.

nouvelle force syndicale n'a pas été capable de riposter plus efficacement aux contre-attaques de l'État et du patronat? Ici, le domaine des «causes internes» de la crise est évoqué et il concerne notamment le problème de l'orientation du mouvement syndical.

Discutant de la crise du syndicalisme, Carla Lipsig-Mummé centre son attention sur la question qui lui paraît la plus déterminante, celle de la stratégie syndicale. De 1945 à 1975, souligne-t-elle, le mouvement syndical a considéré que la croissance de l'emploi et des effectifs syndicaux allait de pair avec la croissance soutenue des profits. Cette vision était conforme à celle d'un État-providence-médiateur dont on sollicitait l'intervention en défense des droits syndicaux et qu'on percevait comme «civilisateur» des conflits. Cette conception a favorisé les «deux changements structurels» de la vie syndicale dans l'ère contemporaine: l'intégration à l'État et la dépendance face à l'État. Intégration coercitive d'une part lorsque l'État s'approprie des pouvoirs syndicaux à l'encontre de la volonté syndicale; et intégration consensuelle lorsque le mouvement syndical collabore volontairement avec l'État pour en tirer certains bénéfices. Le point culminant de cette «collaboration opportuniste», selon Lipsig-Mummé, a été la «dépendance» accrue face à l'État et aux employeurs, les syndicats devenant de plus en plus dépendants des subventions étatiques pour la formation syndicale, les programmes d'apprentissage, la publication et la traduction des journaux syndicaux, etc. Cette idéologie de collaboration a fort mal préparé les syndicats à l'ouverture d'une nouvelle période, celle de la «désintégration» des États-Providence qui, incapables de s'accommoder plus longtemps des conquêtes sociales et syndicales, se sont transformés en États «matraques». Et Lipsig-Mummé de conclure ainsi son analyse:

> Loin de se précipiter vers la concertation, il est peut-être arrivé le temps pour le mouvement syndical de réévaluer les coûts réels de cette longue période d'intégration et des voies possibles vers une véritable autonomie syndicale[39].

Cette conclusion, qui fait de l'orientation stratégique du mouvement syndical l'enjeu le plus déterminant, nous ramène à notre propre travail. Comme nous avons voulu le montrer par l'étude des positions de la direction du CTC, il est incontestable que la collaboration et la recherche de la concertation ont été des pratiques marquantes de l'évolution syndicale des deux dernières décennies. Mais nous avons constaté aussi que la tentative d'institutionnaliser de façon structurelle et permanente «l'intégration» État- syndicat a été un échec. Malgré les ouvertures très grandes de la direction syndicale pour la réalisation du tripartisme, il est incontestable que la résistance et l'opposition manifestées au sein de la centrale contre cette politique ont été des facteurs décisifs de son échec. On ne saurait donc soulever le problème de la stratégie du mouvement syndical

---

39.   *Idem*, p. 284.

sans tenir compte du fait que son évolution n'a pas été marquée uniquement par la pratique de la collaboration mais par les luttes, les grèves, le refus des concessions et les mobilisations.

Ces observations étant faites, quels éléments de bilan pouvons-nous dresser sur la période étudiée?

La plupart des auteurs qui étudient les relations de travail au Canada recherchent les causes de ce qu'ils appellent généralement la «détérioration» des relations patronales-syndicales depuis les années 60. Pourquoi, par exemple, au cours des 25 dernières années, le Canada a-t-il connu un taux exceptionnellement élevé de grèves, de lois spéciales et de conflits industriels de toutes sortes. Pourquoi la concertation, la participation, le tripartisme, qui ont été l'objet d'une tentative soutenue pendant les années du gouvernement de Pierre Trudeau, ont-elles abouti à un échec? Sans prétendre, pour notre part, donner des réponses exhaustives à ces questions, elles nous semblent néanmoins intéressantes et stimulantes pour l'élaboration d'un certain nombre de réflexions sur l'évolution des rapports entre l'État fédéral et le syndicalisme dans la dernière période.

Un des traits les plus souvents notés pour expliquer l'état conflictuel des rapports entre capital et travail, est le caractère décentralisé de la structure du fédéralisme canadien en matière de relations de travail. Plus de 90 % de la force de travail se trouve en effet «gérée» au niveau des provinces. Ainsi, même si les règles générales qui définissent le «modèle» des relations industrielles sont identiques d'un bout à l'autre du Canada, le fait que le gouvernement central ne soit pas le seul intervenant politique sur ce terrain peut rendre plus difficile une administration centralisée des relations de travail et la conclusion de grands accords «nationaux». Reflet, dans une certaine mesure, de cette décentralisation politique, la structure de la négociation collective, fondée sur l'accréditation par entreprise, est elle-même, au Canada, l'une des plus décentralisée au monde. Dans ses documents de lutte contre l'inflation, le gouvernement notait en octobre 1975 qu'il y avait 10 000 conventions collectives couvrant deux millions et demi de travailleurs. Toutes ces conventions, pour être négociées et signées, représentaient autant de foyers potentiels de conflits.

On a donc cherché dans quelle mesure une plus grande centralisation de la structure de la négociation collective au Canada pourrait fournir un remède aux «maux» chroniques dont «souffre» le système. Certains spécialistes ont recommandé au gouvernement d'agir en ce sens. Pourtant nombre d'hésitations subsistent à l'égard d'une telle solution et elles concernent en particulier la difficulté, pour ne pas dire l'impossibilité politique, d'enlever aux provinces les prérogatives qui leur ont été reconnues historiquement. D'autre part, tout en laissant intacte la répartition des pouvoirs fédérale-provinciale dans le domaine du travail, ne pourrait-on pas favoriser un processus de centralisation des relations de travail en encourageant, par exemple, les négociations sectorielles? La question a aussi été posée.

Ces interrogations appellent diverses remarques . Tout d'abord, il n'est pas sûr du tout qu'on puisse considérer seulement comme un trait de «faiblesse» de la structure étatique, l'actuelle division du travail entre le fédéral et les provinces en matière de relations ouvrières. Il est vrai que l'État central a moins de pouvoir d'intervention et de gestion mais, en revanche, la très large part des pouvoirs dont disposent les provinces dans ce champ décisif des rapports sociaux a servi historiquement d'écran protecteur au centre du pouvoir. Les luttes de classes qui en d'autres sociétés débouchent toujours inévitablement sur un État unitaire et centralisé, ont vu leur dynamique être déportée ou contenue dans le cadre provincial. Les gouvernements de ce niveau agissent comme relais de l'État ou remparts de première ligne contre l'exacerbation des tensions sociales. La décentralisation du système de relations de travail a aussi rendu plus difficile au mouvement ouvrier la concentration de son action, à l'échelle pancanadienne, vers le centre du pouvoir. Il faudrait comparer l'impact de ce facteur avec celui de l'oppression nationale qui, incontestablement, a joué puissamment contre l'unité d'action du mouvement ouvrier. Mais il reste que, dans la dernière période, le renforcement du mouvement syndical à l'échelle de tout le pays lui a permis de se dresser en quelques occasions avec toutes ses composantes, comme une seule force face à Ottawa. Mais c'est justement face à cette capacité nouvelle, dans une conjoncture de crise économique, que l'on a vu les diverses instances de l'appareil étatique surmonter très vite les obstacles de la décentralisation pour livrer une contre-offensive centralisée d'autant plus efficace qu'elle s'appuyait non pas sur un seul gouvernement, ni sur un seul appareil législatif et coercitif, mais sur onze gouvernements, marchant séparément mais frappant ensemble. Il y a eu un réel processus de centralisation politique des relations de travail au Canada pendant l'ère libérale, mais il n'est pas certain qu'elle ait réussi à guérir le système de ses «maux»de façon durable et en profondeur: le mouvement ouvrier a montré qu'il était lui aussi capable de mieux concentrer ses forces sur certains enjeux décisifs.

En deuxième lieu, il faudrait se demander si la constitution de plus grandes unités de négociation pourrait permettre, à l'échelle canadienne, «l'harmonisation» des rapports du travail, qui demeure un objectif prioritaire de tous les gouvernements. Rien là non plus n'est moins sûr. Le cas du Québec où, depuis les années 60, les négociations du secteur public ont été centralisées, offre plutôt l'exemple d'une société où la concentration des négociations a été propice à des luttes très vives et très politisées, justement dans la mesure où le mouvement syndical dans son ensemble était appelé à déployer toutes ses forces simultanément contre l'État-patron. Depuis, les gouvernements ont cherché à revenir à une structure de négociations plus décentralisée afin de faire éclater l'affrontement centralisé en plusieurs lieux de négociations où les tensions auraient, espère-t-on, un impact réduit.

Mais pourront-ils y parvenir? Comme on l'a vu, lorsque les gouvernements ont envisagé de centraliser les relations de travail, c'est parce qu'ils souhaitaient justement réduire le nombre des conflits. Ceux-ci pouvaient paraître avoir une portée plus limitée du fait de leur caractère décentralisé mais cet «avantage» s'est changé en son contraire lorsque l'on a vu des conflits «locaux» servir d'encouragement à d'autres luttes, tout en rendant plus difficile une riposte coordonnée de l'État ou du patronat. Dès lors, ce qui ressort plutôt de ce débat sur la centralisation ou la décentralisation des négociations collectives, c'est que si le «mal» a été diagnostiqué, le remède miracle lui, n'a pas été trouvé.

De façon significative, tous les auteurs ou conseillers qui favorisent un certain degré de centralisation de la structure des négociations collectives, relient l'efficacité de cette option à un autre enjeu, celui de la centralisation du pouvoir au sein même des organisations syndicales. Il s'agit d'une question qui est demeurée cruciale pendant toute la période étudiée. Au Canada, le nombre des syndicats est très élevé, mais surtout, ce qu'il importe de noter à nouveau, c'est que ce sont les syndicats qui détiennent le pouvoir de négociation. Établir, dans ces conditions, un système de négociation plus centralisé ne peut guère avoir l'effet escompté si chaque syndicat reste libre d'accepter ou de refuser les accords découlant de cette négociation. Il faudrait que ces pouvoirs soient transférés aux représentants syndicaux agissant au sommet de la pyramide. Mais cela supposerait que les syndicats eux-mêmes et leurs membres se défassent d'une part essentielle de leur souveraineté.

Par rapport à l'acceptation des contrôles salariaux, le gouvernement Trudeau a clairement favorisé cette orientation et la direction du CTC l'a elle-même défendue auprès des délégués des syndicats affiliés. Cet enjeu concentre finalement tous les autres parce qu'en plus de poser le problème de l'autonomie des syndicats, il pose celui de l'exercice de la démocratie au sein du mouvement syndical. Les dirigeants du CTC ne sont pas parvenus à mettre en oeuvre la réforme qu'ils proposaient en vue d'une plus grande centralisation des pouvoirs aux mains de l'exécutif et cela, à notre avis, est un facteur majeur de l'échec du tripartisme pendant la période étudiée. Enfin, il faudrait ajouter à ces éléments un autre facteur d'importance primordiale qui a pesé lourdement contre l'action tripartite avec le pouvoir fédéral, tout aussi bien que contre la centralisation du pouvoir au sein du CTC: la revendication d'autonomie du mouvement syndical québécois. On notera toutefois, pour bien évaluer la nature de cette revendication, qu'elle concernait davantage la centralisation fédéraliste que le tripartisme comme tel. Ainsi, par exemple, la FTQ, qui s'opposait au tripartisme sur le plan fédéral tout en revendiquant une plus large autonomie au sein du CTC, souscrivait d'emblée à l'action concertée des «partenaires» sociaux promue par le gouvernement péquiste. Mais quels qu'en aient été les mobiles, le rejet de l'action concertée des syndicats québécois avec le gouvernement fédéral a contribué, parmi d'autres facteurs, à son échec.

À titre d'éléments explicatifs de la «performance» canadienne en matière de grèves, certains auteurs, comme Lacroix (1985), notent la très forte croissance du syndicalisme et la nature décentralisée des négociations collectives. Mais

Riddell note aussi comme facteur explicatif du niveau élevé des conflits, le fait que les conventions collectives au Canada couvrent un champ très large de matières négociables. Ce constat est à mettre en relation avec le fait que ces dernières années, une des orientations privilégiées des gouvernements au Canada pour réduire le rôle des relations de travail comme facteur de conflits a été et est encore de diminuer le nombre des questions sujettes à la négociation collective, dans le secteur public notamment.

Enfin, la plupart des auteurs abordent la question des liens du CTC et du NPD dans la discussion des causes de l'échec du tripartisme au Canada. Rappelons d'abord que c'est le congrès du CTC en 1958 qui, par son appel lancé en faveur d'une alternative politique aux partis libéraux et conservateurs, est à l'origine de la fondation du Nouveau parti démocratique en 1961. L'initiative, d'importance historique, marquait non seulement la rupture officielle du mouvement syndical avec les partis traditionnels de la bourgeoisie canadienne, mais traduisait déjà la force nouvelle du syndicalisme deux ans après la fondation du CTC.

Les liens du CTC avec le NPD ont-ils freiné ou même bloqué les volontés tripartistes de la direction du CTC? La question peut être posée et mériterait d'être considérée plus largement que nous ne pouvons le faire ici. Mais soulignons que certains tendent à répondre par l'affirmative en soulevant l'argumentation suivante: les liens étroits qui unissent les syndicats au NPD, force politique d'opposition, «compliquent» la collaboration entre les syndicats et l'État, car du point de vue du gouvernement en place, cette association introduit des tensions dans le processus consultatif et, fait plus important encore, elle est source de sentiments contradictoires à l'égard de cette collaboration parmi les syndiqués eux-mêmes[40]. Banting (1985) développe l'idée selon laquelle l'établissement d'un système tripartite avec un gouvernement libéral ou conservateur placerait le NPD dans une position intenable puisqu'il serait mal placé pour critiquer des politiques sanctionnées par les syndicats.

Pour tirer des conclusions plus précises, il faudrait étudier l'évolution concrète des relations entre le CTC et le NPD pendant les années du gouvernement Trudeau. Notons quand même que dans l'hypothèse où le NPD serait considéré comme candidat sérieux au pouvoir, tel que cela semble se confirmer à la fin des années 80, son poids politique pourrait effectivement faire obstacle à la conclusion d'accords tripartites entre les syndicats et un gouvernement formé par un parti traditionnellement lié au patronat.

Mais cette appréciation soulève elle-même un problème d'un autre ordre. Leo Panitch, parmi d'autres, observe que c'est dans les pays où des partis sociaux-démocrates étroitement liés au mouvement syndical sont parvenus à

---

40.   Cité par RIDDELL, W.C., *La coopération ouvrière-patronale au Canada*, Étude n° 15 réalisée pour la Commission royale sur l'union économique ..., *op. cit.*, Ottawa, 1985, p. 49.

former le gouvernement, qu'on a vu se mettre en place de véritables systèmes de collaboration pour la gestion tripartite de la politique économique et sociale. Dès lors, on pourrait se demander si le tripartisme qui a échoué pendant les années 70 et 80 ne serait pas remis à l'ordre du jour par une victoire du NPD sur le plan fédéral. Si l'on considère la situation dans d'autres pays, notamment européens, la question n'est pas sans pertinence. Mais, chose certaine, au Canada, deux grands problèmes resurgiraient inévitablement dans une telle situation: celui de la centralisation-décentralisation du pouvoir politique en matière de relations de travail, par rapport à l'établissement de politiques ou d'accords pancanadiens. À cet égard, l'obstacle lié à la question nationale du Québec ne serait certainement pas le moindre. Et d'autre part resurgirait, le problème d'une plus grande centralisation de pouvoirs entre les mains des dirigeants syndicaux évoluant sur la scène fédérale. Ces problèmes ont soulevé des questions de fond au cours des deux dernières décennies et il serait présomptueux de penser qu'ils cesseraient de se poser avec l'arrivée au pouvoir d'un gouvernement NPD.

Il faudrait plutôt considérer que la formation d'un gouvernement lié au mouvement ouvrier aurait pour effet de déplacer sur un autre axe les contradictions qui s'étaient développées dans la période antérieure: alors que la concertation avec le gouvernement libéral fut finalement rejetée, elle pourrait effectivement se réaliser avec un gouvernement lié au mouvement syndical. Mais sur quelle politique? Les attentes des syndiqués et de la population risquent d'être plus fortes à l'endroit d'un parti et d'un gouvernement associés au mouvement syndical qu'elles ne le furent à l'endroit des autres partis. Par conséquent, dans une telle situation, les deux termes de l'alternative pourraient être les suivants: ou la concertation serait l'instrument de la mise en oeuvre de politiques qui veulent répondre à ces attentes et dès lors, les luttes de classes entre travail et capital tendront à s'aiguiser au Canada puisque le patronat, dans la logique même de ses intérêts, opposera une résistance à ces politiques; ou la concertation serait le moyen de faire accepter, comme dans certains pays européens, des politiques d'austérité très proches de celles que le gouvernement libéral avait choisi d'imposer, et alors les contradictions tendront à s'aiguiser au sein même du mouvement syndical et du NPD à un niveau plus élevé que dans la période antérieure. Soulevant ces problèmes, Sidney Ingerman écrit pour sa part:

> Le chemin de la relance passe par l'action politique. Si l'expérience canadienne des années 30 fournit une indication de ce qui s'en vient, alors on peut prévoir que les Canadiens vont évoluer vers la gauche politiquement. Le Nouveau parti démocratique peut-être à l'avant-garde de ce mouvement s'il consolide son alliance avec le mouvement syndical, défend les programmes sociaux qui sont l'essence même de l'État-providence canadien... [se porte] en

défense de la négociation collective et du droit de grève [...] et
propose un programme convainquant de relance économique[41].

Revenant, en terminant, sur la caractérisation de la période du pouvoir
libéral à Ottawa, nous pouvons certainement constater que l'intervention de l'État
et le développement des moyens coercitifs sont un trait dominant de ces années.
Mais donner une caractérisation de la période à travers cette seule dimension nous
semblerait insuffisant, sinon erroné. Car si l'on note comme Panitch et Swartz
qu'il y a eu transition d'une ère de «consentement» ou de libres négociations à
une ère de «coercition», on ne considère ici que le rôle de l'État dans la
caractérisation de la période. Or, il est tout à fait évident que la croissance
exceptionnelle du mouvement syndical, du point de vue son nombre, de ses
grèves et de ses conquêtes, constitue une caractéristique au moins aussi
déterminante de ces années. Dans plusieurs de ses aspects, la riposte étatique et la
coercition ne s'expliquent d'ailleurs que comme tentative de réponse à cette force
nouvelle. Nous n'ignorons pas non plus que la crise du marché mondial
capitaliste et la défense de la place menacée de l'économie canadienne dans cet
ensemble ont été des facteurs déterminants du passage à la coercition, en
particulier par les lois spéciales et les contrôles. Mais ce facteur même n'est pas
indépendant du développement des rapports de classe.

On ne peut donc pas donner une caractérisation adéquate de la période par
un seul de ses pôles. Il faudrait plutôt la saisir comme l'expression d'un rapport
dynamique et contradictoire. Et c'est peut-être justement le fait que nous
assistons au développement d'un nouveau rapport de force sur la scène politique,
marqué d'abord par le renforcement du mouvement ouvrier, qui caractérise le
mieux la période étudiée. Même le tripartisme est une consécration de ce fait.
Car on peut voir que l'État est d'autant plus soucieux d'obtenir l'assentiment du
«Travail» à l'égard de ses politiques que le mouvement syndical détient désormais
la force suffisante pour en compromettre la réalisation. En ce sens, on pourrait
constater que plus le mouvement syndical est fort, plus l'État a besoin du
tripartisme. On dira pourtant que, malgré l'échec du tripartisme, le gouvernement
fut capable d'imposer ses plans. Cela est vrai au moins en partie, mais cela a
peut-être peu à voir avec la faiblesse du mouvement syndical, mais davantage
avec le fait que la direction du CTC était favorable au tripartisme et qu'elle s'est
montrée constamment réticente à compter sur la mobilisation de masse pour
enrayer les plans du gouvernement, tandis que celui-ci n'a jamais renoncé à la
coercition.

On observe donc que dans un processus de renforcement qualitatif du
mouvement syndical, le problème de sa stratégie et de son orientation politique,
loin d'être réduit, devient encore plus déterminant puisque c'est lui qui, en dernier

41.   INGERMAN, S., «6 & 5, The Bankruptcy of Liberal Economic Policy»,
       Canadian Centre for Policy Alternatives, 1982, p. 31.

ressort, décide de l'évolution du rapport des forces en présence. Un dernier exemple nous servira à le montrer. Les dirigeants du CTC affirmaient depuis 1975 que le plan de rapatriement unilatéral de la Constitution du gouvernement Trudeau participait de la même volonté centralisatrice que son Programme de lutte contre l'inflation. Mais en 1981-1982, ils ne soulevèrent aucune objection systématique contre l'adoption de la *Charte des droits et libertés* qui, reconnaissant le droit d'association, restait muette sur le droit à la libre négociation et sur le droit de grève. Or, deux mois après la promulgation de la loi constitutionnelle du Canada, en avril 1982, le gouvernement Trudeau décrétait, sous l'empire de cette nouvelle *Charte des droits et libertés*, son programme de contrôles des 6 et 5 %. Il a été établi depuis par la Cour suprême du Canada que le droit d'association reconnu par la Charte n'inclut pas la reconnaissance du droit à la négociation collective et du droit de grève[42].

Si ce résultat confirme une donnée de la situation politique, c'est peut-être moins l'incapacité d'agir du mouvement syndical ou le fait qu'à la fin de la période étudiée, le gouvernement Trudeau serait enfin parvenu à rétablir le rapport des forces en sa faveur. C'est plutôt, encore une fois, l'importance de l'enjeu social que représente l'orientation politique et stratégique d'un mouvement syndical désormais doté d'une très grande puissance économique, sociale et politique et qui, pour cette raison même, peut moins que jamais éviter de choisir entre les pressions contraires qui le sollicitent, celles de l'intégration-collaboration ou celles de l'indépendance et de l'action de masse.

---

42.   JURISPRUDENCE-EXPRESS, n°. 19, le 8 mai, 1987, p. 189-194.

TROISIÈME PARTIE:
QUESTIONS CULTURELLES ET SOCIALES

LA DYNAMIQUE ÉTATIQUE DANS LE CHAMP SOCIAL: DES DÉVELOPPEMENTS SUBSTANTIELS, DANS UNE CERTAINE CONTINUITÉ!

Michel Pelletier
Département de science politique
Université du Québec à Montréal

Il me semble qu'on pourrait résumer la dynamique de l'intervention de l'État canadien dans le champ social, au cours de la période qui va de 1963 à 1984, par une formule délibérément contradictoire: des transformations substantielles, dans une certaine continuité néanmoins. C'est un peu ce que je voudrais illustrer ici, à très grands traits.

Il me semble aussi que deux événements précis donnent une coloration particulière à la dynamique de l'intervention de l'État canadien au cours de cette même période: ce sont d'une part, la proclamation d'un état d'insurrection appréhendée et l'intervention de l'armée au Québec, en 1970, dans le but proclamé de maintenir «la sécurité, la défense, la paix, l'ordre et le bien-être du Canada»; d'autre part, l'adoption de mesures autoritaires de contrôle des prix et des salaires, en 1975.

On sera peut-être surpris que je range ces événements parmi ceux qui caractérisent la dynamique de l'État central canadien dans le champ social, au cours de la période étudiée. Et pourtant, s'il ne s'agit pas de «mesures sociales» conformément au sens usuel de cette expression, ne doit-on pas y voir au moins la manifestation ou la conséquence de déficiences ou carences de la politique sociale, puisqu'une fonction principale de celle-ci consiste à maintenir la cohésion sociale, la paix sociale, le bon fonctionnement de la société. La «sécurité sociale» n'est-elle pas au moins autant la «sécurité de la société» elle-même, que la garantie d'un minimum de bien-être pour les individus? Chose certaine, ces mesures, justifiées par une prétendue situation «d'urgence nationale» d'après le gouvernement de l'époque, ont concordé avec l'amorce de toute une série d'initiatives particulières qui accentuaient et accéléraient le processus déjà amorcé de transformation de la politique sociale canadienne.

LES POLITIQUES SOCIALES: DES DÉVELOPPEMENTS MAJEURS...

Pour parler adéquatement de la dynamique étatique dans le domaine de la politique sociale, il m'apparaît indispensable de bien distinguer au départ entre le niveau de ce qu'on appelle usuellement «les politiques sociales» et le niveau de «la» politique sociale proprement dite. Des développements majeurs surviennent aux deux niveaux, au cours de la période, mais leurs implications ne sont pas exactement les mêmes.

«La» politique sociale, c'est évidemment l'approche globale, la stratégie d'ensemble plus ou moins explicite qui sous-tend ou inspire chacune des initiatives particulières d'un gouvernement donné, dans un contexte donné. «Les» politiques sociales par contre, ce sont les différents programmes ou services sociaux dans lesquels, à des degrés divers, s'incarne cette «politique sociale», précisément. La création de nouveaux programmes, les modifications apportées à certains programmes existants, ou leur élimination pure et simple, constituent donc normalement autant de manifestations concrètes de la politique sociale du moment.

Il n'est cependant pas toujours facile de percevoir «la» politique sociale sous-jacente à chacune des mesures sociales particulières, ne serait-ce que parce qu'aucune ne peut incarner cette politique sociale dans sa globalité et dans toutes ses dimensions. Chacune n'offre donc qu'un reflet partiel de la stratégie d'ensemble et ce n'est qu'à la longue que la cohérence des initiatives particulières pourra être clairement perçue. La politique sociale de l'État à un moment donné, est donc généralement plus facile à percevoir dans les énoncés de politique qui sont occasionnellement produits, tels les livres «verts» ou «blancs», ou encore dans certains rapports de commissions d'enquête, quoique même là un certain travail de décryptage soit toujours nécessaire. De toute façon, on ne dispose pas toujours de tels documents de référence.

Par ailleurs, quelle que soit «la» politique sociale dans laquelle les mesures particulières s'inscrivent, il n'est pas indifférent, pour les bénéficiaires potentiels que nous sommes par exemple,de connaître l'évolution des programmes sociaux concrets, de savoir qu'il existe désormais tel type de protection sociale, là où il n'y avait rien auparavant, ou encore que les critères d'admissibilité de tel programme ont été élargis, ou au contraire rendus plus restrictifs... Les gouvernements n'ont donc pas entièrement tort, lorsqu'ils cherchent à valoriser leur «politique sociale» aux yeux des citoyens, de se contenter d'énumérer les nouveaux programmes que l'État a pu mettre en place sous leur administration et les «améliorations» apportées à tels autres, considérant les besoins de tel ou tel segment de la population. Ce faisant, ils ne révèlent peut-être pas leur vraie politique sociale et ses objectifs fondamentaux, qui peuvent être de mieux contrôler la disponibilité pour le travail de tous les travailleurs potentiels plutôt que d'améliorer le bien-être des individus par exemple, comme les mesures particulières tendraient à le faire croire, mais il n'en reste pas moins que la connaissance de l'évolution des programmes et du «système» concrets ne sont pas sans intérêt, bien au contraire.

Si donc nous considérons ce qui se passe au niveau «des» politiques sociales au cours de la période 1963-1984, nous ne pouvons qu'être frappés par le nombre et surtout l'importance des mesures prises. Puisqu'il ne saurait être question ici de procéder à une analyse détaillée de tout ce qui a pu se passer, contentons-nous d'énumérer les développements les plus spectaculaires, aux seules fins de rafraîchir notre mémoire: c'est l'époque où 1) l'assurance maladie, telle que nous la connaissons aujourd'hui, est mise en place dans l'ensemble des provinces, non sans une vigoureuse impulsion du gouvernement central, bien que constitutionnellement ce soit un domaine de juridiction provinciale; 2) le Régime d'assistance publique du Canada est adopté (1966), qui entraînera la disparition des anciens programmes dits «catégoriels» et, surtout, favorisera l'application d'une approche intégrée aux problèmes de l'aide sociale, telle que nous la connaissons aujourd'hui; 3) la mise en place conjointe (1965) d'un régmie d'assurance retraite pour les travailleurs canadiens (PPC/RRQ); 4) l'amorce, à partir de 1970, d'un processus de restructuration du régime d'assurance-chômage, restructuration qui aura pour effet, — cela deviendra particulièrement marqué à partir de 1975 — de changer la nature même de ce programme clé du système de sécurité sociale existant[1]; 5) l'expérimentation, à partir de 1965, de la technique de la supplémentation du revenu grâce au nouveau programme de supplément de revenu garanti (SRG) pour les personnes âgées, une technique qui sera privilégiée dans le cadre de la nouvelle politique sociale déjà en gestation; 6) l'amorce, à partir de 1973-1974, d'une révision en profondeur des allocations familiales et autres bénéfices pour les familles, qui aboutira, en 1978, à la substitution partielle d'un crédit d'impôt remboursable pour enfants à charge — une des formes que peut prendre la nouvelle technique de la supplémentation du revenu — aux anciennes allocations familiales.

Rappelons également que ces importants développements au niveau des mesures sociales ne se sont pas faits sans d'importantes restructurations administratives. À ce niveau, la création dans un premier temps (1966) d'un nouveau ministère de la Main-d'oeuvre et de l'Immigration, à côté de l'ancien ministère du Travail, dans le but notamment de libérer l'ancien Service national

---

1.   Voir «De l'assurance-chômage à la garantie d'un revenu annuel... par l'emploi ou «Comment procéder à un détournement dans la plus stricte légalité», dans M. PELLETIER, *De la sécurité sociale à la sécurité du revenu: Essais sur la politique économique et sociale contemporaine*, Montréal, 1982, (M. Pelletier, éd.). p. 105-373.

de placement — qui est transformé en Centres de main-d'oeuvre par la même occasion — de la tutelle qu'exerçait sur lui la Commission d'assurance-chômage, puis l'intégration, en 1976-1977, de celle-ci au sein d'une nouvelle Commission de l'emploi et de l'immigration — ce qui a pour effet de placer désormais l'assurance-chômage sous la dépendance des services de main-d'oeuvre — sont sans doute les développements les plus spectaculaires et les plus significatifs.

... non sans une certaine continuité

Ce qui frappe d'abord dans ces développements, c'est bien sûr le caractère novateur de certaines initiatives. Ainsi, le recours aux techniques de la supplémentation du revenu tend à accréditer l'idée souvent proclamée que le gouvernement de l'époque était résolument engagé dans la voie qui devait conduire à la mise en place d'un système de revenu annuel garanti au Canada[2].

À la réflexion cependant, cette nouvelle politique de «sécurité du revenu» qu'on entend substituer à l'ancienne politique dite «de sécurité sociale», héritée de la «révolution keynésienne» des années 1930, pourrait bien être moins généreuse qu'il n'y paraît. Par exemple, la nouvelle politique implique qu'on remplace, dans la mesure du possible, les anciens mécanismes de transfert propres à la sécurité sociale, notamment les prestations dites «universelles» telles la «Sécurité de la vieillesse» et les allocations familiales, par les nouveaux mécanismes de la supplémentation du revenu[3]. En principe, cela devrait permettre de donner plus à

---

2.   Voir par exemple, le Livre blanc publié par l'honorable John MUNRO, ministre de la Santé nationale et du Bien-être social, *La sécurité du revenu au Canada*, Ottawa, 1970, ou encore le *Document de travail sur la sécurité sociale au Canada*, publié par l'honorable Marc LALONDE, ministre de la Santé nationale et du Bien-être social, le 18 avril 1973, ainsi que la déclaration du même ministre à la Conférence fédérale-provinciale des 18 et 19 février 1975: «Prochaines étapes importantes de la réforme du système de sécurité sociale au Canada».

3.   Voir l'énoncé des implications pratiques de la nouvelle politique, dans le Livre blanc ci-haut mentionné: «Premièrement mise au point de la formule du revenu garanti pour en faire un instrument principal de lutte contre la pauvreté. Deuxièmement, par voie de conséquence, réforme des démo subventions, y compris l'établissement d'un nouveau régime de sécurité du revenu familial (en remplacement des allocations familiales existantes) et la modification de la Loi sur la sécurité de la vieillesse (en vue de geler les prestations de sécurité de la vieillesse à 80 $). Troisièmement, la consolidation et l'extension des assurances sociales (c'est-à-dire assurance chômage et RPC/RRQ) (lesquelles), alliées aux revenus et aux épargnes individuels, protégeront le gros de la population contre la pauvreté. Quatrièmement, diminution de l'importance accordée à l'assistance sociale en insistant davantage sur le revenu garanti et l'assurance-sociale.» (*op.*

ceux qui en ont le plus besoin, puisque la technique de la supplémentation du revenu permet d'aider chacun beaucoup plus précisément en fonction de ses besoins — dans la mesure où le niveau de revenu est un bon indicateur du niveau des besoins. En pratique cependant, on constate que dans le cadre de sa nouvelle politique sociale, l'État ne se propose pas tant de consacrer plus de ressources à la protection sociale, que de distribuer différemment ce qu'il y consacre déjà[4]. Pour pouvoir donner plus à certains, il donnera moins à d'autres: mais est-il évident que ces «autres» — pensons aux familles et aux personnes âgées — recevaient trop?

D'autre part, la place prépondérante qu'on entend donner aux assurances sociales et le lien explicite qu'on établit entre celles-ci et les «revenus et épargnes individuels» permettent de constater qu'on se propose d'articuler beaucoup plus étroitement les programmes réformés avec les exigences du marché du travail. Concrètement, cela devrait se traduire par un resserrement du contrôle de la disponibilité pour le travail des bénéficiaires potentiels, par un resserrement de la discipline du travail donc, et, selon toute probabilité, par l'élimination de la liste des bénéficiaires d'un certain nombre de personnes qui étaient admissibles aux anciens programmes de sécurité sociale. En fait, l'insistance qui est mise sur l'impératif de «l'incitation au travail» est telle[5], qu'il devient vite apparent que la nouvelle politique sociale est une politique d'emploi avant d'être une politique de «lutte à la pauvreté». D'ailleurs, le fait qu'après avoir exercé sa tutelle sur les services de placement, l'assurance-chômage ait été à son tour placée sous la tutelle des nouveaux services d'emploi constitue sans doute une des manifestations les plus éclatantes du renversement opéré par la nouvelle politique et du caractère désormais dominant de la préoccupation «emploi»[6].

---

cit., p. 33.) Pour une analyse de cet énoncé, voir M. PELLETIER, *op. cit.*, pp. 179 et suiv.

4. Voir par exemple, M. Pelletier, *op. cit.*, p. 67, note 2, pour des énoncés explicites à cet égard.

5. Le Conseil économique du Canada, présentant les grandes lignes de la nouvelle stratégie, a dit euphémiqument, en 1968, que l'objectif était «d'aider les gens à s'aider eux-mêmes», Conseil économique du Canada, *Défi posé par la croissance et le changment* (Rapport annuel), 1968, pp. 149 et suiv. Pour une discussion détaillée, voir M. Pelletier, *op. cit.*, pp. 173 et suiv.

6. Ainsi qu'on pouvait le lire dans le Rapport du Groupe de travail sur l'assurance-chômage publié en juillet 1981: «Le remaniement des caractéristiques du Régime en vue de lui faire jouer un plus grand rôle relativement à la réalisation des objectifs du marché du travail s'inscrit dans une suite de modifications conceptuelles qui ont été apportées presque sans interruption depuis 1975.» *L'assurance-chômage dans les années 1980*, Ottawa, Emploi et Immigration Canada, juillet 1981, p. 44.

Et pourtant, malgré le caractère radical de la transformation, on ne peut s'empêcher de discerner de nombreuses manifestations de continuité à travers tout le processus.

Ainsi, certaines initiatives majeures de cette période s'inscrivent parfaitement dans la logique propre à la «sécurité sociale» et n'ont donc que très peu à voir, sinon rien du tout, avec la nouvelle politique «de sécurité du revenu». Tel est le cas par exemple de l'assurance santé et des PPC/RRQ, qui faisaient partie intégrante du système de sécurité sociale envisagé pour le Canada, dès les années 1940, même si ce n'était pas selon les modalités qui furent les leurs, lors de leur mise en place vers le milieu des années 1960. Ces mesures doivent donc être considérées comme une autre étape dans la réalisation de ce projet grandiose des années 1940, et non comme une manifestation de la mise en oeuvre de la nouvelle politique sociale.

On doit noter cependant que dès le début des années 1970, on cherchera à mieux ajuster ces programmes aux objectifs de la nouvelle politique sociale. Ainsi, au même moment où on s'efforçait — sans succès il est vrai, en raison du pouvoir électoral des personnes âgées — de réduire l'importance de la Sécurité de la vieillesse (logique de la «sécurité sociale») par rapport au Supplément de revenu garanti (logique de la «sécurité du revenu»), des amendements étaient apportés aux PPC/RRQ qui visaient à ne pas décourager la poursuite du travail salarié au-delà de 65 ans (logique de l'emploi). Cela représentait un changement d'attitude important puisque lorsque le programme avait été institué, on l'avait conçu de façon à abaisser progressivement l'âge «normal» de la retraite de 70 à 65 ans.

La démarche n'est pas aussi évidente au niveau de l'assurance-maladie, sans doute parce que le processus d'ajustement de ce programme à la nouvelle politique n'est pas encore vraiment engagé. Certains événements montrent bien cependant que ce programme, hérité de la période de la sécurité sociale, était aussi dans le collimateur des responsables étatiques de la politique sociale, et on peut supposer qu'il ne saura résister indéfiniment aux exigences de la nouvelle politique, quelle que soit la force respective des puissants groupes d'intérêt en présence. Ainsi, rappelons qu'en 1974, le ministre responsable, monsieur Marc Lalonde, rendait public un document de travail intitulé «Nouvelle perspective de la santé des Canadiens»: quel qu'ait pu être l'impact de cette publication, c'était déjà l'indication d'un désir de lancer un débat sur la question. Quelques années plus tard, le même ministre concluait avec les provinces, au nom du gouvernement central, les accords fiscaux de 1977 qui avaient pour conséquence, d'une part, de plafonner la contribution fédérale aux coûts du régime et, d'autre part, de confier aux provinces, en pratique, une pleine autonomie dans sa gestion. Connaissant le biais centralisateur de l'administration Trudeau, l'abandon de la tutelle que le ministère fédéral avait toujours exercé sur les provinces, pour ce programme comme pour tous les programmes à frais partagés, signifiait un changement d'attitude radical, qui pourrait peut-être s'expliquer par le souci du gouvernement central de laisser aux provinces l'odieux de procéder aux ajustements souhaités. Chose certaine, on commença à discuter sérieusement de «tickets modérateurs» un peu partout au Canada — ce qui avait pour effet de remettre en question la gratuité totale des soins qui avait prévalu jusque-là — et dans certaines provinces, la pratique de la «sur-facturation» commença à se généraliser. En 1984, une nouvelle Loi de la santé fédérale était adoptée qui redonnait au ministère fédéral son pouvoir de tutelle sur la gestion du programme par les provinces. Le ministre responsable de l'époque, madame Bégin, a justifié cette loi par le désir du gouvernement fédéral de préserver l'essence même du programme tel qu'il avait été conçu au départ à savoir, essentiellement l'universalité d'accès («gratuité» des soins) et le caractère public de son organisation[7]. Assez étrangement cependant, si la loi de 1984 fermait la porte aux «tickets modérateurs», elle n'en faisait pas autant quant à la possibilité de privatiser les services de santé. On discute donc aujourd'hui, de plus en plus, de la possibilité d'introduire au Canada des «Organisations de services intégrés de santé» (OSIS), qui seraient en quelque sorte une réplique des «Health Maintenance Organization» (HMO) américaines[8]. Il est donc plus que légitime de se demander si l'objectif véritable du gouvernement Trudeau en 1984 n'était pas beaucoup plus de rétablir la tutelle du fédéral sur les provinces dans ce secteur, que de contrer le processus d'ajustement de ce programme aux exigences de la nouvelle politique.

Finalement, ce que démontrent ces faits, c'est que la période qui nous occupe ici en est une de transition dans le domaine de la politique sociale. La nouvelle politique sociale de l'État est assez bien définie, mais le changement de politique se concrétise progressivement dans les programmes, non sans résistance ni soubresauts. Tous ne se rallient pas inconditionnellement à la nouvelle politique et on peut parfois encore trouver des manifestations de l'ancienne approche.

CARACTÈRE STRUCTUREL DE LA POLITIQUE SOCIALE

Il est cependant un autre niveau auquel cette «continuité» dont nous faisions état précédemment, se manifeste. En effet, un examen un peu attentif des tenants et aboutissants du processus de transformation de la politique sociale qui se produit pendant cette période, révèle rapidement que certains des développements qui sont

---

7.   M. BÉGIN, *L'assurance santé: Plaidoyer pour le modèle canadien*, Montréal, Boréal, 1987. Voir également mon compte-rendu, à paraître dans *Politique*, Revue de la Société québécoise de science politique.

8.   Voir par exemple, «La greffe des HMO pourrait-elle réussir au Québec? Le ministère a multiplié les études, mais seule l'expérimentation permettra d'en juger», dans *Le Devoir*, premier octobre 1988, p. A-11.

survenus alors que le Parti libéral du Canada était au pouvoir, avaient été conçus sinon amorcés avant même qu'il n'arrivât au pouvoir.

Ainsi, lors de mon analyse approfondie du processus de refonte de l'assurance-chômage qui aurait commencé en 1970, avec l'adoption d'une nouvelle *Loi de l'assurance-chômage*, j'ai pu découvrir que l'adoption du régime d'assistance publique du Canada, la création du ministère de la Main-d'oeuvre qui devait permettre la séparation administrative du Service national de placement et de l'Assurance-chômage, et, plus fondamentalement, cette refonte même de l'assurance-chômage en 1970, faisaient suite à des recommandations précises du rapport Gill de 1962[9]!

De même, lorsque les conservateurs ont succédé aux libéraux à la tête du gouvernement, cela n'a pas entraîné pour autant un redressement quelconque au niveau des orientations principales qu'on était en voie de donner à la politique sociale. D'un parti à l'autre, il y eut des différences d'accent beaucoup plus que de substance, en ce qui concerne la nouvelle politique sociale de l'État canadien.

Peut-être cette «continuité» s'explique-t-elle, en partie au moins, par les particularités de notre système parlementaire, qui conduisent d'une part au bipartisme et qui, d'autre part, ne permettent pas un grand écart idéologique entre les grands partis en présence[10]. Peut-être aussi cela est-il partiellement dû à la force d'inertie de la bureaucratie étatique, qui ne permet pas toujours au gouvernement de réaliser ce qu'il souhaitait en accédant au pouvoir.

Plus fondamentalement cependant, je crois que cette «continuité» de la politique sociale ou, plus exactement, de ses transformations, découle directement de la nature proprement structurelle de la politique sociale. On est en effet habitué de considérer les «problèmes sociaux» comme des problèmes individuels de bien-être. Corrélativement, les «politiques sociales» seraient, dans cette perspective, des mesures essentiellement humanitaires visant à alléger la misère de ceux qui en sont les victimes. Or, nos sociétés ont appris depuis longtemps déjà que cette façon de concevoir les politiques sociales est non seulement partielle, mais qu'elle contribue à masquer leur nature profonde. En effet, un problème devient «social» non pas tant en raison de la grande misère de ceux qui en sont les victimes, mais lorsque ceux-ci représentent une quelconque

---

9.   Comité d'enquête relatif à la Loi sur l'assurance-chômage (Gill), *Rapport*, Ottawa, 1962. Voir l'analyse que je fais de cette question dans mon ouvrage précité aux p. 147 et suiv. On cherchera en vain une quelconque référence à ce Rapport dans les livres blancs de 1970 où le gouvernement présentait sa nouvelle politique sociale (Livre blanc publié par l'honorable John MUNRO, *op. cit.*, et *L'assurance-chômage au cours des années 1970*, livre blanc déposé par l'honorable Brice MACKASEY, ministre du Travail, Ottawa, 1970).

10.   À titre d'illustration de cette thèse, voir Y. Sénécal, «Les élections du 2 décembre: un bipartisme à écart idéologique réduit», dans *Le Devoir*, 16 janvier 1986, p. 7.

menace pour l'ordre social lui-même: menace pour la paix sociale par exemple, ou encore pour le bon fonctionnement de l'économie... Cela permet de comprendre notamment que de graves problèmes de «bien-être» aient pu longtemps exister dans nos sociétés, sans pour autant être reconnus comme «problèmes sociaux»: ou bien ceux qui les éprouvaient n'étaient pas suffisamment forts pour en saisir la société, ou bien leur existence n'était pas de nature à perturber significativement le bon fonctionnement de l'ordre social existant.

Dans cette perspective proprement «sociale» — ou «sociétale» si on préfère, puisqu'à force d'être associé aux problèmes humanitaires, le qualificatif «social» a fini par perdre son sens premier pour prendre le sens d'«humanitaire» précisément — on constate que la finalité première et fondamentale de la politique sociale, ou des politiques sociales, est toujours de tenter d'atténuer, sinon d'éliminer, les effets néfastes de certaines des contradictions ou «dysfonctions» de notre système, l'allègement de la misère humaine constituant un moyen d'y arriver, beaucoup plus qu'une fin en soi. Ainsi que le disait, déjà en 1945, le ministre fédéral de la Santé nationale et du Bien-être social lors de la Conférence fédérale-provinciale du rétablissement («reconstruction»), à laquelle le gouvernement fédéral devait dévoiler le plan de sécurité sociale qu'il entendait mettre en oeuvre au Canada:

> Le problème de la sécurité sociale se présente sous deux aspects. En premier lieu, on trouve le côté humanitaire ou social et, en second lieu, le côté économique ou financier. Nous avons été enclins, par tradition, à envisager ces deux aspects comme étant incompatibles. Récemment, nous en sommes venus à nous rendre compte qu'un vaste programme de sécurité sociale trouve sa justification non seulement au point de vue humanitaire mais en ce qu'il peut contribuer à la stabilité économique par le maintien de la production, du revenu et de l'embauchage et par une distribution équitable de la puissance d'achat[11].

En termes plus généraux et sans trahir le sens de ce qui précède, on pourrait dire que la «sécurité sociale», c'est au moins autant la sécurité de l'ordre social existant, qu'un mécanisme de protection pour les victimes désignées des «risques sociaux». De même, la politique sociale, avant de se traduire par un ensemble de mesures destinées à atténuer sinon à éliminer des problèmes particuliers et individuels de «bien-être, constitue une stratégie d'ensemble par laquelle une société donnée cherche à assurer son harmonie interne, sa cohésion, sa croissance et son épanouissement, sa reproduction, compte tenu de ses caractéristiques propres, des moyens matériels et des réserves humaines dont elle

---

11. Conférence fédérale-provinciale, *Mémoire du Dominion et des provinces et délibérations de la conférence plénière*, Ottawa, 1946, Édouard CLOUTIER, Imprimeur de sa très excellente majesté le roi, 1945, p. 91. Cité dans PELLETIER, 1982, p. 379.

dispose, des potentialités, limites et contradictions inhérentes à son système socio-économique...

DE LA SÉCURITÉ SOCIALE À LA SÉCURITÉ DU REVENU

Si donc il n'est pas toujours évident que les «problèmes sociaux» qui affectent une société résultent des caractéristiques structurelles du système socio-économique qui sert de fondement à l'organisation sociale, la «politique sociale» elle n'en a pas moins toujours une finalité ou des préoccupations d'ordre structurel ou fondamental. Des préoccupations de cet ordre n'étant jamais simplement accidentelles ou conjoncturelles, on comprend que le simple changement de gouvernement ne suffise pas à modifier substantiellement les orientations de la politique sociale, à moins que le nouveau gouvernement ne soit «révolutionnaire» et n'hésite pas à modifier les fondements mêmes de l'organisation sociale. Dans le cas contraire, la marge de manoeuvre dont il dispose au niveau de la politique sociale est très étroite, ce qui explique par exemple que des partis socio-démocrates, tels les partis socialistes de France ou du Portugal, ou encore des partis ayant un «préjugé favorable aux travailleurs», tel le Parti québécois au Québec, aient été contraints, malgré toutes les promesses antérieures et au risque de s'aliéner leur base électorale propre, de modifier radicalement leur politique sociale une fois arrivés au pouvoir, adoptant même souvent des mesures sociales plus sévères et restrictives que ce qu'avaient pu se permettre les gouvernements «bourgeois» qui les avaient précédés.

Ceci dit cependant, si la constatation de cette dimension structurelle de la politique sociale indique clairement le niveau auquel on devrait rechercher les explications de la réorientation substantielle de la politique sociale canadienne qui se produit pendant la période étudiée, elle ne nous dit rien sur ces causes précises qui nous permettraient de comprendre la forme qu'allait prendre la nouvelle politique sociale, laquelle favorise le recours à la technique de la supplémentation du revenu, comme nous l'avons déjà noté, et est particulièrement préoccupée par «l'incitation au travail» des bénéficiaires potentiels de la «sécurité du revenu».

Plusieurs thèses ont été développées à propos de ce que d'aucuns ont appelé la «crise de l'État-providence»: crise «fiscale» de l'État; crise de «légitimité» de la solidarité sociale construite artificiellement par l'État; remise en question de l'interventionnisme et retour aux principes du libéralisme...

Je n'ai pas les moyens ici de rendre justice à chacune de ces thèses, non plus que de développer ma propre thèse. Je me contenterai d'évoquer quelques faits qui, sans fournir «d'explication», aideront sans doute à se faire une idée un peu plus précise de la nature et du sens de la transformation de la politique sociale qui est survenue depuis le début des années 1960 au Canada.

D'abord, rappelons que depuis la «révolution keynésienne» et la mise au point conséquente de la stratégie de sécurité sociale, la politique sociale avait pris une connotation nettement économique, ainsi que le rappelait par exemple la citation ci-haut rapportée du ministre fédéral de la Santé nationale à la Conférence du rétablissement. C'est donc d'abord sur le terrain économique qu'on doit chercher l'explication de la remise en question de la stratégie de sécurité sociale d'inspiration keynésienne.

D'autre part, une caractéristique de la politique économique keynésienne consistait à rechercher l'équilibre de l'économie tout en réalisant le plein emploi, grâce à la régulation de la demande effective pour les biens de consommation et de production; d'après Keynes en effet, la crise des années 1930 avait été en partie attribuable à une insuffisance de la demande solvable par rapport à la capacité de production des entreprises, ce qui aurait provoqué une accumulation de stocks, une diminution de l'activité productive, une augmentation du chômage, une diminution encore plus grande de la demande solvable, une accentuation du déséquilibre entre capacité productive et demande solvable et donc, un enfoncement progressif dans la crise plutôt qu'un retour à l'équilibre, ainsi que l'enseignait la théorique économique classique. Dans cette perspective, les mécanismes de transfert social étaient perçus comme un moyen d'effectuer la régulation nécessaire de la demande solvable et un programme comme l'assurance-chômage avait présumément l'avantage de faire une régulation automatique, la nature même du programme étant de constituer des réserves pendant les périodes de plein emploi (et donc de forte demande) pour les remettre proportionnellement en circulation pendant les périodes de ralentissement économique (et donc de plus faible demande, par suite du chômage accru). D'où la place centrale qu'occupait le régime d'assurance-chômage dans le système de sécurité sociale mis progressivement en place, à partir des années 1940.

Dans les faits, la théorie n'a pas fonctionné tel que prévu au Canada. Ainsi, à peine quelques années après que les mécanismes de la sécurité sociale eussent été appelés à jouer leur rôle de stimulation de la demande — soit à la fin des années 1950, moment auquel on assiste à un ralentissement de la croissance des dépenses militaires qui, jusque-là, avaient joué le rôle de stimulant — le principal élément du système de sécurité sociale, à savoir l'assurance-chômage, est presque acculé à la faillite. D'où la création du Comité Gill sur l'assurance-chômage, qui constate déjà en 1962 l'insuffisance des mécanismes de la sécurité sociale en ce qui concerne la stabilisation économique, et qui recommande à l'État canadien d'adopter une stratégie économique beaucoup plus extensive que ce qui avait été fait jusque-là; cette nouvelle stratégie économique annonce déjà dans ses grandes lignes la nouvelle politique économique et sociale, qui ne deviendra manifeste cependant qu'à partir de 1970, à l'occasion de la «refonte» de l'assurance-chômage précisément.

En effet, on assista à une reprise de l'activité économique au cours des années 1960, et on a pu penser que malgré l'alerte donnée par la faillite appréhendée de l'assurance-chômage, les mécanismes de sécurité sociale avaient somme toute bien joué leur rôle. L'approche keynésienne devait cependant être à nouveau mise à mal avec l'apparition du phénomène de la «stagflation» vers la fin des années 1960: la théorie de la régulation keynésienne présume en effet qu'inflation et chômage évoluent inversement l'un par rapport à l'autre, alors qu'avec la «stagflation» on était témoin de hauts taux de chômage combinés avec des taux d'inflation qui ne cessaient de croître. D'autre part, on commençait aussi à percevoir un nouveau «problème social»: celui de la croissance du rôle économique de l'État, une évolution qui apparaissait de plus en plus en contradiction avec les fondements mêmes de l'économie de marché. Comme le notait en effet le Conseil économique du Canada dans son rapport annuel publié en 1973, en 1972, «près de 40 % du produit national passait par les administrations publiques, soit sous forme d'achats de biens et services, soit sous forme de transferts. (...) Les dépenses des trois palliers de gouvernement qui représentaient 22 % du PNB au début des années 50, se sont accrues graduellement mais de façon irrégulière pour atteindre près de 31 % en 1966. Depuis, l'augmentation de leur part relative a progressé à un rythme extrêmement rapide. Alors qu'il a fallu 16 ans pour hausser la part des dépenses publiques de 22 à 31 %; six années seulement ont suffi pour la faire grimper de 31 à 39 %» (p. 103).

Le rappel de ces quelques faits et paramètres ne nous informe évidemment pas sur le chemin précis qui a conduit à l'élaboration et à la mise au point de la nouvelle politique sociale. Celle-ci en effet n'a pas été arrêtée d'un seul coup, mais s'est précisée au fil des années, des essais et des erreurs, de même qu'en fonction des réactions qu'elle a suscitées. On pourrait même dire que le processus de sa mise en oeuvre étant toujours en cours, elle est elle aussi toujours en cours de définition. Ce rappel cependant nous permet de mieux saisir la raison d'être de certains de ses traits caractéristiques: la réduction, dans toute la mesure possible, du rôle économique de l'État; en conséquence, le recours à des techniques de transfert plus «efficaces» parce que mieux modulées sur les besoins, ce qui serait le cas des techniques de supplémentation du revenu notamment; enfin, non pas un retrait total de l'État de l'économie ainsi que tend à le faire croire le discours «libéral» qui est souvent utilisé pour justifier la nouvelle politique sociale, mais plutôt une nouvelle façon pour l'État d'intervenir. Celle-ci est telle que l'État, plutôt que de «concurrencer» le capital privé, se met directement à son service: c'est dans ce dernier contexte qu'on devrait situer la dimension «stratégie d'emploi» qui caractérise la nouvelle politique sociale; celle-ci ne se traduit pas uniquement par un resserrement du contrôle de la disponibilité pour le travail des bénéficiaires de la nouvelle sécurité du revenu, en effet, mais aussi par des programmes de subvention directe aux entreprises, sous la forme des programmes de création d'emploi ou de formation de la main-d'oeuvre, par exemple.

CRISE DE LA POLITIQUE SOCIALE ... CRISE DE SOCIÉTÉ

Enfin, une fois reconnu le caractère foncièrement structurel de la politique sociale, on peut aussi plus facilement saisir le lien qui peut exister entre l'évolution de la politique sociale, au Canada, d'une part, et ces deux séismes majeurs qu'ont été, pour la société canadienne, la «crise d'octobre» 1970 et le recours conséquent à la *Loi des mesures de guerre*, ainsi que l'adoption de la *Loi anti-inflation* en 1975, d'autre part.

En effet une caractéristique de la politique sociale consiste à assurer le bon fonctionnement de la société «en douceur», par opposition aux modes d'intervention directement répressifs dont dispose l'État pour maintenir l'ordre social établi. Ceux-ci sont sans doute très efficaces à court terme, parce que radicaux, mais ils présentent l'inconvénient majeur, à plus long terme, d'exacerber les tensions sociales qui ont été à l'origine de la crise, plutôt que de conduire à l'apparition d'un nouveau consensus social indispensable au bon fonctionnement de la société, dans la «paix sociale». D'où l'avantage à long terme d'une politique sociale efficace, sur les méthodes ouvertement répressives ou autoritaires. Si donc l'État se voit contraint, dans un contexte donné, de recourir à de telles méthodes, on peut présumer que c'est en raison de déficiences ou de carences majeures de sa politique sociale antérieure. Chose certaine, il ne pourra recourir indéfiniment à de telles méthodes autoritaires, ou répressives, car à la longue, c'est sa légitimité même qui risque d'être contestée. Un gouvernement éclairé, qui rejette le modèle autoritaire, s'emploiera donc sans délai, dans de telles circonstances, à mettre au point une politique sociale mieux ajustée aux exigences du maintien de l'ordre socio-politique établi.

On ne saurait évidemment mettre en doute que ces deux événements marquants de la période étudiée auxquels nous avons déjà fait allusion, aient constitué des moments de crise politique majeure pour la société canadienne. Pour y faire face en effet, l'État canadien n'a pas hésité à utiliser les «grands moyens», puisque dans l'un et l'autre cas ce sont des caractéristiques fondamentales de l'ordre politique canadien qui ont été mises en veilleuse: en 1970, invoquant une situation «d'insurrection appréhendée», l'État central a en effet suspendu les libertés fondamentales des citoyens, rendu possible l'arrestation et la séquestration de centaines de citoyens québécois, et ajouté à l'intimidation de l'ensemble des citoyens québécois par l'intervention au Québec de l'armée canadienne; en 1975, les initiatives gouvernementales ne furent certes pas aussi spectaculaires, mais c'est encore en invoquant une présumée situation «d'urgence nationale» que l'État central s'est permis de suspendre l'application d'un pan important de la Constitution canadienne — en vue d'intervenir dans un champ de compétence provinciale — tout en suspendant l'application de ces principes fondamentaux des économies de marché que sont la liberté du commerce et la liberté du travail[12].

Certes, les racines de chacune de ces deux crises politiques majeures qu'a connues la société canadienne sont très différentes. Dans le cas de la «crise d'octobre», ces racines étaient foncièrement politiques, puisque cette crise fut en quelque sorte l'aboutissement de l'affrontement entre deux projets de société incompatibles: le projet de création d'une société québécoise «distincte» dirait-on aujourd'hui, et le projet d'une société canadienne dont le Québec devait être une partie intégrante et indifférenciée. D'ailleurs, compte tenu du rôle que les politiques sociales sont appelées à jouer dans la caractérisation de la «solidarité nationale» au sein des États-nations modernes[13], on ne s'étonnera pas qu'une bonne part de l'affrontement entre les États canadien et québécois, au cours des années 1960, ait porté sur leur rôle respectif dans le champ de la politique sociale. L'État québécois réclamait un retrait fédéral complet, tandis que l'État canadien souhaitait au contraire être reconnu comme maître d'oeuvre, les provinces n'étant appelées qu'à jouer un rôle subalterne et complémentaire, au niveau de la gestion des services sociaux essentiellement[14]. En ce qui concerne la crise de 1975, je pense avoir démontré qu'outre les facteurs fondamentaux déjà identifiés — notamment la remise en question du rôle économique de l'État et l'option en faveur d'un nouveau mode d'intervention, «au service» du capital privé plutôt qu'«en concurrence» avec lui — la neutralisation par les travailleurs des initiatives prises en 1970 expliquerait aussi le recours momentané à des méthodes autoritaires[15]. Sa politique sociale ne produisant pas (ou plus) les effets attendus, l'État canadien n'aurait eu d'autre choix que de recourir à la méthode forte, en attendant de mettre au point de nouvelles modalités de mise en oeuvre, présumément plus efficaces de la politique sociale.

---

12. Le préambule de la Loi anti-inflation invoquait l'incompatibilité de l'actuel taux d'inflation avec l'intérêt général, ainsi que la gravité du problème national posé par sa réduction et son endiguement. Comme le notait le ministre des Finances de l'époque, Donald MACDONALD, quelques semaines avant son adoption: «Le type de contraintes auxquelles nous songeons n'a jamais eu son équivalent en période de paix. Nous nous engageons dans une ère d'intervention gouvernementale au sein de l'économie. Si vous ne trouvez pas cela aussi effrayant que moi, alors faites-le moi savoir». Voir M. PELLETIER, *De la sécurité sociale à la sécurité du revenu, op. cit.*, p. 408, note 152.

13. Voir M. PELLETIER, «Dans le contexte social et politique: le maillon et la chaîne», dans *Relations*, numéro spécial: «Les chartes, l'individu et le libéralisme», mai 1987, n° 530, p. 115-118.

14. Voir par exemple CANADA, *Sécurité du revenu et services sociaux*, document de travail du gouvernement canadien sur la Constitution, Ottawa, Imprimeur de la Reine, 1969.

15. M. PELLETIER, *De la sécurité sociale à la sécurité du revenu, op. cit.*, p. 279 et suiv.

Quoi qu'il en soit des causes de l'une et l'autre crises cependant, chacune fut suivie de développements assez intensifs au niveau des politiques sociales. Ainsi, après s'être affrontés pendant une bonne décennie à propos des politiques sociales, les gouvernements canadien et québécois s'engagèrent à partir de 1972 dans une période «coopérative» Ce nouveau «fédéralisme coopératif» dans le champ social se manifesta d'abord à propos des allocations familiales: le gouvernement fédéral n'abandonna pas son programme, comme l'aurait souhaité le Québec, mais accepta néanmoins de le moduler en fonction de certaines préférences provinciales. Le gouvernement québécois accepta pour sa part que ses propres allocations ne soient que des compléments aux prestations fédérales. Plus tard, en 1979, on constatera une étonnante complémentarité entre les politiques fédérale et québécoise, lors de l'introduction des crédits d'impôt remboursables pour enfants à charge, par le gouvernement fédéral, et la mise en place du supplément au revenu de travail, par le gouvernement québécois, pourtant officiellement «souverainiste». On pourrait donc penser que la démonstration de force de 1970 avait produit les effets attendus, en ce qui concerne les rapports Québec-Canada.

Quant à l'année 1975, elle marque elle aussi un virage important de la politique sociale canadienne. Alors que de 1970 à 1975 on avait privilégié des méthodes «incitatives» de mise en oeuvre de la nouvelle politique sociale, à partir de 1975 on n'hésitera pas à utiliser des moyens beaucoup plus directs et restrictifs à l'égard des travailleurs. Ainsi, plutôt que d'exercer une pression sur les travailleurs réguliers en attirant sur le marché du travail des travailleurs «marginaux», — mères de famille, jeunes, assistés sociaux — on s'attaqua directement aux travailleurs déjà présents sur le marché du travail en réduisant les bénéfices de l'assurance-chômage, ou en restreignant l'admissibilité de façon à rendre «plus intéressants» certains emplois moins bien rémunérés, et à décourager l'abandon volontaire d'emplois à certains égards insatisfaisants. En d'autres termes, les nouveaux objectifs de la politique sociale ne changeaient pas, mais ils devenaient beaucoup plus clairs et précis, tandis que les moyens d'y parvenir se faisaient plus directs et contraignants.

* * *

On voit donc que si la politique sociale canadienne a été profondément transformée au cours de la période étudiée, on aurait tort d'attribuer tout le mérite, ou au contraire tout le blâme, selon l'appréciation qu'on en fait, au seul Parti libéral du Canada. Certes, on ne saurait nier les responsabilités de celui-ci et de ses leaders. Ainsi, le recours à la *Loi sur les mesures de guerre* contre la société québécoise, en 1970, et dans une certaine mesure, l'adoption de la *Loi anti-inflation* en 1975, entache à jamais son dossier aux yeux de l'histoire et ce, d'autant plus gravement qu'il se prétend le défenseur des libertés individuelles et de la libre entreprise. Mais les problèmes auxquels il était confronté étant d'ordre structurel, on est forcé de reconnaître qu'un autre parti et d'autres hommes au pouvoir n'auraient peut-être pas eu recours à des méthodes aussi brutales, notamment en ce qui concerne le Québec, mais auraient tout de même poursuivi les mêmes objectifs. L'étonnante continuité d'un gouvernement à l'autre, au plan de la politique sociale, et sans doute même au plan constitutionnel — le lac Meech venant compléter le rapatriement unilatéral de 1982, lequel s'inscrivait dans le prolongement du «règlement» de la crise d'octobre de 1970 — tend tout au moins à nous le faire croire. D'autre part, les transformations de la politique sociale révéleraient que le néo-libéralisme dont on se réclame souvent pour justifier la nouvelle politique sociale, loin de favoriser l'épanouissement des libertés individuelles, mènerait plutôt notre société vers un contrôle social toujours plus étroit, sinon vers l'autoritarisme. C'est peut-être là une autre manifestation du fonctionnement «à l'idéologie» de la politique sociale et du pouvoir de mystification des esprits qui en découle.

LA GESTION FÉDÉRALE DE L'IMMIGRATION INTERNATIONALE AU CANADA

Micheline Labelle
Département de sociologie
Université du Québec à Montréal

La gestion de l'immigration internationale au Canada a connu, sous le régime fédéral libéral de 1963 à 1984, des changements considérables. Des mesures importantes ont été adoptées: le principe de l'universalité dans l'admission des immigrés (il ne sera pas tenu compte de l'origine raciale ni ethnique), le système de sélection mis en application en 1967 et modifié en 1974, le livre vert de 1975 et la loi de 1976 sur l'immigration. Par ailleurs, une recomposition de l'immigration internationale s'est opérée sur le plan socio-démographique et, vers la fin, s'est posée avec acuité la question des réfugiés.

L'application des mesures de contrôle et de sélection de la force de travail immigrée, l'évaluation des problèmes sociaux engendrés par l'établissement des migrants internationaux, la stratégie de révision et de planification des flux migratoires internationaux et de leur composition se poseront différemment au cours de la période d'expansion des années 1963 à 1970, et au cours des années de crise qui suivront.

Dans ce texte, nous nous proposons d'étudier les changements survenus sous le régime fédéral libéral en soulignant plus particulièrement les mesures législatives et réglementaires les plus importantes, et leurs conséquences sur la composition socio-démographique de l'immigration internationale au Canada. L'article comporte trois parties. Dans un premier temps, nous brosserons à grands traits la gestion de l'immigration avant la décennie soixante, afin de situer dans leur contexte les mesures prises par les libéraux dès leur arrivée au pouvoir. La seconde partie couvrira la décennie 1963-1973, caractérisée par une perspective expansionniste, rationalisatrice et, en principe, universaliste de la question de l'immigration. Dans la troisième partie, nous analyserons la relation étroite qui s'est établie entre la crise économique et le durcissement de la politique d'immigration au cours de la décennie 1973-1984: réduction des flux migratoires, établissement de niveaux ou de plafonds, recours aux travailleurs immigrés temporaires, etc.

LA POLITIQUE D'IMMIGRATION DE L'APRÈS-GUERRE À 1962

La politique canadienne d'immigration a considérablement évolué depuis la Deuxième Guerre mondiale, en fonction du développement économique, des flux migratoires internationaux, des relations internationales et des demandes à caractère humanitaire.

Un des traits saillants de cette politique a été l'utilisation de la notion de capacité d'absorption, aux sens économique et socio-culturel du terme. Cette notion, qui a été le fil conducteur de la *Loi de l'immigration* de 1952 et des règlements qui l'ont précédée et suivie, a été avancée par le premier ministre du Canada, William Mackenzie King, lors d'un discours fait au parlement, le 1er mai 1947:

> Le programme du Gouvernement vise à favoriser l'accroissement de la population du Canada en encourageant l'immigration. Le Gouvernement s'efforcera, au moyen de mesures législatives, de règlements et d'une administration efficace, de choisir judicieusement et d'établir en permanence autant d'immigrants que notre économie nationale peut en absorber avantageusement [...]
> [...] Il importe au plus haut point que nous adaptions l'immigration à notre capacité d'absorption [...]
> [...] Le chiffre correspondant à notre faculté d'absorption variera manifestement d'une année à l'autre, selon la situation économique [...]
> [...] Tous conviendront, j'en suis sûr, que l'ensemble de la population du Canada ne désire pas qu'une immigration massive modifie de façon fondamentale le caractère ethnique de notre population. Une immigration en masse d'Orientaux changerait la composition fondamentale de la population canadienne[1].

Le discours de Mackenzie King indiquait une «pénurie aigüe» de main-d'oeuvre dans les «industries de base», soit, entre autres, de l'agriculture, des mines et de l'exploitation forestière. Deux mesures étaient envisagées pour combler cette pénurie: il fallait admettre les parents parrainés des résidents ou citoyens canadiens et les personnes déplacées en provenance de l'Europe. Grâce au développement des industries du secteur secondaire, à la croissance du produit

---

1.   Extrait des Débats de la Chambre, dans *Le programme d'immigration*, vol. 2 de: CANADA, *Étude sur l'immigration et les objectifs démographiques du Canada*; Ottawa, Information Canada, 1974, p. 221-227.

national brut et à la forte demande en biens de consommation, plus d'un million d'immigrés européens sont venus se joindre, en l'espace de dix ans, aux strates les plus basses de la classe ouvrière nationale. De ce nombre, 200 000 étaient des réfugiés[2].

Selon le gouvernement canadien, il fallait encourager le parrainage[3]: il constituait en effet le meilleur moyen de combattre la pénurie de main-d'oeuvre, à partir des réseaux de parenté des résidents canadiens, et il permettait d'accroître la population sans modification notable de ses composantes ethniques. Immigrer au Canada était considéré comme un privilège réservé à certains groupes bien sélectionnés, et le gouvernement maintenait les restrictions en vigueur depuis le début du siècle touchant l'immigration noire et asiatique.

Avant 1962, les critères de sélection des immigrés sont la nationalité et le pays de naissance, la capacité des individus à assurer leur propre subsistance jusqu'à l'obtention d'un emploi au Canada ou encore une garantie de placement par le ministère de la Citoyenneté (créé en 1949) et, enfin, le type de liens familiaux unissant un résident ou un citoyen canadien au futur immigré[4].

En 1952, le gouvernement libéral de Louis Saint-Laurent introduit une nouvelle loi sur l'immigration, laquelle remplace celle de 1910 et réaffirme la notion de capacité d'absorption sur le plan économique et culturel. Le ministre de la Citoyenneté et de l'Immigration, Walter Harris, commenta ainsi le projet de loi: «*The Policy of Immigration [...] is to admit to Canada, in numbers not exceeding the absorptive capacity of our country, and without altering the fundamental character of our people, such persons as are likely to contribute to our national life*»[5].

La *Loi de l'immigration* de 1952 accorde au ministre des pouvoirs discrétionnaires l'autorisant à limiter ou à prohiber l'admission en vertu des critères suivants: 1) la nationalité, la citoyenneté, le groupe ethnique, la profession, la classe, l'aire ou l'origine géographique; 2) les habitudes particulières, les coutumes, les modes de vie, les méthodes de détention de la propriété; 3) l'inaptitude à s'adapter au climat, aux conditions économiques, industrielles, éducationnelles, etc.; 4) l'inaptitude probable à s'assimiler et à

2. DIRKS, G.E., *Canada's Refugee Policy. Indifference or Opportunism*, Montréal et Londres, McGill-Queen's University Press, 1977, p. 151 et 193.
3. Le parrainage implique qu'un candidat à l'immigration puisse être admis en autant qu'un parent, résident ou citoyen canadien, agisse comme parrain et assume, à ce titre, la responsabilité entière de son établissement au pays, pour une période déterminée.
4. PARAI, L., «Canada's Immigration Policy, 1962-1974», dans *International Migration Review*, vol. 4, n° 4, 1975, p. 453.
5. PASSARIS, C.E.A., «Absorptive Capacity and Canada's Post-War Immigration Policy», dans *International Migrations*, vol. 17, n° 3-4, 1974, p. 300.

316   LA GESTION FÉDÉRALE DE L'IMMIGRATION AU CANADA

assumer les devoirs et les responsabilités de la citoyenneté canadienne après un délai raisonnable[6].

L'ordre de préférence ethnique, d'après les réglementations en vigueur vers 1956, s'établit comme suit: 1) immigrés en provenance de la France, de l'Angleterre, de l'Irlande, des États-Unis et des Dominions blancs du Commonwealth: Australie, Afrique du Sud, Nouvelle-Zélande; 2) autres pays de l'Europe de l'Ouest; 3) pays de l'Europe de l'Est, Égypte, Israël, Liban, Turquie, pays d'Amérique centrale et d'Amérique du Sud; 4) pays d'Asie[7].

La discrimination ethnique s'exerça également par le biais de la détermination des catégories de parents admissibles au parrainage. Ces catégories n'étaient pas les mêmes pour tous les immigrés. Ainsi, un citoyen canadien ou un résident permanent pouvait parrainer son conjoint, ses enfants, ses frères et ses soeurs (leurs conjoints et leurs enfants non mariés de moins de 21 ans) et ses parents, si ceux-ci étaient citoyens (de naissance ou naturalisés) de pays situés hors de l'Afrique (excepté l'Égypte) et de l'Asie. Mais dans le cas des pays africains et asiatiques, seuls le conjoint, les enfants non mariés de moins de 21 ans et les parents (de plus de 60 et 65 ans) pouvaient être parrainés[8].

Par ailleurs, pour combler des besoins spécifiques en main-d'oeuvre et parce que le nouveau Commonwealth multiracial faisait problème pour le gouvernement libéral qui rejetait l'immigration asiatique, on fixa des quotas pour permettre l'entrée, chaque année, d'immigrés indépendants de l'Inde (150), du Pakistan (100), de Ceylan (50), et de leurs dépendants. Ces quotas resteront en vigueur jusqu'en 1962[9]. On procéda de la même manière avec la Caraïbe anglophone, grâce au *West Indian Domestic Schema*, mis sur pied en 1955, dans le but de favoriser l'immigration de domestiques: 100 en 1955, 200 en 1956, 280 en 1959. En tout, 2690 domestiques antillaises entreront au Canada de 1955 à 1965, dont 60 % s'installeront en Ontario[10].

Cette période fut donc marquée par une politique d'ouverture et de fermeture des frontières (*tap on and off policy*) qui fluctua fortement au gré de la conjoncture économique[11]. Plus de deux millions d'immigrés entrèrent au Canada de 1946 à 1961. Mais on note des variations annuelles importantes: 73 912 entrées en 1950, 282 164 en 1957, 71 689 en 1961 (voir le tableau 1). À la fin des annés cinquante, le Canada entra dans une phase de récession et de chômage.

---

6.   HAWKINS, F., *Canada and Immigration Public Policy and Public Concern*, Montréal et Londres, McGill-Queen's University Press, 1972, p. 102.
7.   CORBETT, D., *Canada's Immigration Policy*, Toronto, University of Toronto Press, 1957, p. 46.
8.   PARAI, L., *op. cit.*, p. 454.
9.   HAWKINS, F., *op.cit.*, p. 99.
10.   LABELLE M., LAROSE, S. et PICHÉ V., «Politique d'immigration et immigration en provenance de la Caraïbe anglophone au Canada et au Québec, 1900-1979», *Canadian Ethnic Studies*, vol. 15, n° 2, 1983, p. 8.
11.   CANADA, *Le programme d'immigration, op. cit.*, p. 30-31.

Deux préoccupations majeures émergèrent alors: l'ampleur du mouvement de parrainage, qui échappait au contrôle des services d'immigration et qui impliquait un surplus de main-d'oeuvre non qualifiée dans l'industrie manufacturière, et la nécessité de recruter une force de travail qualifiée et professionnelle dans un contexte où l'économie changeait et se diversifiait rapidement. Certaines catégories d'emploi furent particulièrement en demande: enseignants, médecins, infirmières, techniciens, travailleurs sociaux, ouvriers qualifiés, etc.[12] Par ailleurs, la discrimination exercée par la politique d'immigration est de plus en plus critiquée dans les milieux concernés.

Tableau 1
L'immigration au Canada
1946-1985

1946	71 719	1960	104 111	1974	218 465
1947	64 127	1961	71 689	1975	187 881
1948	125 414	1962	74 586	1976	149 429
1949	95 217	1963	93 151	1977	114 914
1950	73 912	1964	112 606	1978	86 313
1951	194 391	1965	146 758	1979	112 096
1952	164 498	1966	194 743	1980	143 133
1953	168 868	1967	222 876	1981	128 632
1954	154 227	1968	183 974	1982	121 166
1955	109 946	1969	161 531	1983	89 117
1956	164 857	1970	147 713	1984	88 239
1957	282 164	1971	121 900	1985	84 302
1958	124 851	1972	122 006		
1959	106 928	1973	184 200		

Source: Emploi et Immigration Canada: *Statistiques sur l'immigration 1984*, Ottawa, ministre des Approvisionnements et Services, 1986.

L'année 1962 marque une transition entre la période que nous venons de décrire et les changements radicaux qui vont caractériser celle qui suit.

Le gouvernement conservateur de Diefenbaker (1957-1963) effectue un premier pas officiel vers une politique d'admission universelle des immigrés. À cet effet, des critères d'éducation, de qualification et de formation professionnelles sont introduits pour assurer la sélection des requérants indépendants. En corollaire, la réglementation de 1962 certifie que toute personne qualifiée doit être considérée sur la base de ses mérites personnels, indépendamment de sa race, de son origine nationale ou du pays dont elle vient. Cependant, deux éléments de discrimination demeurent. Le premier renvoie aux normes de parrainage qui, tout

12. PASSARIS, C.E.A., *op. cit.*, p. 298.

en étant plus uniformes, continuent de favoriser les Européens[13]. Le second renvoie à la distribution inégale des bureaux canadiens d'immigration dans le monde (voir le tableau 2). En dépit de la discrimination persistante, le Canada est le premier des grands États fédéraux receveurs d'immigration (États-Unis, Australie, Canada) à abolir la discrimination ethnique et raciale dans sa politique d'immigration officielle. Les États-Unis le feront en 1965, l'Australie en 1973[14].

Le retrait des clauses de discrimination — que finalisera le régime libéral en 1967 — s'inscrit dans un contexte international et national précis: il résulte d'un malaise croissant au sein des dirigeants des deux partis politiques et des hauts fonctionnaires responsables de la planification des affaires extérieures depuis la guerre. La *Déclaration canadienne des droits de l'homme*, sanctionnée en 1960, dénonce la discrimination découlant de la race, de l'origine nationale, de la couleur, de la religion ou du sexe. Par ailleurs, une politique d'immigration fondée sur un ordre de préférences ethniques entre en contradiction avec le rôle que le Canada souhaite jouer sur le plan international et dans le Commonwealth, et avec les activités commerciales d'exportation et les investissements croissants qu'il compte encourager avec l'Asie (Japon, Chine, Inde en particulier) et les pays de la Caraïbe[15].

Elle va également à l'encontre des besoins en main-d'oeuvre qualifiée, main-d'oeuvre que l'on va de plus en plus chercher à l'extérieur de l'Europe et qu'une politique de quotas minimaux est incapable d'assurer.

LA PÉRIODE D'EXPANSIONNISME SOUS LE RÉGIME LIBÉRAL: 1963-1971

Le retour au pouvoir des libéraux en 1963 coïncide avec une période de reprise et d'expansion économique. En 1961, un comité spécial du Sénat sur la main-d'oeuvre et l'emploi avait noté que le Canada entrait dans une phase nouvelle de développement et que ceci aurait un impact considérable sur les ressources en main-d'oeuvre. Le comité soulignait que les possibilités d'emploi pour les travailleurs non qualifiés étaient de plus en plus limitées et qu'il fallait désormais mettre l'accent sur l'éducation et la formation professionnelle des travailleurs. En 1964, le Conseil économique du Canada insiste, dans son premier rapport annuel, sur la nécessité de promouvoir de nouvelles politiques relatives au marché du travail dans le contexte nouveau d'expansion qui s'annonce. Par

---

13.   PARAI, L., *op. cit.*, p. 456; HAWKINS, F., *op. cit.*, p. 126.
14.   HAWKINS, F., «Canadian Immigration Policy and Management», dans *International Migration Review*, vol. 8, 1974, p. 144.
15.   HAWKINS, F., *ibid*, p. 146; RICHMOND, A.H. et LAKSHAMANA, R.G., «Recent Developments in Immigration to Canada and Australia», dans *International Journal of Comparative Sociology*, vol. 17, n° 3-4, p. 188.

ailleurs, l'administration publique est en pleine réforme, à la suite des recommandations de la Commission royale d'enquête sur l'administration publique, la Commission Glassco[16].

Tableau 2
Nombre et distribution des bureaux canadiens d'immigration à l'étranger: 1946-1973

Année	Total	Royaume Uni et Irlande	Europe du nord (1)	Europe du sud (2)	Moyen Orient (3)	Asie (4)	Amér. centra. & Amér. du sud (5)	USA
1946	2	1	1					
1947	4	1	3					
1948	9	2	5	1		1		
1949	15	5	7	2		1		
1950	16	5	8	2		1		
1951	17	5	9	2		1		
1952	19	5	10	2		2		
1953	20	5	11	2		2		
1954	23	5	14	2		2		
1955	23	5	13	2	1	2		
1956	24	5	14	2	1	2		
1957	29	7	14	3	1	2		2
1958	29	7	14	3	1	2		2
1959	29	7	14	3	1	2		2
1960	31	7	14	3	1	2		4
1961	31	7	14	3	1	2		4
1962	31	7	14	3	1	2		4
1963	33	7	14	4	2	2		4
1964	35	7	15	4	2	3		4
1965	36	7	15	5	2	3		4
1966	38	8	14	5	2	4		5
1967	43	8	14	6	3	5	2	5
1968	41	5	13	7	3	5	2	5
1969	43	6	13	8	3	5	2	5
1970	40	6	12	8	3	5	2	3
1971	40	6	12	7	3	5	3	3
1972	40	6	12	7	3	5	3	3
1973	55	6	12	8	4	7	4	12

(1) France, Allemagne, Autriche, Pays-Bas, Belgique, Suisse, Norvège, Suède, Danemark, Finlande.
(2) Italie, Grèce, Portugal, Espagne, Hongrie, Yougoslavie.
(3) République arabe unie, Israël, Liban.
(4) Hong Kong, Inde, Pakistan, Philippines.
(5) Jamaïque, Trinidad, Argentine.
(6) Bureau ouvert en Australie en 1968, inclus dans le total
(7) Bureau ouvert à Nairobi en 1973, inclus dans le total

Source: Parai, L., «Canada's Immigration Policy, 1962-74», *International Migration Review*, vol. 9, n° 4, 1975, p. 462.

Parallèlement, la composition des flux migratoires internationaux au Canada semble échapper au contrôle de l'État et à la volonté de rationalisation

16. HAWKINS, F., *Canada and Immigration. Public Policy and Public Concern*, *op. cit.*, p. 140.

économique qui s'affirme de plusieurs côtés à la fois. L'importance croissante du mouvement de parrainage, essentiellement constitué de travailleurs non qualifiés, pose un premier problème. Pressentant que ces travailleurs ne pourraient s'adapter aux changements technologiques en cours et compte tenu du chômage persistant, on veut limiter leur entrée au profit de travailleurs qualifiés[17]. D'autre part, un nombre important d'immigrés, susceptibles d'être refusés comme personnes à charge parrainées et entrés comme touristes, vivent dans l'illégalité et demandent le statut de résident sur place.

Dans ces conditions, on comprend que l'État ait fait de la coordination des politiques de main-d'oeuvre et du contrôle des entrées l'une de ses priorités au cours de la décennie soixante. En 1964, un comité, mis sur pied par Lester Pearson, est chargé de rédiger un *Livre blanc sur l'immigration*, lequel est rendu public en 1966 seulement.

En vue de rendre opérationnel cet effort de coordination entre main-d'oeuvre et immigration, un nouveau ministère de la Main-d'oeuvre et de l'Immigration est créé en 1966 pour répondre aux pressions et aux recommandations du comité spécial du Sénat sur la main-d'oeuvre et l'emploi, du Conseil économique du Canada, et du comité chargé du livre blanc. Il s'agit là d'un des événements majeurs de la période qui s'annonce, comme le note Parai:

> *[...] this increasingly closer coordination of immigration with the requirements of the labour market has in fact evolved over the years... Immigration over the post-war years has been regulated...so as to increase during periods of economic prosperity and decline during recessions; moreover, the types of workers sought have reflected the needs the economy, so that initially after the war the preference was for agricultural and other primary industry workers and more recently for skilled and professional workers. Indeed, on the bases that initially the proposed name of this new department was to be simply the Department of manpower, one might wish to conclude that immigration was not to be considered to differ significantly from the other aspects relating to the labor force needs of the country[18].*

Enfin, il faut souligner la création d'une nouvelle Commission d'appel de l'immigration en 1967, considérée comme plus impartiale parce qu'échappant aux pouvoirs discrétionnaires du ministre. Cette commission avait pour tâche de juger des cas de déportation ou de refus de statut de résidence, dans le cas des parents parrainés, à la suite du rapport d'une commission indépendante présidée par Joseph Sedgwick. La création d'un Secrétariat d'État chargé de l'adaptation sociale, politique et culturelle des immigrés date également de 1966. La restructuration des ministères entraîne le partage des responsabilités envers les

---

17.   CANADA, *Le programme d'immigration, op. cit.*, p. 34.
18.   PARAI, L., *op. cit.*, p. 464.

immigrés, à l'échelle fédérale, entre le ministère de la Main-d'oeuvre et de l'Immigration, responsable de l'intégration économique des immigrés, et le Secrétariat d'État qui assurera par la suite la défense du multiculturalisme canadien[19].

Le livre blanc

Le *Livre blanc sur l'immigration*, présenté par le ministre Jean Marchand, permet de diffuser dans le grand public les objectifs fondamentaux de la politique d'immigration des années soixante. En premier lieu, il prône une attitude expansionniste d'accueil, mettant en évidence les aspects positifs de l'immigration internationale au Canada, soit: la croissance démographique, l'expansion du marché intérieur, la réduction par habitant des frais du gouvernement et des services, l'enrichissement culturel. En second lieu, il fixe les bases d'une immigration sélective, à l'aide des critères de l'instruction et de la compétence professionnelle. Il recommande clairement que l'on distingue les immigrés aptes à s'adapter au nouveau contexte économique canadien, et ceux qui ne l'étaient pas, tout en reconnaissant le principe de la réunification des familles[20]. Enfin, il se prononce contre les reliquats de discrimination ethnique, par principe, et aussi parce que l'heure est venue d'aller «chercher ailleurs pour trouver de bons immigrants»[21].

Le Règlement de 1967

En 1967, le gouvernement libéral abolit les dernières mesures ouvertement discriminatoires qui affectent le parrainage et les remplace par une grille de critères objectifs (le système de points). Le Règlement vise à: 1) empêcher tout traitement différentiel dû à la race ou à la nationalité; 2) créer un système objectif de sélection pour les requérants indépendants; 3) créer une nouvelle catégorie de parents, les «parents nommément désignés», distincts des parrainés, catégorie intermédiaire qui sera examinée en fonction de critères de sélection à long terme; 4) autoriser les visiteurs à solliciter, au Canada, la résidence[22].

La grille de sélection, pièce maîtresse du Règlement, utilise neuf critères qui confèrent au maximum un total de 100 points (voir le tableau 3). Quatre

---

19. CANADA, *Le programme d'immigration, op. cit.*, p. 134.
20. PASSARIS, C.E.A., *op. cit.*, p. 299. Voir également CANADA, ministère de la Main-d'oeuvre et de l'Immigration, *La politique d'immigration au Canada*, Ottawa, Imprimeur de la Reine, 1966.
21. *Ibid.*, p. 12.
22. CANADA, *Le programme d'immigration, op. cit.*, p. 39.

d'entre eux concernent l'établissement à court terme et les cinq autres, celui à long terme.

Tableau 3
Facteurs de sélection pour l'admission au Canada
Règlement de 1967, modifiée en 1974

Requérants indépendants	
FACTEURS À LONG TERME	Échelle des points d'appréciation attribuables
Instruction et formation	0-20
Qualités personnelles	0-15
Demande dans la profession	0-15
Compétence professionnelle	1-10
Âge	0-10
FACTEURS À COURT TERME	
Emploi réservé/profession désignée (ajout en 1974)	0 ou 10
Connaissance du français et (ou) de l'anglais	0-10
Parent au Canada	0 ou 3 ou 5
Lieu de destination	0-5
Maximum possible	100
Parents nommément désignés	
FACTEURS À LONG TERME (voir requérants indépendants)	1-70
Dispositions à court terme pour l'établissement prises par un parent au Canada	15, 20, 25 ou 30
Maximum possible	100
Personnes à charge parrainées	
Proche parent au Canada disposé à assumer la responsabilité de subvenir aux besoins du requérant parrainé	Aucun point d'appréciation exigé

Notes

1. Pour pouvoir passer la sélection, les requérants indépendants et les parents nommément désignés doivent habituellement obtenir au moins 50 des 100 points d'appréciation. En outre, ils ont dû obtenir au moins un point au titre de la demande dans la profession ou avoir un emploi ou exercer une profession désignée (ajout en 1974).
2. Dans des cas exceptionnels, les agents de sélection peuvent accepter ou rejeter la demande d'un requérant ou d'un parent nommément désigné, nonobstant le nombre réel des points d'appréciation attribués.
3. Les demandes des entrepreneurs sont appréciées de la même manière que celles des requérants indépendants, sauf qu'on accorde systématiquement aux premiers 25 points d'appréciation au lieu des points qu'ils auraient pu recevoir pour la demande dans la profession et la compétence professionnelle.
Source: Ministère de la Main-d'oeuvre et de l'Immigration, *Le Programme d'immigration*, Ottawa, Information Canada, 1974, p. 67.

Le requérant peut avoir jusqu'à 20 points pour l'instruction, l'apprentissage et la formation professionnelle. La personnalité (faculté d'adaptation, esprit d'initiative, motivation, ingéniosité, et comme le note le *Programme d'immigration* l'«irascibilité» ou le «sectarisme») est laissée à l'appréciation subjective de l'agent d'immigration qui peut coter jusqu'à 15. Le facteur «demande dans la profession» peut donner de 0 à 15 points, selon les besoins conjoncturels. La compétence professionnelle compte pour 10 points. Un requérant obtient 10 points s'il a entre 18 et 35 ans, et on enlève un point par an après 35 ans; ceux qui ont 45 ans et plus ne reçoivent aucun point.

Quatre facteurs permettent d'évaluer la possibilité d'établissement à court terme. Avec un emploi réservé, un requérant peut recevoir 10 points. La connaissance du français et/ou de l'anglais vaudra jusqu'à 10 points. La présence d'un parent au Canada donne 3 ou 5 points, selon que le requérant s'établit ou non dans la même localité que lui. Enfin, si la demande concerne une région riche en possibilités d'emploi , on peut obtenir 5 points.

Le Règlement de 1967 distingue maintenant trois catégories de candidats: les personnes à charge parrainées, soit le conjoint, les enfants non mariés de moins de 21 ans, les parents et grands-parents âgés de 60 ans et plus, ou, sinon, inaptes au travail; les parents nommément désignés, soit les enfants de 21 ans et plus, les enfants mariés de moins de 21 ans, les frères, soeurs, parents et grands-parents de moins de 60 ans, les nièces, neveux, oncles, tantes ou petits-enfants. On appelle requérants indépendants toutes les autres personnes qui désirent être admises. Ils doivent obtenir 50 points sur la base des neuf critères; les parents nommément désignés, 50 points selon une pondération différente des critères (un maximum de 70 points pour l'instruction, la formation, la personnalité, la demande dans la profession, la compétence professionnelle et l'âge, et de 15 à 30 points en vertu des liens de parenté avec leurs proposants); les personnes à charge parrainées sont admises automatiquement si elles sont en bonne santé et n'entrent pas dans les catégories prohibées d'immigrés[23].

En résumé, se dégagent du Règlement de 1967 les orientations suivantes: volonté d'accroître la main-d'oeuvre qualifiée indépendante, quel que soit le pays d'origine; volonté de contrôler également la main-d'oeuvre que représentent les parents non directement parrainés, en exigeant d'eux plus de qualification qu'auparavant. Selon Passaris, le Règlement de 1967: « *[...] provided the most direct and obvious emphasis that had been placed in Canadian post war immigration policy between immigration and the economy's manpower requirements*»[24].

Enfin, l'ouverture de bureaux d'immigration à l'extérieur de l'Europe va relativement dans le sens de l'abolition des mesures de discrimination. Avant

---

23.   *Ibid.*, chap. 2 sur la sélection des immigrants.
24.   PASSARIS, C.E.A., *op. cit.*, p. 300.

1962, deux tiers des bureaux d'immigration étaient localisés en Grande-Bretagne et en Europe du Nord, alors qu'en 1973, ces bureaux étaient réduits à un tiers. De nouveaux bureaux seront ouverts en Europe du Sud, au Moyen-Orient, en Amérique centrale, et aux États-Unis[25].

Cependant, le traitement préférentiel des immigrés s'exerce par d'autres moyens. La taille et la localisation des bureaux à l'étranger, le caractère plus ou moins actif et organisé de la promotion à l'étranger ont un effet sélectif certain. Par ailleurs, la forte variation dans le taux de refus des demandes d'admission présentées au Canada peut servir également d'indice. Ainsi, entre 1969 et 1973, 43,8 % des demandes d'admission d'immigrés de la Caraïbe, présentées sur le territoire canadien, ont été refusées, à comparer à 22 % pour toutes les autres régions du monde[26]. La contradiction entre les principes démocratiques d'ouverture et la fermeture des portes par des moyens indirects a été plus d'une fois notée[27].

Les caractéristiques des immigrés au cours de la décennie soixante

Avec les débuts du régime libéral, le volume annuel de l'immigration internationale au Canada augmente rapidement pour atteindre un sommet en 1967, avec 222 876 entrées (voir le tableau 1). Au cours de la période 1961 à 1970, environ 1 410 627 immigrés seront admis au Canada.

Un changement majeur a lieu dans la composition ethnique de l'immigration. La proportion des immigrés en provenance de l'Europe (en forte majorité du Royaume-Uni) passe de 88 % pour la période 1950-1955 à 50 % pour la période de 1968-1973. Celle des immigrés en provenance de l'Asie passe de 2,8 % à 16,8 %; des États-Unis, de 6,3 % à 15,2 %; de l'Amérique centrale et de la Caraïbe, de 0,07 % à 8,4 % (voir le tableau 4). L'existence de la Communauté économique européenne et la prospérité qui règne en Europe ont fait baisser l'émigration. Aux États-Unis, les conflits raciaux et les problèmes liés à la guerre du Vietnam ont favorisé l'émigration. Dans les pays du Tiers-Monde, les conditions économiques et politiques, de même que la surproduction et la surspécialisation relative de professionnels et de spécialistes formés dans des institutions et des programmes axés sur les pratiques des pays industrialisés plus

---

25.   PARAI, L., *op. cit.*, p. 461.
26.   LABELLE, M., LAROSE, S. et V. PICHÉ, *op. cit.*, p. 11.
27.   Voir RAMCHARAN, S., *Racism. Non-White in Canada*, Toronto, Butterworths, 1982, et LI, P.S. et SINGH BOLARIA, B.: «Canadian Immigration Policy and Assimilation Theories», dans FRY, J.A. (éd.), *Economy, Class and Social Reality. Issues in Contemporary Canadian Society*, Toronto, Butterworths, 1979, p. 411-422.

que sur celles de pays périphériques (cas des Philippines, de l'Argentine, de l'Égypte), ont favorisé l'exode des cerveaux vers les pays fortement industrialisés[28].

Tableau 4
Répartition des immigrés par pays de dernière résidence permanente
1950-1984

	1950-55	1956-61	1962-67	1968-73 (1)	1974 (2)	1975	1976	1977
Afrique	0.4	1.0	2.2	3.3	4.8	5.3	5.2	5.6
Asie (incluant Moyen-Orient)	2.8	2.7	7.2	16.8	23.2	25.2	29.7	27.3
Australasie	0.8	1.4	2.2	2.3	1.2	1.2	1.3	1.3
Europe	88.0	84.8	73.5	49.9	40.6	38.8	33.4	35.5
Amérique du Nord et Amér. centrale (moins les É.U.) incl. les Caraïbes	0.1	1.0	2.8	8.4	11.6	10.4	10.8	11.5
États-Unis	6.3	7.7	10.4	15.2	12.1	10.7	11.6	11.2
Amérique du Sud	0.08	1.3	1.6	3.6	5.7	7.1	7.1	6.8
Autres	0.02	0.1	0.1	0.5	0.8	1.3	0.9	0.8
	100%	100%	100%	100%	100%	100%	100%	100%

	1978	1979	1980	1981	1982	1983	1984
Afrique	4.9	3.5	3.0	3.8	3.7	4.1	4.0
Asie (incluant Moyen-Orient)	27.8	45.1	50.0	38.0	34.3	41.4	47.5
Australasie	1.4	1.3	1.1	1.0	0.8	0.5	0.6
Europe	34.9	29.3	28.8	28.9	36.0	27.2	23.6
Amérique du Nord et Amér. centrale (moins les É.U.) incl. les Caraïbes	10.7	6.3	5.7	7.5	8.5	12.2	11.0
États-Unis	11.5	8.6	6.9	8.2	7.7	8.2	7.8
Amérique du Sud	7.9	5.2	3.8	4.8	5.7	5.4	4.6
Autres	0.9	0.7	0.7	0.7	1.1	1.0	0.7
	100%	100%	100%	100%	100%	100%	100%

Source: 1) Ministère de la Main-d'oeuvre et de l'Immigration, *Le programme d'immigration*, Ottawa, Information Canada, 1974, p. 93. 2) Ministère de la Main-d'oeuvre et de l'Immigration, *Immigration. Statistiques*, 1974-76. Ministère de l'Emploi et de l'Immigration, *Immigration. Statistiques*, 1977-1983.

---

28.   PORTES, A., *Labor, Class, and the International System*, New York, Academic Press, 1981, p. 39.

C'est dans ce contexte d'internationalisation nouvelle de la force de travail et dans celui de la question nationale au Québec que s'inscrira graduellement la politique fédérale du bilinguisme et du multiculturalisme dont Pierre Trudeau se fera le promoteur. Il s'agira en partie de faire face aux changements démographiques de la population et aux revendications des groupes d'immigration déjà constitués ou en formation, tout en contrôlant la montée des revendications des francophones.

Tableau 5
Répartition des immigrés par catégorie d'admission
1965-1984

Année	Total	Parrainés (ou catégories de la famille)		Désignés (ou parents aidés)		Indépendants		Réfugiés et catégories désignées	
		Nombre	%	Nombre	%	Nombre	%	Nombre	%
1965	146 758	57 073	30.9			89 685	61.1		
1966	194 743	66 652	34.2			128 181	65.8		
1967	222 876	74 427	33.4			148 449	66.6		
1968	183 974	38 307	20.8	35 040	19.1	110 627	60.1		
1969	161 531	33 548	20.8	39.084	24.2	88 899	55.0		
1970	147 713	32 263	21.8	35 151	23.8	80 299	54.4		
1971	121 900	33 450	27.4	29 328	24.1	59 122	48.5		
1972	122 006	33 019	27.1	30.692	25.2	53 115	43.5	5 180	4.2
1973	184 200	41 677	22.6	44.278	24.0	95 886	52.1	2 359	1.3
1974	218 465	54 232	24.8	53 161	24.8	109 406	50.1	1 666	0.8
1975	187 881	64 124	34.1	45 727	24.3	73 464	38.6	5 566	3.0
1976	149 429	60 880	40.7	32 528	21.8	44 320	29.6	11 751	7.9
1977	114 914	51 355	44.7	26 114	22.7	30 145	26.2	7 300	6.4
1978	86 313	45 540	52.8	17 199	19.9	19 319	22.4	4 265	4.9
1979	112 096	46 763	41.7	11 474	10.2	25 980	23.2	27 879	24.9
1980	143 117	51 037	35.7	13 531	9.4	38 203	26.7	40 344	28.2
1981	128 611	50 987	39.6	17 582	13.7	44 984	35.0	14 826	11.5
1982	121 147	49 980	41.2	11.948	9.9	42 294	34.9	11 925	14.0
1983	88 846	48 538	54.6	4 986	5.6	21 415	24.1	13 907	15.7
1984	88 239	43 814	49.6	8 167	9.2	20 916	23.7	15 342	17.3

Source: L. Del Negro, *Canada's Immigration Policy, Immigration Legislation and Immigration Labour in 1970's*, Montréal, Université du Québec à Montréal, mémoire de maîtrise en science politique, 1984 et ministère de l'Emploi et de l'Immigration: *Statistiques sur l'immigration, 1984*, Ottawa, ministre des Approvisionnements et Services, 1986.

Au début de la décennie soixante, le nombre d'immigrés indépendants augmente pour diminuer à partir de 1968. Inversement, le nombre de parrainés et de parents désignés s'est accru considérablement entre 1968 et 1972, traduisant une augmentation des travailleurs moins qualifiés et destinés au secteur industriel dans les emplois de «cols-bleus»[29] (voir le tableau 5). L'intention d'emploi connait des changements radicaux. On remarque une augmentation constante dans les catégories «administration et personnel professionnel», qui passent de 17,1 % (1958 à 1962) à 34,9 % en 1969, pour commencer à baisser entre 1970 et 1973. Les intentions d'emploi dans les catégories «personnel de bureau» et «métiers de la fabrication et de la mécanique» sont également en hausse, aux dépens de la catégorie des agriculteurs (voir le tableau 6). Il faut se rappeler qu'il s'agit bien ici de l'intention d'emploi du requérant avant d'émigrer, et que cette intention, tout en restant significative de larges tendances, ne correspond pas nécessairement à l'emploi réellement occupé. Trop de facteurs, comme la méconnaissance de la langue, les difficultés liées à la reconnaissance du diplôme, l'expérience demandée, le manque d'emploi approprié, peuvent interférer.

Dans les années 1960-1970, le Canada a donc eu une part active dans le phénomène de l'exode des cerveaux. Le personnel qualifié vient pour plus de la moitié d'Europe et des États-Unis mais également des pays du Tiers-Monde. Ainsi, 30 % des immigrés de la région de la Caraïbe entrés entre 1962 et 1966 projettent d'occuper des emplois professionnels et techniques[30]. En 1971 et 1972, le Canada a admis 987 médecins et chirurgiens, 55 dentistes, 749 techniciens en médecine et chirurgie dentaire, et 1 538 autres professionnels en soins de la santé, plusieurs venant de pays sous-développés[31]. En 1971, les immigrés du Tiers-Monde se dirigent dans une forte proportion vers les catérogies hautement qualifiés[32].

---

29.   BOYD, M., «Immigration Policies and Trends: A Comparison of Canada and the United States», dans *Demography*, vol.13, n° 1, 1973, p. 98.

30.   LABELLE M., LAROSE, S. et V. PICHÉ, *op. cit.*, p. 11.

31.   HAWKINS, F., «Canadian Immigration Policy and Management», *op. cit.*, p. 149.

32.   SWEE-HIN, T., «Canada's Gain from Third World Brain Drain, 1962-1974», *Studies in Comparative International Development*, vol.12, n° 2, 1977, p. 29.

Tableau 6

Immigrés destinés à la population active, répartition procentuelle, selon les groupes de professions ou secteurs d'activités, 1946-1973.

Groupes de professions	1946-50	1951-57	1958-62	1963	1964	1965	1966	1967	1968	1969	1970	1971	1972	1973
Administrateurs (1)		1.0	1.9	2.5	2.2	2.3	2.3	2.5	2.5	3.0	4.0	5.7	7.4	5.9
Professionnels	4.4	9.1	15.2	21.0	21.3	22.4	23.8	25.8	30.6	31.9	28.8	26.6	25.7	20.7
Bureau	7.6	8.5	11.3	13.5	14.1	13.4	13.3	13.9	13.2	14.5	15.6	16.2	14.4	14.6
Transport (2)		1.9	1.4	1.0	1.0	1.3	1.3	1.1	1.0	0.8	0.8	1.0	1.1	1.1
Communications	3.2	0.5	0.5	0.4	0.4	0.4	0.5	0.4	0.4	0.3	0.3	0.2	0.2	0.2
Commerce (3)	5.5	3.5	3.4	3.0	3.4	3.4	3.1	2.5	2.8	3.2	3.3	3.4	3.5	3.4
Finance		0.2	0.3	0.3	0.1	0.2	0.3	0.3	0.6	0.7	0.6	0.6	0.7	0.6
Services et loisirs	9.3	12.1	17.5	13.3	11.4	10.2	8.7	9.0	9.7	10.7	10.1	10.4	11.1	12.9
Agriculteurs	29.1	14.4	8.1	5.2	4.0	3.2	3.2	2.7	3.3	2.7	2.7	3.6	3.6	3.3
Bûcherons, pêcheurs	2.9	1.2	0.3				0.1	0.1						0.1
Mineurs	2.5	1.2	0.5	0.3	0.2	0.3	0.3	0.3	0.5	0.5	0.4	0.4	0.2	0.2
Bâtiment	7.0	9.4	7.9	8.4	8.5	8.9	9.6	8.9	8.1	7.1	7.7	6.5	6.4	5.8
Fabrication et mécanique	23.2	23.6	17.6	23.0	22.6	23.7	24.7	23.5	24.3	20.7	20.6	19.8	19.4	22.8
Manoeuvres	2.9	12.6	13.6	7.8	10.2	9.6	7.7	7.4	2.8	2.4	2.1	2.2	2.0	3.0
Non mentionnés	2.4	0.8	0.5	0.1	0.5	0.5	0.9	1.4	0.1	1.4	2.9	3.3	4.2	5.2
Nombre total de travailleurs	100.0	100.0	100.0	100.0	100.0	100.0	100.0	100.0	100.0	100.0	100.0	100.0	100.0	100.0

1. Aucune donnée n'est disponible pour ce secteur d'activité, de 1946 à 1952.
2. Les métiers du transport et des communications sont groupés pour la période allant de 1946 à 1950.
3. Les employés des secteurs commerce et finance sont groupés pour la période allant de 1946 à 1950.

Source: Canada, ministère de la Main-d'oeuvre et de l'Immigration, *Statistiques sur l'immigration de la population*, Information Canada, 1974, p. 71.

Les réfugiés

En 1966, le *Livre blanc sur l'immigration* réaffirme la volonté du Canada «d'accepter sa juste part de responsabilités internationales à l'égard des réfugiés, y compris les malades et les diminués physiques»[33]. Il mentionne aussi qu'il ne saurait être question de déterminer avec précision l'étendue des obligations du Canada et la capacité de s'en acquitter, laquelle dépendra de la situation sociale, économique et politique. Le livre blanc admet également la nature plutôt conjoncturelle de la politique à l'égard des réfugiés, axée sur les cas urgents, et suggère qu'une certaine planification devrait s'exercer dans le futur.

Ce n'est qu'en 1969, et après avoir longtemps hésité, que le Canada adhère à la Convention des Nations Unies relative au statut de réfugié, établie depuis 1957, et à son Protocole d'entente. De nouveaux principes directeurs guideront l'admission des réfugiés. Ainsi on facilitera, dans certaines circonstances, l'admission de réfugiés qui seraient encore dans leur pays de nationalité ou de résidence, ce qui élargit la définition du réfugié selon la convention.

Dans les années soixante, l'Afrique et l'Asie sont les régions du monde où la question des réfugiés devient la plus importante. Le retrait de la discrimination dans le Règlement de 1967 et l'adhésion à la Convention de Genève vont permettre aux réfugiés vivant hors du continent européen de demander l'asile politique. Mais de 1965 à 1975, le Canada a accepté moins de réfugiés qu'au cours des deux précédentes décennies. 300 000 personnes ont été admises de 1946 à 1966: personnes déplacées après la guerre, réfugiés hongrois en 1957, réfugiés libanais, marocains et turcs et de Hong Kong en 1962. Par ailleurs, la contribution financière canadienne au Haut Commissariat des Nations Unies a augmenté considérablement afin de porter assistance aux réfugiés africains sur leur propre continent[34].

Le Canada a admis 12 000 Tchécoslovaques en 1968-1969, 288 Tibétains en 1970, 5 600 Asiatiques d'Ouganda en 1972-1973 et 700 Chiliens en 1973-1974. Ces choix impliquaient des enjeux éminemment politiques, d'où la politique *ad hoc* pratiquée tout comme lors des périodes précédentes. Comme le note Dirks: «*Ideological considerations may have overshadowed race, at least temporarily, as a determining factor for refugee admission*»[35].

33.   CANADA, *La politique d'immigration du Canada*, op. cit., p. 18.
34.   DIRKS, G.E., *op. cit.*, p. 233.
35.   *Ibid.*, p. 258.

Les relations fédérales-provinciales

La Constitution canadienne définit l'immigration comme un domaine de compétence concurrente, c'est-à-dire partagée entre le gouvernement fédéral et celui des provinces. Mais la juridiction de l'État fédéral est nettement prioritaire: c'est-à-dire qu'il lui incombe essentiellement d'admettre un immigré, de l'exclure et de lui accorder la citoyenneté.

À partir des années soixante, le Québec négocie des pouvoirs élargis sur la question de l'immigration. La «Révolution tranquille», la question nationale et la question linguistique l'amèneront graduellement à réclamer un droit de regard sur le processus de sélection des immigrés, à des fins d'intégration économique et culturelle. En 1965, une Direction générale de l'immigration est créée, qui relève du ministère des Affaires culturelles. En 1968, le Québec se dote d'un ministère de l'Immigration destiné à favoriser l'établissement et l'adaptation des immigrés. Des Centres d'orientation et de formation (COFI) sont mis sur pied la même année pour accueillir et intégrer les immigrés à la communauté francophone. Le premier objectif du Québec a donc visé l'adaptation.

La sélection et le recrutement relèvent du fédéral et seront l'objet de négociations graduelles. En 1971, l'Entente Cloutier-Lang accorde au Québec que des agents québécois d'orientation soient présents dans les bureaux d'immigration à l'étranger, à des fins d'information. L'Entente Andras-Bienvenue, en 1975, permettra aux agents québécois de recruter et de sélectionner les immigrés, conjointement avec le fédéral. En 1978, en vertu de l'entente Couture-Cullen, le Québec obtient des pouvoirs décisionnels en matière de sélection des immigrés et un droit de regard sur l'ensemble des questions d'immigration: niveaux annuels d'immigration, critères de sélection — dont, entre autres, celui qui a trait à la question de la langue[36].

LES ANNÉES DE CRISE ET LES LIBÉRAUX. LES MESURES PRÉPARATOIRES DE GESTION DE CRISE

La période de libéralisation précédente coïncide avec une période de prospérité. Au cours des années soixante-dix, la situation économique se détériore et de nombreuses mesures de contrôle et de planification de l'immigration internationale sont prises, parallèlement aux mesures de lutte à l'inflation du

---

36.   LABELLE, M., LEMAY,D. et PAINCHAUD, C., *Notes sur l'histoire et les conditions de vie des travailleurs immigrés au Québec*, Montréal, CEQ, 1979, p. 26. Sur la question de la dualité canadienne et de l'immigration, voir BRÉDIMAS ASSIMOPOULOS, N., «Le phénomène migratoire au Canada et au Québec. Contexte et perspectives», dans *L'Année sociologique*, vol. 26, 1975, p. 57-81.

gouvernement Trudeau, y compris la promulgation d'une nouvelle loi de l'immigration. Une étape différente s'ouvre maintenant dans le processus de rationalisation de l'immigration.

De 1968 à 1972, un nombre croissant de visiteurs se sont prévalus de leur droit — accordé en vertu du Règlement de 1967 — et ont demandé le statut d'immigrant reçu, à partir du Canada. Alors qu'en 1967, moins de 6 % des immigrés étaient admis sans avoir été l'objet du processus habituel de sélection à l'étranger, un tiers des immigrés l'étaient en 1973[37]. Pour le gouvernement, ceci signifie que: «Le processus de sélection à l'étranger était sapé à sa base. Cela indiquait qu'on avait perdu la direction de la politique et du programme»[38]. On craignait une migration de parenté en chaîne, composée majoritairement de travailleurs non qualifiés venant de pays non traditionnels. D'où la décision d'annuler le droit de demander le statut de résident au Canada.

Cette mesure était également motivée par ce qui se passait à la Commission d'appel de l'immigration. De 1968 à 1972, un nombre croissant de visiteurs qui se voyaient refuser leur demande de résidence interjetaient appel auprès de cette Commission, laquelle se prononçait la plupart du temps en leur faveur. De plus, ils avaient le droit de travailler en attendant la décision de la Commission pour ne pas être à charge à l'État. En 1973, les cas en souffrance devant la Commission d'appel de l'immigration étaient de 17 472 et on estimait à dix le nombre d'années nécessaires au tribunal pour assurer leur gestion[39]. D'où une série de mesures législatives prises en 1973 pour accroître les moyens de la Commission d'appel et pour amnistier une partie des illégaux entrés avant le 30 novembre 1972, et dont le nombre était estimé entre 50 000 et 200 000[40]. En même temps, on restreint le droit d'appel contre une ordonnance d'expulsion à certaines catégories d'immigrés: immigrants reçus, personnes en possession de visas canadiens en règle, réfugiés et citoyens canadiens.

D'autres mesures sont prises, qui témoignent d'une «gestion de crise». En 1973, le gouvernement libéral introduit les visas temporaires de travail «en vue de protéger la population active du Canada contre l'utilisation injustifiée de la main-d'oeuvre étrangère, de même que pour adopter une mesure de contrôle additionnelle des visiteurs dont le séjour doit se prolonger». L'objectif du système est double: « [...] d'une part, sauvegarder les emplois disponibles pour les résidents canadiens et, d'autre part, fournir un moyen permettant à des

---

37. RICHMOND, A., «Canadian Immigration: Recent Developments and Future Prospects», dans Driedger L. (éd.), *The Canadian Ethnic Mosaic*, Toronto, McClelland et Stewart, 1979, p. 109.
38. CANADA, *Le programme d'immigration, op. cit.*, p. 41.
39. RICHMOND, A., *op. cit.*, p. 111.
40. PARAI, L., *op. cit.*, p. 468.

personnes dont l'économie a besoin, de prendre temporairement un emploi pour lequel aucun Canadien ni immigrant reçu n'est disponible»[41].

Le gouvernement se défend par ailleurs d'utiliser une politique analogue à celle de l'Europe de l'Ouest, soit le système des *guest workers*, qui lui paraît abusive et source de tensions sociales[42]. En réalité, plus de 80 000 visas ont été issus en 1973, dont le tiers à des Américains. Le Canada a signé des accords bilatéraux avec quelques pays de la Caraïbe et le Mexique pour importer des travailleurs saisonniers agricoles[43]. Ainsi la politique d'immigration canadienne devient de plus en plus fonction des besoins en main-d'oeuvre.

En 1974, on resserre l'admission des requérants indépendants et des parents désignés en modifiant les points requis d'après la grille de sélection du Règlement de 1967. Dorénavant, un immigré doit remplir un certain nombre de conditions additionnelles, quel que soit le nombre de points qu'il ait obtenu: 1) ou obtenir un point au moins au titre de la «demande dans la profession»; 2) ou avoir un «emploi réservé» auprès d'un employeur, pour lequel il a été établi qu'aucun requérant canadien n'en aurait fait la demande; 3) ou exercer une «profession désignée», c'est-à-dire une profession en forte demande (voir le tableau 3). De plus, on peut lui enlever 10 points s'il ne rencontre pas l'une ou l'autre des deux dernières conditions.

Le *Livre vert sur l'immigration*

Étant donné l'augmentation du nombre de visiteurs demandant la résidence et du nombre d'illégaux, et puisque c'est l'Année mondiale sur les questions de population, le 17 septembre 1973, le ministre de la Main-d'oeuvre et de l'Immigration, Robert Andras, annonce à la Chambre des communes que la politique d'immigration va faire l'objet d'une révision en profondeur. Un comité de travail est chargé de produire un livre vert, lequel paraîtra sous le titre *Étude sur l'immigration et les objectifs démographiques du Canada*. Le but de ce livre vert est de susciter des débats nationaux sur la question de l'immigration tout en intégrant cette dernière dans le contexte plus large d'une politique démographique et d'objectifs de croissance. En réalité, le gouvernement libéral veut préparer l'opinion publique à la «légitimisation» de pratiques restrictives déjà en cours[44]

---

41.   CANADA, *Le programme d'immigration, op. cit.*, p. 201.
42.   *Ibid.*, p. 206. CANADA, *Perspectives de la politique d'immigration*, vol. 1, de Canada. *Étude sur l'immigration et les objectifs démographiques du Canada*, Ottawa, Information Canada, 1974, p. 34.
43.   *Idem.*
44.   DEL NEGRO, L., *Canada's Immigration Policy, Immigration Legislation, and Immigrant Labour in 1970's*, Montréal, UQAM, Département de Science politique, mémoire de maîtrise, 1984.

et annonciatrices d'une loi de l'immigration plus musclée, et il veut le faire sans s'aliéner son électorat ethnique traditionnel autour d'une question qui pourrait devenir un champ de bataille sur le plan politique[45].

Le livre vert rappelle les principales lignes de force: 1) la non-discrimination; 2) le respect de la réunification familiale; 3) un système de sélection de la main-d'oeuvre qui soit compatible avec les politiques économiques et sociales du Canada; 4) une politique d'ouverture à l'égard des réfugiés.

Plusieurs questions sont soulevées: 1) le nombre d'immigrés souhaités, selon une politique de croissance à déterminer; pour les auteurs du document, cette croissance doit être modérée: «Aux yeux de beaucoup de Canadiens vivant dans une société moderne industrialisée et de plus en plus urbanisée, les avantages que présente un taux de croissance démographique élevé semblent douteux à maints égards»[46]; 2) les répercussions possibles de l'immigration future sur le traditionnel équilibre entre francophones et anglophones; une «troisième force» est identifiée et le livre vert s'interroge sur les effets de cette troisième force quant à la politique officielle du bilinguisme; 3) la question de la sélection de la main-d'oeuvre; on affirme la nécessité de rationaliser cette sélection en fonction d'objectifs à court terme (combler la pénurie immédiate de main-d'oeuvre), à moyen terme (choisir les immigrés en fonction de leur capacité à s'adapter à des situations changeantes), et à long terme (il ne s'agit plus de défendre une politique expansionniste comme en 1966); 4) la question de la distribution inégale et des modèles d'établissement des immigrés entre les régions et les provinces du Canada est également soulevée. Cette question est mise en regard avec la composition ethnique et multiraciale de l'immigration internationale, et les tensions sociales croissantes en milieu urbain[47]. Faisant allusion aux politiques restrictives mises en application par la Grande-Bretagne, les pays de la Communauté économique européenne, l'Australie, etc., le livre vert mentionne que «les événements qui ont influencé le mouvement international d'immigration font qu'il n'est plus nécessaire ni opportun de faire valoir, comme un aspect de la politique, la nécessité de conserver au Canada son attrait comme pays d'immigration»[48].

45.   HAWKINS F., «Canadian Immigration: a New Law and a New Approach to Management», dans *International Migration Review*, vol. 11, n° 1, 1977, p. 78.

46.   CANADA. *Points saillants du Livre vert sur l'immigration et les objectifs démographiques*, Ottawa, Information Canada, 1975, p. 8.

47.   HAWKINS, F., «Immigration and Population: The Canadian Approach», dans *Canadian Public Policy*, vol. 1, n° 3, p. 293-294; voir également CANADA, *Perspectives de la politique d'immigration, op. cit.*

48.   CANADA. *Perspectives de la politique d'immigration, op. cit.* p. 29.

Le livre vert a fait l'objet de multiples critiques: document décevant, peu sérieux, phraséologie oblique, qui limite la perspective de l'immigration[49]; omission de la contribution positive des immigrés à l'économie et à la société canadienne; racisme insidieux imprégnant les considérations relatives à l'augmentation de l'immigration visible (Caraïbéens, Asiatiques, etc.) dans les villes[50].

En 1975, un Comité mixte spécial sur la politique de l'immigration est créé pour examiner le livre vert, tenir des rencontres publiques et recevoir des mémoires. Le Comité soumet son rapport en novembre 1975 et conclut que le Canada doit rester un pays d'immigration ouvert, compte tenu des avantages démographiques et économiques de l'immigration internationale et des objectifs familiaux et humanitaires qu'il faut poursuivre.

Il propose de fixer des objectifs et des plafonds ou niveaux (un minimum de 100 000 personnes par an) en vue de régulariser les flux migratoires annuels et d'assurer une croissance démographique équilibrée, tout en tenant compte de l'activité économique, de l'emploi et du chômage. Les niveaux annuels seraient fixés après consultation avec les provinces. Le Comité spécifie que le nombre de parents parrainés doit être soustrait de l'objectif annuel déterminé, et que les réfugiés ne doivent pas être pris en considération dans les niveaux annuels. Le système de points doit être maintenu, mais le critère de la «région désignée» (en rapport avec une pénurie de main-d'oeuvre) doit être prioritaire[51].

La majorité des recommandations du Comité a été incluse dans le nouveau projet de loi sur l'immigration, le projet de loi C-24, présenté à la Chambre le 24 novembre 1976 par le ministre Bud Cullen. La *Loi de l'immigration* entrera en vigueur le 10 avril 1978.

La *Loi de l'Immigration* de 1976

Pour la première fois au Canada, une loi de l'immigration définit les principes de base et les objectifs de l'immigration canadienne, soit:

> a) de favoriser la poursuite des objectifs démographiques établis par le gouvernement du Canada, relatifs au chiffre, au taux

---

49.   HAWKINS, F., «Immigration and Population: The Canadian Approach», *op. cit.*, p. 292.

50.   RAMCHARAN, S., *op. cit.*, p. 16.

51.   HAWKINS, F., «Canadian Immigration: a New Law and a New Approach to Management», *op. cit.*, p. 83. Voir également: Comité mixte spécial du Sénat et de la Chambre des communes sur la politique de l'immigration: *Politique de l'immigration. Troisième rapport au Parlement*, Ottawa, Imprimeur de la Reine, 1975.

de croissance, à la composition et à la répartition géographique de la population canadienne;

b) d'enrichir et de consolider le patrimoine culturel et social du Canada, compte tenu de son caractère fédéral et bilingue;

c) de faciliter la réunion au Canada des citoyens canadiens et résidents permanents avec leurs proches parents de l'étranger;

d) d'encourager et de faciliter, grâce aux efforts conjugués du gouvernement fédéral, des autres niveaux de gouvernement et des organismes non gouvernementaux, l'adaptation à la société canadienne des personnes qui ont obtenu l'admission à titre de résidents permanents;

e) de faciliter le séjour au Canada de visiteurs en vue de promouvoir le commerce, le tourisme, les activités scientifiques et culturelles ainsi que la compréhension internationale;

f) de s'assurer que les personnes désireuses d'être admises au Canada à titre permanent ou temporaire soient soumises à des critères non discriminatoires en raison de la race, l'origine nationale ou ethnique, la couleur, la religion ou le sexe;

g) de remplir, envers les réfugiés, les obligations légales du Canada sur le plan international et de maintenir sa traditionnelle attitude humanitaire, à l'égard des personnes déplacées ou persécutées;

h) de stimuler le développement d'une économie florissante et assurer la prospérité dans toutes les régions du pays;

i) de maintenir et de garantir la santé, la sécurité et l'ordre au Canada; et

j) de promouvoir l'ordre et la justice sur le plan international en refusant aux personnes susceptibles de se livrer à des activités criminelles de se trouver en territoire canadien[52].

L'immigration demeure une responsabilité conjointe du gouvernement fédéral et des gouvernement provinciaux, la prééminence revenant au gouvernement fédéral. Cependant, le ministre est requis de consulter les provinces afin d'annoncer, chaque année, le nombre d'immigrés qu'il se propose d'admettre. Le principe des niveaux ou des plafonds annuels est donc fondamental, et ces niveaux seront déterminés en conformité avec les besoins économiques et démographiques du pays. En 1984, on adoptera des plans triennaux qu'il sera possible de modifier d'année en année.

Parmi les autres points importants de la loi, on trouve une nouvelle définition des catégories admissibles: 1) la catégorie de la famille, qui correspond à la catégorie antérieure des «personnes à charge parrainées», a été élargie de telle sorte qu'un *citoyen* canadien puisse parrainer ses père et mère, quel que soit leur âge, pendant une période maximale de dix ans; 2) la catégorie des réfugiés; 3) la catégorie des requérants indépendants, qui comprendra, selon la réglementation

52. CANADA, *Loi de 1976 sur l'Immigration*, Ottawa, ministre des Approvisionnements et services, 1981, p. 5.

complémentaire: les retraités, les entrepreneurs et les travailleurs autonomes, les travailleurs sélectionnés et les parents aidés. Cette dernière sous-catégorie correspond à l'ancienne catégorie des «parents nommément désignés» et sera soumise à une sélection plus sévère[53]. Afin d'être admis comme résident permanent, chaque immigré sélectionné doit obtenir un minimum de points. Les entrepreneurs doivent obtenir au moins 25 points, les parents aidés entre 20 et 35 points, et les autres requérants 50 points. Les exigences relatives à la profession désignée, à l'emploi réservé ou à la demande dans la profession sont les mêmes qu'en 1974. En 1982, on exigera à titre temporaire, que les travailleurs indépendants sélectionnés soient munis d'une offre d'emploi validée avant même que leur demande d'immigration au Canada puisse être étudiée. De plus, les critères des «études» et de la «préparation professionnelle spécifique» comptent maintenant pour 27 points au lieu de 20 comme dans le Règlement de 1967[54]. La loi autorise les agents d'immigration à faciliter l'admission d'un immigré si celui-ci accepte de vivre dans une région désignée pendant une période de six mois[55].

Pour contrevenir au problème de l'immigration illégale, la loi exige que toute personne qui veut travailler ou étudier temporairement au Canada, obtienne une autorisation de séjour alors qu'elle est encore à l'extérieur du Canada. Le droit de demander le statut de résident permanent est aboli, ce qui correspond à une mesure prise en 1972. De plus, la loi prévoit des pénalités contre les employeurs qui embauchent des illégaux[56].

Les catégories non admissibles d'immigrés sont modifiées par rapport à la loi de 1952. Cette dernière interdisait l'entrée des «idiots, imbéciles, morons, tuberculeux, épileptiques, alcooliques, aveugles, sourds, prostituées, homosexuels, vagabonds, drogués», etc.. La loi de 1976 reconnaît des catégories larges de personnes qui pourraient porter atteinte à la santé ou à la sécurité publique, ou entraîner un fardeau excessif pour les services sociaux ou de santé, ou qui pourraient se livrer à des activités criminelles, à des actes d'espionnage ou de subversion contre des institutions démocratiques. Enfin, plusieurs mesures de contrôle administratif sont prévues[57].

---

53.   HAWKINS, F., «Canadian Immigration: a New Law and a New Approach to Management», op. cit., p. 87 et les suivantes.
54.   CANADA, ministère de l'Emploi et de l'Immigration: Vue d'ensemble sur la législation canadienne en matière d'immigration, Ottawa, ministre des Approvisionnements et Services Canada, 1983, p. 15.
55.   CANADA, Loi de 1976 sur l'Immigration, Ottawa, ministre des Approvisionnements et Services, 1981, sections 14 et 15.
56.   Ibid., article 97 de la Loi de 1976.
57.   BOISVERT, D., «L'évolution récente de la politique d'immigration au Canada», dans Le magazine Ovo, n° 27-28, 1979, p. 11, et HAWKINS, F., «Canadian Immigration: a New Law and a new Approach to Management», op. cit., p. 90.

Pour la première fois, la loi de 1976 stipule que le Canada assumera les obligations légales qui ont été contractées auprès de la Convention de Genève et reconnaît de plus avoir des obligations morales à l'endroit des réfugiés. De nouvelles procédures sont prévues pour déterminer le statut de réfugié. La loi autorise également le recours à des critères de sélection élargis, se fondant sur des considérations humanitaires pour admettre des personnes qui ne correspondent pas à la définition du réfugié au sens de la Convention (exilés volontaires de l'Europe de l'Est, Indochinois, groupes latino-américains, etc.). Elle crée formellement un Comité consultatif sur le statut de réfugié au sens de cette Convention.

En résumé, la loi de 1976 se démarque radicalement de l'évolution de la politique canadienne d'immigration depuis la Deuxième Guerre mondiale. La fixation des niveaux annuels d'immigration révèle une centralisation accrue dans la planification de l'immigration et la considération d'objectifs économiques et démographiques à court et à long terme. Comme le note Kubat, on a évolué d'une politique expansionniste mais particulariste, avec la loi de 1952, vers une politique de stabilisation démographique mais universaliste, avec la loi de 1976[58].

Les caractéristiques des immigrés au cours des années 1970 et 1980

De 1971 à 1984, le Canada a reçu près de 1,9 million d'immigrés. Durant cette période, les niveaux annuels ont connu plusieurs fluctuations, en fonction des conditions économiques et sociales qui régnaient au Canada et à l'étranger. Le nombre des entrées a connu un sommet en 1974 (218 465) pour décliner à partir de 1975. Suite à une mesure spéciale prise en 1982, en vertu de laquelle on exigeait du requérant une offre d'emploi réservé, le volume est tombé à 89 117 en 1983 et à 88 239 en 1984 (voir le tableau 1).

La composition ethnique et raciale n'a cessé de se diversifier, depuis 1974. L'Asie, (Vietnam, Kampuchea, Inde, Chine, Hong Kong, Philippines), prend une place prépondérante comme région source: de 1974 à 1984, l'immigration en provenance de cette région passe de 23,2 % à 47,3 %, à cause de l'exode des réfugiés indochinois et de la guerre civile au Liban (voir le tableau 4). Le nombre d'immigrés de l'Amérique centrale et de la Caraïbe a fluctué et s'est maintenu autour de 11 %, alors que les flux en provenance des États-Unis et de l'Europe ont diminué. Alors que les pays sources d'immigration sont maintenant surtout ceux du Tiers-Monde, la Commission de l'immigration n'a pas pour autant changé la localisation de ses bureaux à l'étranger, ce qui explique la

58.   KUBAT, D., *op. cit.*, p. 29.

longueur des délais dans le traitement des demandes en provenance de ces pays. Ainsi les demandes faites aux États-Unis et dans les îles britanniques sont étudiées en infiniment moins de temps que celles provenant d'Afrique, d'Inde, d'Amérique latine ou de la Caraïbe[59].

Fait intéressant, la surféminité caractérise certains flux migratoires annuels à partir de 1975. En effet, un peu plus de femmes que d'hommes immigrent au Canada annuellement, renversant une tendance qui se maintenait depuis des décennies. Ce trait s'observe par ailleurs aussi bien aux États-Unis qu'en Europe de l'Ouest et au Québec[60].

Si l'on considère les catégories d'admission (voir le tableau 5), on note, de 1974 à 1984, une augmentation considérable de la catégorie de la famille (de 24,8 à 49,6 % de l'ensemble du mouvement d'immigration) et des réfugiés et catégories désignées (de 0,8 à 17,3 %) aux dépens des parents aidés (de 24,8 à 9,2 %) et des requérants indépendants (de 50,1 à 23,7 %). Le nombre d'immigrés indépendants et de parents aidés a diminué drastiquement en 1983, lorsqu'il est devenu obligatoire d'avoir une offre d'emploi validée au Canada — mesure imposée en 1982 et visant les catégories particulières. La diminution des travailleurs sélectionnés (sous-catégories des indépendants), qui passe de 21 173 en 1981 à 6 439 en 1983[61], et celle des parents aidés illustre le lien remarquable qui existe entre le volume annuel d'immigrés admis et le taux de chômage, indicateur économique privilégié[62]. De plus, au cours des années, le nombre d'immigrés a diminué davantage que celui des visas temporaires pour les travailleurs étrangers (voir le tableau 7), ces visas étant émis pour des secteurs d'activité variés: agriculture, services, ventes, fabrication et réparation, bâtiment, administration, etc.

Par contre, les sous-catégories des «gens d'affaires» ou immigrés entrepreneurs et des «travailleurs autonomes» au cours des mêmes années sont demeurées stables, en dépit de la conjoncture: 1 903 personnes en 1981; 2 040 en 1982, 1 982 en 1983 et 2 094 en 1984. Recrutés activement par des conseillers spécialement formés et affectés dans une quinzaine de bureaux à l'étranger, ces gens d'affaires sont venu de l'Allemagne de l'Ouest, de Hong

59.   JACKMAN, B., *Processing of Family Class Applications*, Toronto, ronéotypé, 1981.

60.   LABELLE M., TURCOTTE G., KEMPENEERS M. et MEINTEL D., *Histoires d'immigrées. Itinéraires d'ouvrières Colombiennes, Grecques, Haïtiennes et Portugaises de Montréal*, Montréal, Boréal, 1987.

61.   CANADA, ministère de l'Emploi et de l'Immigration: *Document de fond sur les futurs niveaux d'immigration*, Ottawa, ministre des Approvisionnements et services, 1984, p. 25.

62.   CANADA, Conseil consultatif canadien de l'emploi et de l'immigration: *Immigration: politique de croissance*, Hull, 1985, p. 11.

Kong, de la France, du Royaume-Uni, des États-Unis, des Pays-Bas, de la Suisse, d'Israël et de l'Iran principalement[63].

Tableau 7
Chômage, permis temporaires et immigration
1979-1984

Année	Chômage Nombre de chômeurs	Taux	Permis de travail temporaires	Nombre d'immigrants admis
1979	836 000	7.4	94 413	112 096
1980	865 000	7.5	108 855	143 117
1981	898 000	7.5	126 575	128 618
1982	1 314 000	11.0	125 894	121 147
1983	1 448 000	11.9	130 716	89 157
1984	1 399 000	11.3	141 424	88 239

Source: Conseil consultatif canadien de l'emploi et de l'immigration, *Immigration: politique de croissance*, Hull, 1985, p. 13.

L'intention d'emploi des travailleurs sélectionnés s'est modifiée au cours de la période 1974 à 1983. La proportion d'immigrants se destinant à occuper des postes de directeurs, administrateurs et autres travailleurs dans les domaines des sciences, de l'enseignement, de la médecine, des arts et des loisirs est passé de 26,6 % à 23,6 %. Les catégories de vente et de bureau ont baissé (19,0 à 13,5 %). Par contre, la proportion de travailleurs se destinant aux diverses industries, au bâtiment, aux transports ou à des emplois de manutentionnaires et autres, est passé de 35,6 % à 20,9 %, alors que la catégorie des travailleurs non classés a crû de 6,3 à 20,4 %. (Voir le tableau 8).

---

63.   CANADA, *Document de fond sur les futurs niveaux d'immigration, op. cit.*, p. 30-31.

Tableau 8
Distribution des immigrants dans les grands groupes profession-nels (CCDP), selon l'emploi projeté: (1974-1983) en %

	1974	1975	1976	1977	1978	1979	1980	1981	1982	1983
Directeur, administrateurs et pers. assimilées	6.1	7.1	9.2	9.0	7.7	5.9	5.2	6.9	6.5	5.3
Trav. des sc. naturelles tech. et math.	8.2	11.0	9.2	9.0	8.4	7.3	7.9	12.2	1.4	7.4
Sc. sociales et secteurs connexes	1.2	1.3	1.4	1.4	1.4	0.9	0.8	1.0	1.1	1.1
Membres du clergé et assimilés	0.5	0.5	0.8	1.1	1.2	0.9	0.7	0.8	0.8	1.3
Enseignant et personnel assimilé	3.1	3.2	4.0	4.0	3.7	3.1	2.9	2.9	3.2	3.2
Personnel médical, tech. de la santé, etc.	6.0	7.0	6.1	5.3	5.3	4.7	4.2	5.1	5.4	4.3
Prof. des domaines artistiques et littéraires	1.4	1.5	2.0	2.3	2.2	2.0	1.8	1.9	1.9	1.8
Travailleurs spécialisés des sports et des loisirs	0.1	0.1	0.2	0.2	0.2	0.2	0.2	0.2	0.2	0.2
Personnel administratif et trav. assimilés	15.0	14.5	15.2	15.0	14.2	12.0	11.3	12.4	11.1	9.5
Travailleurs spécialisés dans la vente	4.0	4.1	4.3	5.0	4.4	3.7	3.9	3.8	3.8	4.0
Services	10.0	9.0	9.2	10.0	10.3	8.2	7.3	7.5	7.6	10.2
Agriculteurs,horticulteurs et éleveurs	2.5	2.0	2.0	2.5	2.7	3.3	3.9	5.1	3.9	3.8
Pêcheurs, chasseurs, trapeurs, etc.	0.05	0.03	0.04	0.04	0.07	0.15	0.4	0.2	0.9	0.1
Forestiers et bûcherons	0.2	0.2	0.06	0.04	0.05	0.06	0.06	0.03	0.04	0.06
Mineurs, carriers, etc.	0.2	0.2	0.2	0.2	0.1	0.1	0.1	0.1	0.2	0.1
Ind. de transformation	3.0	2.1	2.0	2.0	2.0	2.4	2.4	2.1	1.8	1.5
Usineurs et trav. des secteurs connexes	7.2	6.4	5.0	5.0	4.8	4.8	4.5	4.4	3.9	2.6
Fabrication, montage et réparation	14.6	14.7	14.0	13.1	11.7	15.0	16.3	11.1	10.4	9.8
Bâtiment	8.0	7.3	6.5	6.5	6.0	4.8	4.6	3.9	3.8	4.2
Personnel d'exploitation des transports	1.2	1.3	1.3	1.1	1.0	1.7	1.9	1.2	1.4	1.6
Manutentionnaires	1.05	0.9	1.0	0.6	0.6	0.7	0.7	0.6	0.6	0.7
Autres ouvriers qualifiés et cond. de machines	0.6	0.6	1.0	0.7	0.5	0.7	0.7	0.5	0.7	0.5
Travailleurs non classés ailleurs	6.3	5.6	7.0	7.5	11.2	17.8	18.4	16.1	16.6	25.1
Total pour les trav. imm.	106 033	81 189	61 461	47 625	35 211	48 234	63 745	56 965	55 472	37 025
Total glob. trav. et non-trav. imm.	218 465	187 881	149 419	114 914	86 313	112 096	143 117	128 611	121 147	88 846

Source: L. Del Negro, *op. cit*, p. 296.

Les réfugiés

Au cours de la décennie 1974-1984, la question des réfugiés s'est posée avec acuité au Canada comme dans les principaux pays d'immigration. Les difficultés faites aux revendicateurs du statut de réfugié au sens de la convention et dont la demande a été refusée dans la grande majorité des cas (60 à 80 % entre 1979 et

1983)[64], et le nombre de cas en instance ont soulevé plusieurs critiques et donné lieu à diverses enquêtes spéciales sur les lacunes du processus canadien quant à la reconnaissance du statut de réfugié: *Rapport Robinson* en 1981, *Rapport Ratushny* en 1984, sous le régime libéral, et *Rapport Plaut* en 1985, sous le régime conservateur. Par ailleurs, le Canada a donné priorité à son rôle de «pays de réétablissement», privilégiant la sélection et l'accueil de réfugiés à l'étranger (en fonction de critères d'adaptabilité socio-économique relevant davantage de la gestion de l'immigration que d'une véritable politique d'asile)[65].

Ainsi, en 1980, le nombre de réfugiés parrainés par le gouvernement se chiffrait à 19 041: 14 673 de l'Indochine, 3 606 de l'Europe de l'Est, 372 de l'Amérique latine et 1134 d'autres régions. Ces chiffres sont à mettre en regard avec les 256 revendicateurs du statut de réfugié accepté. Le secteur privé parrainait la même année 21 103 autres réfugiés et personnes de catégories désignées[66]. En 1983, le total des réfugiés admis était de 17 879: 8 941 parrainés par le gouvernement, 4 076 parrainés par le secteur privé, 4 236 admis en vertu de mesures spéciales, contre 626 revendicateurs du statut de réfugié. Les réfugiés d'Indochine et de l'Europe de l'Est comptaient pour 66 % de l'ensemble du mouvement de 1983, ceux d'Amérique latine pour 19 %; ceux du Moyen-Orient pour 8 %, ceux d'Afrique pour 5 % et ceux des autres pays pour 2 %[67]. L'étalement de ces données a fait naître deux autres questions: celle de la continuité du biais politique et idéologique qui semble avoir prévalu depuis la Deuxième Guerre mondiale à l'égard de certaines catégories de réfugiés selon le système politique du pays d'origine. De plus, la soumission dans le choix des réfugiés à des impératifs d'ordre économique et politique laisse croire que les programmes spéciaux à l'égard des réfugiés sont en réalité une politique détournée de main-d'oeuvre.

* * *

L'analyse de la gestion de l'immigration internationale au cours de la période 1963-1984 révèle que le régime libéral à Ottawa a utilisé des stratégies totalement différentes selon les situations économiques. Dans un premier temps, l'abolition de mesures discriminatoires sur le plan racial et ethnique, déjà amorcée par le régime conservateur, et l'instauration d'une grille «rationnelle» de

---

64. CANADA, ministère de l'Emploi et de l'Immigration, *Rapport annuel 1984-1985*, Ottawa, ministre des Approvisionnements et Services, 1985, p. 77.
65. GAGNON S., «Le Canada et les réfugiés. Prendre nos responsabilités», dans *Relations*, n° 516, 1985, p. 311-314; voir également «Le Canada et les réfugiés: une question de justice», dans *Bulletin de la Ligue des droits et libertés*, vol. 4, n° 6 et vol. 5, n° 1.
66. CANADA, ministère de l'Emploi et de l'Immigration, *Rapport annuel 1980-1981*, Ottawa, ministre des Approvisionnements et Services, 1981, p. 17.
67. CANADA, ministère de l'Emploi et de l'Immigration, *Document de fond sur les futurs niveaux d'immigration, op. cit.*, p. 16-17-18.

sélection (le système de points) se sont inscrites dans une perspective expansionniste, animée par la quête d'une main-d'oeuvre qualifiée. Ces mesures ont été à l'origine des modifications considérables qui ont affecté la composition socio-démographique des flux migratoires annuels vers le Canada.

Avec la décennie soixante-dix et le début de la décennie quatre-vingt, le gouvernement a opéré un revirement majeur dans la gestion de l'immigration: interdiction de demander le statut de résident à partir du Canada, réduction des flux selon une planification annuelle, puis triennale, contrôle sur les catégories composant les niveaux ou plafonds annuels, recours important au système du travail temporaire. Toutes ces mesures témoignent d'une tentative de rationalisation propre à la gestion de la crise qu'ont amorcée, parallèlement, les grands pays importateurs de main-d'oeuvre de l'Europe de l'Ouest et les États-Unis.

Ces faits ne font que confirmer les fonctions bien connues de l'immigration internationale dans les pays capitalistes avancés. L'immigration constitue une composante structurelle de la main-d'oeuvre, irremplaçable, en jouant un rôle de complémentarité de la main-d'oeuvre nationale. Si ce rôle est consolidé en période de croissance, il n'est pas supprimé en période de crise. Par ailleurs l'immigration joue un rôle de régulation conjoncturelle dans les fluctuations à court terme puisqu'on peut restreindre les flux annuels, contrôler les catégories sélectionnées de travailleurs en fonction des pénuries existantes, et recourir à des travailleurs temporaires, lesquels représentent une économie importante sur les coûts sociaux de la reproduction de la force de travail. Enfin, l'immigration représente une contribution démographique qu'il s'agit de concilier avec les contextes économiques, sociaux et culturels en dépit des contradictions encourues. Tous ces aspects expliquent le maintien de l'immigration internationale en période de crise et la diversification des stratégies auxquelles un régime politique a finalement recours.

LA POLITIQUE URBAINE:
RUPTURES ET CONSTANTES

Caroline Andrew
Département de science politique
Université d'Ottawa

L'histoire de la politique urbaine du gouvernement fédéral au cours de la période 1963-1984 peut s'analyser de bien des façons. Selon certaines perspectives, l'aspect urbain ne ressort qu'accessoirement; il s'éclipse devant l'interprétation des différentes tentatives de structurer la bureaucratie en vue d'établir un processus de prise de décision rationnelle, à moins qu'il soit réduit à un chapitre l'évolution du fédéralisme canadien. Il faut même faire un effort d'analyse pour mettre ces politiques en rapport avec leurs objectifs urbains, c'est-à-dire les percevoir comme étant la manifestation d'une volonté d'influencer la distribution de la population et des activités dans l'espace.

L'événement marquant de cette période est la création, en 1971, du ministère d'État aux Affaires urbaines (MEAU). Peu de temps après, en 1979, le ministère fut aboli. Cette création représente le point fort de la préoccupation du gouvernement fédéral face à l'enjeu urbain. En fait, la détermination fédérale de formuler des politiques explicitement orientées vers le développement urbain devait durer moins longtemps que le Ministère lui-même. La période où l'intérêt fédéral fut le plus continu s'étend de 1968 à 1975.

Cependant, il est évident que certaines politiques fédérales ont eu un impact sur le développement urbain bien avant la création du Ministère et c'est toujours le cas depuis sa disparition. Par exemple, les politiques et programmes de la Société centrale d'hypothèques et de logement (SCHL)[1], créée en 1945, ont influé grandement sur la forme du développement urbain. Ses politiques de financement visant à favoriser l'achat des maisons unifamiliales ont accentué le

---

1. L'organisme s'appelle maintenant la Société canadienne d'hypothèques et de logement mais nous avons gardé le nom utilisé à l'époque.

mouvement de création des banlieues résidentielles à basse densité. Dès la fin des années 1940, la SCHL a commencé, très modestement, à subventionner la construction des logements publics. Ce rôle a pris une certaine expansion dans les années 1960. Par ailleurs d'autres exemples de l'influence fédérale découlent des politiques économiques adoptées; ainsi, toute décision qui affecte la localisation industrielle a un impact indéniable sur l'espace urbain.

Il faut donc distinguer les politiques destinées à influencer le développement urbain des politiques qui, tout en ayant un impact sur le développement urbain, n'ont pas été explicitement conçues avec de tels objectifs. Notre intérêt principal dans la présente analyse concerne les politiques explicitement urbaines, quoique nous tenterons de ne pas perdre de vue l'influence des autres politiques.

L'ÉMERGENCE DE L'URBAIN COMME SPHÈRE DE PRÉOCCUPATION AUTONOME DU GOUVERNEMENT FÉDÉRAL

Retraçons l'émergence de la préoccupation urbaine du gouvernement fédéral pendant les années 1960, préoccupation qui atteint un point culminant avec la création du Ministère en 1971. Cet intérêt s'est développé grâce à l'action d'une multitude de facteurs qui étaient présents et qui ont contribué à la création d'une volonté fédérale d'agir sur l'urbain.

Il faut d'abord se rappeler la croissance urbaine très rapide des années 1950 et 1960 et son impact sur la société canadienne. Dans la décennie de 1951 à 1961, la population canadienne vivant dans les centres urbains a augmenté de 48 %, passant de 8,6 millions à 12,7 millions[2]. Les prévisions démographiques à l'époque prévoyaient une croissance continue des villes. Il semblait donc que les plus grandes villes canadiennes comme Montréal, Toronto ou Vancouver allaient absorber une part de plus en plus importante de la population canadienne. Tout le débat autour de la politique urbaine est indissociable de ce contexte de croissance très rapide.

Cette croissance a eu des répercussions sur le système politique de plusieurs façons. L'urbanisation rapide a fait en sorte que la majorité de la population, et donc la majorité des électeurs, sont devenus urbains et, par le fait même, plus sensibles aux enjeux de l'urbanité. À l'élection de 1968, par exemple, le Parti libéral a gagné la quasi-totalité des circonscriptions de Montréal, Toronto et Vancouver. Le gouvernement libéral a donc eu un électorat très urbain manifestement préoccupé par la question du développement de son habitat.

Cette traduction politique des changements démographiques s'est effectuée plus rapidement au palier fédéral qu'au niveau des gouvernements provinciaux.

2.   *Canada's Cities*, Ottawa, Statistique Canada, 1980, p. 5.

En effet, la redistribution de la carte électorale et, par conséquent, la représentation des milieux urbains se faisant plus tôt au niveau fédéral, les groupes qui souhaitaient des politiques urbaines ont adressé leurs demandes à ce gouvernement. Peu soucieux des juridictions constitutionnelles, les groupes ont encouragé l'action du gouvernement qui semblait le plus prêt à agir. Pierre Trudeau, qui devait sa victoire électorale à l'appui des milieux urbains, a eu plus de difficulté à résister à ces pressions comme premier ministre que comme intellectuel. Dans ses écrits antérieurs, il avait déclaré que la solution politique face à l'inactivité des autorités provinciales était d'élire de meilleurs gouvernements et non pas de chercher l'intervention du gouvernement fédéral.

Les pressions sont venues de groupes très différents. La croissance urbaine rapide rendait plus urgents les besoins pour les services et les équipements. Les municipalités, soumises à des contraintes fiscales, demandèrent l'aide des gouvernements supérieurs et particulièrement celle du gouvernement fédéral. L'industrie de la construction souhaitait un développement résidentiel continu et, selon elle, les ressources limitées des municipalités ne fournissaient pas suffisamment de terrains prêts à développer. Un rôle accru du gouvernement fédéral, surtout au niveau du financement des infrastructures, pouvait donc rencontrer les intérêts de l'industrie de la construction et des milieux municipaux.

L'urgence des questions urbaines s'explique aussi par l'influence américaine dans la création des enjeux politiques au Canada. Les années 1960 ont été les années de la «crise urbaine» aux États-Unis et de nombreux livres, articles de revues, programmes de télévision ont décrit, analysé et commenté les problèmes de la vie urbaine. Bien que la situation américaine ait été, avec la segrégation raciale, très différente de celle du Canada, l'inquiétude américaine en ce qui concerne la viabilité des grandes villes a été importée au Canada et a ajouté au sentiment d'urgence qui a poussé le gouvernement fédéral à agir afin de prendre en main l'avenir urbain.

Cette prise de conscience fut renforcée par l'évolution de certains programmes gouvernementaux. L'expérience des années 1960 avec les programmes de développement régional a souligné l'importance des centres urbains comme moteurs de développement économique. L'idée des pôles de croissance était devenue populaire et cette notion a renforcé la signification économique de l'urbain et donc l'intérêt pour le gouvernement fédéral de formuler des politiques explicites.

Le contexte général devint de plus en plus favorable à une action fédérale dans le domaine. Le facteur de base fut le changement socio-démographique mais, pour aboutir à l'action de l'État, ce facteur devait se traduire en termes politiques. Ce processus est complexe. Pour bien le comprendre, on doit tenir compte de l'influence américaine sur les préoccupations politiques de la population canadienne, de l'incapacité des municipalités à développer des terrains en quantité nécessaire et même de la victoire électorale de Pierre Trudeau en 1968.

Si l'on recherche les causes directes de la création du Ministère, on doit remonter à la décision, en août 1968, du ministre Paul Hellyer de mettre sur pied un groupe de travail afin d'étudier les problèmes générés par les programmes de rénovation urbaine et de logement public. L'expansion de ces programmes après 1964 a provoqué de vives protestations de la part des groupes de résidents touchés par les projets de rénovation. Ces protestations allèrent en augmentant, d'ailleurs souvent organisées par des personnes payées par le gouvernement fédéral, par le biais de la Compagnie des jeunes canadiens. Paul Hellyer présida lui-même le groupe de travail et, en 1969, le groupe fit rapport, préconisant une activité fédérale accrue dans le domaine urbain. Devant le refus du gouvernement fédéral d'agir, Hellyer démissionna. Le nouveau responsable de ce dossier, le ministre Robert Andras, décida de demander à Harvey Lithwick, professeur des sciences économiques de l'Université Carleton, de réétudier cette question. La nouvelle étude, *Le Canada urbain*, concluait également que le gouvernement fédéral avait un rôle important à jouer dans le domaine des politiques urbaines.

Malgré ces pressions et ces rapports, le gouvernement fédéral avait aussi ses raisons pour ne pas agir, notamment celle de la question constitutionnelle. Le domaine urbain étant traditionnellement considéré de juridiction provinciale, une action fédérale n'aurait pas manqué de soulever l'ire des gouvernements provinciaux. Comment s'opposer aux initiatives provinciales futures dans les domaines jugés par le gouvernement fédéral comme relevant de leurs compétences si ce dernier décidait d'intervenir directement dans des secteurs proprement provinciaux?

Une décision d'agir n'aurait probablement pas été prise si, dans la même période, le gouvernement fédéral n'avait déployé de nombreux efforts pour créer des structures de prises de décision plus rationnelles. Le gouvernement Trudeau cherchait à restructurer l'appareil bureaucratique de façon à faciliter la formulation de politiques cohérentes et rationnelles et il percevait la force des ministères sectoriels comme étant une des contraintes principales. Comment faire face aux nouveaux défis? Comment faire bouger «la machine»? Une des réponses fut de créer des structures de coordination sans responsabilités vis-à-vis de l'application des programmes, mais avec responsabilités face à la prise en compte des enjeux négligés par les ministères sectoriels. En instituant une distinction claire entre la formulation des politiques et l'administration des programmes, le gouvernement espérait créer des politiques plus rationnelles, parce que moins influencées par les intérêts établis des programmes existants. La question urbaine semblait tout désignée puisque de nombreux programmes du gouvernement fédéral avaient des incidences urbaines (plus de 100 programmes, selon une étude effectuée à l'époque), mais il n'existait pas de coordination entre ces différents programmes et les implications urbaines n'étaient pas suffisamment claires aux yeux du ministère responsable. De plus, une capacité d'intervention efficace dans l'organisation de l'espace urbain s'avérait importante pour un gouvernement qui se voulait rationnel, moderne et orienté vers l'avenir.

LA SOLUTION: LE MINISTÈRE D'ÉTAT AUX AFFAIRES URBAINES

Dans le discours du Trône du 8 octobre 1970, le gouvernement annonça son intention de créer un ministère d'État aux affaires urbaines (MEAU). Le but n'était pas de créer un autre ministère sectoriel, mais bien une structure de coordination horizontale. Un autre ministère d'État fut créé en même temps — celui de Science et Technologie. Le gouvernement espérait ainsi pouvoir faire face à deux grands défis de la modernité — la science et l'urbanisation —, défis qui se posaient à l'ensemble de l'activité gouvernementale mais à aucun ministère en particulier.

Le gouvernement envisageait trois rôles pour le MEAU: la recherche, la coordination des activités fédérales et la consultation avec les autres niveaux du gouvernement. L'importance de ces trois rôles et leurs interrelations démontrent la perception que le gouvernement avait des problèmes urbains. La recherche, fondamentale et appliquée, était vue comme un fondement essentiel pour l'établissement des politiques urbaines. Cette perspective découlait du *Rapport Lithwick* et du rôle joué, dans la toute première période du Ministère, par le professeur Lithwick. Selon ce dernier, nos erreurs urbaines sont en partie la faute d'un manque de connaissance:

> Les racines du problème urbain plongent dans le processus même de l'urbanisation. À son tour, cet élément constitue la dimension essentielle du développement économique national. Résoudre le problème urbain exige avant tout une compréhension claire de cette relation. Toute tentative pour éliminer seulement les symptômes a été et continuera d'être aussi efficace qu'un coup d'épée dans l'eau[3].

Le rapport soutenait implicitement du moins, l'idée que la recherche pourrait faciliter, voire autoriser une coordination intragouvernementale et intergouvernementale en donnant la même base de connaissance à tous les acteurs. Dans la mesure où les conflits entre acteurs sont issus d'informations incomplètes ou d'objectifs non explicités (comme le *Rapport Lithwick* semblait le croire), un effort systématique en vue d'accroître les connaissances était susceptible de réduire les possibilités de conflit. N'ayant pas de programmes ni de gros budgets, le pouvoir du ministère d'État aux Affaires urbaines ne dépendait pas de sa force mais de son «intelligence». La recherche devint donc un volet fondamental de la stratégie du MEAU.

La coordination des activités fédérales fut également un objectif central du ministère d'État. Comme nous l'avons déjà mentionné, une étude avait recensé une centaine de programmes du gouvernement fédéral ayant une incidence

3.   LITHWICK, N.H., *Le Canada urbain*, Ottawa, Société centrale d'hypothèques et de logement, 1970, p. 73.

urbaine. En même temps, quelques organismes semblèrent plus aptes que d'autres à jouer un rôle d'importance, notamment la Société centrale d'hypothèques et de logement (SCHL) et le ministère des Transports. La SCHL eut les responsabilités importantes relativement à ces programmes d'habitation, de rénovation urbaine, des eaux-vannes, etc. Mais la coordination s'avérait difficile car la Société avait une tradition d'indépendance à l'égard du gouvernement et de la bureaucratie. Quant au ministère des Transports, il était responsable du transport aérien, du transport maritime et des transports par chemins de fer, ce qui lui confiait un rôle important dans les décisions touchant la structuration des villes. Le MEAU avait désormais la responsabilité de la formulation des politiques dans le domaine urbain, mais l'administration des programmes demeurait entre les mains des ministères et organismes sectoriels. En plus de la formulation des programmes, le MEAU, grâce à sa capacité de recherche, devait assumer la coordination des informations concernant le fonctionnement du système urbain et l'impact urbain des politiques publiques.

Le troisième rôle attribué au MEAU — soit la consultation avec les autres niveaux du gouvernement — était une tâche difficile et délicate. Les gouvernements provinciaux n'étaient pas heureux de l'initiative fédérale et désiraient préserver leurs prérogatives dans le domaine urbain. Mais, pour le gouvernement fédéral, il était essentiel de coordonner, non pas seulement ses propres actions, mais celles de tous les intervenants en la matière. Les désavantages d'une absence de coordonnation avaient été soulignés dans le *Rapport Lithwick*:

> On sait peu de chose de la structure et du potentiel du système urbain et il n'existe pratiquement aucun mécanisme permettant d'énoncer une série de mesures urbaines rationnelles tout en ne niant pas qu'il y ait eu, dans le passé, diverses politiques qui ont affecté le système. En fait, comme nous l'indiquerons dans la troisième partie, une fraction importante de la politique exercée aux trois paliers de gouvernement au Canada, a eu un impact réel sur ce système, mais ses effets sont souvent dispersés, invisibles, contradictoires et généralement désordonnés. Il est donc peu surprenant que le système urbain soit en difficulté.

> Mais, si l'on peut dire que l'absence d'une politique nationale d'urbanisation est débilitante, la façon actuelle d'appliquer la politique urbaine, dans sa petite sphère, est totalement inadéquate. [...] Aucune ville ne semble avoir une série déterminée d'objectifs urbains; la plupart vivent au jour le jour, essayant de venir à bout des problèmes particuliers lorsqu'ils deviennent intolérables [...] Au

niveau provincial, nous ne réussissons pas non plus à trouver une conception plus épanouie de la politique urbaine[4].

Les interrelations entre les trois principaux objectifs du gouvernement fédéral ressortent clairement de la citation. Il faut comprendre le fonctionnement du système urbain pour faciliter une concertation entre les différents gouvernements autour de programmes structurés en fonction de ces connaissances accrues. Selon le gouvernement fédéral, cette concertation intergouvernementale devait englober, non seulement les gouvernements provinciaux, mais également les municipalités, quoique sur cette question délicate, le gouvernement fédéral tenta de rassurer les gouvernements provinciaux en reconnaissant leur juridiction sur les municipalités[5].

Les objectifs du gouvernement fédéral, en créant le MEAU, étaient donc ambitieux. On voulait que le Ministère comprenne le fonctionnement du système urbain et l'impact des politiques publiques, qu'il rationalise les actions des différents ministères et organismes du gouvernement fédéral et, en plus, qu'il mène la concertation avec tous les paliers gouvernementaux en vue d'une intervention véritablement coordonnée et rationnelle dans le domaine.

LA BRÈVE HISTOIRE DU MEAU

En juin 1971, le ministère d'État aux Affaires urbaines fut officiellement créé. Mais à peine huit ans plus tard, en mars 1979, il fut aboli. Il est rare, dans l'histoire des bureaucraties modernes, de trouver un ministère avec une vie si courte. C'est probablement pour cette raison que la plupart des études faites sur le MEAU insistent sur les raisons ou facteurs expliquant cet échec[6]. Nous allons résumer ces recherches en examinant l'expérience du Ministère face aux trois objectifs que le gouvernement avait définis.

L'importance du volet de la recherche fut évident au début du Ministère. Après les premiers dix-huit mois de création du MEAU, la division de la recherche comptait 50 chercheurs, en plus d'un important programme de contrats de recherche externe. La recherche fut très variée mais le Ministère en vint à définir dix thèmes de recherche. Elle couvrit des projets de nature «appliquée» et également, et surtout peut-être, des projets de nature théorique. On étudia, par

---

4.   LITHWICK, *op. cit.*, p. 41-42.
5.   O'BRIEN, A., «The Ministry of State for Urban Affairs: A Municipal Perspective», dans *La Revue canadienne des sciences régionales*, V-1 (1982), p. 90.
6.   Voir, entre autres, GERTLER, Len, «The Challenge of Public Policy Research», dans *La Revue canadienne des sciences régionales*, 11-1 (1979), p. 81; CROWLEY, R.W., «The Design of Government Policy Agencies: Do we learn from experience?», dans *La Revue canadienne des sciences régionales*, Vi-1 (1982), p. 108-109.

exemple, la perception des résidents de Montréal face à leurs quartiers, sans se préoccuper de savoir comment cette étude aboutirait à de meilleurs programmes gouvernementaux. Cette recherche, à cause de son caractère trop théorique et également à cause de la communication déficiente entre la division de la recherche et celle des politiques, fut l'objet de critiques. Andrey Doerr considère que la décision de séparer les fonctions de recherche et celles de la formulation des politiques a été une des erreurs principales du MEAU[7]. En fait, cette indépendance de la recherche fut maintenue durant les premières années du Ministère. Dès 1975, les divisions de la recherche et des politiques furent fusionnées. À ce moment-là, le programme de recherche du Ministère devint moins important et, en même temps, plus orienté vers les contrats à l'extérieur.

Quant à la coordination des activités fédérales, le MEAU avait le désavantage de n'avoir ni argent, ni programmes autonomes pour permettre une coordination et souffrait en outre d'un très grand désavantage d'avoir à sa tête un ministre junior. Le premier responsable pour le MEAU fut Robert Andras (1969-1972) et ses successeurs furent Ron Basford (1972-1974), Barney Dawson (1974-1976) et André Ouellet (1976-1979). Si l'on compare cette situation avec la création du ministère de l'Expansion économique régionale, confié à Jean Marchand, lieutenant québécois et proche collaborateur du premier ministre, il est évident que les affaires urbaines ne jouissaient pas d'un bien grand poids politique.

De plus, le MEAU ne s'est fait d'alliés ni dans les ministères sectoriels ni dans les agences centrales. Plusieurs études font le bilan des conflits avec le ministère des Transports, la Société centrale d'hypothèques et de logement et le Conseil du trésor[8]. La liste des succès dans la coordination fédérale semble bien courte et l'on cite toujours le cas où le MEAU a convaincu le ministère des Travaux publics de réviser sa décision quant au site de son édifice à Halifax.

Le MEAU a donc échoué par rapport à l'un de ses objectifs, soit celui de créer des procédures de coordination. En 1973, il avait tenté de mettre sur pied un comité interministériel au niveau des sous-ministres, mais après une première réunion, l'assistance ne s'est pas maintenue et le comité n'a pas pu fonctionner efficacement.

L'autre volet du travail du MEAU était la consultation avec les autres niveaux du gouvernement. Les gouvernements provinciaux accueillirent plutôt mal la décision fédérale de créer le MEAU mais, à l'exception du Québec, ils

---

7.   DOERR, Andrey, «Organizing for Urban Policy: Some Comments on the Ministry of State for Urban Affairs», dans *La Revue canadienne des sciences régionales*, V-1 (1982), p. 99.
8.   Voir, entre autres, FELDMAN, E. J., MILCH, J., «Coordination or Control? The Life and Death of the Ministry of State for Urban Affairs», dans FELDMAN, Lionel, *Politics and Government of Urban Canada*, 4e édition, Toronto, Methuen, 1981, p. 258; Crowley, *op. cit.*, p. 114.

acceptèrent l'idée d'une consultation tripartite[9]. La première conférence tripartite nationale lieu à Toronto en novembre 1972 et une deuxième eut lieu à Edmonton, en octobre 1973. Celle-ci fut la dernière. On tint également des conférences tripartites au niveau régional et municipal. Ainsi, des conférences furent tenues à Halifax, Québec, Régina, Toronto, Winnipeg et Vancouver[10].

Le bilan des conférences tripartites est mince et seules celles des villes ont donné certains résultats. Les gouvernements provinciaux ont maintenu leur hostilité à l'égard des interventions fédérales et ils ont considéré avec inquiétude la possibilité que ces conférences permettent une alliance entre le gouvernement fédéral et les municipalités. Les municipalités, quant à elles, étaient divisées, et la position de leur organisation, la Fédération canadienne des maires et des municipalités (FCMM)[11], réflétait ces divisions. Au début de la consultation tripartite, la FCMM défendait une position ferme en faveur de cette consultation, mais cette unanimité et la FCMM joua un rôle plus effacé par la suite[12].

Le Ministère n'avait donc pas réalisé les objectifs définis lors de sa création. Son existence irritait les gouvernements provinciaux. En plus, la conjoncture politique favorable qui existait à l'origine du Ministère disparut, surtout à cause des modifications intervenues dans les conditions économiques. Le gouvernement fédéral se préoccupait de plus en plus du déficit et il cherchait toutes les possibilités de réduire les dépenses gouvernementales. Avec la mauvaise conjoncture économique, le taux d'urbanisation ralentissait et les pressions politiques en faveur d'un contrôle de la croissance des plus grandes villes diminuaient. D'autres enjeux urbains, telle que la qualité de vie dans les grandes villes, perdaient leur caractère politique prioritaire devant des enjeux comme le chômage, le déficit et l'inflation. L'urgence d'une intervention publique pour canaliser et contrôler la croissance urbaine diminuait avec le ralentissement de cette croissance.

Dans la nouvelle conjoncture politique, l'enthousiasme pour la rationalité céda à un profond scepticisme. Les idées qui avaient présidé à la création du MEAU n'avaient plus le même poids. Pourquoi s'inquiéter de la rationalité des structures si les exigences politiques limitent nécessairement l'étendue de la rationalité? Vues d'une telle perspective, les ambitions du MEAU paraissaient naïves:

> One hears from time to time the term «rational government» in a pejorative, depreciating, rather condescending tone, applied to

9.   O'BRIEN, *op. cit.*, p. 91.
10.   TINDAL, C.R. et TINDAL, S.N., *Local Government in Canada*, 2ième édition, Toronto, McGraw-Hill-Ryerson, 1984, p. 177.
11.   CROWLEY, *op. cit.*, p. 116. La Fédération s'appelle maintenant la Fédération canadienne des municipalités.
12.   O'BRIEN, *op. cit.*, p. 92.

such reforms of the '60s and '70s and '80s as the Minister of State System[13].

Donc, quand le gouvernement fédéral annonça sa décision, en 1979, d'éliminer le MEAU, il y eut peu de réactions négatives. Les gouvernements provinciaux étaient contents, les agences centrales et les ministères sectoriels du gouvernement fédéral se débarrassèrent d'un interlocuteur gênant. Si quelques municipalités et quelques fonctionnaires furent déçus, leurs voix ne portèrent pas loin.

LE MINISTÈRE DISPARAÎT MAIS LA POLITIQUE URBAINE DEMEURE

La disparition du Ministère ne met pas un terme à la politique urbaine du gouvernement fédéral. Après l'abolition du MEAU, on assista à l'apparition dans la plupart des grandes villes canadiennes de projets d'envergure fortement influencés par le gouvernement fédéral . Mentionnons, à titre d'exemple, le développement du port de Québec, celui d'Harbourfront à Toronto, le développement du port d'Halifax, le *core area initiative* à Winnipeg, le développement de «Granville Island» à Vancouver, la création du Centre Rideau à Ottawa et, à Montréal, la construction de la Place Guy Favreau. Certains de ces projets ont débuté pendant la période du MEAU et, pour certains, le gouvernement fédéral n'en est pas l'intervenant principal. Mais tous ces projets supposent un rôle substantiel de la part du gouvernement fédéral et tous se sont concrétisés pendant la période post-MEAU.

On peut s'objecter à l'idée que ces projets constituent une politique urbaine, en insistant sur leur caractère très politique et sur le fait que chacun semble correspondre à des impératifs spécifiques. Le projet du vieux port à Québec visait à contrecarrer les péquistes... Celui de Winnipeg représentait la volonté de réélection de Lloyd Axworthy... Le développement portuaire de Toronto ainsi que le Centre Rideau à Ottawa faisaient partie des promesses électorales de 1972 visant à conserver le vote urbain au Parti libéral. La dimension politique de chacun de ces projets est une des caractéristiques qui nous permet de les envisager globalement comme étant une étape de la politique urbaine fédérale. Le gouvernement fédéral est devenu de plus en plus conscient, pendant les années 1970 et 1980, de l'importance de la visibilité en politique et des désavantages, à cet égard, d'un fédéralisme dominé par les activités conjointes. L'argent fédéral a servi à financer des travaux mais les projets pour lesquels l'argent était dépensé furent souvent perçus par la population comme étant des projets provinciaux.

---

13.   PITFIELD, M., «The Origins of the Ministry of State», Discours prononcé au Canadian Urban Studies Conference, le 14 août, 1985, p. 19.

De ce point de vue, la raison d'être de la présence fédérale dans les centres-villes est très claire. Le gouvernement fédéral a voulu démontrer qu'il est un acteur de premier niveau. Mais ces projets ont plus en commun que cette volonté de visibilité, ils représentent, en général, une volonté de ré-utilisation de terrains industriels et commerciaux à des fins tertiaires, qu'il s'agisse de bureaux, magasins, services, y compris les fonctions récréatives, culturelles et, parfois, résidentielles (surtout de luxe). Ces projets ont donc joué un rôle important dans la transformation sociale des centres-villes, dans leur «gentrification». Regardons de plus près.

L'aménagement du vieux-port de Québec a transformé la basse ville de Québec, ouvrant le port à la population en y aménageant bureaux, sites récréatifs, restaurants, etc. Ce projet fut entièrement réalisé par le gouvernement fédéral et ses origines remontent à la période du MEAU. La division de la coordination s'intéressait aux installations portuaires, les considérant comme un élément clé dans une éventuelle coordination, non pas seulement intrafédérale mais également intergouvernementale. Le MEAU avait commandité une grande étude sur la revitalisation des vieux ports à travers le pays et cette étude préconisait des utilisations multifonctionnelles. Par la suite, le Ministère a fait refaire une étude sur le port de Québec par un consultant local afin d'en arriver à un plan plus adapté aux conditions locales. Après la déchéance du MEAU, ses responsabilités ont été reprises par la SCHL, et plus tard par le ministère des Travaux publics. En 1982, le Cabinet créa une corporation de développement, la Société immobilière du Canada (Vieux port de Québec) Inc., pour assurer la direction de la réalisation du projet du vieux port. Le conseil d'administration ne comprenait uniquement que des personnes nommées par le gouvernement fédéral[14].

Ce projet fut complété rapidement, à cause du contexte des événements prévus pour l'été 1984 (les grands voiliers). À Montréal on avait aussi décidé de redévelopper le vieux port mais les travaux ont été beaucoup plus lents.

À Halifax, on a également créé une corporation de développement mais cette fois-ci, le gouvernement provincial a joué un rôle des plus actifs et les deux gouvernements se sont partagé le pouvoir de nomination des membres du *Waterfront Development Corporation*. À Halifax, quoique le MEAU ait été actif, ce fut le ministère de l'Expansion économique régionale qui assura le leadership pour le gouvernement fédéral.

Enfin, dans le cas de Wininipeg, l'entente tripartie de 1980 entre le ministre fédéral de l'Emploi et de l'Immigration, le ministre manitobain des Affaires urbaines et le maire de Winnipeg, prévoyait que les coûts seraient

---

14. Cette situation change en septembre 1984, avec le changement de gouvernement, quand le gouvernement fédéral décide d'inclure, sur le conseil d'administration, des représentants du gouvernement du Québec, de la Ville de Québec et de la Communauté urbaine de Québec.

partagés entre les trois intervenants et que la responsabilité fédérale reviendrait au ministère de l'Expansion économique régionale. La présence du ministre de l'Emploi et de l'Immigration, Lloyd Axworthy, député de Winnipeg, fut déterminante et permet de comprendre la présence du gouvernement fédéral dans ce projet de revitalisation du centre-ville. Cette implication de Lloyd Axworthy explique aussi le fait que ce projet ait accordé davantage d'importance à la création d'emplois, bien qu'on recherchait également une expansion des activités commerciales, culturelles, touristiques et institutionnelles[15].

* * *

Ces exemples démontrent que le gouvernement fédéral a influencé la structure urbaine au Canada. Les centres des grandes villes continuent d'être marqués par l'activité fédérale, malgré la disparition du ministère d'État aux Affaires urbaines. Le gouvernement fédéral a joué un rôle important dans la restructuration des centres-villes, dans la transformation des centres industriels en des centres consacrés aux bureaux, commerces et autres fonctions récréatives. L'existence du Ministère a certainement augmenté et accéléré la présence fédérale dans le domaine. Mais en même temps, il est clair que l'impact urbain du gouvernement fédéral ne s'est pas limité aux activités du MEAU. Ceci ressort clairement de la description que nous venons de donner des grands projets urbains. Même durant l'existence du MEAU, d'autres ministères ont joué des rôles importants comme les ministères l'Expansion économique régionale, des Transports, de l'Emploi et de l'Immigration.

D'ailleurs, notre survol de la politique urbaine pour la période 1963-1984 ne serait pas complet si nous ne faisions pas mention de certains autres acteurs et décisions qui ont marqué le champ urbain. Le domaine du logement continue d'être dominé par les politiques de la SCHL, quoique les années 1970 et 1980 soient marquées par une activité accrue de la part des gouvernements provinciaux. Les grands objectifs des politiques fédérales de logement demeurent, comme Gérard Divay et Marcel Gaudreau l'ont décrit, «l'encadrement tutélaire du marché et la sauvegarde de l'accessibilité au logement»[16]. Pendant les années 1970, à cause des conditions économiques et des pressions politiques, le gouvernement fédéral a augmenté ses programmes d'aide aux logements locatifs destinés à des clientèles défavorisées. Les programmes de logements publics et de logements produits par des organismes sans but lucratif ou par des coopératives ont été mis sur pied, surtout en collaboration avec des organismes provinciaux.

---

15.   Winnipeg Core Area Initiative Policy Committee, 1981, p. 12.
16.   DIVAY, G., GAUDREAU, M., *La formation des espaces résidentiels*, Montréal, INRS-Urbanisation et les Presses de l'Université du Québec, 1984, p. 59.

Pendant la même période, les politiques de rénovation urbaine ont été transformées pour être axées sur la rehabilitation des maisons et des quartiers.

Quoique l'orientation «sociale» des politiques de logement se soit accrue pendant la période 1963-1984, il faut souligner que l'option fondamentale des politiques fédérales du logement reste le marché et l'entreprise privée. La nouvelle construction des maisons unifamiliales en banlieue a marqué l'utilisation de l'espace urbain au Canada, mais d'autres utilisations comme les logements publics, les coopératives, et les appartements sont devenues plus fréquentes[17].

La Commission de la capitale nationale (CCN) a également modifié le visage urbain du Canada, quoiqu'à travers un mandat plus limité. La Commission, chargée des intérêts fédéraux dans l'aménagement de la région d'Ottawa-Hull, a connu une expansion considérable dans la période 1963-1984. La volonté du gouvernement fédéral d'accentuer sa présence dans la partie québécoise de la région est devenue plus significative à partir des années 1960, principalement en réaction contre la montée du nationalisme québécois[18]. À la fin des années 1960, les premiers ministres, lors d'une conférence fédérale-provinciale, ont déclaré que la capitale du Canada était Ottawa-Hull, et non pas seulement Ottawa. Par la suite, le gouvernement fédéral s'est lancé dans la construction d'édifices fédéraux à Hull. La relocalisation des musées démontre également cette volonté, avec le début de la construction du Musée de la civilisation dans le secteur québécois et une décision du Cabinet sur l'emplacement éventuel du Musée des sciences et de la technologie également au Québec. Les velléités d'une vocation industrielle de la partie québécoise de la région sont à peu près disparues avec la fin des années 1960, ce qui confirme la place du gouvernement fédéral, et plus précisément de la CCN, comme aménageur principal de la région.

Cette décision d'inscrire formellement la présence du fédéral dans la partie québécoise et son rattachement à la définition de la capitale démontre aussi l'importance croissante de la valeur symbolique de la capitale pour le gouvernement fédéral, et donc une préoccupation plus grande de la part de la CCN vis-à-vis de la dimension symbolique de ses activités. La Commission veut faire un aménagement urbain de première qualité et elle veut que cet aménagement parle à l'ensemble des Canadiens et non pas seulement aux seuls résidents d'Ottawa-Hull.

---

17.   Pour une analyse plus complète de l'industrie du logement au Canada, voir LORIMER, J., *La Cité des promoteurs*, Montréal, Boréal Express, 1981.

18.   Pour une analyse de la transformation de l'Outaouais québécois, voir ANDREW, C., BLAIS, A., DESROSIERS, R., *Les élites politiques, les bas-salariés et la politique du logement à Hull*, Ottawa, Éditions de l'Université d'Ottawa, 1976; et ANDREW, C., BORDELEAU, S., GUIMONT, A., *L'Urbanisation: une affaire*, Ottawa, Éditions de l'Université d'Ottawa, 1981.

Le ministère des Transports figure également parmi les principaux acteurs urbains du gouvernement fédéral, les décisions concernant les aéroports de Montréal et de Toronto comptent parmi les plus importantes de la période 1963-1984. On a beaucoup écrit sur la décision de construire un deuxième aéroport à Montréal et, finalement, de ne pas en construire un à Toronto[19]. Quoique la MEAU et le MEER aient joué des rôles majeurs, c'ést le ministre des Transports qui a eu la responsabilité première dans le dossier[20]. Les années 1960 ont été marquées par de nombreuses études avant qu'on en vienne au choix des sites: Sainte-Scholastique a été choisie en mars 1969 et Pickering en janvier 1972. Dans le cas québécois, le choix a été fait malgré l'opposition du gouvernement québécois tandis qu'en Ontario, c'était l'avis du gouvernement ontarien qui a fait pencher la balance en faveur de Pickering. Mais, dans le cas québécois, Mirabel a été construit tandis qu'en Ontario, à cause des protestations du public et aussi à cause d'un changement de position du gouvernement ontarien, le projet a été mis de côté. Les deux aéroports de Montréal apparaissant de plus en plus comme un facteur qui gêne le développement économique de la ville, un nombre croissant d'acteurs montréalais préconise la fermeture de Mirabel[21]. Mais, jusqu'à maintenant le gouvernement fédéral a refusé d'envisager cette solution.

La politique urbaine du gouvernement fédéral, de 1963 à 1984, se caractérise donc par le changement et la continuité. L'intérêt pour l'enjeu urbain varie avec les époques, et les structures spécifiques d'intervention créées sont ensuite démantelées. Mais, malgré cela, les activités du gouvernement fédéral continuent de «façonner» dans une certaine mesure, les villes canadiennes. Cependant, le fait que l'influence fédérale persiste n'implique pas que la disparition du Ministère ait été sans conséquence. L'échec du Ministère, ainsi que son élimination, démontrent l'incapacité du gouvernement fédéral de mettre en place de véritables politiques urbaines planifiées et cohérentes.

19.   Pour une analyse de ces deux cas, voir, entre autres, FELDMAN, E. J., MILCH, J., *The Politics of Canadian Airport Development: Lessons for Federalism*, Durham N.C., Duke Press Policy Studies, 1983; et STEWART, W., *Paper Juggernaut: Big Government Gone Mad*, Toronto, McClelland and Stewart, 1970.

20.   Un historique récent du ministère des Transports insiste sur le caractère politique de ces deux décisions, soulignant le fait même que c'était le Conseil privé, et non pas le Ministère, qui était en faveur de l'emplacement de l'aéroport au nord de Montréal. L'article relève «ces deux exemples d'influence politique, pour ne pas dire ingérence....», LECLERC, W., «Transports Canada: son premier demi-siècle», *Transport 86*, 9-3, 1986, p. 12.

21.   Voir, par exemple, les recommandations du rapport du comité consultatif sur le développement de la région de Montréal, publiées au mois de novembre 1986. Le Comité, présidé par Laurent Picard, a recommandé de concentrer l'activité aéroportuaire à Dorval.

LES FEMMES DANS L'ÉTAT

Carolle Simard
Département de science politique
Université du Québec à Montréal

Avant de faire un bilan, le plus exhaustif possible, des faits et des événements ayant caractérisé les vingt et un ans de pouvoir libéral à Ottawa en matière de féminisme[1], une mise au point s'impose.

D'un point de vue théorique d'abord, parce que discourir sur la problématique de l'État fédéral à propos des femmes, c'est regarder du côté des rapports que ces dernières entretiennent avec les institutions. Mais lorsque ces institutions sont de type étatique, il en résulte un domaine propre et spécifique lié à la fonction d'ordre que remplit l'État et qu'incarnent des institutions irréductibles à aucune autre. Est-il possible d'ignorer que la prise en compte, au plan politique, des demandes des femmes, de même que la mise en place et le développement d'institutions féministes au sein de l'État, concourent à légitimer des valeurs, à consolider le régime déjà institué? Ainsi en est-il, par exemple, de l'égalité des sexes et des mesures censées l'assurer. L'obligation de regarder du côté des mesures étatiques qui viennent définir, voire contraindre ce que sont les femmes, oriente, donc, l'analyse vers l'activité étatique et administrative, dès lors que c'est cette dernière activité qui confère aux femmes une partie de leur identité. Il se trouve, pourtant, que penser la question en ces termes nous expose à bien des tracas, d'autant plus que plusieurs écrits posent le féminisme dans un «à part», c'est-à-dire dans un extérieur par rapport au champ socio-politique

---

1. L'utilisation du mot féminisme à propos de l'État ne vient pas suggérer l'idée de l'existence d'un «État féministe». Plus simplement, il s'agit d'analyser la pensée et l'action de l'État quant «à l'extension des droits, du rôle de la femme dans la société», (*Dictionnaire Robert*).

classique[2]. Certes, le féminisme a permis un relatif éclatement du politique et les crises qu'affrontent certaines problématiques[3] en témoignent. Partir de l'État pour saisir la nature du féminisme demeure néanmoins un choix judicieux; ainsi opéré, le dévoilement sera connaissance du féminisme en même temps que connaissance de l'État.

Au plan pratique ensuite, on a, d'une part, l'impression, fausse sans doute, que tout a été dit en ce qui concerne les femmes. De nombreux travaux sur l'oppression ont déjà été complétés; ils ont fait surgir de l'ombre plusieurs des obstacles sociaux et institutionnels que les femmes doivent surmonter. Si la complexité du problème étudié ressort généralement de toutes ces parutions, il nous faut constater leur foisonnement relatif. D'autre part, et cela peut sembler contredire ce qui précède, l'idée de faire le point est par trop séduisante, d'autant plus qu'un regard sur le passé, somme toute assez proche, nous fait entrevoir l'immensité du chemin parcouru. Il est tentant, en effet, de se pencher sur le sens de tous ces faits, sur le sens de tous ces événements.

Certes, la tentation n'est pas exempte d'appréhensions lorsqu'il s'agit de saisir en révélant, lorsqu'il est question d'opérer un retour sur des moments et des enthousiasmes. Il est difficile d'être à la fois partie prenante d'une situation et analyste de cette même situation. Faire partie de ce dont on parle et, en même temps, avoir le désir de rendre lisible ce qui ne l'a pas toujours été, permettra, souhaitons-le, le recul ponctuel, le contrepoint réflexif.

Ce texte est partagé en trois parties. La première fait le point sur l'état de la situation à la fin des années 1950, à la veille de l'arrivée au pouvoir des libéraux. La seconde brosse le panorama des grands événements ayant marqué les années 1963-1984; on y analyse, aussi, les institutions politiques et administratives des femmes. La troisième partie tente un bilan des actions passées et questionne le sens des changements observés.

---

2.   Sur cette question, se reporter au numéro 5 de la revue *Politique* sur «Femmes et pouvoir», notamment les articles de LAMONT, M. et DE SÈVE, M. Voir, aussi, SIMARD, Carolle, «Des féminismes désordonnés au féminisme ordonné: les contradictions du féminisme», dans *Le contrôle social en pièces détachées, Cahiers de l'ACFAS* 1985, n° 30, p. 47-58.

3.   Un indice de cet éclatement relatif se situe dans le fait que, lors d'un colloque traitant de la situation de la recherche sur le Canada français, organisé en 1984 par la direction des *Recherches sociographiques*, on a abordé cette question. Voir BÉLANGER, A.J., «Lectures politiques», dans *Recherches sociographiques*, vol XXVI, n° 1-2, 1985, p. 119-135.

D'OÙ PARTONS-NOUS? UNE RUPTURE IMPOSÉE

Les gouvernements qui se sont succédés au Canada n'ont pas attendu le mouvement de libération des femmes des années 1970 pour intervenir dans la vie des femmes. Bien au contraire. Pensons aux conditions par lesquelles l'État canadien a accordé le droit de vote aux femmes, ou encore aux mesures prises pendant les deux conflits mondiaux et destinées à accroître la participation des femmes à la main-d'oeuvre dite active, ou encore aux actions censées faciliter leur rentrée en force au foyer, après le retour des combattants. Bref, l'État a toujours réglementé, dans le cadre de ses multiples politiques, la place des femmes épouses, celle des femmes mères, comme celle des femmes travailleuses. Loin de nous, pourtant, l'idée d'adopter un point de vue déterministe, lequel consiste à croire que les conditions d'existence des femmes sont fixées absolument. On reconnaît, par ailleurs, que l'histoire des femmes canadiennes est faite de progrès et de reculs, lesquels ont varié dans le temps et dans l'espace, compte tenu des changements accomplis dans l'organisation économique, sociale et politique du pays. Ce qui revient à ceci: l'histoire des femmes, comme d'ailleurs l'histoire de la classe ouvrière, n'a rien de linéaire; elle n'existe qu'investie par le pouvoir, elle n'existe que dans un rapport, contradictoire ou complémentaire, aux changements dans la société. Les modifications dans les conditions économiques, sociales et politiques des femmes, dépendent des époques et des sociétés. Ces modifications varient, bien sûr, selon les classes et les milieux. Ces modifications sont fonction, également, de la configuration sociale et du niveau d'organisation des forces d'opposition.

Il se trouve que partir du début des années 1960 pour traiter des conditions faites aux femmes par l'État canadien risque de diminuer la portée des considérations théoriques précédentes. Mais puisqu'une coupure s'impose dans le temps, dès lors que l'on considère 1963 comme l'année zéro pour les femmes canadiennes, un bref rappel de la manière dont les femmes vivent alors leurs rapports au pouvoir et à la société, atténuera la rupture. Il s'agit de rendre compte, brièvement, des conditions sociales, économiques et politiques de l'époque.

Quelques rappels

À la fin des années 1950, les femmes canadiennes ont acquis le droit de participer à la vie politique. Elles votent depuis fort longtemps, puisque dès 1917, lors des élections nationales, les femmes des forces armées ainsi que certaines parentes de soldats et d'officiers ont pu voter. L'année suivante, plus précisément le 24 mai 1918, toutes les femmes furent autorisées à voter. Un an plus tard, le droit de siéger au Parlement leur fut octroyé. Au niveau provincial, toutes les provinces, sauf le Québec (et bien sûr Terre-Neuve qui ne fera partie de la Confédération canadienne qu'à partir de 1949), ont accordé aux femmes le droit de vote entre 1916 et 1922[4].

C'est aussi pendant cette décennie que les femmes obtiennent le droit d'être nommées au Sénat. Avant cela et au terme de la Constitution, elles étaient considérées incapables de prendre part à la vie publique. En 1929, le Conseil privé de Grande-Bretagne jugea que le mot «personne», à l'article 24 de l'AANB, désignait les hommes et les femmes[5].

Si la première femme députée au Parlement fédéral fut élue en 1921, il faut tout de même attendre 1957 avant qu'une femme soit nommée ministre dans le cabinet fédéral. Agnès Campbell Macphail, institutrice de l'Ontario, siégea à la Chambre des communes pendant dix-neuf ans. Quant à Ellen Fairclough, également de l'Ontario, John Diefenbaker la nomma secrétaire d'État. Elle devint ministre de la Citoyenneté et de l'Immigration moins d'un an plus tard. En 1962, elle obtient le ministère des Postes[6]. Enfin, c'est le premier ministre MacKenzie King qui nomma, en 1930, la première femme sénateur. Il s'agit de Carrine Wilson. Le succès de ces femmes ne donna pas lieu, pourtant, à une insertion plus importante des femmes dans le système politique. Lors de l'arrivée au pouvoir des libéraux en 1963, les femmes en politique demeurent l'exception. De 1921 à 1963, un peu plus d'une dizaine d'entre elles furent élues au Parlement. Quant aux femmes sénateurs, on les compte sur les doigts d'une seule main. Aux Assemblées législatives provinciales, les femmes ne font guère mieux. Leur présence demeure toujours inférieure à 1 %.

Ce qui se passe dans la sphère politique traduit, du moins partiellement, ce qui existe ailleurs, au sein du monde du travail. Pourtant, depuis le début des années 1950, les femmes étaient de plus en plus nombreuses sur le marché du travail. En outre, leur participation à la main-d'oeuvre dite active n'a fait qu'augmenter. Au début des années 1960, une personne active sur quatre était une femme. Ces femmes salariées étaient souvent mariées (une sur trois) et leur importance a augmenté rapidement parmi les femmes qui travaillaient. Pour toutes ces femmes, la question d'argent l'emporte sur toutes les autres, notamment pour les femmes mariées. Les données de 1958, fournies par le

---

4.   Ce n'est que le 25 avril 1940 que les femmes du Québec ont obtenu le droit de vote et celui de siéger au Parlement.

5.   L'article 24 se lit ainsi: «Au nom de la Reine et par instrument sous le grand sceau du Canada, le Gouverneur général mandatera au Sénat, de temps à autre, des personnes ayant les qualités requises; et, sous réserve des dispositions du présent acte, les personnes ainsi mandées deviendront et seront membres du Sénat et sénateurs».

6.   Pour connaître l'histoire de ces femmes et de bien d'autres, voir WADE L. *et al, Tradition culturelle et histoire politique de la femme au Canada*, Études préparées pour la Commission royale d'enquête sur la situation de la femme au Canada, Ottawa, Information Canada, 1971.

Bureau de la main-d'oeuvre féminine du ministère fédéral du Travail, indiquent
que dans 70 % des cas, les maris des femmes salariées recevaient un traitement
annuel inférieur à 5 000 $.

En 1961, ce sont les catégories «services personnels» et «travail de
bureau» qui constituaient les deux plus importants secteurs de travail de la main-
d'oeuvre féminine canadienne; dans ces groupes de professions, le pourcentage
des femmes par rapport à tous les travailleurs était respectivement de 66,4 % et
de 61,5 %[7]. Quant aux travailleuses intellectuelles, elles représentaient, pour
cette même année, un pourcentage de 16 %[8]. Selon les spécialistes de l'époque,
cette proportion est relativement faible, compte tenu de l'élévation continuelle du
niveau d'instruction des femmes, ou encore de l'augmentation de la proportion de
femmes ayant complété un premier cycle universitaire, particulièrement depuis la
Deuxième Guerre mondiale. Bref, au cours de cette période, la proportion de
femmes dans les emplois de bureau ne cesse de croître; il en va de même au sein
de certaines professions traditionnellement féminines où les femmes constituent
la presque totalité des effectifs (infirmières, enseignantes, par exemple). Quant
aux professions libérales, elles demeurent relativement fermées aux femmes, ce
qu'indiquent les statistiques de 1961. Les données relatives aux trois principales
professions libérales montrent que cette année-là, 7 % des médecins et des
chirurgiens étaient des femmes, tandis que chez les avocats, on comptait 3 % de
femmes. Enfin, il y avait 1 % de femmes chez les ministres du culte.
Parallèlement, on note que la capacité de gain relative de certains emplois a
fléchi, notamment les emplois de bureau. Pourtant, celle des classes
professionnelles s'est maintenue, tandis que la capacité relative de certains
groupes de la classe des «services», dominés par la main-d'oeuvre masculine,
s'est élevée[9].

Au début des années 1960, donc, il existe au Canada une division sexuelle
des tâches rémunérées. La plupart des femmes qui travaillent demeurent
concentrées au sein d'emplois subalternes et peu spécialisés.

Néanmoins, à la fin des années 1950, le Canada fait bonne figure parmi
les démocraties occidentales quant à la question de l'égalité entre les hommes et
les femmes et à propos de la lutte à la discrimination. Le 10 décembre 1948, à
l'Assemblée générale des Nations unies, le Canada a voté en faveur de la
Déclaration universelle des droits de l'homme, dont les articles 2 et 7
notamment, interdisent la discrimination basée sur le sexe. D'ailleurs, la loi
canadienne sur les justes méthodes d'emploi de 1953, comporte des clauses
contre les mesures discriminatoires dans l'emploi pour des raisons de race, de

---

7.   TRAVAIL CANADA, *Les nouvelles tendances de l'emploi des femmes*,
      Ottawa, 1966.
8.   MELTZ, N., *La femme en emploi: tendances professionnelles manifestées
      au Canada*, Bureau de la main-d'oeuvre féminine, 1969.
9.   *Ibid.*

couleur, de religion ou d'origine ethnique. Mais la discrimination pour les raisons de sexe ne sera interdite qu'en 1960, à la suite de la promulgation de la *Déclaration canadienne des droits*. Dès 1956 pourtant, une loi fédérale sur la parité salariale entre les hommes et les femmes est édictée.

L'espace féministe

Pour les femmes canadiennes, la fin des années 1950 correspond à une période de consolidation. Elles ont acquis le droit de participer à la vie politique. Elles peuvent, aussi, exercer toutes les professions et s'acquitter des responsabilités publiques, quelles qu'elles soient[10]. Toutefois, c'est généralement dans le cadre étroit de la famille et du mariage, ou encore des églises et des associations diverses que s'organise la participation des femmes. Certes, les femmes s'engagent, ou encore militent, ou encore travaillent à l'extérieur du foyer. Mais sauf exception, elles agissent dans la continuité de leur rôle domestique[11]. La séparation public-privé n'est nullement mise en cause. Si les femmes commencent à être intégrées, elles ne le sont que partiellement, vers des lieux et à des niveaux circonscrits. Il se trouve qu'en droit, les femmes peuvent être partout et les transformations qui s'opèrent, alors, en témoignent. Pourtant, plusieurs des modèles institués au cours de cette période participent de la logique de la contrainte et de la reproduction sociale, plutôt que de celle de la libération. Ainsi en est-il, par exemple, de l'accès généralisé des filles aux collèges et aux universités, lorsque cet accès se traduit par la mise en place et le développement de filières parallèles: une pour les femmes, une autre pour les hommes. Celles-là optent généralement pour l'éducation, le service social, ou encore la puériculture, ceux-ci préfèrent les sciences et le commerce, le droit et la médecine. Au plan professionnel, on assiste à la création de ghettos féminins, caractérisés par des bas salaires, des possibilités de promotion réduites, des responsabilités amoindries.

La présence accrue des femmes au sein de la population active ne fera qu'accélérer le processus selon lequel les meilleures places seront toujours attribuées aux hommes. Pour l'heure, constatons simplement les conditions de la formation de ce dernier processus.

Au plan politique, on peut croire que le gouvernement n'intervient pas, ou si peu. C'est pourtant au cours de cette période que l'État canadien devient

---

10. À l'exception de la Cour suprême du Canada, puisque même aujourd'hui, aucune femme n'a encore été nommée.
11. Selon LAURIN-FRENETTE, N., il s'agit de la «privatisation» des femmes. Voir «Féminisme et anarchisme: quelques éléments théoriques et historiques pour une analyse de la relation entre le mouvement des femmes et l'État», dans *Femmes et politique* (sous la direction de Yolande Cohen), Montréal, Editions Le Jour, 1981, p. 147-185.

l'interlocuteur privilégié des femmes: on lui réclame des droits, on lui demande des ressources, on lui revendique des réformes. Ce faisant, c'est à une prise en charge croissante des diverses dimensions de la vie des femmes à laquelle on assiste. Les politiques, les législations, les programmes de toutes sortes, destinés aux femmes et à leurs enfants, orientent la distribution des ressources vers un contrôle plus serré des agents femmes. Ce dernier contrôle s'accompagne, toutefois, de la mise en place de principes qui serviront à orienter les luttes féministes au cours des années subséquentes.

On peut avoir l'impression, enfin, que le militantisme des associations féminines a décliné. Il est vrai que les luttes des années 1920 dans la «cause des personnes» avait mobilisé bien des énergies. De même, les batailles qu'ont dû mener les femmes lorsqu'elles ont voulu exercer leur profession dans des domaines traditionnellement réservés aux hommes, rendent compte des objectifs poursuivis, alors, par les femmes. N'oublions pas, non plus, les actions des femmes dans les syndicats et destinées à imposer l'idée selon laquelle elles sont des travailleuses comme les autres. Bref, s'il existe peu de groupes féminins, les femmes n'en continuent pas moins de poursuivre des objectifs précis, à travers des structures mixtes: associations, partis, syndicats. Quant à la *Voix des femmes*, association pacifiste reliée à la gauche canadienne, elle mobilise ses membres sur plusieurs fronts. Véritable école d'action politique pour les femmes, la *Voix des femmes* inspirera les revendications féministes de la décennie suivante.

VERS UNE «SOCIÉTÉ JUSTE» POUR LES FEMMES?

Dans cette partie, nous étudierons les actions du gouvernement libéral fédéral à l'endroit des femmes canadiennes entre 1963 et 1984. Différents aspects seront abordés, mais nous porterons une attention particulière aux enquêtes et aux rapports dont les femmes ont été l'objet ainsi qu'aux institutions créées par l'État canadien à l'intention des femmes.

Notons toutefois que face au nombre quasi illimité d'enquêtes, de rapports, de programmes, ayant pris lieu et place dans l'appareil gouvernemental fédéral, il demeure extrêmement difficile de hiérarchiser le tout en un ensemble cohérent. Bien sûr, les nombreuses actions menées par les pouvoirs publics ne se situent pas toutes au même niveau d'importance. Mais lorsqu'il s'agit de rendre compte du rôle joué par le gouvernement fédéral, d'identifier les priorités du dit gouvernement, il importe de retenir l'essentiel plutôt que l'accessoire, le général plutôt que le particulier. En regardant du côté des choix effectués par le gouvernement libéral, d'une part au plan économique et social, d'autre part dans le domaine des droits fondamentaux, on révèle certaines facettes des multiples réalités des femmes canadiennes. On évalue, aussi, la portée des changements proposés.

Les interventions du gouvernement fédéral à l'endroit des femmes
canadiennes: le domaine social et économique

a)   La Commission royale d'enquête sur la situation de la femme au Canada:
       1967-1970
       L'arrivée au pouvoir des libéraux fédéraux s'effectue au moment où les
       femmes canadiennes, à travers la *Voix des femmes*, accentuent leurs
       pressions en vue de faire modifier diverses lois. Leurs actions, notamment
       dans le domaine de la contraception, donnent lieu, en 1969, à une
       modification du Code criminel. Sont désormais exclues des infractions
       criminelles, la diffusion d'informations sur le contrôle des naissances. On
       autorise, également, l'avortement thérapeutique. C'est encore la *Voix des
       femmes*, à laquelle se joint la Fédération canadienne des Associations des
       femmes diplômées, qui poursuit l'idée de regrouper les femmes sous une
       même plate-forme politique. Ce qui donnera naissance au *Committee for
       the Equality of Women in Canada*. Avec l'aide de Judy Lamarsh, alors
       seule femme ministre à Ottawa, de Jeanne Sauvé et de nombreuses
       associations féminines, le *Committee for the Equality of Women in
       Canada* réclame et obtient, en 1967, la création d'une Commission royale
       d'enquête sur la situation de la femme au Canada. D'ailleurs, à cette
       époque, d'autres pays, notamment les États-Unis, la France et le
       Royaume-Uni, ont déjà entrepris d'étudier la situation spécifique des
       femmes. Présidée par Florence Bird, sénateur, la Commission royale
       d'enquête remet son rapport en 1970. Pas moins de 167 recommandations
       sont dénombrées, lesquelles procèdent du mandat général confié aux
       commissaires, trois ans auparavant: «faire enquête et rapport sur le statut
       des femmes au Canada... afin d'assurer aux femmes des chances égales à
       celles des hommes dans toutes les sphères de la société canadienne»[12].
       Plus précisément, il s'agissait de «faire enquête et rapport sur les
       questions suivantes:
—   Les lois et pratiques sous juridiction fédérale concernant les droits
       politiques des femmes.
—   Le rôle actuel et virtuel des femmes sur le marché de la main-d'oeuvre au
       Canada, y compris les problèmes spéciaux des femmes mariées au travail
       et les mesures qui pourraient être prises en vertu de la juridiction fédérale
       pour aider à les résoudre.
—   Les mesures pouvant être prises en vertu de la juridiction fédérale en vue
       de permettre une meilleure utilisation des talents et de l'instruction des
       femmes, y compris les exigences spéciales concernant le recyclage des

---

12.   Commission royale d'enquête sur la situation de la femme au Canada,
       Rapport Bird, Ottawa, Information Canada, 1970.

femmes mariées qui désirent exercer à nouveau des emplois professionnels ou spécialisés.

— Les lois et règlements fédéraux concernant le travail dans la mesure où ils s'appliquent aux femmes.

— Les lois, pratiques et lignes de conduite concernant l'emploi et l'avancement des femmes au service civil fédéral et au sein des sociétés fédérales de la couronne et des organismes fédéraux.

— Les impôts fédéraux par rapport aux femmes.

— Le mariage et le divorce.

— La situation des femmes dans les cadres du Code criminel.

— Les lois, lignes de conduite et pratiques relatives à l'immigration et à la citoyenneté en ce qui a trait aux femmes;

— et toutes questions relatives au statut des femmes au Canada qui peuvent sembler pertinentes aux Commissaires[13]».

Un des objectifs de cette commission d'enquête est la réalisation de l'égalité pour tous, dans les faits, bien sûr, mais aussi et peut-être surtout au sein des institutions. Tous les domaines de la vie des femmes sont concernés. Le rapport soumis au Parlement, ainsi que les recommandations qui l'accompagnent, portent sur les femmes et l'économie canadienne, l'éducation, la femme et la famille, la fiscalité et les allocations pour enfants à charge, les économiquement faibles, les femmes et la vie politique, l'immigration, la nationalité, le droit criminel et la délinquance féminine. On vise à atteindre, pour les femmes, l'autonomie financière. On cherche, également, à leur assurer un statut social et politique, équivalent à celui des hommes.

La perspective égalitariste dont s'inspirent les commissaires n'est sans doute pas innocente; en tout cas on peut le supposer. En regardant du côté de la quasi-totalité des actions subséquentes engagées à l'endroit des femmes, on constate que la plupart relèvent de cette dernière perspective, comme en témoignent des mesures prévues à propos des femmes fonctionnaires, ou encore de celles concernant les femmes pauvres ou encore des mesures adoptées pour les femmes salariées.

Les *Rapports Judek et Archibald*: 1968 et 1969

La Commission royale d'enquête sur l'organisation du gouvernement (Commission Glassco), dont le rapport a été déposé en 1962, s'est intéressée au statut des femmes fonctionnaires. Après avoir conclu que les femmes sont défavorisées par la manière dont s'effectue le processus de sélection des candidats admissibles au perfectionnement ou à un poste de direction, les commissaires

---

13.   *Ibid.*

recommandent au gouvernement de l'époque d'innover à l'égard de la main-d'oeuvre féminine[14].

Quelques années plus tard, les constats ne sont guère plus encourageants. D'une part, la garantie d'égalité et d'ouverture de tous les postes aux candidates féminines n'a guère modifié la condition générale des femmes fonctionnaires. D'autre part, la disparition du cadre juridique sexiste, lequel excluait les femmes d'un certain nombre de postes, vient contredire les nombreux signes de différenciation qui ressortent d'une structure de travail discriminatoire. À ce niveau, les *Rapports Judek et Archibald* dégageront tous deux les mêmes conclusions.

Utilisant un échantillon de fonctionnaires concentré dans la région Ottawa-Hull, Stanislas Judek cerne les principales caractéristiques de la main-d'oeuvre féminine au sein de la fonction publique fédérale. Il fait quatorze recommandations et conclut qu'en général, «le gouvernement fédéral n'a pas mis à pleine contribution les talents et les aptitudes des femmes, dans le domaine du recrutement et de la sélection d'employés pour le service de l'État»[15]. Bref, l'auteur suggère de modifier les politiques de personnel de manière à utiliser les capacités et les compétences des femmes.

Un an plus tard, Kathleen Archibald procède à l'étude des«questions qui ont trait au rôle de l'État en tant qu'employeur de femmes». Elle utilise les données déjà publiées par les différentes autorités gouvernementales sur le sujet, ainsi que les résultats de l'enquête effectuée auparavant par Stanislas Judek. Dans sa recherche, intitulée *Les deux sexes dans la fonction publique*, l'auteur expose également les résultats d'un essai simulé de méthode de sélection de candidats masculins et féminins, dans le but de voir si les hommes bénéficient d'un traitement plus favorable que les femmes, même lorsque ces dernières ont le même degré de compétence et d'expérience. Enfin, cette étude compare la situation professionnelle des fonctionnaires féminins à celle de leurs collègues masculins.

Calculant pour la première fois l'indice de ségrégation dans la fonction publique, Kathleen Archibald montre qu'il y a spécialisation par ministère en fonction du sexe, et que les occasions de carrières féminines dans la fonction publique sont limitées, parce que «plus les femmes ont d'expérience et plus leur degré d'instruction est élevé, plus leur traitement relatif est bas par rapport à celui des hommes»[16]. L'auteur recommande la création d'un «Office de la

14. Commission royale d'enquête sur l'organisation du gouvernement, *La gestion de la fonction publique*, vol. 1, Ottawa, Imprimeur de la reine, 1962.

15. JUDEK, S., *Les femmes dans l'administration fédérale? Les emplois qu'elles occupent et l'utilisation de leurs compétences*, Ottawa, ministère du Travail, 1968, p. 134.

16. ARCHIBALD, K., *Les deux sexes dans la fonction publique*, Ottawa, Fonction publique du Canada, 1969, p. 100.

femme», ainsi que la mise sur pied d'un programme d'égalité des chances pour les fonctionnaires ayant été injustement traités.

Quant au *Rapport Bird*, il souscrit aux mesures proposées. Pas moins de quatorze recommandations concernent le personnel féminin assujetti à la *Loi sur l'emploi dans la fonction publique*. Là encore, il importe, selon les commissaires, que la femme fonctionnaire puisse accéder à un statut professionnel égal à celui de l'homme fonctionnaire.

Deux rapports sur la pauvreté: 1971 et 1979

Le Comité spécial du Sénat sur la pauvreté a tenu des audiences publiques entre 1968 et 1970. Son rapport, publié un an plus tard[17], ne fait qu'effleurer le problème de la pauvreté des femmes canadiennes. En réalité, il semble que personne au Comité du Sénat n'ait pensé à établir un lien entre sexe et pauvreté au Canada. Pourtant, au même moment, les membres de la Commission Bird constataient que de nombreux mémoires soumis abordaient des questions de justice économique plutôt que de droits abstraits. La question de la pauvreté des femmes n'a pas été ignorée par les commissaires. Ils concluent:

> Les femmes, au Canada, sont particulièrement vulnérables à la pauvreté. L'étude des salaires moyens des femmes qui travaillent montre bien qu'il existe un rapport entre les femmes et la pauvreté, et ce rapport est encore plus évident que dans le cas des femmes qui ne sont pas en mesure d'occuper un emploi rémunéré[18].

Ces conclusions ont été reprises par les membres du Conseil national du bien-être social[19], dans un rapport intitulé *La femme et la pauvreté*, déposé en octobre 1979. Après avoir répondu à ces questions: qui sont les femmes pauvres? Pourquoi les femmes sont-elles pauvres? Les membres du conseil résument ainsi la situation:

> La plupart des femmes se trouvent actuellement dans une impasse: ayant été formées à devenir des épouses et des mères «à charge», elles découvrent que c'est au prix d'un train de vie fort modeste et d'une grande vulnérabilité financière qu'elles pourront le demeurer. Leur seule porte de sortie est de prendre un emploi sur le marché du travail «féminin», sans pour autant négliger leurs responsabilités familiales; elles se retrouvent alors surchargées de

17. Comité spécial du Sénat sur la pauvreté, *La pauvreté au Canada*, Ottawa, Information Canada, 1971.
18. Commission royale d'enquête sur la situation de la femme au Canada, *Rapport Bird*, *op. cit.*, p. 349.
19. Le Conseil national du bien-être social est un organisme consultatif. Ses membres sont nommés par le Gouverneur en conseil.

travail et constatent qu'elles ne sont pas tellement plus indépendantes sur le plan financier[20].

Les mesures suggérées par cet organe consultatif réfèrent, pour la plupart, à des perspectives égalitaristes: égalité dans l'apprentissage, égalité sur le marché du travail, égalité dans le mariage.

Les rapports sur l'égalité en matière d'emploi: 1980 et 1984

Au cours des années 1970, les autorités politiques canadiennes se préoccupent de l'évolution du marché du travail. On s'inquiète, notamment, du taux de chômage élevé chez les femmes, étant donné la diminution prévue du taux de croissance des secteurs d'emploi où elles sont traditionnellement concentrées[21]. Au nombre des solutions envisagées, on retient la mise en place de programmes d'accès à l'égalité mieux structurés, accompagnés de mesures de contrôle plus appropriées. Le Comité spécial sur les minorités visibles dans la société canadienne renforce cette dernière position. Dans son rapport intitulé *L'égalité, ça presse*[22], le Comité recommande de promouvoir les programmes volontaires. On n'exclut pas la possibilité de les rendre obligatoires, si les résultats s'avèrent insuffisants. Quant à la Commission Abella, créée en 1983, son mandat consiste à examiner les moyens à mettre en oeuvre pour que les femmes et les autres minorités visibles aient des chances égales d'emploi, au sein des sociétés de la Couronne, ou encore dans les agences appartenant au gouvernement fédéral. Après avoir examiné les méthodes d'emploi en vigueur dans ces entreprises, la Commission a évalué les remèdes appropriés. Le rapport, publié à la fin de 1984, contient pas moins de 117 recommandations[23]. Il est notamment envisagé que tous les employeurs soient légalement tenus d'adopter des «programmes d'équité en matière d'emploi». La notion d'équité est nouvelle: elle s'inscrit dans une perspective différente de celle ayant eu cours au Canada, en matière d'égalité. Elle suppose une approche davantage axée sur des perspectives de justice distributive, puisque c'est à la discrimination systémique qu'il faut remédier.

Le gouvernement fédéral a, au cours de ces années, posé la question «sociale» de l'inégalité appliquée au monde du travail. Les données relatives aux déséquilibres existant entre les femmes et les hommes ont maintes fois été

---

20.   Rapport du conseil national du bien-être social, *La femme et la pauvreté*, Ottawa, 1979, p. 38.
21.   C'est une des conclusions du rapport d'Emploi et Immigration Canada, *L'évolution du marché du travail dans les années 80*, Ottawa, rapport du Groupe d'étude de l'évolution du travail, 1981.
22.   Ottawa, Chambre des communes, mars 1984.
23.   *Égalité en matière d'emploi*, Rapport d'une commission royale, Ottawa, 1984.

complétées. Pourtant, hormis les périodes électorales, le gouvernement libéral est demeuré ambigu lorsqu'il s'est agi de doter le Canada d'instruments efficaces dans la perspective de l'accès à l'égalité. La juge Abella n'affirme-t-elle pas que «ce qu'il nous faut pour atteindre l'égalité dans l'emploi, c'est une prise de position concrète au niveau politique pour contrer la discrimination systémique[24]?»

Les travaux sur la pornographie et la prostitution: 1983-1985

Le Comité spécial d'étude sur la pornographie et la prostitution, créé en juin 1983, s'est vu confier un double mandat: faire enquête sur les problèmes liés à la pronographie et à la prostitution au Canada et s'il y avait lieu, de recommander des réformes, notamment au plan socio-juridique.

Pendant deux ans, les commissaires ont sondé l'opinion publique quant à ces problèmes, en tenant des audiences publiques et en demandant aux associations et aux citoyens intéressés de leur soumettre des mémoires. En outre, les membres du comité d'étude ont analysé la manière dont certains pays étrangers, notamment les États-Unis, les pays membres de la Communauté économique européenne, l'Australie et la Nouvelle-Zélande, ont essayé de régler cette épineuse question.

Dans leur rapport[25], les commissaires rappellent les principes ayant guidé leurs travaux. S'ils prônent la nécessité de l'égalité juridique, sociale et économique des hommes et des femmes, ils mettent également de l'avant ces règles: l'adulte doit assumer la responsabilité de ses actes puisque la loi lui reconnaît une certaine marge de liberté.

La pornographie et la prostitution se partagent les 108 recommandations du rapport. Au chapitre de la pornographie, on insiste sur le contrôle des productions pornographiques. Le but recherché est le respect du droit à l'égalité, tel qu'énoncé à l'article 15 de la *Charte des droits et libertés*. Quant à la prostitution, sa maîtrise passe par l'élimination du sexisme dans la société canadienne. Ce qui suppose le développement de la connaissance, encore incomplète, de la sexualité et des préférences sexuelles. Ce qui suppose, aussi, l'institution de programmes sociaux et éducatifs pour aider les jeunes aux prises avec les problèmes du sexisme, de la sexualité et de l'identité sexuelle.

---

24. *Ibid.*, p. 282.
25. *Rapport du Comité spécial d'étude de la pornographie et de la prostitution*, Ottawa, Approvisionnements et Services Canada, 1985.

La Décennie pour les femmes: 1976-1985

On se rappelle que l'année 1975 a été proclamée par les Nations Unies «Année internationale de la femme», en guise de réponse à tous les rapports faisant état de la situation défavorable des femmes dans le monde. À la fin de l'année, un plan d'action mondial a été adopté dans lequel on recommandait aux Nations unies de proclamer la période 1976-1985, «Décennie pour les femmes». Pour améliorer la condition féminine à travers le monde au cours de la Décennie, on a sélectionné certains thèmes dont l'égalité, le développement et la paix. Plus précisément, la Décennie voulait favoriser au sein des États membres de l'ONU l'adoption de mesures destinées à modifier le statut juridique, économique et social des femmes dans le monde entier.

La Conférence de Nairobi a été la dernière manifestation majeure de la Décennie[26]. On y a examiné et évalué les résultats de la Décennie pour les femmes, en plus d'élaborer des stratégies pour la poursuite des progrès en faveur des femmes, d'ici à la fin du siècle. En outre, une série de projets de stratégies (les Stratégies prospectives d'action) (SPA) ont été adoptés, dans le but de surmonter les obstacles à l'avancement des femmes d'ici l'an 2000[27]. Ce document traite des domaines liés à la promotion des femmes, tant dans les pays industrialisés que dans les pays en voie de développement. Il concerne de nombreux sujets dont l'égalité en droit; l'enseignement et la formation; l'emploi; la santé; la régulation des naissances; l'aide au développement; l'alimentation, l'eau et l'agriculture; la coopération internationale et la paix. Les gouvernements membres des Nations unies, en adoptant les SPA, s'engageaient à mettre en vigueur un ensemble d'actions coordonnées dans les buts:

—   de lever les obstacles qui entravent la participation pleine et entière des femmes à tous les aspects de la vie de la société et à favoriser cette participation;

—   d'évaluer l'impact des politiques et programmes sur les femmes;

—   d'établir les mécanismes nationaux appropriés pour contrôler la situation des femmes et cerner les causes de l'inégalité, participer à l'élaboration de nouvelles politiques et de nouveaux projets pour la promotion des femmes et veiller à la prise en compte des femmes dans toutes les politiques et dans tous les programmes;

---

26.   Rappelons que de 1975 à 1985, trois conférences mondiales ont eu lieu, auxquelles le Canada a participé. La première s'est tenue à Mexico en 1975, la seconde à Copenhague en 1980, la dernière à Nairobi en 1985. Ces conférences ont permis aux représentants gouvernementaux de se concerter. Quant aux organisations non gouvernementales, elles ont pu faire le point à l'occasion de rencontres parallèles aux trois conférences: «Tribune», à Mexico, «Forum» à Copenhague, «Forum 85» à Nairobi.

27.   Nations unies, *Les stratégies prospectives d'action de Nairobi pour la promotion de la femme*, Kenya, 15-26 juillet 1985.

— de fournir des statistiques, notamment en ce qui concerne le travail des femmes, dans toutes les politiques et dans tous les programmes;
— de fournir des statistiques, notamment en ce qui concerne le travail des femmes, tant rémunéré que gratuit, ainsi que l'activité féminine dans les secteurs économiques non structurés;
— de contrôler et évaluer les mécanismes visant à promouvoir l'avancement des femmes;
— de favoriser la pleine participation des femmes à la prise de décision;
— de faire disparaître les stéréotypes et faire évoluer les mentalités et les valeurs par des programmes de sensibilisation;
— de promouvoir les organisations féminines populaires et accroître l'autonomie des femmes;
— de promouvoir le partage des responsabilités domestiques et parentales par tous les membres de la famille.

Le Canada a joué un rôle important tout au cours de cette période. Membre de la Commission de la condition de la femme des Nations unies, il a participé à la discussion et à la révision de ces stratégies. Coordonnateur des pays de l'Ouest (regroupant les États-Unis, l'Europe de l'Ouest, l'Australie, la Nouvelle-Zélande et le Japon), il a été au centre des négociations avec les pays de l'Europe de l'Est et ceux du tiers monde.

Au plan national, les autorités canadiennes ont entrepris l'élaboration d'un plan pour l'exécution des SPA. Les ministres fédéral, provinciaux et territoriaux responsables de la condition féminine, ont discuté à deux reprises des suites à donner à ce plan d'action. C'est d'abord dans le domaine de l'intégration économique des femmes que le Canada se proposait d'agir, comme en témoignent la Conférence des premiers ministres sur l'économie, en février 1985, et celle des premiers ministres, en novembre 1985. Mais ce n'est qu'à l'examen des effets des mesures prises, sur la relative pauvreté des femmes canadiennes, qu'on saura si l'intégration économique des femmes est sur la bonne voie.

Les interventions du gouvernement fédéral à l'endroit des femmes canadiennes: les droits fondamentaux

Dans le domaine des droits fondamentaux, le régime libéral a agi dans le but de considérer les revendications des femmes comme des revendications d'égalité, comme en font foi la *Loi canadienne des droits de la personne* et la *Loi constitutionnelle de 1982.*

La *Loi canadienne des droits de la personne*

Adoptée en 1977, la *Loi canadienne des droits de la personne* interdit toute discrimination sexuelle, en plus de garantir aux femmes une rémunération égale à celle des hommes, pour des fonctions équivalentes. Cette dernière loi s'applique aux employés travaillant sous l'autorité du gouvernement fédéral, et notamment aux personnels des banques et des sociétés de la Couronne.

La *Loi canadienne des droits de la personne* est la législation antidiscriminatoire la plus progressiste au Canada. Des critères précis, énumérés dans la loi, permettent d'établir l'équivalence en emploi pour les employés d'un même établissement. Ce sont les qualifications requises, l'effort exigé, les responsabilités liées à l'exécution du travail, les conditions d'exécution du travail. Ces dispositions, relatives à l'évaluation du contenu réel des emplois, ont permis à l'Alliance canadienne de la fonction publique de faire majorer le traitement annuel versé à certaines catégories de fonctionnaires.

La loi canadienne permet, en outre, l'implantation de programmes volontaires d'accès à l'égalité. À la suite d'une plainte portée, le tribunal peut obliger une entreprise à imposer un programme d'accès à l'égalité, lorsqu'il est démontré que les méthodes de recrutement, de sélection et d'embauche, exercent des effets discriminatoires sur les femmes. Suite à l'application de ce principe et à la poursuite d'Action travail des femmes, le Canadien National a été trouvé coupable de discrimination. Rappelons que le CN en a appelé de cette décision devant la Cour d'appel fédérale qui lui a donné raison, en juillet 1985. Mais la Cour suprême du Canada l'a débouté de sa demande, le 25 juin 1987.

La *Loi constitutionnelle de 1982*

Au Canada, la Déclaration des droits de 1960 a établi un certain nombre de droits et de libertés fondamentales dont jouissent tous les Canadiens. Pour tout individu, quels que soient sa race, son origine nationale, sa couleur, sa religion ou son sexe, quatre types de revendications ont été prévus: les droits politiques, les droits légaux (droit à la vie, à la liberté), les droits égalitaires, les droits économiques et de propriété. Seules les sphères d'activité de compétence fédérale, aux termes de l'AANB, étaient concernées par la Charte. Pour les femmes notamment, il s'agissait d'un progrès important puisque l'Acte de l'*Amérique du Nord britannique*, adopté en 1867, excluait tout préambule exposant les objectifs et les intérêts de tous. En outre, on n'y trouvait aucune déclaration des droits.

Le 17 avril 1982, la *Loi constitutionnelle de 1982* dans laquelle est incluse une *Charte canadienne des droits et libertés* est proclamée. Cette dernière, en plus de garantir de nouveaux droits dans les domaines des libertés fondamentales, des droits démocratiques, de la liberté de circulation, des garanties juridiques, de la protection des langues officielles et des programmes d'accès à l'égalité, confirme l'égalité des hommes et des femmes, notamment par les articles 15 et 28. Elle ne s'applique qu'aux activités des gouvernements fédéral et provinciaux. La Charte fait désormais partie de la Constitution canadienne. C'est dire qu'en cas de conflit entre cette dernière et toute autre loi fédérale et provinciale, c'est la Charte qui prévaut. Certes, la Charte assure aux femmes la déclaration et la consolidation de leurs droits. Ce qui est loin d'être négligeable, quand on pense à l'histoire et à la tradition du droit coutumier canadien et britannique[28]. Pourtant, on a cru bon de reporter l'application du droit à l'égalité des sexes (comme d'ailleurs des races et des ethnies), de trois ans. En outre, la «clause nonobstant» autorise d'autres délais d'application en ce qu'elle permet à un corps législatif, fédéral ou provincial, de voter une loi dont l'effet serait indépendant de certaines dispositions de la Charte, telles les libertés fondamentales, les garanties juridiques ou encore les droits à l'égalité. Ainsi, un gouvernement peut différer l'application de certaines parties de la Charte pour une période n'excédant pas cinq ans. Cette dernière période est renouvelable.

Ces limites posées, on peut croire que le débat constitutionnel a permis aux femmes de promouvoir leurs droits même si les actions menées par le gouvernement fédéral, depuis 1967, en matière de révision constitutionnelle, ont été le fait de spécialistes très majoritairement masculins. Pour les femmes canadiennes, deux types de questions demeurent importants: 1) les droits fondamentaux, les institutions gouvernementales et le droit familial d'un côté; 2) les questions économiques telles que les pensions, la parité salariale, les garderies et l'assurance-chômage de l'autre[29]. La *Loi constitutionnelle de 1982* permet de croire que dans tous ces domaines, les femmes seront traitées comme des personnes. La Commission royale d'enquête sur la situation de la femme avait déjà énoncé le principe voulant qu'on considère les deux sexes selon une situation commune à tous, plutôt que de mettre l'accent sur des perspectives différentes. La *Charte des droits et libertés* traite les revendications des femmes comme des revendications d'égalité, la notion d'égalité reposant sur des comparaisons entre les hommes et les femmes. Il appartient désormais aux tribunaux de consolider les droits des femmes. Les causes invoquant la Charte créeront certainement des précédents qui affecteront les législations futures.

Tout laisse croire que c'est dans le domaine de la légalité des programmes d'accès à l'égalité que les tribunaux seront principalement appelés à se prononcer. Certes, la Charte canadienne (notamment l'article 15.2) constitutionnalise ces mesures et permet d'avantager temporairement des personnes ou des groupes. Le récent jugement de la Cour suprême du Canada est venu confirmer que de telles

---

28.   Pensons simplement aux luttes menées par les femmes pour avoir accès aux professions qui leur étaient interdites.

29.   Sur cette question, voir: DOEN, A. et CARRIER, M., *Les femmes et la constitution*, Ottawa, Approvisionnements et Services Canada, 1981.

mesures ne sont pas contraires aux clauses d'égalité des droits. Désormais, au Canada, l'égalité des hommes et des femmes fait partie du droit politique de l'État[30]. Il relève maintenant du «gouvernement des juges», d'en interpréter la portée générale[31].

L'appareil féministe

Au cours de la période 1963-1984, les forces d'opposition au sein du mouvement féministe ont contribué, par leurs actions et leurs protestations, à promouvoir l'autonomie des femmes. Ici, elle réussissent à faire modifier des articles de lois, là, elle font pression pour que les intentions annoncées se transforment en réalisations. Tantôt, elles utilisent les rencontres officielles pour débattre des droits des femmes, tantôt elles se mobilisent pour combattre les injustices sociales les plus flagrantes. D'un certain point de vue, les réponses gouvernementales éclairent les demandes des femmes. On a vu qu'au plan social et économique, ou encore dans le domaine des droits fondamentaux, des commissions d'enquête, des rapports, des programmes et des législations nouvelles ont pu être obtenues.

Parallèlement, de nombreuses institutions ont été créées et intégrées à l'appareil gouvernemental, notamment depuis le dépôt du *Rapport Bird*. On peut les regrouper sous deux catégories distinctes: les organismes coordonnateurs, les sections ministérielles.

---

30. Par droit politique de l'État, on entend tout ce qui relève du domaine de la juridiction constitutionnelle.

31. N'oublions pas, cependant, qu'en vertu de la *Loi sur les Indiens* (S.R.C. 1970, C. 1-6), la *Charte des droits et libertés* est sans effet sur les femmes amérindiennes. Selon l'alinéa 12(1)(b), les femmes ne jouissent pas des mêmes avantages que les hommes, puisqu'une femme indienne qui se marie à un non-Amérindien cesse d'être une Indienne, au sens de loi canadienne. Depuis 1981 cependant, le gouvernement fédéral permet aux bandes amérindiennes qui en font la demande et pour que les femmes puissent bénéficier de droits égaux à ceux des hommes, de déroger à l'application de l'alinéa 12(1)(b). Cette dérogation à la *Loi canadienne sur les Indiens* a été rendue possible après que le Comité des droits de la personne des Nations unies constatât que la *Loi canadienne sur les Indiens* violait l'article 27 du *Pacte international relatif aux droits civils et politiques des minorités*. En février 1984, 95 bandes sur un total de 577, avaient demandé une exclusion relative à l'application de ce dernier alinéa.

Les structures de coordination

Au sein du Cabinet, il y a un ministre chargé des questions relatives au statut des femmes. En plus de proposer des politiques et des programmes destinés à éliminer la discrimination sous toutes ses formes, il voit à ce que les principes gouvernementaux en matière d'égalité des hommes et des femmes soient appliqués dans tous les programmes et les politiques.

Condition féminine Canada seconde le ministre dans la réalisation de ces derniers objectifs. Depuis 1976, on a élargi les attributions de ce service en créant un bureau distinct, lequel agit dans trois grands domaines: analyse et élaboration de politiques, relations avec les gouvernements et les groupes non gouvernementaux, information du public.

Pour sa part, le Conseil consultatif de la situation de la femme a pour fonction de veiller à l'amélioration de la situation des Canadiennes. Organisme indépendant créé en 1973[32], le CCCSF soumet des recommandations relatives aux lois et aux programmes et s'assure que leurs effets sur les femmes sont positifs. Cet organisme a déjà publié de nombreuses recherches et études à propos des grands dossiers concernant les femmes.

Enfin, la Commission canadienne des droits de la personne, établie en vertu de la *Loi canadienne sur les droits de la personne* (entrée en vigueur en mars 1978), poursuit un double objectif. Elle enquête sur les plaintes qui lui sont présentées quant à des motifs de distinction illicites en ce qui a trait à l'emploi et à la prestation de services, de biens et d'installations. Certains éléments constituent, au terme de la loi, des motifs de distinction illicites: la race, l'origine nationale ou ethnique, la couleur, la religion, l'âge, le sexe, la situation de famille, l'état de personne graciée, un handicap physique. Puis, elle encourage les employeurs à prendre des mesures préventives. Les plaintes, pour cause de disparité salariale, lorsque les fonctions sont équivalentes, sont évaluées par la Commission. À la suite d'une enquête, cette dernière peut obliger un employeur, à l'égard de qui un jugement défavorable a été rendu, à instituer un programme d'action positive.

Les appareils ministériels

L'élaboration des politiques et des programmes relatifs aux problèmes des femmes concerne l'ensemble des ministères fédéraux. Voilà pourquoi on dénombre de nombreux programmes spéciaux dans les ministères. Ainsi au Secrétariat d'État, où il existe un programme de promotion de la femme. Ce dernier offre une aide technique et financière aux groupes féminins et aux

---

32.   Cet organisme dépend financièrement du gouvernement.

associations volontaires préoccupés de l'égalité des femmes dans la société canadienne.

Quant au Bureau de la main-d'oeuvre féminine de Travail Canada, il vise l'égalité des femmes sur le marché du travail canadien. Pour ce faire, il réalise des recherches, surveille les lois, politiques et programmes du gouvernement fédéral en matière de travail, effectue des recommandations.

À la Commission de l'emploi et de l'immigration du Canada, on a créé une Division de l'emploi des femmes. Cette dernière voit à ce que l'ensemble des programmes et services de la Commission soient conformes aux besoins des femmes en matière d'emploi. Pour sa part, la Direction de l'action positive fournit les services de conseillers aux employeurs du secteur privé, susceptibles de développer des programmes d'action positive.

À Santé et Bien-être social Canada, on note la présence d'une conseillère principale responsable de la condition féminine. Elle est chargée de conseiller le Ministère sur les politiques et programmes concernant les femmes dans ces domaines: pensions, garde des enfants, violence familiale et femmes maltraitées, santé des femmes et sécurité du revenu.

Enfin, au sein de la Commission de la fonction publique, responsable de l'application de la *Loi sur l'emploi dans la fonction publique*, deux organismes se préoccupent des intérêts des femmes fonctionnaires: la Direction antidiscrimination et l'Office de promotion de la femme. C'est à la Direction antidiscrimination qu'il revient d'enquêter sur les plaintes en matière de pratiques discriminatoires présumées. Quant à l'Office de la promotion de la femme (OPF), créé en 1971, il propose des mesures spéciales en vue d'accélérer la promotion des femmes au service du gouvernement fédéral. L'Office tient à jour le profil d'emploi des femmes fonctionnaires, par ministère, catégorie et niveau. De même, il effectue des études sur l'évolution de la main-d'oeuvre féminine canadienne.

Ces différents services sont responsables de programmes multiples et variés en plus de disposer de budgets et de personnels. Néanmoins, il demeure extrêmement difficile d'évaluer le nombre des programmes disponibles, de même que de chiffrer les sommes consacrées et de dénombrer la totalité des effectifs. On sait, pourtant, que l'existence de ces nombreux services et programmes découle des politiques définies par l'État. À ce chapitre, il est certain que tous ces organismes ne jouissent pas de la même influence auprès des autorités politiques. Tandis que Condition féminine Canada travaille en étroite collaboration avec le ministre responsable au Cabinet, le CCCSF, pour sa part, joue plutôt un rôle de chien de garde. Il surveille et fait pression; il mobilise et dénonce. Quant aux sections ministérielles, n'oublions pas qu'elles sont intégrées à la structure même des ministres. Là comme ailleurs, les fonctionnaires sont tenus de respecter les choix gouvernementaux, d'épouser les temps et les rythmes du processus administratif.

Désormais, les femmes, à l'instar des jeunes et des vieillards, sont encadrées par des professionnels[33]. Ces derniers remodèlent et transforment les inquiétudes des femmes, leurs questions, dans des plans d'action. Depuis le *Rapport Bird* notamment, on assiste à la différenciation et à l'identification des problèmes spécifiques aux femmes. Le quadrillage des clients «femmes» s'est progressivement instauré et le gonflement de l'appareil gouvernemental féministe n'est sans doute pas étranger à ce processus. Pourtant, on ne peut contester l'importance des ressources distribuées et le nombre des réformes accomplies. De même, on ne peut ignorer les nouvelles directives, dans la connaissance et dans l'action impulsées par l'État canadien au cours de toutes ces années. Certes, les actions de l'État ont permis de résoudre nombre de problèmes et de conflits, mais il importe de regarder ces dernières actions d'un oeil critique et d'apprécier le progrès accompli.

UN BILAN DIFFICILE

L'évaluation des changements n'est guère facile, tandis que la critique du rôle joué par l'État semble impossible. En effet, comment apprécier les actes de l'État en tant que gestionnaire des ressources, en tant qu'administrateur des lois? Quels sont les indices susceptibles d'éclairer le sens et la portée des modifications observées?

Dans cette troisième partie, nous nous interrogerons sur l'avenir des femmes canadiennes et sur les choix effectués par l'État fédéral pour accroître leur autonomie et leur indépendance.

Au cours des années étudiées, la situation des femmes canadiennes est devenue un problème réel. En d'autres termes, les inégalités de condition et de situation des femmes sont désormais perçues par l'État canadien, comme un problème qu'il importe de remédier. L'égalité des femmes, dans tous les domaines de la vie sociale et politique, est devenue l'objectif à atteindre. Des lois ont été votées, des plans d'action adoptés, des structures créées et des organismes mis en place. La *Loi constitutionnelle de 1982* oblige le législateur à promouvoir l'égalité pour tous. Pour ce faire, on a développé des structures chargées de surveiller les actes politiques et administratifs, de manière à éliminer les pratiques discriminatoires et à corriger les disproportions imputables à la discrimination[34].

La réforme juridique de 1982 constitutionnalise la *Charte des droits et libertés*. Elle confirme la légalité et la légitimité des mesures d'accès à l'égalité.

---

33. La plupart de ces professionnels sont des femmes.
34. Rappelons que les dispositions de la *Charte canadienne des droits et libertés* sur l'égalité sont entrées en vigueur le 17 avril 1985, soit trois ans après l'adoption de la *Loi constitutionnelle de 1982*.

Certes, il ne suffit pas d'inscrire l'égalité dans les textes pour l'obtenir. De même, on sait bien que les obstacles à l'égalité ne sont pas que juridiques. Pourtant, les nouvelles normes juridiques reflètent, du moins partiellement, les valeurs dont se réclame l'État canadien. Elles expriment un rapport de forces différent et révèlent qu'au sein de la société canadienne l'idéologie égalitariste figure maintenant parmi les idéologies dominantes[35].

Depuis les travaux de la Commission Bird, la philosophie égalitariste a inspiré nombre de rapports, a alimenté nombre de réflexions. À la fin des années 1960, dominait une vision restrictive de l'égalité. D'une part les décisions des tribunaux[36], d'autre part les travaux de la Commission Abella, ont élargi le sens de cette notion. L'absence d'égalité peut désormais résulter de pratiques neutres en apparence. Ainsi en est-il des règles d'embauche, de recrutement, de sélection, de promotion, etc. Pourtant, on sait bien que l'absence d'égalité constitue un problème global et systémique, découlant des différentes formes d'organisation sociale. La juge Abella, en se référant à la notion d'équité a épousé cette dernière perspective. D'ailleurs, ses propositions vont dans le sens d'une approche fondée sur la justice distributive[37].

Sous le régime libéral on a inscrit l'égalité des femmes canadiennes dans les lois; on a changé les institutions en conséquence et on a mobilisé les esprits autour de cette question. En un sens, la classe politique n'a guère ménagé le recours au terme d'égalité dans tous les domaines où des injustices étaient commises à l'endroit des femmes. Mais l'égalité reste une notion au contenu divers et évolutif; en outre, elle réfère à des perceptions «subjectives» quant à la situation qui est faite à un individu ou à un groupe d'individus. De nos jours, il existe une sensibilité de plus en plus exacerbée aux inégalités de tous ordres[38], et ceci affaiblit le projet égalitariste à l'endroit des femmes. En un sens, des doutes sérieux subsistent quant à la capacité des mesures proposées de lever les obstacles à l'égalité. Des observations générales dans le domaine politique, dans le domaine social et économique, autant que dans le domaine juridique, confirment cette impression.

L'égalité des droits politiques est acquise depuis longtemps au Canada. Pourtant, les inégalités face au pouvoir demeurent entières puisque l'insertion des femmes dans le système politique reste partielle et incomplète. Les femmes ne participent guère au processus final de la décision politique. Elles sont

---

35.   Sur la fonction politique du droit, voir notamment les travaux de LOSCHAK, D., dans l'*AJDA — Actualité juridique — droit administratif*, Paris.

36.   Pour de plus amples détails: DAVID, H., *Femmes et emploi*, Canada, PUQ-IRAT, 1986.

37.   *Égalité en matière d'emploi*, Rapport d'une commission royale, Ottawa, 1984; voir notamment les trois premières recommandations.

38.   À cet égard, rares sont les groupes qui, à un moment ou à l'autre, ne crient pas à l'inégalité.

majoritairement exclues de l'exercice du pouvoir politique, les enjeux sociaux et économiques étant arrêtés en des lieux et à des niveaux dont elles sont absentes. «Les sommets de l'État» canadien demeurent entre les mains d'une oligarchie essentiellement masculine[39].

Certes, les femmes commencent à être nommées à des postes clés et leur avancée dans le champ institutionnel ne fait plus de doute. Les femmes élues députés, ou encore nommées ministres, demeurent pourtant, encore aujourd'hui, l'exception. Leur présence dans les instances politiques s'accompagne d'un refus de la prise en compte des difficultés liées à leur statut. Ne s'agit-il pas là d'une des caractéristiques des institutions parlementaires modernes? On peut le supposer, après avoir observé la manière dont on intègre les femmes dans le cercle gouvernemental. Soit qu'elles soient nommées dans des secteurs considérés par l'opinion courante comme spécifiquement féminins, soit qu'elles demeurent l'exception, la femme-alibi, confirmant ainsi la règle générale de l'exclusion des femmes du cercle gouvernemental.

Au Canada, l'intégration politique des femmes est donc loin d'être complétée. La concentration du pouvoir entre les mains des hommes apparaît, pourtant, de plus en plus contradictoire au regard de l'engagement politique d'un nombre accru de femmes, au regard d'une augmentation non négligeable de leur participation électorale.

Au plan social, diverses mesures ont été adoptées sous les libéraux. Mais l'égalité sociale n'est guère plus facile à réaliser que l'égalité politique. Les nouvelles conditions de vie des femmes ont allongé la nomenclature des inégalités. Pourtant, on ne compte plus les législations égalitaristes dans le domaine des conditions d'accès à l'emploi, ou de la rémunération. Mais ces dernières législations ne font que consacrer un égalitarisme de façade, que la réalité rend tout à fait illusoire. Pour des tâches équivalentes, les femmes continuent de gagner environ 60 % du salaire des hommes. Les lois antidiscriminatoires, de même que les programmes d'accès à l'égalité, restent insuffisants. La nature de certaines pratiques discriminatoires échappent aux plaintes formulées, à la réglementation et à la législation. Sans doute faut-il chercher dans les changements récemment observés, les nouveaux obstacles à la réalisation de l'égalité sociale des femmes. En cette matière, il semble qu'un nouvel engagement politique moins équivoque donne lieu à un nouvel examen des conditions faites aux femmes. Sans un tel engagement, on peut douter de l'efficacité du recours aux mesures déjà adoptées. Certes, par l'entremise des tribunaux on a procédé à une reconnaissance normative des différences. Mais ce faisant, on a régularisé la part d'arbitraire qui fonde l'inégalité des conditions. Par ailleurs, la loi a été modifiée à de nombreuses reprises. Ce processus, combiné

---

39. Sur la place des femmes dans le système politico-administratif canadien, voir SIMARD, C., «Changement et insertion des femmes dans le système politique», dans *Politique*, n° 5, p. 27-49.

au fait que les professionnels de l'égalité ne cessent d'organiser sa mise en forme, a altéré la philosophie d'origine et les principes qui la sous-tendent.

On sait maintenant que les obstacles à l'égalité ne sont pas que juridiques, puisque l'obtention de certains droits ne constitue pas une condition suffisante pour pouvoir les exercer. Les obstacles à l'égalité sont plutôt de nature sociale et culturelle. Or, la société est toujours inégalitaire, bien que l'État canadien ait agi et que des changements aient eu lieu. Pourtant, certains indices suggèrent que tous ces changements ne favorisent guère les femmes, que les solutions gouvernementales aux problèmes qu'elles vivent sont inadéquates.

Au plan administratif, l'essentiel du processus d'analyse et d'élaboration des décisions s'effectue dans et par des institutions mises en place par l'État. Il s'agit d'organisations structurées par la règle qui organise, plus ou moins formellement, la mise en application des décisions et précise les conditions selon lesquelles les autorités administratives doivent agir. L'appareil féministe n'échappe pas à un tel processus; les institutions créées par l'État, au cours des quinze dernières années, sont en cela semblables aux autres mécanismes gouvernementaux. Ces institutions se caractérisent notamment par leur stabilité. Les tâches y sont spécialisées et l'autorité hiérarchisée. Les femmes possèdent désormais leurs professionnels attitrés et ces derniers gèrent une variété de programmes: ils enquêtent, étudient, proposent des solutions, et distribuent les subventions. Cette nouvelle classe professionnelle a progressivement modifié les rangs du mouvement des femmes et précipité un déplacement des enjeux du débat.

Au niveau national, l'existence de ces divers conseils, bureaux et commissions, laisse croire en l'inscription de l'appareil féministe dans un cadre institutionnel et gouvernemental. Ce faisant, c'est toute la capacité de contrôle de ces institutions par l'État qui est mise au jour avec, d'un côté, l'État qui a accordé aux femmes la reconnaissance de certains droits et l'amélioration de leur statut, et de l'autre, l'existence d'une politique sectorielle féministe marquée par la spécialisation des tâches et la montée des professionnels. Ce modèle n'est pas exclusif au Canada, on le retrouve dans la plupart des pays où le mouvement féministe a su s'affirmer.

Le système gouvernemental canadien en matière de condition féminine est parfaitement intégré. Aux organes de coordination (Condition féminine Canada - ministre chargé de la Condition féminine) et de consultation (CCCSF), viennent s'ajouter les institutions qui voient à la mise en oeuvre des programmes. En outre, dans le cadre de ce qu'il est convenu d'appeler les «mécanismes d'intégration» désignés, il existe un processus d'élaboration des politiques et des programmes, dont la mission est d'intégrer les préoccupations féminines.

Si ces nouvelles réalités peuvent être interprétées comme des victoires des femmes, elles demeurent néanmoins ambiguës. D'abord, parce que la régulation des femmes et de leurs organisations s'effectue désormais dans et par ces institutions gouvernementales. Ensuite, parce qu'il est difficile de croire que l'appareil féministe, dès lors qu'il est intégré à l'État, peut échapper aux rivalités de partis, aux contraintes gouvernementales et à la logique bureaucratique.

L'étude de la place des femmes dans l'État a accru notre connaissance de l'État canadien. Mieux qu'auparavant, on sait comment l'État fonctionne. On sait, aussi, comment il traite les problèmes que vivent les femmes canadiennes. Sans aller jusqu'à prétendre que la période des années 1960-1980 a constitué un moment de l'histoire favorable aux femmes, nous nous devons de relever le fait que la classe politique libérale a accordé une attention jusqu'alors inégalée aux problèmes spécifiquement vécus par les femmes canadiennes. On a eu, de ce fait, bien des difficultés à mettre de l'ordre dans la multitude des activités législatives et administratives et bien des difficultés à hiérarchiser les objectifs poursuivis, tant au plan social que politique.

Nous avons fait état des changements qui sont intervenus dans la structure gouvernementale. Ceci nous a permis de constater qu'au sein de l'État canadien, le féminisme est objet de planification, tant à travers les lois qu'au sein des institutions. Mais l'analyse des interventions étatiques d'un côté, celle des pressions exercées en vue d'obtenir de nouvelles politiques à l'endroit des femmes de l'autre, soulèvent une dernière question: comment faire pour que l'institution gouvernementale féministe n'affaiblisse pas la capacité revendicatrice des femmes grâce à laquelle des progrès notables ont pu être accomplis?

LES MINORITÉS:
LE MULTICULTURALISME APPLIQUÉ

Bruno Ramirez
Département d'histoire
Université de Montréal

Sylvie Taschereau
Université du Québec à Montréal

À mesure qu'augmente l'importance des populations immigrantes dans le paysage économique et social du Canada, l'État canadien s'efforce d'adapter cet apport aux exigences de développement économique et de gestion politique du pays. Cette dynamique est l'un des traits marquants de l'ère libérale, et c'est dans ce contexte qu'il faut comprendre la politique du multiculturalisme, comme l'un des instruments destinés à répondre aux exigences de l'État canadien dans ce domaine.

Analyser cette politique sur le plan strictement culturel équivaudrait à adopter le discours libéral et compartimenter, comme il le fait, les différents aspects d'un seul et même processus: celui de l'entrée massive d'une nouvelle force de travail et de nouvelles ethnocultures dans la société civile canadienne. C'est la raison pour laquelle dans les pages qui suivent nous nous sommes efforcés de placer ce processus au centre de notre analyse, afin de mettre en relief le terrain économique, culturel et politique particulier sur lequel le multiculturalisme a été appelé à intervenir, et peut-être fournir des éléments critiques avec lesquels évaluer son degré de succès ou d'échec.

LE CONTEXTE INTERNATIONAL[1]

Au lendemain de la Seconde Guerre mondiale, les grands mouvements de population qui avaient marqué la première moitié de ce siècle reprennent avec une vigueur nouvelle. La plupart de ces migrations impliquent des travailleurs en quête d'emploi, attirés par les deux grands pôles de développement que sont, d'une part, les pays d'Europe occidentale et, d'autre part, les États-Unis et le Canada. Ces mouvements répondent aux besoins des pays hôtes et de leurs employeurs autant qu'aux difficultés économiques qui poussent les migrants hors de leur terre natale. En Europe de l'Ouest, les travailleurs étrangers deviennent très tôt une composante essentielle de la force de travail — une composante qu'on ne veut cependant en aucun cas intégrer aux populations nationales. Aussi, les politiques d'immigration élaborées par ces pays depuis 1945 sont-elles autant d'efforts pour contrôler l'importance et la composition du flux migratoire, ainsi que l'impact politique et social de cette présence étrangère. Dans ce but, la plupart des pays hôtes ont très tôt, et de plus en plus, fait appel à une main-d'oeuvre temporaire (on parle de travailleurs hôtes ou «*guest workers*»), souvent liée par contrat à un type d'emploi spécifique et dont les droits sur le marché du travail, tout comme les droits civils, sont soigneusement restreints[2].

Si l'Europe choisit d'exclure les nouveaux immigrants de toute participation à la vie civique, les États-Unis préfèrent, quant à eux, refouler à leurs frontières les éléments jugés non assimilables. Ils maintiennent en effet une politique de porte étroite, appliquant la fameuse «loi des quotas» qui, depuis 1924, limite le nombre d'entrées au pays à un niveau minimal et protège le statu quo de la composition ethnique de la population américaine. Cette politique sera quelque peu assouplie par la réforme de 1965, au moment où le Congrès américain abandonne l'idéal d'assimilation culturelle qui jusque-là est le sien.

Pendant que les migrations internationales prennent de l'ampleur aux rythmes des développements européens et nord-américains, des phénomènes d'une autre nature retiennent de plus en plus l'attention des gouvernements occidentaux. À partir des années 60, en même temps que se poursuit le processus de décolonisation en Afrique et en Asie, des régionalismes et des nationalismes renaissent ou s'affirment, en Europe, cette fois: basque, corse, breton, gallois, écossais ou occitan, mouvements de nature et d'importance diverses, mais qui tous révèlent des failles dans l'unité des États où ils se manifestent, en dépit du long travail de centralisation et d'uniformisation que ces derniers ont pu accomplir.

---

1.   Ce texte a bénéficié, à différents moments de sa rédaction, des commentaires de Claude Couture et de Lucia Ferretti. Nous tenons à les en remercier.
2.   Voir CASTLES, S., et KOSACK, G., *Immigrant Workers and Class Strusture in Western Europe*. London, Oxford University Press, 1973.

L'Amérique du Nord paraît, elle ausi, profondément troublée et parle de plus en plus de quête ou de crise d'identité[3]. Aux États-Unis, c'est le «melting pot» qui est remis en cause: bien que les grandes migrations aient pris fin depuis près de quarante ans, les analystes de la société américaine doivent reconnaître qu'aucune des théories élaborées pour expliquer l'assimilation des immigrants, que ce soit celle du fameux creuset ou celle, plus ancienne, de la conformité au modèle anglo-saxon (*anglo-conformity*), ne s'est avérée juste. Comme le démontrent Daniel Moynihan et Nathan Glazer, les Américains restent plutôt divisés suivant des lignes raciales, ethniques et religieuses qui ne semblent pas appelées à disparaître de sitôt[4]. Mieux, ces minorités, qui forment pourtant une proportion considérable de la population américaine, réclament voix au chapitre et revendiquent désormais leur différence. La lutte des Noirs américains pour leurs droits civils (*Civil Rights Movement*) et le mouvement nationaliste noir (*Black Power*) ont souvent été vus comme d'importants catalyseurs de ce phénomène que l'on appelle «éveil» ou «réveil» de l'ethnicité. De fait, à leur suite, plusieurs groupes nationaux ou religieux prennent conscience de leur rôle et de leur sort en tant que collectivités dites minoritaires, de même que du statut socio-économique lié aux particularités de couleur ou de culte qui les distinguent du groupe *WASP* (*White Ango-Saxon Protestant*) dominant. C'est ainsi que naissent, par exemple, la *Jewish Defense League* ou l'*Italian American Civil Rights League*, destinées à protéger leurs membres contre toute forme de discrimination et à renforcer la solidarité et le sentiment d'appartenance ethnique. Des organismes semblables sont également formés chez les communautés plus récentes, celles des Chicanos et des Potoricains, notamment. Bientôt, cet éveil de l'ethnicité est stimulé par une immigration modérée mais suffisante pour donner un nouveau visage à la pluralité américaine, redéfinissant une géographie où, encore une fois, lignes de classe et divisions ethniques sont inextricablement liées.

LE CANADA VERS LE MULTICULTURALISME

Plusieurs facteurs vont amener la société canadienne à prendre conscience elle aussi de sa diversité ethnoculturelle. Sans doute, les activités des minorités ethniques américaines ont-elles, outre-frontière, un effet d'entraînement; on ne

---

3.   En vogue dès les années 50, le concept et surtout le terme d'«identité» voit encore grandir sa popularité au cours de la décennie suivante. Voir GLEASON, P.,«Identifying Identity», dans *Journal of American History*, 69, 4 (mars 1983).
4.   GLAZER, N. et MOYNIHAN, D., *Beyond The Melting Pot*, Cambridge, Harvard University Press, 1963.

retrouve toutefois pas du côté canadien l'équivalent des *defense leagues* — quoique, pour sa part, la communauté juive se soit rapidement dotée d'organismes destinés à protéger les droits de ses coreligionnaires au Canada et à l'étranger et ce, bien avant les années 60. Il n'existe pas non plus d'organisation qui intègre à la fois les revendications de classe et les revendications ethniques ou raciales d'un même groupe, de la façon dont le font celles du mouvement noir américain. Cela n'empêche pas que plusieurs des manifestations immigrantes qui ont lieu au Canada s'inspirent fortement de ce mouvement. On assiste bel et bien, cependant, à partir des années 60, à une multiplication des associations ethniques, dont certaines sont créées sur la base d'intérêts communautaires, alors que d'autres répondent d'abord à des intérêts de classe. En fait, l'expression de la «nouvelle ethnicité» prend des formes très variées: elle est plus diffuse, peut-être, moins organisée au Canada qu'elle ne l'est aux États-Unis et mêle souvent, de façon plus ou moins consciente, ces deux types de revendication. Nous reviendrons plus loin sur cet aspect particulier du phénomène. Par ailleurs, ce dernier est, dès le départ, largement stimulé par l'immigration qui reprend avec force au lendemain de la Deuxième Guerre mondiale. Non seulement cette immigration ranime-t-elle les anciens courants migratoires et les communautés qui s'étaient formées avant la Dépression, mais elle accentue la pluralité canadienne et crée une diversité nouvelle, plus évidente. D'une part, en effet, une proportion croissante de ces nouveaux immigrants sont des Noirs et des Asiatiques; d'autre part, comme toute immigration qui se fait dans les pays développés, ce courant se dirige principalement vers les grands centres urbains, où est concentrée la majorité des emplois industriels: des villes comme Montréal, Vancouver et surtout Toronto, capitale de la plus industrialisée des provinces canadiennes, voient ainsi se modifier sensiblement la composition ethnique de leur population.

De plus en plus, les travailleurs qui immigrent au Canada ont un niveau de qualification et d'éducation beaucoup plus élevé que dans le passé. Cela tient en partie à la spécificité de certaines des composantes du mouvement migratoire: ainsi, au cours des années 50 et 60, plusieurs groupes de réfugiés politiques, venus essentiellement d'Europe de l'Est et du Centre, s'établissent dans ce pays, parmi lesquels les professionnels sont nombreux; mais, nous le verrons, cela est bien davantage le résultat de la politique canadienne d'immigration, à un moment (à partir de la seconde moitié des années 60) où l'on cherche à restructurer le marché du travail en favorisant l'entrée d'ouvriers qualifiés et semi-qualifiés venant d'Europe du Sud et des Antilles britanniques. Quoi qu'il en soit, ces caractéristiques d'ensemble font des nouveaux venus des éléments rapidement intégrés aux couches les plus dynamiques de la société canadienne. Dans les communautés qu'ils forment, ou auxquelles ils se joignent, ces immigrants participent à un leadership plus articulé et plus prompt, sans doute, à formuler des revendications. Leur venue n'est d'ailleurs pas sans créer quelques frictions au sein des communautés formées par des vagues d'immigration successives[5]. L'émergence de ces nouvelles élites correspond également à la montée, chez les communautés de formation plus ancienne, d'une génération de Canadiens d'origine étrangère, elle aussi plus éduquée. Les deux phénomènes convergent et contribuent à modifier l'image souvent peu flatteuse que l'on entretient de l'immigrant, ou de ceux que l'on appelle éternellement les «Néo-Canadiens». D'autant qu'un peu partout au pays, et d'abord dans l'Ouest, où la proportion des groupes d'origine autre que française ou britannique est très forte[6], les membres de ces groupes s'affirment progressivement dans la sphère publique, participent de plus en plus à la vie politique et parviennent à faire élire leurs représentants en nombre croissant. Toutefois, si l'image de l'«autre» évolue doucement — et cette prise de conscience des Canadiens des groupes majoritaires et dominants est un aspect important de l'éveil de l'ethnicité —, les préjugés et l'hostilité de ceux-ci n'ont pas disparu: en fait, comme dans le passé, c'est parfois justement la militance immigrante que l'on craint. Pour leur part, les Asiatiques et les Noirs, qui viennent de plus en plus nombreux, sont vite confrontés au problème du racisme.

Les groupes ethniques minoritaires ne sont pas seuls à revendiquer leur identité et leurs droits: dans les années 60-70, c'est l'unité canadienne elle-même qui est remise en cause.

L'après-guerre inaugure une longue période d'expansion, qui n'est sérieusement troublée que par la récession des années 1957-1961. Pour les provinces, qui s'étaient effacées devant le pouvoir central à la fin des années 30 et durant le conflit mondial, cette reprise de l'expansion économique marque un retour à une plus grande autonomie: lors des négociations entre gouvernements fédéral et provinciaux, les tensions se font sentir à l'ouest comme à l'est du pays. La Colombie-Britannique manifeste notamment un fort régionalisme, qui s'exprime en particulier dans sa politique de développement économique. Mais c'est le Québec surtout qui attire l'attention et inquiète. Souvent à la tête des revendications des provinces, il se fait de plus en plus exigeant, que ce soit à propos de ses pouvoirs fiscaux, des politiques sociales ou économiques. L'autonomisme conservateur de Maurice Duplessis fait place, avec les gouvernements libéral ou unionistes de Jean Lesage, Daniel Johnson et Jean-Jacques Bertrand, à une attitude plus revendicatrice. D'autant que le mouvement

---

5.   Plusieurs auteurs ont signalé ce type de conflit au sein des communautés qu'ils ont étudiées. Voir notamment BOISSEVAIN, J., *Les Italiens de Montréal*, Ottawa, 1971; DREISZIGER, N.F., *et al.*, *Struggle and Hope: The Hungarian-Canadian Experience*, Toronto, 1982.

6.   En 1971, les Canadiens d'origine autre que française ou britannique représentent environ 27 % de l'ensemble de la population, cette proportion variant entre 47 %, en Alberta, et 10 % au Québec. Ministère de la Main-d'oeuvre et de l'Immigration, *Immigration and Population Statistics* (Canada Immigration and Population Series), Ottawa, 1974, p. 9-12.

indépendantiste qui s'organise au cours de ces années prend de l'ampleur et ne cesse de faire pression sur les représentants du Québec. Déjà, en 1966, les indépendantistes parvenaient à rallier près de 10 % du vote québécois. À peine établi au pouvoir, Daniel Johnson parle d'«égalité ou indépendance» et souligne la nécessité de créer une nouvelle constitution qui consacrerait un Canada binational. Quelques années plus tard, la Crise d'octobre portera à son paroxysme la crainte qu'inspire l'indépendantisme québécois -- comme en témoigne la vigueur de sa répression.

C'est dans ce climat de tension, et pour affirmer sa légitimité mise en doute par le Québec francophone, que le gouvernement fédéral crée, en 1963, la Commission royale d'enquête sur le bilinguisme et le biculturalisme, dirigée par André Laurendeau et Davidson Dunton. Le mandat de cette commission consiste, entre autres, à «recommander les mesures à prendre pour que la Confédération canadienne se développe d'après le principe de l'égalité entre les deux peuples qui l'ont fondée, compte tenu de l'apport des autres groupes ethniques à l'enrichissement culturel du Canada»[7]. Plus précisément, elle doit faire rapport «en vue de favoriser le bilinguisme, de meilleures relations culturelles, ainsi qu'une compréhension plus répandue du caractère fondamentalement biculturel de notre pays et de l'apport subséquent des autres cultures»[8]. En fait, ces «autres» cultures ne doivent pas, au départ, faire l'objet d'un rapport particulier. La seule concession importante que l'on semble avoir fait aux minorités ethniques consiste en la présence, parmi les dix membres du comité, de deux Canadiens d'origine ukrainienne. Cependant, lors des audiences publiques et privées, les représentants de certaines de ces minorités ne tardent pas à réagir à la formulation du mandat, où il est question des deux «peuples fondateurs». Ces réactions, de même que le débat provoqué par la parution du livre de John Porter, *The Vertical Mosaic* (1965), forcent la Commission à considérer de façon plus sérieuse le rôle des groupes ethniques minoritaires dans la société canadienne[9].

En 1969, un quatrième livre s'ajoute au rapport final[10] . Ce document reconnaît formellement la contribution économique, sociale et culturelle des groupes etniques d'origine autre que française et britannique à la société canadienne. De même, il admet l'attachement des membres de ces groupes à leur culture d'origine et leur besoin de préserver cette culture et leur identité, tout en s'intégrant à l'une ou l'autre des sociétés canadienne-française ou canadienne-anglaise. Ses recommandations comprennent la promulgation de lois interdisant la discrimination, «pour raison de race, de couleur, de religion, de nationalité,

---

7.   COMMISSION ROYALE D'ENQUETE SUR LE BILINGUISME ET LE BICULTURALISME, livre IV, *L'apport de autres groupes ethniques*, Ottawa, 1969, p. 1.
8.   *Idem.*
9.   BURNET, J., «Ethnicity: Canadian Policy and Experience», dans *Sociological Focus*, IX, 2 (avril 1976): 199-207, p. 203.
10.   COMMISSION ROYALE D'ENQUÊTE SUR LE BILINGUISME, *op. cit.*

d'ascendance ou de lieu d'origine», tant en matière de droits civils qu'en ce qui a trait à l'emploi et au logement[11]. On y encourage également la promotion de la connaissance des langues et cultures d'origine, ainsi que la diffusion, dans l'ensemble de la société canadienne et sous diverses formes, d'une information concernant ces communautés.

L'ÈRE TRUDEAU ET LA POLITIQUE DU MULTICULTURALISME

Tandis que la Commission achève ses travaux, Pierre Elliott Trudeau est élu premier ministre du Canada à la tête d'un gouvernement libéral majoritaire. Trudeau, en qui beaucoup de Canadiens anglais voient le meilleur défenseur de l'unité canadienne et dont on espère, par ailleurs, qu'il ralliera les nationalistes québécois, fera du bilinguisme, on le sait, l'un de ses chevaux de bataille. La *Loi sur les langues officielles* votée par son gouvernement en 1969 va d'ailleurs dans le sens des recommandations de la Commission Laurendeau-Dunton. Cependant, Trudeau rejette totalement la thèse des deux nations qui est l'une des prémisses du mandat de la Commission. Cette position apparaît clairement dans l'énoncé de la politique qu'il présente à la Chambre des communes en 1971, en réponse au livre IV de ce rapport dont, dit-il, le gouvernement non seulement approuve mais désire dépasser les recommandations. La vision du Canada comme pays biculturel est inadéquate, y explique-t-on: il convient désormais de parler de multiculturalisme, le pluralisme culturel étant «l'essence même de la société canadienne»[12]. Une partie du malaise social contemporain, rappelle-t-on plus tôt, vient de ce que le sentiment d'appartenance — besoin fondamental de tout individu — n'est pas satisfait. Dans ce sens, «le pluralisme ethnique peut nous aider à vaincre ou à éviter l'homogénéisation et la dépersonnalisation de la société de masse»[13]. De plus, souligne-t-on, le sentiment d'appartenance ethnique permet aux individus de faire face au reste de la société mieux qu'ils ne pourraient le faire isolément — et sans pour autant amoindrir leur fidélité envers la collectivité plus large et le pays. Le gouvernement entend donc combler ce besoin d'appartenance ethnique et promouvoir la diversité culturelle dans un cadre bilingue. Pour ce faire, il annonce un éventail de programmes: subventions aux organismes multiculturels; développement culturel des communautés ethniques (en particulier, aide financière à l'apprentissage des langues d'origine); promotion des études ethniques canadiennes; enseignement des langues officielles, etc. «Dire que nous avons deux langues officielles, précise-t-on toutefois, ce n'est pas dire

11. *Ibid*, p. 238.
12. Débats de la Chambre des communes, 12 octobre 1971, p. 8580.
13. *Ibid*.

que nous avons deux cultures officielles, et aucune culture n'est en soi plus *officielle* qu'une autre»[14].

Ce discours est reçu avec bienveillance, voire enthousiasme, par les représentants de tous les partis fédéraux; il semble de plus être en parfait accord avec le climat international décrit plus tôt, marqué par l'évolution des idéologies et des rapports interethniques. Par contre, le climat québécois paraît alors peu propice à l'accueil d'une telle politique. Les Québécois francophones sont eux-mêmes de plus en plus conscients de leur situation de minorité dans l'ensemble canadien et de leur statut à l'intérieur même du Québec: de fait, un des rapports de la Commission B-B fait état des inégalités qui y existent, en termes de niveau d'éducation et de revenu, entre anglophones, allophones et francophones, ces derniers étant chaque fois surreprésentés au bas de l'échelle sociale. Les Franco-Québécois se montrent également plus inquiets du sort de leur langue: c'est ainsi que les gouvernements de cette province sont amenés à promulguer des lois de plus en plus vigoureuses pour protéger le français et assurer la francisation des populations nouvelles. Le discours multiculturaliste heurte aussi de plein front ceux qui, parmi les nationalistes québécois, soutiennent la thèse d'un Canada binational et espèrent la reconnaissance de l'égalité, non seulement linguistique mais de statut, entre Canadiens français et Canadiens anglais. C'est la position que défend Claude Ryan, alors directeur et rédacteur en chef du *Devoir*, pour qui «le réalisme le plus élémentaire, et aussi une saine justice, exigent que les citoyens de diverses origines acceptent, [...] sans renier leur héritage culturel, de s'intégrer à l'une ou à l'autre des sociétés qui forment le Canada[15]». Selon le sociologue Guy Rocher, le multiculturalisme ramène les Canadiens français au même rang que les autres groupes ethniques, tandis que les Anglo-Saxons gardent le statut privilégié dont ils jouissent *de facto*. Dans un Québec où les populations allophones s'anglicisent rapidement, le soutien des langues d'origine autres que le français ou l'anglais encourage à ses yeux un bilinguisme anglais-langue immigrante[16]. Ailleurs — c'est la position de John Porter, mais elle trouve aussi un écho au Québec — on dénonce dans cette politique le maintien d'une ethnicité où l'on ne voit que le vestige de cultures perdues et surtout la perpétuation des ghettos, de la stratification ethnique et sociale mise en lumière dans *The Vertical Mosaic*.

Tous les commentaires faits sur l'énoncé de cette politique culturelle en ont souligné les ambiguïtés et les contradictions, en particulier en ce qui concerne le lien existant entre langue et culture. C'est ce qui fera dire à Jean Burnet, plusieurs années plus tard, que là où l'on avait préféré parler de

---

14.   *Ibid.*, p. 8581.
15.   *Le Devoir*, 9 octobre 1971, p. 4.
16.   ROCHER, G., «Les ambiguïtés d'un Canada bilingue et biculturel», dans *Le Québec en mutation*, Montréal, Hurtubise HMH, 1973, p. 123 et 126.

multiculturalisme, on parlait en réalité de «pluriethnicité»[17]. Pour sa part, au milieu du débat, Serge Losique conclut un article intitulé «Le mythe dangereux du multiculturalisme», par un *nota bene* qui fait peut-être preuve d'intuition: «Si, dans l'esprit du premier ministre, la culture signifie le folklore, alors il n'y a pas de quoi fouetter un chat![18]»

L'Alberta, le Manitoba et l'Ontario sont les premières provinces à emboîter le pas au gouvernement fédéral et annoncer peu après lui une politique de multiculturalisme. À la fin de la décennie, le Québec lui-même élaborera sa version de cette politique[19]. Certes, cette démarche ne contredit pas les efforts des gouvernements québécois pour obtenir un meilleur contrôle de la composition et de la pratique linguistiques de la population de la province. C'est d'abord à ce besoin que répond la création, en 1968, d'un ministère québécois de l'Immigration qui, en 1981, devient également celui des «communautés culturelles». C'est également ce qui pousse le Québec à obtenir un droit de regard sur la sélection des immigrants qui s'y dirigent. Mais par ailleurs le fait qu'un gouvernement péquiste ait été amené à adopter, voire renforcer un programme dont l'énoncé avait causé tant d'émoi parmi les francophones est sans doute la meilleure indication de ce que les véritables enjeux du multiculturalisme, qu'il soit fédéral ou provincial, se situent au-delà des débats linguistique et constitutionnel.

LE MULTICULTURALISME ET LES DYNAMISMES DE CLASSE[20]

Il serait naïf et superficiel de ne voir dans le multiculturalisme qu'une politique destinée à répondre aux besoins d'identité des minorités ethnoculturelles du pays. En réalité, son élaboration est étroitement liée à l'évolution particulière qu'a suivie le mouvement migratoire au Canada, surtout à partir des années 60. Or, nous le verrons, cette évolution répond avant tout aux nouveaux besoins de l'accumulation capitaliste: pour combler ces derniers, l'État libéral canadien est amené à intervenir sur le terrain de l'offre internationale de la main-d'oeuvre et de modifier ses caractéristiques socio-économiques. Ce faisant, il s'ouvre à des dynamiques de classe qui ne tarderont pas à se manifester à travers le pays. Aussi, bien qu'il soit présenté comme une expression du pluralisme

17. BURNET, J., *loc. cit.*, p. 205.
18. *Le Devoir*, 14 octobre 1971, p. 4 et 6.
19. *Autant de façons d'être Québécois*, le plan d'action à l'intention des communautés culturelles, est lancé officiellement en mars 1981, par Jacques-Yvan Morin, ministre d'État au Développement culturel et scientifique.
20. Cette section reprend une partie de l'article de RAMIREZ, B., «L'immigration, la recomposition de classe, et la crise du marché du travail au Canada», dans *Cahiers du socialisme*, 6 (automne 1980): 85-131.

ethnoculturel et donc comme une politique culturelle, le discours multiculturaliste cache en fait une certaine inquiétude face à des dynamiques de classes propres au phénomène migratoire et au contexte international des années 60 et 70.

Dans la perspective keynésienne d'une croissance équilibrée que défendent les technocrates libéraux des années 60, le marché du travail apparaît de moins en moins comme le produit de forces économiques et de plus en plus comme le lieu privilégié de l'intervention gouvernementale directe. Dans ce contexte de révision, on conclut d'emblée à une baisse des besoins de travailleurs immigrants non qualifiés. On estime, en d'autres mots, que les conditions sont réunies pour un approvisionnement adéquat en main-d'oeuvre non qualifiée à même la population canadienne. D'où la nécessité de mesures propres à restreindre l'afflux de travailleurs immigrants non qualifiés, un afflux qu'on avait provoqué en grande partie grâce au système de parrainage.

Cette nouvelle orientation, en gestation dès l'accession au pouvoir du gouvernement libéral de Pearson, se précise à mesure que se fait sentir le besoin de mieux articuler le marché du travail aux demandes d'une économie en plein essor. Elle se concrétise et se traduit en 1967 par les politiques inscrites dans le *Livre blanc sur l'immigration*. On confie alors à un nouveau ministère fédéral, celui de la Main-d'oeuvre et de l'Immigration, la tâche de coordonner les besoins du pays en main-d'oeuvre avec le recrutement de travailleurs immigrants. Simultanément, le gouvernement lance un programme national d'expansion des centres de recyclage pour les adultes et des instituts de technologie. En outre le gouvernement applique à l'immigration le principe de l'universalité (l'admission sans égard à la nationalité, la race, la couleur ou la religion), sanctionné en 1962, mais demeuré jusque-là un geste symbolique. Cela constitue, tout compte fait, une libéralisation des politiques d'immigration. Le Canada essaie ainsi de conquérir une position plus avantageuse sur le marché international de la main-d'oeuvre, en partie pour pallier au déclin des arrivées en provenance des sources traditionnelles d'immigration. Il y parvient à la fois en élargissant l'aire d'approvisionnement en travailleurs immigrants et en améliorant les qualifications des nouvelles recrues.

Aussi l'effet le plus direct des nouvelles politiques est-il la forte contraction du «mouvement de parrainage». On met la hache dans le mouvement par crainte qu'il ne contienne un «potentiel de croissance explosive», que «les travailleurs non qualifiés ne constituent une part accrue de la vague migratoire» et devant l'évidence d'un «déclin de la proportion d'emplois exigeant peu d'instruction ou de qualification». Désormais, seuls les membres de la famille immédiate peuvent entrer au pays en qualité d'immigrants parrainés, pour des motifs dits humanitaires, — c'est-à-dire, afin de préserver le principe de la réunion des familles. En même temps, en vue de satisfaire les besoins courants et futurs en travailleurs mieux qualifiés et «recyclables», on crée une nouvelle catégorie d'immigrants: les «parents désignés»[21].

Les critères de sélection et d'admission des parents désignés reposent en tout premier lieu sur une évaluation des tendances à long terme du marché du travail au Canada. Voilà pourquoi, sur un total de 100 points, 70 concernent des facteurs tels que «l'instruction et la formation, les offres d'emploi dans la profession, la compétence professionnelle, la personnalité et l'âge»; les 30 autres points du système d'appréciation ont trait aux dispositions relatives à l'établissement.

Entre 1968 et 1973, la réduction marquée dans l'afflux des immigrants parrainés se trouve plus que compensée par les arrivées de la nouvelle catégorie. Quant à «l'immigrant indépendant» — une catégorie qui avait toujours existé — son afflux conserve son cours relativement autonome, car la sélection et l'admission dépendent entièrement de l'état du marché[22].

La nouvelle catégorie des «désignés» a souvent été présentée par les responsables de la politique comme une sorte de compromis entre ceux qui voulaient conserver intact le système de parrainage et ceux qui voulaient le supprimer complètement. En effet, l'immigrant désigné représente un élément social très important dans l'évolution de la stratégie du capital face au marché du travail. Il concrétise le transfert (du point de vue des sources de main-d'oeuvre immigrante) des travailleurs non qualifiés aux travailleurs spécialisés. Dans le nouveau contexte d'une économie en expansion et de plus en plus diversifiée, ce type de main-d'oeuvre semble devoir jouer un rôle capital dans la dynamique du marché du travail: sa disponibilité et sa grande versatilité, combinées à la dépendance économique vis-à-vis les parents hôtes, devraient lui assurer la fluidité indispensable. Dans ce climat d'optimisme technocratique, qui pouvait deviner que neuf ans plus tard l'immigrant désigné deviendrait la principale cible d'une nouvelle loi d'immigration?

Le capital peut marchander; il peut planifier la quantité, la qualité et l'affectation de main-d'oeuvre immigrante, mais il ne peut planifier, ni assurer que le comportement de celle-ci restera passif, bienveillant, conforme aux nécessités du capital. Le capital ne peut prédire avec précision si et quand cette classe commencera à formuler de nouveaux besoins et se montrera disposée à se battre pour eux. C'est ce qui se passe de fait entre l'adoption des mesures de 1967 et la publication du livre vert, en 1975, qui aboutit à l'implantation de la nouvelle politique d'immigration, en 1978.

---

21.   MINISTÈRE DE LA MAIN-D'OEUVRE ET DE L'IMMIGRATION, *Politique canadienne d'immigration, 1966* (Livre blanc sur l'immigration), Ottawa, 1966.

22.   MINISTÈRE DE LA MAIN-D'OEUVRE ET DE L'IMMIGRATION, *Le programme d'immigration*, (deuxième volume du Livre vert sur l'immigration), Ottawa, 1974, p. 86-90.

Ce processus a échappé à la plupart des observateurs. Dans le meilleur des cas, il est apparu comme une série d'événements discontinus, d'éruptions, qui fournirent l'occasion de dénoncer le chauvinisme naissant des Canadiens et le traitement sévère, discriminatoire du gouvernement envers les immigrants, légaux comme illégaux. Rarement, sinon jamais, ce processus a-t-il été perçu comme une composante importante de la dynamique de classe. Il est vrai que des questions nationales cruciales ont dominé la vie politique et économique du Canada au cours de ces dernières années: le conflit, évoqué plus tôt, entre le nationalisme québécois et les forces profédéralistes mais aussi les tensions sociales exacerbées par la détérioration de l'économie canadienne, surtout depuis 1973. Il n'empêche qu'à travers les événements isolés et discontinus qui ont caractérisé la «question de l'immigration», une constante s'est imposée, fondamentale pour la reproduction politique de la classe ouvrière au Canada. Même si ce processus ne peut être reconstitué ici dans tous ses détails, certains de ses traits les plus fondamentaux sont suffisamment visibles pour nous permettre quelques conclusions.

Circulation internationale des luttes

Une conséquence importante de la révision de la politique d'immigration en 1967 a été d'exposer davantage le Canada à la circulation internationale des luttes de classes. D'abord, afin d'améliorer sa position concurrentielle sur le marché international de la main-d'oeuvre, surtout spécialisée et qualifiée, le Canada a dû abandonner ses quotas à base raciale et ainsi ouvrir ses portes aux ressortissants du Tiers-Monde. Ensuite, en ce qui concerne les sources traditionnelles de main-d'oeuvre non qualifiée, le passage des immigrants parrainés aux immigrants désignés signifie que parmi les candidats à la désignation, un nombre croissant de travailleurs possèdent une expérience professionnelle, acquise dans la plupart des cas dans les centres industriels d'Europe occidentale, ou une formation technique obtenue dans un milieu scolaire très politisé.

L'immigration italienne au Canada fournit un bel exemple de ce phénomène de circulation des luttes de classes. L'explosion du mouvement étudiant en Italie à partir de 1967 et le cycle des luttes ouvrières à partir de 1968 affectent les communautés italiennes du Canada en leur imprimant un nouvel élan de militantisme. Dans certains cas, des étudiants ou des ouvriers industriels nouvellement arrivés, ainsi que de vieux immigrants éveillés aux transformations politiques en Italie, se joignent en un amalgame appelé à jouer un rôle de premier plan dans les expériences de regroupement alors en cours parmi les immigrants italiens au Canada. Dans les deux principales concentrations d'immigrants italiens — Montréal et Toronto — ce nouvel amalgame social et politique agit comme un catalyseur dans les luttes qui engagent de larges secteurs de la communauté immigrante.

Mais c'est peut-être avec l'immigration des Antilles britanniques que cet aspect de la circulation des luttes s'est manifesté avec le plus d'éclat. L'ouverture du Canada aux immigrants des Indes occidentales a permis l'entrée d'une force de travail bien adaptée aux nouveaux critères de sélection, ayant un niveau d'instruction supérieur à la moyenne et une bonne maîtrise de l'anglais — autant d'éléments permettant une rapide adaptation au marché du travail. Cette force de travail, qu'elle provienne directement des Indes occidentales ou de Grande-Bretagne, vient aussi d'un milieu fort politisé. À cela s'ajoute l'atmosphère de militantisme qui règne dans l'Amérique noire des années 60: elle ne manque pas d'influencer les Antillais inscrits aux universités canadiennes. L'incident qui se produit à l'Université Sir Georges Williams en 1969, où des étudiants antillais occupent, puis saccagent le centre de calcul, pourrait se confondre avec quantité d'autres incidents survenus dans les universités américaines où des étudiants noirs combattent la discrimination raciale dans l'enseignement. Cependant l'événement prend immédiatement une dimension internationale en se transportant carrément sur le nouveau terrain balisé par l'immigration. Quelques jours après que les étudiants aient été accusés de «crimes» punissables d'emprisonnement et de déportation, des manifestations de masse se produisent à Trinidad contre des institutions financières canadiennes. Cette vague de protestation et les problèmes qui l'ont suscitée agissent bientôt comme des catalyseurs, déclenchant un vaste processus d'affrontement politique contre l'État de Trinidad et son rôle spécifique dans le contrôle international de la classe ouvrière: le régime d'Eric Williams faillit être renversé en mars 1970[23]. Les crises politiques qui s'ensuivent dans plusieurs autres îles des Antilles ne peuvent donc pas être séparées des liens matériels tissés par l'immigration. De fait, les vagues successives d'immigrants antillais au Canada développent une conscience plus vive du cadre international à l'intérieur duquel, en tant que travailleurs immigrants, ils se déplacent pour vendre leur force de travail.

C'est dans ce contexte qu'il faut envisager la poussée de racisme qui, en 1973-1974, est particulièrement sensible dans la région torontoise[24]. Ce qu'il importe de souligner, ce n'est pas tant la campagne de harcèlement physique contre les Noirs menée par une petite organisation néo-nazie que la façon dont les médias canadiens se sont emparés des événements et ont fait une cause pour dénoncer le racisme national.

Toutefois, derrière l'écran de folklore politique et culturel qui accompagne ce phénomène, il y a une réalité: celle d'une classe ouvrière noire des Antilles débarquant au Canada avec en tête des expériences récentes de mobilisation,

23.   FORSYTHE, D., dir., *Let The Niggers Burn: The Sir George Williams University Affair and its Caribbean Aftermath*, Montréal, Black Rose Books, 1971.

24.   Voir, à titre d'exemple, l'article de première page paru dans *The Globe and Mail* du 25 février 1975: «Immigration, slow economy, unmask Canadian bigotry, victims find».

réfractaire à un traitement discriminatoire et qui ne perd pas de temps pour réclamer les mêmes droits et considérations dont jouissent les travailleurs canadiens et à accéder pratiquement à tous les niveaux d'emploi. Ce secteur de la classe ouvrière immigrante dont on attendait qu'il occupe le dernier échelon de la hiérarchie socio-économique au Canada a réussi à contester l'un des postulats fondamentaux concernant le modèle d'établissement et d'intégration des immigrants[25]. Ce faisant, il joue un rôle d'avant-garde, d'autant que cette riposte vient à l'heure où la mobilisation de divers secteurs de la classe ouvrière immigrante se fait plus visible.

Dans d'autres cas, cette dimension internationale prend des formes différentes — peut-être plus indirectes — de politisation: après le coup d'État de 1967, les immigrants grecs créent des organisations d'opposition au régime des colonels; il en va de même des Haïtiens, puis des Chiliens. Toutes ces mobilisations évoluent en une dénonciation répétée du gouvernement canadien pour son appui aux régimes militaires, mais du même souffle elles font naître des organisations communautaires préoccupées du sort de leurs compatriotes immigrants au Canada. La communauté grecque de Montréal en fournit un exemple remarquable: dans le sillage d'une mobilisation de masse contre la junte militaire, une organisation militante d'immigrants y voit le jour — l'Association des travailleurs grecs — devenue depuis le principal point de référence pour l'organisation des immigrants grecs à Montréal[26].

De toute évidence, il y a d'importantes différences dans l'histoire et la composition de chacune de ces communautés d'immigrants; elles ne peuvent être analysées ici. Toutefois leur activisme est l'expression d'un nouveau climat international alimenté par le nouveau réseau d'immigration. De même la vague de militantisme chez les immigrants et leurs expériences organisationnelles au Canada à la fin des années 60 et dans la décennie suivante représentent une dimension capitale de la circulation internationale des luttes de classes.

Recomposition politique de la classe ouvrière

Un effet direct de ce nouveau climat — à moins que ce n'en soit un des principaux éléments — a été la mobilisation de plus en plus visible des immigrants à propos de revendications et de questions relatives au travail et en faveur d'un meilleur accès à la gamme des services sociaux dispensés par l'État.

---

25. Parmi les associations militantes noires de la région de Toronto, signalons la Canadian-Jamaican Association qui publiait *The Islander*, et The New Beginning Movement qui publiait *Carrabean Dialogue*.
26. «Entretien» avec KESSARIS, V., ADAMOU, D., (de l'Association des travailleurs grecs), dans *Le Magazine Ovo*, n° 27/28 (1978), p. 7-9.

En évaluant la portée politique de ce combat, il faut éviter d'adopter sans discernement les critères et la codification traditionnellement employés pour analyser les «luttes ouvrières» et mesurer le niveau de «conscience de classe». Ce n'est pas seulement qu'au-delà de l'événement codifié (*i. e.* la grève ou la manifestation de masse) il puisse y avoir un réseau de comportement socialisé (souvent organisé) tout aussi provocant. C'est aussi que la situation de travail qui caractérise la plupart des ouvriers immigrants est extrêmement répressive, avec son cortège typique de bas salaires, de travail à la pièce, de petites usines soumises à une forte concurrence, et pratiquant la sous-traitance, d'où un faible niveau de syndicalisation et la réticence des syndicats traditionnels à s'aventurer dans cet espace risqué, potentiellement explosif et coûteux à syndiquer.

Voilà pourquoi les grèves ont été moins nombreuses sur les lieux de travail où prédominaient les immigrants. Mais leur portée et leur impact politiques l'emportent sur leur fréquence. Comme elles se sont souvent produites au coeur de la métropole canadienne, elles ont attiré l'attention générale, rendant plus visible politiquement et socialement la lutte des travailleurs immigrants. La grève à la compagnie Artistic Woodwork de Toronto durant l'hiver 1973-1974 en fournit une des meilleures illustrations. Les travailleurs immigrants de cette moyenne compagnie de meubles se sont heurtés, dans leur effort de syndicalisation, à toute la gamme des tactiques habituelles du patronat. Leur lutte attire un large appui auprès d'autres groupes d'immigrants et de sympathisants. Pendant près de trois mois, des affrontements quotidiens ont lieu sur les lignes de piquetage pour bloquer l'accès de l'usine aux *scabs*: ils entraînent plus de 200 arrestations et font les manchettes à Toronto. Cette grève met en lumière l'alliance étroite existant entre la compagnie, la police et les tribunaux ainsi que le recours à des immigrants de fraîche date pour combattre les travailleurs immigrants résidents[27].

La grève à l'Université McGill de Montréal (1973) où des travailleurs d'entretien, la plupart portugais ou italiens, forcent l'administration à leur concéder de meilleurs salaires et conditions de travail en est une autre illustration. La grève paralyse totalement l'université durant plusieurs jours en raison de l'appui presque unanime offert par les autres employés et le personnel enseignant, mais surtout en raison de l'assistance fournie par les étudiants immigrants de McGill. Il s'agit de la première grève de l'histoire de l'Université McGill, une institution qui a toujours été l'un des principaux symboles de la domination anglo-canadienne du Québec; cela explique la solidarité de classe que

---

27.   Voir notamment les reportages parus dans *This Magazine* ainsi que dans le journal militant italo-torontois *Forze Nuove*.

manifestent quantité de travailleurs québécois à l'appui de travailleurs immigrants en grève[28].

Cette évolution de la conscientisation de la part de larges groupes de la classe ouvrière immigrante ne peut être que partiellement déduite à partir de leur comportement dans des situations relatives au travail. Il faut plutôt étudier le changement dans leurs attitudes vis-à-vis les services sociaux et leur conscience du rôle de l'État en tant que planificateur de leur reproduction quotidienne. Car, dans le *boom* de l'immigration d'après-guerre, la hiérarchie sociale dont il est fait état ci-dessus ne se constitue pas seulement sur le marché du travail, mais aussi dans l'ensemble du processus de reproduction sociale.

L'éducation est l'un des domaines où ce processus paraît le plus évident. Alors que l'État canadien y amorce une expansion sans précédent, qu'il accompagne d'une campagne idéologique mettant l'accent sur «l'égalité des chances» et les bienfaits qu'elle engendre pour la société canadienne, les enfants d'immigrants sont très souvent canalisés vers des écoles et des programmes qui limitent leur accession au marché du travail ou les cantonne dans des emplois peu rémunérés. Les écoles dites «professionnelles» sont l'une des créations institutionnelles utilisées à cette fin: on s'y «occupe» des enfants - ce sont surtout des immigrants et des Canadiens issus des quartiers ouvriers pauvres - qui y ont été orientés après que des tests aient «démontré» leurs insuffisantes intellectuelles ou leur manque d'aptitudes à poursuivre des étude normales[29].

Ces écoles - l'un des nombreux symboles de la prospérité et du modernisme dans les années soixante - sont de fait en passe de devenir une nouvelle forme de ghetto, reproduisant au sein du système scolaire les divisions et la hiérarchie existant déjà dans la société. En 1970, de nombreux groupes entreprennent de lutter contre cet état de chose. À Toronto notamment, la situation devient des plus explosive, révélant non seulement la frustration qui s'accumule chez les enfants néo-canadiens alors qu'on leur impose un traitement «démocratique» et «scientifique» qui débouche sur un avenir au rabais, mais aussi le refus des parents de voir leurs enfants soumis à un traitement semblable à celui qu'ils avaient dû supporter quelques années auparavant. À Montréal, la révolte des parents italiens de Saint-Léonard exprime cette frustration, de façon plus aiguë qu'elle n'apparaît à Toronto, et dans un contexte socio-politique beaucoup plus complexe[30]. Leur refus de se plier à l'obligation d'envoyer leurs

---

28.   Voir, entre autres, les reportages parus dans *Il Lavoratore*, organe officiel du Mouvement progressiste italo-québécois qui a joué un rôle de leadership dans cette grève.

29.   «Class Bias in Toronto Schools — The Park School Brief», dans *This Magazine Is About Schools*, V, n° 4 (automne/hiver 1971): 6-35.

30.   Voir notamment CAPPON, P., *Conflit entre les Néo-Canadiens et les francophones de Montréal*, Québec, P.U.L., 1974, ou l'ouvrage de TADDEO, D. et TARAS, R., *Le débat linguistique au Québec*, Montréal, P.U.M., 1987.

enfants dans les écoles de langue française — soulevant une question qui continuera d'être un casse-tête à la fois pour le gouvernement libéral et pour celui du parti québécois — a été perçu par plusieurs observateurs de gauche comme «réactionnaire» parce que contraire aux aspirations nationales des francophones du Québec. Ce refus a cependant une signification de classe à la fois plus directe et plus importante, démontrant d'abord et avant tout que ces personnes n'acceptent pas d'être les cibles passives, à cause de leurs origines immigrantes, de politiques restreignant à leurs yeux leur accès au marché du travail ou prédéterminant leur avenir dans ce domaine.

Les compensations ouvrières sont un autre secteur où les immigrants ont refusé d'être victimes de la discrimination à cause de leur prétendue passivité ou de leur ignorance des procédures administratives. La meilleure preuve de cette attitude est la création, au début des années 70, de l'Union des ouvriers accidentés, qui regroupe surtout des immigrants de la région torontoise. Cette association est le résultat d'une enquête exhaustive faite par des organisateurs de communautés ethniques et qui a démontré la fréquence déplorable avec laquelle la Commission des accidents du travail avait disqualifié ou ignoré les réclamations des immigrants et des Néo-Canadiens, ou encore alloué des compensations moindres à ces travailleurs. La mobilisation et les nombreuses manifestations organisées par cette association auprès des instances politiques ontariennes ont finalement conduit à une révision globale des procédures d'indemnisation[31].

On aurait tort de considérer ces incidents comme un exemple banal du phénomène plus large de l'activité des groupes de pression. Car lorsqu'ils sont confrontés aux autres exigences qu'ont exprimées les immigrants au cours de ces années, l'ensemble reflète un changement qualitatif dans la perception que les immigrants ont, d'une part, de leur rôle et de leur valeur en tant que force de travail dans un contexte social élargi et, d'autre part, de l'État en tant que planificateur et organisateur de leur vie quotidienne.

PLURALISME CULTUREL OU GESTION POLITIQUE?

Qu'il s'agisse de comportements de classe ou de comportements inspirés par des mouvements internationaux d'opposition à des régimes oppressifs, les luttes auxquelles ont participé les communautés immigrantes du Canada, en particulier durant les années 60 et 70, ont prouvé leur potentiel explosif tant sur le terrain des relations de travail que sur celui de la reproduction sociale.

Aucune analyse théorique n'est encore parvenue à distinguer parfaitement les comportements de populations immigrantes qui répondent à des besoins de classe et ceux qui répondent à des exigences d'identité ethnique. La difficulté

---

31. BIGGIN, P.,«We've Just Begin to Fight! — The UIW Fights for Injured Workers», dans *Canadian Forum*.

réside dans le fait que très souvent les matrices de ces comportements conflictuels non seulement coexistent, mais sont intimement liées. Dans ce contexte, le discours et la pratique multiculturalistes sont appelés à assumer une fonction extrêmement importante. L'image du pluralisme culturel doit en effet déplacer des problèmes fondamentaux comme celui de l'égalité ou de la pleine participation à la société civile, du domaine des rapports de classe à celui des rapports interethniques. En cela, le multiculturalisme porte dans la sphère de la réalité socio-culturelle les limites inhérentes au pluralisme tel que conçu par la pensée libérale. Alors qu'immigrants et néo-Canadiens sont confrontés à une réalité faite de chances inégales, de mécanismes d'exclusion et de hiérarchisation sociale, ce discours se transforme inévitablement en une idéologie d'État. La métaphore de la mosaïque culturelle souvent utilisée pour représenter la vision multiculturaliste, sert (tout comme les images développées dans le «Plan d'action» québécois) à transmettre l'idée que nous sommes tous Canadiens (ou Québécois) indépendamment de nos origines ethnoculturelles, et donc tous sur un pied d'égalité dans la société dont nous faisons partie. En même temps, comme ensemble de politiques et de programmes concrets, le multiculturalisme a pour effet de favoriser chez les communautés immigrantes un certain type de manifestation de conscience ethnique, qui se traduit nécessairement par des activités et des formes d'association regroupant des individus de classes sociales différentes. Les axes principaux de la politique multiculturaliste -- tels les activités de «développement culturel», la promotion de l'enseignement des langues d'origine, ou le soutien apporté aux associations ethniques -- ont pour but de valoriser les origines et les traditions des différents groupes. Mais inévitablement, ces politiques trouvent leurs interlocuteurs privilégiés parmi les élites ethniques, lesquelles ont généralement tout intérêt à maintenir leurs communautés culturellement isolées. Cette dynamique a donc très souvent entraîné le resserrement du contrôle des notables locaux sur les communautés par le renforcement des associations qu'ils dirigent et leur prise en charge de la médiation entre le «ghetto» ethnique et le marché du travail. Ce mécanisme de «domination indirecte» a été particulièrement efficace dans les communautés italiennes, à la fois parce que celles-ci sont fortement concentrées en milieu urbain et parce que les antécédents sociaux des immigrants italiens les rendaient plus dépendants des services fournis dans le «ghetto»[32].

On ne peut s'étonner de ce que l'une des principales conséquences de cette approche ait été de promouvoir le développement de rapports «clientélaires» entre les instances gouvernementales et les élites ethniques. Ces relations ont favorisé une canalisation des ressources gouvernementales (surtout financières) et ont souvent contribué à perpétuer un certain rapport de pouvoir à l'intérieur des communautés concernées. Cela s'est fait au détriment du potentiel créatif qui

---

32.   ASSOCIATION DE CULTURE POPULAIRE ITALO-QUÉBÉCOISE, *Immigrazione e communità italiana nel Quebec*, Montréal, ACPIQ, 1978.

pouvait exister dans les secteurs de ces communautés exclus des réseaux «clientélaires» mentionnés plus haut. Si donc le multiculturalisme a influencé le développement et les activités des associations de beaucoup de communautés ethniques, ainsi que les dynamiques politiques à l'intérieur de celles-ci, son succès en tant que stratégie de domination indirecte a pourtant été éphémère. Contrairement à ce qu'en pensaient les stratèges du multiculturalisme, les communautés ethniques sont loin d'être des entités socialement et culturellement homogènes. Aussi imperceptibles ou insignifiantes puissent-elles être aux yeux des fonctionnaires fédéraux, des différences de classes, de degré d'intégration, d'éducation et de culture politique caractérisent la plupart d'entre elles. Tant que le leadership des notables locaux était exercé dans un contexte communautaire d'isolement culturel et de nostalgie du «pays perdu», les éléments les plus jeunes ou les plus dynamiques de ces communautés pouvaient parfaitement ignorer ce leadership qu'ils considéraient dépassé, ou dans lequel ils ne voyaient qu'un phénomène en voie de disparition. Mais lorsque, dans le cadre d'un vaste projet national de redéfinition des relations interethniques, des sommes considérables ont commencé à être injectées dans ces communautés et lorsque leurs notables en ont été présentés comme les représentants officiels et les porte-parole, l'indifférence s'est muée en rivalité et en conflit. C'est pourquoi en pareils cas le leadership des notables locaux a été rapidement remis en question à l'intérieur même des communautés, ou de plus en plus contourné par les immigrants qui ont appris à faire affaire directement, ou par l'entremise d'organisations communautaires militantes, avec l'appareil gouvernemental.

Pour les communautés de formation récente, le multiculturalisme n'a jamais rempli qu'une fonction idéologique, soit parce que leur leadership est divisé entre des organisations rivales (comme cela a surtout été le cas de la communauté antillaise de Toronto), soit parce que les associations locales dominantes sont dès le départ des organisations militantes qui se situent dans le courant de la circulation internationale des luttes déjà mentionné et qui se sont mobilisées contre les mesures répressives du gouvernement canadien ou contre la vague de racisme dont très souvent elles sont la cible. La communauté haïtienne de Montréal et les commnautés pakistanaises de Toronto et de Vancouver en sont les meilleures illustrations.

Jusqu'à présent, aucune étude n'a pu analyser de façon satisfaisante les phénomènes socio-culturels et politiques complexes dont il est question ici; du moins pouvons-nous affirmer que ce n'est pas le multiculturalisme qui a freiné les comportements conflictuels de classe dont nous avons parlé plus haut, ou qui a endigué au Canada l'effet de la circulation internationale des luttes. Pour atteindre ces objectifs, l'État libéral canadien a dû intervenir à nouveau par le biais de sa politique d'immigration.

En dépit des critiques faites au nouveau projet de loi et de l'opposition qui lui a été exprimée dans divers secteurs de la société canadienne, le gouvernement libéral a eu beau jeu: durant le long débat qui a précédé la mise en vigueur de cette loi, il a en effet réussi à faire valoir des considérations technocratiques basées sur des exigences démographiques et économiques futures du Canada. Surtout, le débat s'est déroulé dans un contexte caractérisé par la crise économique, un chômage croissant et un climat d'opinion particulièrement perturbé par le problème des immigrants illégaux et par celui du terrorisme international. La loi de 1978 répond à plusieurs des exigences du gouvernement en établissant des critères d'admission beaucoup plus restrictifs: ainsi, les catégories précédentes qui, nous l'avons vu, étaient en grande partie basées sur une évaluation des besoins du marché du travail, ont été remplacées par des catégories plus larges, mais qui par ailleurs permettent aux autorités d'effectuer une sélection politique plus stricte des nouveaux immigrants. En outre, au moyen de cette loi, l'État libéral peut exercer un contrôle beaucoup plus sévère sur le comportement de ces derniers, tant sur le marché du travail que dans la société civile[33].

Les buts éminemment politiques de cette loi, ainsi que son caractère répressif, ont été en grande partie occultés par les changements survenus dans la composition du mouvement migratoire au Canada durant les années qui ont suivi son entrée en vigueur. En effet, deux composantes particulières de cette immigration ont augmenté de façon marquée: d'une part, celle des travaileurs et travailleuses admis avec des permis temporaires et, d'autre part, celle des réfugiés politiques — ces derniers venant surtout des pays du Sud-Est asiatique. En ce qui concerne le premier groupe, dont le statut au Canada demeure souvent précaire, il ne peut être question de pluralisme ethnoculturel ou de multiculturalisme. Ce n'est en effet qu'en tant que force de travail que ces individus participent à la vie canadienne, qu'ils entrent et sortent du pays: leur existence culturelle est complètement en dehors des considérations politiques des autorités gouvernementales. En ce qui concerne les réfugiés politiques, nous savons bien — en partie grâce aux critiques soulevées par des groupes comme la *Ligue des droits et libertés* — à quel point leur sélection répond à la fois à des considérations économiques et à des considérations de sécurité nationale qui tendent à privilégier certains pays d'origine plutôt que d'autres. En outre, la tutelle gouvernementale imposée à ces populations durant la période initiale de leur résidence au Canada limite considérablement les risques de comportements disruptifs, à la fois sur le marché du travail et dans le domaine des services sociaux[34].

Vers la fin de l'ère libérale, le multiculturalisme avait donc épuisé ses possibilités en tant qu'instrument de domination indirecte: soit qu'il ait été démasqué par les conflits survenus à l'intérieur des communautés

---

33.   Pour une analyse politique de la nouvelle loi d'immigration voir RAMIREZ, B., «L'immigration...», *loc. cit.*

34.   RAMIREZ, B., «Réflexion sur la nouvelle politique d'immigration», dans *Interventions économiques*, n° 11 (automne 1983): 135-141.

ethnoculturelles; soit parce que le gouvernement s'était assuré un contrôle direct des populations nouvelles par le biais de la nouvelle politique d'immigration; soit enfin en raison des importantes transformations démographiques et culturelles qui ont eu lieu au cours des quinze dernières années dans la plupart des communautés ethniques. Il est vrai que les principes du multiculturalisme ont été par la suite intégrés à la Constitution canadienne, permettant ainsi au gouvernement libéral de léguer à la postérité une vision sociale et culturelle pluraliste du Canada. Mais un tel geste, en apparence solennel, n'a aucune implication concrète; tout au plus met-il davantage en relief la vocation idéologique de cette politique. L'inclusion de ces principes dans la charte constitutionnelle est loin d'avoir transformé le multiculturalisme en un ensemble de droits et de responsabilités garantis par des lois appropriées — telle, par exemple, l'«*affirmative action*» utilisée aux États-Unis pour protéger les communautés noires. Le multiculturalisme demeure un instrument à l'entière discrétion des autorités gouvernementales, par lequel elles tentent de gérer la diversité culturelle qui caractérise la société canadienne et de s'assurer que cette société devienne et demeure conforme à leurs exigences politiques. Cela est encore vrai dans les années 80, alors que la conjoncture internationale et les critères d'admission adoptés par Ottawa ont énormément accentué la diversité politique et de statut socio-économique existant parmi les populations immigrantes.

Un des objectifs visés par le gouvernement libéral a été de développer une meilleure connaissance du fait ethnique au Canada. Cependant, malgré les louables efforts des autorités pour promouvoir le secteur des études ethniques, la politique du multiculturalisme continue à s'appuyer sur une connaissance inadéquate du phénomène migratoire et des dynamiques interculturelles qui caractérisent la société canadienne. Dans l'optique technocratique des fonctionnaires libéraux, les études ethniques auraient dû fournir les instruments théoriques permettant à la politique du multiculturalisme d'imposer *par le sommet* un pluralisme ethnoculturel à la société canadienne. En réalité, dans le discours et dans la pratique multiculturaliste, l'ethnicité a toujours été un *a priori*: on en a supposé l'existence à partir du moment où une population immigrante donnée se manifestait collectivement et statistiquement dans l'espace social canadien. Ce qui fait défaut ici, c'est d'une part un effort de compréhension des itinéraires historiques qui ont conduit au développement particulier de chacune des communautés ethniques et, d'autre part, une vision du devenir de cet univers pluriculturel et de son impact sur les mutations de l'ensemble de la société canadienne. Le problème du devenir est laissé, en dernière analyse, au fonctionnement des forces assimilatrices qui, d'une manière ou d'une autre, devraient agir sur la société et la façonner à l'intérieur du cadre institutionnel canadien[35].

Après quinze ans de politiques multiculturalistes, il nous paraît clair que dans les espaces sociaux restreints où les formes de pluralisme ethnoculturel sont apparentes, elles s'inscrivent bien davantage dans des pratiques quotidiennes autonomes que dans une idéologie culturelle, et sont soutenues par un ethos culturel plus que par des appareils institutionnels créés à cet effet.

---

35.   Le rapport entre le multiculturalisme et les études ethniques est analysé par RAMIREZ, B., dans Collectif, *Le Québec et l'école à clientèle plutiethnique*, Éditeur officiel du Québec, 1987, p. 95-122. Voir également, de RAMIREZ, B., «Ethnic Studies and Working-Class History», *Labour / Le Travail*, n° 17, (1987): 45-48.

LES LIBÉRAUX ET LA CULTURE: DE L'UNITÉ NATIONALE À LA MARCHANDISATION DE LA CULTURE (1963-1984)

Jean-Guy Lacroix

Benoît Lévesque
Département de sociologie
Université du Québec à Montréal

Pour l'essentiel, la politique culturelle canadienne est l'oeuvre des libéraux. Si le *Rapport Massey*[1] en constitue la première esquisse, il faut attendre le début des années 60 pour que le gouvernement fédéral adopte une «approche nouvelle» et relativement systématique[2]. Cette politique en fut d'abord une de compromis. Elle répondait à des exigences de régulation aussi bien économique que socio-politique: compromis entre démocratisation (accès) et centralisation, entre canadianisation et continentalisation, entre unité nationale et industries culturelles. Dans une conjoncture politique «passablement instable et volatile[3]», le Parti libéral, qui a été au cours des dernières décennies au centre de l'échiquier politique, a été un «instrument de cohésion sociale»[4] pour la société canadienne.

En ce qui concerne la culture et les communications, l'ère libérale peut être divisée en deux périodes : une première (1963-1975) où les volets socio-

1. CANADA, *Commission royale d'enquête sur l'avancement des Arts, Lettres et Sciences au Canada. Rapport*, Ottawa, Imprimeur du Roi, 1951 (Rapport MASSEY).
2. OSTRY, B., *The Cultural Connection*, Toronto, McClelland and Stewart, 1978, p. 160.
3. BRUNELLE, D., *Les trois colombes*, Montréal, VLB Éditeur, 1985, p. 247.
4. LAXER, J. et LAXER, R, *Le Canada des libéraux*, Montréal, Éditions Québec/Amérique, 1978, p. 70.

politique et économique de la politique culturelle sont en harmonie et une seconde (1976-1984) où ils ne le sont plus.

Le début de l'ère libérale correspond à une période de forte croissance économique[5] où «toutes les conditions sont réunies [...] pour que le développement de la culture de consommation [...] connaisse une accélération sans précédent»[6]. Dans cette conjoncture, l'intervention grandissante de l'État dans la culture s'est faite sans grande résistance et souvent en réponse à des demandes relativement diverses (ces demandes ont généralement été satisfaites dans le cadre de compromis sociaux allant dans le sens du renforcement du pouvoir et d'un élargissement de la marchandisation). Ainsi, la «société de consommation de masse» correspondait à une demande de démocratisation de la culture définie par les consommateurs en terme d'accès à des équipements collectifs et à de nouveaux produits. L'intervention de l'État dans la culture répondait également aux demandes de travailleurs culturels (créateurs, artistes, etc.) qui trouvaient dans les appareils culturels d'État un emploi et parfois un lieu pour s'exprimer. Enfin, le «protectionnisme mou»[7] (les quotas d'émissions canadiennes à la télévision) et les avantages fiscaux (entre autres dans le cinéma), mis de l'avant par le gouvernement fédéral, ont assez bien répondu aux demandes des capitalistes intéressés aux industries culturelles.

Au milieu des années 1960, les programmes fédéraux dans le domaine culturel ont été suffisamment bien reçus pour que le Secrétariat d'État prenne l'initiative de susciter une «opposition loyale»[8]. Les demandes adressées au gouvernement fédéral ont été aussi adressées aux gouvernements provinciaux et aux municipalités. La culture et les communications deviennent alors un enjeu vital à la fois pour la «souveraineté culturelle» du Québec et pour l'unité nationale canadienne. Avant même que les péquistes ne prennent le pouvoir, les interventions du gouvernement fédéral entraient en conflit avec celles des provinces et, plus directement encore, avec celles du Québec[9].

5.   FIRESTONE, O.J., *Broadcast Advertising in Canada, Past and Future Growth*, Ottawa, University of Ottawa Press, 1966, p. 151.
6.   LINTEAU, P.A., DUROCHER, R., ROBERT, J.C., RICARD, F., *Histoire du Québec contemporain. Le Québec depuis 1930*, Montréal, Boréal Express, 1986, p. 676.
7.   Voir BABE, R.E., *Structure, réglementation et performance de la télévision canadienne*, Ottawa, ministère des Approvisionnements et Services Canada, 1979, p. 221; RESCHENTHALER, G.B., «Direct Regulation in Canada: Some Policies and Problems», dans W.T., STANBURY (éd.), *Studies on Regulation in Canada*, Toronto, Institute for Research on Public Policy, 1978, p. 88-90. Également HARDIN, H., *Closed Circuits : The Sellout of Canadian TV*, Vancouver, Douglas and Mac Intyre, 1985.
8.   OSTRY, B., *op. cit.*, p. 104.
9.   SIMARD, C., «La culture institutionnalisée. Étude du cas québécois», dans *Questions de culture. La culture : une industrie?*, Québec, IQRC, 1984, p. 155.

Dans la deuxième phase (1976-1984), la crise de l'unité nationale atteint son paroxysme avec l'arrivée du Parti québécois au pouvoir alors que la crise économique pousse le gouvernement canadien à renoncer au keynésianisme. Plus largement, les compromis sociopolitiques qui prévalaient jusque-là éclatent. D'une part, le caractère centralisateur et interventionniste de la politique culturelle suscite des résistances aussi bien des «consommateurs avertis» que des travailleurs culturels eux-mêmes.

D'autre part, la politique d'inspiration néo-libérale qui va dans le sens de la privatisation et de la continentalisation des industries culturelles suscite des inquiétudes tant dans le grand public que chez les travailleurs culturels. Ces derniers sont d'ailleurs fortement touchés par les coupures budgétaires alors que le secteur privé ne semble guère en mesure de prendre la relève. Enfin, si le volet économique de cette politique culturelle apparaît aujourd'hui encore problématique, il faut bien voir qu'avec la «sortie» de la crise de l'unité nationale le volet socio-politique demeure encore plutôt problématique et déphasé.

Nous avons divisé cet article en deux grandes parties qui correspondent pour l'une au gouvernement Pearson (1963-1968) et pour l'autre au gouvernement Trudeau (1968-1984). Même si la politique culturelle sous Trudeau change radicalement d'orientation en 1975, il n'en demeure pas moins que l'ère Trudeau forme par ailleurs un ensemble cohérent, celui du «fédéralisme fonctionnel», alors que la période Pearson, avec son «fédéralisme coopératif», apparaît au plan de la culture comme une période de transition.

LA PÉRIODE PEARSON (1963-1968)

La période Pearson constitue un tournant quant à l'intervention de l'État dans la culture surtout à partir de 1964-1965, alors que Maurice Lamontagne succède à J. W. Pickersgill au Secrétariat d'État. La politique culturelle mise de l'avant demeurait cependant hésitante comme le révèle le dossier des communications. Elle répondait davantage aux exigences des événements qu'à une vision bien arrêtée. Au départ, c'est moins la culture que la langue qui constituait l'enjeu le plus significatif, comme en témoigne la mise sur pied de la Commission royale d'enquête sur le bilinguisme et le biculturalisme[10]. Mais rapidement, la transformation du Conseil des Arts et l'élargissement des juridictions du Secrétariat d'État révélaient une attention nouvelle pour la culture. Les fêtes du Centenaire de la Confédération confirmèrent l'importance des activités culturelles

---

10. CANADA, *Rapport de la Commission royale d'enquête sur le bilinguisme et le biculturalisme*, Ottawa, Imprimeur de la Reine, 1969 (Rapport Laurendeau-Dunton).

pour le renforcement de l'unité nationale. Le secteur des communications, qui relevait alors du Secrétariat d'État, fut aussi l'objet d'enquêtes et de redéfinitions.

La Commission B-B, du bilinguisme au multiculturalisme

Au début des années 1960, la «culture n'est guère perçue comme un enjeu significatif[11] alors que la langue semble bien l'être comme le révèle l'affaire Gordon en novembre 1962»[12]. Cette nouvelle sensibilité s'appuie moins sur la situation des minorités de langue française au Canada que sur le constat de la «baisse du français parlé au Québec»[13] et, finalement, sur la place de cette province dans l'ensemble canadien.

L'attention que le *Manifeste* libéral de 1962 accorde à la culture n'est pas nouvelle. S'il est question de l'égalité des deux cultures, les propositions ne dépassent pas le «bilinguisme de façade ou de traduction»[14] et le symbolisme primaire comme en témoigne l'adoption de l'unifolié en 1965. Le programme de la Fédération libérale fédérale présenté au début de 1963 va beaucoup plus loin en proposant une enquête sur le bilinguisme et le biculturalisme et, surtout, en affirmant que, pour «sauver la confédération», il faut restaurer l'esprit du pacte confédératif et chercher un «nouvel équilibre entre les deux cultures»[15]. À partir d'une analyse des programmes des partis politiques fédéraux sur le problème des deux cultures, André Laurendeau écrit alors que les libéraux et le NPD «ont infléchi sérieusement» pour proposer de nouvelles pistes[16].

La Commission coprésidée par André Laurendeau et Davidson Dunton est apparue à plusieurs comme une «tentative de la onzième heure pour corriger presque un siècle d'évolution culturelle». Alors qu'il avait laissé aux provinces la question des minorités canadiennes-françaises, le gouvernement fédéral tentait alors d'intervenir de manière à «recréer l'identité entre les Québécois et les minorités de langue française». L'initiative de Pearson apparut donc comme «une tentative de composer avec le néo-nationalisme québécois»[17].

Au moment où Ottawa proposa de *bilinguiser* le Canada, le gouvernement du Québec travaillait depuis quelque temps à franciser le Québec. À l'occasion de la création du ministère des Affaires culturelles en 1961, Jean

11.   LINTEAU, P.-A. (*et alii*), *op. cit.*, p. 760.
12.   BRUNELLE, D., *op. cit.*, p. 191.
13.   LACHANCE, G., «La culture entre l'industrie et l'identité», dans *Questions de culture*, Québec, IQCR, 1984, p. 154.
14.   LINTEAU, P. A., (*et alii*), *op. cit.*, p. 549.
15.   RYAN, C., Éditorial, *Le Devoir*, 14 février 1963.
16.   LAURENDEAU, A., «Les programmes des partis fédéraux et le problème des deux cultures», *Le Devoir*, 16 mai 1963.
17.   LAXER, J. et LAXER, R., *op. cit.*, p. 207.

Lesage déclare que son parti «a voulu donner priorité aux problèmes culturels et aux questions qui touchent l'éducation»[18]. En vertu de la loi le créant, le MAC a sous sa juridiction la Commission des monuments historiques et les trois nouveaux organismes suivants : l'Office de la langue française, le Département du Canada français d'outre-frontière et le Conseil provincial des Arts. Comme le nouveau ministère ne réussissait pas à se libérer de la tutelle du Conseil du trésor, ses interventions furent centrées sur la langue et le patrimoine.

La Commission B-B, comme on l'appelle familièrement, peut être considérée, selon Bernard Ostry, comme «la plus importante enquête fédérale sur la culture depuis la Commission Massey»[19]. Les auditions à travers le pays, le rapport préliminaire, les nombreux volumes du rapport et les recommandations finales ont effectivement mobilisé des ressources du fédéral sur cette question comme jamais auparavant. Nous apprenons ainsi, dès le dépôt du rapport préliminaire, que le «Canada, sans en être pleinement conscient, traverse la plus grave crise de son histoire». Il faut cependant attendre l'élection du Parti québécois pour que l'ensemble du Canada en soit convaincu. Le multiculturalisme mis en lumière par la Commission fournit aux libéraux fédéraux la voie à adopter pour éviter le problème que posait le nationalisme québécois[20]. Si la culture était d'une importance stratégique pour l'unité canadienne, les solutions proposées se limitèrent à la fonction de la langue et à inviter les «anglais» à apprendre le français.

Le Conseil des Arts: d'une fondation privée à une agence gouvernementale

À sa création en 1957, le Conseil des Arts du Canada constituait une «formule hybride» qui participait à la fois de la fondation américaine et de l'agence publique de type britannique (par exemple le *Arts Council of Great Britain*)[21]. Le

---

18. LESAGE, J., *Discours du 2 mars 1961*. Voir également L'ALLIER, J.-P., *Pour l'évolution de la politique culturelle*, Québec, MAC, mai 1976, p. 10-90.

19. OSTRY, B., *op. cit.*, p. 108.

20. À ce sujet, TEEPLE G., écrit: « [...] but multiculturalism as national policy is the unwritting admission of no particular national culture», TEEPLE, G., «Free-Trade — The Last Decade», dans *Our Generation*, vol. 18, n° 2, 1987, p. 46.

21. GRANATSTEIN, J.L., «Culture and Scholarship : The First Ten Years of the Canada Council», *Canadian Historical Review*, LXV, 4 (december), 1984, p. 445; MILLINGAN, F., «The Ambiguities of the Canada Council», dans HELWIG, D., (éd.), *Love and Money : The Politics of Culture*, Ottawa, Aberon Press, 1980, p. 72.

don de cent millions de dollars de deux riches industriels des Maritimes amena le premier ministre, Louis Saint-Laurent, à le créer. Selon la loi le constituant, celui-ci est réputé «organisme ou oeuvre de charité» de manière à pouvoir «acquérir des sommes d'argent, valeurs ou autres biens par dons, legs ou autrement et les utiliser pour le développement de ses programmes»[22]. De 1957 à 1964, les revenus du Conseil étaient d'environ 3,4 millions de dollars par année[23] et provenaient exclusivement des intérêts de la dotation de départ.

Au sein de la Corporation chargée de l'administration du Conseil des Arts, le milieu des affaires était bien représenté alors que les artistes ne constituaient qu'une faible minorité[24]. Venant du milieu des affaires, on retrouvait entre autres Samuel Bronfman et Brooke Claxton, vice-président et directeur général pour le Canada de la Metropolitan Life Insurance Company, qui assurait la présidence de la Corporation[25]. À sa première réunion, la Corporation a rencontré des représentants des fondations Rockfeller, Carnegie et Ford afin de tirer profit de leur expérience. Il fut retenu que le Conseil devait favoriser l'excellence plutôt que de saupoudrer ses dons. La dotation de départ était administrée par un comité d'investissement dirigé par Graham Towers, premier gouverneur de la Banque du Canada, assisté de James Muir, président de la Banque royale et J. G. Hungeford, président du National Trust Company.

Dès les premières années de son existence, il apparaît que le Conseil des Arts ne pouvait fonctionner comme une fondation américaine. L'objectif d'aider en priorité les artistes professionnels et les organisations relativement permanentes comme les troupes de théâtre ou les compagnies de ballet fut maintenu, mais il se révéla très difficile sinon impossible de favoriser l'excellence sans tenir compte de la dimension régionale et de l'existence de deux cultures. Les occasions pour le pouvoir politique d'intervenir ne manquaient pas. Cependant, ce fut sous le gouvernement Pearson que les rapports entre le Conseil des Arts et le pouvoir politique se transformèrent.

En premier lieu, le Conseil des Arts, qui relevait jusque-là directement du premier ministre, passa en 1963 sous la juridiction du Secrétariat d'État. À partir de 1965, suite à des transformations dans le mode de financement, il dut rendre des comptes à la fois au Conseil du Trésor et au Parlement. Pour répondre à la volonté de rationalisation du Secrétariat, le Conseil mit sur pied deux

---

22.   MAILHOT, L. et MÉLANÇON, B., *Le Conseil des Arts du Canada, 1957-82*, Montréal, Léméac, 1982, p. 63.
23.   Cette somme devait être partagée entre le secteur des arts et le secteur des humanités et sciences sociales, de sorte que ce qui revenait aux artistes se situait plutôt autour de 1,4 million. De plus, il faut aussi dire que des cent millions, cinquante millions avaient été affectés au secteur universitaire pour la construction d'édifices de sorte que la dotation du Conseil n'était que de cinquante millions.
24.   MAILHOT, L. et MÉLANÇON, B., *op. cit.*, p. 47.
25.   GRANATSTEIN, J.L., art. cit., p. 446.

commissions consultatives, l'une pour les affaires universitaires, l'autre pour les arts. Enfin, en 1966, les orientations du Conseil furent discutées par le Conseil permanent de la Chambre des communes chargé d'étudier la radiodiffusion, le cinéma et les programmes d'assistance aux arts.

En deuxième lieu, la transformation la plus importante concerne le financement. À la différence des fondations américaines, la dotation de départ n'a pas reçu d'injection de nouveaux fonds de la part du secteur privé. Dès le début des années 1960, la demande croissante d'aide à la création et aux études poussa le Conseil des Arts à demander à John Diefenbaker d'ajouter deux millions au fonds. Ce que le premier ministre conservateur refusa de faire. Quelques mois après l'arrivée au pouvoir des libéraux, le Conseil demanda au premier ministre d'ajouter dix millions de dollars à la dotation de départ. Or Pearson se disant heureux de contribuer à «renforcer [ainsi] l'identité et l'unité de notre pays alors que nous approchons de son centenaire»[26], offrit les dix millions demandés pour satisfaire aux dépenses courantes pour les deux prochaines années sans ajouter quoi que ce soit à la dotation de départ. Les revenus pour 1965-1967 passèrent de 3.,3 à 6,9 millions de dollars, mais la porte était ouverte pour un financement sur une base annuelle avec tout ce que cela pouvait signifier de dépendance envers l'État.

Ainsi, à partir de 1967, le Conseil fut subventionné sur une base annuelle : cette subvention représentait désormais 80 à 85 % de l'ensemble de ses revenus. Le Conseil est ainsi devenu une «agence tampon» entre le gouvernement et les artistes. Mais il y a plus. À partir du moment où le Conseil dépendit exclusivement des «dons» du Parlement, il devint un objet d'attention non seulement du Conseil du trésor mais aussi du Parlement et de ses comités. C'est ainsi, selon George Woodcock, qu'à partir de 1965, le Conseil des Arts participa à une «politisation» des arts, qui furent de plus en plus vus comme serviteurs de l'unité nationale[27]. La croissance du budget du Conseil correspondait cependant à une «extraordinaire explosion dans le domaine des arts», même si l'action de ce dernier allait plutôt dans le sens de l'encouragement que de l'initiative.

Le Secrétariat d'État, un ministère de la Culture et des Communications

«Au début de 1963, écrit Bernard Ostry, le gouvernement nouvellement élu de Pearson décida d'adopter une nouvelle approche du problème de l'assistance aux

---

26. MAILHOT, L. et MÉLANÇON, B., *op. cit.*, p. 47.
27. WOODCOCK, G., *Strange Bedfellows. The State and the Arts in Canada*, Vancouver/ Toronto, Douglas and McIntyre, 1985, p. 98.

arts et aux autres activités culturelles»[28]. L'homme derrière ce projet n'était autre que l'architecte de la dernière campagne électorale, Maurice Lamontagne. En l'espace de deux ans, il transforma le Secrétariat en un véritable ministère de la Culture et des Communications.

Depuis la Confédération, le Secrétariat d'État s'occupait surtout des relations fédérales-provinciales. Relevaient également de ce ministère, le Registraire général du Canada, le bureau de la traduction et une section chargée de l'Office des brevets et des compagnies. À partir de 1963, les diverses agences culturelles y furent transférées et, notamment:

- le Conseil des Arts;
- les musées nationaux;
- la Bibliothèque nationale;
- les Archives publiques;
- le Bureau des gouverneurs de la radiodiffusion;
- la Société Radio-Canada;
- l'Office national du film;
- l'Imprimeur du roi (ou de la reine);
- la Commission du Centenaire (en 1965);
- le Secrétariat de la citoyenneté (en 1966).

Le Secrétariat connut alors une croissance importante de son budget et de son influence.

S'il faut attendre l'ère Trudeau et l'arrivée de Gérard Pelletier à la tête de ce ministère pour qu'émerge une vue relativement claire et cohérente de la culture, il n'en demeure pas moins que plusieurs des initiatives de cette époque avaient été préparées sous Lester Pearson, comme ce fut le cas pour la *Loi de l'Office national du film* (ONF) et la *Loi des musées nationaux* votées en 1968. C'est cependant sous Pearson que le Conseil des Arts effectue un tournant, comme nous l'avons vu, et qu'est mis sur pied un comité permanent «ayant pour mandat d'étudier la situation de la radiodiffusion, du cinéma et des programmes d'assistance aux arts»[29]. Il s'agissait d'une des premières tentatives pour opérer une jonction entre l'aide aux arts professionnels et les industries culturelles.

Dans la foulée de la Commission B-B, la nouvelle orientation du Secrétariat ne rencontra aucune résistance au point où celui-ci suscita une «opposition loyale» :

28.   OSTRY, B., *op. cit.*, p. 100.
29.   FREMONT, J., *Études des objectifs et des principes proposés et adoptés relativement au système de la radiodiffusion canadienne*, Montréal, Étude réalisée à l'intention du groupe de travail sur la politique de la radiodiffusion, 1986, p. 29.

Another new policy development of the early 1960's was based on the notion that it would be helpful to have some sort of organized «loyal opposition» to act as sounding-bord for new programs and policies, and to provide the minister with points of contacts in bodies representing all or some of the arts[30].

Dans la perspective d'une «participation dépendante», un certain nombre d'associations et de regroupements ont été soutenus et écoutés par le Secrétariat d'État. Ce fut le cas entre autres de la Ligue canadienne de la radiodiffusion, de l'Association canadienne des musées et de la Conférence canadienne des arts.

La visibilité des interventions du Secrétariat d'État dans le domaine de la culture soulevait cependant beaucoup d'inquiétude du côté du gouvernement du Québec et particulièrement du ministère des Affaires culturelles. Après un démarrage passablement rapide, le MAC se voyait doublé par Ottawa dans le contexte de la crise de l'unité canadienne. Ainsi, les revenus du seul Conseil des Arts du Canada atteignaient 21,1 millions de dollars en 1967-1968, alors que le budget du MAC se limitait alors à 12,2 millions[31]. Devant ces faits, Guy Frégault, qui fut longtemps sous-ministre au MAC, concluait avec une sorte de désespoir qu'«à la fin de la décade, l'humble compétiteur fédéral du milieu des années 1960 était devenu roi d'un château»[32]. Il faudra cependant attendre le début des années 1970 pour que le Secrétariat atteigne son âge d'or sous la direction de Gérard Pelletier.

Le Centenaire de la Confédération: spectacles et monuments

L'idée de faire une place importante aux activités culturelles pour fêter le Centenaire de la Confédération remonte à la fin des années 1950. En effet, dès le 2 décembre 1958, le président du Conseil des Arts écrivait au premier ministre John Diefenbaker «pour offrir ses services» à cette fin[33]. Au début de 1960, un «important groupe de citoyens imbus de civisme»[34] fondait le Conseil du Centenaire en vue de promouvoir l'idée de célébrer convenablement l'Année du Centenaire. En 1961, le gouvernement conservateur fait voter «une loi concernant la célébration du Centenaire du Canada». Au début de 1963, il créait

30. OSTRY, B., *op. cit.*, p. 104.
31. MAILHOT, L. et MÉLANÇON, B., *op. cit.*, p. 66; B. OSTRY, *op. cit.*, p. 141.
32. FRÉGAULT, G., cité par OSTRY, B., *op. cit.*, p. 143. Voir également FRÉGAULT, G., «Bilan provisoire», dans L'ALLIER, J.-P., *op. cit.*, pp. 61-62.
33. MAILHOT, L. et MÉLANÇON, B., *op. cit.*, p. 92.
34. *Canada, un siècle, 1867-1967*, Ottawa, Imprimeur de la Reine, 1967, p. 465.

la Commission du Centenaire pour «stimuler l'intérêt et préparer des programmes». Les provinces étaient invitées à participer par le biais du Comité national et de la Conférence nationale pour le Centenaire, qui réunissaient des citoyens venant des diverses régions du pays. Enfin, en 1965, la Commission passait sous la juridiction du Secrétariat d'État pour permettre une meilleure intégration des activités culturelles et artistiques dans la perspective de l'unité nationale.

Le gouvernement canadien principalement par l'entremise de la Commission du Centenaire, a orienté ses fonds dans trois directions. En premier lieu, il a apporté son soutien à la construction de nombreux bâtiments destinés à des activités culturelles: le Centre national des Arts, construit au coût de 43 millions de dollars, constitue sans doute l'un des exemples les plus connus. Pour chaque province, le gouvernement canadien avait prévu des ententes de partage des frais permettant d'édifier, au coût d'au moins cinq millions, une «oeuvre destinée à la culture qui commémorera le Centenaire de façon permanente et utile». De plus, «en vertu d'un autre programme à frais partagé, environ 2 000 mises en chantier, comportant la construction de bâtiments d'intérêts culturels et récréatifs» ont été construits[35]. Il s'agissait le plus souvent de bibliothèques, de centres culturels, de pavillons universitaires, mais aussi de centres récréatifs, de piscines et de gymnases.

En deuxième lieu, la Commission du Centenaire a apporté son appui aux organismes culturels relevant de la «culture d'élite». Les Jeunesses musicales, le Centre musical canadien, le Centre du théâtre canadien, les organismes culturels de toutes les universités, etc., ont été ainsi subventionnés. La préoccupation de couvrir l'ensemble du territoire canadien a permis aussi la subvention de troupes folkloriques comme les Feux Follets, des troupes de théâtre comme le Neptune Théâtre et la Comédie Canadienne, d'orchestres symphoniques comme ceux de Vancouver et d'Halifax, de compagnies d'opéra comme le Vancouver Opéra Company et le Canadian Opera Company, de ballets comme les Grands Ballets Canadiens de Montréal, de galeries d'art pour des expositions spéciales, etc. Enfin, les plus renommées de ces institutions se sont produites dans les principales villes du pays, le Théâtre du Nouveau Monde s'est rendu dans l'Ouest canadien pendant que le Manitoba Theatre Centre faisait connaître son répertoire dans l'Est, l'Orchestre symphonique de Montréal a donné des concerts de Terre-Neuve à la Colombie-Britannique alors que le Stratford Festival visitait les principales villes canadiennes, etc.

En troisième lieu, la Commission avait prévu des spectacles à grand déploiement et diverses expositions destinés soi-disant à mieux «faire connaître le Canada d'hier et d'aujourd'hui». L'élément le plus important de cet ensemble fut le train de la Confédération, «train spécial de quinze wagons, dont huit

---

35.   *Ibid.*, p. 467.

d'exposition, qui circulent» à travers le Canada en effectuant des arrêts dans 83 villes. Huit caravanes motorisées parcoururent le pays en suivant des objectifs à peu près identiques. Enfin, de nombreux spectacles à grand déploiement visaient à développer la fierté d'être canadien. Sur ce point, la Commission du Centenaire avait reçu l'aide de plusieurs ministères, dont celui de la Défense, avec, entre autres, son «célèbre carrousel militaire». Enfin, certains investissements du fédéral dans Expo 67 ont également contribué à «développer la fierté d'être canadien» (même si le Comité Expo 67 était tout à fait indépendant de la Commission du Centenaire).

En somme, les fêtes du Centenaire de la Confédération ont constitué la plus importante injection de capitaux et la plus importante mobilisation de ressources humaines que le Canada ait connu dans le domaine de la culture et des arts. Il y eut, de l'avis du gouvernement, une «variété illimitée de fêtes et de manifestations»[36]. À propos de «Festival Canada», qui était en charge des activités culturelles, le *Times* de Londres (Angleterre) écrivait en éditorial dès le mois d'août 1966 : «Festival Canada [...] sera probablement, en termes d'étendue géographique, de nombre de personnes engagées et de l'argent qui lui est affecté, le plus grand de tous les festivals»[37]. Avec un peu plus d'humour et de sens critique, L. Mailhot et B. Mélançon ont écrit :

> [...] c'est le Centenaire, il faut fêter. Chaque poteau, chaque piquet, chaque borne-fontaine a eu son projet de décoration. Unité, unité, chantent les petits oiseaux et quelques gros rapaces gavés de graines rouges[38].

C'est apparemment sans grande exagération que George Woodcock emploi le terme de *national euphoria* pour caractériser ces fêtes[39].

Selon Bernard Ostry, on ne saurait surestimer l'efficacité de ces célébrations qui confirmaient les premières analyses de la Commission B-B concernant l'importance de la culture pour l'unité nationale :

> Not since victory in the Second World War had Canadians held their heads so high, or looked at each other with so much respect and sense of nationality. [...] The whole of the Centennial project, and especially Expo 67, had proved that investment in culture could be more than justified by the national awarness and self-confidence it generated[40].

---

36.   *Ibid.*, p. 464.
37.   *Ibid.*, p. 424.
38.   *Ibid.*, p. 48.
39.   WOODCOCK, G., *op. cit.*, p. 69.
40.   OSTRY, B., *op. cit.*, p. 110.

S'il est difficile d'évaluer avec précision l'effet idéologique des fêtes du
Centenaire et d'Expo 67, une conclusion au moins s'imposait avec certitude aux
yeux des hommes politiques : c'était celle de la rentabilité politique de tels
investissements.

Les communications : unité nationale et canadianisation

Dans le domaine des communications et plus spécifiquement de la radiodiffusion,
la période Pearson en fut une de recherche laborieuse de compromis qui se
matérialisa à la fin de son règne par l'adoption d'une nouvelle loi sur la
radiodiffusion et la création d'un Conseil de la radio télévision canadienne
(CRTC) en février 1968. Lorsqu'il était dans l'opposition, le Parti libéral s'était
fait le défenseur d'un «système unique» de radiodiffusion dans lequel le secteur
public serait dominant. Il avait formulé assez régulièrement des critiques à l'égard
de l'instance de réglementation, le Bureau des gouverneurs de la radiodiffusion
(BGR), qui affichait manifestement un préjugé favorable au secteur privé comme
le souhaitaient les conservateurs. Lester B. Pearson avait lui-même appuyé
ouvertement la société Radio-Canada à la Chambre des communes lorsque celle-
ci avait été attaquée par les conservateurs ou les créditistes. Son intérêt pour la
radiodiffusion et son préjugé favorable pour le secteur public ne dataient pas
d'hier, comme le révèle sa longue amitié avec Graham Spry, fondateur de la
Canadian Radio League en 1931. Avec l'arrivée des libéraux au pouvoir, on
pouvait donc s'attendre à des changements importants, comme l'écrit Frank W.
Peers :

> The identification of BBG with private broadcasting interests
> in the minds of some critical bystanders, and the suspicion that
> some of its members were sensitive to political pressures, guaranted
> that when Liberals come to power, some changes would be made[41].

Pourquoi les changements annoncés dans les campagnes électorales de
1962 et 1963 se sont-ils faits tellement attendre et n'ont-ils pas été aussi
importants qu'on aurait pu l'imaginer? C'est ce à quoi nous tenterons maintenant
de répondre.

---

41.   PEERS, F.W., *The Public Eye. Television and the Politics of Canadian
       Broadcasting, 1952-1968*, Toronto, University of Toronto Press, 1979, p.
       432.

Consultations et hésitations

Étant donné que le Parti libéral était minoritaire à la Chambre des communes et que Pearson préconisait un style de «direction par consensus», cela peut expliquer pourquoi le gouvernement multiplia les consultations, les enquêtes et les comités avant de suggérer des modifications à la loi sur la radiodiffusion de 1958. Mais il y a plus. D'une part, la position soutenue jusque-là par le Parti libéral, celle de la Commission Fowler[42] qui proposait un «système unique» avec prédominance du secteur public, ne correspondait plus à la réalité : sous le gouvernement Diefenbaker, le secteur privé était devenu plus important que le secteur public, au moins en ce qui concerne le nombre de stations. D'autre part, la complexité du problème de la radiodiffusion dans la conjoncture de crise de l'unité canadienne, combinée à la diversité des intérêts, ne permettaient pas de dégager facilement un compromis susceptible de satisfaire les principaux groupes impliqués, y compris au sein même du Parti libéral.

En effet, le secteur privé de la radiodiffusion ne comptait plus exclusivement sur le Parti conservateur pour défendre ses intérêts. Il avait réussi à se faire des alliés parmi les libéraux. Ainsi, le Conseil de la Fédération libérale nationale, qui étudiait au début de 1962 une section du programme concernant les «industries culturelles nationales», adopta une résolution sur la radiodiffusion où le terme «système unique» fut remplacé par celui de secteurs parallèles (privé et public) évoluant sous une instance de réglementation unique[43]. De plus, avant même de devenir ministre responsable de Radio-Canada et du BGR en 1963, Jack Pickersgill s'était montré sympathique aux intérêts des stations privées en affirmant que le gouvernement avait été sage de ne pas accorder à Radio-Canada des permis d'exploitation dans des villes où l'on retrouvait déjà une station privée comme c'était le cas à St-John (Terre-Neuve). St-John était un bon exemple puisque la station privée appartenait à Don Jamieson qui était aussi président de la *Canadian Association of Braodcasters* (CAB), «the lobbying arm of private broadcasting»[44]. Après avoir été fréquemment consulté comme président de la CAB, Jamieson se fait élire comme débuté libéral en septembre 1966. Enfin, Judy Lamarsh, qui prend la direction du Secrétariat d'État après l'élection de 1965, est entrée assez rapidement en conflit avec le président de Radio-Canada, Alphonse Ouimet. Elle accusait la haute direction de «gestion pourrie» et affirmait publiquement que le réseau de langue française était un repaire de

42. CANADA, *Commission royale d'enquête sur la radio et la télévision. Rapport*, Ottawa, Imprimeur de la reine, 1957 (Rapport FOWLER I). Cette commission avait été formée par les libéraux en 1955.
43. TROTTER, B., «Canadian Broadcasting, Act IV: Scène 67 or Double Talk and Single System», *Queen's Quartely*, hiver 1967, p. 468.
44. Selon l'expression de THOMAS, P., cité dans PEERS, F.W. *op. cit.*, p. 369.

séparatistes (elle ne fut évidemment pas la seule à porter de telles accusations). Enfin, le ministre responsable de la société Radio-Canada alla jusqu'à dire que celle-ci serait obsolète dans vingt ans en raison du développement des communications par satellite. Ces quelques indications laissent bien voir que c'est l'absence d'unité au sein du Parti libéral qui a empêché le gouvernement de procéder plus rapidement dans le dossier des communications et qui l'a obligé à multiplier les consultations.

À leur arrivée au pouvoir en avril 1963, les libéraux se sont penchés sur les conclusions du rapport de la Commission sur l'organisation du gouvernement (Commission Glassco), qui avait été déposé quelques semaines auparavant. La Commission proposait une réorganisation de la société Radio-Canada et lui demandait d'adopter une «politique commerciale plus hardie»[45]. Pour y donner suite, Jack Pickersgill constitua un *Comité consultatif spécial*, surnommé «Troïka», qui était formé du président du BGR, Andrew Stewart, du président de Radio-Canada, Alphonse Ouimet, et du président de la CAB, Don Jamieson. Le rapport que le Comité remis en mai 1964 au ministre Maurice Lamontagne, qui venait de remplacer Pickersgill, révélait un consensus sur «la nécessité pour le gouvernement de définir législativement le rôle de chacun des acteurs de la radiodiffusion et de détailler la structure du système de radiodiffusion ainsi que ses orientations dans un livre blanc»[46]. Sur le reste, les membres de la «Troïka» proposaient trois rapports indépendants où les points de désaccord étaient plus nombreux que ceux sur lesquels il y avait consensus. Alphonse Ouimet proposait deux systèmes de radiodiffusion séparés: l'un formé de stations appartenant à la société d'État, l'autre de stations privées qui seraient sous la juridiction du BGR ou de son équivalent. Pour Don Jamieson, cela signifiait que le BGR n'exerçait sa juridiction que sur les stations privées. Il revendiquait donc que les stations privées aient un traitement égal à celui que recevaient les stations de la société d'État.

Avant même que la «Troïka» ait remis son rapport, Maurice Lamontagne annonçait une autre enquête sur la radiodiffusion pour définir les orientations de base du livre blanc. Le Comité consultatif formé à cet effet était présidé par Robert Fowler, qui avait déjà présidé la Commission royale d'enquête sur la radio et la télévision et dont le rapport avait été remis en 1957. Sur ce Comité, on retrouvait Marc Lalonde, qui s'était déjà fait connaître pour son opposition au nationalisme québécois et Ernest Steele, sous-secrétaire d'État. Tous deux étaient connus comme des amis du ministre. Quant à Robert Fowler, tous ceux qui s'intéressaient aux communications savaient ce qu'il pensait. Le Comité déposa

45.   CANADA, *Commission d'enquête sur l'organisation du gouvernement*, vol. 4, *Secteurs particuliers de l'administration. Société Radio-Canada*, Ottawa, Imprimeur de la Reine, 1963 (Rapport Glassco).
46.   FRÉMONT, J., *op. cit.*, p. 26.

son rapport en décembre 1965, celui-ci est connu sous le nom de *Rapport Fowler II*[47].

La câblodistribution était exclue du mandat du Comité puisque le ministère du Transport et le BGR avaient déjà fait connaître leur recommandation sur le sujet. De même, le Comité n'étudia pas la concentration croissante de la propriété des stations privées. Dans son rapport, il suggérait que le plus important était le contenu de la programmation : « [...] the only thing that really matters in broadcasting is program content : all the rest is housekeeping»[48]. Le secteur privé devait partager les objectifs du système canadien même si le secteur public avait pour mandat d'assurer un service distinctif faisant une large place aux créations canadiennes. Sur ce point, la performance de la société d'État était jugée supérieure à celle des stations privées. Par ailleurs, Radio-Canada n'avait pas réussi à rapprocher les deux groupes culturels comme son mandat le supposait. Après avoir demandé au gouvernement d'exposer plus clairement les buts et objectifs du système de radiodiffusion, les commissaires recommandaient la création d'un nouvel organisme, une régie canadienne des ondes, qui réglementerait les secteurs privés et public et qui administrerait la société d'État en prenant la place de l'actuel conseil d'administration (les commissaires supposaient qu'on éviterait ainsi les conflits entre la société Radio-Canada et le BGR, deux bureaux qui avaient des comptes à rendre au Parlement dans des domaines connexes.) Il était aussi suggéré que la société Radio-Canada soit redéfinie et que le siège social de la section française soit transférée d'Ottawa à Montréal.

Après les élections de novembre 1965, Judy Lamarsh succèda à Maurice Lamontagne à la tête du Secrétariat d'État. Elle trouva alors devant elle une opposition unanime au *Rapport Fowler II*, si l'on excepte la *Canadian Broadcasting League* qui considérait que les recommandations devaient être suivies puisqu'elles correspondaient en gros à celle du *Rapport Fowler I* (1957). Les radiodiffuseurs privés affirmèrent qu'une régie canadienne des ondes répugnait à leur «sens de la liberté démocratique» : la proposition d'une instance unique de réglementation et d'administration de la société d'État laissait craindre que le secteur privé soit subordonné aux intérêts de la société d'État. La haute direction de Radio-Canada refusait également cette régie unique : elle ne croyait pas qu'une instance unique puisse réglementer l'ensemble du système de radiodiffusion et en même temps administrer efficacement une société comme Radio-Canada, qui était devenue immense et complexe. Enfin, il semblait que le BGR, la CAB et la société Radio-Canada s'entendaient pour demander que la nouvelle législation

---

47. CANADA, *Rapport du Comité sur la radiodiffusion*, Ottawa, Imprimeur de la reine, 1965, 454 p. (Rapport FOWLER II).

48. FOWLER, R., cité par PEERS, F.W., *op. cit.*, p. 317.

précise le rôle de chacun. Pour le reste, on semblait s'en remettre à la situation prévalant depuis 1958, celle du *two-boards system*.

En décembre 1965, le premier ministre Pearson forma un comité de sept membres du Cabinet pour étudier le *Rapport Fowler II* et pour préparer le *Livre blanc sur la radiodiffusion*. Fait inhabituel, le premier ministre décida de présider lui-même ce comité. Judy Lamarsh, ministre responsable de ce dossier, ressentit d'autant plus fortement cette absence de confiance que le premier ministre rencontra secrètement certains des conseillers de son ministère en leur disant de ne pas en informer la ministre Lamarsh[49]. De plus, il décida que le comité devait entendre à nouveau les représentants du BGR, de la CAB et de Radio-Canada dont les positions respectives étaient pourtant bien connues. Enfin, le 18 janvier 1966, le gouvernement libéral forma un comité permanent de vingt-cinq personnes pour revoir la radiodiffusion, le cinéma et les programmes d'assistance aux arts. Gérard Pelletier[50] présida ce comité et Pierre Trudeau en fit partie. Ce comité fut appelé à se pencher sur le contenu du livre blanc qui avait été déposé en juillet 1966.

Le livre blanc et la nouvelle loi

Ne contenant que dix-neuf pages, le livre blanc était relativement modeste, au moins dans sa facture. Dès les premières lignes, il était affirmé que «la détermination d'établir et de maintenir un système de radiodiffusion sonore et visuelle au Canada s'inscrivait essentiellement dans la poursuite de l'identité et de l'unité canadienne» (p. 5). Les dernières lignes de la conclusion reprenaient le même refrain selon lequel le système canadien devait contribuer «puissamment à la réalisation de l'objectif essentiel qu'est l'unité canadienne» (p. 19). Comme l'écrit Jacques Frémont, le «livre blanc de 1966 propose explicitement pour la première fois que la poursuite de l'identité et de l'unité canadienne constitue un objectif du système de radiodiffusion canadienne»[51].

Pour atteindre cet objectif, il fut proposé que les installations de radiodiffusion appartiendraient à des Canadiens et que le Parlement serait «invité» à autoriser le gouvernement à donner des directives destinées à empêcher le contrôle étranger des installations de radiodiffusion, la domination d'une situation locale par la possession multiple ou l'extension géographique de la possession

---

49.   LAMARSH, J., *Memoirs of a Bird in a Gilded Cage*, Toronto, McClelland and Stewart, 1969, p. 60.

50.   PELLETIER, G., a renoncé à la présidence de ce comité de peur de se retrouver en conflit d'intérêt puisque son épouse avait travaillé pour la société Radio-Canada. Il demeura cependant membre de ce comité.

51.   FRÉMONT, J., *op. cit.*, p. 98.

des installations d'une manière qui ne cadrerait pas avec l'intérêt public[52]. Tous les Canadiens, affirmait le livre blanc, «sauf considérations d'ordre pratique relatives à la dépense des fonds publics», ont droit «d'être servis dans la langue officielle qu'ils parlent habituellement». Enfin, les radiodiffuseurs publics et privés avaient la responsabilité de fournir une programmation de qualité qui contienne «un fort élément canadien» de sorte que, dans la nouvelle loi, l'instance de réglementation pouvait fixer «des normes minimums de programmation de service public et de teneur en élément canadien.»

Sur l'organisme de réglementation et sur la place des secteurs privés et publics dans le système de radiodiffusion, le livre blanc rejetait la recommandation centrale du *Rapport Fowler II* (1965) de créer un seul organisme responsable à la fois de la réglementation et de l'administration de Radio-Canada. Il n'acceptait pas non plus la suggestion de la haute direction de Radio-Canada et du BGR de créer un système dualiste où chaque secteur serait sous l'autorité d'un conseil devant rendre des comptes au gouvernement. Ce que retenaient le livre blanc, c'était la position de Don Jamieson et de la CAB, position qui s'apparentait au système inauguré par la loi de 1958. Il fut cependant proposé de renforcer l'autorité de l'organisme de réglementation sur Radio-Canada et de lui donner les moyens d'exercer un contrôle sur la teneur canadienne de la programmation. Cet organisme pouvait imposer des amendes et même refuser le renouvellement d'un permis si les conditions formulées lors de l'octroi n'avaient pas été respectées. À l'avenir, un permis ne sera octroyé qu'après audience publique.

Le champ de la juridiction du gouvernement fédéral fut par ailleurs élargi au moins dans deux directions: celles de la radiodiffusion éducative et de la câblodiffusion. Dans le premier cas, il était affirmé que la «radiodiffusion éducative comporte des responsabilités fédérales et provinciales», mais que «la ligne de conduite des vingt dernières années consiste à ne pas accorder des permis de radiodiffusion à d'autres gouvernements». Dans le second cas, le livre blanc affirmait sans réserve que «les systèmes de télévision à antenne collective seront traités comme des éléments de la radiodiffusion nationale», en ne faisant aucune allusion aux prétentions des provinces dans ce domaine.

Enfin, on peut supposer que les artistes étaient relativement satisfaits de ce livre blanc puisque certaines demandes de l'*Association of Canadian Radio and Television Artist* (ACTRA) étaient prises en considération. Les radiodiffuseurs privés et publics étaient invités à se préoccuper de «l'emploi d'exécutants canadiens de toutes catégories». De plus, on demandait à la société Radio-Canada de «chercher à employer et développer les ressources et les éléments d'ordre artistique et culturel au Canada». La *Canadian Broadcasting League* et la

---

52.   LAMARSH, J., *Livre blanc sur la radiodiffusion*, Ottawa, Imprimeur de la Reine, 1966, p. 12.

Canadian Association for Adult Education, qui représentaient différentes catégories d'usagers favorables à l'élargissement du caractère public de la radiodiffusion, ne furent pas complètement satisfaites dans la mesure où leurs positions (du moins celle de la *League*) s'apparentaient à celle de la Commission Fowler[53]. Cependant, le livre blanc affirmait que les ondes étaient «des biens publics sur lesquels le public a le droit d'exercer un contrôle approprié» (d'où d'ailleurs des audiences publiques avant l'octroi de permis). Au niveau des principes généraux, il était aussi écrit qu'au Canada, le système de radiodiffusion était composé d'un élément public et d'un élément privé et que «l'élément public doit prédominer dans les domaines d'action où il y a à choisir entre les deux éléments»[54]. La recommandation de financer la société Radio-Canada statutairement pour une période de cinq ans et celle de limiter la croissance de la publicité étaient susceptibles de plaire aux défenseurs du secteur public. Enfin, des mesures étaient prévues pour éviter que les stations privées ne tombent sous le contrôle d'un monopole et d'un propriétaire de médias de différente nature. Sur les plaintes ou les représentations du public, le Bureau devait faire enquête sur des cas de cette espèce.

À l'automne 1966, le livre blanc fut étudié par le Comité permanent de la Chambre des Communes (Don Jamieson, qui avait été élu en septembre de la même année, en faisait partie.) Selon Paul Thomas, qui a étudié le fonctionnement de ce comité, celui-ci n'a pas fait preuve de partisanerie : «The oppositions within the Committee cut across party lines, and were based upon opposing views about the purposes of broadcasting»[55]. Ce sont apparemment les représentants du secteur privé de la radiodiffusion qui étaient les plus satisfaits. Les autres faisaient valoir des positions que nous avons déjà identifiées.

Entre le 14 février 1967 et le 7 février 1968, il y eut pas moins de cinq versions préliminaires du projet de loi sur la radiodiffusion. Celle-ci fut adoptée le 7 mars 1968. Même s'il y eut de nombreuses représentations entre ces deux dates, la loi adoptée reprend les principaux points énoncés dans le livre blanc au moins en ce qui concerne la politique canadienne de la radiodiffusion (l'article 3). Il était précisé que Radio-Canada devait contribuer, en raison de son mandat, au développement et à la préservation du sens de l'unité canadienne (précision qui répondait sans doute à la critique maintes fois formulée concernant les tendances séparatistes du réseau de langue française.) Les paragraphes concernant un financement statutaire de Radio-Canada pour une période de cinq ans furent enlevés : la société continuait donc d'être subventionnée sur une base annuelle. Le montant des amendes que l'instance de réglementation pouvait imposer fut réduit de 100 000 $ à 25 000 $ pour la première offense et à 50 000 $ pour les

---

53.   PEERS, F.W., *op. cit.*, p. 368.
54.   Livre blanc, p. 7.
55.   THOMAS, P., cité par PEERS, F.W., *op. cit.*, p. 367.

autres. Enfin, l'instance de réglementation qui remplaçait le BGR s'appelait désormais le Conseil de la radio télévision canadienne (CRTC). Selon la loi de 1958, la société d'État avait un certain pouvoir sur la programmation des stations privées qui lui étaient affiliées. Avec la loi de 1968, les conditions d'opération d'un réseau relevaient désormais du CRTC.

À court terme, il était peu probable que le climat trouble, qui avait été celui de la radiodiffusion au cours des dix dernières années, s'assainisse rapidement. Soumise entièrement au CRTC, la société Radio-Canada voyait ses pouvoirs réduits d'autant plus qu'elle n'avait pas réussi à obtenir ce qui lui semblait important pour son autonomie, à savoir un financement statutaire sur une base de cinq ans. La précision de son mandat dans le sens du développement de l'unité canadienne constituait un lourd défi pour le réseau de langue française à un moment où le mouvement nationaliste québécois était sur sa lancée. Le secteur privé sortait gagnant : «the best piece of broadcasting legislation we have had» clamait hautement Don Jamieson[56]. Restait évidemment à voir si le CRTC pouvait assurer le respect de la teneur canadienne de la programmation aussi bien par les stations privées que par celle de Radio-Canada. La canadianisation du système reposait donc sur l'efficacité du CRTC. Enfin, les dossiers de la câblodistribution et de la radiodiffusion éducative laissaient entrevoir des conflits de juridiction avec les provinces et, particulièrement, avec le Québec.

L'ÈRE TRUDEAU : DE 1968 À 1984

La politique culturelle pratiquée par le Parti libéral du Canada sous la gouverne de Pierre Elliott Trudeau fut caractérisée par un idéalisme certain en ce qui concerne la vision du Canada et par un pragmatisme utilitaire en matière de culture.

Dans le domaine de la culture, les dix-sept années du régime Trudeau furent marquées : par l'accent mis sur la culture comme moyen d'identité et d'unité nationale canadienne et comme instrument de spécification du capital canadien et levier nécessaire au développement économique du Canada. L'ère Trudeau fut également caractérisée par le développement d'une politique culturelle nationale dont le contrôle fut de plus en plus centralisé et par de nombreuses interventions autant législatives et réglementaires qu'économiques afin d'assurer la canadianisation de la propriété des entreprises oeuvrant dans le marché culturel domestique. Enfin, la politique culturelle des libéraux fut, de 1968 à 1984, structurée par la privatisation et de plus en plus déterminée par les impératifs des industries culturelles.

---

56.   JAMIESON, D., cité par PEERS, F.W., *op. cit.*, p. 402.

Ce passage entre le développement d'un ensemble d'appareils et d'institutions étatiques pour assurer la présence et le contrôle canadien dans le champ culturel et la privatisation de celui-ci se fit en trois étapes. Dans la première, de 1968 à 1975, furent mis en place des appareils et institutions venant compléter ceux et celles déjà créés durant l'ère Pearson, tandis que se poursuivait et s'accrut la centralisation des organismes culturels également commencée sous Pearson. Cette première période s'acheva en 1975 avec l'entrée en crise et le gel des prix et salaires imposé par le gouvernement. La deuxième prériode, de 1975-1976 à 1980-1981, est marquée par la très grave crise d'unité nationale causée par l'arrivée du PQ au pouvoir, par la politique linguistique de ce dernier (la loi 101) et par les restrictions budgétaires imposées aux organismes culturels ayant gardé une certaine autonomie, tel le Conseil des Arts du Canada, et les protestations des artistes et administrateurs dans le domaine des arts devant ces restrictions. Parallèlement, durant cette seconde période de l'ère Trudeau, le gouvernement fédéral, par l'entremise du ministère des Communications, investit massivement dans le développement et l'introduction des nouvelles technologies d'information et de communication. Finalement, la troisième période est totalement dominée par la privatisation et l'internationalisation, alors que politique culturelle et développement des industries culturelles devinrent synonymes.

Quand la culture rime avec unité nationale et canadianisation et qu'on en accentue et centralise le contrôle: de 1968 à 1975

Dès l'arrivée au pouvoir de Pierre Trudeau et jusqu'en 1975, les libéraux consacrèrent beaucoup d'énergie et d'argent au développement culturel.

Cet intérêt pour la culture n'était pas récent chez le nouveau premier ministre. En effet, dans un essai de théorisation du développement de la communauté canadienne intitulé *Fédéralisme et société canadienne-française*[57], celui-ci soutenait que la culture est un levier de développement aussi important que le social et l'économique. Cet intérêt pour la culture fut d'ailleurs confirmé en 1969 lorsqu'il créa un comité du Cabinet sur la culture et l'information.

Cette perspective politique liant l'économie et la culture caractérisa dès le début l'action politique des libéraux de Pierre Trudeau. Elle fut précisée par le *Rapport Gray* en ces termes: « [...] la force économique et politique d'un pays dépend énormément de la création d'un milieu culturel, social et politique qui encourage l'esprit d'initiative et l'innovation»[58]. Le rapport soulignait également

---

57.   TRUDEAU, P.E., *Fédéralisme et société canadienne-française*, Montréal, Éditions Hurtubise HMH, 1967.

58.   CANADA, «La maîtrise économique du milieu national», *Rapport Gray*, Ottawa, 1972, p. 325-326.

l'importance pour le Canada de préserver l'intégrité culturelle de son réseau de radiodiffusion, d'assurer le développement d'un théâtre, d'une industrie du livre, des journaux et des revues qui lui soient propres.

L'action politique dans le champ de la culture des libéraux fédéraux durant cette première période fut donc marquée d'un profond nationalisme. L'objectif de cette politique fut d'assurer au capital canadien une place et une rentabilité dans le marché domestique en espérant que l'appropriation canadienne favoriserait l'expression des talents canadiens[59]. Cette politique nécessitait toutefois que beaucoup plus d'argent soit investi dans la culture. Ainsi, de 1967-1968 à 1977-1978, les dépenses du fédéral pour la culture et les loisirs augmentèrent de 243,9 à 894,8 millions de dollars, soit une croissance de 266,9 %[60]. Mais pendant la même période, les dépenses des provinces pour la culture augmentèrent de 81,4 à 625,9 millions[61].

Durant cette première période, furent également mis en place des appareils et institutions qui devinrent les acteurs principaux du développement culturel canadien. On doit à ce titre mentionner la création du ministère des Communications (MCC) et du Conseil de la radio télévision canadienne (CRTC) en 1968. Furent également créés durant cette période d'autres ministères et organismes qui, selon les cas, intervinrent plus ou moins directement dans ce développement, tels le ministère de l'Expansion économique régionale (MEER) en 1969, le ministère de la Science et de la Technologie en 1971 et l'Agence d'examen de l'investissement étranger en 1973. À ces organismes de gestion et de contrôle s'ajoutèrent, grâce au Conseil des Arts du Canada et à l'instigation du Secrétariat d'État, des programmes dont le but était de favoriser la connaissance du Canada et de la société canadienne de même que la participation populaire, tels les programmes d'initiatives locales (PIL) et Connaissance Canada en 1971 (Horizon qui deviendra Exploration en 1973).

Les années 1968-1975 furent également fécondes en lois et règlements dont les objectifs étaient de favoriser l'accroissement de la propriété et du contrôle par les Canadiens, l'élargissement de la place des productions et des contenus canadiens dans le marché domestique et le développement de la cohérence et de la centralisation de l'offre dans certains secteurs. Sont à signaler comme particulièrement importants, les lois des musées nationaux (1968) et sur les langues officielles (1969), l'amendement à la loi d'impôt afin d'établir des déductions fiscales pour l'investissement dans des productions

---

59.   PENDAKUR, M., «United States — Canada Relations: Cultural, Depen-
       dancy and Conflict», dans *The Critical Communication   Review: vol. II,
       Changing Patterns of Communication Control*, édité par MOSCO, V.,
       WASKO, J., NORWOOD, N.J., Ablex Publishing Corporation, 1984, p.
       171.
60.   OSTRY, B., *The Cultural..., op. cit.*, p. 128 et 129.
61.   *Ibid.*, p. 136 et 137.

cinématographiques canadiennes (1974) et l'adoption, en 1970, d'un réglement forçant les radio-télédiffuseurs à inclure dans leur programmation un pourcentage important de contenu canadien (plus de 50 % en période de forte écoute).

Cette première période de l'ère Trudeau fut aussi extrêmement productive en études, commissions d'enquête et publications qui balisèrent le travail des législateurs et administrateurs fédéraux autant qu'elles permirent l'expression et favorisèrent la cristallisation du point de vue nationaliste canadien sur les problèmes abordés. Ces enquêtes et rapports touchèrent tout particulièrement les domaines de l'éducation supérieure et de la recherche scientifique et technologique, les mass media et les nouvelles technologies d'information et de communication. Parmi ces études et enquêtes mentionnons la Commission Macdonald sur l'aide fédérale à la recherche dans les universités qui publia son rapport en 1969, la Commission Symons sur les études canadiennes, dont le rapport parut en 1975, l'enquête Lamontagne sur la politique scientifique en 1970, l'étude du Comité du Sénat dirigée par Keith Davey sur les mass media publiée en 1970, l'enquête d'un comité du Secrétariat d'État sur l'industrie de l'édition au Canada en 1975, celle de la Télécommission en 1969, les travaux du groupe d'étude sur la téléinformatique au Canada en 1970 dont les résultats furent publiés en 1971 et 1972 sous les titres *Univers sans distance* et *L'Arbre de vie* et qui furent suivis d'un ensemble de travaux commandés et publiés par le ministère des Communications: *Choix politiques en matière de télécommunication* (1972), *Vers une politique nationale de la télécommunication* et *Principes directeurs d'une politique de téléinformatique* (1973), *Télécommunication: quelques propositions fédérales* (1975). À ces enquêtes et rapports, il faut ajouter la pièce centrale que fut le *Rapport Gray* sur les investissements étrangers au Canada (1972).

Le Secrétariat d'État, cheville ouvrière de la politique culturelle

L'action politique du gouvernement Trudeau dans le domaine de la culture durant les années 1968-1975 toucha donc un ensemble de secteurs et revêtit une telle envergure qu'elle apparut aux adversaires de ce nationalisme *canadien*, surtout aux nationalistes et autonomistes québécois, comme très cohérente[62] alors qu'elle déplaisait aux nationalistes *canadiens* à cause de son manque de cohérence et de systématisation[63]. Quoi qu'il en soit, il demeure que cette action fut suffisamment étendue et incisive pour avoir l'allure d'une politique globale.

---

62.   QUÉBEC, *La politique québécoise du développement culturel*, Québec, Éditeur officiel du Québec, 1978, p. 1723.
63.   Voir à cet effet AUDLEY, P., *Canada's Cultural Industries*, Ottawa, Canadian Institute for Economic Policy, 1983.

La cheville ouvrière de cette politique fut le Secrétariat d'État, dans lequel les libéraux de Pearson avaient déjà commencé à regrouper les organismes culturels relevant du fédéral. À partir de 1968, avec l'arrivée de Gérard Pelletier à sa direction, le Secrétariat d'État va étendre et systématiser son action tout en faisant faire un bond qualitatif important au contrôle politique exercé sur les organismes culturels subventionnés par le fédéral et à la centralisation des décisions dans le secteur.

Bernard Ostry, dans son livre *The Cultural Connection*, souligne que nul autre que Gérard Pelletier n'était mieux préparé par sa formation, son expérience de travail et sa connaissance de plusieurs cultures et styles de gouvernement pour réaliser cet important travail[64]. De plus, il avait l'assentiment et le support du leader, Pierre Trudeau, et des officiers du parti[65].

Aussitôt en poste, Pelletier entreprend une série de consultations auprès des différents groupes culturels à travers le pays et il présente sa politique comme une tentative d'appliquer à la culture les idéaux de démocratie et de décentralisation. L'activité de consultation et d'enquête du Secrétariat d'État fut telle qu'Ostry affirme : «No subject matter escaped their attention, from crafts and museums to film and theatre, from cultural centres to publishing»[66].

Le Secrétariat d'État durant ces années apparut ainsi d'autant plus comme un véritable ministère de la culture qu'il poursuivit la centralisation des organismes culturels et accrut son contrôle politique.

Un contrôle politique de plus en plus centralisé

Cette accroissement de la centralisation et du contrôle se manifesta particulièrement par une restructuration administrative, la transformation de la structure de financement du Conseil des Arts du Canada et des ingérences politiques dans le travail des organismes.

Dès son arrivée au pouvoir, Trudeau modifie la structure de fonctionnement du Cabinet. Il forme un Comité du Cabinet sur la culture et l'information (1969) dirigé par le secrétaire d'État. L'assistant de ce dernier devait seconder le travail des ministres membres du Comité et les conseiller sur toute matière du ressort du Secrétariat mais aussi sur d'autres secteurs majeurs de la sphère de la culture, tels que les communications, les politiques d'information gouvernementale, les langues officielles, la politique scientifique, la citoyenneté, les mouvements politiques, sociaux et culturels, les affaires autochtones, etc.

64.   OSTRY, B., *The cultural...*, *op. cit.*, p. 115.
65.   Voir à ce propos, LIBERAL PARTY OF CANADA, *Liberal Party Policy Statement*, Ottawa, 1968; également, LIBERAL FEDERATION OF CANADA, *Pierre Elliott Trudeau: Today and Tomorrow*, Ottawa, non daté.
66.   OSTRY, B., *The Cultural...*, *op. cit.*, p. 117.

LES LIBÉRAUX ET LA CULTURE

Cette réorganisation tranféra donc les centres de décisions vers un cercle plus restreint et moins «transparent», vers l'exécutif. Elle permit d'étendre très rapidement et très efficacement l'emprise politique du Cabinet et du premier ministre sur le champ culturel.

La transformation de la structure de financement du Conseil des Arts du Canada commenca en 1965, lorsque le gouvernement canadien lui attribua une subvention de 10 millions de dollars. En 1968, cette aide, devenue annuelle, était de 16,9 millions, ce qui représentait 80,01 % des revenus du Conseil. En 1975, l'aide gouvernementale était passée à 54,7 millions, ce qui représentait 85,77 % des revenus[67]. À l'origine, les revenus du Conseil provenaient de la dotation et de dons. Avec l'attribution d'une subvention annuelle, le gouvernement, particulièrement le Conseil du trésor, se donna un puissant moyen de pression sur le Conseil. Il n'est donc pas étonnant que Mailhot et Mélançon, auteurs d'une recherche sur le Conseil des Arts, qualifient la période de 1971 à 1976 d'*adolescence surveillée et inquiète*[68]. Parallèlement, la part du Conseil des fonds attribués à la recherche par le gouvernement fédéral passe, entre 1970-1971 et 1975-1976, de 17,2 à 10,5 % pendant qu'augmentent les travaux effectués ou commandés directement par les ministères[69]. De ce double mouvement résulta une emprise politique accrue sur le champ culturel et scientifique.

Cette emprise politique se manifesta et se réalisa également par des ingérences ponctuelles, particulièrement du Secrétariat d'État, dans les affaires culturelles, et entre autres dans celles du Conseil de Arts. Pour cette période de l'ère Trudeau, George Woodcock mentionne, en plus de la création des programmes PIL et Horizon en 1971, suite aux pressions du Secrétariat d'État, deux autres cas. Il s'agit de l'attribution au Conseil des Arts en 1972 de fonds dans le but spécifique de subventionner l'industrie canadienne de l'édition alors en difficulté et la constitution de la Banque d'Art[70].

La culture dans le nationalisme centralisateur de Pierre Trudeau

Cette centralisation politique, Woodcock l'attribue au fait que Pierre Trudeau et ses associés immédiats, entre autres les deux autres colombes, Marchand et Pelletier[71], avaient une vision et une philosophie très claire du Canada. Il souligne:

---

67.   MAILHOT, L. et MÉLANÇON, B., *Le Conseil des Arts...*, *op. cit.*, p. 66.
68.   *Ibid.*, p. 50.
69.   *Ibid.*, p. 52.
70.   G. WOODCOCK, *Strange...*, *op. cit.*, p. 116 et 117.
71.   Voir à ce propos le livre de BRUNELLE, D., *op. cit.*

When Trudeau and his associates moved into dominant positions, with Trudeau eventually becoming prime minister, they were able to impose their views of cultural politics on a series of cabinets largely because they had a clear philosophy in this field while the rest of the Liberal party did not. Trudeau's view was basically that the control of a nation's cultural life, and especially of its arts, is essential for the consolidation of political power, and cultural policies should be directed towards supporting a governement's principal aims. In the case of Trudeau's Liberal governement, the most important of these aims was the transformation of Canada from a genuine confederation with a balance of federal and provincial powers into a centralized state, a transformation to becarried out in the name of «national unity»[72].

Ce nationalisme *canadien* des libéraux de Pierre Trudeau se voulait un contrepoids, une arme contre le nationalisme québécois qui, selon eux, mettait en danger le Canada. Dans le champ culturel, ce nationalisme centralisateur suscita de nombreuses réactions des provinces, surtout du Québec, sur plusieurs sujets. Ainsi, l'énoncé de politique du ministère d'État à la Science et à la Technologie en 1973, dans lequel on affirmait que la recherche devait refléter les priorités nationales, ne fit que susciter une protestation générale chez les ministres provinciaux de l'Éducation[73]. Et, la vision «nationale canadienne» appliquée au domaine des communications provoqua entre autres la «guerre du câble» entre Ottawa et Québec et l'énonciation d'une politique culturelle de plus en plus souverainiste de la part du Québec[74].

Paradoxalement, ce centralisme fut pratiqué par le Secrétariat d'État sous le couvert d'une politique qui affirmait rechercher la démocratisation et la décentralisation[75]. De plus, cette politique contribua à renforcer la tendance à voir les arts et la culture comme une industrie[76]. Cependant, beaucoup fut fait pour les arts et la culture durant cette période de la fin des années 1960 et du début des années 1970. Dans une atmosphère relativement optimiste de croissance économique, l'activité du Secrétariat d'État contribua à imposer l'idée que la culture avait une importance stratégique dans la constitution de l'identité nationale. La politique de canadianisation de la propriété, entre autres de la

72. WOODCOCK, G., *Strange...*, *op. cit.*, p. 107.
73. MAILHOT, L., MÉLANÇON, B., *Le Conseil...*, *op. cit.*, p. 69.
74. Voir à cet effet, LACROIX, J.G., LÉVESQUE, B., «Les industries culturelles au Québec: un enjeu vital!», dans *Cahiers de recherche sociologique*, vol. 4, n° 2, Automne 1986, p. 135-140; également, L'ALLIER, J.P., *Pour une politique québécoise des communications*, Québec, ministère des Communications du Québec, 1971;et L'ALLIER, J.P., *Le Québec maître d'oeuvre de la politique des communications sur son territoire*, Québec, MCQ, 1973.
75. OSTRY, B., *The Cultural...*, *op. cit.*, p. 115.
76. WOODCOCK, G., *Strange...*, *op. cit.*, p. 108.

LES LIBÉRAUX ET LA CULTURE

câblodistribution, connut un succès certain. La fréquentation des activités artistiques augmenta notablement. Et les fonds consacrés à la culture ne cessèrent de croître... jusqu'à un certain 13 octobre de l'année 1975 où les Canadiens virent et entendirent, par le truchement de la télévision, leur premier ministre décréter le gel des salaires et des prix. Officiellement, le Canada entrait en crise économique.

Aussitôt, la tiédeur traditionnelle des politiciens canadiens à soutenir les arts et la culture refit surface. De sévères restrictions budgétaires furent imposées aux organismes culturels, particulièrement au Conseil des Arts du Canada. De 1975-76 à 1978-79, le budget du Conseil en dollars constants resta le même alors que le PNB augmentait de 9,7 % et que la valeur réelle de la subvention annuelle versée par le Parlement baissait de 2,1 % par an entre 1975 et 1980[77]. Pendant ce temps, le budget du ministère des Communications ne cessa de croître, de même que son personnel et les recherches et interventions dans le domaine des nouvelles technologies.

De la plus grave crise d'unité nationale aux industries culturelles: de 1976 à 1980.

Dans un contexte de très grave crise d'unité nationale causée par l'arrivée au pouvoir du Parti québécois, de crise linguistique provoquée par la loi 101, la seconde période de l'ère Trudeau est marquée par le passage d'une régulation politique du champ de la culture à une régulation essentiellement économique. Au cours de cette période, se poursuivit la politique amorcée dans la période précédente, c'est-à-dire la canadianisation, la centralisation et l'accentuation du contrôle politique. Cette seconde période est également marquée par les importantes restrictions budgétaires qui furent imposées aux organismes culturels et par les protestations auxquelles ces restrictions donnèrent lieu. Finalement, c'est vers la fin de cette période que s'affirma comme dominante la tendance à voir les arts et la culture en terme d'industrie, avec le passage des organisations culturelles du Secrétariat d'État au ministère des Communications et avec la mise sur pied du Comité d'étude sur la politique culturelle fédérale (Applebaum-Hébert).

Cette deuxième période se caractérise par un certain nombre d'ajustements au niveau des appareils et institutions mis en place dans les périodes précédentes. Ainsi, le gouvernement fédéral créa le Conseil des bibliothèques fédérales et inclut les télécommunications dans le mandat de surveillance et de réglementation du CRTC (1976), mit sur pied la Commission d'examen des exportations des biens culturels (1977), fit de la section sciences humaines du

---

77.   MAILHOT, L., MÉLANÇON, B., *Le Conseil...*, *op. cit.*, p. 65.

Conseil des Arts du Canada un conseil spécifique nommé Conseil de recherches en sciences humaines du Canada (CRSH, 1978), créa un bureau des relations culturelles internationales rattaché au ministère des Affaires extérieures (1979) et transféra les organisations culturelles du Secrétariat d'État au ministère des Communications.

Cette période fut aussi marquée par l'adoption de lois, amendements et jugements qui influèrent substantiellement sur le champ culturel. Ainsi, fut adoptée en 1976, la loi C-58 par laquelle le Parlement retirait aux éditions canadiennes des revues *Time* et *Reader's Digest* la déduction fiscale pour la publicité. La même année, on appliqua l'article 19 de la loi d'impôt permettant de déduire les dépenses des publicités à la radio et à la télévision destinées au marché canadien et on étendit la déduction fiscale pour investissement dans la production cinématographique aux courts métrages et aux vidéos. En 1977 fut adoptée la *Loi d'action scientifique du gouvernement fédéral*. Et, en 1978, la Cour suprême du Canada jugea que la juridiction sur la câblodistribution appartenait au fédéral.

Les années 1976-1980 furent également prolifiques en études et publications de rapports qui guidèrent l'action politique des libéraux dans le champ culturel. Mentionnons entre autres les rapports: *Keynes-Brunet* sur les propositions de modifications à la loi canadienne sur le droit d'auteur (1977), *Healy* sur les études supérieures dans les humanités et les sciences sociales (1978), *Disney* sur la situation des artistes par rapport au fisc (1978), *Pépin-Robarts* sur l'unité canadienne (1979), *Lambert* sur la question financière et l'imputabilité (1979), *Kline* sur les télécommunications et la souveraineté du Canada (1979) et *Therrien* sur la télédiffusion dans les régions du Nord et la télévision à payage (1980). D'autres publications furent aussi très marquantes. Sont à signaler: *Le Canada et les télécommunications* (1979), *Le Canada à l'aube du vidéotex* (1979) et *La révolution de l'information et sa signification pour le Canada* (1980).

Finalement, à la fin de cette seconde période, fut présentée au Parlement la loi C-24. Elle visait à contrôler les plans de développements et les budgets d'opération des compagnies de la Couronne, à instaurer le pouvoir d'imposer des directives politiques, de contrôler via des lois et de désavouer. Plusieurs ministres séniors du Cabinet, dont Jean Chrétien, insistèrent pour que cette loi fut appliquée au Conseil des Arts, au Centre national des arts, à la Société de développement de l'industrie cinématographique canadienne (SDICC) et à Radio-Canada, ce qui échoua principalement à cause du tollé de protestations que suscita cette proposition[78].

---

78. *Ibid.*, p. 119 à 123.

Un concert de protestation

En 1978, année de la publication du *Rapport Disney*, des artistes créent le Comité 1812 qui publie un manifeste protestant contre les restrictions et des artistes manifestent à Ottawa leur mécontentement devant les coupures infligées aux organismes culturels, particulièrement au Conseil des Arts du Canada.

En 1980, la Conférence canadienne des arts (CCA) prend l'initiative d'élaborer une politique globale de développement des arts et de la culture afin de la présenter au gouvernement et à la population canadienne. La Conférence avait été fondée en 1945. C'est un organisme non gouvernemental d'envergure nationale qui avait pour mission d'assurer le développement des arts et des industries culturelles au Canada. Au début des années 1980, elle regroupait plus de 600 organismes et institutions du monde des arts et de la culture et un large éventail de membres individuels et d'entreprises artistiques[79]. Aujourd'hui, elle est financée par le ministère des Communications, le Secrétariat d'État et les provinces, sauf le Québec et la Nouvelle-Écosse.

La Conférance travailla en collaboration avec le gouvernement jusqu'au moment où furent imposées les restrictions budgétaires. Elle constitua donc une institution centrale dans l'élaboration du compromis, de l'alliance des artistes, du moins de la partie supérieure de la pyramide que constitue l'organisation hiérarchique du monde des arts[80], avec les tenants du point de vue *canadien* dans la bourgeoisie et la classe politique canadienne.

L'entrée en crise, le changement de politique et les restrictions qui s'ensuivirent marquent donc la fin d'une phase d'expansion du soutien aux arts et l'ouverture d'une autre où s'affirme la primauté de la régulation économique par laquelle fut brisée la base économique du compromis avec les milieux artistiques et culturels. De ce moment, l'organisme de concertation et de consultation qu'était la CCA tendit à devenir un organisme de pression, de protestation, tout en continuant cependant à «graviter» autour de l'État canadien.

Cette transformation des modalités d'action de la CCA et de ses rapports avec le gouvernement et l'ambiguité de sa position sont reflétées dans l'énoncé de

---

79.   CONFÉRENCE CANADIENNE DES ARTS, *Une troisième stratégie*, Ottawa, Conférence canadienne des arts, 1984, p. 115.

80.   À cet effet voir LACROIX, J.G., LÉVESQUE, B., *Le statut socio économique des musiciens membres de la Guilde des musiciens de Montréal*, Québec, Service gouvernemental de la propriété intellectuelle et du statut de l'artiste, ministère des Affaires culturelles du Québec, 1985, p. 104 à 110.

politique culturelle qu'elle publia en 1980[81], renouvela en 1981[82] et reprécisa en 1984[83].

Une stratégie culturelle (1980) est d'une part un plaidoyer pour retrouver la place qu'occupait la CCA comme interlocuteur institutionnel influant dans l'élaboration de la politique culturelle de l'État et dans l'administration des arts et de la culture. On y manifeste en effet une vive inquiétude devant certaines propositions du Rapport Lambert (1979) sur l'administration financière et comptable soulignant que l'instauration d'un régime d'évaluation du rendement des organismes et la centralisation et standardisation administrative pourraient miner les organisations culturelles[84]. À propos des associations nationales non-gouvernementales, telle la CCA, on affirme que le gouvernement devrait leur accorder son appui puisqu'elles sont vouées à la défense des intérêts communs à tous les secteurs des arts et des industries culturelles recueillant, résumant et consolidant les divers points de vue des groupes qu'elles représentent. On ajoute que ces associations ont un rôle fondamental à jouer dans l'administration et l'essor du monde des arts et de la culture[85].

L'énoncé de 1980 constitue d'autre part une acceptation et une légitimation de la politique culturelle pratiquée par les libéraux à la fin des années 1970, c'est-à-dire la canadianisation, selon trois axes: l'affirmation de la primauté de la juridiction fédérale et du centralisme étatique au nom de l'identité nationale canadienne; l'appropriation canadienne et l'expression des talents canadiens; et la primauté de la privatisation et de la forme industrielle du développement culturel où la préoccupation pour le talent canadien veut dire réservoir de main-d'oeuvre pour l'industrie[86]. Cette position de la Conférence illustre très bien l'état de dépendance, de soumission dans lequel sont réduits les artistes et les travailleurs culturels par la gestion socio-économique de la crise pratiquée par l'État, puisqu'elle reprend à son compte les éléments centraux du discours des libéraux tel qu'exprimé par Pierre Trudeau dans une allocution qu'il prononça en mars 1979 devant la CCA. Le premier ministre affirmait alors que pour faire face à la concurrence étrangère:

> [...] nul pays ne peut se passer d'une politique culturelle au même point qu'il ne peut se passer d'une politique industrielle.

---

81. CONFÉRENCE CANADIENNE DES ARTS, *Une stratégie culturelle*, Conférence canadienne des arts, Ottawa, 1980.

82. CONFÉRENCE CANADIENNE DES ARTS, *Perspectives pour l'élaboration d'une politique culturelle (Stratégie II)*, Conférence Canadienne des Arts, Ottawa, 1981.

83. CONFÉRENCE CANADIENNE DES ARTS, *Une troisième...*, *op. cit.*.

84. CONFÉRENCE CANADIENNE DES ARTS, *Une stratégie...*, *op. cit.*, p. 67.

85. *Ibid.*, p. 73.

86. *Ibid.*, p. 10, 11, 30 et 35.

Il ajoutait:

> Il est d'une importance capitale que l'artiste ne soit pas écrasé
> par l'industrie à laquelle il appartient et que les artistes provenant de
> petits pays aient les mêmes chances que ceux provenant de grands
> pays [...] Voilà pourquoi il existe des politiques portant sur le
> contenu canadien, dans l'édition et la distribution de livres ou de
> périodiques [...] pour promouvoir la diffusion des films canadiens
> [...]. Ces politiques sont tout à fait essentielles. [...] nous nous
> rendons bien compte du fait que les artistes sont plus que des pions
> dans une industries qui fait de grosses affaires [...] c'est le Canada
> qu'ils chantent [...] ce sont les sentiments canadiens qu'ils
> expriment. Voilà pourquoi ils méritent notre soutien[87].

Cette position du premier ministre du Canada résume bien ce que fut la politique culturelle des libéraux et elle illustre bien le mandat politique qui fut confié au Comité d'étude sur la politique culturelle fédérale en 1980 (Comité Applebaum-Hébert).

L'échec de la politique culturelle

La politique culturelle des libéraux de Pierre Trudeau fut toujours organisée autour du principe de la canadianisation, de la place du capital canadien dans le marché domestique. Malgré que cette politique connut un certain succès en ayant permis aux entreprises canadiennes de se tailler une place dans certains secteurs et d'en contrôler d'autres, elle s'avéra un échec parce qu'elle souffrit d'une application fréquemment incohérente et qu'elle fut souvent hésitante et timorée, si ce n'est inexistante dans plusieurs secteurs, en plus de négliger le développement de la production.

Paul Audley dans *Canada's Cultural Industries* souligne que la politique culturelle du gouvernement fédéral fut à plusieurs niveaux et occasions très incohérente. Il affirme entre autres que l'absence d'agence fédérale responsable de l'industrie des quotidiens et des périodiques est la cause de la défaillance du gouvernement à mettre en application les recommandations du Comité Davey; que l'action de l'Agence d'examen de l'investissement étranger fut souvent contradictoire, évoquant en exemple les cas du refus d'entériner l'acquisition de Lippincott par Harper & Row et de l'acceptation, quelques mois plus tard, de la transaction par laquelle Herald Company of Syracuse de l'État de New York prit le contrôle de Random House Canada; et, que les décisions du CRTC furent elles

---

87   TRUDEAU, P.E., allocution reproduite dans *Une stratégie culturelle*, Conférence canadienne des Arts, Ottawa, 1980, p. 3 à 5.

aussi contradictoires, mentionnant à ce titre la permission donnée aux câblodistributeurs d'importer des émissions radiophoniques FM américaines alors que les radiodiffuseurs classiques étaient astreints à respecter des quotas de contenus canadiens[88]. À ce triste panorama d'incohérences nous pourrions entre autres ajouter l'adoucissement en 1971 et 1972 de la politique des quotas de contenus canadiens pour la télédiffusion... privée.

L'application plus ou moins cohérente de la politique de canadianisation, les hésitations du gouvernement avant d'intervenir ou de légiférer et son inaction dans certains secteurs sont dues aux pressions exercées par des forces autant internes qu'externes qui s'opposent à la canadianisation et aux recommandations des commissions d'étude ayant porté sur des questions culturelles. Dans le clan des opposants on retrouve donc des entreprises étrangères, surtout américaines, exportant au Canada leurs marchandises culturelles et des entreprises canadiennes et les filiales des entreprises étrangères qui distribuent et vendent au détail ces marchandises. La composition de ce bloc d'opposants varie toutefois selon les sujets touchés par les commissions et lois. Ainsi, lorsqu'il est question de s'approprier une part plus grande des revenus de publicité, les radio et télédiffuseurs privés canadiens sont dans le clan appuyant les politiques de canadianisation; cependant, lorsqu'il est question de quotas de contenus canadiens, les mêmes intérêts canadiens passent dans le clan des opposants parce que les produits étrangers leur reviennent moins chers. Cette mouvance ajoute donc aux hésitations et incohérences des interventions politiques.

Ces pressions contre la politique de canadianisation furent particulièrement virulentes dans l'affaire de la loi C-58. Cette loi, adoptée le 16 juillet 1976, amendait l'article 19 de la loi d'impôt, retirant ainsi aux entreprises le droit de déduire les coûts de la publicité destinée au public canadien mais faite dans les médias étrangers, surtout américains. Le but de cette politique était d'orienter les revenus de la publicité vers les périodiques et stations de diffusion canadiennes plutôt qu'américaines. Le projet de loi souleva de vives protestations de la part des entreprises américaines concernées et ayant un «lobby» au Congrès et plusieurs pressions diplomatiques furent exercées par Washington à son sujet[89].

Ces pressions firent que la politique culturelle des libéraux fut constamment soumise à d'importants tiraillements et eut l'allure d'une double politique, d'une politique allant souvent dans des directions opposés. Ces pressions furent donc un facteur important de l'insuccès de la politique culturelle des libéraux. Dans les faits, cette politique se borna à assurer la canadianisation de la propriété des appareils de diffusion en négligeant le contenu. Il n'est donc pas étonnant de constater, après plus de 20 ans d'une telle politique, que la

88.	AUDLEY, P., *Canada's...*, *op. cit.*, p. 41, 124 et 210.
89.	PENDAKUR, M., *Canada*, *op. cit.*, p. 172 à 179.

dépendance du Canada face aux contenus étrangers, surtout américains, est loin d'avoir diminué, au contraire[90], et que les artistes ont relativement peu profité de la politique de canadianisation[91].

Bref, de la politique culturelle des libéraux résulta la mise en place d'un ensemble important d'appareils de diffusion et de distribution et d'administration du développement culturel. Mais, cette belle et grosse machine demeura sans âme. Au cours de la seconde période de l'ère Trudeau, le développement culturel et artistique fut de plus en plus pensé en termes d'industries culturelles et l'action du gouvernement et des appareils mis en place contribua surtout à ouvrir et développer le marché. Selon cette vision du développement culturel, les arts et les artistes ne sont que des rouages nécessaires à l'industrie.

Quand la politique culturelle se réduit à une politique industrielle

À la fin des années 1970, les libéraux reconnurent qu'un changement de politique était nécessaire. Cette «nouvelle» vision du développement culturel fut entièrement tournée vers l'économique. La crise et surtout le fait que l'autre déterminant de la politique culturelle fédérale, la question du Québec, devint secondaire avec l'échec référendaire, permirent cette consécration de la primauté de la rationalité économique dans le développement culturel.

C'est le ministère des Communications du Canada (MCC) qui fut l'acteur principal de ce changement. Dès sa création, ce ministère acquit beaucoup d'importance surtout à cause de l'urgence de la maîtrise des nouvelles technologies d'information et de communication. Et sa croissance correspondit au développement et à l'introduction de ces technologies. De 1969 à 1983, les effectifs du MCC passèrent de 326 employés à 2 300 alors que son budget croissait de 30,3 millions de dollars à 480,4 millions[92]. Durant la seconde période de l'ère Trudeau, le MCC investit beaucoup d'énergies et d'argent dans le développement des nouvelles technologies, ce qui permit entre autres de mettre au point la technologie TELIDON. La reconnaissance de la primauté du point de vue industriel dans la politique culturelle fut parallèle à l'affirmation de ce ministère comme organe central de la régulation sociale et fut consacrée en 1980, lorsque la responsabilité politique des organismes culturels fut transférée du Secrétariat d'État au ministère des Communications.

---

90.   LACROIX, J.G., LÉVESQUE, B., «Industries culturelles canadiennes et libre-échange avec les États-Unis», dans *Un marché, deux sociétés?*, Montréal, ACFAS, 1987, p. 212-243.

91.   AUDLEY, P., *Canada's...op. cit.*, p. 320.

92.   MCC, *Rapport annuel*, Ottawa, MCC, 1983, p. 2.

C'est également en 1980 que le ministre des Communications dans le nouveau gouvernement libéral succédant à l'intermède que fut le gouvernement conservateur de Joe Clark, nomma un comité d'étude de la politique culturelle fédérale (Applebaum Hébert). Ce dernier proposa d'axer la politique culturelle sur la privatisation et l'internationalisation des industries culturelles canadiennes, consacrant ainsi la tendance en émergence depuis 20 ans.

Au cours de cette seconde période, le Parti libéral du Canada constitua donc le principal opérateur de la «marchandisation» des arts et de la culture en faisant perdre aux travailleurs culturels une part importante de leur autonomie et du contrôle des conditions objectives d'exercice de leur métier par les restrictions budgétaires imposées aux organismes culturels et par l'accentuation du contrôle politique sur ces organismes. Ainsi, les interventions politiques de l'État canadien contribuèrent à établir et consacrer le pouvoir des marchands et du capitalisme, dans le champ de la culture.

De la marchandisation de la culture au libre-échange

Dans un contexte où la recherche de la rentabilité «quel-qu'en-soit-le-prix» et de la soumission aux contraintes internationales à laquelle cette recherche menait, le *Rapport Applebaum-Hébert* constitua, au début des années 1980, le guide politique de l'action des libéraux dans le champ de la culture. Ceux-ci, après avoir constaté l'échec de leur politique de canadianisation au terme de la présence des contenus canadiens sur le marché domestique, voulurent mettre l'accent sur le développement d'un appareil «canadien» de production de contenus canadiens. En ce sens, la politique culturelle esquissée par le Comité Applebaum-Hébert poursuivit l'objectif qu'a toujours eu la politique culturelle des libéraux, c'est-à-dire tailler une place au capital canadien. Cette fois, cependant, cela fut envisagé à l'ombre de l'idéologie néo-libérale, sous le signe de la privatisation et de l'internationalisation.

Le *Rapport Applebaum-Hébert*, après avoir rappelé que le Canada avait ouvert toutes grandes ses frontières aux produits culturels étrangers en négligeant presque les créations canadiennes[93], esquisse une stratégie de développement des industries culturelles canadiennes d'inspiration néo-libérale. On y propose d'utiliser dans un premier temps les canaux de diffusion appartenant aux Canadiens pour conquérir une partie du marché domestique afin de créer une industrie nationale de production de films et de vidéos. On suggère par la suite d'utiliser dans un deuxième temps cette base, le marché domestique, pour

---

93. CANADA, *Rapport du Comité d'étude de la politique culturelle fédérale*, Rapport Applebaum-Hébert, Ottawa, ministère des Approvisionnements et Services Canada, 1982, p. 6.

438 LES LIBÉRAUX ET LA CULTURE

conquérir une part du marché extérieur. Et le rapport affirme que c'est l'entreprise privée qui est la plus apte à relever ce défi. Cette «mini-politique» industrielle du secteur culturel suggère en fait de créer des avantages comparatifs dans la production de contenus, particulièrement au niveau des films et vidéos. Ayant souligné que l'aide fédérale aux activités culturelles est trop faible, le rapport propose, afin de réaliser les objectifs identifiés, un ensemble de mesures: stimulants fiscaux, protection du marché domestique, mécanismes de promotion, etc.

Le ministre des Communications du Canada à l'époque, Francis Fox, fit sienne cette politique comme en témoignent le mémoire qu'il présenta, en novembre 1983, à la Commission royale sur l'union économique et les perspectives de développement du Canada, la Commission Macdonald[94], ainsi que les énoncés de politique de 1983 et 1984.

Vers une nouvelle politique nationale de la radiotélédiffusion commence par affirmer que les objectifs originels de la *Loi sur la radiodiffusion* de 1968 (la possession et le contrôle effectif par des Canadiens du système de diffusion de façon à sauvegarder la structure culturelle, politique, sociale et économique du Canada, l'utilisation des ressources canadiennes et l'accès à un service de radio-télédiffusion dans les deux langues officielles pour tous les Canadiens) étaient après quinze ans les mêmes[95]. Le document ajoute que, pour préserver la conscience culturelle canadienne face au torrent des produits culturels américains: « [...] le gouvernement, de concert avec l'industrie, doit aider nos entreprises de programmation et de radio-télédiffusion — publiques et privées — à faire face à la concurrence»[96], parce que: « [...] les producteurs canadiens ne peuvent compter sur des moyens comparables à ceux de leurs concurrents. [...] Le marché canadien est trop restreint pour que nos producteurs puissent rentrer aussi aisément dans leurs frais»[97].

La politique nationale du film et de la vidéo, dans laquelle on proposait de créer Téléfilm Canada (anciennement la Société de développement de l'industrie cinématographique canadienne (SDICC))[98], poursuit dans la même direction, en affirmant qu'il s'agissait dorénavant d'établir: « [...] une stratégie visant à donner aux films et aux vidéos canadiens un plus grand accès à notre marché et aux marchés étrangers»[99].

---

94. FOX, F., *La culture et les communications: Éléments clés de l'avenir économique du Canada*, Ottawa, ministère des Communications, 1983.
95. CANADA, *Vers une nouvelle politique nationale de la radiotélédiffusion*, Ottawa, ministère des Communications, 1983, première page, non paginé.
96. *Ibid.*, cinquième page.
97. *Ibid.*, huitième page.
98 CANADA, *La politique nationale du film et de la vidéo*, Ottawa, ministère des Communications, 1984, p. 34.
99. *Ibid.*, p. 20.

L'argumentation que contiennent les trois documents que nous venons de commenter très brièvement constitue une rationalisation de la marchandisation de la culture dans laquelle le progrès et le développment culturel sont vus comme soutiens à la rentabilité et à la mise en valeur du capital dans le champ de la culture, comme en témoigne cette affirmation de *La politique nationale du film et de la vidéo*:

> [...] seule une industrie disposant de capitaux suffisants et d'un accès raisonnable aux marchés et aux recettes peut durablement profiter de la production d'oeuvres authentiquement nationales. Autrement dit, le développement économique de l'industrie privée du film et de la vidéo permettra de réaliser des objectifs culturels généraux[100].

Dans l'affirmation de l'industrialisation des arts et de la culture, dans la concrétisation de la marchandisation de la culture, le gouvernement Trudeau constitua donc un excellent appareil de régulation social dans le champ culturel, imposant aux Canadiens la primauté de la forme industrielle dans le développment de la culture. Cela eut de profonds effets sur les artistes et ces derniers le manifestèrent bruyamment.

Le concert des protestations: 2e acte

Commencées à la suite des restrictions budgétaires imposées à la suite du gel des salaires et prix en 1975, les protestations du milieu artistique devinrent, en 1983-1984, de plus en plus vives devant les poursuites effectuées par le fisc canadien et les injustices du système de taxation. Ces protestations amenèrent d'ailleurs le gouvernement à commander plusieurs enquêtes sur le statut de l'artiste et à poser le problème de la modernisation de la *Loi sur les droits d'auteur*.

Déjà, en 1981, l'affirmation de la primauté de la forme industrielle du développement culturel avec le passage des organismes culturels du Secrétariat d'État au ministère des Communications (1980) avait alertée la Conférence canadienne des arts qui s'inquiétait:

> [...] de voir la direction générale des arts et de la culture se fondre dans les structures et les activités du ministère des Communications et de découvrir qu'elle agit désormais en raison

---

100. *Ibid.*

moins d'objectifs culturels que de priorités industrielles et technologiques[101].

Et, en 1984, la Conférence, tout en soulignant sa déception devant le *Rapport Applebaum-Hébert*, affirmait que la politique culturelle du gouvernement fédéral sous-estimait le facteur humain et protestait contre le peu de place réservé aux artistes dans ce projet de développement industriel de la culture[102].

Une politique qui mène inévitablement au libre-échange... et à la dépendance culturelle

Dans un article antérieur, nous avons montré que la politique culturelle partiquée par l'État canadien sous le règne des libéraux menait inévitablement au libre-échange[103] et à l'accentuation de la dépendance culturelle du Canada parce que la plupart des entrepreneurs canadiens se cantonnaient dans le commerce et tiraient avantage de l'importation de produits culturels étrangers, particulièrement américains. La politique de canadianisation favorisa même très substantiellement certains de ces acteurs, pensons entre autres aux câblodistributeurs.

La timidité de la politique culturelle des libéraux de même que l'incohérence dans son application firent que cette politique fut un échec. Ironiquement, après plus de 20 ans d'efforts pour canadianiser la culture au Canada, la souveraineté culturelle canadienne demeure un souhait alors que notre dépendance culturelle à l'égard des États-Unis s'est, en fait, accrue.

* * *

Si la politique culturelle des libéraux de Pearson et Trudeau fut un échec du point de vue de la souveraineté et de l'indépendance culturelle du Canada, on doit toutefois convenir qu'elle ne fut pas sans effet et qu'elle connut certains succès. Comme le souligne George Woodcock, le Canada n'est plus le désert culturel et artistique qu'il fut jusqu'aux années 1950:

> Canada is no longer an artistic or intellectual desert with a few precarious oases, as it was in 1949 when the Massey Commission undertook its historic task. [...] Canadian governements through their funding agencies have contributed in

101.   CONFÉRENCE CANADIENNE DES ARTS, *Perspectives pour...*, *op. cit.*, p. 4.
102.   CONFÉRENCE CANADIENNE DES ARTS, *Une troisième...*, *op. cit.*, p. 5.
103.   LACROIX, J.G., LÉVESQUE, B., *Industries culturelles canadiennes ...*, *op. cit.*.

many ways to that result. Yet for all this splendid record the majority of artists in Canada live below the poverty line[104].

Malgré que le support du gouvernement fédéral au développement culturel fut, aux yeux de certains nationalistes canadiens, insuffisant, hésitant et incohérent, il demeure que les libéraux ont mis en place un ensemble d'appareils et institutions qui constituent aujourd'hui l'épine dorsale des activités et pratiques culturelles au Canada. Ces organismes (Conseil des Arts, Centre national des arts, Musées nationaux, ministère des Communications, etc.) sont des facteurs très actifs de la formulation et de la reconnaissance de l'image de la nation canadienne comme nation spécifique. Ils contribuent donc très largement à l'identité canadienne.

De plus, la canadianisation, élément central de la politique culturelle des libéraux, a permis l'appropriation et le contrôle par des capitaux canadiens de certains secteurs du champ culturel, particulièrement au niveau de la radio-télédiffusion et de la câblodistribution.

Ainsi, de la politique culturelle des libéraux du dernier régime libéral (1963-1984) résulte un ensemble d'éléments (institutions, pratiques et programmes, ressources humaines, entreprises...) qui donne une matérialité à une certaine culture canadienne. Et, s'il y a aujourd'hui une certaine identité canadienne et une certaine fierté d'être canadien, c'est dû à l'action politique du Parti libéral du Canada (PLC) qui, dans le domaine de la culture, a joué un rôle structurel dans l'édification de la base matérielle de la culture canadienne.

Le PLC a constitué un véritable appareil de régulation sociale au Canada durant les années 1960 et 1970.

Il a en effet été le régulateur de la tension entre la tendance à la canadianisation et la tendance à la continentalisation. En instaurant de nombreuses commissions et comités d'enquête, entre autres dans le domaine de la culture, il a permis l'expression et la cristallisation du point de vue nationaliste canadien, induit l'articulation de la politique culturelle canadienne et favorisé la formation d'un certain consensus social autour de cet idéal. Toutefois, la formulation et l'application de cette politique ont souvent été hésitantes et incohérentes, surtout sous la pression des forces profitant de l'intégration des marchés canadien et américain. C'est à ces niveaux que le PLC a constitué le canal de régulation, de «compromis» entre les deux tendances. C'est aussi ce qui explique que sa politique culturelle ait souvent eu des allures contradictoires.

D'autre part, le PLC a aussi été, surtout sous la gouverne de Pierre Trudeau, l'instrument organisationnel de la lutte contre le nationalisme québécois. C'est le PLC qui a été le principal animateur du consensus *canadien* refusant de reconnaître le caractère spécifique de la nation et de la culture québécoise et présentant les Canadiens français comme une minorité linguistique

---

104.   WOODCOCK, G., *Strange...op. cit.*, p. 164-165.

et culturelle comme les autres. À ce titre, le détournement du mandat de la Commission B-B (Laurendeau-Dunton) et la participation très active des Libéraux fédéraux au camp du NON lors du référendum sont particulièrement édifiants.

La politique culturelle des libéraux a donc toujours été marquée par un utilitarisme certain. Elle fut considérée comme un instrument contre le nationalisme québécois au nom de l'unité nationale, comme un levier de spécification du capital canadien et comme un moyen pour le capital autochtone de se tailler une place dans les marchés autant domestique qu'extérieurs.

Si la politique culturelle fut un échec, c'est comme nous l'avons montré, à cause de la nature commerciale de la bourgeoisie canadienne, parce que de larges fractions de cette classe ont davantage d'intérêts à importer plutôt qu'à fabriquer les produits culturels circulant dans le marché canadien. Mais, cet échec est aussi dû au fait que la culture n'a été considérée que comme un moyen. C'est ce qui explique que l'action politique dans le champ de la culture ait toujours confondu politique culturelle et développement de la culture, qu'on ait oublié la culture comme telle et négligé les artistes et travailleurs culturels. De sorte qu'aujourd'hui, malgré certains succès, l'existence et le développement de la culture canadienne demeurent problématiques. Le fait que le plus nationaliste des gouvernements qu'ait connu le Canada n'ait pu que ralentir le rythme de la continentalisation culturelle du Canada et freiner l'affirmation de la spécificité culturelle des Québécois, fonde tous les doutes concernant la possibilité qu'existe un jour une véritable culture canadienne et que puisse être formulée et appliquée une véritable politique canadienne de développement culturel.

Achevé d'imprimer
en décembre 1988 sur les presses
des Ateliers Graphiques Marc Veilleux Inc.
Cap-Saint-Ignace, Qué.